# ¡Tú dirás!

## Introducción a la lengua y cultura hispánicas

**John R. Gutiérrez**
Penn State University

**Harry L. Rosser**
Boston College

**Ana Martínez-Lage**
George Mason University

HH Heinle & Heinle Publishers
Boston, Massachusetts 02116 USA

ITP® A division of International Thomson Publishing, Inc.

New York • London • Bonn • Boston • Detroit • Madrid • Melbourne • Mexico City • Paris
Singapore • Tokyo • Toronto • Washington • Albany NY • Belmont CA • Cincinnati OH

The publication of *¡Tú dirás!* was directed by the members of the Heinle & Heinle College Spanish and Italian Team:

Vincent R. Di Blasi, Team Leader, Vice President of Sales & Marketing
Carlos Davis, Editorial Director
Patrice Titterington, Production Services Coordinator
Marisa Garman, Marketing Development Director

Also participating in the publication of this program were:

Publisher: Stanley J. Galek
Director of Production: Elizabeth Holthaus
Development Editor: Nancy Siddens
Project Manager: Angela Castro
Interior and Cover Designer: Sue Gerould
Illustrator: Len Shalansky

Gutiérrez, John R.
*¡Tú dirás!:* Introducción a la lengua y cultura hispánicas / John R. Gutiérrez, Harry L. Rosser, Ana Martínez-Lage.
p. cm.
English and Spanish.
Includes index.
ISBN 0-8384-5786-X
1. Spanish language–Conversation and phrase books–English. 2. Spanish language–Textbooks for foreign speakers–English. I. Rosser, Harry L. II. Martínez-Lage, Ana. III. Title.
PC4121.G84 1994 94-28580
468.3'421–dc20 CIP



Manufactured in the United States of America

ISBN 0-8384-5786-X (Student Text)

Heinle & Heinle Publishers is a division of International Thomson Publishing, Inc.
10 9 8 7 6 5 4 3 2 1

# Table of Contents


To the Student xii

Preface xiv

## Capítulo preliminar p. 2

## 1 Vamos a tomar algo p. 12

| | Para empezar | Comentarios culturales | Enfoque estructural | Enfoque léxico | Vamos a escuchar | page |
|---|---|---|---|---|---|---|
| Primera etapa | Te invito a un café | Los cafés | El artículo indefinido | Expresión de los gustos: **gustar** + acciones | En un café | 14 |
| | | Las comidas | Pronombres personales | | | |
| | | | Presente de los verbos regulares en **-ar** | ¿Cómo? ¿Cuándo? | | |
| Segunda etapa | Vamos de tapas | Las tapas | El artículo definido | | En un bar de tapas | 25 |
| | | | Presente de los verbos en **-er, -ir** | | | |
| Tercera etapa | Antojitos mexicanos | | El verbo **ser** + lugar de origen | Adjetivos de nacionalidad | En una cantina mexicana | 31 |
| | | | El verbo **ser** + adjetivos | | | |
| Cuarta etapa | **Lectura:** *Magia y color en Los Ángeles* | | | **Por fin:** ¿Quién es quién? | | 41 |

## 2 Vamos a conocernos p. 48

| | Para empezar | Comentarios culturales | Enfoque estructural | Enfoque léxico | Vamos a escuchar | page |
|---|---|---|---|---|---|---|
| Primera etapa | ¿De quién es? | Los colegios mayores<br>El número de teléfono | El verbo **tener** | Los números de 0 a 100<br>**Hay** + *noun* | Aquí vivo. En mi cuarto tengo… | 50 |
| Segunda etapa | ¿Qué te gusta? | | **Gustar** + cosas<br>Los posesivos<br>**De** y **ser** + **de** para expresar posesión | | ¿Qué te gusta? | 58 |
| Tercera etapa | Ésta es mi familia | Los apellidos | Las preguntas de tipo **sí-no**<br>Más preguntas con **quién, dónde, cómo, qué, cuántos/as, por qué** | Descripciones | Mi familia | 71 |
| Cuarta etapa | **Lectura:** *Mini-retratos* | | | **Por fin:** Juan Carlos y Álvaro | | 82 |

## 3 ¿Dónde y a qué hora? p. 90

| | Para empezar | Comentarios culturales | Enfoque estructural | Enfoque léxico | Vamos a escuchar | page |
|---|---|---|---|---|---|---|
| Primera etapa | ¿Adónde vamos? | La ciudad típica | El verbo **ir**<br>Los verbos **querer** y **preferir** | Expresiones con **tener** | ¿Adónde van? | 92 |
| Segunda etapa | ¿Dónde está? | Las tiendas | El verbo **estar**<br>Las contracciones **al** y **del** | | ¿Dónde está la biblioteca? | 102 |
| Tercera etapa | La fiesta del pueblo | La fiesta del pueblo<br>La siesta | Los mandatos formales regulares y irregulares | La hora y los días | ¿Dónde está la Calle Bolívar? | 110 |
| Cuarta etapa | **Lectura:** *Toledo* | | | **Por fin:** ¿Dónde esta… ? En casa de Anabel | | 117 |

## 4 Vamos al centro p. 124


| | Para empezar | Comentarios culturales | Enfoque estructural | Enfoque léxico | Vamos a escuchar | page |
|---|---|---|---|---|---|---|
| Primera etapa | ¿Vas al centro? | | El futuro inmediato<br>El verbo **hacer** | | ¿Quieres ir conmigo? | 126 |
| Segunda etapa | ¿Vamos a tomar el metro? | El metro | El verbo **poder** | Expresiones para indicar presente y futuro<br>¿Hacemos planes? | ¿Vamos al centro? | 133 |
| Tercera etapa | ¿Tomamos un taxi? | Puerta del Sol | El verbo **venir**<br>Verbos irregulares en el presente | Los números de 100 a un millón | Vamos a cenar | 144 |
| Cuarta etapa | **Lectura:** *Los días azules* | | | **Por fin:** ¿Cuándo vamos? ¿En metro, en taxi...? | | 152 |


## 5 El mundo hispano p. 160


| | Para empezar | Comentarios culturales | Enfoque estructural | Enfoque léxico | Vamos a escuchar | page |
|---|---|---|---|---|---|---|
| Primera etapa | América Latina | | El pretérito de los verbos en **-ar**<br>El pretérito del verbo **hacer** | Los meses y las estaciones del año<br>La fecha | Una conversación por teléfono | 162 |
| Segunda etapa | La presencia hispana en los Estados Unidos | La población hispana en los Estados Unidos | El pretérito de los verbos **-er, -ir**<br>El presente del verbo **ir** | Expresiones para indicar el tiempo pasado | Los exploradores y colonizadores | 172 |
| Tercera etapa | España | | Pretérito de los verbos **andar, estar, tener**<br>Pretérito de los verbos que terminan en **-car** o **-gar** | **Hace** y **hace que** para expresar tiempo transcurrido | ¿Qué hiciste durante las vacaciones? | 181 |
| Cuarta etapa | **Lectura:** *Los hispanos en los Estados Unidos hoy* | | | **Por fin:** Viaje por América Latina<br>Después del viaje | | 191 |

## 6 Vamos de compras p. 202

| | Para empezar | Comentarios culturales | Enfoque estructural | Enfoque léxico | Vamos a escuchar | page |
|---|---|---|---|---|---|---|
| Primera etapa | En el centro comercial | | Los mandatos informales afirmativos y negativos<br><br>Verbos irregulares en el pretérito: **poder, poner** | ¿De qué color es...? | En el centro comercial | 204 |
| Segunda etapa | ¿Cuánto cuesta? | Los mercados al aire libre | Los demostrativos | Expresiones de cantidad<br><br>Expresiones para comparar | De compras en el mercado | 213 |
| Tercera etapa | ¿Qué compraste? | | Verbos irregulares en el pretérito: **leer, oír, creer**<br><br>Verbos irregulares en el pretérito: **conducir, traer, decir** | | El regalo para Paco | 227 |
| Cuarta etapa | **Lectura:** *Los productos alimenticios* | | | **Por fin:** Las compras por catálogo<br>Vamos a comprar libros | | 234 |

## 7 Descripciones p. 246

| | Para empezar | Comentarios culturales | Enfoque estructural | Enfoque léxico | Vamos a escuchar | page |
|---|---|---|---|---|---|---|
| Primera etapa | ¿Qué tiempo hace? | El clima<br><br>La temperatura | El verbo **saber** | Expresiones para indicar tiempo transcurrido—**desde cuándo, desde (que), cuánto tiempo hace que, hace (...que)** | Conversaciones sobre el tiempo | 248 |
| Segunda etapa | ¿Cómo es? | | Los adjetivos<br><br>Adjetivos apocopados—**buen, mal, gran** | | ¡Es feo este auto! | 257 |
| Tercera etapa | La gente que conoces | | El verbo **conocer** y la **a** personal<br><br>Los pronombres de complemento directo | | Descripciones de personas | 268 |
| Cuarta etapa | **Lectura:** *El tiempo en España* | | | **Por fin:** ¿Quién soy?<br>¿Sabes quién es? | | 278 |

## 8 La salud p. 286

| | Para empezar | Comentarios culturales | Enfoque estructural | Enfoque léxico | Vamos a escuchar | page |
|---|---|---|---|---|---|---|
| Primera etapa | Un accidente | | El imperfecto | Expresiones para hablar de acciones habituales | El accidente de Felipe | 288 |
| Segunda etapa | Las enfermedades y los remedios | Los remedios | Pronombres de complemento indirecto<br><br>El imperfecto—usos adicionales | | En la farmacia | 295 |
| Tercera etapa | La salud: mejor que la riqueza | Metros y kilos | Los verbos **dar** y **pedir** | | Comer bien | 303 |
| Cuarta etapa | **Lectura:** *Acerca de los dolores musculares* | | | **Por fin:** Partes del cuerpo<br>Una historia del pasado | | 309 |

## 9 Los estudios en el extranjero p. 318

| | Para empezar | Comentarios culturales | Enfoque estructural | Enfoque léxico | Vamos a escuchar | page |
|---|---|---|---|---|---|---|
| Primera etapa | Un programa de intercambio | La Universidad de Salamanca<br><br>Vivir con una familia en un programa de intercambio | Más sobre el pretérito | La hora oficial | ¡Bienvenido a casa! | 320 |
| Segunda etapa | Un par de días en un hotel | Los albergues de juventud | El imperfecto—las descripciones<br><br>Pretérito e imperfecto—acciones en el pasado | | ¿Tienen habitación reservada? | 334 |
| Tercera etapa | ¿Buscas apartamento? | El Rastro | Pretérito e imperfecto: Resumen | | Buscamos un apartamento | 343 |
| Cuarta etapa | **Lectura:** *El Príncipe Felipe: estudiante en una universidad americana* | | | **Por fin:** ¿Qué pasó con Carlos?<br>¿Tienen habitaciones?<br>La agencia immobiliaria | | 351 |

## 10 Hoy, ayer y mañana p. 362



| | Para empezar | Comentarios culturales | Enfoque estructural | Enfoque léxico | Vamos a escuchar | page |
|---|---|---|---|---|---|---|
| **Primera etapa** | ¿Qué haces normalmente? | Actitudes hacia el tiempo | Reflexivos | Expresiones para hablar de una secuencia de acciones en el presente | Una mañana en casa de los padres de Cristina Gallegos | 368 |
| **Segunda etapa** | ¿Qué hiciste el verano pasado? | | | Secuencia de acciones puntuales en el pasado<br>Secuencia de acciones habituales en el pasado | El encuentro de Belén y Patricia al volver de vacaciones | 373 |
| **Tercera etapa** | ¿Qué vas a hacer? | | | Expresiones para hablar de una secuencia de acciones en el futuro<br>Expresiones verbales para hablar del futuro | La fiesta en casa de Cristina | 380 |
| **Cuarta etapa** | **Lectura:** *La madre, el hijo y el pintor* por Alfredo Bryce Echenique | | | **Por fin:** ¿Qué hacen tus compañeros normalmente?<br>La niñez de Enrique y Cristina | | 391 |



## 11 La comida en el mundo hispano p. 402



| | Para empezar | Comentarios culturales | Enfoque estructural | Enfoque léxico | Vamos a escuchar | page |
|---|---|---|---|---|---|---|
| **Primera etapa** | Un restaurante español | | Verbos como **gustar**<br>**Estar** + adjetivos para expresar estado o condición<br>El progresivo | | En un restaurante | 404 |
| **Segunda etapa** | La Guía del ocio | La Guía del ocio | Pronombres de complemento directo e indirecto | Expresiones afirmativas y negativas | ¡Qué rico está! | 414 |
| **Tercera etapa** | La comida Tex-Mex | El chile<br>Xitomatl, mahiz, papa | Los mandatos con pronombres de complemento directo e indirecto<br>**Se** impersonal | | Comida Tex-Mex | 423 |
| **Cuarta etapa** | **Lectura:** *La historia del chocolate* | | | **Por fin:** La receta incompleta | | 430 |

## 12 Vamos de viaje p. 436


| | Para empezar | Comentarios culturales | Enfoque estructural | Enfoque léxico | Vamos a escuchar | page |
|---|---|---|---|---|---|---|
| Primera etapa | Los trenes en España | Los trenes en España<br>El calendario de RENFE | El futuro<br>Usos especiales del futuro | Expresiones de lugar | En la Estación de Atocha | 438 |
| Segunda etapa | Un viaje por carretera | Kilómetros y millas<br>Los ángeles verdes | El presente perfecto | | Un viaje en coche | 451 |
| Tercera etapa | En avión | Los taxis en la Ciudad de México | El pluscuamperfecto | **Antes de, después de** | ¿Dónde está la maleta? | 458 |
| Cuarta etapa | **Lectura:** *Un recorrido por la ciudad de México en metro* | | | **Por fin:** Viaje a Sevilla | | 466 |


## 13 El arte y la música p. 476


| | Para empezar | Comentarios culturales | Enfoque estructural | Enfoque léxico | Vamos a escuchar | page |
|---|---|---|---|---|---|---|
| Primera etapa | Siete artistas del Siglo XX | Palabras árabes<br>El museo del Prado | El subjuntivo de verbos regulares<br>El subjuntivo: verbos con cambios ortográficos | **Ojalá** (qué) | | 478 |
| Segunda etapa | El arte popular | | El subjuntivo: otros verbos irregulares<br>Verbos reflexivos en el subjuntivo<br>El subjuntivo con expresiones de voluntad | | | 497 |
| Tercera etapa | La música en el mundo hispano | La letra de "La bamba" | El subjuntivo con expresiones de emoción | | | 509 |
| Cuarta etapa | **Lectura:** *Andrés Segovia, "inventor" de la guitarra* | | | **Por fin:** Imitando a los artistas<br>El arte y la música | | 518 |

# 14 El mundo de las letras p. 528


| | Para empezar | Lectura | Enfoque estructural | Enfoque léxico | page |
|---|---|---|---|---|---|
| **Primera etapa** | El Premio Nóbel de Literatura: España y América Latina | *Mientras baja la nieve* por Gabriela Mistral<br>*El pájaro* por Octavio Paz<br>Leyenda maya: *El agua lo trajo, el agua se lo llevó*<br>*Balada de los dos abuelos* por Nicolás Guillén | El subjuntivo con expresiones de incertidumbre<br>El subjuntivo con antecedentes indefinidos o imaginarios | | 532 |
| **Segunda etapa** | El realismo y el idealismo | La popularidad de *El Quijote*<br>*Don Quijote: Nuestro héroe* por Miguel de Cervantes<br>*Don Quijote—Los molinos de viento* | Más sobre el subjuntivo | | 548 |
| **Tercera etapa** | El realismo mágico | *Cíen años de soledad: El bloque de hielo* por Gabriel García Márquez<br>*Clara y su perro Barrabás* por Isabel Allende | El imperfecto del subjuntivo<br>El imperfecto del subjuntivo y el indicativo en oraciones con **si**<br>Más sobre el subjuntivo y la secuencia de los tiempos verbales | | 565 |
| **Cuarta etapa** | **Lectura:** *Casos* por Enrique Anderson Imbert | | **Por fin:** ¿Quién es? Escribir poesía | | 583 |

Tapescripts for Vamos a escuchar 590

Appendix A—Regular Verbs 597

Appendix B—Stem-changing Verbs 598

Appendix C—Change of Spelling Verbs 599

Appendix D—Irregular Verbs 600

Spanish–English Glossary 603

English–Spanish Glossary 609

Index 615

Credits 619

# To the Student

We are living in an age when a great number of people increasingly realize that they can no longer be ignorant of the languages and cultures of other peoples on this very small planet. Learning a new language is the first step to increasing your awareness of our world. It will open up cultures other than your own: different ways of living, thinking, and seeing. In fact, there is an old Spanish proverb that underscores the importance of knowing another language. It states: **El que sabe dos lenguas vale por dos**–the person that speaks two languages is worth two people.

You are about to begin an exciting and valuable experience. Today the Spanish language is spoken all over the world by over 350 million people. Many of you will one day have the opportunity to visit a Spanish-speaking country. Your experiences will be all the richer if you can enter into the cultures of those countries and interact with their people. However, even if you don't get to spend time in one of those countries, Spanish is very much alive right here in this country for it is spoken everyday by millions of Americans!

Have you ever met a Spanish speaker or come into contact with some element of Hispanic culture? We feel sure that you have. Perhaps you have sampled some Mexican food, turned on the television to find a Spanish news broadcast on the *Univisión* cable station, or seen *MTV Internacional*. Perhaps you have listened to Gloria Estefan or Jon Secada or maybe seen a movie with Spanish subtitles. The possibilities are endless.

Once you begin to use the Spanish language in class, you will discover that you can interact with Spanish speakers or your classmates right away. It might help to persuade you of this to know that of over 80,000 words found in the Spanish language, the average speaker of Spanish uses only about 800 on a daily basis. Therefore, the most important task ahead of you is NOT to accumulate a large quantity of knowledge ABOUT Spanish grammar and vocabulary but rather to USE what you do know as effectively and creatively as you can.

Communication in a foreign language means understanding what others say and transmitting your messages in ways that avoid misunderstandings. As you learn to do this, you will make the kinds of errors that are necessary in language learning. DO NOT BE AFRAID TO MAKE MISTAKES! Instead, try to see errors as positive steps toward effective communication. They don't hold you back; they advance you in your efforts. Learning a language is hard work, but it can also be an enriching experience. We hope your experience with ***¡Tú dirás!*** is both rewarding and enjoyable!

# Acknowledgments

Creating a college-level language program is a long, complicated, and difficult process. We express our gratitude to our Editorial Director, Carlos Davis, who guided the project from its inception through its realization. Our Development Editor, Nancy Siddens, has managed many facets of the book's development with skill, sensitivity, and good humor. We would also like to thank other dedicated people who played a key role in the production of the program: Patrice Titterington, Production Services Coordinator; Angela Castro, Project Manager; Sue Gerould, Interior and Cover Designer; Len Shalansky, Illustrator; Sol Calderón, Copy Editor; Rosa Jacks, Mary Lemire, Sarah Hoyo and Lois Poulin, Proofreaders; Judy Mason, Photo Researcher; Catherine Smoley, Permissions Editor.

Our thanks also go to others at Heinle & Heinle who helped make this project possible: Charles Heinle, Stan Galek, Erek Smith and to the other members of the College Spanish Team: Vincent R. Di Blasi, Vice-President, Sales & Marketing; and Marisa Garman, Marketing Development Director. We also wish to express our appreciation to the people responsible for the Tests available with the ***¡Tú dirás!*** program: Concepción Barba de Godev and Olga Gallego de Blibeche.

Finally, a very special word of acknowledgment goes to:

– Mía (age 10) and Stevan (age 7) who are always on my mind and to the Gutiérrez and Candelaria families who are the reason I am part of the cultural world represented in ***¡Tú dirás!*** (John R. Gutiérrez)
– my parents, Edwin and Catherine, who raised me in Mexico (Harry L. Rosser)
– Amalia and Manolo, my parents, for their support and encouragement (Ana Martínez-Lage)

The publishers and authors would also like to thank the following people who reviewed ***¡Tú dirás!*** at various stages of development. Their comments on the presentation of the content were much appreciated.

Debra Andrist
Baylor University

Wanda Cordero Ponce
Albright College

Jorge Cubillos
University of Delaware

Richard Curry
Texas A&M University

Rosa Fernández
University of New Mexico

Mary Beth Floyd
Northern Illinois University

Olga Gallego de Blibeche
University of Michigan

Graciela Ascarrunz Gilman
University of California–Santa Barbara

Concepción Barba de Godev
The College of Charleston

Barbara González Pino
University of Texas–San Antonio

Gail Guntermann
Arizona State University

Kimberly Kowalczyk
University of San Diego

Barbara Lafford
Arizona State University

James Maloney
University of Texas–Pan American

Keith Mason
University of Virginia

José Montiel
Lousiana State University

Sandra Rosenstiel
University of Dallas

Melissa Shay Bronfman
University of Virginia

Sheri Spaine Long
University of Alabama–Birmingham

Joseph Wieczorek
Loyola College–Maryland

Bruce Willis
University of Virginia

William Woodard
Louisiana State University–Baton Rouge

# Preface

Because we believe beginning students can make Spanish work for them early on, we have designed a program that promotes *consistent interaction* among students and with their instructors, starting with the preliminary lessons and continuing throughout the entire program. This interaction encourages students to *create in Spanish* in a culturally acceptable way.

We expect students to use and understand oral and written Spanish in a gradually increasing number of real-life situations. As they progress in their study of the language, students are provided with many opportunities to use Spanish *to acquire additional knowledge in areas of interest to them.* Simultaneously, students will gain a better understanding of the cultures of the Spanish-speaking world as well as of their own culture.

The fundamental premise of this program is that language becomes most immediately useful in contexts in which functions are carried out or are tied to tasks that take place in realistic and authentic situations. Examples of these functions include asking and answering questions on familiar topics, dealing with Spanish speakers in everyday situations, narrating and describing in various time frames, supporting an opinion, and hypothesizing.

Learners will practice these and other functions by engaging in *information-gap activities* that, as in real life, require negotiation of meaning and the exchange of information between participants. In order to accomplish a given task, students will have to contribute equally, providing their partners with information only known by them. This kind of interaction not only promotes *cooperative work* in which students need to adjust and modify their output through the use of comprehension checks and clarification requests, but also increases *active participation* and creates optimal conditions for learners to develop proficiency in a second language.

We have kept in mind a hierarchy of universal functions that are characteristic of the use of language. Special consideration is given to content/context, accuracy factors, and the way in which discourse is organized at the level of the word, phrase, sentence, paragraph and extended texts. Accuracy is perceived to develop gradually and simultaneously in the areas of vocabulary, grammar, pronunciation, fluency, and sociolinguistics. We recognize that accuracy advances along a continuum that begins with conceptual awareness, moves toward partial control, and on to a fuller control of these elements.

## Textbook

The primary focus of the main Textbook is to provide students with the opportunity to practice spoken language in the classroom. The Textbook is divided into fourteen chapters, preceded by a **Capítulo preliminar.** The Textbook contains a total of fifty-six *etapas* (four per chapter) to be covered in one, or one-and-a-half years (two semesters, three quarters, or three semesters). Each *etapa* can serve as a self-contained lesson plan that includes new material, a review of the previous *etapa,* and an end-of-*etapa* review.

A unique feature of ***¡Tú dirás!*** is that the final two chapters include more and longer reading selections chosen explicitly for the substantial information that they provide about the art, music, and literature of the cultures of the Spanish-speaking world. In Chapter 13, readings include "Tres pintores del siglo XX: Picasso, Dalí, Miró," "Los santeros de Nuevo México," and "Andrés Segovia: El 'inventor' de la guitarra", among others. Chapter 14 features brief sample passages written by Miguel de Cervantes, Nicolás Guillén, Octavio Paz, Gabriela Mistral, Gabriel García Márquez, and Isabel Allende, among others.

### *Organization*

The Textbook consists of thematically-unified chapters, each organized into four *etapas* which progress from an introductory section, **Para empezar,** through a series of vocabulary and structure exercises, on to a concluding set of information-gap activities, **Por fin.** Moreover, we have emphasized systematic and continuous review–within the *etapa*–**Tú dirás;** between *etapas*–**¿Recuerdas?**; and throughout the book via a steady recycling of contexts and structures. This *etapa* structure creates a mini-lesson planning device for instructors. The chapter theme is amplified from one *etapa* to the next.

The following is a summary of the major sections within each chapter.

## Primera, Segunda, and Tercera Etapas

**Para empezar** Realia and/or dialogs that provide semantic and cultural input

**Te toca a ti *and* Dilo tú** Personalized practice with the material presented

**Comentarios culturales** Cultural information

**¿Recuerdas?** (except in the *Primera etapa*) Review of the material presented in the previous *etapa*

**Enfoque estructural *and* Enfoque léxico** Presentation of grammatical or lexical items

**Vamos a escuchar** Oral input for listening comprehension[1]

**¡Tú dirás!** Oral and written practice–personal questions, guided interviews and role-plays, and a guided personal journal

## Cuarta etapa

**Lectura** Authentic texts, strategies, and exercises to develop reading ability in Spanish

## Por fin

Information-gap activities for paired work[2]

[1] This section models in dialog form the vocabulary introduced receptively at the beginning of certain *etapas.* This section appears in chapters 1–12 and includes pre- and post-listening activities. These dialogs are recorded on the Textbook tape and can be presented as a listening comprehension exercise. The scripts are included in the back of the Textbook.

[2] This section includes activities in which students, working in pairs, are required to exchange information orally in order to complete a task. Each partner has access to only one set of information and they both need to work cooperatively in order to carry out a given task.

## Instructor's Annotated Edition

The IAE for this text includes annotations in the margins with suggestions for presentation of grammatical structures, implementation of exercises and activities, answers to activities, exercise variations and follow-up, pre- and post-reading suggestions, supplementary vocabulary, audio- and videotape indications, Workbook references, and additional explanations for grammatical structures when necessary.

The following symbols are used in the annotations:

| *group work* | *audio-visual cues* | |
|---|---|---|
| ⇄ pairs |  | Textbook audio program |
| △ groups of three |  | ***Mosaico cultural*** video |
| ○ full class |  | ***Atajo*** writing assistant software |

## Sample Syllabus

The following sample syllabus is suggested for apportioning the course materials over a fifteen-week semester system. It is assumed that classes meet four times per week. Each chapter is designed to be completed in seven contact hours with an additional day for testing. We suggest you give a quiz or a test the day after you finish a chapter. For classes that meet three or five times a week, materials must be tailored accordingly.

| Semester 1 | | | | | |
|---|---|---|---|---|---|
| Week | | Week | | Week | |
| 1 | Chapter 1: Etapas 1 y 2 | 6 | Chapter 3: Etapas 3 y 4 Test | 11 | Chapter 6: Etapas 1 y 2 |
| 2 | Chapter 1: Etapas 3 y 4 Test | 7 | Chapter 4: Etapas 1 y 2 | 12 | Chapter 6: Etapas 3 y 4 Test |
| 3 | Chapter 2: Etapas 1 y 2 | 8 | Chapter 4: Etapas 3 y 4 Test | 13 | Chapter 7: Etapas 1 y 2 |
| 4 | Chapter 2: Etapas 3 y 4 Test | 9 | Chapter 5: Etapas 1 y 2 | 14 | Chapter 7: Etapas 3 y 4 Test |
| 5 | Chapter 3: Etapas 1 y 2 | 10 | Chapter 5: Etapas 3 y 4 Test | 15 | Oral exams Review |

| Semester 2 | | | | | |
|---|---|---|---|---|---|
| Week | | Week | | Week | |
| 1 | Chapter 8: Etapas 1 y 2 | 6 | Chapter 10: Etapas 3 y 4 Test | 11 | Chapter 13: Etapas 1 y 2 |
| 2 | Chapter 8: Etapas 3 y 4 Test | 7 | Chapter 11: Etapas 1 y 2 | 12 | Chapter 13: Etapas 3 y 4 Test |
| 3 | Chapter 9: Etapas 1 y 2 | 8 | Chapter 11: Etapas 3 y 4 Test | 13 | Chapter 14: Etapas 1 y 2 |
| 4 | Chapter 9: Etapas 3 y 4 Test | 9 | Chapter 12: Etapas 1 y 2 | 14 | Chapter 14: Etapas 3 y 4 Test |
| 5 | Chapter 10: Etapas 1 y 2 | 10 | Chapter 12: Etapas 3 y 4 Test | 15 | Oral exams Review |

The following lesson plans for Chapter 9 explain in detail how a chapter may be tailored for classes that meet 50 or 90 hours per semester.

## Chapter 9 Sample Lesson Plan A

*50 Contact Hours per Term*

**DAY 1** **Primera etapa:** Present *Para empezar* vocabulary • *Comentarios culturales* • *Te toca a ti* activities • *Enfoque léxico*

**DAY 2** *Enfoque estructural* • *Dilo tú* activities • *Comentarios culturales* • *Vamos a escuchar* • *Tú dirás* activities

**DAY 3** **Segunda etapa:** *Para empezar* • *Te toca a ti* activities • *¿Recuerdas?* • *Enfoque estructural* • *Dilo tú* activities • *Enfoque estructural*

**DAY 4** *Comentarios culturales* • *Vamos a escuchar* • *Tú dirás* activities

**DAY 5** **Tercera etapa:** *Para empezar* • *¿Recuerdas?* • *Enfoque estructural* • *Dilo tú* activities

**DAY 6** *Comentarios culturales* • *Vamos a escuchar* • *Tú dirás* activities

**DAY 7** **Cuarta etapa:** *Lectura* • *Video* • *Por fin* activities

## Chapter 9 Sample Lesson Plan B

*90 Contact Hours per Term*

**DAY 1** **Primera etapa:** Present *Para empezar* vocabulary • *Comentarios culturales*

**DAY 2** *Te toca a ti* activities • *Enfoque léxico*

**DAY 3** *Enfoque estructural* • *Dilo tú* activities

**DAY 4** *Comentarios culturales* • *Vamos a escuchar* • *Tú dirás* activities

**DAY 5** **Segunda etapa:** *Para empezar* • *Te toca a ti* activities • *¿Recuerdas?*

**DAY 6** *Enfoque estructural* • *Dilo tú* activities

**DAY 7** *Enfoque estructural* • *Comentarios culturales*

**DAY 8** *Vamos a escuchar* • *Tú dirás* activities

**DAY 9** **Tercera etapa:** *Para empezar* • *¿Recuerdas?*

**DAY 10** *Enfoque estructural* • *Dilo tú* activities • *Comentarios culturales*

**DAY 11** *Vamos a escuchar* • *Tú dirás* activities

**DAY 12** **Cuarta etapa:** *Lectura*

**DAY 13** *Video* • *Por fin* activities

## Workbook

While the Textbook provides the opportunity for students to practice speaking, the Workbook focuses on written language and gives students the chance to practice their listening skills further. The Workbook is divided into two parts:

a. In the main part of the Workbook, the activities in each chapter focus on reading, writing, and listening in real communicative contexts. This section is teacher corrected as it involves open-ended activities. Each chapter is framed by the Planning Strategy and Workbook Tape. Parallel to the first three *etapas* of the textbook are three Workbook *etapas* that include reading strategies; text-comprehension activities; and an open-ended writing activity that combines the functions, vocabulary, grammar, and theme of the chapter. Parallel to the fourth *etapa* in the Textbook is the fourth *etapa* of the Workbook, which includes pronunciation practice and listening comprehension exercises.

b. The second part of the Workbook is the self-correcting grammar practice, **Práctica Gramatical**, in which students do highly-structured exercises on the grammar and lexical items presented in the chapter. Students are referred to the grammar practice at the beginning of each of the writing sections in the main part of the Workbook.

---

***¡Tú dirás!*** is an integrated approach to learning a foreign language so that students at the beginning stage of language learning immediately acquire useful language skills in Spanish. It consists of a mutually supporting network of learning materials:

- Student Textbook (with student annotations)
- Instructor's Annotated Edition that includes extensive teaching suggestions
- Textbook Tapes or Compact Disk (packaged with the Student Textbook)
- Workbook / Audio Manual
- Workbook Answer Key
- Workbook Tape Program or Compact Disks for use with the Workbook
- Audio Tapescript for Workbook
- Testing Program in printed or computerized format with Testing Tapes
- Transparency Masters and Transparencies for vocabulary and grammar presentations
- Video: *Mosaico cultural: Images from Spanish-speaking Cultures for* ***¡Tú dirás!*** program which presents cultural information from the Spanish-speaking world.[3]
- Video Guide to accompany *Mosaico cultural*
- Multimedia Program: *Nuevas dimensiones,* practices linguistic functions through the use of video on computer
- Electronic Study Guide / Workbook to drill the language structures presented
- Computer Software: *Atajo–Writing Assistant for Spanish*[4]
- Instructor's Resource Kit conveniently holds all these materials

Together these components provide students with a number of opportunities for speaking, reading, writing, and listening to Spanish. The ***¡Tú dirás!*** program components also open up the classroom and language lab to the sights, sounds, perceptions, and feelings that are reflected in the rich cultural diversity of the Spanish-speaking world.

[3] A video program designed for use in the classroom. Filmed across the Spanish-speaking world–including the U.S.–*Mosaico cultural for* ***¡Tú dirás!*** is designed to enhance cultural awareness as well as provide listening comprehension development. It provides valuable input for students from day one. The video segments are not scripted or played by actors. You will see real people in the Spanish-speaking world going about their daily lives.

[4] Open-ended writing activities in the Workbook have been designed with *Atajo* in mind and cross referenced to its bilingual dictionary, grammar, and functions. These activities guide students in the beginning stages of writing in Spanish.

# How ¡Tú dirás! Works

***Student Text:***
**Description:** 14 chapters; full color; hard cover; packaged with Text Tapes or CD
**Usage:** Daily, in class and at home
**Skills developed/practiced:** Reading, vocabulary, listening, speaking, pronunciation, culture, grammar, writing
**More information:** Consists of an introductory chapter, plus 14 chapters, each divided into 4 *etapas*

***Text Tapes (or on CD):***
**Description:** Used with the 1st, 2nd, and 3rd *etapa*; packaged with Student Text and in Instructor's Resource Kit
**Usage:** Use at home, in class and in language lab; 3–6 times per chapter
**Skills developed/practiced:** Pronunciation and reinforcement of grammatical structures; dialogs based on real-life situations
**More information:** Clearly correlated in the Textbook; scripts are included in Student Text.

***Instructor's Annotated Edition:***
**Description:** Full color; extensive marginal annotations include teaching tips and expansion of activities
**Usage:** Daily, in class and at home
**Skills developed/practiced:** Teaching Spanish language and Hispanic culture, especially for new teachers
**More information:** Many pedagogical suggestions and syllabi are included.

***Workbook/Audio Manual:***
**Description:** Correlates to 14 Textbook chapters: Part I practices reading, writing, and listening skills; Part II drills grammar.
**Usage:** Daily, at home and in language lab
**Skills developed/practiced:** Vocabulary, writing, reading, pronunciation, listening comprehension, and grammar
**More information:** Correlated with *Atajo* software; Answers to Part I are in separate answer key; Answers to Part II grammar drills are provided for self-check.

***Workbook Tape Program (or on CD):***
**Description:** Approximately 30 minutes per lesson; many interactive activities
**Usage:** Weekly, use with Workbook/Audio Manual in language lab or duplicate tapes for use at students' home.
**Skills developed/practiced:** Listening comprehension, vocabulary, and pronunciation
**More information:** Variety of native speakers; available for duplication; tapescript available

***Testing Program (with Testing Tapes):***
**Description:** Test bank of discrete items for each chapter from which instructor creates customized tests (available in print or computer software)
**Usage:** Optional
**Skills developed/practiced:** Tests reading, vocabulary, listening, speaking, culture, grammar, and writing
**More information:** Answer Key and suggestions for creating tests are included.

***Transparencies/Transparency Masters:***
**Description:** Set of 40 full color Transparencies; set of 68 black & white Transparency Masters
**Usage:** Optional, in class
**Skills developed/practiced:** Vocabulary, functions, speaking, and grammar review
**More information:** Color Transparencies are correlated to specific activities in Textbook; Transparency Masters are correlated with grammar points in each chapter, also available for duplication.

***Instructor's Resource Kit:***
**Description:** Contains Text Tapes, Workbook/Audio Manual, Audio Tapescript, Workbook Answer Key, Testing Program, Testing Tapes, Transparencies and Transparency Masters (CDs available upon request)
**Usage:** Optional
**Skills developed/practiced:** Instructor support
**More information:** Free course organizer box for instructors upon adoption

***Atajo* Writing Assistant Software for Spanish:**
**Description:** Word processing; bilingual Spanish-English dictionary; examples of how words and phrases are used; reference grammar with 250,000 conjugated verb forms; hard-to-find idiomatic expressions
**Usage:** Optional, in computer lab or at home
**Skills developed/practiced:** Develops writing skills through task-based written activities
**More information:** Runs on most networks; correlated with writing activities in the Workbook. For purchase only.

***Mosaico cultural* Video customized for *¡Tú dirás!*:**
**Description:** 140 minutes; 14 segments; expands on chapter theme; topics include art, literature, history, music, and sociology
**Usage:** Optional, in class or language lab
**Skills developed/practiced:** Culture, listening comprehension; all in Spanish
**More information:** Filmed in 5 Spanish-speaking countries; video segments cross-referenced in textbook; for purchase only. Also available on video disc.

***Instructor's Video Guide***
**Description:** Tapescript and pre- and post-viewing activities for video
**Usage:** Optional
**Skills developed/practiced:** Listening comprehension, writing, speaking, and culture
**More information:** On black line masters for ease of duplication; provided with purchase of video

***Nuevas dimensiones Multimedia:***
**Description:** Interactive software for training in listening comprehension; utilizes video that reflects the language functions in the main text
**Usage:** Optional, video shows people speaking Spanish and computer lets user control the action
**Skills developed/practiced:** Functions, vocabulary, grammar, listening
**More information:** For purchase only

***Electronic Study Guide (DOS or MAC):***
**Description:** Spanish tutor software for additional practice; cross-referenced to main text; end-of-chapter tests
**Usage:** Optional
**Skills developed/practiced:** Grammar, vocabulary, writing, and reading
**More information:** For purchase only

# Capítulo preliminar

## Chapter Objectives:

In this preliminary chapter you will be presented with some basic principles about learning Spanish. You will also be given information on the sound system of Spanish as well as written accent marks. In addition you will learn what people say when involved in greetings and leave-takings.

After completing this introductory chapter you should be able to carry out the following tasks:

- meet and greet people
- introduce people
- read and pronounce the Spanish alphabet
- understand how the written accent system works

The *linguistic elements* that you will learn to help you carry out these tasks are:

*Vocabulary* related to

- greetings and leave-takings
- making an introduction
- the Spanish alphabet
- written accents

*Buenos Aires, Argentina*

# ¡Vamos a aprender una lengua extranjera!

Like the learning of most skills, the learning of Spanish requires *attention, practice,* and *patience.* It also requires that you put aside any general misconceptions you may have and change certain habits asssociated with speaking English. The following introductory exercises will demonstrate some basic language principles involved in learning Spanish.

A. Imagine the picture suggested by each word.

1. window
2. bread
3. football

You probably imagined a picture of a window that slides up and down; a person from a Spanish-speaking country would more likely imagine a window that opens out. Your bread probably was a slice from a soft, rectangular loaf; the Spanish speaker's bread would probably be a crusty roll or a slice from a long, narrow loaf. And your football would probably not be a round "soccer" ball like the one people from Spain or Latin America think of automatically.

**Basic principle I: Languages are culture-specific. Words exist to express notions relevant to a particular culture.**

B. Give an idiomatic version of each awkward phrase.

1. You me you can to see?
2. I for myself brush the teeth.
3. It gives to us embarrassment.
4. She has twenty years.

Each of the preceding sentences is a word-for-word translation of a Spanish sentence. Although it is possible to convey the same idea in both Spanish and English, word order and word choice differ.

**Basic principle 2: It is generally not possible to translate word for word from Spanish to English or from English to Spanish. You must find the equivalent structure in each language.**

C. Listen to your instructor say each sentence.

1. *Yo no sé por qué.*
2. *¿Quién es ese hombre?*
3. *Ese coche no es mío.*
4. *Ella ya salió, ¿no?*

You will notice that, although each written sentence has at least four words, the spoken sentence sounds almost like one long word. You will also notice that certain sounds "slide together" with the sounds that follow them.

**Basic principle 3: Spanish is spoken in groups of words. You should learn to listen for the group rather than for isolated words. If you try to listen in English (that is, translate as you go), you will rapidly get lost. Try hard to listen in Spanish.**

D. Repeat the English vowels *a, e, i, o, u.* Watch other people in the class repeat the same vowels. Now watch your instructor pronounce the Spanish vowels *a, e, i, o, u.* Say this English sentence: "What are you going to do next summer?" Now watch your instructor say the equivalent Spanish sentence: *"¿Qué vas a hacer el verano que viene?"* You will probably have noticed that your instructor's mouth moves more distinctly in pronouncing Spanish than do the mouths of people speaking English.

**Basic principle 4: You cannot speak Spanish with a "lazy" mouth. Learn to open and close your mouth, to spread and round your lips as a particular sound requires.**

E. Pronounce each English word.

roof / aunt / tomato / either / route

There is probably a certain amount of variation in the way you and your classmates pronounce these words. Yet whether you say **rŏŏf** or **rōōf,** the word remains comprehensible. However, if you were to allow the same vowel variations in **full** and **fool,** there would certainly be confusion.

**Basic principle 5: Certain sounds, called phonemes, contrast with each other to create the distinctions necessary to form meaning. Learn to articulate the phonemes of Spanish as correctly as possible.**

This program will give you practice in recognizing and articulating the phonemes of Spanish. The *Pronunciación* section on p. 10 of this chapter provides a brief introduction to the basic sounds you will need. The workbook contains explanations for correct pronunciation of individual phonemes as well as exercises to help you practice making the Spanish sounds.

F. Pronounce each English word.

night / thorough / knave / knowledge / doubt

In each case, certain letters are not pronounced. This situation occurs only occasionally in Spanish, depending upon where the Spanish speaker is from. (The final *s* of a word or a syllable, for example, may be silent or almost silent for some speakers.) In all instances, however, the letter *h* is never pronounced in Spanish.

*hambre / helado/ hilo / hotel / humo*

**Basic principle 6: There is generally a one-to-one correspondence between the spoken sounds and written letters of Spanish.**

G. Try to guess the English meanings of the following Spanish words.

| | | | | |
|---|---|---|---|---|
| *imaginar* | *importante* | *marcar* | *católico* | *delicioso* |
| *dentista* | *farmacia* | *optimista* | *natural* | *profesión* |

Now do the same with these Spanish words.

*vagón / lectura / coche / librería / restar / apuntar*

You were undoubtedly able to guess almost all of the words in the first group; these words are called **cognates.** Thanks to the large number of cognates between Spanish and English, you begin your study of Spanish with many known words. However, the words in the second group are **false cognates.** A *vagón* is not a wagon, but a railroad car; a *lectura* is a reading, not a lecture; a *coche* is a car, not a coach. A *librería* is a bookstore, not a library. *Restar* does not mean to rest, but rather to subtract, and *apuntar* means to write down, not to appoint. Therefore, although there are hundreds of cognates, beware of those that do not mean what they at first appear to mean.

**Basic principle 7: There are many similarities between a number of words in the Spanish and English vocabularies. However, always check an apparent cognate to see if it makes sense in its context.**

H. Point out the spelling difference between these Spanish words.

| | |
|---|---|
| *hablo / habló* | I speak / he spoke |
| *de / dé* | of / give |
| *cana / caña* | gray hair / cane |
| *giro / güiro* | a turn / musical instrument |

Except for the letter *ñ* the letters of the Spanish alphabet are the same as those used in the English alphabet. Spanish uses **diacritic marks** (sometimes called accent marks) which have three basic purposes:

1. to distinguish between words that are spelled the same but have a different meaning when pronounced with the stress on a different syllable

   Example:
   *peso / pesó* — kind of money / it, he, she weighed

2. to distinguish between words that are pronounced exactly the same but have different meanings

   Example:
   *se / sé* — reflexive pronoun... / I know

3. to identify the different pronunciations of the same letter

   Example:
   The *ü* and the *ñ* of *cigüeña* (stork) are pronounced like /gwe/ and /nya/

The most frequently used diacritics are:

| | |
|---|---|
| ***el acento ortográfico*** (written accent) | Used above the letter to signal that stress is placed on that letter or syllable |
| ***la tilde*** (tilde) | Used to distinguish between letters *n* and *ñ* |
| ***la diéresis*** (dieresis) | Used to distinguish between pronunciation of *gui* and *güi* and *gue* and *güe.* |

**Basic principle 8: A Spanish word is not spelled correctly unless its diacritic marks are in place.**

Now that you have these principles in mind, it's time to begin learning some Spanish. ***¡Tú dirás!***

## Para empezar: *¡Hola! ¿Qué tal?*

*¡Hola! ¿Qué tal?:* Hello! How are you?

- **Buenos días,** Raúl. — Good Morning
- Buenos días, Antonio. **¿Cómo estás?** — How are you?
- **Muy bien, gracias. ¿Y tú?** — Very well, thank you. And you?
- **Más o menos.** — So-so.

| | |
|---|---|
| | – ¡Hola, Anita! ¿Qué tal? |
| | – Muy bien, Laura. ¿Y tú? |
| Well/let me introduce you to ... | – **Bien**, gracias. Anita, **te presento** a Juan. Juan, Anita. |
| | – ¡Hola! |
| Nice to meet you. | – **Mucho gusto.** |

| Greetings / Responses | **Saludos informales** | **Respuestas** |
|---|---|---|
| | Buenos días. | Buenos días. |
| Good afternoon. | **Buenas tardes.** | Buenas tardes. |
| Good evening. | **Buenas noches.** | Buenas noches. |
| | ¡Hola! | ¡Hola! |
| | ¿Qué tal? | Bien, gracias. ¿Y tú? |
| | ¿Cómo estás? | Muy bien, gracias. ¿Y tú? |
| How is it going? | **¿Cómo te va?** | Más o menos. ¿Y tú? |

| Saying Good-bye | **Despedidas** | |
|---|---|---|
| Good-bye. | **Adiós** | Adiós |
| See you later. | **Hasta luego.** | **Chao.** |

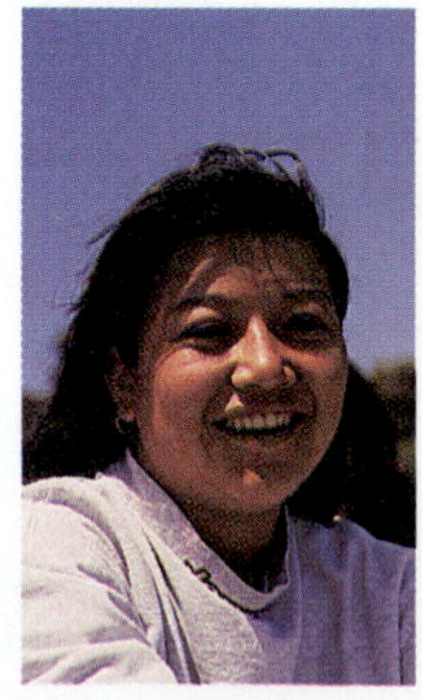

## ¡Te toca a ti!

**A. Saludos.** Answer these greetings appropriately.

1. ¡Hola!
2. Buenos días.
3. ¿Cómo estás?
4. ¿Qué tal?
5. Buenas tardes.
6. ¿Cómo te va?
7. Buenas noches.
8. Hasta luego.

**B. ¡Hola! ¿Qué tal?** You are with a new student and you meet a friend in the hallway. You and your friend greet each other, and you introduce the new student. Divide into groups of three to act out the situation.

◆ **Modelo:** **Tú:** *¡Hola! ¿Qué tal?*
**Amigo(a):** *Bien, gracias. ¿Y tú?*
**Tú:** *Bien, gracias. Te presento a Marilú.*
**Amigo(a):** *¡Hola!*
**Marilú:** *Mucho gusto.*

### Comentarios culturales

**Saludos.** In Hispanic culture, the body language that accompanies greetings and good-byes is different from American customs. In both situations, it is customary for men to shake hands formally or, if they already know each other, even embrace and pat each other on the back. Among women, the custom is to shake hands and, if they know each other, kiss each other on both cheeks in Spain and on only one cheek in Latin America. When a man and woman who know each other meet, they generally kiss on both cheeks.

## Enfoque léxico: *Presentaciones*

| Saludo formal | Respuesta |
|---|---|
| Buenos días. | |
| ¿Cómo están ustedes? | |
| ¿Cómo está usted? | (Estoy) Bien, gracias. ¿Y Ud.? |

| Presentación | |
|---|---|
| Quisiera presentarle (les) a... | Encantado(a). |

## Dilo tú

**C. ¿Qué respondes? *(What do you answer?)*** Complete the dialog with an appropriate expression, and don't forget to address the person in parentheses by name.

◆ **Modelo:** Buenos días, Alberto. (señor Pérez)
*Buenos días, señor Pérez.*

1. ¿Cómo estás, Adela? (señor Carrillo)
2. ¡Hola, Lourdes! (señor Ramírez)
3. Quisiera presentarle a mi amigo Pepe. (señora Ruiz)
4. ¿Cómo están ustedes, señores? (Margarita)
5. Mucho gusto, Raquel. (señorita Castillo)

**D. Buenos días, señor (señora, señorita).** Greet and shake hands with your instructor, introduce a classmate to him or her, and then say good-bye.

## Pronunciación: *El alfabeto*

A good place to start your study of Spanish pronunciation is with the alphabet. Listed below are the letters of the Spanish alphabet along with their names. Repeat the letters after they have been modeled.

| | | | | | |
|---|---|---|---|---|---|
| **a** | a | **j** | jota | **r** | ere |
| **b** | be | **k** | ka | **s** | ese |
| **c** | ce | **l** | ele | **t** | te |
| **d** | de | **m** | eme | **u** | u |
| **e** | e | **n** | ene | **v** | ve |
| **f** | efe | **ñ** | eñe | **w** | doble ve |
| **g** | ge | **o** | o | **x** | equis |
| **h** | hache | **p** | pe | **y** | i griega |
| **i** | i | **q** | cu | **z** | zeta |

## Práctica

**E.** Repeat the following words and then spell them using the Spanish alphabet.

1. pan
2. refresco
3. mantequilla
4. leche
5. aceitunas
6. bocadillo
7. naranja
8. limón
9. mermelada
10. calamares
11. sándwich
12. desayuno
13. jamón
14. pastel
15. tortilla

Now spell your first and last names.

## Comentarios culturales

**Saludos formales e informales.** When greeting people and making introductions, there are expressions that denote different degrees of formality or informality. **¡Hola!, ¿Qué tal?, ¿Cómo estás?, ¿Cómo te va?, Te presento a...** are used informally with people you know well and with peers. **¿Cómo está usted?, ¿Cómo están ustedes?, Quisiera presentarles(le) a...** are more formal and are used with older people or people you do not know very well. It is not uncommon for older people or superiors to speak informally to a younger person who addresses them as **usted.**

## Written accents

One way that Spanish spelling differs from English is that a written accent is sometimes used in addition to the letters of the alphabet. You can determine where the stress falls in a Spanish word by noticing if it has a written accent or not.

As a general rule, Spanish words are stressed on the next-to-last (penultimate) syllable, unless certain circumstances occur.

1. If a word ends in a consonant, with the exception of the consonants "n" or "s," then it is stressed on the last syllable.

   *verdad* (true) *feliz* (happy) *azul* (blue) *caminar* (to walk)

2. If a word ends in a vowel, or the consonants "n" or "s," then it is stressed on the penultimate syllable.

   *cama* (bed) *libro* (book) *cuaderno* (notebook) *baile* (dance) *lunes* (Monday)

3. The only time words do not follow this pattern is when they have a written accent mark, in which case the syllable with the accent mark receives the stress.

   *salió* (he/she left) *comí* (I ate) *volveré* (I will return) *avión* (airplane) *París* (Paris) *fácil* (easy) *inútil* (useless) *cárcel* (jail) *mártir* (martyr)

By following these three simple guidelines, you will know how to pronounce all Spanish words.

# Vamos a tomar algo

## Chapter Objectives:

In this chapter you will learn about different kinds of foods and drinks. You will see that some of them are universal, while others are typical of specific areas in the Spanish-speaking world.

After completing this first chapter you will be able to carry out the following tasks:

- order something to eat and drink
- discuss likes and dislikes
- find out about other people

The linguistic elements that you will learn to help you carry out these tasks are:

- vocabulary related to the following topics:
  - drinks, food, snacks
  - activities one enjoys doing
  - countries and nationalities
- grammatical structures:
  - indefinite and definite articles
  - **gustar** + **acciones**
  - present tense **-ar, -er, -ir** verbs
  - present tense **ser**
  - **ser** + **adjetivos**

**Primera etapa:** Te invito a un café

**Segunda etapa:** Vamos de tapas

**Tercera etapa:** Antojitos mexicanos

**Cuarta etapa:** Magia y color en Los Ángeles

## Para empezar: *Te invito a un café*

### *Preparación*

- What are the different beverages you can order at a restaurant or a bar?
- Think about the things you drink at different moments during the day.
- What do you normally have for breakfast?
- What, if anything, do you snack on?

**Vocabulary expansion:** **mesero** = *waiter* in Mexico

waiter / Here you are.
what do you want to drink?
Thank you very much
You're welcome.

– Pst, **camarero.**
– Sí señorita, **¿qué desea tomar?**
– Una limonada, por favor.
– ¿Y usted?
– Un licuado de banana, por favor.
– **Aquí tienen.** Una limonada y un licuado de banana.
– **Muchas gracias.**
– **De nada.**

**Vocabulary expansion:** In most of Latin America and Spain **café** and **cafecito** is a demitasse of plain black coffee.

hot and cold drinks

### Bebidas calientes y frías

**Vocabulary**: **café con leche:** coffee with warm milk; **granadina:** grenadine, a nonalcoholic red syrup made from pomegranates, often mixed with mineral water and served with a wedge of lemon or lime; **licuado:** a drink made by blending milk and fruit, such as peaches, strawberries, bananas; **refresco:** any soft drink

un café con leche

un café

un chocolate

un té

un té con limón

un té con leche

una botella de agua mineral

una granadina con agua mineral

un jugo de naranja

un licuado de banana

una limonada

una sangría

una cerveza

un refresco

un vaso de agua con limón

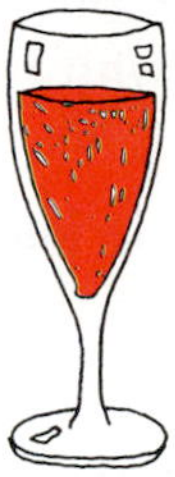

un vino tinto

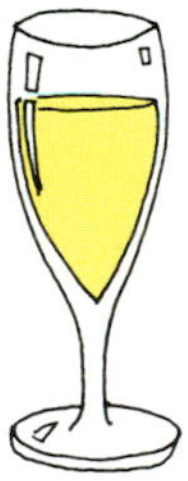

un vino blanco

## El desayuno y la merienda

un sándwich de jamón y queso

un bocadillo

un desayuno

una rebanada de pan

un pastel de fresas

un croissant (Spain)

un pan dulce

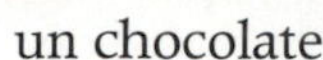

un chocolate

un café

un café con leche

**un bocadillo:** sandwich made with a hard-crust roll; may have different fillings, such as cheese, ham, sausage, an omelette, etc.; most common in Spain

**un croissant:** a word borrowed from French and used in Spain with the same meaning as in English; called a **medialuna** in other countries, such as Argentina, Uruguay, and Chile

**un desayuno:** breakfast; often a cup of coffee with warm milk and a piece of toast and marmalade or bread and butter

**un pan dulce:** any kind of sweet roll, cinnamon roll, danish, etc.; usually eaten with hot chocolate; this expression is commonly used in Mexico

**un sándwich de jamón y queso:** toasted sandwich made with white bread, ham, and cheese; common in Spain

## Dos amigas en un café

*Dos amigas:* Two friends

| | | |
|---|---|---|
| I would like | **Ana:** | **Quisiera** tomar un café. ¿Y tú? |
| to eat something | **Clara:** | Yo quisiera **comer algo.** |
| this / they have | **Ana:** | En **este** café **tienen** bocadillos, sándwiches y pasteles. |
| Then, I'm going to eat | **Clara:** | **Pues, voy a comer** un pastel, mm... con un café con leche. |
| for me | **Ana:** | Y **para mí** un sándwich de jamón y queso. |

# Comentarios culturales

**Los cafés.** In the Spanish-speaking world, young and old people enjoy meeting at a **café** for a drink and a snack at different times during the day. In every neighborhood of a town or city one can find cafés, each with its own particular clientele and atmosphere. In a café near a school or university, for example, it is possible to see groups of students sitting at tables discussing their studies and politics or just chatting with friends. Older people may prefer sitting in a quieter café where they can listen to music while they read the newspaper, play cards, or simply relax watching the passersby. In the summertime, tables are usually set outside for the enjoyment of the customers.

**Las comidas.** In Spanish-speaking countries, there are usually cafés near schools and universities where students meet before or after class. It is very common to have a snack in the morning at about 11:00 and at about 6:00 or 7:00 in the evening because lunch and dinner are frequently served late. Lunch is around 2:00 in the afternoon, and dinner may be as late as 10:00 in the evening.

## Te toca a ti

**A. En el café.** You and your friend are in a café and want to order something to drink. Look at the menu to select your drinks. A classmate will play the role of the food server. When you order what you want reverse roles.

◆ **Modelo:** – *¿Qué desean tomar?*
– *Un café con leche, por favor.*
– *¿Y usted?*
– *Un té.*

**B. ¿Vas a comer algo?** You and your friends are in a snack bar. Using the words suggested, decide what snack you will have.

◆ **Modelo:** sándwich de queso/sándwich de jamón
– *¿Vas a comer algo?*
– *Yo quisiera un sándwich de queso. ¿Y tú?*
– *Mmm... voy a comer un sándwich de jamón.*

1. un bocadillo de jamón/un bocadillo de queso
2. un pastel de fresas/un pastel de banana
3. un croissant/un pan dulce
4. un pan tostado/un sándwich de jamón y queso
5. un licuado de fresas/pan con mantequilla
6. pan con mermelada/una medialuna

## Enfoque estructural: *El artículo indefinido*

Notice that when people order drinks and food, they say:

– **Una** limonada, por favor.
– **Un** café con leche.
– Yo voy a comer **un** sándwich de jamón.

The English equivalent of **un**, **una** is *a* or *an*. The equivalent of **unos**, **unas** is *some*. In Spanish we distinguish between the *masculine* indefinite article **un** and the *feminine* indefinite article **una**.

| | Masculino | Femenino |
|---|---|---|
| **Singular** | **un** refresco | **una** limonada |
| **Plural** | **unos** bocadillos | **unas** tostadas |

For an English speaker it is not surprising that a waiter (**un camarero**) is masculine and a waitress (**una camarera**) is feminine. However, it is somehow startling to learn that **un refresco** is masculine and **una cerveza** is feminine. All nouns in Spanish have grammatical gender. The gender has nothing to do with what the word means.

If a word is masculine, it often ends with the vowel **-o** (**un** refresc**o**). If a noun is feminine, it often ends with the vowel **-a** (**una** granadin**a**). But not all words fall into these categories: **un café, un té** are both masculine although they don't end with an **-o.** For this reason it is best to learn the noun with its corresponding article.

## Dilo tú

**C. ¿Un o una?** In pairs, student A will read to student B the words in column A and the person listening has to come up with the right indefinite article for each word. Then student B will read to student A the words in column B.

◆ **Modelo:** botella de agua mineral
*una*

| A | B |
|---|---|
| 1. jugo de naranja | 6. café con leche |
| 2. limonada | 7. licuado de fresas |
| 3. té | 8. té con leche |
| 4. chocolate | 9. cerveza |
| 5. vaso de leche | 10. vino tinto |

**D. Yo quisiera... ¿y tú?** In groups of four, a student playing the role of the food server will ask each person what he or she wants to have. Then, the student will write it down.

◆ **Modelo:** – *¿Qué desean?*
– *Yo quisiera una limonada...*

1. chocolate
2. té
3. croissant
4. jugo de naranja
5. cerveza
6. granadina
7. té con leche
8. refresco
9. licuado de fresa
10. pan dulce

## Enfoque léxico:

### *Expresión de los gustos*–**gustar** + **acciones**

When people go to a *café* together for a drink or a snack, they normally talk about themselves, their daily activities, the things they like to do, etc. These are also normal topics in a conversation when you are meeting people for the first time. Look at the following exchanges:

In order to express in Spanish what activities you like or do not like to do, the following structure can be used:

An *infinitive* is a verb that is not conjugated (does not show a different ending for each person). For example, in English *to introduce* is an infinitive, and *she introduces* is a conjugated verb.

**Gustar** + *infinitive*

| | |
|---|---|
| **Me gusta** bailar. | ***I like*** *to dance.* |
| **¿Te gusta** cantar? | ***Do you like*** *to sing?* |
| **No me gusta** cantar. **Me gusta** escuchar música. | ***I don't like*** *to sing.* ***I like*** *to listen to music.* |

Here are some words that can be used to express whether you like something very much or just a little.

| | |
|---|---|
| **mucho** | *a lot* |
| **muchísimo** | *very much* |
| **poco** | *a little* |
| **muy poco** | *very little* |

| | |
|---|---|
| Me gusta **mucho** bailar. | *I like to dance **a lot.*** |
| Me gusta **muy poco** escuchar música clásica. | *I like **very little** to listen to classical music.* |

These words are called *adverbs* and in this structure they come after the verb **gustar.**

## Dilo tú

**E. ¿Qué (*What*) te gusta?** Ask your classmate which of the following things he or she likes to do. Note the answers. Then tell her or him which ones you like or do not like to do.

_____ bailar
_____ cantar
_____ viajar
_____ estudiar
_____ escuchar música

**F. ¿Muchísimo o muy poco?** Say how much or how little you like to do these activities.

◆ **Modelo:** cantar
*Me gusta mucho cantar.*
o
*Me gusta muy poco cantar.*

1. bailar
2. hablar en clase
3. hablar español
4. escuchar música rock
5. escuchar música clásica
6. estudiar
7. cantar

*Usted* and *ustedes* are lowercased when spelled out, but are capitalized when abbreviated *(Ud., Uds.).*

# Enfoque estructural:

## *Pronombres personales*

**Subject pronouns** is the term used to refer to the following set of words: *I, you, he, she, it, we, they.*

**Pronombres personales: *Spanish vs. English***

| | |
|---|---|
| **yo** | *I* |
| **tú** | *you:* one person, used when you are on a first-name basis |
| **usted (Ud.)** | *you:* one person, used with people you do not know very well, your superiors, and older people in general |
| **él** | *he* |
| **ella** | *she* |
| **nosotros(as)** | *we:* **nosotras,** used when referring to a group of all women |
| **vosotros(as)** | *you:* used only in Spain with more than one person with whom you are on a first-name basis; **vosotras,** used when referring to a group of all women |
| **ustedes (Uds.)** | *you:* used with more than one person |
| **ellos** | *they:* two or more males or a group of males and females |
| **ellas** | *they:* two or more females |

## *Presente de los verbos regulares en* **-ar**

1. Verbs consist of two parts: a *stem,* which carries the meaning, and an *ending,* which indicates the subject and the tense.

2. Although in English verb endings seldom change, in Spanish verb endings change for each person, and the endings let you know who the subject is in each case: tom**o** un refresco *(I),* tom**amos** cerveza *(we).* Look at the sentences below, and notice how the endings change in each case:

| | |
|---|---|
| Tom**o** un refresco. | ***I'm having*** *a soft drink.* |
| ¿Dese**as** un bocadillo? | *Do* ***you want*** *a sandwich?* |
| Ella habl**a** con Juan. | *She* ***is talking*** *to Juan.* |
| Mis amigos y yo cant**amos.** | *My friends and I* ***sing.*** |
| Tus amigos y tú bail**áis.** | *You and your friends* ***dance.*** |
| Teresa y Paco tom**an** una cerveza. | *Teresa and Paco* ***are drinking*** *a beer.* |

3. To conjugate a regular **-ar** verb, drop the **-ar,** and add the appropriate endings to the stem:

| Subject | Stem | Ending | Conjugated verb form |
|---|---|---|---|
| yo | estudi- | **-o** | **estudio** |
| tú | | **-as** | **estudias** |
| Ud. / él / ella | | **-a** | **estudia** |
| nosotros(as) | | **-amos** | **estudiamos** |
| vosotros(as) | | **-áis** | **estudiáis** |
| Uds. / ellos / ellas | | **-an** | **estudian** |

4. The present tense is used in Spanish as the equivalent of *I study, I am studying,* and *I do study.*

**Some *-ar* verbs:**

**bailar** *(to dance),* **cantar** *(to sing),* **desear** *(to want),* **escuchar** *(to listen),* **estudiar** *(to study),* **hablar** *(to speak, to talk),* **practicar** *(to practice),* **tomar** *(to take, to drink, to have),* **viajar** *(to travel)*

## Enfoque léxico: *¿Cómo? ¿Cuándo?*

The following words and phrases are used in Spanish to express how well or how often you do something.

| | |
|---|---|
| **bien** | *well* |
| **muy bien** | *very well* |
| **mal** | *poorly* |
| **todos los días** | *every day* |
| **siempre** | *always* |
| **a veces** | *sometimes* |

Practico el piano todos los días.

## Dilo tú

**G. ¿Cómo y cuándo?** Here is a list of different activities along with another list of expressions. Match the activities and the expressions next to them to say how often or how well you do these things.

| **Actividades** | | **Cómo/cuándo** | |
|---|---|---|---|
| 1. cantar | 5. bailar | a. bien | e. mal |
| 2. hablar en clase | 6. trabajar | b. a veces | f. siempre |
| 3. escuchar música | 7. cantar | c. muy bien | g. muy mal |
| 4. estudiar | 8. viajar | d. todos los días | |

**H. Preguntas.** Ask a classmate questions using the following verbs. Your classmate will answer saying how often or how well she or he does the activities.

◆ **Modelo:** hablar
– *Pablo, ¿hablas español?*
– *Sí, todos los días.*

| | | | |
|---|---|---|---|
| 1. bailar | 3. hablar | 5. cantar | 7. estudiar |
| 2. trabajar | 4. viajar | 6. escuchar | |

## Vamos a escuchar: *En un café*

Ana and her friends are having a snack at a café. Listen to their conversation and do the following exercises.

### *Antes de escuchar*

Based on the information you have learned in this etapa:

1. What are some things you expect Ana and her friends will order?
2. What do you say to order something in Spanish?

### *Después de escuchar*

**I. Comprensión.** Which of the following things did Ana and her friends order?

| | | | |
|---|---|---|---|
| LIMONADA | _____ | CROISSANT | _____ |
| TÉ | _____ | SÁNDWICH DE JAMÓN Y QUESO | _____ |
| REFRESCO | _____ | PAN DULCE | _____ |
| AGUA MINERAL | _____ | PASTEL | _____ |

**J. ¿Cómo lo dicen?** The instructor will play the tape again. Listen and see if you can determine the following:

1. What question does the waiter ask to get their order?
2. How does Francisco say that he would like something to eat?

## Tú dirás

**K. En el café.** You and a friend meet at a café after school. You greet each other and order something to eat and/or drink. Then another friend arrives. Introduce him or her to your first friend. The two people who have just met try to get better acquainted by asking each other questions. Don't forget to have the third person order something also.

**L. Buenos días, señor (señora).** While walking with a friend, you run into a Spanish colleague of your instructor, señor (señora) Ruiz. Introduce your friend to him or her. Señor (señora) Ruiz will ask the two of you questions about your activities.

# Segunda etapa

## Para empezar: *Vamos de tapas*

### *Preparación*

- As you noticed in *Primera etapa,* there are different kinds of food people eat when it is time for a snack. In the picture below you will see some typical snacks from Spain.
- Try to identify the **tapas** in the picture. Do you recognize any of them? Which ones are new to you?

**patatas bravas:** cooked potatoes diced and served in a spicy sauce

**tortilla de patatas:** an omelette made with eggs, potatoes, and onions; served in small bite-sized pieces

## Comentarios culturales

**Las tapas.** In Spain, one of the most popular places for friends to meet is the **bar de tapas.** Spaniards commonly stop in these places after work or before dinner for a snack and something to drink. These snacks are called **tapas** and include such things as peanuts, olives, cheese, and bite-size pieces of **tortilla.** Sometimes these **tapas** are provided at no charge with each beverage order. More substantial food, such as **bocadillos** and different kinds of fried fish, can also be ordered. **La Chuleta** is a well-known **tapas** bar in Madrid.

## Te toca a ti

**A. De tapas.** Imagine you have just arrived in a city in Spain. This is going to be your first **tapas** experience. Look at the picture on page 25 and decide which ones you want to try. Make your own list.

**B. ¡Camarero, más..., por favor!** Well, it seems that you like these **tapas**, and want to order more. Ask a classmate, who will play the role of the food server, to bring you some **tapas.**

## ¿Recuerdas?

**C. ¡Qué hambre! (*I'm famished!*)** You are very hungry and those **tapas** were not enough. You want to eat something else. In groups of four, one student will play the role of the food server and the others will be customers. Using the vocabulary you learned in *Primera etapa,* order something to eat and drink.

Now that you have your food, engage in a conversation with your friends about the things everyone likes doing.

## Enfoque estructural: *El artículo definido*

In *Primera etapa* you learned about the use of indefinite articles in Spanish. As in English, Spanish has definite articles. See the sentences below:

> **Las** tapas son típicas de España.
> **El** bar La Chuleta sirve muchas tapas.

In Spanish, the definite article has two singular forms and two plural forms. The English equivalent of these forms is *the*.

| | Masculino | Femenino |
|---|---|---|
| **Singular** | **el** queso | **la** tortilla de patata |
| **Plural** | **los** cacahuetes | **las** patatas bravas |

**Uses of the definite article in Spanish**

1. The definite article is used to designate a noun in a general or collective sense:

   **El café** es una bebida popular. — ***Coffee** is a popular drink.*
   **La leche** tiene vitamina D. — ***Milk** has vitamin D.*

2. The definite article is also used to designate a noun in a specific sense:

   Me gustan **las** tapas del bar La Chuleta. — *I like **tapas** from La Chuleta bar.*
   **La** tortilla de patata es mi tapa favorita. — ***Tortilla de patata** is my favorite tapa.*

3. The definite article is used in Spanish with such titles as **Sr., Sra., Srta., Dr., Dra.**

   **El Sr.** Herrera come en un café. — ***Mr.** Herrera eats in a café.*
   **La Dra.** Martínez habla español. — ***Dr.** Martínez speaks Spanish.*

## Dilo tú

**D. ¿Te gusta o no?** Ask several of your classmates whether or not they like the following things:

◆ **Modelo:** *¿Te gusta la leche?*
*Sí, me gusta...,*
o
*No, no me gusta...*

1. café
2. cerveza
3. queso
4. tortilla
5. vino tinto
6. agua mineral

Then report to the class who likes what.

**E. ¿Qué vas a tomar?** Offer one of the following items of food and drink to at least two of your classmates. They will either accept or ask for something else, depending on their personal preferences.

◆ **Modelo:** – *¿Vas a tomar una cerveza?*
– *¡Ah, sí! Me gusta mucho la cerveza.*
– *¿Y tú?*
– *No, gracias. Voy a tomar un vino.*

1. un refresco
2. una cerveza y una tortilla de patata
3. un café con leche
4. una limonada y unos cacahuetes
5. un vino y unos calamares

# Enfoque estructural:

## *Presente de los verbos en* -er, -ir

You learned in *Primera etapa* how verb endings change to indicate who is doing the action. You learned the specific ending for verbs like **hablar, cantar, viajar,** that is, verbs that have an **-ar** infinitive.

Now you are going to learn the endings for verbs that have an **-er** infinitive like **comer** *(to eat),* **correr** *(to run),* **leer** *(to read),* **vender** *(to sell),* and verbs that have an **-ir** infinitive like **vivir** *(to live),* **escribir** *(to write).*

**Verbos en *-er***

| | | | |
|---|---|---|---|
| yo | corr- | **-o** | corr**o** |
| tú | | **-es** | corr**es** |
| Ud. / él, ella | | **-e** | corr**e** |
| nosotros(as) | | **-emos** | corr**emos** |
| vosotros(as) | | **-éis** | corr**éis** |
| Uds. / ellos, ellas | | **-en** | corr**en** |

**Verbos en *-ir***

| | | | |
|---|---|---|---|
| yo | viv- | **-o** | viv**o** |
| tú | | **-es** | viv**es** |
| Ud. / él, ella | | **-e** | viv**e** |
| nosotros(as) | | **-imos** | viv**imos** |
| vosotros(as) | | **-ís** | viv**ís** |
| Uds. / ellos, ellas | | **-en** | viv**en** |

You will note that except for the **nosotros** and **vosotros** forms, the endings are exactly the same for both types of verbs.

**Some common -er verbs:**

**aprender** *(to learn),* **beber** *(to drink),* **comer** *(to eat),* **comprender** *(to understand),* **correr** *(to run),* **leer** *(to read),* **vender** *(to sell)*

**Some common -ir verbs:**

**compartir** *(to share),* **escribir** *(to write),* **recibir** *(to receive),* **vivir** *(to live)*

## Dilo tú

**F. ¿Qué hacen?** Look at the following drawings and match them with the appropriate description.

a. b. c. d. e. f.

1. Adela y Pepa corren en el parque.
2. Nosotros leemos revistas.
3. Leo recibe una carta.
4. Antonio come un bocadillo.
5. Miguel escribe una carta.
6. Rogelio y Lilia beben un licuado.

**G. ¿Qué haces tú?** Answer the following questions. For each question you answer affirmatively, write that response on a separate piece of paper.

1. ¿Lees mucho?
2. ¿Vives en un apartamento?
3. ¿Recibes muchas cartas?

4. ¿Comprendes bien el español?
5. ¿Comes muchas tapas?

Now, tell a classmate the things you do and add, *¿y tú?* She or he will then respond.

◆ **Modelo:** Vivo en un apartamento, ¿y tú?
*Sí, vivo en un apartamento* o
*No, vivo en una casa.* (house)

## Vamos a escuchar: *En un bar de tapas*

Linda, Cristina, and Beatriz are at the bar *La Chuleta.* It's 1:30 in the afternoon. You will listen to their conversation and then do the following exercises.

### *Antes de escuchar*

Look at the questions before you listen to the conversation. Brainstorm the vocabulary you are about to hear by answering the following questions:

1. What do you think people eat as a mid-day snack in Spain?
2. What tapas would you order if you were in Madrid at *La Chuleta* bar?

On a separate sheet of paper write the following words: **aceitunas, calamares, tortilla de patata, cerveza, chorizo con pan, vino.** Put a check mark next to each word each time you hear it.

### *Después de escuchar*

**H. ¿Quién va a tomar qué?** As you listen to the dialog, match the names on the right with the food items on the left.

| | |
|---|---|
| LINDA | cerveza |
| | tortilla |
| BEATRIZ | calamares |
| | chorizo con pan |
| CRISTINA | vino tinto |

**I. ¿Cómo lo dicen?** Your instructor will play the tape again. As you listen, see if you can determine the following:

1. What does the food server say to get the order?
2. What is the filler that Beatriz and Linda use to express hesitation?

## Tú dirás

**J. Curiosidad.** Imagine that there is a new student in your class. Your friend happens to have met this person some time ago. You are curious and want to know more about this new student. You decide to invite your friend to have a snack so you can ask some questions. Suggestions: Find out if this person works, travels, likes to run, etc. . . And don't forget to order something to eat and drink.

**K. ¿Dónde desean comer?** While downtown on a Saturday afternoon, you and a friend run into one or more classmates. You are hungry, so you try to get people interested in going somewhere *(café, bar de tapas, restaurante)* for something to eat. When you have decided, go to the place and order your food. (If you can't all agree, split into smaller groups, say good-bye, and go off to the place of your choice.)

# Tercera etapa

## Para empezar: *Antojitos mexicanos*

### *Preparación*

Before you start working on this *etapa,* take advantage of all the information you already know.

Given the popularity of Mexican food in the U.S., it is likely that you are already familiar with some of the dishes you are going to learn about in this *etapa.*

Make a list of all the Mexican dishes you know. Think of several things that you feel best describe or characterize this kind of food.

Now notice the things people order at a Mexican restaurant.

| | | |
|---|---|---|
| are | Rafael y Pablo **están** en un restaurante en México. | |
| | **Camarero:** | Buenos días, |
| What will you have? | | señores. **¿Qué van a pedir?** |
| | **Rafael:** | Yo quisiera comer |
| chicken taco | | un **taco de pollo** |
| beans | | con **frijoles.** |
| | **Pablo:** | Para mí, una |
| meat enchilada | | **enchilada de** |
| rice | | **carne** con **arroz.** |
| | **Camarero:** | ¿Y para tomar? |
| | **Rafael:** | Un vaso de agua con limón. |
| | **Camarero:** | ¿Y para Ud., señor? |
| very | **Pablo:** | Una limonada, **bien** fría, por favor. |
| | **Camarero:** | Muy bien. |

**enchilada:** soft corn **tortilla** filled with cheese, meat, or chicken and served with hot sauce

**frijoles:** pinto or black beans cooked until tender; served mashed, most often as a side dish

**taco:** a corn **tortilla** filled with meat, chicken, or other fillings and topped with lettuce, tomato, grated cheese, and sauce

**tortilla:** made of cornmeal and shaped like a pancake; in Mexico, the **tortill**a is served with all meals and takes the place of bread

| | | |
|---|---|---|
| Great food! | **Sara:** | Mm... ¡**Qué comida más rica**! ¿Qué es? |
| hot pepper sauce | **Señora:** | Son enchiladas con **salsa de chile.** |
| How hot (spicy)! | **Carlos:** | ¡Ay!... ¡**Qué picante!** No me gusta. Es muy picante para mí. |
| Here is another | **Señora:** | **Aquí hay otra** enchilada que no es picante. |
| This one is delicious! | **Carlos:** | Mm... ¡Sí! **¡Ésta es riquísima!** |
| custard | **Sara:** | Carlos, el **flan** es delicioso también. |
| good | **Carlos:** | Sí. ¡Qué **bueno!** |
| | **Sara:** | Me gusta mucho la comida mexicana. Es muy diferente de la comida norteamericana. |

**chile:** a pepper ranging from mild to very hot; used to make sauces

**flan:** very common dessert in all Hispanic countries; baked custard topped with caramel sauce

## Te toca a ti

**A. ¿Qué va a pedir?** You are in a Mexican restaurant. Look at the pictures below and decide what you are going to order.

◆ **Modelo:** enchilada de queso
– *¿Qué va a pedir?*
– *Yo quisiera comer una enchilada de queso.*
– *Muy bien.*

**B. ¿En España o en México?** Are these people in Spain or in Mexico? Decide according to the food they are eating.

1. A mí me gusta mucho comer tapas con un refresco.
2. Yo quisiera un bocadillo de jamón, por favor.
3. Para mí una enchilada de carne con salsa, por favor.
4. Yo voy a tomar un chocolate.
5. Voy a comer un sándwich de jamón y queso.
6. Yo deseo un taco de pollo con frijoles.

**C. ¿Vamos a comer algo?** When asked this question, the people pictured below all answered *sí,* but each had a different place in mind. Match each statement with the appropriate person on the basis of the clues in the drawings.

a.

b.

c.

d.

1. Yo quisiera comer unas tapas y tomar algo bien frío.
2. A mí me gusta la comida mexicana... Mm, ¡tacos y frijoles con arroz!
3. Nosotros deseamos unos licuados de fresas con unos bocadillos.
4. Yo deseo un café con leche y un sándwich.

# ¿Recuerdas?

**D. ¿Qué quisieras?** Ask a friend if he or she would like a beverage or food from the first category given. He or she will indicate that he or she doesn't like food or drinks of that kind and will ask for something from the second category. Follow the model.

◆ **Modelo:** licuado / té con limón
– *¿Quisieras un licuado?*
– *No, no me gustan los licuados. Quisiera un té con limón.*

1. hamburguesa / sándwich de jamón con queso
2. calamares / patatas bravas
3. bocadillo / pizza
4. aceitunas / cacahuetes
5. taco / enchilada

## Enfoque estructural:

### *El verbo* ***ser*** *+* ***lugar de origen***

At the Mexican restaurant, the food server has the following exchange with the American couple:

**Camarera:** Perdón, ¿**son** ustedes mexicanos?
**Sara:** No, **somos** norteamericanos.
**Camarera:** Oh, ¡hablan muy bien español! ¿**Son** estudiantes?
**Carlos:** No, **somos** turistas. Estamos aquí de vacaciones, para visitar la ciudad.
**Camarera:** Pues, ¡bienvenidos! *(welcome)*

At a different table, several students:

¡Hola! **Soy** Pablo Hernández.
¿**De dónde eres,** Pablo?
De Bogotá, Colombia. ¿Y tú?
**Soy** peruano, de Lima. Luisa y Raquel **son de** Lima también.

Some Spanish verbs are called irregular verbs because their conjugations do not follow a fixed pattern, like those you learned in previous *etapas.* One of the most frequently used irregular verbs is **ser.**

**ser**

| | | | |
|---|---|---|---|
| yo | **soy** | nosotros | **somos** |
| tú | **eres** | vosotros | **sois** |
| él / ella / Ud. | **es** | ellos / ellas / Uds. | **son** |

**Ser** + **de** followed by the name of a country or city is used to express place of origin.

**Soy de** Lima pero mis padres **son de** Quito, Ecuador.

The expression **¿de dónde** + verb **ser?** is used to inquire where someone or something is from.

¿**De dónde es** la tortilla de patata?
De España.

¿**De dónde eres**, John?
De Nuevo México.

## Dilo tú

**E. Ellos no son de los Estados Unidos *(United States)*.** Even though a great number of Spanish-speaking people live in the United States, many were not born here. When you ask them if they are from the U.S., they tell you where they are from originally. Using the cues, ask and answer questions according to the model.

◆ **Modelo:** Vicente / España
– *Vicente, ¿eres de los Estados Unidos?*
– *No, soy de España.*

1. Jorge / México
2. Patricia / Ecuador
3. Ángeles / Argentina
4. Mercedes / Colombia
5. Daniel / Paraguay
6. Luisa / Bolivia
7. Carlos / Chile
8. Francisco / Venezuela

**F. ¿De dónde eres?** Find out where five of your classmates are from (the place they were born). Then be prepared to report to the class.

◆ **Modelo:** – *¿De dónde eres?*
– *De Nueva York.*
– *Karen es de Nueva York.*

## Enfoque léxico: *Adjetivos de nacionalidad*

Look at the map on page 36. Each person is from a different country, so each has a different nationality: Jorge es **mexicano,** Julia es **cubana,** Carlos es **chileno.**

Adjectives, that is, words that describe or qualify a noun, have to agree in gender (masculine/feminine) and number (singular/plural) with the person or thing they refer to.

Agree in this context means that the adjective has to have the same gender and number the noun does. *Carlos* (masculine and singular) *es peruano* (also masculine and singular). *Mirta* (feminine and singular) *es argentina* (also feminine and singular).

1. Adjectives that end in **-o** are masculine, and they have a feminine form that ends in **-a:**

   Ángeles es argentin**a** y Jorge es mexican**o.**

2. Adjectives that end in a consonant (**-l**, **-n**, **-s**) are, for the most part, masculine and form the feminine by adding an **-a:**

   | | |
   |---|---|
   | español | español**a** |
   | francés | frances**a** |
   | alemán | aleman**a** |

   Juan, un amigo de Ángeles, es español. Jorge también *(also)* tiene *(has)* una amiga español**a**, Anabel.

3. Some adjectives have identical masculine and feminine forms.

   | | |
   |---|---|
   | Él es **estadounidense.** | Ella es **estadounidense.** |
   | Él es **canadiense.** | Ella es **canadiense.** |

4. To form the plural of the adjectives that end in a vowel, simply add **-s** to the masculine or feminine singular forms. If the singular form ends in a consonant, add **-es** for masculine adjectives and **-as** for feminine adjectives.

   | | |
   |---|---|
   | Ellos son **mexicanos.** | Ellas son **mexicanas.** |
   | Ellos son **españoles.** | Ellas son **españolas.** |
   | Ellos son **canadienses.** | Ellas son **canadienses.** |
   | Ellos son **alemanes.** | Ellas son **alemanas.** |

**Adjetivos de nacionalidad**

| País | Adjetivo |
|---|---|
| Argentina | argentino(a) |
| Bolivia | boliviano(a) |
| Colombia | colombiano(a) |
| Costa Rica | costarricense |
| Cuba | cubano(a) |
| Chile | chileno(a) |
| Ecuador | ecuatoriano(a) |
| El Salvador | salvadoreño(a) |
| España | español(a) |
| Guatemala | guatemalteco(a) |
| Honduras | hondureño(a) |
| México | mexicano(a) |
| Nicaragua | nicaragüense |
| Panamá | panameño(a) |
| Paraguay | paraguayo(a) |
| Perú | peruano(a) |
| Puerto Rico | puertorriqueño(a) |
| La República Dominicana | dominicano(a) |
| Uruguay | uruguayo(a) |
| Venezuela | venezolano(a) |

**Más adjetivos de nacionalidad**

| País | Adjetivo |
|---|---|
| Alemania | alemán (alemana) |
| Canadá | canadiense |
| China | chino(a) |
| Estados Unidos | estadounidense |
| Francia | francés (francesa) |
| Inglaterra | inglés (inglesa) |
| Italia | italiano(a) |
| Japón | japonés (japonesa) |
| Rusia | ruso(a) |

## Dilo tú

**G. Adjetivos de nacionalidad.** Using the list provided above, match all the names in exercise E with the appropriate adjective of nationality.

**H. Las nacionalidades.** You are with a group of young people from all over the world. Find out their nationalities by making the assumptions indicated and then correcting your mistakes. Follow the model.

◆ **Modelo:** Margarita / argentina / Nueva York
– *¿Margarita es argentina?*
– *No, ella es de Nueva York.*
– *Ah, ella es estadounidense entonces* (then).
– *Claro* (of course).

1. Lin-Tao (m.) / japonés / Beijín
2. Sofía / mexicana / Roma
3. Jean-Pierre / francés / Québec
4. Jill / canadiense / Londres
5. Hilda y Olga / colombianas / Berlín
6. Olga y Nicolás / venezolanos / Moscú

# Enfoque estructural:

## *El verbo **ser** + **adjetivos***

The verb **ser** plus an **adjective** is used to describe something or someone. In the conversation at the beginning of the *etapa* we saw Carlos and Sara say the following:

**Carlos:** No me gusta. **Es muy picante.**
**Sara:** El flan **es delicioso.**

In Spanish, to ask what someone or something is like, you use **¿Cómo es...?** or **¿Cómo son?**

– **¿Cómo es la tortilla?**
– Es muy rica y sabrosa.
– Y **¿cómo es el pan con chorizo?**
– Mmm... ¡exquisito!

# Dilo tú

**I. ¿Cómo es?** Complete the sentences according to your preferences in food. **¡OJO!** *(Watch out!)* If the noun is masculine, use the ending **-o** for the adjective; if it is feminine, use the ending **-a.**

◆ **Modelo:** *El flan* es delicioso.

1. ______________________ riquísimo(a).
2. ______________________ rico(a).
3. ______________________ malo(a) *(bad).*
4. ______________________ horrible.
5. ______________________ bueno(a).
6. ______________________ picante.

**J. ¿Cómo son?** What is your opinion of the following foods?

◆ **Modelo:** tacos con salsa
*Los tacos con salsa son muy picantes. No me gustan.*

1. hamburguesas
2. pasteles
3. enchiladas de queso
4. licuados
5. croissants
6. cacahuetes
7. bocadillos de jamón
8. tacos de pollo

## Vamos a escuchar:

### *En una cantina mexicana*

Carolina and her friends are at a Mexican restaurant. Listen to the conversation and complete the following exercises.

### *Antes de escuchar*

Look at the questions before you listen to the conversation. Brainstorm the vocabulary you might hear by answering the following questions:

1. What do people eat for lunch or dinner in Mexico?
2. What Mexican dishes would you order if you were in Guadalajara?

### *Después de escuchar*

**K. Comprensión.**

1. What time of the day does the conversation take place?
2. Does Verónica like beer?
3. Does Pepe order something to eat or drink?
4. Does Pepe like hot and spicy food?
5. What nationalities are mentioned?

**L. ¿Cómo lo dicen?**

1. How does Verónica say that she wants her lemonade very cold?
2. How does Pepe react to the food he tries?

## Tú dirás

**M. Una presentación.** Question another student in order to introduce him or her to the class. Find out (1) his or her nationality, (2) where he or she is from, (3) what languages he or she speaks, (4) whether he or she likes to sing, dance, travel, etc., and (5) what kinds of food he or she eats. Don't try to translate your questions literally from English to Spanish.

Instead, use the Spanish you have learned to find a way to get the information. When you have finished, introduce the student to the class.

◆ **Modelo:** *Quisiera presentarles a Clara. Ella es estadounidense. Es de El Paso, Texas, y habla inglés y un poco de español...*

**N. ¿Quién soy yo?** Assume the identity of an international celebrity—actor or actress **(actor o actriz)**, political figure **(político/a)**, or author **(autor/a).** Give a short description of yourself, your nationality, where you are from, and what you like to do, eat, etc. Your classmates will try to guess your identity. (Limit yourself as much as possible to words and structures you have studied in this first unit.)

# Cuarta etapa

## Lectura: *"Magia y color en Los Ángeles"*

### *Antes de leer*

1. Look at the picture that accompanies the text. What do you think the relation between the text and the picture is going to be? What does the picture let you know about the content of the reading? The caption of the picture mentions *Nuevo México.* Why? Where do you think this chef is from?
2. Look at the title now: **"Magia y color en Los Ángeles."** To what location (city/area) will the content of the article be related?
3. Skim the reading and underline all the words you recognize. Many of them have been introduced in this chapter; others you will be able to identify because they are cognates, that is, they are almost the same as English words.
4. Keeping in mind the words you have underlined, try to figure out the content of this article.

SABOR

# Magia y color en Los Angeles

## El 'espíritu intenso' de un celebrado chef del suroeste añade forma al sabor

**por Regina Córdova**

Sedlar se inspira en la cocina popular de Nuevo México

John Sedlar, dueño de St. Estèphe en Los Ángeles y uno de los chefs más celebrados del país, combina la técnica de la *nouvelle cuisine* francesa con la cocina popular del suroeste americano. Sedlar nació en Santa Fé y uno de sus recuerdos más vivos es la comida de su abuela, Eloísa Rivera, cuyas recetas para empanaditas y bizcochitos se sirven hoy día en el elegante comedor de St. Estèphe.

Tacos, tamales, echiladas y chiles rellenos se transforman en platos de una delicadeza extraordinaria. Para que sus platos también agraden a la vista, Sedlar se inspira en los colores y texturas del suroeste. "El suroeste es un espíritu intenso que uno siente en la luz viva de Nuevo México, sus desiertos quemados por el sol, sus paisajes rústicos y su comida vital y robusta."

## *Después de leer*

Read the following questions and then reread the text, keeping in mind what you already know about it. Then answer the comprehension questions:

1. Who is Regina Córdova?
2. Mention the two cuisines that this chef combines.
3. In the first column, Santa Fe is mentioned. Why?
4. What Mexican dishes are mentioned in the text?

Writing activities for this chapter are presented in the workbook. For specific references to tasks supported by Atajo, please consult the workbook.

**A. ¿Quién es quién?** In this activity, as with all the *Por fin* activities, one student will be **A** and another will be **B.** Neither of you should have access to the other person's information.

In order to fill out the chart below, you have to share the information you have with your partner. To keep track of everything your partner says, you will want to have a piece of paper next to you so you can write down some notes.

Look at the map, and keep it in mind as you complete this activity.

## Estudiante A

Your partner will begin by reading the first sentence. Listen carefully. If you don't understand all of what your partner says, you can use the following expression: *No entiendo, ¿puedes repetir?*

Once you understand what your partner has said, you go on and read your first statement.

1. La persona que es de San José se llama Belén.
2. La comida favorita de la costarricense es la tortilla.
3. Paco es mexicano.
4. El de Guadalajara viaja mucho.
5. La venezolana lee mucho.
6. A Carlos le gusta mucho escuchar música clásica.

| Nombre | Ciudad | Gustos | Nacionalidad | Comida |
|---|---|---|---|---|
| | | | | |
| | | | | |
| | | | | |
| | | | | |

## Estudiante B

You will begin by reading the first statement. Make sure your partner understands what you say. To double check, you can ask the following: *¿Comprendes?*

1. A la costarricense le gusta bailar.
2. Al mexicano le gustan las enchiladas.
3. Cristina no es ecuatoriana, es de Caracas.
4. La comida favorita de la venezolana son los tacos.
5. El ecuatoriano no se llama Paco.
6. El de Quito come pan con chorizo todos los días.

| Nombre | Ciudad | Gustos | Nacionalidad | Comida |
|---|---|---|---|---|
| | | | | |
| | | | | |
| | | | | |
| | | | | |

# Vocabulario

The *Vocabulario* consists of all new words and expressions presented in the chapter. When reviewing or studying for a test, you can cover up the English and go through the list to see if you know the meaning of each item.

## Para charlar *Chatting*

### *Para saludar* *Greeting*

Buenos días. *Good morning.*
Buenas tardes. *Good afternoon.*
Buenas noches. *Good evening.*
¿Cómo estás? *How are you?*
¿Cómo te va? *How's it going?*
¿Qué tal? *How are you?*
¡Hola! *Hello!*
¿Cómo está Ud.? *How are you? (formal)*
¿Cómo están Uds.? *How are you? (formal plural)*
Saludos a tus padres. *Greetings to your parents.*

### *Para presentar* *Introducing*

Quisiera presentarle(les) a... *I would like to introduce you to . . . (formal)*
Te presento a... *This is . . . (introduction)*

### *Para despedirse* *Saying good-bye*

Adiós. *Good-bye.*
Chao. *Good-bye.*
Hasta luego. *See you later.*

### *Para expresar gustos* *Expressing likes*

(No) Me gusta... *I (don't) like . . .*
(No) Te gusta... *You (don't) like . . .*

### *Para comentar sobre la comida* *Commenting about food*

¡Es riquísimo(a)! *It's delicious!*
¡Es delicioso(a)! *It's delicious!*
¡Qué bueno(a)! *Great!*
¡Qué comida más rica! *What delicious food!*
¡Qué picante! *How spicy!*

### *Para contestar* *Answering*

Buenos días. *Good morning.*
Buenas tardes. *Good afternoon.*
Buenas noches. *Good evening.*
Bien, gracias. ¿Y tú? *Fine, thanks. And you?*
Encantado(a). *Delighted.*
Más o menos. *So-so.*
Mucho gusto. *Nice to meet you.*
Muy bien, gracias. *Very well, thank you.*
¡Hola! *Hello!*
(Estoy) Bien, gracias. ¿Y Ud.? *(I'm) Fine, thanks. And you?*

### *Para hablar en un restaurante* *Talking in a restaurant*

Aquí tienen. *Here you are.*
Para mí... *For me . . .*
¿Qué desea(n) comer? *What do you want to eat?*
¿Qué desea(n) tomar? *What do you want to drink?*
¿Qué van a pedir? *What are you going to order?*
¡Un refresco, por favor! *A soft drink, please!*
Vamos al café. *Let's go to the café.*
Vamos a tomar algo. *Let's drink something.*
Voy a comer... *I'm going to eat . . .*
Yo quisiera... *I would like . . .*
¿Y Ud.? *And you?*

## Temas y contextos *Themes and contexts*

### *Bebidas Drinks*

una botella de agua mineral *bottle of mineral water*
un café *coffee*
un café con leche *coffee with milk*
un chocolate *chocolate*
una granadina (con agua mineral) *grenadine (with mineral water)*
un jugo de naranja *orange juice*
un licuado de banana / fresas / melocotón *banana / strawberry / peach milkshake*
una limonada *lemonade*
un refresco *soft drink*
una soda *soda*
un té *tea*
un té con leche *tea with milk*
un té con limón *tea with lemon*
un vaso de agua (con limón) *glass of water (with lemon)*
un vino tinto *red wine*
un vino blanco *white wine*
una cerveza *beer*

### *Tapas españolas Spanish snacks*

unas aceitunas *olives*
unos cacahuetes *peanuts*
unos calamares *squid*
el chorizo *sausage*
el pan *bread*
unas patatas bravas *cooked potatoes diced and served in spicy sauce*
el queso *cheese*
una tortilla de patatas *potato omelette*

### *Comidas Foods*

un bocadillo *sandwich (French roll)*
un croissant *croissant*
el desayuno *breakfast*
la mantequilla *butter*
una medialuna *croissant*
la mermelada *jelly*
un pan dulce *sweet roll*
un pan tostado *toast*
un pastel de fresas *strawberry pie*
una rebanada de pan *slice of bread*
un sándwich de jamón y queso *ham and cheese sandwich*

### *La comida mexicana Mexican food*

el arroz *rice*
la carne *meat*
el chile *hot pepper*
una enchilada *soft corn tortilla filled with cheese, meat, or chicken*
el flan *caramel custard*
unos frijoles *beans*
el pollo *chicken*
la salsa *sauce*
un taco *taco*
una tortilla *cornmeal pancake*

### *Las nacionalidades Nationalities*

alemán (alemana) *German*
argentino(a) *Argentinian*
boliviano(a) *Bolivian*
canadiense *Canadian*
colombiano(a) *Colombian*
costarricense *Costa Rican*
cubano(a) *Cuban*
chileno(a) *Chilean*
chino(a) *Chinese*
dominicano(a) *Dominican*
ecuatoriano(a) *Ecuadoran*
español(a) *Spanish*
estadounidense *American, from the United States*
francés (francesa) *French*
guatemalteco(a) *Guatemalan*
hondureño(a) *Honduran*
inglés (inglesa) *English*
italiano(a) *Italian*
japonés (japonesa) *Japanese*
mexicano(a) *Mexican*
nicaragüense *Nicaraguan*
norteamericano(a) *North American*
panameño(a) *Panamanian*
paraguayo(a) *Paraguayan*
peruano(a) *Peruvian*
puertorriqueño(a) *Puerto Rican*
ruso(a) *Russian*
salvadoreño(a) *Salvadoran*
uruguayo(a) *Uruguayan*
venezolano(a) *Venezuelan*

### *Los países Countries*

Alemania *Germany*
Argentina *Argentina*
Bolivia *Bolivia*
Canadá *Canada*
Colombia *Colombia*
Costa Rica *Costa Rica*
Cuba *Cuba*
Chile *Chile*
China *China*
Ecuador *Ecuador*
El Salvador *El Salvador*
España *Spain*
Estados Unidos *United States*
Francia *France*
Guatemala *Guatemala*
Honduras *Honduras*
Inglaterra *England*
Italia *Italy*
Japón *Japan*
México *Mexico*
Nicaragua *Nicaragua*
Panamá *Panama*
Paraguay *Paraguay*
Perú *Peru*
Puerto Rico *Puerto Rico*
La República Domicana *Dominican Republic*
Rusia *Russia*
Uruguay *Uruguay*
Venezuela *Venezuela*

## Vocabulario general

### *Adverbios Adverbs*

a veces *sometimes*
bien *well*
después *after*
mal *poorly*
muchísimo *very much*
mucho *a lot*
muy *very*
poco *a little*
siempre *always*
todos los días *every day*

### *Pronombres Pronouns*

yo *I*
tú *you (familiar)*
él *he*
ella *she*
ellos *they*
ellas *they (f.)*
usted (Ud.) *you (formal)*
ustedes (Uds.) *you (formal plural)*
nosotros(as) *we*
vosotros(as) *you (familiar plural)*

### *Sustantivos Nouns*

un(a) camarero(a) *waiter (waitress)*
una clase *class*
una merienda *snack*
un señor *Mr., sir*
una señora *Mrs., ma'am*
una señorita *Miss*
la música *music*
la música clásica *classical music*

### *Verbos Verbs*

bailar *to dance*
cantar *to sing*
comer *to eat*
desear *to want*
escuchar *to listen to*
estudiar *to study*
ganar *to earn*
hablar *to speak, talk*
ser *to be*
tener *to have*
mirar *to look at, watch*
necesitar *to need*
practicar *to practice*
tocar *to touch, play an instrument*
tomar *to take, drink*
trabajar *to work*
viajar *to travel*

### *Otras palabras y expresiones Other words and expressions*

algo *something*
Allí está... *There is . . .*
Aquí hay otro(a)... *Here is another . . .*
¿Cómo lo dicen? *How do they say it?*
¿De dónde es (eres)? *Where are you from?*
dinero *money*
el (la) señor(a) *the*
ésta *this one*
este *this*
Gracias. *Thank you.*
¿Hablas español? *Do you speak Spanish?*
mi amigo(a) *my friend*
¡Mira! *Look!*
Muchas gracias. *Thank you very much.*
pues *then*
¿Qué es? *What is it?*
¿Qué hacen? *What are they doing?*
¿Qué haces tú? *What are you doing?*
¿Quién? *who?*
quisiera *(I, you, he, she) would like*
también *also*
tampoco *neither*
ser de *to be from*
van a... *they are going . . .*
¿verdad? / ¿no? *right?*

### *Definite/indefinite articles*

el *the (m.)*
un *a (m.)*
la *the (f.)*
una *a (f.)*
los *the (m. pl.)*
unos *some (m. pl.)*
las *the (f. pl.)*
unas *some (f. pl.)*

# 2 Vamos a conocernos

## Chapter Objectives:

In this chapter you will continue to learn to express biographical information about such topics as what you like and do not like, your family, and descriptions of family members. In addition, you will learn to get this type of information from others. After completing this chapter you will be able to carry out the following tasks:

- talk about your possessions
- continue talking about your likes and dislikes
- describe your family
- read short descriptive texts about people
- understand people talking about themselves and their families

The linguistic elements that you will learn to help you carry out these tasks are:

- vocabulary related to the following topics:
  - personal possessions
  - more about likes and dislikes
  - your family
  - professions
- grammatical structures:
  - the verb **tener**
  - numbers to 100
  - **hay**
  - the verb **gustar** + nouns
  - possessive adjectives
  - possession with **de**
  - **ser** + adjectives
  - yes/no and information questions

**Primera etapa:** ¿De quién es?

**Segunda etapa:** ¿Qué te gusta?

**Tercera etapa:** Ésta es mi familia

**Cuarta etapa:** *Mini-retratos*

# Primera etapa

## Para empezar: *¿De quién es?*

### *Preparación*

Think about

- where you live and what you have in your dorm room, apartment, house, etc.
- what you bring with you to your classes at the university
- how you get around town

**Vivo en...**

una casa

una residencia estudiantil

un apartamento

There **Allí hay...**

un estéreo

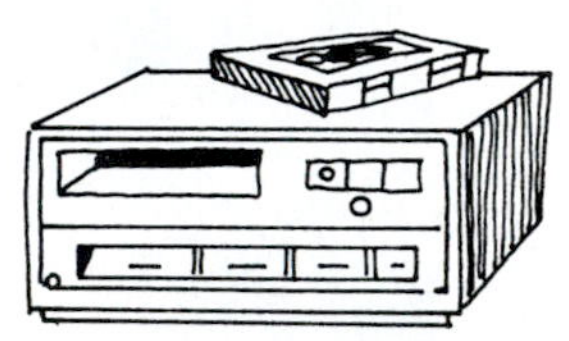

un vídeo

un televisor a colores

**Para ir al centro voy en...**

autobús

coche

bicicleta

motocicleta

**Me llamo Marta.**
**En mi cuarto hay...**

My name is Marta.
In my room there is/are

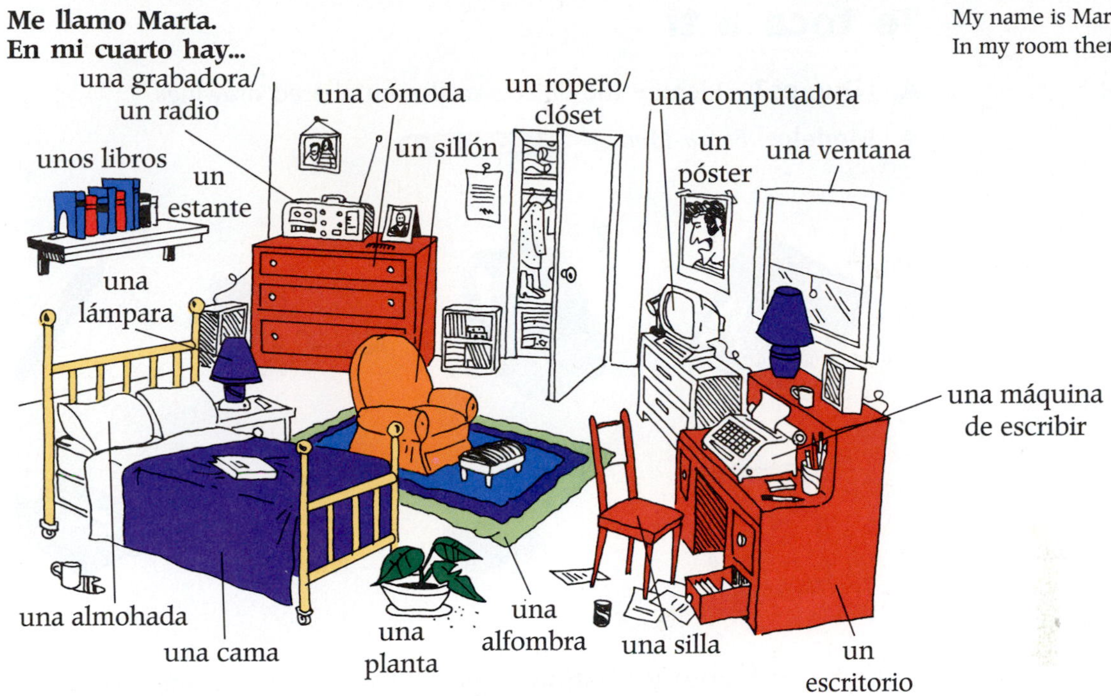


## ¿Qué llevas a la universidad?

## Te toca a ti

**A. ¿Qué es?** Identify the objects in the numbered drawings.

◆ **Modelo:** *Es un lápiz.*

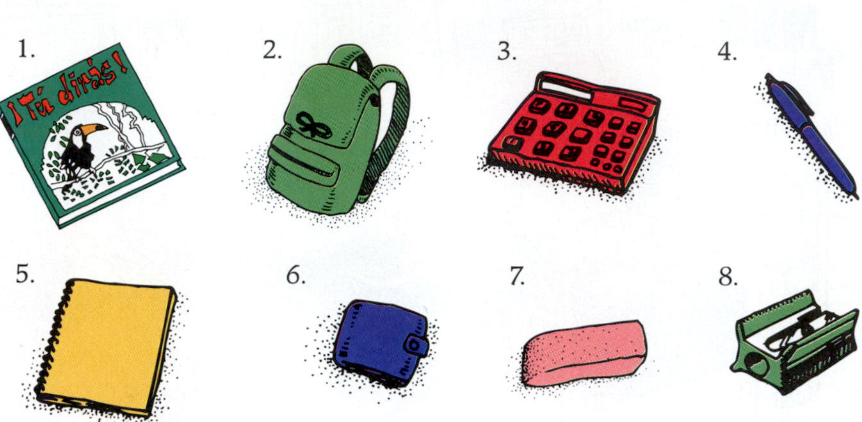


**B. María, Antonio y Cristina.** On the basis of the drawings, complete each person's description of where he or she lives.

1. Me llamo María González. Vivo en... Allí hay..., pero no hay... Para ir al centro voy en...

2. Me llamo Antonio Martínez. Yo vivo en... Allí hay... y... Para ir al centro voy en...

3. Me llamo Cristina Sánchez. Yo vivo en... Allí hay... pero no hay... Para ir al centro voy en...

## Enfoque estructural: *El verbo* tener

In Spanish the verb **tener** can be used to talk about possessions.

| | |
|---|---|
| **Yo tengo** dos hermanas. | ***I have*** *two sisters.* |
| **¿Tienes tú** un hermano? | ***Do you have*** *a brother?* |
| **Nosotros tenemos** dos gatos. | ***We have*** *two cats.* |
| **Ellos no tienen** un perro. | ***They don't have*** *a dog.* |
| **Él tiene** un abuelo en Miami. | ***He has*** *a grandfather in Miami.* |

Here is how the verb **tener** *(to have)* is conjugated:

**tener**

| | | | |
|---|---|---|---|
| yo | **tengo** | nosotros | **tenemos** |
| tú | **tienes** | vosotros | **tenéis** |
| él / ella / Ud. | **tiene** | ellos / ellas / Uds. | **tienen** |

## Dilo tú

**C. No tengo..., pero tengo...** Each time you ask about someone's possessions, you learn that he or she does not have the object you mention, but has something else instead.

◆ **Modelo:** Felipe / computadora / calculadora
– *¿Tiene Felipe una computadora?*
– *No, no tiene una computadora pero tiene una calculadora.*

1. Natalia / motocicleta / bicicleta
2. tú / bolígrafo / lápiz
3. Mónica y Diego / casa / apartamento
4. Uds. / radio despertador / estéreo
5. Belén / plantas / pósters
6. tú / estéreo / televisor
7. Mía / discos compactos / cintas
8. Leonardo / portafolio / mochila

**D. ¿Qué tiene Ana?** Look at the drawings below and tell what Ana and Esteban have and don't have. Follow the model.

◆ **Modelo:** *Ana tiene una cámara.*
*Ana no tiene un portafolio.*

◆ **Modelo:** *Esteban tiene un portafolio.*
*Esteban no tiene una cámara.*

## Enfoque léxico: *Los números de 0 a 100*

The Spanish equivalent of number *one* agrees with the noun it introduces: **un libro, una limonada.** *Zero* and the numbers from *two* on always stay the same.

| | | | | | |
|---|---|---|---|---|---|
| cero | 0 | siete | 7 | catorce | 14 |
| uno | 1 | ocho | 8 | quince | 15 |
| dos | 2 | nueve | 9 | dieciséis | 16 |
| tres | 3 | diez | 10 | diecisiete | 17 |
| cuatro | 4 | once | 11 | dieciocho | 18 |
| cinco | 5 | doce | 12 | diecinueve | 19 |
| seis | 6 | trece | 13 | veinte | 20 |

The numbers 21–29 may be written as one word or three words. For example, 23 can be written as **veintitrés** or **veinte y tres.**

| | | | |
|---|---|---|---|
| 20 | veinte | 30 | treinta |
| 21 | veintiuno | 31 | treinta y uno |
| 22 | veintidós | 32 | treinta y dos |
| 23 | veintitrés | 40 | cuarenta |
| 24 | veinticuatro | 50 | cincuenta |
| 25 | veinticinco | 60 | sesenta |
| 26 | veintiséis | 70 | setenta |
| 27 | veintisiete | 80 | ochenta |
| 28 | veintiocho | 90 | noventa |
| 29 | veintinueve | 100 | cien |

## Dilo tú

**E. ¡Vamos a calcular!** Do the following arithmetic problems.

◆ **Modelo:** 2 + 2
*¿Cuántos son* (How much is) *dos y dos?*
*Dos y dos son cuatro.*

1. 3 + 6
2. 7 + 9
3. 11 + 4
4. 14 + 3
5. 28 + 33
6. 8 + 12
7. 10 + 30
8. 25 + 35
9. 16 + 18
10. 45 + 42
11. 27 + 39
12. 24 + 27
13. 32 + 17
14. 51 + 22
15. 65 + 27

◆ **Modelo:** 3 × 20
*¿Cuántos son tres por veinte?*
*Tres por veinte son 60.*

16. 45 × 2
17. 32 × 3
18. 15 × 5
19. 33 × 3
20. 42 × 2
21. 22 × 4
22. 36 × 2
23. 27 × 3
24. 49 × 2

### Comentarios culturales

**El número de teléfono.** Telephone numbers in some of the larger cities in Spain—such as Madrid and Barcelona—have seven digits. For example, 2-12-16-46 would be read: dos, doce, dieciséis, cuarenta y seis. In other cities in Spain and in other countries such as Mexico, for example, telephone numbers only have six digits. A number like 22-28-70 would be read: veintidós, veintiocho, setenta. How would you give your phone number using this system?

**F. ¿Tienes el número de ...?** Your friend from Chile is spending the semester here. He is organizing a party and wants to call several people. He doesn't have the numbers but you do. Give them to him when he asks.

◆ **Modelo:** Lizzy / 8-25-03-12
*¿Tienes el número de Lizzy?*
*Sí, es el ocho, veinticinco, cero, tres, doce.*

1. Julie / 2-33-94-47
2. Jack / 5-38-25-62
3. Sheri / 4-15-51-00
4. Stephanie / 6-57-10-68
5. Andy / 3-69-43-77
6. Suzi / 8-82-06-93

## Enfoque léxico: *Hay + noun*

**Hay** un libro en mi cuarto. — ***There is** a book in my room.*
**Hay** tres libros en mi cuarto. — ***There are** three books in my room.*

You have already seen and used the word **hay** in this *etapa.* **Hay** means either *there is* or *there are.* It is used with nouns that are preceded by an indefinite article or by any number.

## Dilo tú

**G. El cuarto de Mario.** First, indicate whether each item is or is not found in the room pictured below.

◆ **Modelo:** unos discos compactos
*Hay unos discos compactos.*
una grabadora
*No hay una grabadora.*

1. unos pósters
2. unas sillas
3. unas cintas
4. una computadora
5. un televisor
6. un estéreo
7. unos libros
8. unos lápices
9. unos bolígrafos
10. un escritorio
11. unas plantas
12. una máquina de escribir
13. unos estantes
14. unos cuadernos

**H. Hay...** Now, point out to another student those items that are in the room on page 56.

◆ **Modelo:** *Hay una cama allí* (there).

# Vamos a escuchar:

## *Aquí vivo. En mi cuarto tengo...*

Isabel and Miguel are providing information about themselves. Listen to their brief monologues and complete the following exercises.

### *Antes de escuchar*

Based on what you've learned in this *etapa,* what information do you think Isabel and Miguel will give about:

1. where they live
2. what they have in their rooms at home
3. how they get to the university

**I. Comprensión.** Before your instructor plays the tape, take a moment and look at the chart below. While you listen, write down who has what on a separate sheet of paper.

| | Miguel | Isabel |
|---|---|---|
| vive en: | | |
| una casa | | |
| un apartamento | | |
| tiene: | | |
| un escritorio | | |
| un vídeo | | |
| una cómoda | | |
| unas plantas | | |
| máquina de escribir | | |
| unos pósters | | |
| una calculadora | | |
| una silla | | |

### *Después de escuchar*

**J. ¿Cómo lo dicen?** Your instructor will play the tape again. Listen to try to determine the following.

1. How does Miguel say he gets to class?
2. How does Isabel say that she doesn't have bookshelves?

## Tú dirás

**K. Las posesiones.** Look at the drawing. Work with a partner to list as much information as you can about Julian's possessions.

◆ **Modelo:** *En el cuarto de Julián hay..., pero no hay... .*

**L. Mi casa.** Ask your partner questions about his or her home and belongings. Then switch roles and describe your own apartment or dorm room and belongings.

## Para empezar: *¿Qué te gusta?*

### *Preparación*

In this *etapa* you will continue to talk about likes and dislikes. What are some of the things you like and dislike? Do they include sports? What sports? Music? What specific types? Animals? Any animals in particular? Art? Do you like painting? Sculpture? Are there certain subjects you take that you like, or dislike?

Todos tenemos gustos muy diferentes.

**José:** No me gusta la música.
**Ana:** Me gusta la música.

**Pablo:** Me gustan los animales.
**Lucía:** No me gustan los animales.

**Juan:** Me gustan los **deportes.**
**Olga:** No me gustan los deportes.

**Lucas:** Me gusta la **naturaleza.**
**María:** No me gusta la naturaleza.

sports / nature

**Jaime:** No me gusta el arte.
**Julia:** Me gusta el arte.

**Esteban:** Me gustan **las lenguas.**
**Mía:** No me gustan las lenguas.

languages

sciences / chemistry

**Enrique:** No me gustan las **ciencias**... no me gusta la **química.**
**Laura:** Me gustan las ciencias... me gusta la química.

**Ramón:** No me gusta la biología.
**Anita:** Me gusta la biología.

**Lourdes:** Me gustan las películas.
**Juan:** ¿Qué películas te gustan más –las cómicas, las de horror, las de aventura o las de ciencia ficción?
**Lourdes:** Me gustan más las películas de horror.

**Marta:** Me gusta mucho la música.
**Pablo:** ¿Qué te gusta más –la música rock, el jazz o la música clásica?
**Marta:** Me gusta más la música rock.

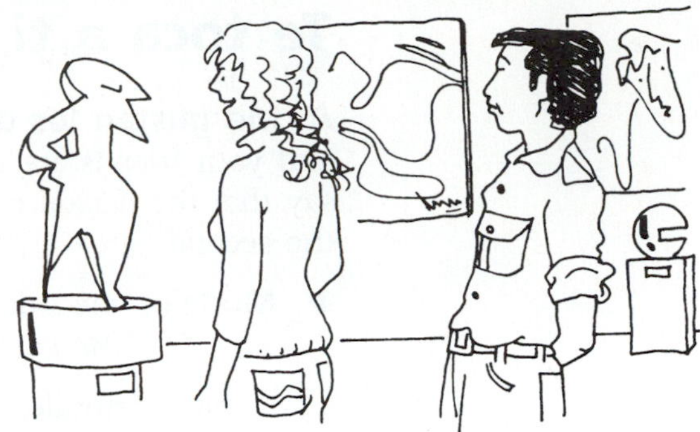

**Susana:** Me gusta el arte.
**Paco:** ¿Qué te gusta más –la pintura o la escultura?
**Susana:** Me gusta más la escultura.

**Ángela:** Me gustan los animales.
**Raúl:** ¿Qué animales te gustan más –los **perros**, los **gatos** o los **pájaros?**
**Ángela:** Me gustan más los pájaros.

**Ester:** Me gustan los deportes.
**Alán:** ¿Qué te gusta más –el **fútbol**, el fútbol americano, el básquetbol, el béisbol o el vólibol?
**Ester:** Me gusta más el béisbol.

dogs / soccer
cats / birds

## Te toca a ti

**A. Me gustan los deportes, pero no me gusta la política.** You and your friends are talking about what you like and dislike. In each case, say that the person indicated likes the first activity or item but dislikes the second.

◆ **Modelo:** me / deportes / política
*Me gustan los deportes, pero no me gusta la política.*

1. me / naturaleza / animales
2. te / música / arte
3. me / lenguas / literatura
4. me / lenguas / ciencias
5. te / política / matemáticas
6. te / música / deportes

**B. ¿Qué te gusta más?** Of the following items, indicate which one you like more.

◆ **Modelo:** el fútbol o el básquetbol
– *¿Te gusta más el fútbol o el básquetbol?*
– *Me gusta más el básquetbol.*

1. el fútbol americano o el béisbol
2. los perros o los gatos
3. la pintura o la escultura
4. las películas de ciencia ficción o las películas cómicas
5. la música clásica o la música rock
6. la biología o la química
7. las lenguas o las matemáticas
8. la historia o el español

**C. Me gusta más...** Ask two of your classmates to choose from the following sets of items.

◆ **Modelo:** la música clásica, el jazz, la música rock
– *¿Qué te gusta más –la música clásica, el jazz o la música rock?*
– *Me gusta más la música clásica.*
– *¿Y a ti?*
– *Me gusta más la música rock.*

1. el fútbol, el fútbol americano, el básquetbol
2. la pintura, la escultura, la arquitectura
3. la música, el baile *(dance),* las películas
4. la música rock, el jazz, la música clásica
5. las hamburguesas, los sándwiches de jamón, las hamburguesas con queso
6. las películas de horror, las películas de aventuras, las películas cómicas
7. el tenis, el golf, la natación *(swimming)*
8. la historia, las lenguas, las ciencias

9. el español, el francés, el inglés
10. la biología, la química, la física

# ¿Recuerdas?

**D. ¿Y tú?** Indicate what you have and do not have in your room at home.

◆ **Modelo:** *En mi cuarto, hay una cama y una cómoda, pero no hay un escritorio. También hay pósters en la pared* (on the wall).

**E. Los delegados.** At a reception being held as part of an international student congress, point out some of the delegates, indicate their nationalities, and tell what cities they are from.

◆ **Modelo:** Justo Alarcón / Guadalajara, México
*Allí está Justo. Él es mexicano.*
*Es de Guadalajara.*

1. Michael Schnepf / Munich, Alemania
2. Pietro Canevalli y Gian Lanza / Roma, Italia
3. Sheryl Peet y Blanche Lowe / Manchester, Inglaterra
4. Robin Fetters y John Lyday / Boston, los Estados Unidos
5. Javier Herrera / Monterrey, México
6. Tashi Yokoshura (f.) / Tokio, Japón
7. Barbara Ashbrook y Elizabeth Welles / Ginebra, Suiza
8. Ivan Medchenko / Moscú, Rusia

# Enfoque estructural: *Gustar + cosas*

### El verbo *gustar*

In Chapter 1 you learned to use the verb **gustar** with other verbs to talk about the activities you like and don't like to do. **Gustar** can also be used to talk about things that you like and dislike.

| | |
|---|---|
| **Me gusta** el disco compacto. | ***I like*** *the CD.* |
| **Te gusta** la cinta. | ***You like*** *the tape.* |
| **Me gustan** las cintas. | ***I like*** *the tapes.* |
| **Te gustan** los discos compactos. | ***You like*** *the CDs.* |

With **gustar** you use the pronouns **me** and **te** and only two forms of **gustar** are used: **gusta** and **gustan.** Use **gusta** if what is liked is a singular noun and **gustan** if what is liked is a plural noun.

| | |
|---|---|
| – ¿**Te gustan** los deportes? | – *Do **you like** sports?* |
| – Sí, **me gusta** el tenis. | – *Yes, **I like** tennis.* |

## Dilo tú

**F. ¡(No) Me gusta!** Indicate how you feel about each activity pictured below.

◆ **Modelo:** *Me gusta la música.*
o
*No me gusta la música.*

1. 

2. 

3. 

4. 

5. 

6. 

**G. ¿Te gusta... ?** Ask a classmate whether he or she likes the activities pictured in the previous exercise.

◆ **Modelo:** – *¿Te gusta la música?*
– *No, no me gusta la música.*

## Enfoque estructural: *Los posesivos*

Think about how you use words such as *my, your, his, her, our, their* to express possession. Spanish uses similar words which are called possessive adjectives. See the sentences below:

| | |
|---|---|
| ¿Necesitas **tu** libro? | *Do you need **your** book?* |
| Sí, necesito **mi** libro. | *Yes, I need **my** book.* |
| ¿Dónde está **su** (Uds.) cuarto? | *Where is **your** room?* |
| Allí está **nuestro** cuarto. | *There is **our** room.* |
| ¿Dónde están **mis** llaves? | *Where are **my** keys?* |
| Allí están **tus** llaves. | *There are **your** keys.* |

Possessive adjectives must agree in gender and number with the noun they modify. Consequently, Spanish has two forms of *my* and *your* and four forms of *our* and *your* plural. The following chart summarizes the possessive adjectives:

| Sujeto | Masc. singular | Fem. singular | Masc. plural | Fem. plural | Inglés |
|---|---|---|---|---|---|
| yo | **mi** | **mi** | **mis** | **mis** | *my* |
| tú | **tu** | **tu** | **tus** | **tus** | *your* |
| él. ella, usted | **su** | **su** | **sus** | **sus** | *his, her, your* |
| nosotros | **nuestro** | **nuestra** | **nuestros** | **nuestras** | *our* |
| vosotros | **vuestro** | **vuestra** | **vuestros** | **vuestras** | *your* |
| ellos, ellas, ustedes | **su** | **su** | **sus** | **sus** | *their, your* |

The third-person singular possessive adjective is **su**. The plural form is **sus.** They have several equivalents in English.

**su** / **sus** = *his, her, its, your* (formal), and *their*

| | |
|---|---|
| – ¿Es la bicicleta de Vicente? | – *Is it Vincent's bike?* |
| – Sí, es **su** bicicleta. | – *Yes, it's **his** bike.* |
| – ¿Son ellos los amigos de tu hermana? | – *Are they your sister's friends?* |
| – Sí, son **sus** amigos. | – *Yes, they are **her** friends.* |

In order to clarify meaning, sometimes the phrases **de él, de ella, de Ud., de Uds., de ellos,** and **de ellas** are used in place of the possessive adjective.

| | |
|---|---|
| – ¿Es **su** coche? | – *Is it **his** car?* |
| – Sí, es el coche **de él.** | – *Yes, it's **his** car.* |

## Dilo tú

**H. ¡Qué confusión!** All of a sudden everyone seems confused about what belongs to whom. First, a stranger tries to take your school supplies, but you politely set him or her straight. Remember to use **es** with a singular noun and **son** with a plural noun.

◆ **Modelo:** – Ah, mi lápiz.
– *Perdón* (Excuse me). *No es su lápiz. Es mi lápiz.*

1. Ah, mi cuaderno.
2. Ah, mi mochila.
3. Ah, mi calculadora.
4. Ah, mi borrador.

◆ **Modelo:** – Ah, mis libros.
– *Perdón. No son sus libros. Son mis libros.*

5. Ah, mis cintas.
6. Ah, mis llaves.
7. Ah, mis cuadernos.
8. Ah, mis discos compactos.

Now your neighbors get confused about what belongs to them and what belongs to your family.

◆ **Modelo:** – ¿Es nuestro coche?
– *No, no es su coche. Es nuestro coche.*

9. ¿Es nuestro televisor a colores?
10. ¿Es nuestro radio despertador?
11. ¿Es nuestra cámara?
12. ¿Es nuestra computadora?

◆ **Modelo:** – ¿Son nuestras plantas?
– *No, no son sus plantas. Son nuestras plantas.*

13. ¿Son nuestros discos compactos?
14. ¿Son nuestras bicicletas?
15. ¿Son nuestras llaves?
16. ¿Son nuestras cintas?

Finally, your friend thinks your possessions belong to him or her.

◆ **Modelo:** – Dame *(Give me)* mi llave.
– *Perdón. No es tu llave. Es mi llave.*

17. Dame mi cuaderno.
18. Dame mi cinta.
19. Dame mi borrador.
20. Dame mi mochila.

◆ **Modelo:** – Dame mis libros.
– *Perdón. No son tus libros.*
*Son mis libros.*

21. Dame mis pósters.
22. Dame mis discos compactos.
23. Dame mis llaves.
24. Dame mis cuadernos.

**I. No, no. No es mi libro.** Now you're confused! When you point out the following items and ask a classmate if they belong to him or her, your classmate responds negatively.

◆ **Modelo:** – *¿Es tu cámara?*
– *No, no es mi cámara.*

– *¿Son tus plantas?*

– *No, no son mis plantas.*

1. 
2. 
3. 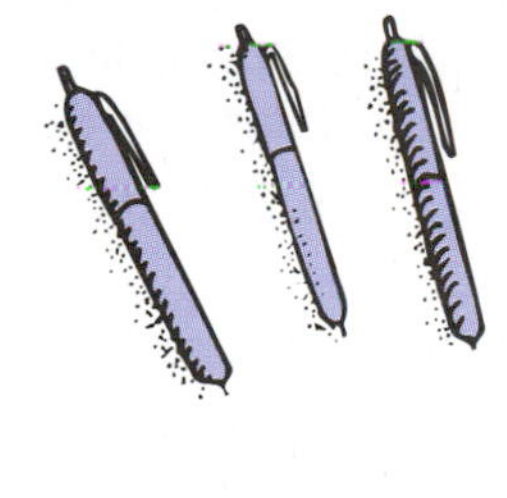
4. 
5. 
6.  
7.  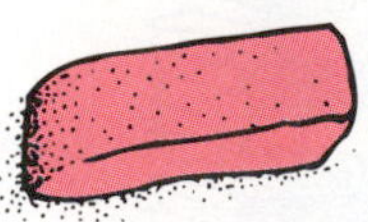
8. 
9. 

# Enfoque estructural:

## ***De*** *y* ***ser* + *de*** *para expresar posesión*

### *De* para expresar posesión

While in English you use the apostrophe to express possession, you never use it in Spanish. Note the use of **de** in the sentences below:

| | |
|---|---|
| el libro **de Juan** | ***John's*** *book* |
| los cuadernos **de Marta** | ***Martha's*** *notebooks* |
| la calculadora **de Ana** | ***Ann's*** *calculator* |
| las llaves **de Jorge** | ***George's*** *keys* |

Spanish uses the preposition **de** to show possession. Notice that Spanish shows possession by changing the word order, not by using an apostrophe with the person's name, as in English:

### *Ser* + *de* para expresar posesión

You can use the verb **ser** with **de** and a noun or a pronoun to show possession.

| | |
|---|---|
| El libro **es de Juan.** | *The book* ***is John's.*** |
| La calculadora **es de María.** | *The calculator* ***is Mary's.*** |
| Los lápices **son de él.** | *The pencils* ***are his.*** |
| Las mochilas **son de ellos.** | *The knapsacks* ***are theirs.*** |

To ask to whom something belongs, you would use **¿De quién es...?** if there is one item, and **¿De quién son...?** if there is more than one item, as in the examples:

| | |
|---|---|
| **¿De quién es** el libro? | ***Whose*** *book* ***is it?*** |
| **¿De quién son** los libros? | ***Whose*** *books* ***are they?*** |

# Dilo tú

**J. El libro es de...** Look at the drawings and indicate to whom the items belong. Follow the model.

◆ **Modelo:** *El cuaderno es de José.*

José

*Los libros son de Bárbara.*

Bárbara

1. Anita 2. Elena 3. Juan

4. ella 5. Tomás 6. Julián

7. él 8. Carmen 9. Alicia y Susana 10. ellos

**K. ¿De quién es?** Indicate to whom each of the following items belongs, using **ser** + **de.**

◆ **Modelo:** – *¿De quién es la mochila?*
– *La mochila es de María.*

– *¿De quién son los cuadernos?*
– *Los cuadernos son de José.*

María

José

1. Juan

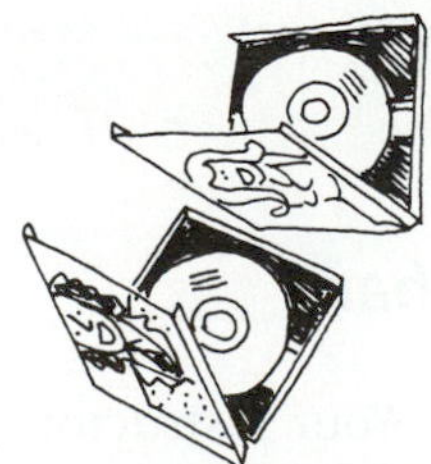

2. ella

3. Catarina

4. Alicia

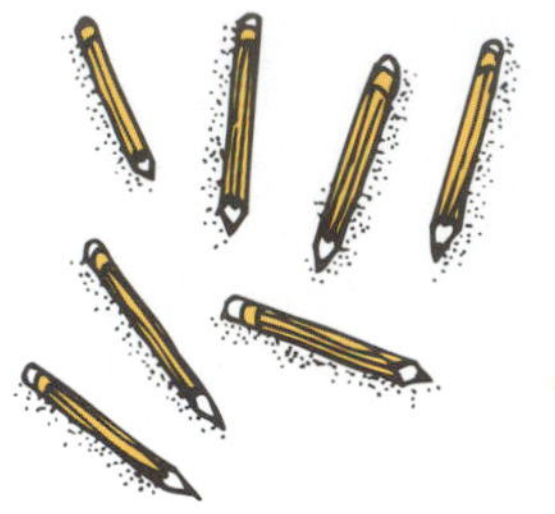

5. Miguel

6. él

7. Anita

8. Lorenzo

## Vamos a escuchar:

### *¿Qué te gusta?*

Isabel and Miguel are now providing information about their likes and dislikes. Listen to their brief monologues and complete the following exercises.

### *Antes de escuchar*

Based on what you've learned in this *etapa*, what are some of the likes and dislikes you expect Isabel and Miguel to talk about?

**L. Comprensión.** Before your instructor plays the tape, take a moment and look at the chart below. As you listen, write down who likes what on a separate piece of paper.

| | **Miguel** | **Isabel** |
|---|---|---|
| animales | _____ | _____ |
| la naturaleza | _____ | _____ |
| películas | _____ | _____ |
| de horror | _____ | _____ |
| de aventura | _____ | _____ |
| de ciencia ficción | _____ | _____ |
| deportes | _____ | _____ |
| tenis | _____ | _____ |
| fútbol americano | _____ | _____ |
| béisbol | _____ | _____ |
| básquetbol | _____ | _____ |

### *Después de escuchar*

**M. ¿Cómo lo dicen?** Your instructor will play the tape again. Listen and try to determine the following:

1. How does Miguel say he doesn't especially like movies?
2. How does Isabel say that science fiction movies are her favorite?

## Tú dirás

**N. Me llamo...** Imagine this is your first day in an international festival where the common language is Spanish. Go up to another student and introduce yourself. Tell him or her where you are from. Then try to give the other person an idea about what you like and dislike.

◆ **Modelo:** *Me llamo Elizabeth. Soy de los Estados Unidos. Vivo en Rochester. Me gusta comer, recibir cartas y correr. ¡Y me gusta muchísimo la música rock!*

**O. Un diálogo de contrarios** ***(A dialog of opposites).*** Imagine that you and another student have a relationship similar to that of the two people at the beginning of this *etapa.* The two of you are friends, despite great differences in likes, dislikes, interests, and possessions. Invent the details of your two lives and present them to the class in the form of a dialog of opposites.

# Tercera etapa

## Para empezar: *Ésta es mi familia*

### *Preparación*

Before you start working on this *etapa,* take a moment to think about the information you would include if you were going to talk about your family.

- Do you have a traditional family?
- Do you have stepparents?
- Do you have brothers and/or sisters?
- What about step siblings?
- Do you have both sets of grandparents?
- What about the ages of your family members?

Additional family vocabulary:
padrastro
madrastra
hermanastro
hermanastra

- Is everyone single or do you have sisters- or brothers-in-law?
- What about nieces and nephews?
- Where do they all live?

Buenos días. Me llamo Tomás Torres. Tomás es mi nombre de pila y Torres es mi apellido. Tengo una familia pequeña. Hay cuatro personas en mi familia. Mi padre se llama Esteban y mi madre se llama Carmela. Mis padres están divorciados. No tengo hermanos pero tengo una hermana. Ella se llama Sofía. Ella es alta, delgada, morena y bonita. Tiene el pelo largo y rizado y los ojos verdes. Vivimos en una casa en San José, Costa Rica con mi madre, mi abuela Luisa y mi abuelo Fernando. Mi padre vive en Puerto Limón. Los padres de mi padre también viven allí.

Hola, me llamo Juan. Vivo con mi padre y madre en Betanzos, Galicia. Tengo una hermana. Se llama Elena. Es rubia, tiene los ojos azules y el pelo corto. Es divertida y simpática y tiene muchos amigos. Vive con su marido, Rafael en Santiago de Compostela. No tienen hijos. Cerca de nosotros vive mi tía Teresa, hermana de mi madre y mi tío Felipe, su esposo. Mis abuelos maternos, es decir los padres de mi madre, también viven en Betanzos. No tengo abuelos paternos.

## Te toca a ti

**A. Tú y tu familia.** First complete the following sentences with information about you and your family.

1. Mi nombre completo es...
2. Hay... personas en mi familia.
3. Mi padre se llama...
4. Mi madre se llama...
5. Tengo... hermanos. (o: No tengo hermanos.)
6. Ellos se llaman...
7. Tengo... hermanas. (o: No tengo hermanas.)
8. Ellas se llaman...

**B. La familia de un(a) compañero(a) *(a classmate).*** Now ask one of your classmates the following questions about himself or herself and his or her family.

1. ¿Cuál *(What)* es tu nombre completo?
2. ¿Cuántas *(How many)* personas hay en tu familia? (Hay...)
3. ¿Cómo se llama tu padre? ¿y tu madre?
4. ¿Cuántos hermanos tienes? ¿Cómo se llaman?
5. ¿Cuántas hermanas tienes? ¿Cómo se llaman?
6. ¿Cuántos abuelos tienes?
7. ¿Cuántas abuelas tienes?

## Comentarios culturales

**Los apellidos.** Perhaps you have noticed that Hispanics often use more than one last name. This is because many use their mother's maiden name along with their father's last name. For example, Mario González Cruz would use the last name of his father first (González), followed by his mother's (Cruz). Mario might also use the initial instead of the complete second name (Mario González C.). When addressing someone, you use the first of the two last names (Mario González). What would be your complete name if we had this tradition here in the U.S.?

## ¿Recuerdas?

**C. ¿Qué te gusta más?** From the choices below, ask a classmate what he or she likes best.

1. el fútbol, el fútbol americano, el básquetbol
2. la música, el baile *(dance),* las películas
3. la música rock, el jazz, la música clásica
4. las hamburguesas, los sándwiches de jamón, los bocadillos
5. las películas de horror, las películas de aventuras, las películas cómicas
6. la historia, las lenguas, las ciencias

**D. ¿Qué tienen? ¿Qué no tienen?** Indicate what each person has or does not have.

◆ **Modelo:** tu hermana
*Mi hermana tiene una bicicleta, una computadora, unos libros y un radio despertador. Ella no tiene una calculadora y no tiene un estéreo.*

1. tú
2. tu mamá
3. tus abuelos
4. tú y tus hermanos (y tus hermanas y tus amigos)
5. tu compañero(a) *(person sitting next to you)*

## Enfoque léxico: *Descripciones*

Think about how you would give out information about someone, for example, about what they do for a living.

In Spanish, **ser** can be used to give this type of information about people and things. Note the following sentences:

*Mi papá es ingeniero y mi mamá es abogada.*
*Mi abuela es médica y mi hermana es estudiante.*

Most nouns that refer to work or occupation follow the same patterns as adjectives of nationality.

1. If the masculine ends in **-o**, the feminine form changes **-o** to **-a.**

| | |
|---|---|
| Él es **abogado** *(lawyer).* | Ella es **abogada.** |
| Él es **secretario** *(secretary).* | Ella es **secretaria.** |
| Él es **ingeniero** *(engineer).* | Ella es **ingeniera.** |
| Él es **enfermero** *(nurse).* | Ella es **enfermera.** |
| Él es **médico** *(doctor).* | Ella es **médica.** |
| Él es mi **esposo** *(husband).* | Ella es mi **esposa** *(wife).* |

2. Nouns that end in the consonant **-r** form the feminine by adding **-a** to the end of the word.

| | |
|---|---|
| Él es **profesor.** | Ella es **profesora.** |
| Él es **contador** *(accountant).* | Ella es **contadora.** |

3. Nouns that end in the vowel **-e,** as well as those that end in **-ista,** have the same masculine and feminine form.

| | |
|---|---|
| Él es **estudiante.** | Ella es **estudiante.** |
| Él es **periodista** *(journalist).* | Ella es **periodista.** |
| Él es **dentista.** | Ella es **dentista.** |

4. Nouns of profession form their plural in the same way as the adjectives of nationality. Add **-s** to the masculine or feminine singular form if the noun ends in a vowel. If the singular form ends in a consonant, add **-es** or **-as.**

| | |
|---|---|
| Ellos son **abogados.** | Ellas son **abogadas.** |
| Ellos son **estudiantes.** | Ellas son **estudiantes.** |
| Ellos son **profesores.** | Ellas son **profesoras.** |

In Chapter 1 you learned that **ser** can also be used with adjectives to describe someone or something. Here are some common adjectives that are used with **ser.**

**aburrido** *(boring)*
**alto** *(tall)*
**antipático** *(disagreeable)*
**bajo** *(short)*
**bonito** *(pretty)*
**bueno** *(good)*
**delgado** *(thin)*
**divertido** *(fun, amusing)*
**feo** *(plain, ugly)*
**gordo** *(fat)*
**guapo** *(handsome)*
**malo** *(bad)*
**moreno** *(dark haired, brunet)*
**pelirrojo** *(red haired)*
**pequeño** *(small)*
**rubio** *(blond)*
**serio** *(serious)*
**simpático** *(nice)*
**tonto** *(stupid, foolish)*

# Dilo tú

**E. ¿El Sr. Santana? Él es...** You and a friend are attending a function. Point out to your friend various acquaintances and state their professions.

◆ **Modelo:** Sr. Santana / abogado
*¿El Sr. Santana? Él es abogado.*
Sr. y Sra. Santana / ingeniero
*¿El Sr. y la Sra. Santana? Ellos son ingenieros.*

1. Sr. y Sra. Herrera / médico
2. Sr. Pérez / profesor
3. Sr. y Sra. López / abogado
4. Sra. Quintana / secretario
5. Sra. Dávila / ingeniero
6. Sr. y Sra. Valdés / profesor
7. Patricio / estudiante de universidad
8. Sra. González / contador
9. Roberta / estudiante de colegio
10. Sr. y Sra. Chávez / periodista

**F. Yo quisiera ser abogado(a).** From the following list, choose several careers or jobs that you would like and several that you would not like.

◆ **Modelo:** *Yo quisiera ser médico(a), pero yo no quisiera ser abogado(a).*

periodista
dentista
profesor(a)
secretario(a)
médico(a)
ingeniero(a)
hombre (mujer) de negocios *(businessman, businesswoman)*
abogado(a)
camarero(a)
enfermero(a)
contador(a)

**G. No, no es..., es...** Someone asks you about a trait of one of your friends and you respond with the opposite. Follow the model.

◆ **Modelo:** alto / María
*¿Es María alta?*
*No, no es alta. Es baja.*

1. gordo / Juan
2. rubio / Anita
3. inteligente / David
4. divertido / Marina
5. simpático / Antonio
6. feo / Miguel y Luis
7. bajo / Ester y Marisa
8. aburrido / ellas
9. bueno / los niños
10. alto / Lourdes

**H. Descripciones.** Describe as many people as you can in this picture.

## Enfoque estructural:

### *Las preguntas de tipo sí-no*

Think about how you ask questions in English. Some questions can be answered with a simple *yes* or *no.* Note the examples below.

| | |
|---|---|
| **¿Estudias** mucho?<br>**Sí.** | *Do you study a lot?*<br>*Yes.* |
| **¿Hablan ustedes** francés?<br>**No.** | *Do you speak French?*<br>*No.* |
| **Ella toca** la guitarra, **¿verdad?**<br>**Sí.** | *She plays the guitar, doesn't she?*<br>*Yes.* |
| **Ellos trabajan** mucho, ¿no?<br>**Sí.** | *They work a lot, don't they?*<br>*Yes.* |

There are three basic ways to ask such questions in Spanish.

1. Make your voice rise at the end of a group of words:

   *¿Usted mira mucho la TV?*

2. Invert the order of the subject and the verb:

   ***¿Practican ellas** español en clase?*
   Verb Subject

3. Add the words **¿verdad?** or **¿no?** after a statement:

   *Tú no ganas mucho,* ***¿verdad?***
   *Clara canta bien,* ***¿no?***

The questions **¿verdad?** or **¿no?** are the equivalent of *don't you?, isn't she?, isn't that right?,* etc., at the end of an English sentence.

To answer a yes/no question negatively, place **no** before the conjugated verb:

**No viajo** mucho.

Or simply answer **sí** or **no.**

## Dilo tú

**I. Preguntas.** Change each statement to a question by making your voice rise at the end of the sentence.

1. Usted desea un café.
2. Tú miras mucho la TV.
3. La señorita Ruiz gana mucho dinero.
4. Román trabaja poco.
5. Ustedes estudian mucho.
6. Estér toca el piano.
7. Nosotros viajamos a México.
8. Vosotros cantáis bien.

**J. ¿Verdad?** Now use **¿no?** or **¿verdad?** and make your voice rise to change the following statements into questions.

1. Paquita habla bien alemán.
2. Ana y Rosa cantan muy mal.
3. Tú hablas español en el laboratorio.
4. Ella no estudia mucho.
5. Ellos trabajan poco.
6. Ustedes toman té.
7. Usted no gana mucho dinero.
8. Reynaldo toca el violín todos los días.

**K. Hagan las preguntas** ***(Ask questions).*** Laura is an American exchange student attending school in Quito, Ecuador. She wants to ask her classmates some questions. Using the expressions suggested below, play the role of Laura. Change the infinitive to agree with the subject and vary the question form you use. Laura will begin by asking questions of the whole class, following the model.

◆ **Modelo:** ustedes / hablar / inglés
*Ustedes hablan inglés, ¿verdad?*
o
*¿Hablan ustedes inglés?*

1. ustedes / cantar / en clase
2. ustedes / viajar / mucho
3. ustedes / estudiar / poco
4. ustedes / trabajar / todos los días
5. ustedes / tomar / muchos refrescos
6. ustedes / trabajar / mucho

Now she will ask questions of individual students, following the model:

◆ **Modelo:** tú / escuchar / música rock
*Tú escuchas música rock, ¿no?*
o
*¿Escuchas tú música rock?*

7. tú / hablar / inglés
8. tú / tocar / un instrumento
9. tú / cantar / bien

10. tú / trabajar / en la cafetería
11. tú / estudiar / todos los días
12. tú / mirar la TV / mucho

# Enfoque estructural:

## *Más preguntas con* quién, dónde, cómo, qué, cuántos/as, por qué

Other questions you may want to ask require answers with more specific information than a simple *yes* or *no.* In English, you may think of the basic *who, what, where, why.* The examples that follow show how you can ask this type of question in Spanish.

1. To find out *where* something is or where someone is located, use **¿dónde?**

   – **¿Dónde** vive tu hermano? – ***Where*** *does your brother live?*
   – En Pittsburgh. – *In Pittsburgh.*

   – **¿Dónde** está mi libro? – ***Where*** *is my book?*
   – En la mesa. – *On the table.*

2. To ask *how many* there are, you use **¿cuántos?** if what you are asking about is masculine.

   – **¿Cuántos** hermanos tienes? – ***How many*** *brothers do you have?*
   – Dos. – *Two.*

   – **¿Cuántos** perros tienes? – ***How many*** *dogs do you have?*
   – Uno. – *One.*

   To ask how many there are, you use **¿cuántas?** if what you are asking about is feminine.

   – **¿Cuántas** hermanas tiene él? – ***How many*** *sisters does he have?*
   – Tiene seis. – *He has six.*

   – **¿Cuántas** cintas tienes? – ***How many*** *tapes do you have?*
   – Tengo diez. – *I have ten.*

3. To find out *who* does something, use **¿quién?**

   – **¿Quién** come en la cafetería? – ***Who*** *eats in the cafeteria?*
   – Bárbara. – *Bárbara.*

   – **¿Quién** estudia en la biblioteca? – ***Who*** *studies in the library?*
   – Roberto. – *Roberto.*

4. To find out *what* someone wants or is seeking, use **¿qué?**

| | |
|---|---|
| – **¿Qué** buscan ellos? | – ***What*** *are they looking for?* |
| – La casa de Marta. | – *Martha's house.* |
| – **¿Qué** compran ellos? | – ***What*** *are they buying?* |
| – Una mochila. | – *A knapsack.* |

5. To ask *why,* use **¿por qué?** The answer to a question that includes **¿por qué?** may sometimes include **porque** *(because).*

| | |
|---|---|
| – **¿Por qué** estudias? | – ***Why*** *are you studying?* |
| – **Porque** tengo un examen mañana. | – ***Because*** *I have a test tomorrow.* |
| – **¿Por qué** comes pizza? | – ***Why*** *do you eat pizza?* |
| – **Porque** me gusta. | – ***Because*** *I like it.* |

## Dilo tú

**L. ¡Vamos a conocernos!** In order to know an exchange student from Bogotá, Colombia, a little better, you ask her questions about herself and her family. Use the suggested words to form your questions.

◆ **Modelo:** hermanos / tener
*¿Cuántos hermanos tienes?*

**tú:**

1. vivir
2. gustar más / música / naturaleza
3. estudiar

**tu compañera de cuarto:**

4. vivir
5. programas de televisión / mirar
6. estar / ahora *(now)*

**tu hermano o tu hermana:**

7. trabajar
8. estar / ahora
9. cintas / tener

**M. Más detalles** ***(More details).*** Conversation depends on the listener paying attention to the speaker's comments and reacting to them. You are talking with some of the Hispanic foreign students in your school. After a student makes a statement, ask a logical follow-up question.

◆ **Modelo:** Esteban Candelaria:
– No vivo en Valencia.
– *¿Dónde vives?*

**Esteban Candelaria:**

1. Tengo hermanos, pero no tengo hermanas.
2. Mis hermanos no viven con mis padres.
3. Ellos no estudian ciencias.

**Bárbara Martínez:**

4. Mi padre y mi madre trabajan.
5. Mi hermana estudia muchas horas todos los días.
6. Mi hermano tiene muchos discos compactos.

**Carlos López:**

7. Tengo una clase de química.
8. Como en la cafetería.
9. No vivo aquí.

## Vamos a escuchar: *Mi familia*

Isabel and Miguel are now providing information about their families. Listen to their brief monologues and complete the following exercises.

### *Antes de escuchar*

Based on what you've learned in this *etapa,* what information about their families do you expect Isabel and Miguel to include in their monologues?

**N. Comprensión.** Before your instuctor plays the tape, take a moment to look at the chart on page 81. As you listen, write down the information that pertains to each person on a separate piece of paper.

| | **Miguel** | **Isabel** |
|---|---|---|
| familia | | |
| grande | _____ | _____ |
| pequeña | _____ | _____ |
| padre | | |
| contador | _____ | _____ |
| profesor | _____ | _____ |
| ingeniero | _____ | _____ |
| mecánico | _____ | _____ |
| madre | | |
| enfermera | _____ | _____ |
| abogada | _____ | _____ |
| profesora | _____ | _____ |
| periodista | _____ | _____ |
| un hermano | _____ | _____ |
| dos hermanos | _____ | _____ |
| apellido | | |
| García | _____ | _____ |
| Vásquez | _____ | _____ |

### *Después de escuchar*

**Ñ. ¿Cómo lo dicen?** Your instructor will play the tape again. Listen to try to determine the following.

1. How does Miguel say that he has a very big family?
2. How does Isabel say that her parents are not married to each other?

## Tú dirás

**O. Intercambio.** Strike up a conversation with a fellow student and ask him or her

1. how many there are in his or her family
2. number of brothers/sisters
3. what their names are
4. if he/she has grandparents
5. where they live
6. if he/she has pets *(animales domésticos)*

**P. ¿Quién tiene más *(more)*...?** Go around the class asking other students how many aunts, uncles, male cousins, and female cousins they each have. Based on your findings, try to determine the following.

1. ¿Quién tiene más tías?
2. ¿Quién tiene más tíos?
3. ¿Quién tiene más primos?
4. ¿Quién tiene más primas?

**Q. Tu familia.** Find out as much as you can about another student's family. Begin by getting information about its size and composition. Then choose one member of the family (spouse, mother, father, brother, sister, grandparent, etc.) and ask more detailed questions to find out what that person is like.

# Cuarta etapa

## Lectura: *Mini-retratos*

### *Antes de leer*

In this chapter you have been learning how to talk about possessions, likes and dislikes, and families. As you get ready to read the mini-portraits of these Spanish speakers, what types of information do you think they will include?

**A.** Look at the pictures of the Spanish speakers on pages 83 and 84 that will be featured in each mini-portrait. What kind of information do you think each one will include?

**B. Los cognados (*cognates*).** The ability to read in Spanish develops more rapidly than the skills of speaking, listening, and writing. One reason is the large number of cognates (words that look alike in two languages, for example: **hospital, universidad, moderno,** etc.) shared by Spanish and English.

What do you think each of the following words means?

1. hospital
2. profesor
3. montañas
4. museo
5. arquitecto
6. universidad

7. divorciado
8. banco
9. ingeniero
10. presidente
11. compañía
12. garaje
13. condominio
14. privada
15. dentista
16. parque

Now read the following paragraphs. Look for cognates to help you get the general idea of each paragraph.

## Mini-retratos

Yo soy médica y madre de familia. Trabajo en el Hospital Santa Ana en Guadalajara. Mi esposo es ingeniero. Él está mucho en casa con los niños. Tenemos un hijo y tres hijas. **Durante el fin de semana pasamos tiempo** con nuestros hijos. **A veces vamos** camping o a un **partido** de fútbol. A veces vamos a las montañas. Me gusta el arte, y a veces mi esposo y yo vamos a los museos de arte. Llevamos a nuestros hijos con nosotros porque mi hijo **quiere** ser arquitecto, y una de mis hijas quiere estudiar pintura en la universidad.

during / weekend
we spend time
Sometimes we go / game
wants

Yo soy estudiante en la Escuela Secundaria de Santa Fe, Nuevo México. Estudio lenguas modernas —el francés y el español —porque me gusta mucho la literatura y también porque **quiero** viajar a Europa y a América Latina **algún día**. Mis padres están divorciados. Vivo con mi madre. Ella trabaja en un banco. Mi padre es profesor; vive en Pennsylvania. Tengo un hermano **menor** que se llama Esteban. No tengo hermanas. Pasamos el verano con nuestro papá.

I want
some day
younger

Yo soy presidente de una compañía. Tengo una casa grande, tres televisores a color y dos coches en el garaje. Mi esposa y yo viajamos mucho. Tenemos un condominio en Puerto Rico y un apartamento en Madrid. Mis hijos no viven en casa y **asisten** a una escuela privada. Contribuimos mucho dinero a diferentes instituciones **benéficas** cada año. Tenemos una **vida** muy **cómoda**.

attend
charitable
life /comfortable

Yo estoy **jubilado.** Mi esposa **murió** en 1985. Vivo con mi hijo en Quito, Ecuador. Él es dentista y está casado. Su esposa se llama Cecilia. Ellos tienen dos hijos. Yo no trabajo. Me gusta la naturaleza y me gusta mucho **caminar** en el parque. **Por la noche**, como con la familia y **después de** comer miro la televisión. Mi vida es muy tranquila y agradable.

retired
died
to walk
at night
after

## *Después de leer*

**C. ¿Cierto o falso?** Reread the *Lectura,* referring to the glosses in each reading. Then decide whether the statements made by each person are true or false. Support your answers by pointing out the relevant information in the *Lectura.*

1. La médica:
   a. Tengo cuatro hijas.
   b. Mi esposo trabaja todos los días en una oficina.
   c. Me gusta la naturaleza.
   d. Paso mucho tiempo con mis hijos.
2. La estudiante:
   a. Vivo con mi padre y mi madre en Santa Fe, Nuevo México.
   b. Hablo alemán y español.
   c. Tengo una familia grande.
   d. Paso el verano con mi mamá.
3. El presidente de la compañía:
   a. Soy materialista.
   b. Tengo una casa grande en Madrid.
   c. Soy rico.
   d. Paso mucho tiempo con mis hijos.
4. El hombre jubilado:
   a. Vivo con la familia de mi hijo en Quito.
   b. Camino a veces con mi esposa.
   c. Por la noche, yo como en un restaurante.
   d. Por la noche, me gusta mirar la televisión.

**D. Más sobre cognados *(More about cognates).*** Go back over each of the four readings and make a list of all of the cognates you can find.

### A. Juan Carlos y Álvaro

In this activity, as with all the *Por fin* activities, one student will be *A* and another will be *B.* Neither of you has access to the other person's information. In order to get the information you need, you will ask *yes/no* questions. To keep track of everything your partner says, you want to have a piece of paper next to you so you can write down some notes. Your partner will need to get the information you have. Answer only **SÍ** or **NO** to his or her questions.

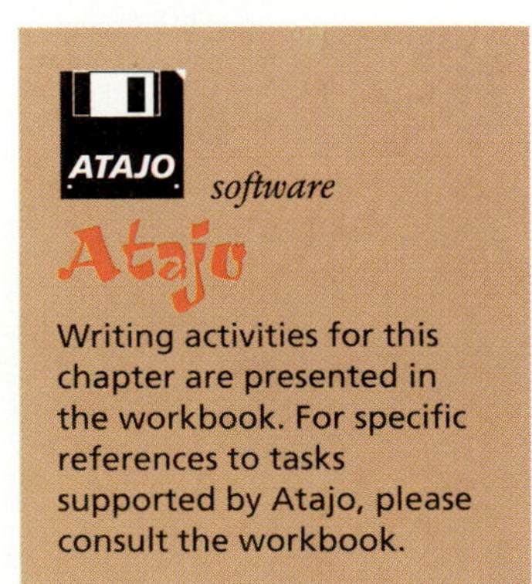


Writing activities for this chapter are presented in the workbook. For specific references to tasks supported by Atajo, please consult the workbook.

## *Estudiante A*

Your partner will begin by asking the first question. Listen carefully. If you don't understand all or part of what your partner says, you can use the following expression: *No entiendo, ¿puedes repetir?* Once you understand what your partner has said, you answer. Then you ask your first question.

Ésta es la información que tienes sobre Álvaro:

> Álvaro tiene 21 años y es estudiante. Vive en un apartamento con un amigo. Le gustan mucho los deportes, especialmente el tenis y el fútbol. No tiene coche pero tiene una bicicleta para ir a clase. En su cuarto hay una cama, una silla y una mesa. A Álvaro le gusta mucho la música y tiene un estéreo y muchos discos.

Ésta es la información que tienes que obtener sobre Juan Carlos:

1. place where he lives
2. things he likes to do
3. things he has in his room
4. his age

## *Estudiante B*

You will begin by asking the first yes/no question. If your partner doesn't understand all or part of what you say, you will hear the following expression: *No entiendo, ¿puedes repetir?* Once your partner answers your question, he or she will ask you the next question.

Ésta es la información que tienes sobre Juan Carlos:

> Juan Carlos tiene 23 años. No es estudiante. Trabaja en un restaurante. Vive en una casa. Le gusta mucho la naturaleza y tiene muchas plantas en su cuarto. Tiene un coche para ir a trabajar y también tiene una bicicleta para los fines de semana. En su cuarto hay una cama, una silla y una mesa. Juan Carlos tiene muchos estantes con libros.

Ésta es la información que tienes que obtener sobre Álvaro:

1. place where he lives
2. things he likes to do
3. things he has in his room
4. his age

# Vocabulario

## Para charlar *Chatting*

### *Para preguntar* *Asking*

¿Cuántas? *How many?*
¿Cuántos? *How many?*
¿Dónde? *Where?*
¿Por qué? *Why?*
¿Qué? *What?*
¿Quién? *Who?*
¿Cómo es? / ¿Cómo son? *How is it? / How are they?*

### *Para expresar posesión* *Expressing possession*

¿De quién es...? *Whose . . . is it?*
¿De quién son...? *Whose . . . are they?*
Es de... *It belongs to . . .*
Son de... *They belong to . . .*

### *Las viviendas* *Housing*

apartamento *apartment*
casa *house*
cuarto *room*

## Temas y contextos *Themes and contexts*

### *La familia* *Family*

la abuela *grandmother*
el abuelo *grandfather*
la esposa *wife*
el esposo *husband*
la hermana *sister*
el hermano *brother*
la hija *daughter*
el hijo *son*
la madre *mother*
el padre *father*
la prima *cousin (f.)*
el primo *cousin (m.)*
la tía *aunt*
el tío *uncle*

### *Las profesiones* *Professions*

abogado(a) *lawyer*
contador(a) *accountant*
dentista *dentist*
enfermero(a) *nurse*
estudiante *student*
hombre (mujer) de negocios *businessman (woman)*
ingeniero(a) *engineer*
médico(a) *doctor*
periodista *journalist*
profesor(a) *professor, teacher*
secretario(a) *secretary*

### *En la universidad* *At the university*

el/la alumno(a) *student*
el bolígrafo *ballpoint pen*
el borrador *eraser*
la calculadora *calculator*
el cuaderno *notebook*
el lápiz *pencil*
el libro *book*
la mochila *knapsack*
la pluma *fountain pen*
el portafolio *briefcase*
el sacapuntas *pencil sharpener*

### *Los medios de transporte* *Means of transportation*

la bicicleta *bicycle*
el coche *car*
la motocicleta *motorcycle*

### *Las materias* *Subjects*

la arquitectura *architecture*
el arte *art*
la biología *biology*
las ciencias *sciences*
la escultura *sculpture*
la historia *history*
las lenguas *languages*
las matemáticas *mathematics*
la pintura *painting*
la química *chemistry*

### *En mi cuarto* *In my room*

la alfombra *rug, carpet*
la almohada *pillow*
la cama *bed*
la cámara *camera*
la cartera *wallet*
la cinta *tape*
la cómoda *dresser*
la computadora *computer*
los cuadros *paintings*
el disco compacto *compact disc*
el escritorio *desk*
el estante *bookshelf*
el estéreo *stereo*
la grabadora *tape recorder*
la llave *key*
la máquina de escribir *typewriter*
la planta *plant*
el póster *poster*
el radio *radio*
el ropero *closet*
la silla *chair*
el sillón *armchair*
el televisor (a colores) *(color) television set*
el vídeo *video*

### *Los deportes* *Sports*

el básquetbol *basketball*
el béisbol *baseball*
el fútbol americano *football*
el fútbol *soccer*
el vólibol *volleyball*

## Vocabulario general *General vocabulary*

### *Adjetivos* *Adjectives*

aburrido(a) *boring*
alto(a) *tall*
antipático(a) *disagreeable*
bajo(a) *short*
bonito(a) *pretty*
bueno(a) *good*
delgado(a) *thin*
divertido(a) *fun, amusing*
feo(a) *plain, ugly*
gordo(a) *fat*
guapo(a) *handsome*
inteligente *intelligent*
malo(a) *bad*
moreno(a) *dark-haired, brunet*
mi(s) *my*
nuestra(s) *our*
nuestro(s) *our*
pelirrojo(a) *redheaded*
pequeño(a) *small*
rubio(a) *blond*
serio(a) *serious*
simpático(a) *nice*
su(s) *his, her, your, their, its*
tonto(a) *stupid, foolish, silly*
tu(s) *your*
vuestra(s) *your*
vuestro(s) *your*

### *Sustantivos* *Nouns*

el animal doméstico *pet*
el apellido *last name*
la ciudad *city*
el nombre *name*
las personas *people*

### *Verbos* *Verbs*

hay (haber) *there is/are*
gustar *to like*
llevar *to take, carry*
tener *to have*

### *Otras palabras y expresiones* *Other words and expressions*

allí *there*
¿Cuántos hay? *How many are there?*
¿Dónde hay? *Where is/are there . . . ?*
Está casado(a) con... *He/she is married to . . .*
Me llamo... *My name is . . .*
Para ir al centro, voy en... *To go downtown, I go by . . .*
¿Qué llevas tú a la universidad? *What are you taking to the university?*
Se llama... *His/her name is . . .*
Vivo en... *I live in . . .*

# 3 ¿Dónde y a qué hora?

## Chapter Objectives:

In this chapter you will learn about places like stores, buildings and public areas that are common in the cities and towns of Spanish-speaking countries. Some of these places will be familiar to you, but depending where you are from or where you have traveled, you will discover different features.

After completing this chapter you will be able to:

- identify and locate places in a city or town
- express your wishes and preferences
- talk about how you or someone else feels
- tell time
- ask for directions and give directions

The linguistic elements that you will learn to help you carry out these tasks are:

- vocabulary related to the following topics:
  - places and locations in cities and towns
  - preferred activities
  - how you and others feel
  - the time, days of the week
- grammatical structures:
  - **tener**, **tener** + **que** + infinitive, **tener ganas de** + infinitive
  - present tense **ir**
  - present tense **querer**, **preferir**
  - **estar**, **estar** + adjectives of condition
  - prepositions of place or proximity
  - formal commands

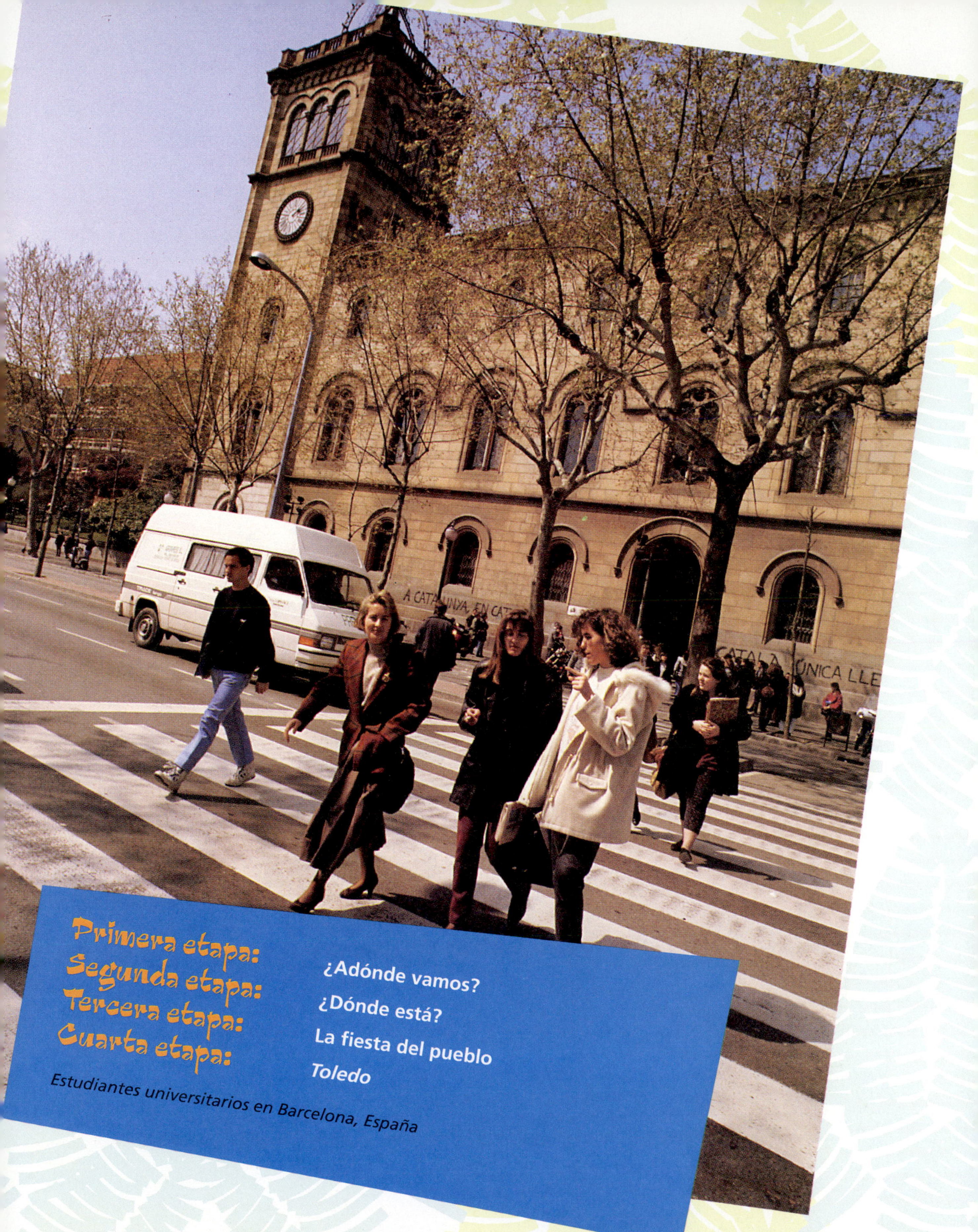

Primera etapa: ¿Adónde vamos?
Segunda etapa: ¿Dónde está?
Tercera etapa: La fiesta del pueblo
Cuarta etapa: *Toledo*

Estudiantes universitarios en Barcelona, España

*¿Adónde vamos?:* Where are we going?

## Para empezar: *¿Adónde vamos?*

### *Preparación*

- What are some typical buildings to be found in any city or town?
- Think of different specialty stores or shops and what is sold there.
- Where do you normally go to shop?
- What kind of information do you need to give directions to someone?

Can you identify these places using the vocabulary that follows?

Public places and business places

### Los lugares públicos y los comercios:

| | | |
|---|---|---|
| | un aeropuerto | una catedral |
| church | una estación de trenes | una **iglesia** |
| | una estación de autobuses | una universidad |
| market | una plaza | un **mercado** |
| secondary / elementary school | una **escuela secundaria** | un **colegio** |
| museum / park | un **museo** | un **parque** |
| movie theater / bakery | un **cine** | una **panadería** |
| flower shop / bookstore | una **florería** | una **librería** |

una **biblioteca** library
una **oficina de correos** post office
una estación de policía
un hospital
una **farmacia** drugstore
un **estadio** stadium
una **carnicería** butcher shop

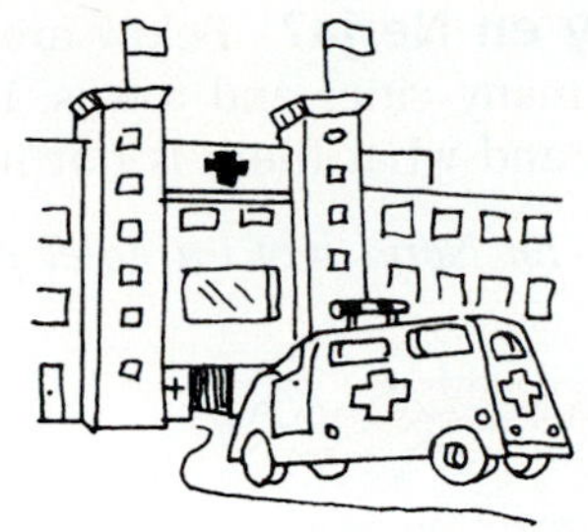

## ¡Te toca a ti!

**A. ¿Qué es?** Identify each building or place.

◆ **Modelo:** *Es un hospital.*

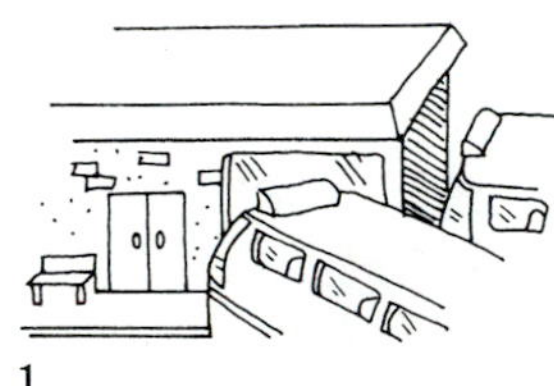

1.

2.

3.

4.

5.

6.

7.

8.

9.

**B. ¿Qué hay en Nerja?** Below are examples of public buildings that are found in many cities and towns. Using the map of Nerja, indicate what there is and what there is not in this small beach town.

◆ **Modelo:** *En Nerja hay un hotel pero no hay un aeropuerto.*

**C. ¿Hay un(a)... en el barrio *(neighborhood)*?** Ask a passerby if the following places are in the area. The passerby will answer affirmatively and will indicate the street where each place can be found. Act this out in pairs.

◆ **Modelo:** restaurante / en la Calle *(street)* San Martín
– *Perdón, señor (señorita). ¿Hay un restaurante en el barrio?*
– *Sí, hay un restaurante en la Calle San Martín.*

1. parque / en la Calle Libertad
2. discoteca / en la Calle Tucumán
3. teatro / en la Avenida 9 de Julio
4. museo / en la Calle Cervantes
5. cine / en la Avenida Lavalle
6. piscina / en la Calle Bolívar
7. oficina de correos / en la Calle Independencia
8. mercado / en la Calle Reforma

## Enfoque léxico: *Expresiones con* ***tener***

The verb **tener** is used in many Spanish idiomatic expressions, or phrases.

To ask someone's age in Spanish, use **tener:**

– **¿Cuántos años tienes?** – ***How old are you?***
– **Tengo veinte años.** – ***I am twenty years old.***
– **¿Cuántos años tiene** tu hermana? – ***How old is*** *your sister?*
– **Tiene dieciocho.** – ***She's eighteen.***

Some other expressions that also use **tener** are **tener hambre** *(to be hungry),* **tener sed** *(to be thirsty),* **tener sueño** *(to be sleepy),* **tener frío** *(to be cold),* and **tener calor** *(to be hot).*

– **Tengo hambre.** ¿Y tú? – ***I'm hungry.*** *And you?*
– No, **no tengo hambre,** pero **sí tengo mucha sed.** – ***I'm not hungry,*** *but* ***I am very thirsty.***

In Spanish, when you want to say that you have to do something, you do so by using the verb **tener** followed by **que,** followed by the *infinitive* form of the verb that expresses what you must do.

### tener + que + *infinitive*

| | |
|---|---|
| **Tengo que** comer. | ***I have*** *to eat.* |
| **Tienes que** estudiar. | ***You have*** *to study.* |
| **Tiene que** escribir una postal. | ***He/she has*** *to write a postcard.* |

In Spanish, when you want to say that you feel like doing something, you do so with the expression **tener ganas de** + *infinitive.* Simply conjugate **tener** and use the infinitive form of the verb that expresses what you feel like doing.

### tener ganas de + *infinitive*

| | |
|---|---|
| **¿Tienes ganas de comer** una hamburguesa con queso? | ***Do you feel like eating*** *a cheeseburger?* |
| **Tenemos ganas de bailar.** | ***We feel like dancing.*** |
| **Tiene ganas de escuchar** la radio. | ***He/she feels like listening to*** *the radio.* |

## Comentarios culturales

**La ciudad típica.** Most cities in Spanish-speaking countries are built on a similar pattern. There is usually a plaza in the middle of town, with several important buildings facing into it: the cathedral or main church at one end; the main government building and a police station at the other; shops, banks, hotels, and cafés on the two sides in between. Families as well as young people gather at the central plaza on weekends and summer evenings to take a walk, see their friends, and have a drink or a meal. Walking around a city and its plaza is considered one of life's pleasures by people in all sectors of Spanish-speaking societies. The streets are full of life, movement, and music.

## Dilo tú

**D. ¿Cuántos años tienes?** In the process of getting to know your friends, find out how old they are. Remember to use the verb **tener** and the word **años.**

◆ **Modelo:** – ¿Cuántos años tiene Felipe? (13)
– *Felipe tiene trece años.*

1. ¿Cuántos años tiene Carmelita? (17)
2. Y el señor Ramos, ¿cuántos años tiene? (64)
3. ¿Cuántos años tiene Ana María? (20)
4. ¿Cuántos años tiene Roberto? (12)
5. ¿Cuántos años tiene el señor García? (82)
6. Y la señora Méndez, ¿cuántos años tiene ella? (55)

**E. ¿Tienen hambre?** You are hosting a picnic and you want to know if your guests are hungry, hot or thirsty, and what they would like to have. Walk around the class asking five people what they want. Follow the model.

◆ **Modelo:** – *¿Tienes hambre? ¿Tienes sed?*
– *Sí, tengo mucha hambre. No tengo sed.*
– *¿Qué quieres comer?*
– *Un taco, por favor.*

**F. ¿Qué tienes en tu casa? Tengo...** Make a list of five things you have in your house and indicate who owns them. Compare your list with other students by asking them what they have in their houses.

◆ **Modelo:** – *¿Tienes una grabadora en casa?*
– *Sí, es de mi hermano.*
o:
– *Sí, yo tengo una grabadora.*

**G. Tengo que...** Now make a list of at least three things that you have to do by the end of the day. Compare your list with that of other students by asking them what they do and do not have to do today.

**H. Sí..., pero primero tengo que...** ***(Yes..., but first I have to...)*** A friend invites you to do something. You would like to accept, but you tell him or her that first you must do something else. Follow the model.

◆ **Modelo:** ir al centro / estudiar
– *¿Tienes ganas de ir al centro?*
– *Sí, pero primero tengo que estudiar.*

1. mirar la TV / comer con mi familia
2. ir al centro / practicar el piano
3. estudiar química / comer con mi familia

4. leer nuestro libro / escribir una carta
5. tomar algo en el centro / ir a mi casa

## Enfoque estructural: *El verbo* ***ir***

¿Adónde **vamos**? — *Where* ***are we going?***
Alicia **va** al centro. — *Alicia* ***is going*** *downtown.*
Ellos **no van** al correo. — *They* ***don't go*** *to the post office.*

The present tense forms of the verb **ir** are:

| ir | | | |
|---|---|---|---|
| yo | **voy** | nosotros | **vamos** |
| tú | **vas** | vosotros | **vais** |
| él / ella / Ud. | **va** | ellos / ellas / Uds. | **van** |

## Dilo tú

**I. En la estación de trenes.** You are at the railroad station with a group of friends who are leaving to visit different Spanish cities. Each time you ask if someone is going to a certain city, you find out that you are wrong. Ask and answer questions following the model.

◆ **Modelo:** Raquel / Salamanca / Cádiz
– *¿Va Raquel a Salamanca?*
– *No, Raquel no va a Salamanca. Ella va a Cádiz.*

1. Teresita / León / Burgos
2. Carlos / Valencia / Granada
3. Antonio / Málaga / Córdoba
4. Carmencita / Sevilla / Toledo
5. Miguel / Pamplona / Ávila
6. Maribel / Barcelona / Valencia
7. Juan / Córdoba / Segovia
8. Luisa / Málaga / Cádiz

**J. Vamos al centro.** Your friends are heading into town to do errands. Ask a classmate where different people are going. He/she will choose from places listed.

❖ Farmacia El Alba, Ave. Gral Paz ❖

❖ Correo Central, Calle Tucumán ❖

❖ Banco Popular, Calle Belgrano ❖

❖ Quiosco de periódicos, esquina de Florida y Callao ❖

❖ Panadería Las Delicias, Ave. 5 de Mayo ❖

❖ Librería Real, Calle de la Reconquista ❖

## Enfoque estructural:

### *Los verbos **querer** y **preferir***

| | |
|---|---|
| **¿Quieres** ir al cine? | ***Do you want** to go to the movies?* |
| **Quiero** ir al museo. | *I **want** to go to the museum.* |
| **No queremos** salir. | *We **don't want** to go out.* |

The verb **querer** *(to want, to love)* is used to express strong wishes or feelings. It is more commonly used than the verb **desear** *(to desire).*

**Querer** and **preferir** change the **e** in the stem to **ie** except in the **nosotros** and **vosotros** forms. Another verb that follows this pattern is **preferir** *(to prefer).*

**querer (ie)**

| | | | |
|---|---|---|---|
| yo | **quiero** | nosotros | **queremos** |
| tú | **quieres** | vosotros | **queréis** |
| él / ella / Ud. | **quiere** | ellos / ellas / Uds. | **quieren** |

**preferir (ie)**

| | | | |
|---|---|---|---|
| yo | **prefiero** | nosotros | **preferimos** |
| tú | **prefieres** | vosotros | **preferís** |
| él / ella / Ud. | **prefiere** | ellos / ellas / Uds. | **prefieren** |

**Querer** and **preferir** may be followed by a noun or an infinitive.

| | |
|---|---|
| **Quieres un taco.** | *You **want a taco.*** |
| Rosa **quiere comer** algo también. | *Rosa **wants to eat** something, too.* |
| Ellos **prefieren el tren.** | *They **prefer the train.*** |
| **Prefiero viajar** en autobús. | *I **prefer to travel** by bus.* |

## Dilo tú

**K. ¿Adónde quieres ir?** You and a friend are visiting a town in Mexico. Each of you wants to see something different. Find out what your friend wants to see by asking specific questions.

◆ **Modelo:** la plaza / la iglesia
– *¿Quieres ir a la plaza?*
– *No, quiero ir a la iglesia.*

1. la biblioteca / la piscina
2. el club / el teatro
3. el museo / al cine
4. la plaza / el parque
5. la estación de trenes / la estación de autobuses
6. la escuela secundaria / el mercado

**L. Preferencias.** You and your friend are making plans for the afternoon. Your friend makes a suggestion. Tell him or her whether you agree with the suggestion. If you don't agree, express your own preference.

◆ **Modelo:** ir al teatro
– *¿Quieres ir al teatro?*
– *Sí, quiero ir al teatro.* o:
– *Mmm... no, prefiero ir al cine.*

1. comer en un café
2. ir a la piscina
3. bailar en la discoteca
4. visitar un museo
5. estudiar toda la mañana
6. correr por el parque
7. escuchar música
8. tomar algo

**M. Decisiones.** When presented with the following options, you and your friend need to decide what you want to do after class. In pairs decide what you want to do, and give your answer to the class.

◆ **Modelo:** ¿ir en bicicleta o caminar?
– *¿Quieres ir en bicicleta o caminar?*
– *Prefiero caminar.*
– *Preferimos caminar.*

1. ¿jugar *(to play)* al tenis o al vólibol?
2. ¿ir a mi casa o al café?
3. ¿visitar a nuestros amigos o estudiar?
4. ¿ir a la plaza o al parque?
5. ¿comer o tomar un refresco?

# Vamos a escuchar: *¿Adónde van?*

**En el centro.** Gloria and Marilú are going downtown to run some errands. Listen to their conversation and do the following exercises.

## *Antes de escuchar*

Based on the information you have learned in this chapter:

1. What are some of the places you would expect Gloria and Marilú to go on a trip downtown?
2. How do you say in Spanish that you have to do something?

**N. Primero van a...** Listen to the conversation between Gloria and Marilú and pay attention to the places where they plan to go. Make a list of as many places as you can.

## *Después de escuchar*

**Ñ. Cuestionario.** Listen to the dialogue again before answering the following questions in Spanish.

1. ¿Adónde quiere ir Gloria primero?
2. Y después ¿adónde quiere ir Gloria?
3. ¿Adónde prefiere ir su amiga?
4. ¿Qué idea tiene Gloria que le gusta a Marilú?
5. ¿Qué quiere comer Marilú?
6. ¿Cómo se llama el lugar donde Gloria puede comprar un libro?
7. ¿Cómo se llama el lugar donde hay pan?
8. ¿Dice Gloria que tiene que ir al aeropuerto?

**Una plaza en Salta, Argentina**

**O. ¿Cómo lo dicen?** Listen to the tape again to determine the following:

1. How does Marilú tell Gloria "to hold on a minute"?
2. What expression does Marilú use that is the equivalent of "That's great"?

## Tú dirás

**P. En la calle.** While heading for a place in town (your choice), you bump into a friend. Greet your friend, find out how he or she is, and ask where he or she is going. Your friend will ask you where you are going. If you are going to the same place, suggest that the two of you go there together (**¡Vamos juntos/juntas!**). If not, say good-bye and continue on your way.

**Q. Una invitación.** Your friend invites you to do something. Tell him or her that you are going somewhere else with another person. Your friend makes a polite remark and you finish the conversation.

## Para empezar: *¿Dónde está?*

### *Preparación*

- How do you find your way around a city when you have never been there before?
- When you ask for directions, what do you generally hope to find out?
- If someone asks you how to get to a particular place in town, what information do you give?

## ¿Está lejos de aquí?

*¿Está lejos de aquí?:* Is it far from here?

| | | |
|---|---|---|
| ¿Dónde está el aeropuerto? | **Está lejos de** la ciudad. | is (located) / far from |
| ¿Dónde está la estación de trenes? | Está **cerca del** hotel. | near |
| ¿Dónde está la oficina de correos? | Está **frente a** la estación. | across from (facing) |
| ¿Dónde está la farmacia? | Está **al lado del** hotel. | next to |
| ¿Dónde está el museo? | Está **al final de** la Avenida Libertad. | at the end of |
| ¿Dónde está el **quiosco de periódicos?** | Está **en la esquina de** la Calle Colón y la Avenida Libertad. | newspaper kiosk / at the corner of |
| ¿Dónde está el coche de Mario? | Está en un **estacionamiento detrás de** la iglesia. | parking lot<br>behind |
| ¿Dónde está el coche de Teresa? | Está en la avenida **delante del** banco. | in front of |
| ¿Dónde está el banco? | Está **entre** el restaurante y la oficina de correos. | between |
| ¿Dónde está el restaurante? | Está **a la derecha del** banco (**a la izquierda de** la florería). | to the right of<br>to the left of |

## Comentarios culturales

**Las tiendas.** In many parts of the Spanish-speaking world, the small store is more common than the large supermarket. Each one of these stores sells only one type of article or food. The name of the shop is taken from the products sold; for example, **pan** *(bread)* is sold at the **panadería**; **flores** *(flowers)* are sold at the **florería.**

# ¡Te toca a ti!

**A. Mi ciudad.** When someone asks you about the town pictured on page 103, answer using the suggested expressions.

◆ **Modelo:** – ¿Dónde está la estación de trenes? (cerca del hotel)
– *Está cerca del hotel.*

1. ¿Dónde está el hotel? (al lado de la farmacia)
2. ¿Dónde está el banco? (frente a la iglesia)
3. ¿Dónde está el aeropuerto? (lejos de la ciudad)
4. ¿Dónde está la oficina de correos? (cerca del restaurante)
5. ¿Dónde está el museo? (al final de la Avenida Libertad)
6. ¿Dónde está la farmacia? (en la esquina de la Calle Colón y la Avenida Libertad)
7. ¿Dónde está la estación de trenes? (al lado del museo)
8. ¿Dónde está el restaurante? (entre la florería y el banco)

**B. ¿Cierto o falso?** Correct the false statements about the city pictured on page 103.

◆ **Modelo:** – El aeropuerto está cerca de la ciudad, ¿no? (lejos de)
– *No, está lejos de la ciudad.*

1. El restaurante está al lado de la farmacia, ¿verdad? (frente a)
2. La estación de trenes está lejos del museo, ¿no? (cerca de)
3. La florería está frente a la librería, ¿verdad? (al lado de)
4. El quiosco de periódicos está al final de la Avenida Libertad, ¿verdad? (en la esquina de la Avenida Libertad y la Calle Colón)
5. El museo está al lado del banco, ¿no? (al final de la Avenida Libertad)
6. El coche de Teresa está detrás de la iglesia, ¿verdad? (delante del banco)
7. La florería está frente a la librería y el restaurante, ¿no? (entre)

**C. En la cola *(In line).*** While waiting to get into the movies, you point out some of your friends to your brother. You do so by indicating each person's place in line. Use the following drawing to give your answers.

◆ **Modelo:** Estela / detrás
*¿Estela? Ella está detrás de Alejandro.*

1. Amanda / delante
2. Pablo / detrás
3. Marcos / entre
4. Amanda / a la izquierda de
5. Antonio / detrás
6. Alejandro / delante
7. Estela / entre
8. Pablo / a la derecha de

## ¿Recuerdas?

**D. Grupo de estudio.** You and your friends are studying together for a big test. During a break you want to find out who is hungry or thirsty and what they want to eat or drink. One of you asks the question and the others answer. Work in groups of three and follow the model.

◆ **Modelo:** – *¿Tienes hambre o sed?*
– *Sí, tengo mucha hambre/sed.*
– *¿Qué quieres comer/beber?*
– *Quiero un sándwich de queso.*

**E. Un amigo nuevo.** A Mexican exchange student whom you have just met is telling you about his family and his life in Mexico. Each time he makes a statement, you ask a follow-up question using **dónde, cuántos, cuántas, qué, por qué,** or **quién.**

◆ **Modelo:** Tengo una familia grande. Tengo muchos hermanos.
– *¿Cuántos hermanos tienes tú?*

1. Somos de Guadalajara pero no vivimos ahí.
2. Vivimos en una ciudad *(city)* pequeña en el norte.
3. Mi padre trabaja.
4. Soy estudiante en una escuela pequeña. No hay muchos estudiantes en mi escuela.
5. Estudio historia, inglés y español.
6. No estudio ciencias.
7. Me gustan mis profesores y mis compañeros de clase *(classmates).*
8. Tengo un profesor muy simpático.

## Enfoque estructural: *El verbo* ***estar***

### *Estar* + lugar

The verb **estar** is used to indicate the location of a person, a place, or an object.

| | |
|---|---|
| **Estoy** en el Hotel Trinidad. | *I **am** in the Hotel Trinidad.* |
| Madrid **está** en España. | *Madrid **is** in Spain.* |
| Los libros **están** en el coche. | *The books **are** in the car.* |

The present tense forms of the verb **estar** are:

**estar**

| | | | |
|---|---|---|---|
| yo | **estoy** | nosotros | **estamos** |
| tú | **estás** | vosotros | **estáis** |
| él / ella / Ud. | **está** | ellos / ellas / Uds. | **están** |

You will note that only the **yo** form **(estoy)** is irregular.

### *Estar* con adjetivos de condición

| | |
|---|---|
| **Estoy muy cansada.** | *I **am** very **tired**.* |
| **Estoy listo** para continuar la lección. | *I **am ready** to continue with the lesson.* |

1. **Estar** is used with adjectives that describe physical or emotional conditions:

| | | | |
|---|---|---|---|
| **aburrido** | *bored* | **enojado** | *angry* |
| **cansado** | *tired* | **listo** | *ready* |
| **contento** | *happy* | **triste** | *sad* |
| **enfermo** | *sick* | | |

2. These adjectives agree in gender and number with the person they describe.

| | |
|---|---|
| **Ella** está **cansada.** | **Ellas** están **cansadas.** |
| **Él** está **cansado.** | **Ellos** están **cansados.** |

## Dilo tú

**F. ¿Estás bien?** Look at the pictures and describe how these people feel today.

**G. ¿Cómo están Uds.?** Ask five of your classmates how they are feeling today. Then report to the class.

◆ **Modelo:** – *¿Cómo estás?*
– *Estoy muy contento(a).*

## Enfoque estructural:

### *Las contracciones* ***al*** *y* ***del***

When the preposition **a** *(to)* is followed by the article **el,** they contract to form one word, **al.**

**a + el = al**

| | |
|---|---|
| José y yo vamos **al** museo. | *José and I go* ***to the*** *museum.* |
| Mi familia va **al** restaurante. | *My family goes* ***to the*** *restaurant.* |

When the preposition **de** is followed by the definite article **el,** the two words contract to form one word, **del.**

**de + el = del**

El coche de Teresa está al lado **del** hotel.
Es el portafolio **del** profesor.

Many of the prepositions of place presented at the beginning of this *etapa* (on page 103) include **de:**

| | |
|---|---|
| **lejos de** | **al final de** |
| **cerca de** | **detrás de** |
| **al lado de** | **delante de** |

Remember to follow the same rules for contraction: **lejos del centro, cerca del cine, al lado del restaurante.**

## Dilo tú

**H. ¿Adónde quiere ir...?** You are talking to a friend about where your other friends want to go this weekend. Ask about each of the following people and your friend will answer using the places suggested.

◆ **Modelo:** Miguel / el club
*¿Adónde quiere ir Miguel?*
*Al club.*

1. Elsa / la piscina
2. Isabel / el parque
3. Roberto / la discoteca
4. Mónica / el cine
5. Manuel / el museo
6. Pilar / el teatro
7. Luis / el estadio
8. Lidia / el café

**I.** Esteban is trying to help you find your way around Guadalajara. Using the map, play the role of Esteban and describe precisely the location of the following places:

1. Mercado Libertad
2. Plaza de la Liberación
3. Antigua Universidad
4. Parque Morelos

# Vamos a escuchar:

## *¿Dónde está la biblioteca?*

### *Antes de escuchar*

Look at the questions before you listen to the conversation. Review the prepositions of place on p. 103.

1. What is the opposite of **lejos de**?
2. What verb is used in Spanish to indicate location?

Now listen to the two people talk about the location of a building.

**J. ¿Adónde va?** Write down the four places that the people bring up in the conversation.

### *Después de escuchar*

**K. Comprensión.** Listen to the dialog again before answering in Spanish the following questions.

1. ¿Adónde quiere ir la señora?
2. ¿Está lejos el lugar adónde quiere ir?
3. ¿Está cerca de la oficina de correos el banco?
4. ¿Qué hay en la universidad?
5. ¿Va la señora a la universidad?

**L. ¿Cómo lo dicen?** Listen to the tape again to determine the following:

1. What does the woman say to indicate that she is from out of town?
2. What expression does the man use at the end to wish the stranger well?

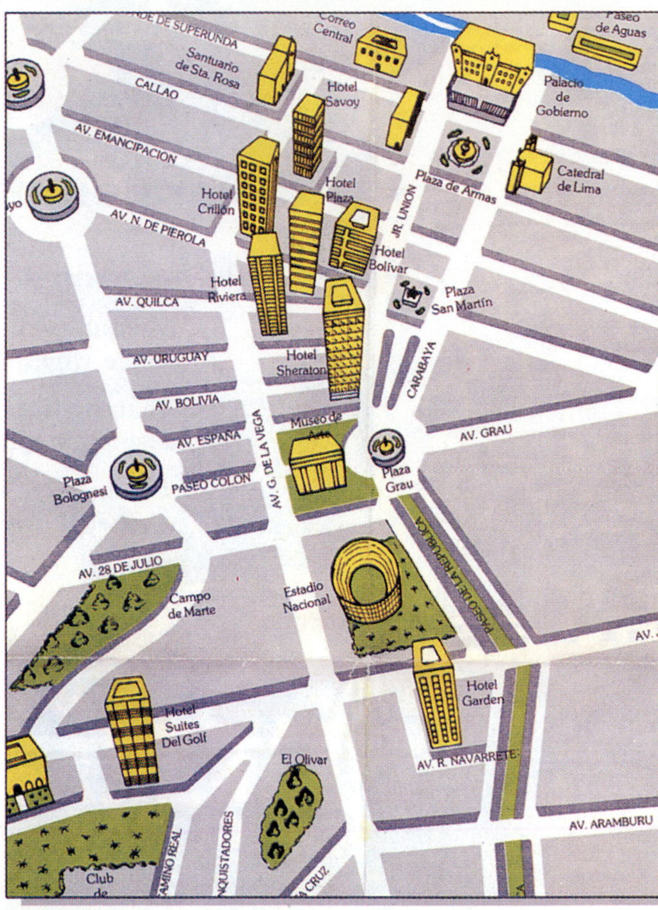


## Tú dirás

**M. ¿Dónde hay un (una)...?** You are a tourist in Lima and want to find out where various places are, so you ask the clerk at the Hotel Bolívar. Among the places you might be looking for are **el estadio, el Museo de Arte, el correo, la catedral,** etc. Enact the conversation with a partner following the model.

◆ **Modelo:** – *¿Dónde está la Plaza Grau, por favor?*
– *Está en la esquina del Paseo de la República y la Avenida Grau.*

**N. ¿Por favor...?** Some tourists stop you in the Plaza de Cultura to ask where certain places are located. Using the map below, locate as precisely as possible the places that they are looking for.

◆ **Modelo:** el Museo Nacional
– *¿El Museo Nacional, por favor?*
– *El Museo Nacional está frente a la Asamblea Legislativa.*

1. el Teatro Nacional
2. la Iglesia la Soledad
3. la Biblioteca Nacional
4. la Corte Suprema de Justicia
5. la Catedral Metropolitana
6. Correos y Telégrafos

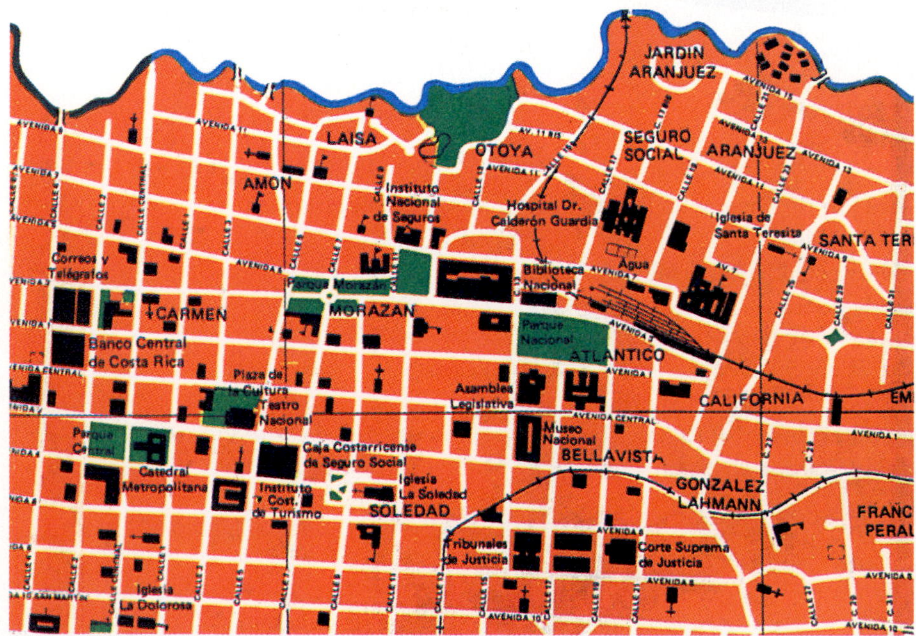

## Para empezar: *La fiesta del pueblo*

### *Preparación*

- What are some of the holidays that are especially important to the people who live in your town or city?
- What kinds of events or activities take place where you live to celebrate a national holiday like the Fourth of July?
- Do you think it is a good idea for people to get together to celebrate a holiday? Why or why not?

### ¿A qué hora son los bailes folklóricos?

Octavio García vive en Guatemala. Como en **todas** las ciudades y **pueblos hispanos**, la Ciudad de Guatemala tiene una **gran fiesta una vez al año.** En Guatemala celebran el Día de la Independencia el 15 de septiembre. Octavio mira el póster que **anuncia** los programas **para** el festival.

*¿A qué hora son los bailes folklóricos?:* What time are the folkdances? / all / Hispanic towns / large party, festival / once a year / announces / for

| **DÍA DE LA INDEPENDENCIA**<br>**Ciudad de Guatemala** | | Independence Day |
|---|---|---|
| 10:30 | **Misa** de **Acción de Gracia** en la Catedral | Mass / Thanksgiving |
| 12:00 | **Feria** de la comida | Fair |
| 13:30 | Bailes folklóricos en la Plaza Mayor | |
| 14:45 | **Concurso** de **poesía**<br>**Premio** a la **mejor** poesía | Contest / poetry<br>Prize / best |
| 16:30 | **Desfile** de las escuelas | Parade |
| 19:00 | Banquete en el Club Independencia | |
| 21:00 | **Fuegos artificiales** en el Parque Nacional | Fireworks |
| 22:00 | Baile popular (Parque Nacional) | |

## Te toca a ti

**A. El Día de la Independencia.** Elena is planning her activities for the day of the festival. Complete the paragraph according to the information on the poster on page 110.

Primero voy a la catedral para escuchar la Misa de ______________. Luego voy a comer en la casa de Adela. Después de comer, Adela y yo vamos a ver los bailes ________ en la _____ Mayor. Adela va a leer su poesía en el _______ de _______. No vamos a ver el ________ de las escuelas porque va a ser muy largo. Tampoco vamos a ir al ________ en el _______ Independencia, porque es muy caro *(expensive)*. Por la noche, vamos a ver los _________ _________ en el Parque Nacional, y luego vamos al ________ popular. Va a ser *(it's going to be)* un día divertido.

**B. ¿Qué quieren hacer *(to do)* Uds.?** You and your friends are deciding what you want to do at the festival. Work in groups of three taking turns to ask and answer the questions.

◆ **Modelo:** ver *(watch)* el desfile
– *¿Qué quieren hacer ustedes?*
– *Queremos ver el desfile.*

1. ver los bailes folklóricos
2. ir al baile popular
3. escuchar la poesía
4. ir al banquete
5. comer las comidas regionales
6. ir al concurso de poesía

## ¿Recuerdas?

**C. Por favor, ¿dónde está...?** You are walking down the street in your town when a Spanish-speaking person stops you and asks where a certain place (movie theater, bank, train station, drug store, etc.) is located. You indicate the street or avenue and then try to describe the area (such as what it is near to, next to, across from, behind, between).

**D. Quisiera..., pero tengo que...** Make a list of five things you would like to do but can't because you have to do something else. Compare your list with a classmate's.

◆ **Modelo:** – *Quisiera mirar la televisión pero tengo que estudiar.*

# Enfoque léxico: *La hora y los días*

## ¿Qué hora es?

1. To distinguish between A.M. and P.M., use the expressions **de la mañana** *(in the morning)*, **de la tarde** *(in the afternoon)*, or **de la noche** *(in the evening)*.
2. Notice that in Spanish **es la** is used for one o'clock and **son las** is used for all other hours.

Es la una.

Son las dos.

Son las dos y diez.

Son las dos y cuarto.

Son las dos y media.

Son las tres menos veinte.

Son las tres menos cuarto.

Es medianoche.

Es mediodía.

## Comentarios culturales

**La fiesta del pueblo.** Every town in the Hispanic world has at least one big celebration each year. There are religious festivals in honor of the patron saint of the town, celebrations for the coming of spring and harvest, grape-pressing festivals, and more. Everybody in the town participates in these celebrations. The festivals begin with a religious ceremony and prayers said at the local church. In the evening there are parties with dancing, eating, and sometimes fireworks.

### Preguntas sobre la hora

1. To ask someone what time something happens, use **¿A qué hora...?** The response to this question requires the preposition **a.**

– **¿A qué hora** comes? – ***What time*** *do you eat?*
– **A las** 6:15. – ***At*** *6:15.*

2. To ask someone when something occurs, use **¿cuándo?** To indicate that something happens *between* two times, use either **entre las... y las...** or **desde las... hasta las...** .

– **¿Cuándo** corres? – ***When*** *do you run?*
– **Entre las** 5:00 **y las** 6:00. – ***Between*** *5:00* ***and*** *6:00.*
– **¿Cuándo** trabaja tu madre? – ***When*** *does your mother work?*
– **Desde las** 9:00 **hasta las** 5:00. – ***From*** *9:00* ***to*** *5:00.*

### Los días de la semana

**lunes martes miércoles jueves viernes sábado domingo**

Remember that the definite article is often used with the days of the week:

**el lunes** = Monday, the upcoming Monday

**los lunes** = on Mondays, indicates a customary action on a specific day of the week

**El viernes** voy a una fiesta en casa de Jaime.

**Los lunes** voy a la universidad.

## Comentarios culturales

**La siesta.** The custom of taking an afternoon rest is often necessary in tropical countries where temperatures are highest during the middle of the day. Seeking refuge indoors is practically a must, and the reference to the sixth hour of the day (**la sexta hora,** or high noon) as **la siesta** has become commonplace in Spanish-speaking cultures. In some countries, small businesses close for a few hours during the hottest part of the afternoon, extending store hours into the early evening. **Echar** or **dormir una siesta** means *to take a nap.*

## Dilo tú

**E. ¿Qué hora es?** Find out the time from a classmate. Indicate whether it is morning (**de la mañana**), afternoon (**de la tarde**), or evening (**de la noche**). Alternate between who asks and who answers for every other question.

◆ **Modelo:** 2:20 A.M.
– *¿Qué hora es?*
– *Son las dos y veinte de la mañana.*

1. 8:20 A.M.
2. 1:00 P.M.
3. 1:30 A.M.
4. 3:10 P.M.
5. 10:55 A.M.
6. 11:45 P.M.
7. 4:15 P.M.
8. 5:35 A.M.
9. 7:45 A.M.
10. 10:25 P.M.

**F. ¿A qué hora...?** Tell your friend between what times you do the following activities.

◆ **Modelo:** mirar la televisión
– *¿A qué hora miras la televisión?*
– *Miro la televisión desde las 7:00 hasta las 9:00 de la noche.*

1. preparar la lección *(lesson)* de español
2. usar el laboratorio de lenguas
3. comer
4. practicar el tenis
5. trabajar
6. leer
7. ir a la universidad
8. preferir salir

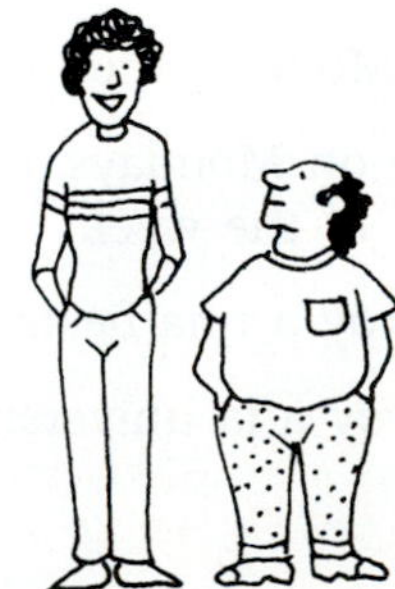

# Enfoque estructural:

## *Los mandatos formales regulares e irregulares*

**Tome** la Calle Atocha. — ***Take** Atocha Street.*
**¡Escuchen** bien! — ***Listen** well!*

1. Command forms of a verb are used to tell someone to do something. Spanish has two types of command forms: formal (**Ud.** and **Uds.**) and informal (**tú** and **vosotros**). Here you will learn how to make formal commands.

**Mandatos formales**

| Verbos en **-ar:** | Verbos en **-er:** | Verbos en **-ir:** |
|---|---|---|
| **cantar** | **comer** | **escribir** |
| **Cante** Ud. | **Coma** Ud. | **Escriba** Ud. |
| **Canten** Uds. | **Coman** Uds. | **Escriban** Uds. |

2. To form the **Ud.** and **Uds.** commands, drop the **o** from the **yo** form of the present tense and add **e/en** for **-ar** verbs and **a/an** for **-er** and **-ir** verbs:

| | | | |
|---|---|---|---|
| yo **hablo** → | **habl-** → | **hable** Ud. | **hablen** Uds. |
| yo **bebo** → | **beb-** → | **beba** Ud. | **beban** Uds. |
| yo **escribo** → | **escrib-** → | **escriba** Ud. | **escriban** Uds. |
| yo **tengo** → | **teng-** → | **tenga** Ud. | **tengan** Uds. |

3. The negative command is formed by placing **no** before the verb.

**¡No baile! ¡No canten!**

4. Verbs that end in **-car**, **-gar**, or **-zar**, such as **practicar** *(to practice),* **llegar** *(to arrive),* and **cruzar** *(to cross),* have a spelling change in the **Ud.** and **Uds.** command forms: **c > qu: practique, g > gu: llegue,** and **z > c: cruce.**

5. The verbs **ir** and **ser** have irregular command forms.

| ir | ser |
|---|---|
| **vaya** Ud. | **sea** Ud. |
| **vayan** Uds. | **sean** Uds. |

# Dilo tú

**G. A mi profesor(a).** Use the **Ud.** command with your teacher.

◆ **Modelo:** no bailar en clase
— *No baile en clase.*

1. tener paciencia
2. no trabajar mucho
3. escribir las instrucciones
4. leer en la biblioteca
5. viajar mucho
6. no hablar tan despacio *(so slowly)*
7. cruzar la calle
8. buscar las llaves

**H. A mis amigos.** Use the appropriate command form to get your friends to do what you want. Use the **Uds.** command.

◆ **Modelo:** comer bien
*¡Coman bien!*

1. no cantar
2. no vender *(to sell)* sus libros
3. bailar
4. no mirar la televisión
5. estudiar mucho
6. escribir la carta
7. escuchar al (a la) profesor(a)
8. no usar mi coche

# Vamos a escuchar:

## *¿Dónde está la Calle Bolívar?*

### *Antes de escuchar*

Read the questions before listening to the conversation. Review the command forms on p. 115.

1. How do you say "turn to the left"?
2. What is the difference between "**derecho**" and "**derecha**"?
3. What is the word in Spanish for street "blocks"?

**I. Direcciones.** Listen to the conversation to find out the name of the street the man is looking for. Write the name of that street as well as any other street names you hear.

### *Después de escuchar*

**J. Comprensión.** Listen to the dialog again before answering in Spanish the following questions.

1. ¿Cómo se llama la calle en que están el señor y la señorita?
2. ¿Qué edificio busca el señor?
3. ¿En qué calle está el edificio que busca?
4. ¿Cómo se llama el hotel que menciona la señorita?
5. ¿El hotel está cerca del edificio que el señor busca?
6. ¿El señor entiende las direcciones la primera vez?

**K. ¿Cómo lo dicen?**

1. How does the man excuse himself when he stops the woman to ask for directions?
2. What expression does the woman use to say "of course" or "certainly"?
3. After the man thanks her, what phrase does the woman use to say "You're welcome"?

## Tú dirás

**L. Vamos a la universidad.** Explain to an older person whom you have just met how to get from where he or she lives to your school. Give specific directions. Include in your explanation the verbs **ir, cruzar,** and **doblar.**

**M. Para ir al Parque Nacional...** You and a Spanish pen pal have just arrived in San José, Costa Rica. While having lunch at the **Plaza de la Cultura** you look at the bottom map on page 109 and discuss the best way to get to your next destination. You are going to the **Parque Nacional** and your pen pal is meeting his or her family in front of the **Museo Nacional.** Together write down specific directions from the **Plaza de la Cultura** to each destination.

**N. El festival.** You and two of your classmates are in Guatemala for the annual festival. Using the poster on page 110, plan your activities for the day. You will probably want to do at least two activities together. However, each person should have one activity that he or she will do alone. You can then make plans to meet later in the day. Be sure to set a time and place where you will all meet!

# Cuarta etapa

## Lectura: *Toledo*

### *Antes de leer*

The following tourist brochure about the city of Toledo is published by the **Dirección General de Promoción y Turismo** of Spain. Toledo is built on a hill surrounded by the **Tajo** river. It is a city with a Christian, Arabic, and Jewish history. It is also the site of a famous castle, the Alcázar. Convince your family members, who are planning a trip to Spain, that they should stop in Toledo.

**A. Las palabras parecidas.** Go through the following passage and, on a separate sheet of paper, write all the cognates you can find.

Esta ciudad, enclavada sobre un promontorio y rodeada por el Tajo, ha sido declarada[1] Monumento Nacional con todos sus palacios,[2] iglesias, puentes[3] y arrabales.[4] Posee muestras[5] inapreciables del arte árabe, mudéjar,[6] judío[7] y cristiano. Toledo representa el clásico cruce de culturas y es la síntesis más brillante de la historia y del arte españoles.

Lugares de interés

- Catedral gótica (siglo XIII)
- El Greco (Catedral, Museo del Greco, Santo Tomé, Museo de San Vicente, Santo Domingo el Antiguo, Capilla de San José)
- Sinagoga del Tránsito
- Santa María la Blanca
- Mezquita[8] del Cristo de la Luz
- Hospital de Santa Cruz
- Hospital de Afuera
- Alcázar, en reconstrucción

**Toledo**

CIUDAD DE MÚLTIPLES CULTURAS

1. has been declared
2. palaces
3. bridges
4. suburbs, outskirts
5. samples
6. combination of Christian and Arabic art
7. Jewish
8. mosque

**B. ¡Vamos a Toledo!** Your family is planning a trip to Spain. Using the tourist brochure above, convince them to stop in Toledo. Write your argument on a separate sheet of paper.

## *Después de leer*

**C. El folleto.** Read the passage again and list as many facts about the city of Toledo as you can.

**D. ¡Visite Toledo!** Create a poster encouraging tourists to visit Toledo. Use expressions such as the following:

*¡Visite Toledo!*
*¡Visite sus palacios!*
*¡Visite su famosa sinagoga!*

**E. ¡Visite...!** Create a poster, similar to the one you created for Toledo, aimed at attracting Spanish-speaking tourists to your town or area.

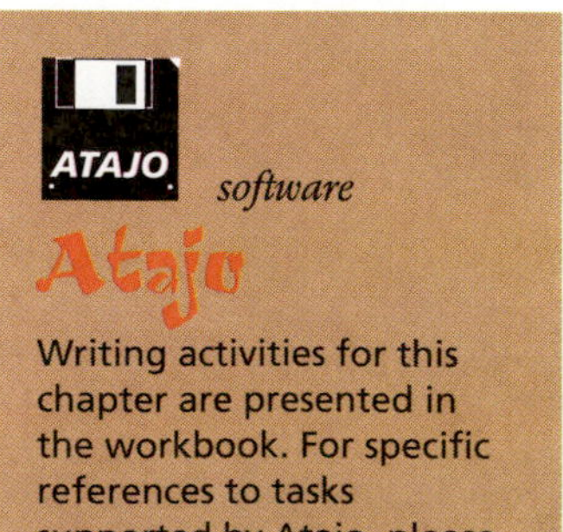


Writing activities for this chapter are presented in the workbook. For specific references to tasks supported by Atajo, please consult the workbook.

# El arte mudéjar de España

**A. ¿Dónde está ...?**

## *Estudiante A*

Last year you met Anabel, an exchange student from Burgos, Spain. You became good friends, and she invited you to visit her in the summer. You have just arrived in Burgos and now you need to find Anabel's house.

This is the information you have:

Anabel Gómez del Campo
Plaza de la Libertad 11
Burgos
Teléfono (947) 22 94 79

You just got off the bus at **la Estación de Autobuses** and you ask a passerby to give you directions. On a separate piece of paper, write down the directions. When you finish, share the information you got with the rest of the *Estudiantes A* to see if you all obtained similar directions.

**A caballo**

The horse was central to the territorial expansion of the Spanish Empire and to the spread of Spanish cultural heritage throughout the Americas. Featured are the Hispano-Arabic horse and comments in Spanish from people who value the horse today for its many qualities and uses.

## *Estudiante B*

You are a native from Burgos and happen to be at the bus station to buy a ticket to Segovia. Someone approaches you asking for directions to get to a particular address.

Using the map of downtown Burgos, tell this person how to get to where he or she needs to go.

**B. En casa de Anabel**

## *Estudiante A*

On the second day of your visit you want to see different places in Burgos. Tell Anabel that you want to see the following:

la Catedral
la Casa del Cordón
el Museo de Burgos

You also ask her where you can get something to eat. Since she has to work, she will not be able to go with you, but she will explain to you how to get there.

## *Estudiante B*

Your friend from the United States wants to go sightseeing but you can't go with him or her because you have to work. Ask your friend where he or she wants to go and offer some suggestions. Explain how she or he will get there from la Plaza de la Libertad.* Answer any other question your friend may have.

*Use the map on p. 120.

# Vocabulario

## Para charlar

### *Para disculparse* *Apologizing*

Lo siento. *I'm sorry.*

### *Para preguntar la edad* *Asking one's age*

¿Cuántos años tienes? *How old are you?*

### *Para preguntar y dar la hora* *Asking for and giving the time*

A las cinco de la mañana. *At five in the morning.*
A la una de la tarde. *At one in the afternoon.*
A la medianoche. *At midnight.*
A las nueve de la noche. *At nine in the evening.*
¿A qué hora? *What time?*
Al mediodía. *At noon.*
¿Cuándo? *When?*
Es la una. *It's one o'clock.*
Es la una y media. *It's one thirty.*
¿Qué hora es? *What time is it?*
Son las tres menos veinte. *It's two forty.*
Son las dos. *It's two o'clock.*

### *Para dar direcciones* *Giving directions*

Cruce la calle... *Cross . . . street.*
Doble a la derecha. *Turn right.*
a la izquierda. *Turn left.*
Está al final de... *It's at the end of . . .*
al lado de... *next to . . .*
cerca de... *near . . .*
delante de... *in front of . . .*
detrás de... *behind . . .*
entre... *between . . .*
en la esquina de... *at the corner of . . .*
frente a... *across from . . .*
lejos de... *far from . . .*
Tome la calle... *Take . . . street.*
Siga derecho por... *Go straight for . . .*

### *Para pedir direcciones* *Asking for directions*

¿Cómo llego a...? *How do I get to . . . ?*
¿Dónde está...? *Where is . . . ?*
¿Está lejos/cerca de aquí? *Is it far from/near here?*

## Temas y contextos

### *Los edificios y los lugares públicos* *Buildings and public places*

el aeropuerto *airport*
el área de estacionamiento *parking lot*
la avenida *avenue*
el banco *bank*
el barrio *neighborhood*
la biblioteca *library*
la calle *street*
la catedral *cathedral*
el cine *movie theater*
la ciudad *city*
el club *club*
el colegio *school*
la discoteca *discotheque*
la escuela secundaria *high school*
la estación de autobuses *bus terminal*
la estación de policía *police station*
la estación de trenes *railroad station*
el estadio *stadium*
el hospital *hospital*
el hotel *hotel*
la iglesia *church*
el museo *museum*
la oficina de correos *post office*
el parque *park*
la piscina *swimming pool*
la plaza *plaza, square*
el quiosco de periódicos *newspaper kiosk*
el teatro *theater*
la universidad *university*

### *Las tiendas Stores*

la carnicería *butcher shop*
la farmacia *pharmacy, drugstore*
la florería *flower shop*
la librería *bookstore*
el mercado *market*
la panadería *bakery*

### *La fiesta del pueblo A town's holiday celebration*

los bailes folklóricos *folk dances*
el baile popular *popular dance*
el concurso de poesía *poetry contest*
el desfile *parade*
el Día de la Independencia *Independence Day*
la feria *fair*
los fuegos artificiales *fireworks*
la misa de Acción de Gracias *Thanksgiving Mass*
el premio *prize*

## Vocabulario general

### *Adjetivos Adjectives*

aburrido(a) *bored*
cansado(a) *tired*
contento(a) *happy*
enfermo(a) *sick*
enojado(a) *angry*
hispano(a) *Hispanic*
listo(a) *ready*
triste *sad*

### *Verbos Verbs*

anunciar *to announce*
celebrar *to celebrate*
descansar *to rest*
estar *to be*
ir *to go*
llegar *to arrive*
querer (ie) *to want, love*
preferir (ie) *to prefer*
tener *to have*
tener... años *to be . . . years old*
tener calor *to be hot*
tener frío *to be cold*
tener ganas de... *to feel like . . .*
tener hambre *to be hungry*
tener que + *infinitive* *to have to*
tener sed *to be thirsty*
tener sueño *to be sleepy*

### *Imperativos Imperatives*

¡Baile! *Dance!*
¡No baile! *Don't dance!*
¡Canten! *Sing!*
¡No canten! *Don't sing!*
Sea Ud... *Be . . .*
Sean Uds... *Be . . .*
Vaya Ud... *Go . . .*
Vayan Uds... *Go . . .*

### *Otras palabras y expresiones*

¿Adónde vamos? *Where are we going?*
ahora *now*
a menudo *frequently, often*
la conversación telefónica *telephone conversation*
de acuerdo *OK (Agreed)*
de vez en cuando *from time to time*
del *of the*
¿Dónde nos encontramos? *Where should we meet?*
en otra oportunidad *at some other time*
entonces *then*
mejor *better*
nunca *never*
para *for, in order to*
por supuesto *of course*
rara vez *rarely*

# 4 Vamos al centro

## Chapter Objectives:

In this chapter you will learn about various ways to get around and make plans.

After completing this chapter you will be able to carry out the following tasks:

- make plans for various activities in town
- talk about various means of transportation
- talk about future plans
- use the Madrid metro
- read a short text about transportation
- understand conversations about making plans

The linguistic elements that you will learn to help you carry out the above tasks are:

- vocabulary related to the following topics:
  - transportation
  - present and future time
  - numbers to one million
  - making plans
- grammatical structures:
  - the immediate future
  - the verbs *hacer, poder, venir*
  - verbs like *pensar, dormir, pedir*

**Primera etapa:** ¿Vas al centro?

**Segunda etapa:** ¿Vamos a tomar el metro?

**Tercera etapa:** ¿Tomamos un taxi?

**Cuarta etapa:** Los días azules

*El centro de Bogotá, Colombia*

## Para empezar: *¿Vas al centro?*

### *Preparación*

As you get ready to begin this *etapa,* think about the various ways in which you get around. How do you go downtown? Is there a public transportation system in your town or city? Perhaps you've been in a large city with an extensive public transportation system. What are the components of this system? How does it compare to the one where you live?

– ¿Vas al centro esta tarde?
– Sí, voy a ver a unos amigos. Tenemos una cita a las 2:00.
– ¿Vas en autobús?
– No, voy a tomar el metro.

Remember that in Spanish the preposition **en** is used in expressions **en coche, en autobús, en metro, en taxi, en bicicleta,** but **a** is used in **a pie.**

– ¿Tienes ganas de ir al cine esta noche?
– Sí, qué buena idea. ¿Tomamos el metro?
– No, vamos en autobús.

– Tengo que ir al centro hoy para ir de compras. ¿Quieres ir conmigo?
– Sí, yo también tengo que comprar unas cosas. ¿Vamos a pie?
– No, vamos en el coche de mi hermana.

– Tengo que ir al centro para hacer un mandado. Debo ir al correo.
– Voy contigo. Tengo que hacer un mandado.
– Perfecto. Vamos juntos y después damos un paseo.

**A. ¿Quieres ir al centro conmigo?** You are going downtown and invite a friend to come along. When you explain your reason for going, he or she agrees and suggests a way of getting there. You have a different idea, which your friend accepts.

◆ **Modelo:** ir al correo / metro / a pie
– *¿Quieres ir al centro conmigo?*
– *¿Para qué vas?*
– *Debo ir al correo.*
– *De acuerdo. ¿Vamos en metro?*
– *No, no. Vamos a pie.*
– *De acuerdo. Vamos a pie.*

1. ir de compras / autobús / coche
2. ver una película / coche / metro
3. ir al banco / bicicleta / a pie
4. hacer un mandado / a pie / autobús

5. ver una exposición en un museo / metro / bicicleta
6. comer alguna cosita en un café / autobús / a pie
7. ver a unos amigos / a pie / autobús
8. comprar algo para mi hermano / metro / a pie

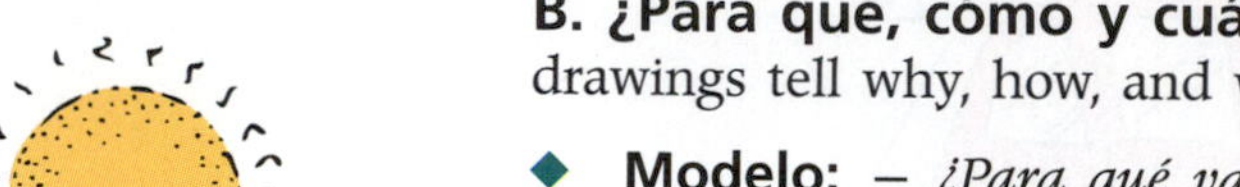

por la mañana

por la tarde

por la noche

**B. ¿Para qué, cómo y cuándo van al centro?** Based on the drawings tell why, how, and when each student is going downtown.

◆ **Modelo:** – *¿Para qué va Laura al centro?*
– *Para ver a una amiga.*
– *¿Cómo?*
– *En autobús.*
– *¿Cuándo?*
– *Por la tarde.*

*Laura*

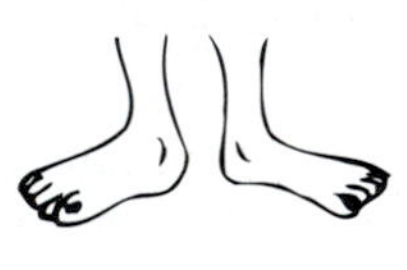

1. Juan

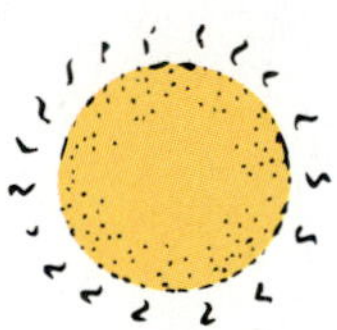

2. Marta

3. Esteban

4. Elena

5. Pedro y Ana

6. Victor y Raúl

# Enfoque estructural:

## *El futuro inmediato*

1. What you have learned to say in Spanish so far refers mainly to the present tense. Note the following sentences and how they refer to future activities.

| | |
|---|---|
| **Voy a comer.** | ***I am going to eat.*** |
| **Vamos a estudiar.** | ***We are going to study.*** |
| ¿Qué **vas a hacer** esta tarde? | *What **are you going to do** this afternoon?* |
| **Voy a dar** un paseo. | ***I am going to take** a walk.* |

2. The most common way to express future action in Spanish is to use the present tense form of **ir** + **a** + *infinitive.* Note from the examples that this structure is equivalent to the English use of *going to + verb.*

| | |
|---|---|
| **Voy a bailar.** | ***I'm going to dance.*** |
| **Vas a hablar** español. | ***You're going to speak** Spanish.* |
| ¿**Va a comer Juan** en el centro? | ***Is John going to eat** downtown?* |
| **Vamos a escuchar** la cinta. | ***We're going to listen to** the tape.* |
| **Uds. van a estudiar.** | ***You're going to study.*** |
| **Ellos van a dar** un paseo. | ***They're going to take** a walk.* |
| **No voy a comer** en el centro. | ***I'm not going to eat** downtown.* |
| **Ellos no van a estudiar.** | ***They're not going to study.*** |

# Dilo tú

**C. ¿Qué vas a hacer el sábado por la tarde *(Saturday afternoon)*?** You are trying to find out what your friends are going to do Saturday afternoon. A classmate will answer the questions using the expressions in parentheses.

◆ **Modelo:** – Marcos, ¿qué vas a hacer el sábado por la tarde? (comer en un restaurante)
– *Voy a comer en un restaurante.*

1. ¿Qué va a hacer Carlos el sábado por la tarde? (estudiar en la biblioteca)
2. ¿Y qué va a hacer Juan? (ver a una amiga en el centro)
3. ¿Y Fernando y su amigo? (dar un paseo)
4. ¿Y Bárbara y Julián? (ir de compras)
5. ¿Qué va a hacer Marcos? (comprar un disco compacto)
6. ¿Qué vas a hacer tú el sábado por la tarde?
7. ¿Qué van a hacer tú y tus amigos el sábado por la tarde?

## Enfoque estructural: *El verbo **hacer***

The verb **hacer** is conjugated as follows:

| hacer | | | |
|---|---|---|---|
| yo | **hago** | nosotros | **hacemos** |
| tú | **haces** | vosotros | **hacéis** |
| él / ella / Ud. | **hace** | ellos / ellas / Uds. | **hacen** |

Note that, except for the **yo** form **(hago)**, **hacer** is conjugated in the same way as the other regular **-er** verbs you have studied.

When asked a question that includes **hacer** or one of its forms, you normally answer with the verb that expresses what you do. For example:

| | |
|---|---|
| – ¿Qué **haces** los lunes? | – *What **do you do** on Mondays?* |
| – **Voy** a la escuela. | – ***I go** to school.* |
| – ¿Qué **vas a hacer** el viernes? | – ***What are you going to do** on Friday?* |
| – **Voy a estudiar.** | – ***I'm going to study.*** |

## Dilo tú

**D. De costumbre, ¿qué haces los domingos por la tarde?** Someone asks you what your friends do on a certain day of the week. You may choose from the following suggestions or create your own answers: **estudiar, mirar la televisión, comer en un restaurante, ir al cine, ir de compras, dar un paseo.**

1. ¿Qué haces los sábados por la tarde?
2. ¿Qué hace tu amigo los lunes por la noche?
3. ¿Que hace tu compañero(a) de cuarto *(roommate)* los miércoles por la mañana?
4. ¿Qué hacen tú y tus amigos los fines de semana?
5. ¿Qué haces los viernes por la noche?
6. ¿Qué hace tu compañero(a) de cuarto los jueves por la tarde?

**E. ¿Qué vas a hacer el domingo por la tarde?** Now repeat the above exercise, changing each question to the future.

◆ **Modelo:** – ¿Qué va a hacer Marcos el sábado por la tarde?
– Va a ir de compras.

## Vamos a escuchar:

*¿Quieres ir conmigo?*

### *Antes de escuchar*

Laura and Juan run into each other on the street. One of them has to run an errand and invites the other to come along. Given what you have been working on in this *etapa,* what are some of the things they might say to each other?

**F. Comprensión.** As your instructor plays the tape, listen for the answers to the following questions.

1. Where does Laura have to go?
2. What does Juan have to buy?
3. What will they do first?
4. How does Juan suggest they go?
5. How do they decide to go?

### *Después de escuchar*

**G. ¿Cómo lo dicen?** Your instructor will play the tape again. Listen to try to determine the following:

1. How does Laura say she has to run an errand for her father?
2. What expression does Juan use when he agrees to accompany Laura?

## Tú dirás

**H. ¿Quieres ir conmigo?** Invite a classmate to do something with you. When you get an affirmative response, arrange a day and time, and agree on a means of transportation.

**I. Intercambio.** Ask the following questions of a classmate, who will then answer them.

1. ¿Vas al centro frecuentemente? ¿Para qué?
2. ¿Tienes que hacer mandados para tus padres? ¿Dónde?
3. ¿Vas a ver a tus amigos? ¿Dónde?
4. ¿Qué vas a hacer esta noche?
5. ¿Qué vas a hacer el sábado por la tarde?

## Para empezar: *¿Vamos a tomar el metro?*

### *Preparación*

In this *etapa* you will become familiar with *el metro,* the Madrid subway system. What cities in the U.S. have similar modes of transportation? Have you heard of the "L" in Chicago, the "T" in Boston, or BART in San Francisco? Have you ever used one of these public transportation systems to get somewhere in one of these cities?

Elena y su prima Clara van a tomar el metro para ir al Museo del Prado. La casa de Elena está cerca de la Plaza de España, donde hay una estación de metro. Las dos jóvenes miran el mapa del metro que está a la **entrada** de la estación. — entrance

**Elena:** Bueno. Estamos aquí, en la Plaza de España.
**Clara:** ¿Dónde está el Museo del Prado?
**Elena:** Está cerca de la Estación Atocha. Allí.
**Clara:** Entonces, ¿qué hacemos?
**Elena:** Es fácil. Tomamos la línea azul en dirección de Legazpi.
**Clara:** ¿Tenemos que **cambiar** de tren? — to change
**Elena:** Sí, tenemos que cambiar de trenes. Cambiamos en Sol. Allí tomamos la línea amarilla en dirección de Portazgo.
**Clara:** Y **bajamos** en Atocha, ¿verdad? — we get off
**Elena:** Exacto, allí en Atocha bajamos.

Elena y Clara entran en la estación del metro y van a la taquilla.

**Elena:** ¿Vas a comprar un **billete sencillo**? — single ticket
**Clara:** No, voy a comprar un **billete de diez viajes.** Es más **barato.** Un billete sencillo cuesta 90 pesetas y un billete de diez viajes cuesta 600. ¿Y tú, vas a comprar un billete? — ten-ride ticket / cheap
**Elena:** No, yo tengo una **tarjeta de abono transportes.** Con esta tarjeta puedo tomar el metro o el autobús sin límite por **un mes entero.** — commuter pass / a whole month
**Clara:** ¡Qué bien! Por favor, un billete de diez viajes.
**Empleada:** Cuatrocientas cincuenta pesetas.

## Te toca a ti

**A. En la taquilla.** What would you say to buy the indicated **metro** tickets?

◆ **Modelo:** 2 tickets
*Dos billetes, por favor.*

1. 1 ticket
2. 1 book of ten tickets
3. 2 books of ten tickets
4. 1 ticket that allows you to travel for a month
5. A ticket that is good for 5 days

## Comentarios culturales

**El metro.** The **metro** is one of the most popular means of transportation in Madrid, the capital city of Spain. Other large cities in the Spanish-speaking world with extensive subway systems are Barcelona, Buenos Aires, and Mexico City.

Mexico City's subway system consists of 136 kilometers of lines, and 105 stations. In some parts the subway trains reach a speed of 90 kilometers per hour. More than 4.5 million people use the metro in Mexico City every day. It is interesting to note that while workers were excavating to build the subway, they came upon several ruins of pre-Colombian civilizations. One of the stations, Pino Suárez, was built around a small temple that was found so that subway riders can see the temple along with exhibitions of various artifacts discovered during the excavations.

The subway in Buenos Aires, known as "el subte," which is short for **el subterráneo**, was built with the help of Great Britain.

To get around on the Madrid **metro,** riders must first find the **línea** on which they want to travel. Then they look in the direction they want to go on that line, find the name of the last station, and follow the signs for that station. In Madrid, metro tickets can be bought singly (**un billete sencillo**) or in groups of ten (**un billete de diez viajes**). Also available are three-day or five-day tourist tickets (**un metrotour de tres días** or **de cinco días**). You can also buy a full-month commuter pass (**una tarjeta de abono transportes**), which allows unlimited use of the buses as well as the metro for the specific month.

Esquema de la Red cedido por la Compañía Metropolitano de Madrid.
Metro
Madrid
Metro a Metro.
Horario: 6 de la mañana a 1,30 de la madrugada
Herrera Oria
Barrio del Pilar
Ventilla
Fuencarral
Begoña
Chamartín
Plaza de Castilla
Duque de Pastrana
Valdeacederas
Tetuán
Estrecho
Pío XII
Cuzco
Colombia
Esperanza
Alvarado
Lima
CASTELLANA
El Corte Inglés
Arturo Soria
Concha Espina
Canillejas
Cuatro Caminos
Nuevos Ministerios
República Argentina
Avda. de la Paz
Metropolitano
Cruz del Rayo
Alfonso XIII
Torre Arias
Guzmán el Bueno
Ríos Rosas
Prosperidad
Parque de las Avenidas
Cartagena
Barrio de la Concepción
Suanzes
Ciudad Universitaria
Quevedo
Iglesia
Avda. América
Ciudad Lineal
Diego de León
Ventas
Las Musas
Moncloa
Rubén Darío
Núñez de Balboa
San Bernardo
Pueblo Nuevo
PRINCESA
Bilbao
Ascao
Argüelles
Lista
El Carmen
Quintana
Ventura Rodríguez
Noviciado
Manuel Becerra
García Noblejas
Simancas
San Blas
Pl. España
Tribunal
Colón
Serrano
Goya
Norte
A. Martínez
Velázquez
Chueca
GOYA
O'Donnell
R
Gran Vía
Príncipe de Vergara
Lago
Santo Domingo
Callao
Ibiza
Sainz de Baranda
Sevilla
Banco de España
Retiro
Opera
Estrella
PRECIADOS
Sol
Vinateros
La Latina
Tirso de Molina
Batán
Puerta de Toledo
Antón Martín
Lavapiés
Artilleros
Acacias
Embajadores
Atocha
Conde de Casal
Pirámides
Palos de Moguer
Menéndez Pelayo
Campamento
Laguna
Marqués de Vadillo
Pavones
Carpetana
Pacífico
Empalme
Urgel
Delicias
Aluche
Oporto
Puente de Vallecas
Carabanchel
Vista Alegre
Méndez Álvaro
Opañel
Nueva Numancia
Pl. Elíptica
Usera
Legazpi
Portazgo
PRECIADOS
Preciados, 3.
GOYA
Goya, 76 — Felipe II, 7.
CASTELLANA
Raimundo Fdez. Villaverde, 79
PRINCESA
Princesa, 42 — Alberto Aguilera, 39

**B. ¡Vamos a tomar el metro!** Following the model and using the metro map on p. 135, explain how to use the subway. The metro line number (shown in parentheses after the name of each station) will help you locate the stations.

◆ **Modelo:** Juan / la Plaza de España (3) → Ventas (2)
*Juan, tomas la dirección de Legazpi, cambias de tren en Callao, en dirección de Canillejas, y bajas en Ventas.*

1. Marcos / Argüelles (4) → Rubén Darío (5)
2. Pilar / Nueva Numancia (1) → Embajadores (3)
3. Felipe / Delicias (3) → Atocha (1)
4. Nilda / Manuel Becerra (6) → Plaza de Castilla (1)

Now with a partner, determine how you would get from where you are to your destination.

5. You are at Delicias (3) and want to get to Batán (10).
6. You are at Rubén Darío (5) and want to get to Metropolitano (6).
7. You are at Atocha (1) and want to get to Moncloa (3).
8. You are at Pío XII (9) and want to get to Sol (1).
9. You are at Tetuán (1) and want to get to Pirámides (5).
10. You are at Lavapiés (3) and want to get to Núñez de Balboa (5).

**C. ¡En el metro!** Explain to each person how to take the subway. Specify the kind of ticket to buy. Consult the **metro** map on p. 135. (Metro line numbers are given in parentheses.) Since all the following people are strangers, use formal commands.

◆ **Modelo:** *Vaya(n) a la estación Atocha.*
*Compre(n) un billete sencillo, tome(n) la dirección de... etc.*

1. A tourist from Italy is in Madrid for a couple of days. Her hotel is near Cuatro Caminos (2). She wants to see a church near Atocha (1).
2. Sr. and Sra. Dávila are spending three weeks in Madrid. Their hotel is near the Cruz del Rayo Station (9) and they want to go to the bullfights. The Madrid Plaza de Toros *(bullring)* is near the Ventas Station (2).
3. Near the Delicias Station (3), you meet a disoriented Venezuelan tourist who wants to get to the American Express office near the Banco de España Station (2).
4. Near the University of Madrid at Metropolitano (6), you run into a person who wants to go to a store that is near Lavapiés (3).
5. Near the Plaza de Toros at Ventas (2), you meet someone who wants to get to a party that a group of Spanish students are having at a Colegio Mayor near Moncloa (3).

## ¿Recuerdas?

**D. ¡Escuche! ¡Escuche!** Using the verbs provided, give suggestions to each of the following people or groups. Come up with your own suggestions using these verbs.

**un grupo de turistas**

◆ **Modelo:** visitar
*Visiten el museo de arte.*

1. no escuchar
2. ir
3. mirar
4. cruzar
5. doblar
6. no comer

**un turista**

◆ **Modelo:** escuchar
*Escuche el concierto en el teatro La Paz.*

7. visitar
8. no ir
9. cruzar
10. comer
11. no hablar
12. no beber

**E. ¿Qué vas a hacer?** Find out from several of your classmates what they are going to do tonight **(esta noche)**, tomorrow night **(mañana por la noche)**, and over the weekend **(el fin de semana próximo).**

## Enfoque léxico:

### *Expresiones para indicar presente y futuro*

Note the expressions in the following sentences that indicate when the action takes place.

| | |
|---|---|
| Mi compañera de cuarto trabaja **hoy.** **Mañana** ella no va a trabajar. | *My roommate is working* ***today. Tomorrow*** *she's not going to work.* |
| ¿Dónde están **ahora?** | *Where are they* ***now?*** |

You have already learned several adverbs to express present or future time:

**hoy**
**esta tarde**
**mañana**
**mañana por la tarde**
**esta mañana**
**esta noche**
**mañana por la mañana**
**mañana por la noche**

Here are some additional expressions:

**ahora** *(now)*
**esta semana** *(this week)*
**este mes** *(this month)*
**este año** *(this year)*
**la semana próxima** *(next week)*
**el mes próximo** *(next month)*
**el año próximo** *(next year)*

In addition, the expressions **por la mañana, por la tarde, por la noche,** and **próximo(a)** can be combined with the days of the week: **el lunes por la mañana, el sábado por la tarde, el domingo por la noche, el lunes próximo,** etc. Time expressions are usually placed at the very beginning or end of a sentence.

## Dilo tú

**F. Esta noche no...** Your friend is always asking about people's activities, but then she gets them confused. Correct her statements, giving your own explanations.

◆ **Modelo:** ¿Van al cine tú y Luis esta noche?
*Esta noche no. Vamos al cine mañana por la noche.*

1. ¿Van tú y tu amigo al centro el miércoles por la noche?
2. ¿Vas a hacer un mandado mañana por la mañana?
3. ¿Va a comer tu amigo en tu casa el viernes por la tarde?
4. ¿Vas a estudiar español el año próximo?
5. ¿Van al cine tú y Yolanda esta noche?
6. ¿Va a llevar el coche tu hermana mañana por la noche?
7. ¿Van a llegar tus padres el jueves próximo?
8. ¿Vas a estudiar esta noche?

**G. El horario *(schedule)* de los González.** Answer the questions about the González family's activities during the month of February. Choose the appropriate time expressions, assuming that *today* is the morning of February 15.

**FEBRERO**

| lunes | martes | miércoles | jueves | viernes | sábado | domingo |
|---|---|---|---|---|---|---|
| 1 | 2 | 3 | 4 | 5 restaurante | 6 | 7 iglesia |
| 8 | 9 | 10 | 11 | 12 restaurante | 13 | 14 iglesia |
| 15 Sr y Sra: teatro en el centro (noche) | 16 Sr: jugar al tenis | 17 Sr: trabajo (noche) | 18 Sra: museo | 19 Sra: trabajo (mañana) restaurante | 20 Sra: curso de francés (tarde) | 21 iglesia |
| 22 catedral | 23 los Martínez | 24 | 25 | 26 restaurante | 27 | 28 iglesia |

◆ **Modelo:** ¿Cuándo va a ir al museo la Sra. González?
*El jueves.*

1. ¿Qué noche va a trabajar el Sr. González?
2. ¿Cuándo van a visitar los González la catedral?
3. ¿Cuándo van a comer en un restaurante?
4. ¿Cuándo van a llegar los Martínez?
5. ¿Cuándo va a jugar *(play)* al tenis el Sr. González?
6. ¿Qué mañana va a trabajar la Sra. González?

◆ **Modelo:** ¿Qué va a hacer el Sr. González el miércoles por la noche?
*Él va a trabajar.*

7. ¿Qué van a hacer los González esta noche?
8. ¿Qué van a hacer el Sr. y la Sra. González el domingo?
9. ¿Qué va a hacer la Sra. González el sábado por la tarde?
10. ¿Qué van a hacer los González el viernes próximo?

## Enfoque léxico: *¿Hacemos planes?*

Think about the expressions you use to make plans. The plans can be short-term or long-term. Note the following examples:

| | |
|---|---|
| **Quiero** comprar un coche el año próximo. | ***I want*** *to buy a car next year.* |
| **Quiero** ir al cine el viernes próximo. | ***I want*** *to go to the movies next Friday.* |

You have already learned two ways to talk about future actions: what you *want* to do (**querer**), what you *are going* to do (**ir**). You now have another expression for talking about your plans and what you *hope* to do (**esperar**). In all three expressions, the action of the verb is in the infinitive form.

| | |
|---|---|
| **Espero** comprar un coche nuevo el año próximo. | ***I hope*** *to buy a new car next year.* |
| **Esperamos** ir al cine el viernes próximo. | ***We hope*** *to go to the movies next Friday.* |

Note the meanings of these expressions in the following examples:

*ir* + *a* + infinitive

| | |
|---|---|
| **Voy a comprar** un coche nuevo. | ***I am going to buy*** *a new car.* |

*querer* + infinitive

| | |
|---|---|
| **Quiero comprar** un coche nuevo. | ***I want to buy*** *a new car.* |

*esperar* + infinitive

| | |
|---|---|
| **Espero comprar** un coche nuevo. | ***I hope to buy*** *a new car.* |

These expressions can also be used in the negative form:

**No voy a comer** en un restaurante. — ***I am not going to eat*** *in a restaurant.*

**Alfredo:** ¿Qué vas a hacer esta noche?
**Raúl:** Voy a estudiar en la biblioteca. ¿y tú?
**Alfredo:** Espero ir al cine.

## Dilo tú

**H. Algún día.** Indicate how each person feels about doing the following activities. Use the verbs **esperar**, **querer**, and **ir a.**

◆ **Modelo:** ir a México (tu padre / tus amigos / tú)
*Mi padre no quiere ir a México.*
*Mis amigos esperan ir a México algún día.*

1. ir a Madrid (tu madre / tus hermanos [hermanas, amigos] / tú)
2. ser presidente (tú y tus amigos / tu padre / tu hermana [amigo])
3. tener un Rolls Royce (tu padre / tus amigos / tú)
4. vivir en Alaska (tu madre / tu hermana [hermano, amigo] / tú)

**I. Intercambio.** Ask the following questions of a classmate, who will then answer them.

1. ¿Qué quieres hacer esta noche?
2. ¿Qué vas a hacer el sábado por la tarde?
3. ¿Qué tienes ganas de hacer el sábado?
4. ¿Qué quieres hacer el domingo?
5. ¿Qué vas a hacer el año próximo?
6. ¿Qué esperas hacer algún día?

## Enfoque estructural: *El verbo **poder***

When making plans, you often will invite someone to go with you. Note the sentences below:

– ¿**Puedes** ir al cine conmigo? — – ***Can you*** *go to the movies with me?*
– Sí, **puedo.** — – *Yes,* ***I can.***

To express in Spanish whether or not you are able to do something, use the irregular verb **poder.**

**poder**

| | | | |
|---|---|---|---|
| yo | **puedo** | nosotros | **podemos** |
| tú | **puedes** | vosotros | **podéis** |
| él / ella / Ud. | **puede** | ellos / ellas / Uds. | **pueden** |

You will note that the **o** in the stem of the verb **poder** becomes **ue** in all forms except **nosotros** and **vosotros.** Later in this book you will learn other verbs that follow this pattern.

To say that you cannot do something, place **no** before the conjugated form of **poder.**

| | |
|---|---|
| – ¿**Puede** hablar Marcos francés? | – ***Can*** *Mark speak French?* |
| – No, **no puede** hablar francés, **puede** hablar español. | – *No,* ***he can't*** *speak French, but* ***he can*** *speak Spanish.* |
| – ¿**Puedes** ir al centro ahora? | – ***Can you*** *go downtown now?* |
| – No, **no puedo** ir. | – *No, I* ***can't*** *go.* |

Note in the above examples that the conjugated form of the verb **poder** can be followed directly by an infinitive.

**Ana:** ¿Quieres cenar conmigo esta noche?
**Ernesto:** No puedo cenar esta noche, pero puedo cenar contigo el viernes por la noche.

## Dilo tú

**J. Hoy no puedo...** A classmate invites you to do something. You cannot do it at the time he or she suggests, but you suggest another time when you can. Follow the model.

◆ **Modelo:** ir al cine hoy / sábado por la noche
*¿Puedes ir al cine hoy?*
*No, hoy no puedo, pero puedo ir el sábado por la noche.*

1. ir al centro ahora / viernes por la tarde
2. ir a un restaurante esta noche / mañana por la noche
3. ir al museo esta tarde / domingo por la tarde
4. ir al concierto esta semana / la semana próxima
5. ir de compras esta mañana / sábado por la mañana
6. ir al partido esta tarde / sábado próximo

**K. ¿Puedes ir...?** You ask a classmate if he or she can go somewhere with you. Your classmate responds negatively and tells you about his or her plans using an appropriate form of **querer, ir a,** or **esperar.** Follow the model.

◆ **Modelo:** al centro, esta noche / estudiar en casa
– *¿Puedes ir al centro esta noche?*
– *No puedo ir esta noche. Voy a estudiar en casa.*

1. a la biblioteca, el domingo por la tarde / visitar a mi abuela
2. a un restaurante, el viernes por la noche / ver a un amigo
3. al baile, el sábado por la noche / estudiar español
4. al partido de fútbol, mañana / ir de compras con mi compañero(a) de cuarto
5. (Ask your partner whether he or she can do something with you and have them respond affirmatively or negatively.)

## Vamos a escuchar: *¿Vamos al centro?*

Carmen and Ramón are making plans to go downtown. Listen to their brief conversation and complete the following exercises.

### *Antes de escuchar*

Based on what you've learned in this *etapa*, what information do you expect Carmen and Ramón to give about:

1. why they have to go downtown
2. how they will get there

**L. Comprensión.** Before your instructor plays the tape, take a moment and look at the questions below. Then, answer the questions after you listen.

1. Why does Carmen want to do downtown?
2. What does Ramón want to do?
3. Why don't they take the bus?
4. What metro line do they first take?
5. Where do they change trains?

### *Después de escuchar*

**M. ¿Cómo lo dicen?** Your instructor will play the tape again. Listen to try to determine the following.

1. How does Carmen say they can stop by the bookstore first?
2. How does Carmen say the metro stop is very close?

## Tú dirás

**N. No, no puedo.** You suggest an activity to a friend. He or she is interested, but cannot do it on the day you have proposed and gives you his or her reason why not. You then suggest a different day, which is fine with your friend. Follow the model.

◆ **Modelo:** dar un paseo mañana
– *¿Puedes dar un paseo mañana?*
– *No, no puedo. Tengo que trabajar.*
– *¿El sábado? ¿Está bien?*
– *Sí. Vamos a dar un paseo el sábado.*

1. ir al centro esta noche
2. hacer un mandado el sábado
3. ir al museo esta tarde
4. ir a tomar un café el sábado
5. ir al cine mañana
6. ir a la biblioteca hoy

**Ñ. ¿Puedes ir conmigo?** Ask a classmate whether she or he can do something with you. When you get an affirmative response, arrange a day, a time, and a place to meet. Then agree on a means of transportation.

## Para empezar: *¿Tomamos un taxi?*

### *Preparación*

When you take a taxi, what information must you give to the taxi driver? What information can you expect him or her to give to you? What about payment? Are you expected to give a tip? Note how this is done in Spain, where Linda takes a taxi to a restaurant.

Linda y Julia van a almorzar en un restaurante. Piensan tomar un taxi.

**Linda:** ¡Taxi! ¡Taxi!
**Chofer:** ¿Adónde van?

Ellas suben al taxi.

**Linda:** Al Restaurante Julián Rojo, Avenida Ventura de la Vega 5, por favor. **¿Cuánto tarda** en llegar? *(How long does it take?)*
**Chofer:** Diez minutos... quince **como máximo.** *(at most)*

Ellas llegan al restaurante. Julia baja del taxi y Linda va a **pagar.** *(to pay)*

**Linda:** ¿Cuánto es, señor?
**Chofer:** **Trescientas ochenta** pesetas. *(Three hundred eighty)*
**Linda:** Tome, **quinientas** pesetas. *(five hundred)*
**Chofer:** Aquí tiene Ud. el **cambio, ciento veinte** pesetas. *(change / one hundred twenty)*

Linda le **da** 70 pesetas de **propina** al chófer. *(gives / tip)*

**Linda:** Y **esto es para Ud.** *(this is for you)*
**Chofer:** Muchas gracias. Hasta luego.

## Te toca a ti

**A. ¿Adónde van...?** A taxi driver asks you where you and a friend are going and you tell him or her the name of the place and the address. Follow the model.

◆ **Modelo:** Restaurante Capri / Calle Barco 27
*¿Adónde van?*
*Queremos ir al Restaurante Capri, Calle Barco 27.*

1. Hotel Praga / Calle Antonio López 65
2. Restaurante Trafalgar / Calle Trafalgar 35
3. Hotel Don Diego / Calle Velázquez 45
4. Café Elche / Calle Vilá-Vilá 71
5. Hotel Ramón de la Cruz / Calle Don Ramón de la Cruz 91

**B. ¿Cuánto tardas en ir?** As you make plans with your friends, you discuss how long it will take to get to your destination. The answer will depend on the means of transportation you choose. Follow the model.

◆ **Modelo:** al parque / en autobús (10 minutos) / a pie (30 o 35 minutos)
– *¿Cuánto tardas en ir al parque?*
– *Para ir al parque en autobús, tardo diez minutos.*
– *¿Y para llegar a pie?*
– *¿A pie? Tardo treinta o treinta y cinco minutos.*

1. a la biblioteca / a pie (25 minutos) / en bicicleta (10 minutos)
2. a la catedral / en metro (20 minutos) / en autobús (25 o 30 minutos)
3. al aeropuerto / en taxi (45 minutos) / en metro (30 o 35 minutos)
4. a la estación de trenes / en coche (20 minutos) / en metro (10 minutos)
5. al centro / a pie (35 minutos) / en autobús (15 minutos)
6. tu apartamento o dormitorio
7. al apartamento o dormitorio / de tu amigo(a)
8. a tu restaurante favorito

## ¿Recuerdas?

**C. Invitaciones.** Invite a friend to go somewhere or to do something with you. When your friend accepts, suggest a way of getting there. Use the appropriate forms of **querer** and such expressions as **de acuerdo, claro que sí,** and **por supuesto.**

◆ **Modelo:** ir al centro / en autobús
– *¿Quieres ir al centro?*
– *Claro que sí.*
– *Vamos en autobús.*
– *De acuerdo. Está bien.*

1. ir al cine / en metro
2. comer en un restaurante / en taxi
3. visitar la catedral / a pie
4. hacer un mandado / en nuestras bicicletas
5. ir al museo / en mi coche

Now invite a group of friends to do something or to go somewhere. When they accept, suggest a day.

◆ **Modelo:** ir al centro / sábado
– *¿Quieren ir al centro?*
– *Claro que sí.*
– *Vamos el sábado.*
– *De acuerdo. Está bien.*

6. ir al concierto conmigo / jueves
7. cenar con nosotros en un restaurante / martes

8. dar un paseo / domingo
9. visitar la catedral con nosotros / sábado
10. ir al museo conmigo / lunes

**D. ¡Ellos son muy activos!** Esteban Candelaria leads a very busy life. Based on his activity calendar, indicate what will be happening on each day shown. Give your answers from Esteban's point of view (that is, Esteban = **yo**) and use future expressions to indicate what is going to happen. Today is May 10.

◆ **Modelo:** *Esta noche, voy al cine en el centro. Mañana, quiero comer en un restaurante con mis amigos. Mañana por la noche, quiero ir a bailar.*

## Enfoque estructural: *El verbo* ***venir***

In Spanish you use the verb **venir** the same way you would in English. Note the examples below:

| | |
|---|---|
| – Nosotros **venimos** a este café todos los días después de las clases. | – *We **come** to this cafe every day after classes.* |
| – ¿Quién **viene** a la fiesta? | – *Who **is coming** to the party?* |
| – Suzy **viene.** | – *Suzy **is coming.*** |
| – ¿A qué hora? | – *At what time?* |
| – A las 7:30. | – *At 7:30.* |

You will note that the verb **venir** follows the same pattern as the verb **tener.** The present tense forms of the verb **venir** are:

| venir | | | |
|---|---|---|---|
| yo | **vengo** | nosotros | **venimos** |
| tú | **vienes** | vosotros | **venís** |
| él / ella / Ud. | **viene** | ellos / ellas / Uds. | **vienen** |

## Dilo tú

**E. ¿Quién viene al baile con nosotros?** You and your date are going to the dance for **Día de la Independencia.** You want to know who else is coming with you.

◆ **Modelo:** Ana / sí
*Ana viene al baile.*

1. Elena y su hermano / no
2. Elvira / no
3. tú / sí
4. mis amigos / sí
5. David y Juliana / sí
6. Uds. / no

**F. ¿Quieres venir a mi fiesta esta noche?** You are doing something tonight and you are asking people in your class if they want to come along. Ask five people. If they cannot come, they must give you an excuse. Possible destinations: *la cena, el baile, la reunión, el partido, la biblioteca.*

◆ **Modelo:** – *Rob, ¿quieres venir a mi fiesta esta noche?*
– *Sí, ¡cómo no!*
o
– *No, lo siento, tengo que estudiar.*

## Enfoque estructural:

### *Verbos irregulares en el presente*

– Yo siempre **juego** al fútbol por la tarde. ¿Y tú?
– Yo también. **¿Juegas** mañana?
– ¿Mañana? Sí. Y Juan **piensa** jugar también.
– Bueno, **podemos** jugar juntos.

– *I always* ***play*** *soccer in the afternoon. What about you?*
– *I do, too.* ***Are you playing*** *tomorrow?*
– *Tomorrow? Yes. And Juan* ***is thinking about*** *playing also.*
– *Good,* ***we can*** *play together.*

As you have already learned, some verbs change their stems in the present tense. Stem-changing verbs are verbs that have a change in the vowels of the stem. All the endings, however, remain regular. There are three types of stem-changing verbs in the present: the stem vowels change to **ie**, **ue**, or **i**.

| pensar (ie) | | dormir (ue) | | pedir (i) | |
|---|---|---|---|---|---|
| p**ie**nso | pensamos | d**ue**rmo | dormimos | p**i**do | pedimos |
| p**ie**nsas | pensáis | d**ue**rmes | dormís | p**i**des | pedís |
| p**ie**nsa | p**ie**nsan | d**ue**rme | d**ue**rmen | p**i**de | p**i**den |

Other verbs of this type include:

(ie) **comenzar, despertar(se), empezar, querer, sentir**
(ue) **acostar(se), jugar, poder, volver**
(i) **servir, seguir**

Stem-changing verbs are indicated in the glossary by the notation **(ie)**, **(ue)**, or **(i)** after the infinitive form.

# Dilo tú

**G. Preguntas.** Use each of the cues to ask questions of other students in your group.

◆ **Modelo:** pensar estudiar esta noche
*Katie, ¿piensas estudiar esta noche?*
*No (Sí) pienso estudiar.*

1. jugar fútbol *(soccer)*
2. pedir ayuda con la tarea
3. querer viajar mucho
4. poder tocar la guitarra
5. pensar ir al cine mañana
6. dormir mucho
7. acostarse temprano
8. despertarse tarde

**H. ¿Qué piensas hacer después de las clases?** You've just seen a new person who has moved into the neighborhood. After saying hello, tell each other what you do on a typical day and what you plan to do today. Invite him or her along. Use the verbs **jugar** and **volver** and other verbs you know.

◆ **Modelo:** – *Buenos días. ¿Cómo estás?*
– *Muy bien. ¿Y tú?*
– *Bien, gracias. Oye, ¿qué piensas hacer después de las clases?*
– *No sé. Hoy no tengo planes. Generalmente vuelvo a la casa a las 3:30 y empiezo a hacer la tarea. A veces juego al béisbol.*
– *Ah, ¿sí? Pues, hoy yo voy al café para tomar un refresco y después voy al centro. ¿Quieres ir conmigo?*

## Comentarios culturales

**Puerta del Sol** is one of the most lively and popular plazas in Madrid. Several metro lines intersect there, and it is the location of **kilómetro 0,** the point from which official distances from Madrid to other cities in Spain and Portugal are measured. Below are the official distances from the capital to some major Spanish and Portuguese cities.

| | | | | | |
|---|---|---|---|---|---|
| Barcelona | 627 km | Granada | 430 km | Málaga | 548 km |
| Burgos | 239 km | Lisboa | 658 km | Pamplona | 385 km |
| Cádiz | 646 km | Segovia | 87 km | Porto | 591 km |
| Córdoba | 407 km | Valencia | 351 km | Salamanca | 205 km |

Note that distances are measured in kilometers **(kilómetros)**, the metric equivalent of about 5/8 of a mile **(milla)**.

## Enfoque léxico:

### *Los números de cien a un millón*

| | | | |
|---|---|---|---|
| 100 | **ciento/cien** | 900 | **novecientos(as)** |
| 101 | **ciento uno** | 1.000 | **mil** |
| 102 | **ciento dos** | 2.000 | **dos mil** |
| 200 | **doscientos(as)** | 4.576 | **cuatro mil quinientos setenta y seis** |
| 300 | **trescientos(as)** | | |
| 400 | **cuatrocientos(as)** | 25.489 | **veinticinco mil cuatrocientos ochenta y nueve** |
| 500 | **quinientos(as)** | | |
| 600 | **seiscientos(as)** | | |
| 700 | **setecientos(as)** | 1.000.000 | **un millón** |
| 800 | **ochocientos(as)** | 2.000.000 | **dos millones** |

1. The word **cien** is used before a noun: **cien discos.**
2. **Ciento** is used with numbers from 101–199. There is no **y** following the word **ciento:** 120 = **ciento veinte.**
3. **Cientos** changes to **cientas** before a feminine noun: **doscientos hombres, doscientas mujeres.**
4. Notice that Spanish uses a period where English uses a comma: 3.400 = 3,400 (three thousand four hundred).
5. **millón/millones** is followed by **de** when it accompanies a noun: **un millón de dólares, tres millones de habitantes.**

## Dilo tú

**I. ¿Cuál es la distancia entre Madrid y...?** Refer to the *Comentarios culturales* on page 149 to determine the distance in kilometers between Madrid and the following cities.

◆ **Modelo:** Segovia
– *¿Cuál es la distancia entre Madrid y Segovia?*
– *Ochenta y siete kilómetros.*

1. Valencia
2. Lisboa
3. Granada
4. Porto
5. Pamplona
6. Barcelona
7. Burgos
8. Málaga

**J. Quiero ir a...** With a partner, tell at least three places you want to go and estimate the distance from your hometown to each place.

◆ **Modelo:** – *Quiero ir a Boston.*
– *¿Cuál es la distancia entre Boston y Filadelfia?*
– *Es trescientas treinta millas.*

## Vamos a escuchar: *Vamos a cenar*

Pedro and Esteban are making plans to go downtown and get a bite to eat. Listen to their brief dialogue and complete the following exercises.

### *Antes de escuchar*

Based on what you've learned in this *etapa*, what is the information you expect Pedro and Esteban to give about:

1. when they will go
2. how they will get there

**K. Comprensión.** Before your instructor plays the tape, take a moment to think about the questions below. Answer the questions after listening to the tape.

1. What does Pedro suggest they do?
2. Where does Esteban suggest they go?
3. Why do they decide to take a taxi?
4. How long does the taxi driver say it will take?
5. How much does the taxi ride cost?

## *Después de escuchar*

**L. ¿Cómo lo dicen?** Listen to the conversation again and try to determine the following:

1. How does the taxi driver say "about" when he says how long the trip will take?
2. How does Esteban say "don't mention it" when the taxi driver thanks him?

# Tú dirás

**M. ¿Qué piensas hacer el sábado próximo?** When the instructor gives the signal, circulate around the room and ask several of your classmates what they plan to do on Saturday. Ask about their plans for different segments of the day using **por la mañana, por la tarde,** and **por la noche.** Report to the class what different things people plan to do.

**N. Intercambio.** Strike up a conversation with a fellow student and ask him or her:

1. what he/she plans to do tonight
2. what he/she feels like doing on Saturday; Friday; Sunday
3. what he/she wants to do on Monday morning; Wednesday night
4. what he/she plans to do next year; next summer
5. what he/she hopes to do some day

Un café en la Plaza Mayor, Salamanca

## **Para empezar:** *Los días azules*

### *Antes de leer*

You have been doing a lot of work with cognates in your reading so far. In addition to recognizing the many cognates in Spanish and English, you need to be able to make intelligent guesses about the meanings of important words you don't know. Often the *context*–that is, the words, expressions, and illustrations that surround the word you are trying to understand–will be of help. Look at these various cues to help you determine the meaning of an important word that you don't know. Go through the reading that follows quickly and identify as many of the cognates as possible.

**DIAS AZULES**

**MAYO**

| L | M | M | J | V | S | D |
|---|---|---|---|---|---|---|
| 1 | 2 | 3 | 4 | 5 | 6 | 7 |
| 8 | 9 | 10 | 11 | 12 | 13 | 14 |
| 15 | 16 | 17 | 18 | 19 | 20 | 21 |
| 22 | 23 | 24 | 25 | 26 | 27 | 28 |
| 29 | 30 | 31 | | | | |

**JUNIO**

| L | M | M | J | V | S | D |
|---|---|---|---|---|---|---|
| | | | 1 | 2 | 3 | 4 |
| 5 | 6 | 7 | 8 | 9 | 10 | 11 |
| 12 | 13 | 14 | 15 | 16 | 17 | 18 |
| 19 | 20 | 21 | 22 | 23 | 24 | 25 |
| 26 | 27 | 28 | 29 | 30 | | |

**JULIO**

| L | M | M | J | V | S | D |
|---|---|---|---|---|---|---|
| | | | | | 1 | 2 |
| 3 | 4 | 5 | 6 | 7 | 8 | 9 |
| 10 | 11 | 12 | 13 | 14 | 15 | 16 |
| 17 | 18 | 19 | 20 | 21 | 22 | 23 |
| 24 | 25 | 26 | 27 | 28 | 29 | 30 |
| 31 | | | | | | |

**AGOSTO**

| L | M | M | J | V | S | D |
|---|---|---|---|---|---|---|
| | 1 | 2 | 3 | 4 | 5 | 6 |
| 7 | 8 | 9 | 10 | 11 | 12 | 13 |
| 14 | 15 | 16 | 17 | 18 | 19 | 20 |
| 21 | 22 | 23 | 24 | 25 | 26 | 27 |
| 28 | 29 | 30 | 31 | | | |

**SEPTIEMBRE**

| L | M | M | J | V | S | D |
|---|---|---|---|---|---|---|
| | | | | 1 | 2 | 3 |
| 4 | 5 | 6 | 7 | 8 | 9 | 10 |
| 11 | 12 | 13 | 14 | 15 | 16 | 17 |
| 18 | 19 | 20 | 21 | 22 | 23 | 24 |
| 25 | 26 | 27 | 28 | 29 | 30 | |

**OCTUBRE**

| L | M | M | J | V | S | D |
|---|---|---|---|---|---|---|
| | | | | | | 1 |
| 2 | 3 | 4 | 5 | 6 | 7 | 8 |
| 9 | 10 | 11 | 12 | 13 | 14 | 15 |
| 16 | 17 | 18 | 19 | 20 | 21 | 22 |
| 23 | 24 | 25 | 26 | 27 | 28 | 29 |
| 30 | 31 | | | | | |

**NOVIEMBRE**

| L | M | M | J | V | S | D |
|---|---|---|---|---|---|---|
| | | 1 | 2 | 3 | 4 | 5 |
| 6 | 7 | 8 | 9 | 10 | 11 | 12 |
| 13 | 14 | 15 | 16 | 17 | 18 | 19 |
| 20 | 21 | 22 | 23 | 24 | 25 | 26 |
| 27 | 28 | 29 | 30 | | | |

**DICIEMBRE**

| L | M | M | J | V | S | D |
|---|---|---|---|---|---|---|
| | | | | 1 | 2 | 3 |
| 4 | 5 | 6 | 7 | 8 | 9 | 10 |
| 11 | 12 | 13 | 14 | 15 | 16 | 17 |
| 18 | 19 | 20 | 21 | 22 | 23 | 24 |
| 25 | 26 | 27 | 28 | 29 | 30 | 31 |

La Tarjeta Joven va a cambiar tu vida. Con la Tarjeta Joven puedes viajar en tren por toda España con una reducción de 50% sobre el precio de la tarifa general, si viajas en días azules y haces un recorrido de más de 100 kms en viaje sencillo o de más de 200 kms si es de ida y vuelta. ¿Qué te parece? Puedes usar la tarjeta entre el 1 de mayo y el 31 de diciembre y recibes también un billete de litera[1] gratis válido para recorridos nacionales.

¡Y hay más! Entre el 1 de junio y el 30 de septiembre con la Tarjeta Joven puedes viajar con un descuento entre el 30 y 50% por Alemania, Francia, Italia, Portugal y Marruecos. Antes de empezar el viaje a esos países tienes que pagar por la viñeta[2] que corresponde a cada uno de los países. El precio de esta viñeta es de 1.500 pesetas para Francia y 1.200 para cada uno de los demás países.

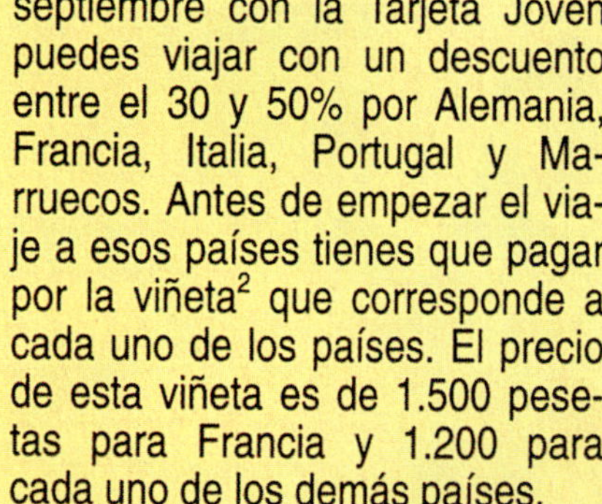


Si tienes entre 12 y 26 años puedes comprar la Tarjeta Joven de RENFE. Está a la venta en RENFE y en agencias de viajes autorizadas.

**A. ¡Adivina! *(Guess!)*** Read the selection again. Given the context in which they appear in the reading, what do you think the following words mean?

1. tarifa
2. recorrido
3. viaje sencillo
4. válido
5. descuento
6. autorizadas

## *Después de leer*

**B. La Tarjeta joven.** Answer the following questions based on the information about the *Tarjeta joven.*

1. During what months is the *Tarjeta joven* valid?
2. Is the *Tarjeta joven* valid every day of these months?
3. What is the minimum distance required for a one-way trip?
4. What is the minimum distance required for a round trip?
5. When can you get discounted travel to other countries?
6. What age range is eligible for the *Tarjeta joven?*

**La estación de tren, Segovia**

**A. ¿Cuándo vamos?** You want to plan a series of activities with your friend for the coming week. You are a very busy person and so is your friend, so you need to plan ahead with the calendar in front of you.

## *Estudiante A*

Below you have a calendar with the things you already know you will be doing during the coming week.

**MARZO 1995**

| 6 lunes | 7 martes | 8 miércoles | 9 jueves | 10 viernes | 11 sábado | 12 domingo |
|---|---|---|---|---|---|---|
| Clase | | Clase | | Clase | | |
| Clase | | Clase | | Clase | | |
| Clase | | Clase | | Clase | | |
| Clase | | Clase | | Clase | | |
| | | | | | | |
| | | | | | | |
| | | | | Teatro Alicia | | |
| | | | | | | |

Now you and your friend need to find the time to do the following:

1. Go to the movies. You want to go Thursday night.
2. Get together to play tennis. You can do it on Saturday morning.
3. Go out to lunch together and then go to the library to prepare for a test.

**Millones en el mercado**

Trading arena, amusement center, meeting place: a market is many things to many people because of the remarkable diversity of goods and services available. The custom of bargaining remains a feature in the marketplace.

*software*

**Atajo**

Writing activities for this chapter are presented in the workbook. For specific references to tasks supported by Atajo, please consult the workbook.

## Estudiante B

Looking at your calendar, try to agree on a time and a day to do what your friend proposes, provided you want to do so, too.

If he or she suggests a day or a time that you are not free, propose a different one.

Here is what your calendar looks like for next week.

**MARZO 1995**

| 6 lunes | 7 martes | 8 miércoles | 9 jueves | 10 viernes | 11 sábado | 12 domingo |
|---|---|---|---|---|---|---|
| | | | | | | |
| Estudiar | Estudiar | Estudiar | | | Dentista | |
| Estudiar | Estudiar | Estudiar | | | | |
| | | | | | | |
| | Clase | | Clase | | | |
| | Clase | | Clase | | | |
| | Clase | | Clase | | | |
| | Clase | | Clase | | | |

When your friend finishes, suggest that you want to do the following:

1. go shopping on a weekday
2. play a soccer game on Sunday

**B. ¿En metro, en taxi... ?**

## *Estudiante A*

After staying in Burgos for a few days, you take the train to Madrid where you are going to spend a week in a hotel located in Plaza de Castilla.

The morning after your arrival you want to do the following things:

1. go to **El Prado**
2. take a walk in **El Retiro**
3. go visit Anabel's friends who live in **Cuatro Caminos**
4. go back to your hotel room to rest

In the morning you get ready and go to the information desk in the hotel. You ask the clerk how you can best get to the places you need to go.

## *Estudiante B*

This morning one of the hotel guests approaches you asking for information on how to get around in Madrid. With the help of the Metro map on page 135, tell this person where the metro stations are, and what lines and connections are the best to get where he or she needs to go.

# Vocabulario

## Para charlar

### *Para hablar de planes* *Talking about plans*

esperar + *infinitive* *to hope to*
ir + a + *infinitive* *to be going to*
pensar *to think of*
poder + *infinitive* *to be able to*
querer *to want*
tener ganas + de + *infinitive* *to feel like*

### *Para decir para qué vas* *Saying why you are going*

Voy a dar un paseo. *I'm going to take a walk.*
hacer un mandado *do an errand*
ir de compras *go shopping*
ver a un amigo *see a friend*

### *Para ir al centro* *Going downtown*

¿Cuánto tardas en llegar a...? *How long does it take you to get to . . . ?*
Esto es para Ud., señor (señora, señorita). *This is for you, sir (ma'am, miss).*
Muchas gracias. *Thank you very much.*
Tardo diez minutos, como máximo. *It takes me ten minutes, at the most.*
Voy en autobús. *I'm going by bus.*
a pie *on foot*
en bicicleta *by bicycle*
en coche *by car*
en metro *by subway*
en taxi *by taxi*

### *Para decir cuándo* *Saying when*

Vamos esta mañana. *Let's go this morning.*
esta tarde *this afternoon*
hoy *today*
mañana *tomorrow*
mañana por la mañana *tomorrow morning*
mañana por la tarde *tomorrow afternoon*
mañana por la noche *tomorrow night*

### *Para decir sí o no* *Saying yes or no*

¡Claro que sí! *Of course!*
Es imposible. *It's impossible.*
No, no puedo. *No, I can't.*
Sí, puedo. *Yes, I can.*
Sí, tengo ganas de... *Yes, I feel like . . .*

### *Para tomar el metro* *Taking the subway*

Bajamos en… *We get off at . . .*
bajar *to get off*
Cambiamos en… *We change at . . .*
cambiar *to change*
¿En qué dirección? *In which direction?*

### *Para hablar del futuro* *Talking about the future*

el año próximo *next year*
el mes (el año, la semana) entero(a) *the whole month (year, week)*
el mes próximo *next month*
esta semana *this week*
este año *this year*
este mes *this month*
la semana próxima *next week*
mañana (el sábado, el domingo, etc.) *tomorrow (Saturday, Sunday, etc.)*
por la mañana *in the morning*
por la tarde *in the afternoon*
por la noche *in the evening*
pensar + *infinitive* *to think of, intend to*
preferir + *infinitive* *to prefer to*
querer + *infinitive* *to want to*

## Temas y contextos

### *El metro The subway*

el billete de diez viajes *ten-trip ticket*
el billete sencillo *one-way ticket*
la entrada *entrance ticket*
la estación de metro *subway station*
la línea *line*
el metrotour de cinco días *five-day tourist ticket*
el metrotour de tres días *three-day tourist ticket*
el plano del metro *subway map*
la taquilla *booth*
la tarjeta de abono transportes *commuter pass*

### *Otros números Other numbers*

cien *one hundred*
ciento *a hundred*
doscientos(as) *two hundred*
trescientos(as) *three hundred*
cuatrocientos(as) *four hundred*
quinientos(as) *five hundred*
seiscientos(as) *six hundred*
setecientos(as) *seven hundred*
ochocientos(as) *eight hundred*
novecientos(as) *nine hundred*
mil *thousand*
millón *million*

## Vocabulario general

### *Verbos*

discutir *to argue*
hacer *to do, make*
pagar *to pay*
poder *to be able to*
venir *to come*

### *Adjectivos*

famoso(a) *famous*
hermoso(a) *beautiful*
nuevo(a) *new*

### *Otras palabras y expresiones*

ahora *now*
algún día *someday*
la barato(a) *cheap*
el cambio *change, alteration*
cita *date, appointment*
como de costumbre *as usual*
conmigo *with me*
especial *special*
frecuentemente *frequently*
el horario *schedule*
jugar (al tenis) *to play (tennis)*
otra cosa *another thing*
Pregúntales a los otros. *Ask the others.*
próximo(a) *next*
si *if*
sin límite *unlimited*
usualmente *usually*

# El mundo hispano

## Chapter Objectives:

In this chapter you will learn some general information about the countries of Latin America and Spain. In addition, you will learn that the Hispanic presence in the United States is increasing in size and importance, particularly in certain regions of the country.

After completing this chapter you will be able to carry out the following tasks:

- talk about various aspects of the Spanish-speaking world
- give the date and the seasons of the year
- talk about events in the past
- indicate how long an activitiy has been going on

The linguistic elements that you will learn to help you carry out these functions are:

- vocabulary related to the following topics:
  - Latin America
  - Hispanics in the United States
  - Spain
  - the days, months, and seasons of the year
- grammatical structures:
  - preterite of **-ar, -er,** and **-ir** verbs
  - preterite of **ir** and **hacer**
  - preterite of other irregular verbs
  - **hace** and **hace que**

Las ruinas de Chichén Itzá en la península de Yucatán, México

El Salto Grande de Santa María en el río Iguazú

El Morro en el viejo San Juan, Puerto Rico

| | |
|---|---|
| **Primera etapa:** | América Latina |
| **Segunda etapa:** | La presencia hispana en los Estados Unidos |
| **Tercera etapa:** | España |
| **Cuarta etapa:** | Los hispanos en los Estados Unidos hoy |

## Para empezar: *América Latina*

### *Preparación*

- What are the names of some of the countries of Latin America?
- Where is Spain located?
- Where in the United States are there large numbers of Hispanics?
- Which Spanish-speaking countries or regions in the United States have you visited?

The material in this chapter has been written to help you develop your reading skills. Each *etapa* begins with short descriptions of various aspects of the Hispanic world. When you read each paragraph, remember to concentrate on the general meaning, not on the meaning of each and every word. Try to read as smoothly as possible and to use some of the reading techniques you've already learned. You'll find that by anticipating content, recognizing cognates, and guessing meaning from context, you can understand a text's main ideas without looking up many words.

### *Antes de leer*

**A.** Go through the following reading quickly, focusing on the headings, and think about the content of each paragraph. Then identify as many of the cognates as possible.

**B.** Now, skim the first paragraph and find the names of the countries. Then go back and read the entire passage.

## Lectura

### Los países de América Latina

En los mapas al final del libro podemos ver las regiones dónde la gente habla español. Al sur del Río Grande están México y los seis países hispanos de Centroamérica: Guatemala, Honduras, El Salvador, Nicaragua, Costa Rica y Panamá. En el Mar Caribe hay tres países hispanos: Cuba, la República Dominicana y Puerto Rico que se considera un estado libre asociado a los Estados Unidos. En América del Sur hay nueve países hispanos: Colombia, Venezuela, Ecuador, Perú, Bolivia, Paraguay, Chile, Argentina y Uruguay. Estos **últimos** tres países están en la parte del continente que forma un cono, y la región se conoce como el Cono Sur.

last

### La geografía

Hay una gran diversidad geográfica, desde los más áridos desiertos hasta las grandes **selvas** tropicales. No es difícil, pues, encontrar simultáneamente dentro del mismo país regiones donde **hace mucho calor** y regiones donde **nieva** mucho. Tales variaciones son debidas a los Andes, una cadena de montañas que se extiende del norte al sur del continente.

### La lengua

La gente que vive en estos países habla español, pero hay otros países en esta parte del mundo donde la gente no lo habla. Por ejemplo, en el Brasil, el país más grande de la América del Sur, la gente habla portugués. En Jamaica y Belice la gente habla inglés, mientras que en Haití los habitantes hablan francés.

### Las diferencias étnicas

Además de las variaciones geográficas, hay diferencias étnicas. El elemento **indígena se mezcló** primero, y en distintas proporciones, con el elemento europeo y después con el africano. El resultado de esta mezcla es la existencia, hoy en día, de un continente mestizo. Esta mezcla explica la presencia de la tradición indígena en países como Perú, Bolivia y Guatemala. También explica la tradición europea en los países del Cono Sur y la tradición africana en la zona del Caribe.

forests / it is very hot / snows / indigenous (related to original inhabitants) / mixed

El Yunque National Forest, Puerto Rico

## *Después de leer*

**C. Latinoamérica.** Escoge *(choose)* la información apropiada para completar las oraciones.

1. Hay (nueve, seis, siete) países de habla española en Centroamérica.
2. (Cuba, Bolivia, Chile, La República Dominicana, Perú) son países del Caribe.
3. (Puerto Rico, Panamá, Nicaragua) es un territorio asociado a los Estados Unidos.
4. (Chile, Colombia, Panamá, Uruguay, Perú, Argentina) son los tres países que forman El cono sur.
5. La gente de (Bolivia, Jamaica, Brasil) habla el portugués.
6. La gente habla inglés en (Bolivia, Jamaica, Cuba).
7. En (Haití, Venezuela, Chile) hablan francés.
8. Los Andes son (montañas, ríos, selvas) en América del Sur.

(left) Un vaquero *(cowboy)* chileno
(right) Una señora guatemalteca con su bebé

Uruguay

Honduras

Nicaragua

9. (Argentina, Colombia, Bolivia, Perú, Guatemala) son tres países que tienen una gran influencia indígena.
10. (Ecuador, Argentina, Uruguay, Chile, Cuba) son tres países que tienen una gran influencia europea.

**D. Vamos a imaginar.** Imagine that you are from a Latin American country and are explaining to someone (in English) about Latin America. Combine the information you have just learned with what you already know (culture, geography, etc.) to present a favorable picture of Latin America.

## Enfoque léxico:

### *Los meses y las estaciones del año*

**Los meses del año**

| | | | |
|---|---|---|---|
| enero | abril | julio | octubre |
| febrero | mayo | agosto | noviembre |
| marzo | junio | septiembre | diciembre |

All the months of the year are masculine. They are used without articles and they are not capitalized. To express the idea of *in* a month, use **en** or **en el mes de.**

| | |
|---|---|
| **En enero,** es verano en Argentina. | ***In January,*** *it is summer in Argentina.* |
| **En el mes de agosto** nadamos mucho. | ***In the month of August*** *we swim a lot.* |

**Las estaciones del año**

| | |
|---|---|
| primavera | otoño |
| verano | invierno |

la primavera

el verano

el otoño

el invierno

All the nouns for the seasons are masculine except **la primavera.** To express the idea of *in* a particular season, use **en** and the appropriate definite article.

| | |
|---|---|
| **En el otoño** jugamos al fútbol. | ***In the fall*** *we play soccer.* |
| **En el invierno** tengo frío. | ***In the winter*** *I am cold.* |
| Corro mucho **en la primavera.** | *I run a lot* ***in the spring.*** |
| Todos van a la playa **en el verano.** | *Everybody goes to the beach* ***in the summer.*** |

## Enfoque léxico: *La fecha*

| | |
|---|---|
| **¿Cuál es la fecha de hoy?**<br>**¿Qué fecha es hoy?**<br>**¿A cuántos estamos?** | *What is today's date?* |
| **Hoy es el 5 de octubre.** | *Today is October 5.* |

| | |
|---|---|
| ¿**Cuál es la fecha** de tu cumpleaños? | ***What is the date*** *of your birthday?* |
| Yo nací **el primero de febrero de mil novecientos setenta y cinco.** | *I was born* ***on the first of February 1975.*** |
| Mi hermana nació **el once de junio de mil novecientos setenta y seis.** | *My sister was born* ***on June 11, 1976.*** |

To express the date in Spanish, use the definite article **el,** a cardinal number (**treinta, diez, cinco**), **de,** and the name of the month. The one exception is the first of the month, expressed by **el primero.** The day, the month, and the year of any date are connected by **de.**

## Dilo tú

**E. ¿Qué estación es en...?** Para cada mes, menciona la estación que le corresponde al lugar dónde vives tú.

◆ **Modelo:** septiembre
*En septiembre, es otoño.*

1. enero
2. julio
3. marzo
4. noviembre
5. mayo
6. agosto
7. diciembre
8. junio

**F. Mi cumpleaños *(My birthday)*.** Dile a un(a) compañero(a) cuándo es tu cumpleaños y cuál es la estación del año ese día.

◆ **Modelo:** *Mi cumpleaños es en el mes de julio. Es verano.*

**G. ¿Cuándo practicas deportes?** Da la estación del año en que generalmente participas en las actividades que siguen.

◆ **Modelo:** jugar al fútbol
*Juego al fútbol en el otoño.*

1. jugar al tenis
2. jugar al básquetbol
3. jugar al béisbol
4. nadar
5. jugar al golf
6. jugar al jai alai
7. hacer alpinismo *(hiking, mountain climbing)*
8. patinar *(to ice-skate)*
9. pescar *(to go fishing)*
10. montar en *(to ride)* bicicleta

**H. ¡Preguntas, preguntas! ¡Tantas preguntas!** Trabajas con unos niños hispanos en los Estados Unidos que te hacen muchas preguntas. Contéstalas.

1. ¿Cuántas estaciones hay en un año?
2. ¿Cuáles son los meses del verano aquí?

3. ¿En qué estación es posible esquiar?
4. ¿En qué estación vamos a la playa?
5. ¿En qué estaciones jugamos al fútbol? ¿al básquetbol?
6. ¿En qué estación celebramos el día de la Independencia de los Estados Unidos?

**I. ¿En qué año?** ¿Cuál es la fecha, en español, de los hechos históricos que siguen?

1. October 12, 1492–el descubrimiento de América por Colón
2. November 20, 1910–la revolución mexicana
3. April 23, 1616–la muerte *(death)* de Cervantes y Shakespeare
4. July 16, 1789–la revolución francesa
5. September 16, 1821–la independencia de México
6. November 22, 1963–el asesinato del Presidente Kennedy
7. July 21, 1969–el primer hombre en la luna *(moon)*
8. November 9, 1989–la caída *(fall)* del muro *(wall)* de Berlín
9. tu cumpleaños *(your birthday)*
10. January 17, 1994–el terremoto *(earthquake)* de Los Ángeles, California

**J. Preguntas fáciles *(easy)*** Trabaja con otro(a) estudiante para hacer y contestar las preguntas sobre las fechas y las estaciones.

1. ¿Qué fecha es hoy?
2. ¿Cuál es la fecha de Navidad *(Christmas)*?
3. ¿Cuál es la fecha de tu cumpleaños?
4. ¿Cuál es la fecha de la independencia de los Estados Unidos?
5. ¿Cuál es la fecha del año nuevo?
6. ¿Cuál es la fecha de mañana?

# Enfoque estructural:

## *El pretérito de los verbos en -ar*

| | |
|---|---|
| **Hablé** con Juan ayer. | ***I talked** with Juan yesterday.* |
| **Bailó** mucho anoche. | ***He danced** a lot last night.* |
| **Nosotros estudiamos** ayer por la tarde. | ***We studied** yesterday afternoon.* |
| **María y Luis no miraron** la TV el lunes por la noche. | ***María and Luis did not watch** TV Monday night.* |
| **¿Compraste tú** un disco compacto el fin de semana pasado? | ***Did you buy** a CD last weekend?* |

In Spanish, to talk about actions that happened in the past, you use a past tense called the *preterite*. To conjugate **-ar** verbs in this tense, drop the **-ar** and add the following endings:

**cantar**

| | | | |
|---|---|---|---|
| yo | **cant-** | *é* | *canté* |
| tú | **cant-** | *aste* | *cantaste* |
| él / ella / Ud. | **cant-** | *ó* | *cantó* |
| nosotros | **cant-** | *amos* | *cantamos* |
| vosotros | **cant-** | *asteis* | *cantasteis* |
| ellos / ellas / Uds. | **cant-** | *aron* | *cantaron* |

Notice that the **yo** and the **él, ella, Ud.** forms have a written accent.

**Some common -*ar* verbs**

| | | | |
|---|---|---|---|
| **andar** | *to walk* | **comprar** | *to buy* |
| **caminar** | *to walk* | **pasar tiempo** | *to spend time* |
| **cenar** | *to eat dinner* | **visitar** | *to visit* |

## Dilo tú

**K. Intercambio...** Tus compañeros de cuarto regresaron de un viaje y ahora te preguntan qué hiciste durante su ausencia. Contesta sus preguntas en la forma afirmativa.

◆ **Modelo:** ¿Terminaste tu tarea?
*Sí, por supuesto. Terminé la tarea.*

1. ¿Hablaste por teléfono con tu amigo?
2. ¿Cenaste aquí?
3. ¿Estudiaste para el examen de español?
4. ¿Miraste un programa de televisión?
5. ¿Tomaste alguna cosa?
6. ¿Compraste alguna cosa ayer?
7. ¿Visitaste a alguien anoche?

**L. El fin de semana pasado...** Trabaja con otro(a) estudiante. Dile lo que hiciste durante el fin de semana pasado usando seis verbos distintos. Después escucha lo que él o ella hizo.

## Enfoque estructural:

### *El pretérito del verbo* **hacer**

The verb **hacer** is used in the preterite to talk about what was done in the past. Notice that when you are asked a question about the past with the verb **hacer**, you respond with a different verb that expresses what was done. Use **hacer** in your response only if you want to say that nothing was done, in which case you would say **no hice nada, no hiciste nada, no hicimos nada,** etc.

| | |
|---|---|
| ¿Qué **hizo** Tomás ayer?<br>Tomás **habló** con el profesor. | *What **did** Tomás **do** yesterday?*<br>*Tomás **talked** to the professor.* |
| ¿Qué **hicieron** ellos anoche?<br>Pedro y Raúl **estudiaron** mucho. | *What did they **do** last night?*<br>*Pedro y Raúl **studied** a lot.* |
| ¿Qué **hiciste** tú anoche?<br>**No hice** nada. | *What **did** you **do** last night?*<br>*I **didn't do** anything.* |

In the preterite, the verb **hacer** is conjugated as follows:

**hacer**

| | | | |
|---|---|---|---|
| yo | **hice** | nosotros | **hicimos** |
| tú | **hiciste** | vosotros | **hicisteis** |
| él<br>ella<br>Ud. | **hizo** | ellos<br>ellas<br>Uds. | **hicieron** |

Here are some expressions with **hacer:**

| | |
|---|---|
| **hacer un viaje** | *to take a trip* |
| **hacer la cama** | *to make the bed* |
| **hacer las maletas** | *to pack* |

| | |
|---|---|
| Eduardo y María **hicieron un viaje** a Bogotá, Colombia el año pasado. | *Eduardo y María **took a trip** to Bogota, Colombia, last year.* |
| Ernesto **hizo la cama** ayer. | *Ernesto **made the bed** yesterday.* |
| ¿**Hiciste las maletas** para tu viaje a México? | ***Did you pack your bags** for your trip to Mexico?* |

## Dilo tú

**M. ¿Qué hicieron anoche?** Un(a) amigo(a) quiere saber lo que tú y tus amigos hicieron anoche. Trabaja con otro(a) estudiante y contesta las preguntas según el modelo.

◆ **Modelo:** Roberto / hablar con María
– *¿Qué hizo Roberto anoche?*
– *Roberto habló con María.*

1. José / cenar en un restaurante
2. Marta y Ana / escuchar una cinta
3. Melisa / estudiar en casa de Jorge
4. tú / mirar un programa de televisión
5. Luis / visitar a un amigo
6. Marirrosa / hablar por teléfono con su amigo
7. Esteban / hacer las maletas para su viaje
8. ustedes / no hacer nada

**N. ¿Qué hiciste en casa de tus amigos?** Un compañero de clase quiere saber qué hiciste ayer. Trabaja con otro(a) estudiante, siguiendo el modelo.

◆ **Modelo:** hablar por teléfono con María, Linda
– *¿Hablaste con María?*
– *No hablé con María, pero hablé con Linda.*

1. preparar tapas con Julián y Alicia
2. estudiar por dos horas
3. hablar con los padres de Miguel, su hermana
4. tomar café, jugo de naranja
5. escuchar la radio, una cinta de Gloria Estefan

Ahora tú quieres saber qué hicieron tus amigos ayer. Usa los verbos siguientes para hacerles preguntas.

◆ **Modelo:** escuchar
–*¿Qué escucharon Uds. ayer?*
–*Escuchamos unas cintas nuevas de música latina.*

6. escuchar
7. mirar
8. estudiar
9. visitar
10. bailar
11. comprar
12. caminar

## Vamos a escuchar:

*Una conversación por teléfono*

### *Antes de escuchar*

1. Si repasas los siguientes verbos en el preterito, el diálogo resulta más fácil *(easier)* de entender: **llamar, dejar, empezar, encontrar, funcionar, escuchar, cenar, regresar, viajar, pasar, mirar, jugar, comprar, caminar, tomar.**
2. Ahora lee las preguntas sobre el diálogo para tener una idea del contenido del diálogo.

**Ñ. ¿Qué pasó?** Escucha la conversación por teléfono entre Rafael y Elena para después contestar las preguntas sobre el diálogo.

### *Después de escuchar*

**O. Comprensión**

1. ¿Quién llamó a quién el sábado pasado?
2. ¿Qué pasó con el mensaje en la máquina?

3. ¿Qué invitación trató de dejar Rafael?
4. ¿Cuándo regresó Elena de su viaje a México?
5. ¿Cómo viajó Elena a Los Ángeles?
6. ¿Por qué no viajó Elena en avión *(airplane)?*
7. ¿Cuáles son algunas de las cosas que Elena hizo durante el viaje?
8. ¿Qué dice Elena que pasó al final del viaje?
9. ¿Cómo dejó Elena a Rafael al final?
10. ¿Cuál es el plan que los dos hacen al final de la conversación?

**P. ¿Cómo lo dicen?** Escucha el diálogo otra vez para determinar lo siguiente:

1. ¿Cómo dice Rafael "I tried to leave a message for you"?
2. ¿Cómo dice Elena "I had a pretty good time"?
3. ¿Cuál es el equivalente de "Of course" en español?
4. ¿Cuál es el nombre del restaurante que menciona Elena?
5. ¿Qué expresión usan los dos para decir "See you later"?

## Tú dirás

**Q. ¿Qué hiciste tú durante *(during)* el fin de semana?** Es lunes por la mañana y tú y tus amigos(as) hablan de lo que hicieron y no hicieron durante el fin de semana. Trabaja con otro(a) estudiante. Escoge verbos de la lista que sigue y usa el pretérito en la conversación. Actividades posibles: **trabajar mucho, mirar la televisión, hablar por teléfono, bailar mucho, estudiar para un examen, visitar a un(a) amigo(a), escuchar la radio, comprar un disco, caminar al centro, pasar tiempo con la familia**.

**R. ¿Qué hiciste durante tu viaje?** Acabas de regresar de un viaje de un mes por América Latina. Tu amigo(a) quiere saber del viaje y cómo te fue. Trabaja con otro(a) estudiante que te puede hacer preguntas sobre el viaje usando las palabras que siguen.

◆ **Modelo:** hablar
– *¿Con quién hablaste?*
– *Hablé con un hispano.*

1. cenar
2. escuchar
3. visitar
4. hablar por teléfono
5. mirar
6. caminar
7. hacer
8. pasar

## Para empezar:

*La presencia hispana en los Estados Unidos*

### *Preparación*

- ¿Cuáles estados en los Estados Unidos tienen mucha gente de origen hispano?
- ¿Cuáles son algunas de las ciudades de los Estados Unidos donde vive un gran número de hispanos?
- ¿Puedes pensar en algunas palabras de origen hispano que se usan mucho en inglés?
- ¿Quiénes son algunas personas famosas de origen hispano en los Estados Unidos hoy en día?

### *Antes de leer*

**A.** Go through the following reading quickly. Focus on the headings and think about the content. Then identify as many of the cognates as possible.

**B.** Skim the reading and find as many dates as you can.

**C.** Now, skim the reading and find as many names of people as you can. Then go back and read the entire passage.

Juan Ponce de León

## Lectura

## La herencia hispana en los Estados Unidos

### Los exploradores

Durante el siglo XVI, los españoles exploraron mucho de la región que hoy es los Estados Unidos. En 1528 Ponce de León buscó **La fuente de la juventud** en la península que hoy es el estado de la Florida. Cabeza de Vaca pasó por partes de Texas y el sur de Nuevo México.

Francisco de Coronado viajó de la ciudad de México en 1540 con una expedición inmensa. Éste exploró la región que hoy es el estado de Nuevo México. También exploró partes de Arizona, Oklahoma, Texas y Kansas.

Fountain of Youth

En 1598 salió Juan de Oñate hacia el norte para fundar una colonia. En el verano de 1598, en la región que hoy es el estado de Nuevo México, fundó la colonia de San Gabriel. Noten que esto pasó 22 años antes de la llegada de los **peregrinos** a Plymouth Rock y 9 años antes de la fundación de Jamestown en Virginia por el inglés, John Smith. Fray Junípero Serra fundó una serie de misiones desde San Diego hasta San Francisco en lo que hoy es el estado de California.

**peregrinos:** pilgrims

La misión de San Juan Capistrano, California

## La influencia española

Los españoles, con su exploración y colonización, **dejaron** una **huella** en nuestro país que todavía podemos ver. Por ejemplo, de origen español son los nombres de algunos estados (California, Montana, Nevada), de montañas (Sangre de Cristo, Sandía, Sierra Nevada), de ríos (Río Grande, Río Nueces, Río Colorado), de ciudades (Albuquerque, Amarillo, San Antonio, Reno, Boca Ratón, San Francisco, Durango), de pueblos (Velarde, Embudo, Truchas) y de calles (Alameda, Camino Encantado, Potrero, Rodeo).

left / mark

También vemos la influencia en la **gente** que habita estas regiones. Hay generaciones de gente, con nombres hispanos, que **han hablado** español continuamente por más de 400 años.

people
have spoken

La casa más vieja de Los Estados Unidos, Santa Fe, Nuevo México

### *Después de leer*

**D. Los hispanos.** Usa la información anterior sobre la historia de los hispanos en los Estados Unidos. Cuando tu compañero(a) de clase menciona una persona, un lugar o un periódo de tiempo de la lista que sigue, habla un poco de lo que sabes. Si deseas, puedes mirar la lectura.

1. Ponce de León
2. Francisco de Coronado
3. San Gabriel
4. Fray Junípero Serra
5. California, Nevada, Montana
6. names of rivers, mountains, cities, towns, streets, etc.
7. 400 years

## Comentarios culturales

**La población hispana en los Estados Unidos.** Muchas personas no saben que los Estados Unidos ocupa el quinto lugar en el mundo en términos del número de personas que hablan español. Sólo México, España, la Argentina y Colombia tienen una población de habla española más numerosa. Los estudios demográficos recientes indican que más de 22 millones de hispanohablantes viven en este país. Es evidente que el crecimiento va a seguir en el futuro.

## ¿Recuerdas?

**E. ¡Preguntas y más preguntas!** Túrnate con otro(a) estudiante para hacer y contestar las preguntas siguientes.

1. ¿Hiciste un viaje el año pasado?
2. ¿Miraste un programa de televisión el domingo por la noche?
3. ¿Hablaste por teléfono con alguien anoche?
4. ¿Hiciste algo el domingo pasado?
5. ¿Estudiaste anteayer?

**F. Susana quiere saber.** Tu familia tiene un visitante de habla española durante el fin de semana. Este visitante tiene interés en las actividades de la familia. Contesta sus preguntas.

1. ¿A qué hora piensan Uds. ir de compras?
2. ¿Dónde duermo este fin de semana?
3. ¿Quién juega al golf?
4. ¿Cuándo empiezan las clases de los niños?
5. ¿A qué hora sirven la comida?
6. ¿A qué hora empieza el desayuno?

# Enfoque léxico:

## *Expresiones para indicar el tiempo pasado*

| | |
|---|---|
| **La semana pasada** compré un disco compacto. | ***Last week*** *I bought a CD.* |
| **El viernes pasado** comimos en un restaurante. | ***Last Friday*** *we ate at a restaurant.* |

The following time expressions are used to talk about an action or a condition in the past:

| | |
|---|---|
| **ayer** | *yesterday* |
| **ayer por la mañana** | *yesterday morning* |
| **ayer por la tarde** | *yesterday afternoon* |
| **anoche** | *last night* |
| **anteayer** | *the day before yesterday* |
| **el jueves (sábado,** etc.) **pasado** | *last Thursday (Saturday,* etc.) |
| **la semana pasada** | *last week* |
| **el fin de semana pasado** | *last weekend* |
| **el mes pasado** | *last month* |
| **el año pasado** | *last year* |

The preposition **por** will enable you to express how long you did something.

| | |
|---|---|
| Estudié **por** dos horas. | *I studied* **for** *two hours.* |
| Corrió **por** veinte minutos. | *She ran* **for** *twenty minutes.* |
| **por una hora (un día, tres años, cuatro meses, quince minutos,** etc.) | ***for one hour (one day, three years, four months, fifteen minutes,*** *etc.)* |

# Dilo tú

**G. ¿Estudiaste tú anoche?** Un(a) amigo(a) te pregunta lo que hiciste a cierta hora. Contesta lo que hiciste e indica cuánto tiempo tomó esa actividad. Trabaja con otro(a) estudiante siguiendo el modelo.

◆ **Modelo:** estudiar anoche / 3 horas
– *¿Estudiaste anoche?*
– *Sí, estudié por tres horas anoche.*

1. escuchar un disco compacto ayer / 30 minutos
2. hablar por teléfono con tu amigo ayer / 1 hora
3. hacer ejercicio *(exercise)* anteayer / 20 minutos
4. caminar ayer por la tarde / 45 minutos
5. estudiar alemán el año pasado / 8 meses

**H. ¿Cuándo?** Usa los verbos para hacer preguntas y la información entre paréntesis para contestarlas con una oración completa.

◆ **Modelo:** hablar (ayer por la mañana)
– *¿Cuándo hablaste con María?*
– *Hablé con María ayer por la mañana.*

1. estudiar (el año pasado)
2. llegar (ayer por la tarde)
3. llamar (el viernes pasado)
4. comprar (el mes pasado)
5. jugar (el jueves pasado)
6. viajar (el domingo pasado)

# Enfoque estructural:

## *El preterito de los verbos en -er, -ir*

| | |
|---|---|
| **Comí** en un restaurante anoche. | *I **ate** in a restaurant last night.* |
| **Escribimos** una carta ayer. | *We **wrote** a letter yesterday.* |
| Susana **no comprendió** la lección. | *Susana **did not understand** the lesson.* |
| ¿**Recibieron** Uds. una invitación para la fiesta? | ***Did** you **receive** an invitation to the party?* |
| Ella **salió de** casa temprano ayer. | *She **left** home early yesterday.* |

To conjugate **-er** and **-ir** verbs in the preterite, drop the **-er** or **-ir** and add the following endings:

**comer, vivir**

| | | | | | | | |
|---|---|---|---|---|---|---|---|
| yo | **com-** | *í* | *comí* | nosotros | **com-** | *imos* | *comimos* |
| | **viv-** | *í* | *viví* | | **viv-** | *imos* | *vivimos* |
| tú | **com-** | *iste* | *comiste* | vosotros | **com-** | *isteis* | *comisteis* |
| | **viv-** | *iste* | *viviste* | | **viv-** | *isteis* | *vivisteis* |
| él / ella / Ud. | **com-** | *ió* | *comió* | ellos / ellas / Uds. | **com-** | *ieron* | *comieron* |
| | **viv-** | *ió* | *vivió* | | **viv-** | *ieron* | *vivieron* |

Notice that the preterite endings for both **-er** and **-ir** verbs are identical and that the **yo** and the **él, ella, Ud.** forms have a written accent.

| Other -er verbs | | Other -ir verbs | |
|---|---|---|---|
| **perder** | *to lose* | **asistir a** | *to attend* |
| **volver** | *to return* | **salir de** | *to leave* |

**I. El fin de semana.** Tus amigos quieren saber lo que tú hiciste durante el fin de semana. Te hacen preguntas usando la información que sigue. Contesta sí o no en una oración completa. Trabaja con otro(a) estudiante siguiendo el modelo.

◆ **Modelo:** comer en un restaurante
– *¿Comiste en un restaurante?*
– *Sí, comí en un restaurante.*
o
– *No, no comí en un restaurante.*

1. aprender información interesante
2. asistir a un concierto
3. perder la cartera
4. escribir una carta a tu amigo(a)
5. discutir algún problema con un(a) amigo(a)
6. recibir un regalo *(gift)*

**J. Una tarde típica.** Usa los dibujos y los verbos para ayudarte a explicar cómo pasaron el fin de semana estas personas.

◆ **Modelo:** salir
*Salimos de la universidad.*

1. tomar

2. estudiar

3. comprar

4. escuchar

5. entrar

6. comer

7. mirar

8. escribir

9. beber

## Enfoque estructural:

### *El pretérito del verbo* ir

| | |
|---|---|
| **Fui** al cine anoche. | *I* **went** *to the movies last night.* |
| Ellos **fueron** a un concierto el sábado pasado. | *They* **went** *to a concert last Saturday.* |
| **Fuimos** al centro ayer. | *We* **went** *downtown yesterday.* |
| ¿**Fuiste** tú a la fiesta de Julia el viernes pasado? | ***Did*** *you* ***go*** *to Julia's party last Friday?* |
| No, no **fui.** | *No, I* ***did*** *not* ***go.*** |

In the preterite, the verb **ir** is conjugated as follows:

**ir**

| | | | |
|---|---|---|---|
| yo | **fui** | nosotros | **fuimos** |
| tú | **fuiste** | vosotros | **fuisteis** |
| él / ella / Ud. | **fue** | ellos / ellas / Uds. | **fueron** |

## Dilo tú

**K. ¿Adónde fue...?** Un(a) amigo(a) te pregunta adónde fueron todos por la tarde. Contesta con las palabras indicadas. Trabaja con otro(a) estudiante.

◆ **Modelo:** David / cine
– *¿Adónde fue David?*
– *Fue al cine.*

1. Carmen / concierto
2. tu hermana / museo
3. tú / centro
4. Jorge y Hernando / banco
5. Victoria y Claudia / restaurante mexicano
6. la profesora / médico
7. tus padres / mercado
8. el profesor de francés / biblioteca

**L. ¿Adónde fuiste y qué hiciste el verano pasado?** Pregúntales a tus compañeros de clase adónde fueron y qué hicieron el verano pasado. Haz una lista y después informa a la clase de estas actividades.

# Vamos a escuchar:

## *Los exploradores y colonizadores*

### Antes de escuchar

1. Repasa los nombres y las fechas en cada sección al principio de esta *etapa* (en las paginas 172–173).

2. En este segmento vas a escuchar información sobre tres estados americanos donde la presencia hispana es muy importante. ¿Cuáles?

### Después de escuchar

**M. Comprensión.** Escucha cada segmento, di a qué estado se refiere e indica cuáles de las palabras o expresiones que siguen vienen de la información que escuchaste.

Estado: ________________
- la colonia permanente
- 1995
- San Agustín
- el pirata en la iglesia
- el pirata inglés

Estado: ________________
- exploró en 1519
- viajó por el sur
- llegó a la puerta
- doce misiones
- los españoles

Estado: ________________
- veintiuna misiones
- descubrió en 1540
- hizo una colonia
- Santa Bárbara
- cuando llegué a San Diego

**N. ¿Cómo lo dicen?**

1. ¿Cuáles son los verbos que se usan en español para decir *they explored, he discovered?*
2. ¿Cómo se dice *colony, town* y *community* en español?

## Tú dirás

**Ñ. El círculo de preguntas.** Un(a) estudiante del grupo hace cuatro preguntas basadas en una de las sugerencias. Cada pregunta debe contener un pronombre distinto **–tú, Ud., él (ella), ellos (ellas), Uds.** Los otros estudiantes del grupo contestan las preguntas. Después el(la) estudiante que sigue hace cuatro preguntas más, basándolas en las sugerencias, etc. Usen el pretérito en cada pregunta que hagan. Sigan el modelo.

◆ **Modelo:** comer en un restaurante anoche

**Mark:** *Lisa, ¿comiste tú en un restaurante anoche?*
**Lisa:** *Sí, yo comí en un restaurante anoche.*
**Mark:** *Heather y Sean, ¿comieron Uds. en un restaurante anoche?*
**Heather y Sean:** *No, no comimos en un restaurante anoche.*
**Mark:** *Heather, ¿comió Lisa en un restaurante anoche?*
**Heather:** *Sí, ella comió en un restaurante anoche.*
**Mark:** *Lisa, ¿comieron Heather y Sean en un restaurante anoche?*
**Lisa:** *No, ellos no comieron en un restaurante anoche.*

1. correr ayer por la tarde
2. estudiar anoche
3. volver a clases antes que *(before)* el profesor ayer
4. salir de casa temprano *(early)* el viernes pasado
5. hablar por teléfono anoche
6. asistir a un concierto el año pasado
7. ir al cine el sábado pasado
8. hacer la cama ayer por la mañana
9. comprar un libro en la librería anoche
10. recibir una carta ayer

**O. Mis vacaciones.** Usa los siguientes verbos y expresiones para hablar de tus vacaciones más recientes. Usa el pretérito, según el modelo, para indicar qué hiciste. Si en realidad no fuiste de vacaciones, inventa los detalles *(details)*. Sigue el modelo.

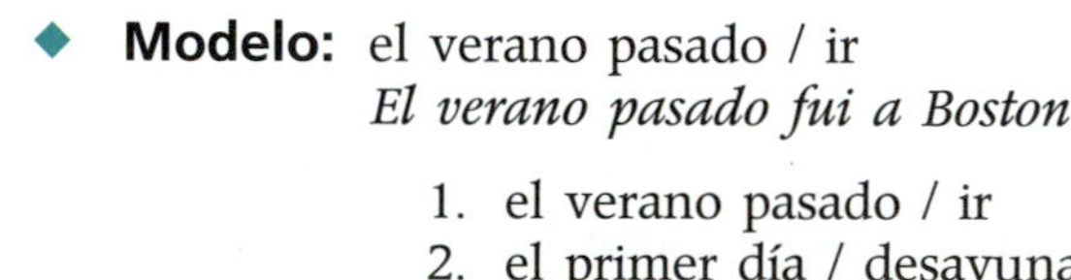

◆ **Modelo:** el verano pasado / ir
*El verano pasado fui a Boston.*

1. el verano pasado / ir
2. el primer día / desayunar
3. primero / visitar
4. después / ver
5. esa noche / ir
6. el día siguiente / comprar
7. más tarde / comer
8. después de unos días / salir
9. por fin / regresar

## Para empezar: *España*

### *Preparación*

- Where is Spain? What countries does it share its borders with?
- ¿Sabes los nombres de algunas ciudades en España? ¿Cuál es la capital del pais?
- What do you know about the people of Spain in general?
- What food have you eaten that is typical of Spain?
- What system of government does Spain have?

### *Antes de leer*

**A.** Skim the reading and identify as many of the cognates as possible.

**B.** Now, skim the reading again and find as many of the proper nouns as possible. Then go back and read the entire passage.

## Lectura

### España

En el mapa al final del libro vemos que España está en el **suroeste** de Europa y que, junto con Portugal, forma la Península Ibérica. El mar Mediterráneo está al **este,** y el océano Atlántico está al **norte** y al **oeste.** Los Pirineos establecen la **frontera** natural entre España y Francia. Al sur, y separado sólo por unos 15 kilómetros, está el continente de África donde hay dos ciudades españolas: Ceuta y Melilla. Además del territorio continental, España tiene dos archipiélagos. Las islas Baleares, centro turístico internacional, están al este en el Mediterráneo. En el Atlántico, al oeste de la costa africana, están las islas Canarias, lugar que, por su clima tropical, también **atrae** a turistas de todo el mundo.

southwest / east / north / west / border / attracts

**Acueducto romano, Segovia**

### La meseta central

En el centro de la península está la **meseta** central. Esta tierra **llana** de **campos** y **molinos** no tiene mar ni montañas, pero sí cuenta con buenos vinos y quesos para ofrecer al viajero. Unas de las ciudades más importantes de esta región son Salamanca, con su antigua universidad; Segovia, con su acueducto romano y Madrid, la capital del país.

high plains / flat
fields / windmills

### El sur

Al sur de la meseta central está Andalucía. El que viaja por tierras andaluzas puede contemplar las montañas de la Sierra Morena y la Sierra Nevada, los desiertos de Almería, los valles cubiertos de **huertos,** las playas de la Costa del Sol y tres ciudades principales: Córdoba, Sevilla y Granada. Como ejemplo de los contrastes andaluces, en Granada durante la **Semana Santa** es posible pasar un día en el mar y esquiar en las montañas al día **siguiente.**

orchards
Holy Week
following

### El este

A lo largo de la costa este, el **paisaje** de Valencia y Murcia es una muestra innegable de la herencia árabe. Hay por todas partes **acequias, regadíos** y **molinos de agua.** El clima de esta zona es **templado** y por esa razón crece una vegetación casi tropical con abundantes palmeras. Cataluña, en el **rincón** noreste, es famosa por su Costa Brava y por su hermosa capital, Barcelona, la **sede** de los Juegos Olímpicos en 1992.

landscape
irrigation ditches
irrigated land / water wheels /
temperate
corner
site

### El norte

Al norte de la meseta central están las ciudades de Bilbao y Santander, que son importantes centros industriales. Aquí está la región de Euskadi, centro de la lengua y cultura **vascas.** En el rincón noroeste de la península

Basque

La Alhambra, Granada

Estatua de Cristobal Colón en Barcelona

está Galicia, con su clima húmedo y paisajes verdes. Santiago, la ciudad principal de esta parte del país es, indudablemente, una de las más hermosas ciudades de España.

### La situación lingüística

Como podemos ver hasta ahora, España es una tierra de cambios y contrastes. Esta multiplicidad **se refleja** no sólo en el clima y la geografía, sino también en la situación lingüística del país. Además del español, la gente habla otras tres **lenguas:** gallego en Galicia, catalán en Cataluña y euskera o vasco en Euskadi.

is reflected / languages

**Las Ramblas, Barcelona**

## Te toca a ti

**C.** Usa la información que sabes sobre España para decir algo sobre los temas siguientes. Repasa la lectura si es necesario. Trabaja con otro(a) estudiante que también hablará sobre los temas.

1. península
2. África
3. Islas Canarias
4. universidad vieja
5. acueducto romano
6. Andalucía
7. influencia árabe
8. Olímpicos de 1992
9. centros industriales
10. clima húmedo
11. Santiago
12. gallego
13. catalán
14. vasco

## ¿Recuerdas?

**D. ¡Qué curioso!** Por cada cosa que dice tu compañero(a), hazle tres preguntas para obtener más información. Tu compañero(a) tiene que inventar los detalles para responder a tus preguntas. Sigue el modelo.

◆ **Modelo:** Este verano estuve en España.
– *¿Cuándo saliste para España?*
– *El 2 de julio.*
– *¿Qué ciudades visitaste?*
– *Madrid y Barcelona.*
– *¿Con quiénes estuviste en España?*
– *Con mis amigos.*

1. Este verano acampamos.
2. El año pasado mi hermano y yo fuimos a Andalucía.
3. Anoche mis amigos y yo comimos en un restaurante.
4. El fin de semana pasado me quedé en casa.
5. Nuestro profesor pasó el verano en España.
6. Mis padres acaban de comprar un coche.
7. El sábado pasado fui al centro.

**E. ¡Ellos son muy activos!** Esteban Candelaria, su hermana Catarina y sus Padres (el Sr. y la Sra. Candelaria) son muy activos. Basándote en el calendario de sus actividades, indica lo que pasó cada día. Contesta desde el punto de vista de Esteban (es decir, Esteban-*yo*) y usa el pasado para indicar lo que hicieron. Hoy es el 18 de mayo.

◆ **Modelo:** *Anoche mis amigos cenaron en un restaurante.*
*Ayer yo comí en un restaurante con mi primo.*
*El sábado pasado fui a bailar.*

# Enfoque estructural:

## *Pretérito de los verbos* **andar, estar, tener**

| | |
|---|---|
| **Estuve** en casa de Antonio anteayer. | *I **was** at Antonio's house the day before yesterday.* |
| ¿**Anduviste** tú por el parque ayer? | ***Did** you **walk** in the park yesterday?* |
| Sí, **anduve** con mi amiga Paula. | *Yes, I **walked** with my friend Paula.* |
| No **tuvimos** que estudiar anoche. | *We **did** not **have** to study last night.* |

Many common Spanish verbs are irregular in the preterite tense. However, some can be grouped together because they follow a similar pattern when conjugated. Note the similarities among the following three verbs when they are conjugated in the preterite.

**andar, estar, tener**

| | | | |
|---|---|---|---|
| yo | **anduve**<br>**estuve**<br>**tuve** | nosotros | **anduvimos**<br>**estuvimos**<br>**tuvimos** |
| tú | **anduviste**<br>**estuviste**<br>**tuviste** | vosotros | **anduvisteis**<br>**estuvisteis**<br>**tuvisteis** |
| él<br>ella<br>Ud. | **anduvo**<br>**estuvo**<br>**tuvo** | ellos<br>ellas<br>Uds. | **anduvieron**<br>**estuvieron**<br>**tuvieron** |

# Dilo tú

**F. Preguntas y respuestas.** Con un(a) compañero(a), túrnense para hacer y contestar las siguientes preguntas:

1. ¿Qué tuviste que estudiar anoche?
2. ¿Dónde estuviste el sábado pasado?
3. ¿Anduviste mucho el fin de semana pasado?
4. ¿Dónde estuviste el verano pasado?
5. ¿Qué tuviste que hacer ayer por la tarde?
6. ¿Anduviste anteayer por la mañana?

**G. Intercambio.** Trabaja con otro(a) estudiante para hablar de lo que hicieron la semana pasada y por cuánto tiempo. Posibles actividades: **estudiar, comprar, hablar con amigos, comer, asistir a un concierto, andar, tener que hacer algo.**

## Enfoque estructural:

### *Pretérito de los verbos que terminan en* -car *o* -gar

| | |
|---|---|
| – ¿**Buscaste** el libro? | – *Did you **look for** the book?* |
| – Si lo **busqué** pero no lo encontré. | – *Yes, I, **looked for** it, but I didn't find it.* |
| – ¿**Tocó** Julián la guitarra en la fiesta anoche? | – ***Did** Julián **play** the guitar at the party last night?* |
| – No, yo **toqué** la guitarra anoche. | – *No, I **played** the guitar last night.* |

Verbs that end in **-car** are conjugated in the preterite as follows:

**buscar**

| | | | |
|---|---|---|---|
| yo | **busqué** | nosotros | **buscamos** |
| tú | **buscaste** | vosotros | **buscasteis** |
| él / ella / Ud. | **buscó** | ellos / ellas / Uds. | **buscaron** |

You will note that in the **yo** form of these verbs, the **c** of the stem changes to **qu** before you add the **é.** The other forms of the verb are conjugated exactly like those you studied in the *Primera etapa.* Some common verbs that end in **-car** are:

| | |
|---|---|
| **tocar** | *to play (a musical instrument); to touch* |
| **sacar** | *to take out* |
| **practicar** | *to practice* |

| | |
|---|---|
| – ¿A qué hora **llegaste** a la escuela ayer? | – *What time **did** you **arrive** at school yesterday?* |
| – **Llegué** a las 8:00 de la mañana. | – I ***arrived** at 8:00* A.M. |
| – ¿**Jugaron** al tenis tú y Julián el domingo pasado? | – ***Did** you and Julián **play** tennis last Sunday?* |
| – Yo **jugué,** pero Julián no **jugó.** | – *I **played,** but Julián **did** not **play.*** |
| – ¿Cuánto *pagaste* tú por la bicicleta? | – *How much **did** you **pay** for the bicycle?* |
| – **Pagué** 150 dólares. | – *I **paid** 150 dollars.* |

In the preterite, verbs that end in **-gar** are conjugated as follows:

**llegar**

| | | | |
|---|---|---|---|
| yo | **llegué** | nosotros | **llegamos** |
| tú | **llegaste** | vosotros | **llegasteis** |
| él / ella / Ud. | **llegó** | ellos / ellas / Uds. | **llegaron** |

Notice that in the **yo** form of these verbs, the **g** of the stem changes to **gu** before you add the **é.** The other forms of the verb are just like those you studied in the *Primera etapa.* Two common verbs that end in **-gar** are:

| | |
|---|---|
| **pagar** | *to pay* |
| **jugar** | *to play (a game)* |

## Dilo tú

**H. ¿Qué...?** Con un(a) compañero(a), túrnense para hacer y contestar las siguientes preguntas:

1. ¿Qué deporte practicaste el sábado pasado?
2. ¿Buscaste el libro que perdiste?
3. ¿Quién tocó la guitarra en la fiesta?
4. ¿Tocaste un instrumento musical el año pasado?
5. ¿Sacaste la basura *(the trash)* ayer?
6. ¿Dónde practicaron Uds. anoche?

**I. ¿Cuándo...?** Con un(a) compañero(a), túrnense para hacer y contestar las siguientes preguntas.

1. ¿Cuándo llegaste a la universidad ayer por la mañana?
2. ¿Cuándo llegó tu mejor amigo(a) a la universidad anteayer?
3. ¿Cuándo llegaste a casa ayer por la tarde?

## Enfoque léxico:

### *Hace y hace que para expresar tiempo transcurrido*

| | |
|---|---|
| **Hace dos semanas que** Raúl compró el disco compacto. | ***Two weeks ago,*** *Raúl bought the CD.* |

To express how long ago something happened, you use **hace** + *length of time* + **que** + *subject* + *verb in the preterite* as in the following:

**Hace** + **dos horas** + **que** + **Miguel** + **comió.**

Or you may use *subject* + *verb in the preterite* + **hace** + *length of time* as in the following:

**Miguel** + **comió** + **hace** + **dos horas.**

Notice that when **hace** is placed at the beginning of the sentence, you must insert **que** before the subject.

| | |
|---|---|
| – **¿Cuánto hace que hablaste** con tu amigo? | – ***How long ago did you talk to*** *your friend?* |
| – **Hace una semana que hablé** con él. | – *I* ***spoke*** *to him a* ***week ago.*** |

To ask a question with this time expression, use the following model:

**¿Cuánto** + **hace** + **que** + *verb in the preterite?*

Some expressions you have already learned for expressing length of time are:

**un minuto, dos minutos, tres minutos,** etc.
**una hora, dos horas, tres horas,** etc.
**un día, dos días, tres días,** etc.
**una semana, dos semanas, tres semanas,** etc.
**un mes, dos meses, tres meses,** etc.
**un año, dos años, tres años,** etc.

## Dilo tú

**J. Hablé con ella hace...** Un(a) amigo(a) quiere saber cuánto tiempo hace que tú y otra persona hicieron algo. Trabaja con un(a) compañero(a) y contesta las preguntas según el modelo.

◆ **Modelo:** hablar con ella /horas
– *¿Cuánto hace que hablaron con ella?*
– *Hablamos con ella hace dos horas.*

1. vivir en Indiana / años
2. estudiar francés / años
3. comprar la bicicleta / meses
4. recibir la carta de Ana / días
5. comer en un restaurante / semanas
6. ir al cine / semanas

**K. Hace...** Ahora hazle a tu compañero(a) las preguntas del ejercicio J. Él/ella las contesta usando una de dos posibilidades. Sigan el modelo.

◆ **Modelo:** hablar con ella / horas
– *¿Cuánto hace que hablaste con ella?*
– *Hace dos horas que hablé con ella.*
o
– *Hablé con ella hace dos horas.*

**L. ¿Cuánto hace que...?** Túrnate con otro(a) estudiante, para hacer y contestar preguntas basadas en los dibujos siguientes.

1.

2.

3.

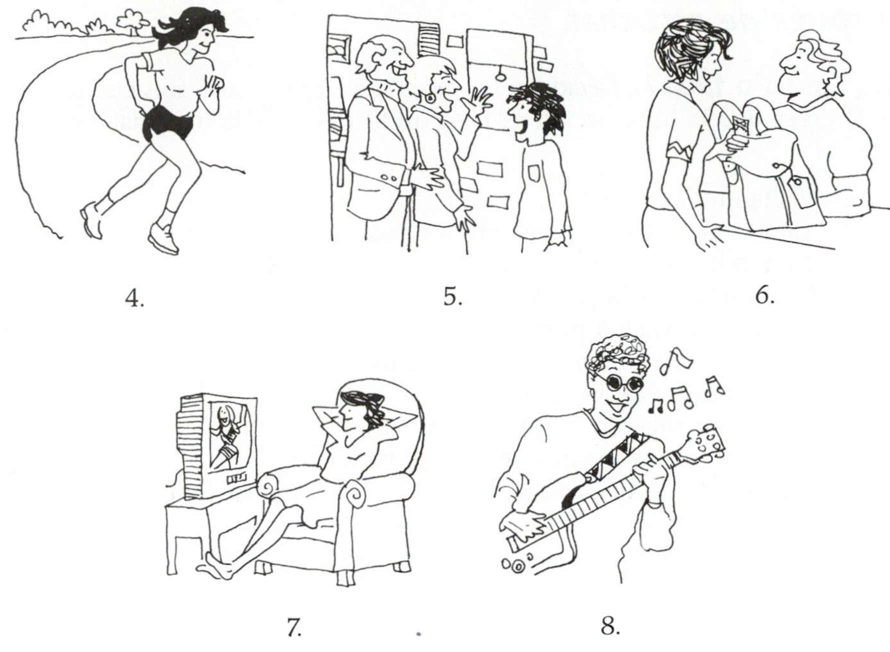

## Vamos a escuchar:

### *¿Qué hiciste durante las vacaciones?*

### *Antes de escuchar*

Lee las oraciones del ejercicio M en preparación para lo que va a decir Margarita sobre las actividades de su familia durante sus vacaciones.

Escucha lo que dice Margarita, tomando apuntes *(taking notes)* en preparación para las preguntas que siguen. Escucha la información dos veces.

## *Después de escuchar*

**M. ¿Cierto o falso?** Decide si las oraciones que siguen son ciertas o no. Si crees que la información es falsa, indica cuál es la información correcta.

1. Visitaron Granada.
2. Tienen una casa pequeña en la Costa del Sol.
3. Tienen dos hijos.
4. Hicieron un viaje por Andalucía.
5. Salieron de viaje a principios de agosto.
6. Visitaron a su abuela y a sus primos.
7. Son del norte de España.
8. El día que salieron de Madrid hacía buen tiempo.
9. Visitaron varios lugares de interés histórico.
10. Pasaron la mayor parte de sus vacaciones en un sólo lugar.

**N. ¿Cómo lo dice?** Escucha la cinta una vez más para determinar lo siguiente:

1. ¿Cuál es la expresión en español para decir "to go on vacation"?
2. ¿Cómo se dice "to have good luck" en español?
3. Para decir "to have a good time" la expresión en español es ____.

# Tú dirás

**Ñ. Los detalles por favor.** Tú amigo(a) quiere saber algunos detalles sobre tu último viaje. Para darle la información, incluye verbos como **llegar, pagar y jugar.**

**O. ¿Cuánto hace que...?** Basándote en las fechas, indica cuanto tiempo hace que ocurrieron las siguientes actividades. Como punto de referencia usa el día jueves, 11 de abril, 1995. Son las 14:00 horas.

◆ **Modelo:** 1989 / él / viajar a Colombia
*Hace seis años que él viajó a Colombia.*

1. el lunes, 8 de abril, 1995 / yo / recibir la carta
2. el 11 de marzo, 1995 / la señora Mendoza / comprar la cómoda
3. hoy, al mediodía, nosotros / comer
4. abril, 1990 / tú / ir a Chile
5. jueves, 4 de abril, 1995 / Anita y Norma / hacer un viaje a México
6. 1985 / los padres de Julio / vender su casa

## Para empezar:

*Los hispanos en los Estados Unidos hoy*

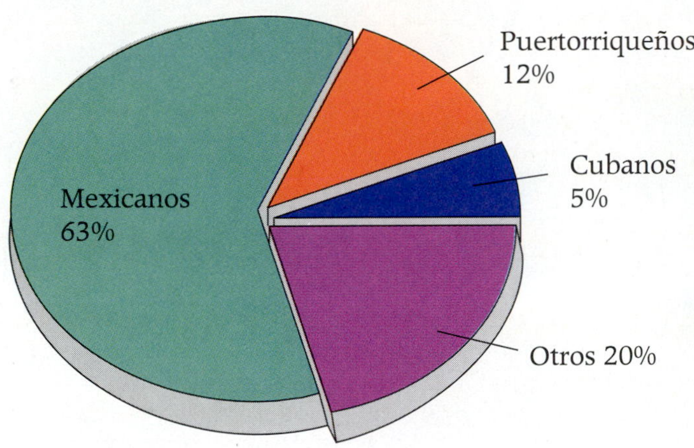


### *Antes de leer*

**A.** Lee el texto rápidamente e identifica todos los cognados posibles.

**B.** Ahora, vuelve a leer el pasaje para identificar todos los números y las fechas posibles indicando las palabras que se usan en ellos.

## Lectura

### Los hispanos en los Estados Unidos hoy

En términos de números, podemos decir que los Estados Unidos—después de México, España, Colombia y Argentina —es el **quinto** país hispanohablante del mundo. Hay más de 20 millones de hispanos en este país. El 63% de éstos son de ascendencia mexicana, 12% de origen puertorriqueño, 5% cubano y 20% son de otros países hispanos.

fifth

#### La gente de origen mexicano

La gente de origen mexicano son éstas de dos tipos—los que están en tierras hace varias generaciones y los que emigraron en los últimos años. Hay gente hispana de ascendencia mexicana que llegó a ciertas regiones

**Un desfile puertorriqueño, La ciudad de Nueva York**

antes del siglo XIX. La región que hoy es Texas, Nuevo México, Arizona, Colorado, Nevada y California sólo **pasó a manos** de los Estados Unidos en 1848, así que hay muchas personas cuyas familias **vinieron** a esta región cuando todavía era parte de México. También hay muchos que llegaron de México recientemente, es decir, en este siglo.

**Una tienda cubana en Miami**

## La población puertorriqueña

Otro grupo grande de hispanos son los puertorriqueños. Éstos viven, en gran parte, en las grandes ciudades del este. Nueva York, Filadelfia, Boston y Providence tienen grandes **barrios** donde viven personas de origen puertorriqueño. Para este grupo, no es cuestión de emigración. Como vienen de Puerto Rico, que es un estado libre asociado a los Estados Unidos, ya tienen los **derechos de ciudadanía.**

## La población cubana

El tercer grupo más grande de hispanos en este país es el de los cubanos. Los cubanos llegaron en dos épocas—una a **principios de** los años sesenta y otra a principios de los años ochenta. Llegaron a todas partes de los Estados Unidos, pero se concentraron principalmente en la Florida, en tales ciudades como Miami y Tampa.

passed into the hands / came / neighborhoods / rights of citizenship / at the beginning of

Mary Jo Fernández

Gloria Estefan

## Otros grupos hispanos

También hay hispanos que emigraron y siguen emigrando de muchos países hispanos. Algunos vienen de El Salvador, Nicaragua y Panamá, y otros vienen de Colombia, Argentina, Chile y aun de España. Vienen a los Estados Unidos por varias **razones: el empleo,** la familia, la educación y la política.

reasons/employment

## Las contribuciones culturales

Los hispanos enriquecen constantemente la vida de este país. De origen hispano son las cantantes Gloria Estefan y Jon Secada. Los actores Edward James Olmos, Andy García, Esai Morales, Charlie Sheen, Lorenzo Lamas, Julie Carmen y Rita Moreno, y los cómicos Paul Rodríguez y Cheech Marín son de ascendencia hispana. En el mundo de los deportes también hay muchos hispanos—José Canseco (béisbol), Mary Jo Fernández (tenis), Michael Carbajal (boxeo) y Nancy López (golf), entre otros.

También contribuyen a la vida política hispanos como el ex-**alcalde** de Miami, Xavier Juárez, y el de San Antonio, Henry Cisneros, que ahora trabaja en Washington, D.C. con la administración del presidente Clinton. Por ahora los grupos no están suficientemente organizados para representar una fuerza política unida. Para esto, tal vez vamos a tener que esperar hasta fines de los años 90 o a principios del año 2000, cuando los hispanos van a ser la minoría más numerosa de este país.

mayor

Henry Cisneros

## *Después de leer*

**C. Comprensión.** Como ahora sabes algo más sobre los hispanos en los Estados Unidos hoy día, haz un comentario cada vez que tu compañero(a) menciona uno de los temas siguientes. Usa la información de la lectura.

1. la población de hispanos en los Estados Unidos hoy
2. el porcentaje de hispanos de ascendencia mexicana
3. el porcentaje de hispanos de ascendencia puertorriqueña
4. la ascendencia de hispanos con raíces mexicanas
5. las fechas de la emigración cubana
6. la emigración de otros países
7. actores hispanos
8. cómicos hispanos
9. atletas hispanos
10. políticos hispanos

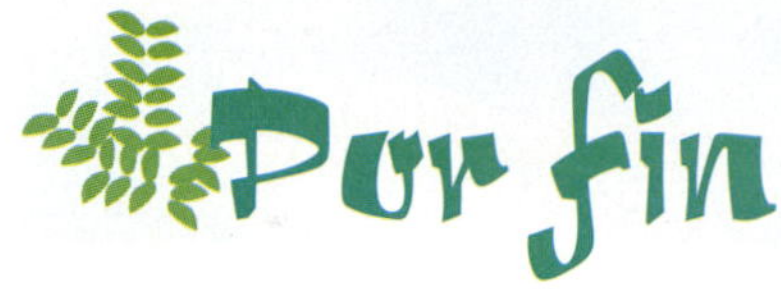


**A. Viaje por América Latina**

### *Estudiante A*

When you graduate, you and your friends want to take a trip to Latin America. You don't know yet exactly where you want to go. A friend of yours works for a travel agency so you decide to go to see him or her to get some ideas as to where you can go and how much you should expect to spend on this trip.

So far you know that you have between one and two weeks for this trip, and that you do not want to spend more than 2,000 dollars each.

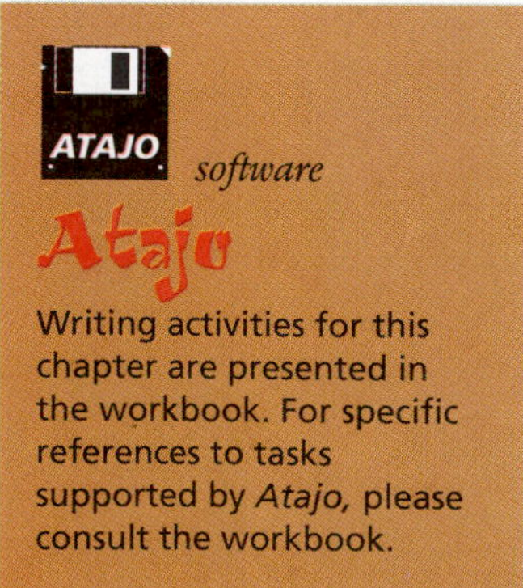

### *Estudiante B*

You work at a travel agency and a friend of yours comes to see you to ask if you can help him or her plan a trip to Latin America with some friends.

First, you greet him or her and then ask how you can help. Your friend will tell you what he or she is looking for.

Right now you can recommend the following two trips: one to Buenos Aires and another to Santiago de Chile and la Isla de Pascua.

Find out on what dates they are planning to travel, how much money they want to spend, and anything else you find necessary to know about their plans.

Remember you need to do your best to sell one of these trips, so be convincing! Explain the options, sharing the information in the brochures.

## B. Después del viaje

### *Estudiante A*

You just returned from your trip. You had a great time and now you want to share your experience with your friend who helped you plan the trip. You call him or her, ask when you can get together, and then arrange to meet. Once you get together you tell your friend all about your trip. Explain what you did and saw based on the information from the brochure for the trip you finally chose.

### *Estudiante B*

You finally made all the travel arrangements for your friend to go to Latin America. Today you get a phone call from him or her. He or she wants to get together for coffee to tell you everything about his or her trip. Say when and where you want to meet.

Once you are together, your friend will begin to tell you about his or her travel experience. Ask any questions that you find necessary.

**Latinos en los Estados Unidos.**

A look at the increasing importance and influence of people of Spanish-speaking origin in U.S. cities like San Antonio, Los Angeles, Miami and New York. These cities have come to reflect, in part, the traditions and vitality of Hispanics from many countries. The background, activities, and hopes for the future are heard from recent arrivals and first-generation U.S. citizens.

# Buenos Aires

Buenos Aires desde el Puerto

## 9 días / 7 noches de viaje desde 175.000 ptas.

SALIDAS: Diarias

**Temporadas**

| | |
|---|---|
| **BAJA** | 01 Mayo / 30 Junio<br>01 Noviembre / 30 Noviembre<br>03 Enero / 28 Febrero |
| **MEDIA** | 16 Septiembre / 31 Octubre<br>01 Marzo / 30 Abril |
| **ALTA** | 01 Julio / 29 Julio<br>11 Agosto / 15 Septiembre<br>01 Diciembre 93 / 02 Enero |
| **EXTRA** | 30 Julio / 10 Agosto |

ITINERARIO:

**1er día.- ESPAÑA / BUENOS AIRES**
Traslado al aeropuerto y salida en vuelo regular, clase turista, con destino a Buenos Aires.
Llegada, recepción y traslado al hotel. Alojamiento.

Buenos Aires, capital de Argentina, es la ciudad más importante de Latinoamérica y es la capital intelectual del continente.
Es una ciudad cálida, moderna, dinámica. Hay esquinas en Buenos Aires que recuerdan a París, otras son de estilo colonial y otras recuerdan la severidad del estilo victoriano inglés, contrastando con la pujanza de modernos rascacielos. Sin embargo, Buenos Aires, a pesar de reunir todos los estilos, tiene un carácter particular, una silenciosa magia que apresa, de manera casi total, a quienes la visitan.

**2º día.- BUENOS AIRES**
Por la mañana, se realizará la visita de la ciudad para conocer la histórica Plaza de Mayo, la Catedral Metropolitana, el Cabildo, de estilo colonial, igual que el Barrio de San Telmo, que alberga una feria de antigüedades y objetos insólitos; el Museo Nacional y el Parque Lezama, donde, según afirman algunos historiadores, Don Pedro de Mendoza estableció el primer asentamiento de la ciudad, el pintoresco Barrio de la Boca, con sus casas de madera y chapa de vivos colores, la calle Caminito, sus cantinas italianas y el puerto viejo.

Se cruza esta inmensa ciudad, para apreciar el encanto señorial, típicamente europeo del Barrio Norte, el Cementerio de la Recoleta, la Basílica de Nuestra Señora del Pilar, inaugurada en 1.732, con valiosas obras de arte barroco en su interior el Museo Nacional de Bellas Artes, el aristocrático barrio de Palermo con su Rosaleda, el Patio Andaluz y su Jardín de los Poetas. Al regresar se conocerá la Plaza de San Martín, la avenida 9 de Julio y su famoso Obelisco y el teatro Colón donde actúan las personalidades más famosas de la música y de la lírica.

**3er día.- BUENOS AIRES**
Día libre para recorrer esta inmensa ciudad, para mezclarse entre la multitud nerviosa que camina por la ciudad durante el horario bancario, conocer sus calles peatonales como Florida, con espectaculares galerías, centros comerciales o Lavalle, la calle de los cines y Corrientes, con sus cines y salas de teatro.
La noche de Buenos Aires es muy famosa pues se pueden encontrar los más variados espectáculos; y todos los restaurantes y lugares de esparcimiento, esperan la mañana.
Es verdad que Buenos Aires nunca duerme.

**4º al 7º día.- BUENOS AIRES**
Durante estos días libres, recomendamos realizar de forma opcional una visita a una clásica estancia de la provincia de Buenos Aires, donde se reproducen de forma tradicional las tareas de los gauchos en la pampa.
Los gauchos, con sus caballos criollos, muestran su destreza en las labores de la doma, la yerra y el manejo de los grandes rodeos vacunos, una de las mayores riquezas del país. Orgulloso de sus aperos, el gaucho se viste con elegancia propia: bombachas amplias, corralera, tirador, rastra y sombrero.
En los días de fiesta, exhibe su tropilla de caballos del mismo pelo, sus mates labrados y pretales de plata, frutos de una artesanía colonial que produce lazos trenzados, látigos, bozales, talegos, monturas, estribos y botas del mejor cuero. También podrá deleitarse con un verdadero y exquisito asado criollo.

**8º día.- BUENOS AIRES / ESPAÑA**
Traslado al aeropuerto y salida en vuelo regular, clase turista, con destino a España

**9º día.- ESPAÑA**
Llegada y fin del viaje.

# Extensiones desde Buenos Aires

## Iguazú / Bariloche

**1er al 3er día.- BUENOS AIRES**
Igual que el itinerario Buenos Aires.
**4º día.- BUENOS AIRES / IGUAZU**
Traslado al aeropuerto J. Newbery y salida en vuelo regular hacia Iguazú. Llegada y traslado al **Hotel Internacional**. Alojamiento.
**5º día.- IGUAZU**
Visita de las Cataratas. Resto del tiempo libre.
**6º día.- IGUAZU / BUENOS AIRES / BARILOCHE**
Traslado al aeropuerto y salida en vuelo regular, clase turista, hacia Buenos Aires para embarcar, conexión inmediata, con destino a Bariloche.
Llegada y traslado al **Hotel Edelweiss**. Alojamiento.
**7º día.- BARILOCHE**
Por la mañana, salida para realizar el Circuito Chico. Resto del tiempo libre.
**8º día.- BARILOCHE / BUENOS AIRES**
Traslado al aeropuerto y salida hacia Buenos Aires. Llegada y traslado al hotel.
Alojamiento.
**9º día.- BUENOS AIRES**
Día libre.
**10º día.- BUENOS AIRES / ESPAÑA**
Traslado al aeropuerto y salida en vuelo regular, clase turista, con destino a España.
**11º día.- ESPAÑA**
Llegada y fin del viaje.

## Calafate / Iguazú

**1er al 3er día.- BUENOS AIRES**
Igual que el itinerario Buenos Aires.
**4º día.- CALAFATE / BUENOS AIRES**
Traslado al aeropuerto J. Newbery y salida en vuelo regular con destino a Río Gallegos.
Llegada y traslado vía terrestre a Calafate. Alojamiento en el **Hotel Los Alamos**.
**5º día.- CALAFATE**
Visita del Glaciar Perito Moreno.
**6º día.- CALAFATE / BUENOS AIRES**
Traslado, vía terrestre, a Río Gallegos y salida en vuelo regular hacia Buenos Aires.
Llegada y traslado al hotel.
**7º día.- BUENOS AIRES / IGUAZU**
Traslado al aeropuerto J. Newbery y salida en vuelo regular con destino a Iguazú.
Llegada y traslado al **Hotel Internacional**. Alojamiento.
**8º día.- IGUAZU**
Visita de las Cataratas. Resto del día libre.
**9º día.- IGUAZU / BUENOS AIRES**
Traslado al aeropuerto y salida hacia Buenos Aires.
Llegada y traslado al hotel. Alojamiento.
**10ºdía.- BUENOS AIRES / ESPAÑA**
Traslado al aeropuerto y salida en vuelo regular, clase turista, con destino a España.
**11º día.- ESPAÑA**
Llegada y fin del viaje.

## Ushuaia / Bariloche

**1er al 3er día.- BUENOS AIRES**
Igual programa Buenos Aires.
**4º día.- BUENOS AIRES / USHUAIA**
Traslado al aeropuerto J. Newbery y salida en vuelo regular hacia Ushuaia.
Llegada y traslado al **Hotel Albatros**. Alojamiento.
Por la tarde, excursión al Parque Nacional de Tierra del Fuego.
**5º día.- USHUAIA**
Día libre para realizar excursiones opcionales.
Recomendamos la navegación por el Canal de Beagle.
**6º día.- USHUAIA / BUENOS AIRES**
Traslado al aeropuerto y salida hacia Buenos Aires.
Llegada y traslado al hotel. Alojamiento.
**7º día.- BUENOS AIRES / BARILOCHE**
Traslado al aeropuerto J. Newbery y salida en vuelo regular con destino a Bariloche.
Llegada y traslado al **Hotel Edelweiss**. Alojamiento.
**8º día.- BARILOCHE**
Por la mañana, salida para realizar el Circuito Chico.
Resto del día libre.
**9º día.- BARILOCHE / BUENOS AIRES**
Traslado al aeropuerto y salida hacia Buenos Aires.
Llegada y traslado al hotel. Alojamiento.
**10º día.- BUENOS AIRES / ESPAÑA**
Traslado al aeropuerto y salida en vuelo regular, clase turista, con destino a España.
**11º día.- ESPAÑA**
Llegada y fin del viaje.

*Nota: Tener en cuenta que para el período de invierno en el Cono Sur desde Mayo hasta Setiembre, no operamos el destino Calafate.*
*Para realizar cualquiera de estas combinaciones de ciudades si no hubiera conexión aérea inmediata, el día 6º se pernoctará en Buenos Aires.*

Ushuaia

**Precios por persona en Habitación Doble**

| Hoteles | Categoría | Régimen | Temporadas Baja | Temporadas Media | Temporadas Alta | Temporadas Extra | Suplemento Habitación Individual | Noche Extra en Buenos Aires Doble | Noche Extra en Buenos Aires Individual |
|---|---|---|---|---|---|---|---|---|---|
| Continental | Primera | AD | 175.000 | 182.500 | 218.000 | 224.000 | 31.500 | 4.850 | 9.700 |
| De las Américas | Primera | AD | 182.000 | 190.000 | 225.000 | 232.000 | 40.800 | 5.400 | 10.800 |
| Alvear | Lujo | AD | 213.000 | 232.000 | 255.000 | 261.000 | 75.700 | 11.100 | 22.200 |
| Plaza | Lujo | AD | 236.500 | 244.500 | 280.000 | 286.000 | 90.500 | 13.100 | 26.200 |

**Suplemento salidas del 01 al 30 de Noviembre Hotel Alvear: 10.000 Pesetas**
**Suplemento salidas del 27 de Marzo al 03 de Abril H. Plaza, De Las Américas y Continental: 12.000 Pesetas**

**SUPLEMENTO PARA LAS EXTENSIONES DESDE BUENOS AIRES:**
**Iguazú / Bariloche o Ushuaia / Bariloche 92.000**
**Calafate / Iguazú 115.000**

*NUESTROS PRECIOS INCLUYEN: Transporte aéreo en vuelo regular, clase turista y para las extensiones opcionales, también pasaje aéreo, línea regular, según itinerario elegido • Traslado desde el aeropuerto a los hoteles y viceversa • Visitas y Excursiones que se indican en el programa (excepto las que se mencionan como opcionales) con guía de habla hispana • Habitaciones con baño privado en régimen de Alojamiento y Desayuno en los hoteles previstos o similares • Servicio y asistencia de nuestros representantes locales • Seguro turístico, bolsa de viaje y guía.*

Calafate. Glaciar Perito Moreno

# Santiago de Chile

## Extensión Isla de Pascua

## 9 días / 7 noches de viaje desde 188.500 ptas.

Niño Mapuche

SALIDAS: Lunes, Miércoles, Viernes y Sábados

**Temporadas**

| | |
|---|---|
| **BAJA** | 01 Mayo / 30 Junio |
| | 16 Septiembre / 24 Septiembre |
| | 01 Enero / 21 Febrero |
| | 04 Abril / 30 Abril |
| **MEDIA** | 25 Septiembre / 30 Noviembre |
| | 22 Febrero / 26 Marzo |
| **ALTA** | 01 Julio / 29 Julio |
| | 11 Agosto / 15 Septiembre |
| | 01 Diciembre 93 / 02 Enero |
| | 27 Marzo / 03 Abril |
| **EXTRA** | 30 Julio / 10 Agosto |

### ITINERARIO:

**1er día.- ESPAÑA / SANTIAGO**
Salida en vuelo regular, clase turista, con destino a Santiago. Llegada, recepción y traslado al hotel. Alojamiento.

**2º día.- SANTIAGO**
Santiago, capital de Chile, es la sede del gobierno y principal centro de actividad nacional. Está situado en el centro del territorio chileno, a 556 metros sobre el nivel del mar.

Cruzada por el río Mapocho y rodeada por la Cordillera de Los Andes y la Cordillera de la Costa, da la sensación de estar en un anfiteatro.

Por la mañana, se realizará la visita de la ciudad, recorriendo la Avenida del Libertador Bernardo O'Higgins, más conocida como la Alameda, que se convierte luego en la tradicional y elegante Avenida Providencia. También se visita el Palacio de la Moneda, sede del gobierno; el distrito financiero; la Plaza de Armas; la Catedral Metropolitana, en cuyo interior se puede admirar una hermosa imaginería religiosa, joyas y ornamentos.

Entre los principales edificios históricos que se conocen están: el Correo Central, el Palacio de la Real Audiencia, ahora sede del Museo Histórico Nacional y el edificio que fuera la Real Casa de Aduanas y que hoy es el Museo de Arte Precolombino, donde se exhiben cinco mil años de creación indígena en escultura, cerámica y textiles, además de piezas tan valiosas como una momia de la época Chinchorro (Arica, norte de Chile), la más antigua del mundo.

Tarde libre para realizar compras en los grandes centros comerciales del área centro y de los Barrios de Providencia y Bella Vista.

**3er al 7º día.- SANTIAGO**
Días libres para realizar actividades personales.

En estos días podrá realizar de forma opcional una visita a Viña del Mar y Valparaíso, que se encuentran aproximadamente a 100 Kms. de Santiago, por una excelente carretera, que atraviesa valles, campos y pueblos coloniales hacia la costa, y son vecinas de la famosa playa Reñaca, de suave arena y hermosas construcciones que trepan por los cerros.

Santiago. Vista de la Avenida O'Higgins

**Viña del Mar**, llamada *ciudad jardín*, es un elegante centro turístico donde elegantes mansiones y castillos, conviven con modernos edificios que confirman su nivel balneario internacional.

De la centenaria Plaza Vergara, se puede realizar un paseo en Victoria, antiguo coche de caballos, símbolo de la ciudad. También posee el casino de juegos más importante del país, cafés al aire libre, cientos de restaurantes, tiendas y galerías, y cuidados paseos por la orilla del mar, siempre muy concurridos por artistas callejeros que muestran sus pinturas y su música.

**Valparaíso**, es el principal puerto de Chile, donde la arquitectura neoclásica de sus edificios públicos contrasta con el colorido de sus casas.

Urbanísticamente hablando, Valparaíso, es una ciudad tridimensional, ya que se puede apreciar desde arriba, desde abajo y de frente, pero sobre todo la orientación de sus construcciones, miradores, terrazas y paseos, la hacen una ciudad abierta al mar, con un importante despliege de calles, callejones, parques, escaleras y pintorescos rincones. Sus característicos ascensores públicos, románticos y anticuados, de colores rojo y amarillo, permiten visitar los cerros.

Por las noches, la bahía se convierte en un mágico mundo bohemio, frecuentada por marinos de diversas nacionalidades y gente del lugar, la noche tiene una vida especial en sus tradicionales bares y clubs.

Otra de las visitas opcionales que se pueden realizar, pero que requieren reserva con anticipación, es la casa de PABLO NERUDA, en la **Isla Negra**. El santuario del gran poeta, está aproximadamente a 80 Kms. de Santiago. en esta casa, ahora convertida en museo, Neruda comenzó a escribir su Canto General, recibió la noticia de su Premio Nobel y también mirando al mar y las negras rocas, transcurrieron sus últimos días. En este mágico paseo, se podrán conocer sus maravillosas colecciones de caracolas y mascarores de proa, recuerdos de sus viajes por el mundo; apreciar las botellas, estribos y cientos de libros de su biblioteca y los rincones más queridos, donde escribía las poesías que le brotaban del alma.

**8º día.- SANTIAGO / ESPAÑA**
Traslado al aeropuerto y salida en vuelo regular, clase turista, con destino a España.

**9º día.- ESPAÑA**
Llegada y fin del viaje.

Moais de la Isla de Pascua

# Extensión opcional Isla de Pascua

**8º día.- SANTIAGO DE CHILE / ISLA DE PASCUA**
Traslado al aeropuerto y salidas en vuelo regular, clase turista, con destino a la Isla de Pascua.
Llegada, recepción y traslado al hotel. Alojamiento.
*La Isla de los Gigantes de Piedra*, fue descubierta por los navegantes holandeses, hace más de doscientos cincuenta años, en medio del Pacífico y se halla rodeada por dos mil millas de océano en todas las direcciones.
Sus habitantes la llamaban Rapa Nui, *ombligo del mundo*, pero los holandeses le cambiaron el nombre por haber llegado a ella el día de Pascua.

**9º día.- ISLA DE PASCUA**
Desayuno y día libre para realizar excursiones opcionales a algunos de los lugares de interés arqueológico de la isla: Tahai, Ahu Vinapu, los siete Moais en Ahu Akivi, Ranu Raraku y Orongo Village.
En esta isla con un perímetro de 48 kms. y de 2.200 habitantes, con volcanes inactivos, se encuentra el mayor misterio arqueológico del mundo. Más de 300 gigantes de piedra, los Moai, son el testimonio de una civilización completa y misteriosa, de lo que es vestigio la isla entera, como si se tratara de un gran museo al aire libre, en una obra tan colosal y legendaria como las antiguas Pirámides.
Los petroglíficos aún no han revelado sus secretos.
Algunos muros indican que recibieron influencia del pueblo Inca, otros investigadores, sostienen que provenían de la Polinesia o de la Tierra de los Maories - Nueva Zelandia - e incluso del antiguo Egipto.

**10º día.- ISLA DE PASCUA / SANTIAGO DE CHILE**
Día libre.
Por la noche, traslado al aeropuerto y salida en vuelo regular, clase turista, con destino a Santiago

*Nota: Dependiendo de los horarios de los vuelos, se pueden agregar noches extras en Isla de Pascua o Santiago de Chile*

**Precios por persona en Habitación Doble**

| Hoteles | Categoría | Régimen | Temporadas | | | | Suplemento Habitación Individual | Noche Extra en Santiago | |
|---|---|---|---|---|---|---|---|---|---|
| | | | Baja | Media | Alta | Extra | | Doble | Individual |
| Galerías | Primera | SA | 188.500 | 207.000 | 227.000 | 236.000 | 48.500 | 6.300 | 12.600 |
| Holiday Inn Crowne Plaza | Primera Suprerior | SA | 198.000 | 220.000 | 236.000 | 244.000 | 57.000 | 9.500 | 19.000 |
| Sheraton San Cristobal | Lujo | SA | 208.000 | 225.000 | 247.000 | 253.000 | 87.800 | 10.500 | 21.000 |

**Suplemento salidas del 03 al 27 de Diciembre Hotel Galerías: 15.000 Pesetas**
**Suplemento salidas del 11 al 16 de Noviembre y del 27 de Febrero al 29 de Marzo de 1994**
**Hotel Holiday Inn Crowne Plaza: 18.000 Pesetas**

*NUESTROS PRECIOS INCLUYEN: Transporte aéreo en vuelo regular, clase turista • Traslados desde el aeropuerto a los hoteles y viceversa • Visitas y Excursiones indicadas en el programa (excepto las que se mencionan como opcionales) con guía de habla hispana • Habitaciones con baño privado en régimen de Alojamiento y Desayuno en los hoteles previstos o similares • Servicio y asitencia de nuestros representantes locales • Seguro turístico, bolsa de viaje y guía.*

**EXTENSION OPCIONAL ISLA DE PASCUA**

| Hotel | Categoría | Régimen | Precio |
|---|---|---|---|
| Ia Orana | Turista | . SA | 128.500 |
| Hotu Matua | Primera | SA | 131.500 |

*NUESTROS PRECIOS INCLUYEN: Transporte aéreo en vuelo regular, clase turista SANTIAGO / ISLA DE PASCUA / SANTIAGO • Traslados aeropuerto / hotel y viceversa • Habitación doble en régimen de Alojamiento y Desayuno.*

# Vocabulario

## Para charlar

### *Para preguntar y dar la fecha* *Asking and giving the date*

¿A cuántos estamos? *What is the date?*
¿Cuál es la fecha de hoy (de tu cumpleaños, etc.)? *What is the date today (of your birthday, etc.)?*
¿Qué fecha es hoy? *What is today's date?*
Hoy es el 5 de abril. *Today is April 5.*
En (el mes de) enero (febrero, marzo, etc.) . . . *In (the month of) January (February, March, etc.) . . .*
Él (Ella) nació *He (She) was born*

### *Para hablar del tiempo* *Talking about time*

el año *year*
el día (m.) *day*
la hora *hour*
el mes *month*
el minuto *minute*
la semana *week*

### *Para hablar de una acción en el pasado* *Talking about a past action*

anoche *last night*
anteayer *the day before yesterday*
el año pasado *last year*
ayer *yesterday*
ayer por la mañana *yesterday morning*
ayer por la tarde *yesterday afternoon*
el fin de semana pasado *last weekend*
el jueves (sábado, etc.) pasado *last Thursday (Saturday, etc.)*
el mes pasado *last month*
por una hora (un día, tres años, cuatro meses) *for an hour (a day, three years, four months)*
la semana pasada *last week*

## Temas y contextos

### *Los meses del año* *Months of the year*

enero *January*
febrero *February*
marzo *March*
abril *April*
mayo *May*
junio *June*
julio *July*
agosto *August*
septiembre *September*
octubre *October*
noviembre *November*
diciembre *December*

### *Las estaciones del año* *Seasons of the year*

la primavera *spring*
el verano *summer*
el otoño *fall*
el invierno *winter*

## Vocabulario general

### *Sustantivos*

la guitarra *guitar*
el mar *sea*
la montaña *mountain*

### *Verbos*

andar *to walk*
asistir a *to attend*
buscar *to look for*
caminar *to walk*
cantar *to sing*
cenar *to eat dinner*
comprar *to buy*
depender de *to depend on*
escribir *to write*
hablar *to talk*
hacer *to do, make (with time reference = "ago, since")*
jugar *to play*
llegar *to arrive*
pagar *to pay*
pasar tiempo *to spend time*
perder *to lose*
saber *to know*
sacar *to take out something, obtain*
salir de *to leave*
visitar *to visit*
volver *to return*

### *Otras palabras y expresiones*

demasiado *too (much)*
echar (dormir) una siesta *to take a nap*
estar de mal humor *to be in a bad mood*
estrellas *stars*
Hay que ser razonables. *Let's be reasonable.*
llover a cántaros *to rain cats and dogs*
por lo menos *at least*
hacer las maletas *to pack*
hacer un viaje *to take a trip*
una milla *mile*
nada *nothing*
no hacer nada *to do nothing*
por un año *for a year*
por una hora *for a hour*
por un mes *for a month*
por unos minutos *for a few minutes*
¿Cuánto hace que + *verb in the preterite? How long ago + subject + verb?*
Hacer + *length of time* + que + *subject* + *verb in the preterite. Subject + verb + length of time + ago.*
*Subject + verb in the preterite* + hace + *length of time. Subject + verb + length of time + ago.*

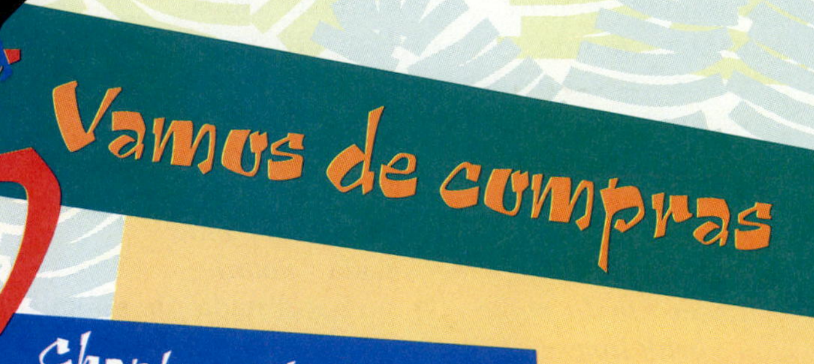

# 6 Vamos de compras

## Chapter Objectives:

In this chapter you will learn about shopping in different environments and for different purposes. You will see that in some cases shopping is similar to what you are familiar with, and in other cases you will discover how peculiar a shopping experience can be, depending on where you are.

After completing this chapter you should be able to carry out the following tasks:

- make purchases at different locations
- indicate quantities
- ask for prices
- make comparisons
- point out places, objects, people
- give orders
- talk about shopping experiences

The linguistic elements you will learn to help you carry out these tasks are:

- vocabulary related to the following topics:
  - shopping mall and various stores: music, sports, clothing
  - grocery stores, open-air markets
- grammatical structures:
  - familiar commands affirmative and negative
  - preterite of irregular verbs
  - comparatives
  - demonstrative adjectives and pronouns

**Primera etapa:** En el centro comercial

**Segunda etapa:** ¿Cuánto cuesta?

**Tercera etapa:** ¿Qué compraste?

**Cuarta etapa:** Los productos alimenticios

Un mercado en México

## Para empezar: *En el centro comercial*

### *Preparación*

go shopping
customer / clerk

- ¿Te gusta **ir de compras?**
- ¿Adónde vas normalmente para comprar las cosas que necesitas?
- En las tiendas, ¿qué preguntas hace **el cliente?** ¿y el **dependiente**?

### *En la tienda de discos*

went
They loved
Therefore
expensive

Anoche Beatriz y Mónica **fueron** a un concierto de rock en el Parque Luna. **A ellas les encantó** escuchar a su grupo favorito: Juan Luis Guerra y los 4-40. Hoy Mónica quiere comprar uno de sus discos compactos. **Por eso,** van a la tienda de discos "La Nueva Onda". Beatriz quiere comprar un disco de John Secada, pero es muy **caro.**

What a shame! / enough
inexpensive
Let's see.
There

**Beatriz:** ¡**Qué pena!** No tengo **suficiente** dinero para comprar el disco.
**Mónica:** Mira, encontré la cinta de Juan Luis Guerra y los 4-40 que me gusta y es muy **barata.**
**Beatriz:** **A ver.** ¿Dónde están las cintas?
**Mónica:** **Allí,** al lado de los vídeos y los discos compactos.
**Beatriz:** ¡Super! Aquí está la cinta que quiero.

*La tienda de deportes:* The sporting goods store

### *En la tienda de deportes*

Elsa y Norma entran en una tienda de deportes.

how much the raquet costs / display window
Good eye.

– Sí, señoritas, ¿qué necesitan?
– Quisiera saber **cuánto cuesta la raqueta del escaparate.**
– ¡Ah! **Buen ojo**. Es una raqueta muy buena y cuesta 120 dólares.

| | |
|---|---|
| – ¿Cómo? ¿No está **en oferta?** | on sale |
| – No, lo siento. La oferta terminó ayer. | |
| – *¡Qué pena!* Bueno. Y las **pelotas de tenis, ¿qué precio tienen?** | tennis balls / what price are they? |
| – Mmm… tres dólares la **lata.** | can |
| – Bueno, **voy a llevar** tres. | I'll take |
| – Aquí tiene. ¿Algo más? | |
| – Sí. Quiero ver unos **zapatos de tenis** también, por favor. | tennis shoes |
| – Sí, ahora mismo. | |

## *Tienda "Moda Joven"*

| | |
|---|---|
| Hoy sábado Mercedes y Sara van de compras al centro comercial en El Paso, Texas. Necesitan comprar un **regalo** para el cumpleaños de Rosa. A las dos les gusta **ir de escaparates.** | gift / go window shopping |
| – Aquí tienen **ropa bonita.** | nice clothes |
| – ¡Mira esta **falda azul!** ¡Qué linda! | blue skirt |
| – A Rosa le va a gustar ese color. Con este **cinturón negro queda muy bien.** Creo que le va a gustar. | black belt / looks really good |
| – Sí, tienes razón. Perfecto. Ahora quiero ver un **vestido** para mí. | dress |
| – Aquí en frente hay una boutique muy elegante. | |
| – Mmm… entonces, **seguro** que es cara. | surely |
| – No sé. ¿Vamos a ver el escaparate? | |

## Enfoque léxico:

### *¿De qué color es...?*

**Estos son los colores:**

The words **pardo** and **café** can also be used for the color brown.

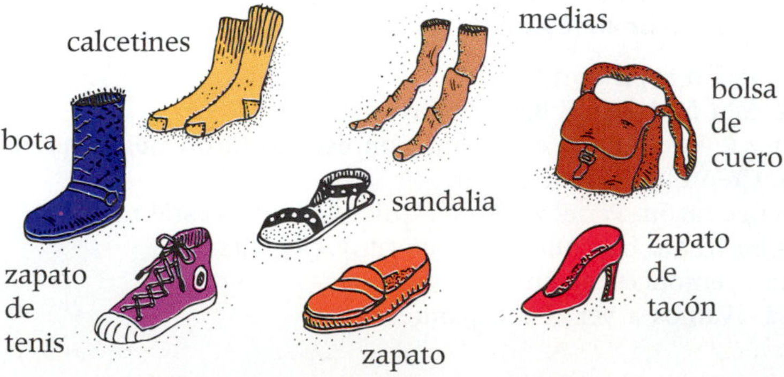

# Te toca a ti

**A. Los regalos.** Imagina que estás en un centro comercial comprando regalos para tu familia y tus amigos. Indica qué cosas vas a comprar para cada uno de los miembros de tu familia y para tres amigos.

**B. ¿Cuánto cuesta... ?** Estás en una tienda de deportes. Quieres saber los precios de varios artículos. Tu compañero(a) va a ser el dependiente *(clerk).* Habla con él o ella y pregunta cuánto cuesta cada una de las cosas siguientes:

◆ **Modelo:** pelotas de tenis
– *Buenos días. ¿Cuánto cuestan las pelotas de tenis del escaparate?*
– *Tres por tres dólares.*
– *Mmm... bien. Voy a llevar seis. Aquí tiene, seis dólares.*

**C. ¿Qué llevas hoy?** Eres el encargado de la sección de moda en el periódico de la universidad. Necesitas saber qué ropa llevan los estudiantes y profesores. Describe lo que lleva cada una de las siguientes personas. Sigue el modelo.

◆ **Modelo:** *Luis lleva una camisa roja con unos pantalones blancos.*

1. Roberta

2. Nadia

3. Alfonso

4. Arturo

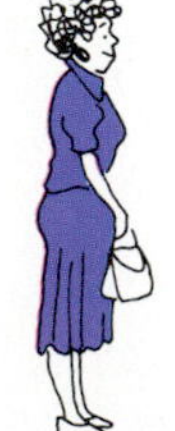
5. Olga

6. Esteban

# Enfoque estructural:

## *Los mandatos informales afirmativos y negativos*

While shopping at the different stores, friends try to get each other's attention.

En la tienda de discos:

look / I found – **Mira, encontré** la cinta de Gloria Estefan.

En la tienda de ropa:

– ¡**Mira** esa falda azul!

Friends can also give advice to one another.

En la tienda de ropa:

don't buy – Rosa, **no compres** esa falda, no me gusta.

En la tienda de deportes:

come here – **Mira, ven,** ¿te gustan estas camisetas?
buy – Sí, **compra** dos, son muy baratas.

**Regular familiar affirmative commands**

| Verbs ending in **-ar: bailar** | Verbs ending in **-er: beber** | Verbs ending in **-ir: escribir** |
|---|---|---|
| **baila** | **bebe** | **escribe** |

1. In Chapter 3, you learned to give orders, directions, and suggestions using the formal command form (**Ud.** and **Uds.**). Here you will learn the informal command form (**tú**), used to make requests of family members, peers, or younger people.
2. The regular affirmative **tú** command has the same ending as the third-person singular (**él, ella**) of the present tense.
3. The verbs **decir, hacer, ir, poner, salir, ser, tener,** and **venir** have irregular affirmative command forms.

**Irregular familiar affirmative commands**

| | | | |
|---|---|---|---|
| decir | **di** | salir | **sal** |
| hacer | **haz** | ser | **sé** |
| ir | **ve** | tener | **ten** |
| poner | **pon** | venir | **ven** |

**Regular familiar negative commands**

| Verbs ending in **-ar: bailar** | Verbs ending in **-er: beber** | Verbs ending in **-ir: escribir** |
| --- | --- | --- |
| **no bailes** | **no bebas** | **no escribas** |

1. To form the *regular negative tú command,* drop the **o** from the **yo** form of the present tense and add **-es** for **-ar** verbs and **-as** for **-er** and **-ir** verbs:

| | | |
| --- | --- | --- |
| yo **bailo** | →**bail-** | →no **bailes** |
| yo **bebo** | →**beb-** | →no **bebas** |
| yo **escribo** | →**escrib-** | →no **escribas** |
| yo **digo** | →**dig-** | →no **digas** |

2. Verbs that end in **-car**, **-gar**, or **-zar** such as **practicar**, **llegar**, and **cruzar** change the spelling in the negative tú command: **c** → **qu–no practiques**, **g** → **gu–no llegues**, and **z** → **c–no cruces.**

## Dilo tú

**D. Un poco de orden.** Vives en un apartamento con dos compañeros. Esta noche van a tener una fiesta. Primero tienen que limpiar, y después tienen que comprar la comida y las bebidas para la fiesta. En grupos de tres, escriban una serie de mandatos afirmativos y negativos para tener todo listo a tiempo.

◆ **Modelo:** *Juan, recoge* (pick up) *tu ropa.*

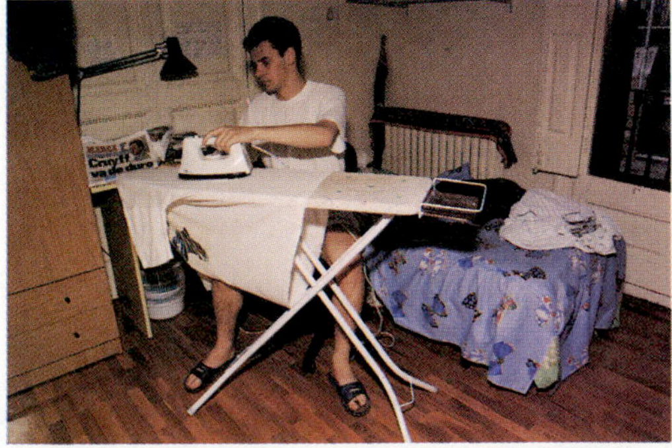

**E. Consejos.** Uno de tus amigos tiene problemas en la universidad. Él(ella) te va a explicar su problema. Intenta ayudarle dándole *(giving him/her)* consejos para mejorar su situación. Puedes usar los verbos siguientes: **estudiar, trabajar, hablar, hacer, practicar, escribir, ir, decir, salir, venir.**

# Enfoque estructural:

## *Verbos irregulares en el pretérito*—**poder, poner**

Mercedes and Sara are back home from the mall. They meet Rosa at home.

| | | |
|---|---|---|
| did you put | **Rosa:** | Sara, ¿dónde **pusiste** los compactos? |
| | **Sara:** | En la mesa de la cocina. |
| | **Mercedes:** | Oye Rosa, ¿terminaste el trabajo? |
| I couldn't | **Rosa:** | Mira, lo siento. Traté de hacerlo, pero no **pude.** |

**Poder** and **poner** are conjugated in a similar way. Note that the vowel in the stem of each verb changes to **u.** Here are the forms:

**poder**

| | | | |
|---|---|---|---|
| **pod-** → | **pud-** | | |
| yo | **pude** | nosotros | **pudimos** |
| tú | **pudiste** | vosotros | **pudisteis** |
| él / ella / Ud. | **pudo** | ellos / ellas / Uds. | **pudieron** |

**poner**

| | | | |
|---|---|---|---|
| **pon-** → | **pus-** | | |
| yo | **puse** | nosotros | **pusimos** |
| tú | **pusiste** | vosotros | **pusisteis** |
| él / ella / Ud. | **puso** | ellos / ellas / Uds. | **pusieron** |

When the verb **poner** is used with a reflexive pronoun **(ponerse)**, it has two very different meanings:

1. to put on (an article of clothing)

   **Me puse** el abrigo. — *I **put on** my coat.*

2. to get or become (an emotion, a state)

   Jorge **se puso** furioso cuando perdió el partido de tenis. — *Jorge **became** furious when he lost the tennis match.*

   Mis amigos siempre **se ponen** nerviosos cuando viajan en avión. — *My friends always **get** nervous when they travel by plane.*

## Dilo tú

**F. Dime...** Crea diferentes preguntas combinando elementos de las tres columnas. Utiliza el pretérito para los verbos que están en la columna del medio. Un(a) compañero(a) va a contestar tus preguntas.

◆ **Modelo:** dónde / poner / los discos compactos
– *¿Dónde pusiste los discos compactos?*
– *En el coche.*

| | | |
|---|---|---|
| por qué (no) | poder | la bicicleta |
| cuándo | salir de casa | los discos compactos |
| quién (a quién) | dar | la propina *(tip)* a José |
| qué | poner | el coche de tu padre |
| cuánto | ir a la playa | las bebidas |
| dónde | | el número de teléfono del hotel |
| | | el sábado |

## Vamos a escuchar:

*En el centro comercial*

### *Antes de escuchar*

Los centros comerciales son lugares muy ruidosos *(noisy)*. Sin embargo, mientras paseas por el centro con un(a) amigo(a) escuchas varias conversaciones.

1. ¿Qué tipos de tiendas hay en los centros comerciales?
2. Repasa los diálogos en las páginas 204–205.

### *Después de escuchar*

**G. Comprensión: ¿Dónde están?**

Para cada una de las conversaciones que vas a oir, di en qué tienda están las personas que hablan.

1. ____________________
2. ____________________
3. ____________________

**H. ¿Cómo lo dicen?** Escucha los diálogos otra vez y contesta las preguntas.

1. In the first conversation, how does the salesperson say "can I help you"?
2. How does the customer say that he wants to see the items he is inquiring about?

3. In the second conversation, how does the customer ask for the price of the item he is interested in?
4. In the third conversation, what does one of the customers say in order to get the other one's attention?

## Tú dirás

**I. ¿Qué deporte?** Un(a) amigo(a) tuyo(a) quiere practicar un deporte nuevo. Para eso habla contigo y te pide consejo porque sabe que tú practicas muchos deportes diferentes. Elige *(choose)* un buen deporte para tu amigo(a). Explica por qué crees que es un deporte apropiado y di qué necesita comprar para empezar a practicar.

**J. La música.** Explica a un(a) compañero(a) de clase qué tipo de música te gusta y qué grupos escuchas frecuentemente. Di también qué formato te gusta más: cintas o discos compactos. Después averigua *(find out)* cuáles son sus preferencias musicales.

**K. Mi ropa.** Quieres ir a comprar ropa con un(a) amigo(a). Piensa qué necesitas comprar, qué colores, qué tipo de ropa... Trabaja en pareja con un(a) compañero(a) de clase. Tú eres el(la) cliente(a) y tu compañero el(la) dependiente(a).

**Centro comercial Calle Ocho, Pequeña Havana en Miami, Florida**

## Para empezar: *¿Cuánto cuesta?*

### *Preparación*

- Have you ever been to an open-air market? If so, where? when?
- What kinds of products can one buy in an open-air market?
- How is the shopping experience in a place like this different from a regular supermarket?
- What products can you find at a supermarket that you could not get at an open-air market?

Ayer jueves fue **día de feria** en Oaxaca. La señora Fernández caminó **hasta** la plaza cerca de su casa donde **cada** semana hay un **mercado al aire libre.** A la señora Fernández le gusta comprar las frutas y las **verduras** que **ofrecen** los **vendedores** porque son productos **frescos** y baratos. Hoy piensa comprar las cosas necesarias para una **ensalada.**

market day
as far as / each / open-air market
vegetables / offer / sellers / fresh
salad

## *En el mercado*

**Sra. Fernández:** ¿Cuánto cuesta el kilo de zanahorias?
**Vendedora:** 1.300 pesos.
**Sra. Fernández:** Bueno, deme dos kilos.

**Vendedora:** Tenga, 2.600.
**Sra. Fernández:** Está bien.

**¿Qué se puede comprar?**

In some countries the word **durazno** is used instead of **melocotón** for the peach.

| **Las verduras** | **Las frutas** |
|---|---|
| cebollas | aguacates |
| champiñones | bananas |
| espárragos | fresas |
| guisantes | limones |
| lechuga | mangos |
| maíz | manzanas |
| papas | melocotones |
| pepinos | melón |
| tomates | naranjas |
| zanahorias | peras |
| | uvas |

## Comentarios culturales

**Los mercados al aire libre.** Open-air markets are characteristic of all Hispanic countries. In rural areas, these markets are particularly important since they offer a place where people from the surrounding communities can meet to buy, sell, and socialize. Once a week, vendors and shoppers gather in a designated location, often the main plaza of a small town. Farmers come from all over the local countryside, bringing vegetables and fruit they have grown on small plots of land. One can also buy pots, pans, brooms, soap, and other household items at the markets, as well as regional handicrafts such as brightly woven cloth, colorful shirts, embroidered dresses, musical instruments, wooden carvings, and more. More and more commonly, there are even manufactured goods and high-tech equipment such as radios and televisions for sale.

## *En el supermercado*

Once / for
food / together
dairy products
packaged goods / cans of soup / can of tuna / oil / cookies

**Una vez** por semana Ricardo hace las compras **para** su casa en el supermercado. Hoy Rosa también tiene que ir al supermercado para comprar **alimentos** para su familia y los dos amigos van **juntos.** Primero, van a la sección de **productos lácteos** porque Ricardo tiene que comprar mantequilla, leche, yogur, crema y queso. Después van a la sección de **conservas** porque necesitan tres **latas de sopa** y una **lata de atún,** una botella de **aceite** y un paquete de **galletas.**

**Luego pasan por** la sección de productos **congelados** porque Rosa tiene que comprar **pescado,** una pizza, un pollo y también **¡helado de** chocolate! A Rosa le encanta el helado.

Then they pass by / frozen
fish / ice cream

Para terminar, compran pastas, **harina,** azúcar, **sal, pimienta,** arroz y mayonesa. El **carrito** de Rosa está muy **lleno.**

flour / salt / pepper
shopping cart / full

## Te toca a ti

**A. ¿Qué son?** Identifica las frutas y verduras a continuación.

**B. Preparando una ensalada.** Tienes que preparar una ensalada. Un(a) amigo(a) te quiere ayudar, pero no sabe qué hace falta poner en la ensalada. Dile si sus sugerencias son buenas o no.

◆ **Modelo:** *¿Fresas?*
*No, una ensalada no tiene fresas.*

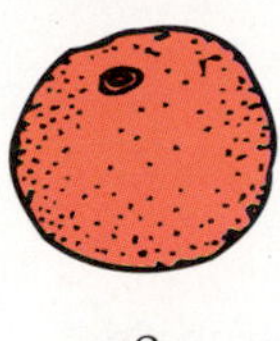
8

9

10

**C. Se me olvidó la lista *(I forgot).*** Hoy vas a comprar comida al supermercado pero olvidaste la lista de la compra en casa. La persona que trabaja en el supermercado te ayuda a recordar lo que necesitas mencionando algunos artículos *(items).* Tu compañero(a) va a hacer el papel de dependiente.

◆ **Modelo:** Dependiente: *¿Necesita arroz?*
Tú: *No, pero necesito pasta.*

1. ¿Necesita harina?

2. ¿Necesita pimienta?

3. ¿Necesita pollo?

4. ¿Necesita galletas?

5. ¿Necesita yogur?

6. ¿Necesita mayonesa?

## ¿Recuerdas?

**D. Los favores.** Hoy estás en casa muy enfermo. Tienes dolor de garganta *(sore throat).* Necesitas que tus compañeros te hagan algunos favores. Como no puedes hablar, decides escribirles varios mensajes. Utiliza las siguientes frases y escribe varios mandatos para tus compañeros.

Review commands in *Primera etapa.*

1. comprar jugos de fruta
2. ir a la farmacia

3. no hacer ruido
4. llamar a mis padres y decir que estoy enfermo
5. traer unas cintas de vídeo
6. preparar la cena

Review yes/no questions and information questions in Chapter 2, *Tercera etapa.*

**E. ¿Qué tal el fin de semana?** Pregunta a varios compañeros de clase cómo *(how)* pasaron el fin de semana y averigua *(find out)* qué hicieron. Después comparte la información con el resto de la clase.

## Enfoque léxico: *Expresiones de cantidad*

At the market we saw Sra. Fernández saying the following:

– Bueno, deme dos **kilos.**

This is a common expression in the Spanish-speaking world to indicate quantity for vegetables. Note the following examples:

¿Cuánto cuesta un **litro** de leche? — *How much is a **liter** of milk?*
Quisiera **medio kilo** de uvas. — *I would like a **half kilo** of grapes.*

The following expressions are used to indicate quantities.

| | |
|---|---|
| **un kilo de** | *a kilogram of* |
| **medio kilo de** | *a half kilogram of* |
| **un cuarto de kilo de** | *a quarter of a kilogram of* |
| **una libra de** | *a pound of* |
| **50 gramos de** | *50 grams of* |
| **un litro de** | *a liter of* |
| **medio litro de** | *a half liter of* |
| **una botella de** | *a bottle of* |
| **un galón de** | *a gallon of* |
| **una docena de** | *a dozen of* |
| **un pedazo de** | *a piece of* |
| **un paquete de** | *a package of* |

## Dilo tú

**F. ¿Cuánto compraron?** Mira los dibujos y di cuánto compró cada cliente.

◆ **Modelo:** ¿Qué compró Juanita?
*Cincuenta gramos de queso.*

50g

1. ¿Qué compró Mercedes?

2. ¿Qué compró el señor González?

3. ¿Qué compró Antonio?

4. ¿Qué compró Maribel?

5. ¿Qué compró la señora Ruiz?

6. ¿Qué compró Francisco?

**G. En el mercado.** Estás comprando en un mercado al aire libre en México. Pregunta el precio de cada cosa y di cuánto necesitas. Tu compañero(a) va a hacer el papel de vendedor. Sigue el modelo.

◆ **Modelo:** zanahorias: 2 dólares el kilo / 2 kilos
– *¿Cuánto cuestan estas zanahorias?*
– *Dos dólares el kilo.*
– *Quiero dos kilos, por favor.*
– *Aquí tiene. Cuatro dólares.*

1. leche: 2 dólares la botella / 3 botellas
2. naranjas: 3 dólares la docena / ½ docena
3. papas: 2 dólares el kilo / 500 gramos
4. cebollas: 1.50 dólares el kilo / ½ kilo
5. mantequilla: 2.50 dólares el paquete / 2 paquetes
6. pastel: 1 dólar el pedazo / 2 pedazos

# Enfoque léxico: *Expresiones para comparar*

## Más / menos...que

1. To establish a comparison in Spanish, use these phrases:

| | |
|---|---|
| **más... que** | *more ... than* |
| **menos... que** | *less ... than* |

| | |
|---|---|
| Hoy hay **menos** clientes **que** ayer. | *Today there are* **fewer** *customers* **than** *yesterday.* |
| Estos tomates son **más** caros **que** ésos. ¿Por qué? | *These tomatoes are* **more** *expensive* **than** *those. Why?* |

2. There are a few adjectives that have an irregular comparative form and do not make comparisons using **más** or **menos.**

| | | | | |
|---|---|---|---|---|
| **bueno(s)/buen** | *good* | → | **mejor(es)** | *better* |
| **malo(s)/mal** | *bad/sick* | → | **peor(es)** | *worse* |
| **joven/jóvenes** | *young* | → | **menor(es)** | *younger* |
| **viejo(s)** | *old* | → | **mayor(es)** | *older* |

| | |
|---|---|
| Estos vestidos son **mejores que** esas blusas. | *These dresses are* **better than** *those blouses.* |
| Yo soy **menor que** mi hermano. | *I am* **younger than** *my brother.* |

## Tan... como

1. To express equality in Spanish, use the phrase **tan** + adjective/adverb + **como** = *as...as.*

| | |
|---|---|
| El carrito de Rosa está **tan** lleno **como** el de Ricardo. | *Rosa's shopping cart is* **as** *full* **as** *Richard's.* |
| Margarita compra **tan** frecuentemente **como** Linda. | *Margarita shops* **as** *frequently* **as** *Linda.* |

2. Another way to express equality in Spanish is with the words **tanto** and **como. Tanto** and **como** are used with nouns, as in the examples below.

**tanto(a)** + noun + **como** = *as much* + noun + *as*
**tantos(as)** + noun + **como** = *as many* + noun + *as*

| | |
|---|---|
| Este señor compró **tanta** mercadería **como** esa señora. | *This man bought* **as much** *merchandise* **as** *that woman.* |
| Laura compró **tantos** huevos **como** Sonia. | *Laura bought* **as many** *eggs* **as** *Sonia.* |

The words **tanto(a)/tantos(as)** agree in gender and number with the nouns that follow.

## Dilo tú

**H. Mis amigos y yo.** Utiliza las palabras siguientes para hacer comparaciones entre tú y tus amigos. Primero pregunta a tu compañero(a) cuántos(as) tiene. Después utiliza las expresiones **más...que, menos...que.**

◆ **Modelo:** – *¿Cuántos primos tienes?*
– *Cuatro.*
– *Tienes menos primos que mi amiga Teresa.*

1. hermanos(as)
2. tíos(as)
3. camisetas
4. cintas
5. dinero
6. vídeo-juegos

**I. La ropa de María y Marta.** Utiliza la información del cuadro siguiente para hacer comparaciones entre la ropa de María y Marta.

◆ **Modelo:** *María tiene menos camisetas que Marta.*

| | *MARÍA* | *MARTA* |
|---|---|---|
| *CAMISETAS* | *5* | *6* |
| *FALDAS* | *2 faldas cortas*<br>*1 falda larga* | *1 falda azul*<br>*1 falda amarilla*<br>*2 faldas negras* |
| *VESTIDOS* | *1 vestido de fiesta*<br>*1 vestido rojo*<br>*1 vestido verde* | *1 vestido de fiesta*<br>*4 vestidos rojos*<br>*1 vestido verde* |
| *SUÉTERES* | *5* | *4* |
| *CINTURONES* | *1* | *3* |
| *PANTALONES* | *4* | *2* |

**J. Comparaciones.** Compara las posesiones de las siguientes personas.

| | vídeos | cintas | discos compactos |
|---|---|---|---|
| Ángeles | 3 | 15 | 32 |
| Pancho | 10 | 27 | 32 |
| José | 10 | 34 | 35 |
| Delia | 12 | 27 | 38 |

◆ **Modelo:** discos compactos / Ángeles y José
*Ángeles tiene menos discos compactos que José.*

1. vídeos / Pancho y José
2. discos compactos / José y Delia
3. cintas / Delia y Ángeles
4. discos compactos / Ángeles y Pancho
5. vídeos / José y Delia
6. cintas / Pancho y Delia

# Enfoque estructural: *Los demostrativos*

There are many instances when we need to point out objects, places, and people. If you go shopping at an open-air market, you will have to talk to the **vendedor(a)** and point to the products you want to buy. Look at the exchange below:

**Vendedor:** ¿Quiere **estos** pimientos o **aquéllos?**
**Cliente:** Pues, a ver, **aquéllos** de allí, los rojos.

## *Adjetivos demostrativos*

Demonstrative adjectives are used to point out specific people or things. They agree in number and gender with the nouns that follow them. There are three sets of demonstrative adjectives:

**este** *this*
**ese** *that*
**aquel** *that over there*

**To point out people or things...**

| | near the speaker | near the listener | far from both speaker and listener |
|---|---|---|---|
| Sing. masc. | **este** limón | **ese** limón | **aquel** limón |
| Sing. fem. | **esta** manzana | **esa** manzana | **aquella** manzana |
| Plural masc. | **estos** limones | **esos** limones | **aquellos** limones |
| Plural fem. | **estas** uvas | **esas** uvas | **aquellas** uvas |

## *Pronombres demostrativos*

1. Demonstrative pronouns are used to indicate a person, object, or place when the noun itself is not mentioned.

   Ese yogur no es muy bueno. **Éste** de **aquí** es mejor. — *That yogurt is not very good.* ***This one here*** *is better.*

2. Demonstrative pronouns have the same form as demonstrative adjectives, but they add an accent mark to show that they have different uses and meanings.

   **éste** / **ésta** } *this one* — **éstos** / **éstas** } *these*

   **ése** / **ésa** } *that one* — **ésos** / **ésas** } *those*

| | | | |
|---|---|---|---|
| **aquél**<br>**aquélla** | *that one (over there)* | **aquéllos**<br>**aquéllas** | *those (over there)* |

3. Demonstrative pronouns agree in gender and number with the nouns they replace.

| | |
|---|---|
| Esta manzana es roja, **ésa** es amarilla y **aquélla** es verde. | *This apple is red,* ***that one*** *is yellow, and* ***that one over there*** *is green.* |
| Me gusta más esta naranja que **ésa** o **aquélla.** | *I like this orange better than* ***that one*** or ***that one over there.*** |

4. When using demonstrative pronouns, it is helpful to use adverbs of location to indicate how close to you an object is. The location helps you decide whether you should refer to the object using **éste(a), ése(a), aquél(la)** or the plural forms.

5. You have already learned **aquí** *(here)*. Here are two other adverbs you can use to talk about location:

| | | | |
|---|---|---|---|
| **allí** | *there* | **allá** | *over there* |

| | |
|---|---|
| ¿Quieres **esta** lechuga de aquí, **ésa de allí** o **aquélla de allá?** | *Do you want* ***this*** *lettuce* ***here, that one there,*** *or* ***that one over there?*** |

## *Pronombres demostrativos neutros*

**Cliente:** ¿Cuánto cuesta todo **esto?**
**Vendedor:** Son 3.340 pesos.
**Cliente:** ¿Cómo se llama **aquello?**
**Vendedor:** Son guayabas.

The neuter demonstrative pronouns in Spanish are used to refer to an abstract concept, an idea, an action, or an indefinite object. They never take an accent mark.

| | | |
|---|---|---|
| **esto** | **eso** | **aquello** |

El mercado Xochimilco, México

## Dilo tú

**K. ¿Estas manzanas o esos tomates?** Mira el dibujo. Completa los mini-diálogos con el pronombre correspondiente según la distancia de los objetos en relación al hablante *(speaker)* y al oyente *(listener)*.

1. ¡Qué buenos están _____ plátanos!
   Sí, y _____ patatas parecen muy ricas.

2. ¿Quiere usted _____ lechuga?
   Sí, deme _____
3. ¿Quiere usted _____ melon?
   No, gracias, prefiero _____ naranjas.

**L. ¿Cuál?** Estás de compras con un(a) amigo(a). Hay tantas cosas para elegir que tienes que explicar exactamente a cuál te refieres. Utiliza **éste(a), ése(a) o aquél(la)** en tus respuestas de acuerdo con la información entre paréntesis. Sigue el modelo.

◆ **Modelo:** ¿Qué libros vas a comprar? (those)
*Voy a comprar ésos. Son más baratos.*

1. ¿Qué frutas vas a comprar? (those over there)
2. ¿Qué galletas quieres? (those)
3. ¿Qué paquete de arroz quieres? (this one)
4. ¿Qué pescado vas a comprar? (that one)
5. ¿Qué jamón quieres? (that one over there)

# Vamos a escuchar:

## *De compras en el mercado*

### *Antes de escuchar*

El Sr. Estévez ha ido de compras al mercado. Vas a escuchar la conversación entre él y el vendedor. Antes de escuchar la cinta, contesta las siguientes preguntas.

1. ¿Qué tipo de productos se compran en un mercado al aire libre?
2. ¿Cómo crees que va a ser la conversación entre el Sr. Estévez y el vendedor?
3. Lee las preguntas en la sección **¿Cómo lo dicen?** Piensa en diferentes formas de decir esas cosas.

Ahora, escucha la conversación y contesta las preguntas.

### *Después de escuchar*

**M. Comprensión: ¿Qué compró?** Mira la lista de palabras que hay a continuación. Pon una marca al lado de cada cosa que compró el Sr. Estévez.

| | |
|---|---|
| cebollas | plátanos |
| guisantes | mangos |
| tomates | aguacates |
| papas | fresas |
| maíz | uvas |
| zanahorias | manzanas |
| lechuga | melón |

**N. ¿Cómo lo dicen?** Escucha la conversación una vez más y contesta las preguntas.

1. How does the clerk say that they are out of avocados and that she is sorry about it?
2. How does Sr. Estévez react?
3. Several times throughout the conversation the clerk asks Sr. Estévez whether he needs something else. How does she say it?
4. How does Sr. Estévez say that he has gotten everything he needs?

# Tú dirás

**Ñ. ¿Cuánto cuesta todo esto?** Unos amigos y tú están planeando una cena para cinco personas. No tienen mucho dinero, sólo 30 dólares, para las bebidas, el postre y el plato principal. Comparen los precios de la lista siguiente y decidan cuánto pueden comprar de cada cosa sin gastar más de 30.00 dólares. Después de decidir, escribe qué van a comprar y cuánto. Al terminar, compartan con la clase el menú para la cena.

◆ **Modelo:** – *¿Qué vamos a servir?*
– *Bueno, para el plato principal, ¿por qué no preparamos pollo con papas fritas y vegetales?*
– *A ver. El pollo cuesta...*

| PRODUCTOS LÁCTEOS | |
|---|---|
| yogur | 3 / $2 |
| leche | 1 litro / $1 |
| mantequilla | $1 |
| crema | 2 / $1 |
| queso | $2 |

| OTROS PRODUCTOS | |
|---|---|
| pan | $1 |
| galletas | $2 |
| arroz | $2 |
| pastas | $2 |
| lechuga | $1 |
| tomates | 1 kilo / $2 |

| CONSERVAS | |
|---|---|
| sopa | 2 / $1 |
| atún | 2 / $2.50 |
| salsa de tomate | 2 / $1.50 |
| aceitunas | 2 / $1.50 |

| PRODUCTOS CONGELADOS | |
|---|---|
| pescado | 1 kilo / $5 |
| pizza | $5 |
| papas fritas (*fried*) | $2 |
| pollo | $5 |
| vegetales | $2 |
| helado | $4 |

| BEBIDAS | |
|---|---|
| café | 1 kilo / $5 |
| refrescos | 2 litros / $2 |
| agua mineral | 1 litro / $2 |
| limonada | 2 litros / $3 |

**O. En el supermercado.** Tres amigos van a pasar el fin de semana en tu casa. Son tus invitados así que tienes que ocuparte de comprar comida para todos. Haz la lista de la compra y después ve a las diferentes tiendas a comprar lo que necesites. Tus compañeros van a ser los vendedores.

## Para empezar: *¿Qué compraste?*

### *Preparación*

- Look at the title of the *etapa* and at the drawing below. What do you think the women are talking about?
- Skim the last part of the dialog. What have these two friends agreed on?

¡RING RING!
– ¿Dígame?
– ¿Está Teresa?
– Sí, un momento.
– ¿Quién es?
– ¿Teresa? Hola, soy Patricia. ¿Qué tal?

– Hola Patricia. Oye te llamé ayer pero no te encontré en casa.
– **Ya, estuve fuera** toda la tarde. — Yes, I know . . . . / I was out
– ¿Qué hiciste?

– **Pues** fui con mi prima Clara al centro comercial. Pasamos la tarde mirando escaparates y también compramos algunas cosas. — Well . . . .
– ¡Ah!
– Sí, la semana pasada Clara **leyó** en el periódico un anuncio sobre ofertas especiales para este fin de semana y **decidimos** ir a ver. — read / we decided

– Al llegar al centro comercial fuimos **lo primero de todo** a la tienda de discos. Allí **oímos** el último disco compacto de Rubén Blades y también **vimos** algunos vídeos. — first of all / listened / watched
– ¿Compraron algo?
– Bueno vimos muchas cosas pero al final lo único que compramos fue un par de **cintas vírgenes** para **grabar** en casa. — blank tapes / record

Did you see — **¿Vieron** algo más?

— Sí, después de ver los discos, yo me fui a ver los escaparates de las tiendas de ropa. Vi unos vestidos increíbles pero sólo compré una camiseta para mí y otra para Jorge.

— ¿Y Clara?

— Creo que vio unas zapatillas de tenis en oferta y decidió comprarlas. Después fuimos juntas a **la papelería.** Allí Clara compró una **tarjeta de cumpleaños** para un amigo y unos **sobres.** Yo compré **papel** para la **computadora.**

stationary store / birthday card
envelopes / paper
computer

— ¿Oye? ¿Qué vas a hacer esta tarde?

I'm exhausted — No sé, creo que me voy a quedar en casa a descansar. **Estoy muerta.**

a while ago — Bueno, es que Martín llamó **hace un rato** para invitarnos a una fiesta en su apartamento.

— ¿A qué hora?

After — **A partir** de las ocho. ¿Te apetece ir?

— Sí, sí, ¿nos vemos a las 7:30 en tu casa?

— Bien, entonces hasta las 7:30. Hasta luego.

— Adiós.

## Te toca a ti

**A. Las compras de Teresa y su prima.** Contesta las siguientes preguntas de acuerdo con la información de las conversaciones anteriores.

1. ¿Qué compraron en la tienda de discos?
2. ¿A qué tiendas fueron después?
3. ¿Qué van a hacer esta tarde?

**B. ¿Dónde lo compraste?** Haz una lista de las diferentes tiendas que uno puede encontrar en un centro comercial. Después haz una lista de las cosas que puedes comprar en cada una de esas tiendas. Con un(a) compañero(a) de clase, menciona una serie de cosas que compraste en una de esas tiendas. Tu compañero(a) tiene que adivinar *(guess)* a qué tienda fuiste. Cuando adivine, cambien los papeles.

◆ **Modelo:** Tú: *Ayer por la tarde compré...*
Tu compañero(a): *Fuiste a...*

**C. ¿Qué compraron en la papelería?** Mira los dibujos y di qué compró cada una de las siguientes personas.

◆ **Modelo:** Estela
*Estela compró una tarjeta de cumpleaños.*

Estela

1. Cristina

2. Roberto

3. el Sr. Rodríquez

4. la Sra. Gómez

5. Inés

6. la Srta. Balboa

7. Ignacio

## ¿Recuerdas?

Review comparisons in *Segunda etapa.*

**D. Las comparaciones.** Un(a) compañero(a) de clase y tú están discutiendo las distintas tiendas y centros comerciales de la zona *(in the area).* Cada uno tiene sus preferencias sobre cuál es la mejor tienda de discos, de comida, el mejor centro comercial... . Comparen las diferencias en relación a los precios, el servicio y la calidad.

◆ **Modelo:** *Las tiendas de ropa son más bonitas en... que en... .*

# Enfoque estructural:

## *Verbos irregulares en el pretérito*–**leer, oír, creer**

In the phone conversation between Teresa and Patricia, Teresa said:

– Mi prima Clara **leyó** un anuncio en el periódico.
– ...**Oímos** el disco compacto de Rubén Blades y vimos unos vídeos.

Here you have the complete conjugation for the highlighted verbs and two more that are conjugated similarly.

**leer**

| | | | |
|---|---|---|---|
| yo | **leí** | nosotros | **leímos** |
| tú | **leíste** | vosotros | **leísteis** |
| él / ella / Ud. | **leyó** | ellos / ellas / Uds. | **leyeron** |

**Oír** has a special **yo** form in the present tense:
**oír** → oigo, oyes, oye, oímos, oís, oyen

**oír**

| | | | |
|---|---|---|---|
| yo | **oí** | nosotros | **oímos** |
| tú | **oíste** | vosotros | **oísteis** |
| él / ella / Ud. | **oyó** | ellos / ellas / Uds. | **oyeron** |

**creer**

| | | | |
|---|---|---|---|
| yo | **creí** | nosotros | **creímos** |
| tú | **creíste** | vosotros | **creísteis** |
| él / ella / Ud. | **creyó** | ellos / ellas / Uds. | **creyeron** |

# Dilo tú

**E. ¿Qué vieron?** Tus amigos y tú fueron ayer al centro comercial. Explica qué vio cada uno de ustedes.

**F. ¿Qué pasó?** Estás hablando con un(a) compañero(a) sobre algo que viste el fin de semana pasado. Utiliza la siguiente información:

**El viernes pasado:**

oír un anuncio en la radio
llamar a un amigo
ir al centro comercial
ver ofertas interesantes

**Anteayer mis compañeros de cuarto:**

ir a casa de Isabel
oír música
ver vídeos musicales

## Enfoque estructural:

### *Verbos irregulares en el pretérito*–**conducir, traer, decir**

to drive / to bring / to say

You are learning how to conjugate most Spanish verbs in the preterite form. This section presents three more verbs that do not follow completely the regular conjugation you learned on pages 168 and 176. Look at the examples in the dialog below:

The verb **ver** (to see) follows the same pattern as any other **-er** verb: **vi, viste, vio, vimos, visteis, vieron.** The only difference is that none of the forms carries a written accent.

**Patricia:** ¿Cómo fuiste al centro comercial, en autobús?
**Teresa:** No, en coche.
**Patricia:** ¿Y quién **condujo,** tu prima o tú?
**Teresa:** A la ida **conduje** yo, y a la vuelta **trajo** el coche Clara.

drove
I drove / brought the car back

The following verbs change their stems in the preterite, but actually have a clear pattern of their own. Note that they all have **j** in the stem. In addition, the **yo** form does not have an accent on the last syllable, and the **él/ella/Ud.** form ends in **-o.** Also note that the **ellos/ellas/Uds.** form uses **-eron** (and not **-ieron**) after the **j.**

**conducir**

| | | | |
|---|---|---|---|
| yo | **conduje** | nosotros | **condujimos** |
| tú | **condujiste** | vosotros | **condujisteis** |
| él / ella / Ud. | **condujo** | ellos / ellas / Uds. | **condujeron** |

**traer**

| | | | |
|---|---|---|---|
| yo | **traje** | nosotros | **trajimos** |
| tú | **trajiste** | vosotros | **trajisteis** |
| él / ella / Ud. | **trajo** | ellos / ellas / Uds. | **trajeron** |

**decir**

| | | | |
|---|---|---|---|
| yo | **dije** | nosotros | **dijimos** |
| tú | **dijiste** | vosotros | **dijisteis** |
| él / ella / Ud. | **dijo** | ellos / ellas / Uds. | **dijeron** |

Note that the stem of the verb **decir** has the same vowel change in the preterite, **e** becoming **i,** as in the present tense.

Also, these three verbs all have different **yo** forms in the present tense. All the other persons follow the standard present tense endings:

**conducir** → yo **conduzco**, tú conduces, él/ella/Ud. conduce, nosotros conducimos, vosotros conducís, ellos/ellas/Uds. conducen

**decir (i)** → yo **digo** tú dices, él/ella/Ud. dice, nosotros decimos, vosotros decís, ellos/ellas/Uds. dicen

**traer** → yo **traigo**, tú traes, él/ella/Ud. trae, nosotros traemos, vosotros traéis, ellos/ellas/Uds. traen

## Dilo tú

**G. La fiesta de Juan.** Ayer estuviste en la fiesta de Juan. Cuéntale a un(a) compañero(a) cómo fue:

**Ayer por la noche:**

Juan *tener* una fiesta en su apartamento
Julián y José *conducir* el coche de sus padres
todos *traer* discos compactos
Isabel *decir* que la fiesta fue aburrida

**H. ¿Qué pasó?** Con un(a) compañero(a) de clase entabla *(carry out)* la siguiente conversación. Ask when was the last time he/she went to a store, if he/she drove his/her car to get there, what he/she told the salesperson, what he/she bought, and how much he/she paid for it.

## Vamos a escuchar: *El regalo para Paco*

### *Antes de escuchar*

Pepa tiene problemas y llama a su amiga Laura por teléfono para pedirle ayuda. Antes de escuchar la conversación contesta las siguientes preguntas.

1. ¿Qué te sugiere el título de la actividad sobre el contenido de la conversación?
2. ¿Te gusta comprar regalos?
3. ¿Cuánto dinero gastas normalmente en un regalo para alguien especial?
4. ¿Qué haces cuando no tienes el dinero que necesitas para comprar algo?

### *Después de escuchar*

**I. Comprensión.** Ahora contesta las siguientes preguntas.

1. ¿Adónde fue Pepa ayer?
2. ¿Qué compró?
3. ¿Compró algo para Paco?
4. ¿Cuánto dinero le pide a su amiga?
5. ¿Para qué es el dinero?

**J. ¿Cómo lo dicen?** Escucha otra vez la conversación y contesta las preguntas.

1. How does Laura react when Pepa tells her what she bought?
2. How does Laura tell Pepa to forget about the shoes?

## Tú dirás

**K. Las compras del fin de semana.** Este fin de semana fuiste a tu centro comercial favorito y compraste varias cosas. Sin embargo, no tenías suficiente dinero para comprar todo lo que querías. Al volver, llamas por teléfono a un(a) amigo(a) y le cuentas lo que hiciste en el centro comercial.

**L. En la tienda de discos.** Estás en una tienda de discos en Madrid. Vas a comprar un regalo para tu mejor amigo(a). Explain what kind of music your friend likes to listen to. Ask about the latest CDs and music videos. Finally, make a selection, find out how much it costs, and ask if you can pay by check. Thank the salesperson and say good-bye.

**M. En el supermercado.** Estás en el supermercado comprando comida para preparar una cena para unos amigos. Utiliza diferentes expresiones para explicar lo que quieres. Pregunta el precio de las cosas. Utiliza las expresiones necesarias para saludar, dar las gracias y despedirte.

## **Lectura:** *Los productos alimenticios*

### *Antes de leer*

Here are ads from two Spanish supermarkets. Your familiarity with this type of ad will help you understand almost everything in the ads.

1. What type of information is usually included in this kind of ad?
2. What is the basic purpose behind newspaper ads?

## *Después de leer*

**A. Hypercor y Pryca.** Mira los anuncios en las paginas 234 y 235 y contesta las preguntas.

1. Compare the two ads and list similarities and differences.
2. Is there anything about the prices on the Pryca ad that attracts your attention? Explain.
3. What happens if you find cheaper prices somewhere else?
4. If you run out of milk at 8:30 P.M., to which of the two places can you go to buy it?
5. Which of the two places offers coffee at a better price? How about milk?

*software*

Writing activities for this chapter are presented in the workbook. For specific references to tasks supported by Atajo, please consult the workbook.

*video*

**Hecho a mano**

Many of the utilitarian items made by hand for purely practical use in other times are valued today both for their usefulness and the artistry of their creators.

**B. Adivina.** La gente consume las mismas cosas en casi todas las partes del mundo. Por eso vas a ver que ya conoces la mayoría de *(most of)* los productos que aparecen en los anuncios. Trata de adivinar el significado de las siguientes palabras:

1. Look at the Ariel product. What does *detergente* mean?
2. Look at the *piña* product. What do you think *en rodajas* means?
3. Under the coffee products on both ads, we find the word *molido*. What could this be?
4. Look at the item called Coral. Can you guess what *lavavajillas* means?

**A. Las compras por catálogo.** Cada día hay más tiendas que te ofrecen la posibilidad de comprar cosas por medio de un catálogo. Haz la siguiente actividad con un(a) compañero(a) de clase.

## *Estudiante A*

Eres una persona muy ocupada. Últimamente has descubierto que comprar por correo o por teléfono por medio de un catálogo es una idea estupenda. Te gusta comprar así porque te ahorra *(saves you)* tiempo y dinero.

Aquí tienes el último catálogo de la tienda de ropa Springfield. Míralo bien y selecciona las cosas que quieres comprar. Después llama a la tienda para pedir lo que necesitas.

Di cómo quieres pagar.

## *Estudiante B*

Acabas de empezar a trabajar en la tienda Springfield. Una de tus responsabilidades es contestar las llamadas de teléfono. Ahora va a llamar un cliente para hacer un pedido. Escucha atentamente, haz las preguntas necesarias y completa la hoja de pedido que tienes en la página 240.

Di cuánto es el total y pregúntale al cliente cómo quiere pagar.

# COMO HACER TU PEDIDO DESDE CASA.

***Si has elegido el correo.***
Apunta, en las casillas destinadas a ese fin, toda la información que te requerimos, tal y como se muestra en el siguiente ejemplo. No tienes más que recortar por la línea de puntos y enviarnoslo lo antes posible. Así de sencillo. No hacen falta ni sellos ni que escribas nada en el exterior.

2

***Si prefieres el teléfono.***
Puedes hacer tu pedido directamente por teléfono llamando al nº 900.200.396, es gratuito desde cualquier punto de España. En este teléfono puedes también pedir cualquier información que te interese acerca de Springfield.

**Ejemplo:**

Apunta el número de referencia de cada prenda.

Apunta la talla (en la página siguiente viene una guía muy sencilla para que sepas tu talla)

Apunta el color o los colores que has elegido.

Apunta el número de unidades y multiplícalo por el precio unitario de cada prenda.

| Nº Referencia | Talla | Color/es | Unidades | Precio Unidad | Pesetas |
|---|---|---|---|---|---|
| 20242 | L | B1 y B3 | 2 | x 3.875 = | 7.750 |
| 40040 | 33 | Verde Caqui | 1 | x 3.975 = | 3.975 |
| | | | | **Valor Total** | 11.725 |
| | | | | Suma el coste del envío normal (máximo 7 días) | 750 |
| | | | | Añade 250 pts. si quieres tu pedido con envío express (24 horas) | |
| | | | | TOTAL | 12.475 |

***Elige tu forma de pago.***
Puedes pagar en metálico (cuando te llegue a casa el pedido) o, si lo prefieres, con tarjeta de crédito.

***Te garantizamos la calidad.***
Todos los artículos de Springfield estan totalmente garantizados. Si tuvieras algún problema con el resultado de nuestras prendas, te agradeceríamos que nos la devolvieras y te la cambiaremos por otra nueva.

SPRINGFIELD

MODA JOVEN. PRECIO UNICO

# Tu talla rápidamente

## Camisas

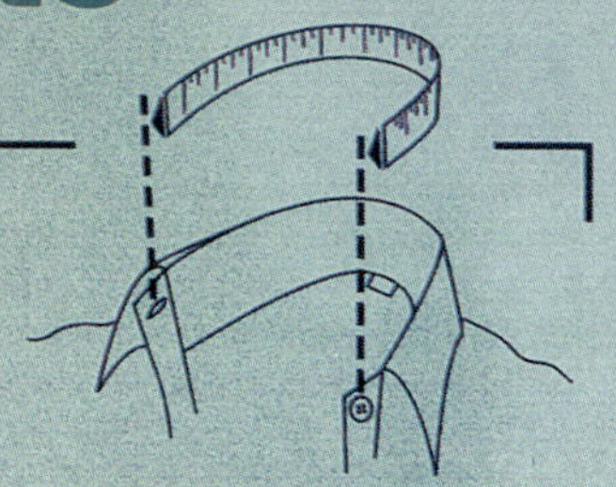

Mídete el contorno del cuello. Si tienes alguna duda, toma una camisa que te esté bien, extiende el cuello y mídelo por dentro desde el ojal hasta el botón.
En el catálogo verás camisas con tallas en números y otras con tallas en letras. Aquí veras la talla que te corresponde de cada una.

**Camisas con tallas en números**

| Medida del cuello en cm. | 37 - 38 | 39 - 40 | 41 - 42 | 43 - 44 | Más de 45 |
|---|---|---|---|---|---|
| Tu talla | 2 | 3 | 4 | 5 | 6 |

**Camisas con tallas en letras**

| Medida del cuello en cm. | 37 - 38 | 39 - 40 | 41 - 42 | Más de 43 |
|---|---|---|---|---|
| Tu talla | S | M | L | XL |

## Pantalones y vaqueros

Mídete la cintura. Si tienes alguna duda coge un pantalón que te esté bien, extiende la cintura y mídela por dentro desde el ojal hasta el botón.

**Pantalones algodón**

| Medida de la cintura en cm. | Hasta 76 | 77 a 80 | 81 a 84 | 85 a 88 | 89 a 92 | 93 a 96 |
|---|---|---|---|---|---|---|
| Tu talla | 38 | 40 | 42 | 44 | 46 | 48 |

**Vaqueros**

| Medida de la cintura en cm. | Hasta 76 | 77 a 79 | 80 a 81 | 82 a 84 | 85 a 86 | 87 a 91 | 92 a 97 |
|---|---|---|---|---|---|---|---|
| Tu talla | 30 | 31 | 32 | 33 | 34 | 36 | 38 |

## Cazadoras, jerseys, y americanas

Para toda esta ropa usamos el tallaje internacional de 4 tallas: S (pequeña), M (mediana), L (grande) y XL (extra-grande). En el caso de las americanas tenemos todas las tallas de la 48 a la 56. Fíjate en la ropa que ya tengas, y elige la talla adecuada a tu tamaño.

| | | |
|---|---|---|
| 033.2372 | CAMISA CUADROS GRUESA ALGODON 100% | 2.990 |

| | | |
|---|---|---|
| 028.2138 | CAMISA JAQUARD ALGODON 100% | 2.990 |
| 141.2388 | CHALECO GRUESO RUSTICO DIBUJO OCHOS | 4.990 |
| 033.2283 | CAMISA CUADROS DOBLE TINTURA EN ALGODON 100% | 3.990 |
| 155.2031 | PANTALON CHINO EN GABARDINA ALGODON 100% | 3.990 |
| 285.2144 | CAZADORA AUTENTICA PIEL VUELTA MODELO AVIADOR | 29.990 |

| | | |
|---|---|---|
| 491.2411 | AMERICANA DIBUJO ESPIGA PURA LANA | 11.975 |
| 049.2027 | CHALECO MEZCLA PURA LANA | 4.990 |
| 033.2046 | CAMISA CUADRO VICHY ALGODON 100% | 2.990 |
| 156.2010 | PANTALON TRICOTINA TEJIDO VISCOSA | 4.590 |
| 491.2357 | AMERICANA DIBUJO ESPIGA PURA LANA | 11.975 |
| 156.2053 | PANTALON FRANELA LANA 100% | 4.590 |
| 070.2064 | CHALECO PUNTO MEZCLA SHETLAND 100% | 2.990 |
| 027.2078 | CAMISA OXFORD LAVADO | 2.990 |

| | | | |
|---|---|---|---|
| 1 | 058.2050 | CHAQUETON 3/4 CANVAS CON CAPUCHA DESMONTABLE | 12.990 |
| 2 | 058.2123 | CHAQUETON 3/4 MOUFLON DE CUADROS | 12.990 |
| 3 | 285.2152 | CHALECO EN PIEL DE PEKARY | 7.990 |
| 4 | 033.2291 | CAMISA CUADROS ESCOCESES ALGODON 100% | 2.990 |
| 5 | 058.2085 | TRENKA DE PAÑO INTERIOR CUADROS LANA 100% | 14.990 |
| 6 | 049.2159 | CHALECO CUADROS EN MUFLON | 3.990 |
| 7 | 299.2035 | BOTA DE MONTAÑA EN PIEL | 5.990 |
| 8 | 141.2094 | JERSEY DIBUJO INTARSIAS. SHETLAND 100% | 3.990 |
| 9 | 155.2031 | PANTALON CHINO EN GABARDINA ALGODON 100% | 3.990 |
| 10 | 172.2034 | PANTALON CORDELE PANA | 4.590 |
| 11 | 003.2018 | JERSEY LISO SHETLAND 100% | 2.990 |

| | | | |
|---|---|---|---|
| 1 | 175.2170 | PETO VAQUERO | 6.990 |
| 2 | 175.2111 | PANTALON VAQUERO CON CREMALLERA | 3.990 |
| 3 | 033.2321 | CAMISA ESTAMPADA ALGODON 100% | 2.990 |
| 4 | 175.2014 | PANTALON VAQUERO AZUL OSCURO | 3.990 |
| 5 | 003.2018 | JERSEY CUELLO REDONDO SHETLAND 100% | 2.990 |
| 6 | 028.2162 | CAMISA RAYAS ESTAMPADA ALGODON 100% | 2.990 |
| 7 | 028.2189 | CAMISA RAYAS ESTAMPADAS ALGODON 100% | 2.990 |
| 8 | 039.2022 | PANTALON VAQUERO COLOR EN GABARDINA ALGODON 100% | 3.990 |
| 9 | 299.2183 | ZAPATO SERRAJE SUELA NEUMATICO | 4.990 |
| 10 | 033.2291 | CAMISA CUADRO GRUESA | 2.990 |
| 11 | 029.2052 | CAMISA GABARDINA EN INDIGO ALGODON 100% | 2.990 |
| 12 | 033.2186 | CAMISA CUADROS ESTAMPADA TEJIDO ESMERILADO ALG. 100% | 2.990 |
| 13 | 033.2364 | CAMISA CUADROS DOBLE TINTURA ALGODON 100% | 2.990 |

| | | | |
|---|---|---|---|
| 1 | 285.2136 | CAZADORA AUTENTICA PIEL VUELTA MODELO VAQUERO | 29.990 |
| 2 | 141.2418 | JERSEYS GRUESO RUSTICO EN CANALE | 4.990 |
| 3 | 285.2209 | CHALECO AUTENTICA PIEL VUELTA CON CREMALLERA | 17.990 |
| 4 | 033.2283 | CAMISA CUADROS DOBLE TINTURA ALGODON 100% | 2.990 |
| 5 | 028.2138 | CAMISA JACQUARD ALGODON 100% | 2.990 |
| 6 | 141.2396 | JERSEY GRUESO RUSTICO CON OCHOS CUELLO SEMI-CISNE | 4.990 |
| 7 | 299.2248 | ZAPATO EN PIEL ENGRASADA | 4.990 |
| 8 | 039.2022 | PANTALON VAQUERO COLOR. GABARDINA ALGODON 100% | 3.990 |
| 9 | 285.2195 | CHALECO AUTENTICA PIEL VUELTA CON BOTONES | 17.990 |
| 10 | 141.2426 | JERSEY GRUESO RUSTICO OCHOS. CUELLO RULO | 4.990 |
| 11 | 003.2018 | JERSEY CUELLO REDONDO SHETLAND 100% | 2.990 |
| 12 | 033.2380 | CAMISA CUADROS GRUESA ALGODON 100% | 2.990 |

# Hoja de pedido

Rellenar en MAYUSCULAS

Nombre ______ Apellidos ______
Calle ______ Nº ____ Piso ____ Puerta ____ Escalera ____
Código Postal ______ Localidad ______ Provincia ______
Teléfono ______

| Nº Referencia | Talla | Color/es | Unidades | Precio Unidad | Pesetas |
|---|---|---|---|---|---|
| | | | | X | = |
| | | | | X | = |
| | | | | X | = |
| | | | | X | = |
| | | | | X | = |
| | | | | X | = |
| | | | | X | = |
| | | | | X | = |
| | | | | X | = |
| | | | | X | = |
| | | | | X | = |
| | | | | X | = |
| | | | | X | = |

Doblar

**Observaciones** (escribe cualquier comentario que consideres necesario o que ayude a localizar mejor tu domicilio, si tiene alguna dificultad.)

| | |
|---|---|
| **Valor Total** | |
| Suma el coste del envío normal (máximo 7 días) | 750 |
| Añade 250 pts. si quieres tu pedido con envío express (24 horas) | |
| **TOTAL** | |

Doblar

**Forma de Pago** (señalar con una X)

Cargar a la tarjeta

☐ Visa ☐ Red 6000 ☐ American Express ☐ Eurocard ☐ Mastercard

Tarjeta Nº

Fecha de caducidad mes ☐☐ año ☐☐

Nombre ______

Dirección ______

**Firma:**

☐ Pago en metálico en el momento de recibir la mercancía en mi dirección

Fecha de pedido: ☐☐ ☐☐ ☐☐

THE ORIGINAL
SPRINGFIELD
MODA JOVEN. PRECIO UNICO

Corta por la línea de puntos y dobla por el lugar indicado. Humedece esta solapa engomada y dóblala para formar un sobre. Deposítalo en un buzón. No necesita sello

## B. Vamos a comprar libros

### *Estudiante A*

Este verano estás trabajando en la sección de pedidos por catálogo de la librería *El mundo del libro.* Esta mañana llama un cliente para hacer un pedido. Escucha atentamente y completa la hoja que tienes a continuación. Haz las preguntas necesarias para obtener toda la información que necesitas.

**PEDIDO HECHO POR:**

***C/o DATEL Special Products***
12901 Coral Tree Place
Los Angeles, CA 90066

EL MUNDO DEL LIBRO

______________________________
Nombre Inicial Apellido

______________________________
Número de la calle Departamento

______________________________
Ciudad Estado Zona Postal

______________________________
Número de teléfono de la casa Número de teléfono del trabajo

| | No. de Catálogo | Título del Libro | Editorial | Cuántos de C/U | Precio de C/U | Total |
|---|---|---|---|---|---|---|
| 1 | | | | | | |
| 2 | | | | | | |
| 3 | | | | | | |

***Cómo calcular el costo de manejo y envío.***
El cargo mínimo es $4 por los dos primeros libros y $1 por cada libro adicional. Si los libros tienen uno o mas asteriscos (*), entonces aplique el cargo especial de $5 a los marcados con*, $6 a los marcados con ** y $7 a los marcados con***.

### *Estudiante B*

Quieres comprar libros para varias personas, pero no tienes mucho tiempo libre para ir a la librería. ¡No importa! La librería *El mundo del libro* te ofrece la posibilidad de comprar libros por correo o por teléfono por medio de un catálogo. Antes de decidir qué libros vas a comprar, mira el catálogo en la página 242 atentamente y selecciona un libro para las siguientes personas:

a. Tu tía—le gusta leer biografías: ______________
b. Tu primo—quiere viajar a México: ______________
c. Tú: ______________

# Catálogo Septiembre - Octubre '90

## Lo mejor en Español al alcance de sus manos

Promociones del bimestre ***** Excelentes ideas para regalos

### GUIA DE PLANTAS Y FLORES — GRIJALBO
**Francesco Bianchini y Azurra Carrara Pantano**

Excelente guía, fácil de usar, a todo color catalogando 522 plantas y flores diferentes, cada una con su ficha descriptiva. Cada ficha decriptiva contiene los siguientes datos: familia, lugar de origen, descripción, utilización, multlipicación, ambiente y exposición a la luz solar, época de floración, tipo de terreno, humedad. Incluye tanto a plantas de exterior, como de interior. Además las fichas vienen organizadas por familias ofreciendo así, su localización inmediata.

***No. 0156MCJ*** ***$ 39.95***

### TODO SOBRE LAS VITAMINAS — EDICIONES CEAC
**Earl Mindell**

**¡La auténtica biblia de las vitaminas!** Descubra este maravilloso mundo. Conozca, de verdad, lo que son las proteínas. ¿Y los sorprendentes aminoácidos, cómo le afectan? Tome las vitaminas juntas...en el momento justo. Cuándo deben tomarse y cuando no deben tomarse. ¿Poca azúcar? ¿Poca sal? Vitaminas y medicamentos ¡no los confunda! ¿Cómo conservarse joven y enérgico? ¡El libro definitivo para conocer cuáles son las vitaminas que usted precisa!

***No. 0043MSF*** ***$ 15.95***

### EL GENERAL EN SU LABERINTO — DIANA
**Gabriel García Márquez (Premio Nobel 1982)**

**¡Continúa como gran éxito de ventas desde 1989** la última novela del gran escritor latinoamericano! La obra presenta a un Bolívar más humano, atormentado por la enfermedad, la proscripción política y el abandono de sus amigos durante sus últimos días. Haciendo uso de un fantástico despliegue verbal, de un lenguaje genial, caribeño, puro; García Márquez se posesiona de su personaje para brindarnos una gran obra literaria.

***No. 0174BCT*** ***$ 18.50***

### PEREGRINOS DE AZTLAN — EDICIONES ERA
**Miguel Méndez**

Aquella tradición oral, voces del pueblo que se escuchan en las plazas pueblerinas, y que migran por todo México y el sur de Estados Unidos en busca de esperanza, narran esta obra ya clásica de la literatura chicana. Su aventura espiritual y dramática, el desierto que une y separa a dos países, Tijuana, Tucson, la vida peculiar en la frontera, Valle Imperial encuentra un terreno encantado para expresarse, que en su autor es tan hondo como libre. ¡He aquí todo un México que ignorábamos!

***No. 0216BCT*** ***$ 16.95***

### CONFIESO QUE HE VIVIDO. Memorias — SEIX BARRAL
**Pablo Neruda**

"El poeta, ha escrito Neruda, debe ser, parcialmente, el **cronista** de su época", y el se muestra aquí como un auténtico cronista y testigo de nuestro tiempo. Con la inigualable potencia verbal que caracteriza a sus mejores escritos nos ofrece una verdadera joya literaria. En ella nos expone tanto su concepción del arte y de la poesía como sus posiciones políticas. A este respecto, resulta particularmente emotiva la evocación del presidente Allende a los tres días de su trágica muerte.

***No. 0061BCT*** ***$ 15.95***

### CUENTOS DE HADAS — GRIJALBO
**Raymond E. Feist**

*Cuentos de hadas* nos descubre un mundo excepcional donde la percepción de la realidad se desdibuja magistralmente en los contornos de la fantasía y el terror. Su lectura encierra, sin duda alguna, una experiencia escalofriante e inolvidable, un aviso de que el mundo apacible y natural que vemos desenvolverse en nuestro entorno bien puede convertirse en cualquier momento en una trampa escapatoria.

***No. 0038CCT*** ***$ 15.95***

# Vocabulario

## Para charlar

### *Expresiones para comprar* *Expressions for buying*

¿Algo más? *Something else?*
A sus órdenes. *At your service.*
Aquí tiene(n). *Here you are.*
¿En qué puedo servirle(s)? *How can I help you?*
Es todo por hoy. *That's all for today.*
No hay más. *There aren't any more.*
¿Qué necesita(n)? *What do you need?*
Voy a llevar... *I'll take . . .*

### *Para preguntar el precio* *Asking the price*

¿Cuánto cuesta(n)? *How much is it (are they)?*
¿Qué precio tiene(n)? *How much is it (are they)?*
¿No está(n) en oferta? *It's not on sale?*

## Temas y contextos

### *Lugares para comprar* *Places for buying*

la papelería *stationery store*
la tienda de deportes *sporting goods store*
la tienda de discos *record shop*
la tienda de ropa *clothing store*

### *Una tienda de discos* *Record shop*

la cinta *tape*
la cinta virgen *blank tape*
el disco *record album*
el disco compacto *compact disc*
el vídeo *video*

### *Una tienda de deportes* *Sporting goods store*

los esquíes *skis*
la pelota de tenis *tennis ball*
la raqueta *racquet*
los zapatos de tenis *tennis shoes*

### *Para preguntar sobre preferencias* *Asking about preferences*

¿Cuál prefieres...? *Which do you prefer?*
¿Cuál quieres...? *Which one do you want?*

### *Para hacer comparaciones* *Making comparisons*

mayor *older*
más...que *more . . . than*
mejor *better*
menor *younger*
menos...que *less . . . than*
peor *worse*

### *Para establecer igualdad* *Establishing equality*

tan/tanto...como *as/as much . . . as*

### Una papelería *Stationery store*

la hoja *piece of paper*
el papel *paper*
el sobre *envelope*
la tarjeta de cumpleaños *birthday card*

### Una tienda de ropa *Clothing store*

el abrigo *coat*
la blusa *blouse*
la camisa *shirt*
la camiseta *t-shirt*
la chaqueta *jacket*
el cinturón *belt*
la falda *skirt*
el impermeable *raincoat*
los pantalones *trousers*
el suéter *sweater*
el vestido *dress*

### Una zapatería *Shoe store*

la bolsa de cuero *leather handbag*
la bota *boot*
los calcetines *socks*
las medias *stockings*
las sandalias *sandals*
el zapato *shoe*
el zapato de tacón *high-heeled shoe*
el zapato de tenis *tennis shoe*

### Cantidades *Quantities*

un kilo de *a kilogram of*
medio kilo de *a half kilogram of*
un cuarto de kilo de *a quarter of a kilogram of*
una libra de *a pound of*
50 gramos de *50 grams of*
un litro de *a liter of*
medio litro de *a half liter of*
una botella de *a bottle of*
un galón de *a gallon of*
una docena de *a dozen of*
un pedazo de *a piece of*
un paquete de *a package of*

### Carne y pescado *Meat and fish*

el bistec *steak*
el pescado *fish*
el pollo *chicken*

### Productos congelados *Frozen products*

el helado *ice cream*

### Productos lácteos *Dairy products*

la crema *cream*
el yogur *yogurt*
la mantequilla *butter*

### Productos varios *Varied products*

el aceite *oil*
el azúcar *sugar*
la galleta *biscuit, cookie*
la harina *flour*
la mayonesa *mayonnaise*
el pan *bread*
la pasta *pasta*
la pimienta *pepper*
la sal *salt*

### Las verduras *Vegetables*

las cebollas *onions*
los champiñones *mushrooms*
los espárragos *asparagus*
los guisantes *peas*
la lechuga *lettuce*
el maíz *corn*
las papas *potatoes*
los pepinos *cucumbers*
los tomates *tomatoes*
las zanahorias *carrots*

### Las frutas *Fruits*

los aguacates *avocados*
las bananas *bananas*
las fresas *strawberries*
los limones *lemons*
los mangos *mangoes*
las manzanas *apples*
los melocotones *peaches*
el melón *melon*
las naranjas *oranges*
las peras *pears*
las uvas *grapes*

## Vocabulario general

### *Sustantivos*

los alimentos *food*
la boutique *boutique*
el carrito *shopping cart*
el centro comercial *shopping center*
el escaparate *shop window*
el mercado al aire libre *open-air market*
la moda *style*
el precio *price*
el/la vendedor(a) *salesman (woman)*

### *Adjetivos*

amarillo(a) *yellow*
aquel(la) *that*
azul *blue*
barato(a) *cheap*
blanco(a) *white*
bonito(a) *pretty*
caro(a) *expensive*
ese(a) *that*
este(a) *this*
favorito(a) *favorite*
fresco(a) *cool*
lleno(a) *full*
marrón *brown*
moderno(a) *modern*
morado(a) *purple*
negro(a) *black*
rojo(a) *red*
rosa/rosado(a) *pink*
seguro(a) *sure*
suficiente *enough*
verde *green*

### *Verbos*

conducir *to drive*
decir *to say*
llevar *to take, carry*
ofrecer *to offer*
pasar *to pass*
regatear *to bargain*
traer *to bring*

### *Otras palabras y expresiones*

A ver. *Let's see.*
Buen ojo. *Good eye.*
por eso *that is why*
¡Qué pena! *What a pity!*
¡Super! *Super!*

además *besides*
allá *over there*
allí *there*
aquél(la)/aquéllos(as) *that one/those*
cada *each, every*
ése(a)/ésos(as) *that one/those*
éste(a)/éstos(as) *this one/these*
hasta *until*
juntos *together*
luego *then, afterwards*
para *for, in order to*
una vez *once*

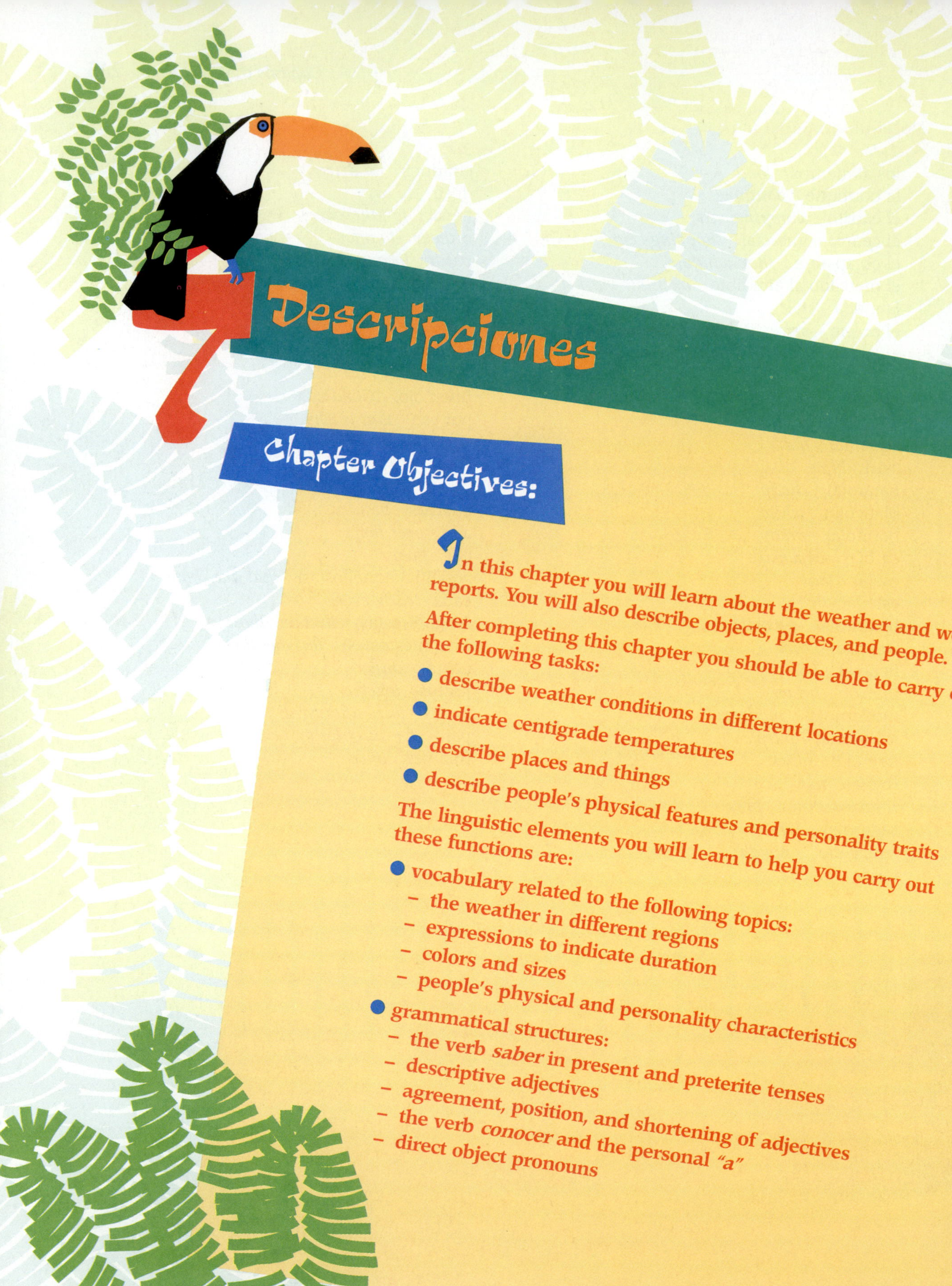

# Descripciones

## Chapter Objectives:

In this chapter you will learn about the weather and weather reports. You will also describe objects, places, and people.

After completing this chapter you should be able to carry out the following tasks:

- describe weather conditions in different locations
- indicate centigrade temperatures
- describe places and things
- describe people's physical features and personality traits

The linguistic elements you will learn to help you carry out these functions are:

- vocabulary related to the following topics:
  - the weather in different regions
  - expressions to indicate duration
  - colors and sizes
  - people's physical and personality characteristics
- grammatical structures:
  - the verb *saber* in present and preterite tenses
  - descriptive adjectives
  - agreement, position, and shortening of adjectives
  - the verb *conocer* and the personal *"a"*
  - direct object pronouns

Primera etapa: ¿Qué tiempo hace?
Segunda etapa: ¿Cómo es?
Tercera etapa: La gente que conoces
Cuarta etapa: *El tiempo en España*

*Las Leñas, Argentina*

# Primera etapa

## Para empezar: *¿Qué tiempo hace?*

## *Preparación*

- What kinds of questions do you normally ask when talking about the weather?
- What are some of the expressions used frequently in English to describe weather conditions?
- What temperature system is used in the United States? What system is more commonly used in other parts of the world?

## ¡Hace frío hoy!

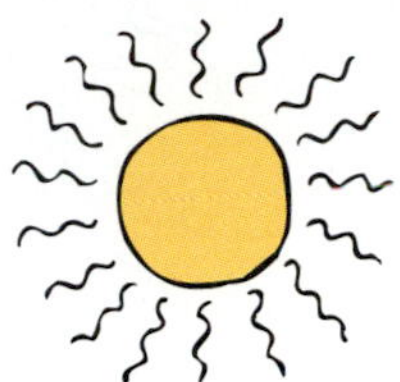

Hace sol.
Hace calor.
Está despejado.

Hace mal tiempo.
Truena. Hay tormenta.

Llueve.
Llovizna.

Hace buen tiempo.
No hace mucho frío.
No hace mucho calor.

Nieva.
Hace frío.

Está nublado.
Hay nubes.

Hace viento.
Hace fresco.

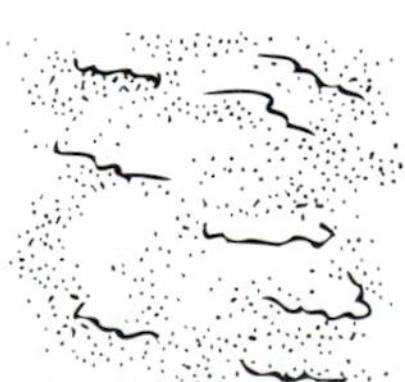

Hay niebla.
Hay neblina.

Hay hielo.
Está resbaloso.

## Te toca a ti

**A. ¿Qué tiempo hace?** Comenta sobre el tiempo que representa cada dibujo. Utiliza todas las expresiones posibles.

- **Modelo:** *Hace sol.*
  *Hace mucho calor.*
  *Está despejado.*

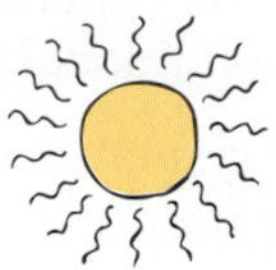

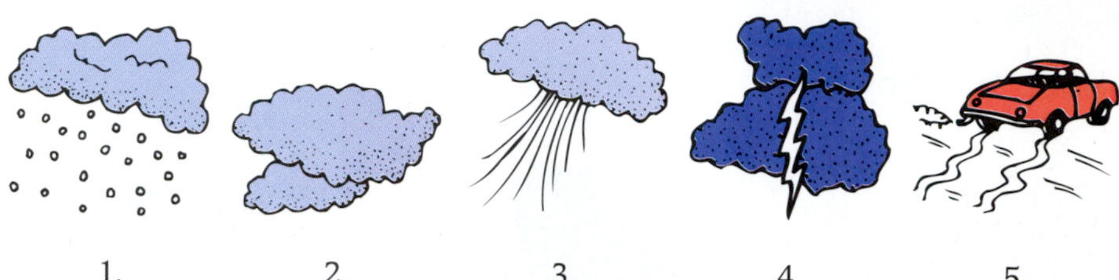

1. 2. 3. 4. 5.

**B. ¿Hace buen tiempo hoy?** Trabaja con otro(a) estudiante. Imagina que durante un viaje por América Latina llamas a un(a) amigo(a) en los Estados Unidos. Cada vez que llamas a esa persona, quiere saber qué tiempo hace. Contesta negativamente sus preguntas e indica cómo es el tiempo **según la información entre paréntesis.**

- **Modelo:** ¿Hace buen tiempo hoy? (mal)
  *No, no hace buen tiempo hoy. Hace mal tiempo.*

1. ¿Hace calor hoy? (frío)
2. ¿Llueve hoy? (nieva)
3. ¿Está nublado? (sol)
4. ¿Hay tormenta? (buen tiempo)
5. ¿Hace fresco? (mucho frío)
6. ¿Nieva? (viento)
7. ¿Hace sol? (nubes)
8. ¿Hace frío? (bastante calor)
9. ¿Está despejado? (nublado)
10. ¿Truena? (llueve)

**C. ¿Qué tiempo va a hacer?** Mira las temperaturas para las ciudades en el mapa de la pagina 248. Según las temperaturas, indica el tiempo que va a hacer en mayo.

- **Modelo:** Lima
  *Va a hacer fresco.*

1. México, D.F.
2. Caracas
3. Santiago
4. San José
5. Buenos Aires
6. La Habana
7. Asunción
8. Bogotá
9. La Paz
10. Montevideo

## Comentarios culturales

**El clima.** There is more variety in the weather patterns within very short distances in Latin America than in any other region of the world. Most Latin American countries north of the equator, such as Mexico, Costa Rica, and Venezuela, have a warm rainy season of about six months during the summer (April–October) and a dry, colder season the rest of the year. In July, for example, the temperatures reach over 80°F or 27°C in most of the Latin American countries in the Northern Hemisphere, while 60°F or 16°C is the average during January.

South of the equator, however, the seasons follow the reverse pattern. Temperatures in January, for instance, climb to over 80°F or 27°C in the Southern Hemisphere, while July brings snow to the southernmost countries like Argentina and Chile.

**La temperatura.** Temperatures in Spain and Latin American countries are given on the Celsius (centigrade) scale. Here are some Celsius temperatures and their Fahrenheit equivalents:

| C: | 30° | 25° | 20° | 15° | 10° | 5° | 0° | –5° |
|---|---|---|---|---|---|---|---|---|
| F: | 86° | 77° | 68° | 59° | 50° | 41° | 32° | 23° |

To convert from Celsius to Fahrenheit, divide by 5, multiply by 9, and add 32. To convert from Fahrenheit to Celsius, subtract 32, multiply by 5, and divide by 9. Be sure to round up decimals of 5 and higher and to drop decimals below 5. To indicate temperature, a Spanish speaker would say **"Estamos a cinco grados."** When it drops below zero, the phrase used is **bajo cero.**

## Enfoque léxico:

### *Expresiones para indicar tiempo transcurrido—**desde cuándo, desde (que), cuánto tiempo hace que, hace (...que)***

1. These time expressions can be used to ask and answer questions about something that started in the past and is continuing in the present.

| **Question:** | **Answer:** |
|---|---|
| **¿Desde cuándo** + present tense …? | **Desde** + specific point in time |
| – **¿Desde cuándo** estudias español? | – **Desde** el año pasado. |
| – ***How long*** *have you been studying Spanish?* | – ***Since*** *last year.* |
| | **Desde que** + past tense |
| | **Desde que** tenía 15 años. |
| | ***Since*** *I was 15.* |
| **¿Cuánto tiempo hace que** + present tense? | **Hace** + length of time |
| – **¿Cuánto tiempo hace que** vives aquí? | – **Hace** dos años. |
| – ***For how long*** *have you lived here?* | – ***For*** *two years.* |

2. When you want to indicate how long it has been since something is going on, you use the time expressions as follows:

   **hace** + length of time + **que** + present tense

   **Hace** dos semanas **que** no llueve aquí. — *It has not rained here* ***for*** *two weeks.*

3. Finally, to express the idea of "time ago" you use the same structure but with the verb in the past tense:

   **hace** + length of time + **que** + past tense

   **Hace** siete años **que** salí de España. — *I left Spain seven years* ***ago.***

## Dilo tú

**D. La señora Mendoza va a visitar los Estados Unidos.** Imagina que es el mes de enero y que una amiga de la Argentina viene a los Estados Unidos por primera vez. Te hace preguntas por teléfono sobre el tiempo para saber qué ropa debe traer. Usa la información entre paréntesis para contestarle.

◆ **Modelo:** ¿Desde cuándo hace frío en Boston? (octubre)
*Desde octubre.*

1. ¿Cuántos días hace que nieva en Boston? (dos días)
2. ¿Cuánto tiempo hace que no hace sol allá? (una semana)
3. ¿Desde cuándo llevan ropa de invierno en su ciudad? (tres meses)
4. ¿Hay tormenta? ¿Sí? ¿Desde cuándo? (ayer)

5. ¿Cuánto tiempo hace que viven ustedes en Boston? (doce años)
6. En Argentina hace calor in diciembre. ¿Cuánto tiempo hace que no viajas a la Argentina? (diez años)
7. Aquí en Buenos Aires no dicen nada de la tormenta de allí. ¿Desde cuándo saben ustedes que el aeropuerto está cerrado? (esta mañana)

**E. ¿Cuánto hace que...?** Pregunta a varios compañeros de clase cuánto tiempo hace que hacen o no las siguientes actividades *(for how long they have been doing something)*.

◆ **Modelo:** ir al cine
– *¿Cuánto tiempo hace que no vas al cine?*
– *Hace dos semanas.*

1. jugar al (tenis...)
2. trabajar en...
3. estudiar...
4. vivir aquí
5. conocer a...
6. ir a un concierto, al teatro...

## Enfoque estructural: *El verbo* saber

– ¿**Sabes** qué tiempo va a hacer mañana?
– No, no **sé.**

– ***Do you know*** *what the weather will be like tomorrow?*
– *No,* ***I don't know.***

Here is the way to form the present tense of the verb **saber:**

| **saber** | | | |
|---|---|---|---|
| yo | **sé** | nosotros | sab**emos** |
| tú | sab**es** | vosotros | sab**éis** |
| él / ella / Ud. | sab**e** | ellos / ellas / Uds. | sab**en** |

**Saber** is used to talk about knowledge of facts or something that has been learned thoroughly, as well as to say that you know how to do something. In this last instance, **saber** is used before an infinitive form of another verb.

Rita **sabe bailar** bien. — *Rita* ***knows how to dance*** *well.*
Tú **sabes hablar** tres idiomas, ¿verdad? — *You* ***know how to speak*** *three languages, right?*

Note that in the preterite the vowel in the stem of the verb changes to *u*. The chart on the following pages shows the forms in the preterite:

**saber**

| | | | |
|---|---|---|---|
| **sab-** → **sup-** | | | |
| yo | **supe** | nosotros | **supimos** |
| tú | **supiste** | vosotros | **supisteis** |
| él / ella / Ud. | **supo** | ellos / ellas / Uds. | **supieron** |

The verb **saber** in the preterite means to know something in the sense of the English expression "to find out." See the following examples:

Cuando llamó José, **supimos** lo que pasó. — *When José called, **we found out** what happened.*

Los niños **supieron** las buenas noticias. — *The children **found out** the good news.*

## Dilo tú

**F. ¿Qué sabes hacer?** Pregúntale a tu compañero(a) si sabe hacer las siguientes cosas: *to sing, to play an instrument, to play a sport (choose the ones you want), to cook, etc....* Después informa a la clase.

◆ **Modelo:** *¿Sabes hablar otro idioma?*

**G. ¿Cuándo lo supiste?** Estas son tus prediciones sobre el tiempo. Tu compañero(a) quiere saber cuándo supiste esta información.

◆ **Modelo:** – *Mañana va a nevar.*
– *¿Cuándo lo supiste?*
– *Lo supe ayer. (o esta mañana o anoche,* etc.*)*

1. No va a llover por dos o tres meses.
2. Va a hacer mucho calor el domingo.
3. Va a empezar a nevar mucho en diciembre.
4. Este fin de semana va a hacer mucho viento.
5. Va a haber tormentas en abril.
6. Este viernes empieza a hacer calor.

## Vamos a escuchar:

### *Conversaciones sobre el tiempo*

#### *Antes de escuchar*

Vas a oír dos conversaciones en las que hablan del tiempo. Repasa el vocabulario y las expresiones de la pagina 249 y lee las preguntas de los Ejercicios H e I para poder anticipar el contenido de los diálogos.

## *Después de escuchar*

**H. Comprensión.** Para cada diálogo contesta las siguientes preguntas.

**Diálogo 1**

1. ¿Por qué no están contentos los hijos?
2. ¿Qué tiempo hace en Acapulco, probablemente?
3. ¿Qué hizo la familia ayer?
4. ¿Hay música en el hotel?
5. ¿Qué cosa positiva dice el padre?

**Diálogo 2**

6. ¿Qué tiempo va a hacer mañana por la mañana? ¿y por la tarde?
7. ¿Cómo saben esto?
8. ¿Adónde quiere ir Patricia?
9. ¿Qué van a hacer por la mañana?
10. ¿Adónde van a ir por la tarde?

**I. ¿Cómo lo dicen?** Escucha los diálogos una vez más y contesta las preguntas.

**Diálogo 1**

1. Marcelo is complaining about the weather. What does he say?
2. What expression does Marcelo's father use to ask about a bad mood?
3. How do you say "at least" in Spanish?
4. What phrase does Susana use to refer to movie stars?

**Diálogo 2**

5. What is the term for "weather forecast" in Spanish?
6. What expression does Elena use to indicate that it will rain a lot?
7. What terms are used by Patricia and Elena to indicate that they agree with an idea?

## Tú dirás

**J. Intercambio.** Con otro(a) compañero(a) tomen turnos para hacer y contestar las siguientes preguntas.

1. ¿Qué estación prefieres? ¿Por qué?
2. ¿Te gusta el frío? ¿Qué te gusta hacer en el invierno?
3. ¿Te gusta el verano? ¿Qué haces cuando hace calor?
4. ¿Te gusta más la nieve o la lluvia? ¿Qué haces cuando nieva? ¿cuando llueve?

**K. Un(a) estudiante extranjero(a).** Un(a) estudiante de intercambio del Perú te hace preguntas sobre el tiempo en la región donde vives, las estaciones del año que tú prefieres y tus actividades durante varias estaciones. Trabaja con un(a) compañero(a).

**L. Mis vacaciones.** Hazle preguntas a otro(a) estudiante sobre sus vacaciones para saber detalles sobre el lugar, el tiempo, lo que hizo, etc.

**M. ¿De dónde eres?** Imagina que un(a) estudiante latinoamericano(a) estudia en tu universidad. Hazle preguntas para saber la siguiente información. Trabaja con un(a) compañero(a).

**Ask...**

1. when he or she arrived in the United States
2. if he or she likes the United States
3. where he or she lives in Latin America
4. what the weather is like in his or her town
5. whether he or she lives near the beach
6. when he or she was born
7. what his or her parents do
8. whether he or she has any brothers or sisters
9. whether he or she knows how to ski

Portillo, Chile

## Para empezar: *¿Cómo es?*

### *Preparación*

- When you describe an object, what details do you normally take into account?
- When you are planning to go to a movie or a play, what information do you usually like to have?
- What is important to know when choosing a restaurant?
- What kind of information is found in a horoscope?

## Describe…

Este coche es pequeño.
Este coche es bonito.
Este coche es moderno.
Este coche es bueno.

**Reminder: Este** is used to refer to an object close to the speaker. **Ese** refers to something farther away from the speaker.

Ese coche es grande.
Ese coche es feo.
Ese coche es **viejo.** — old
Ese coche es malo.

Este libro es interesante.
Este libro es **fácil.**
Este libro es **ligero.**

Ese libro es aburrido.
Ese libro es **difícil.** — easy / difficult
Ese libro es **pesado.** — light / heavy

# ¿Qué piensas?

**NACIO USTED EN ESTE DIA**

Es inventivo, nervioso y un poco sensible. Usualmente es talentoso en las líneas creativas. Para lograr sus habilidades tiene que aprender a controlar su temperamento. Tendrá éxito en cualquier carrera que mida sus ideales. Necesita autodisciplina. Tiene buena intuición en la cual debería aprender a confiar. Deje a un lado el escepticismo y la tendencia a ser muy sensitivo.

¿Es un horóscopo muy positivo o demasiado pesimista?

¿Es una película interesante?
¿Sensacional?
¿Aburrida?

¿Es un buen restaurante?
¿Nuevo?
¿Chino?
¿Elegante?
¿Caro?

¿Es un libro difícil?
¿Histórico?
¿Infantil?
¿Bonito?

¿Es un programa teatral variado?
¿Completo?
¿Es un buen programa?
¿Es un programa norteamericano?

¿Es un lugar serio y formal
o alegre y divertido?

## ¡Te toca a ti!

**A. ¿Cómo es?** ¿Qué adjetivo describe mejor el dibujo?

1. ¿Es fácil o difícil el examen?

2. ¿Es grande o pequeño el auto?

3. ¿Es vieja o moderna la iglesia?

4. ¿Es aburrido o interesante el libro?

5. ¿Es bonita o fea la playa?

6. ¿Es buena o mala la película?

7. ¿Es ligera o pesada la maleta?

8. ¿Es bonito o feo el pueblo?

**B. ¿Qué piensas?** Usa tres adjetivos para describir cada objeto o para dar tu opinión.

◆ **Modelo:** *Es una novela buena, interesante y sensacional.*

1. una novela

2. un periódico

3. una obra teatral

4. un programa

5. un cuadro

6. un vídeo

## ¿Recuerdas?

**C. ¿Cuánto tiempo hace?** Con un(a) compañero(a) tomen turnos para hacer preguntas según la información y para contestarlas con la información entre paréntesis.

◆ **Modelo:** Mi hermana estudia francés. (5 años)
– *¿De veras? ¿Cuánto tiempo hace que estudia francés?*
– *Hace cinco años.*

1. Tengo un *walk-man.* (2 meses)
2. Nosotros vivimos aquí por mucho tiempo. (1984)
3. Mi hermana Gloria mira la tele. (1:30)
4. Mi compañero(a) tiene coche nuevo. (4 días)
5. Mis vecinos tocan el piano. (2 semanas)
6. Mi novio está de vuelta *(back home).* (8 días)

**D. Lo que hice.** Explícale a otro(a) estudiante lo que hiciste en las siguientes circunstancias. Usa los verbos **leer, caer(se), oír, creer,** o **ver** según el contexto.

◆ **Modelo:** Explain how many hours it took you to read a certain novel.
*Leí la novela* Doña Bárbara *en diez horas.*

1. Explain that you suddenly fell down while you were running through the park.
2. Explain what you believed when you heard a shout **(un grito).**
3. Explain what you heard on the evening news last night.
4. Explain what you saw from your room yesterday.
5. Explain that you read an interesting book about Latin America for homework last week.

Venta de flores en un mercado mexicano

## Dilo tú

**E. ¿De qué color es?** Escoje el color que mejor describe el objeto indicado bajo condiciones normales.

1. ¿Es azul o verde el cielo *(sky)*?
2. ¿Son amarillas o grises las nubes?
3. ¿Es negro o amarillo el sol?
4. ¿Es blanca o azul la nieve?

5. ¿Son grises o amarillos los plátanos?
6. ¿Son verdes o negros los guisantes?
7. ¿Son blancas o anaranjadas las papas?
8. ¿Son negras o violetas las flores?

**F. Acabo de comprar...** Descríbele a otro(a) estudiante algo que acabas de comprar. Dile lo que es y usa diferentes adjetivos para describir su color, tamaño *(size)* y otras características. Sugerencias: **una bicicleta, un vídeo, una mochila, un coche, un televisor, una cámara, una computadora, un libro.**

◆ **Modelo:** *Acabo de comprar una bicicleta. Es francesa. Es azul y gris. Es muy ligera. ¡Es muy rápida también!,* etc.

## Enfoque estructural: *Los adjetivos*

### Concordancia de los adjetivos

1. As you have already learned, many adjectives end in **-o** if they are masculine and in **-a** if they are feminine. If the masculine form of an adjective ends in **-e**, the feminine form also ends in **-e.** To make these adjectives plural, you simply add **-s.**

| | |
|---|---|
| El muchacho es **alto.** | La muchacha es **alta.** |
| El libro es **interesante.** | La pregunta es **interesante.** |
| Los hombres son **inteligentes.** | Las mujeres son **inteligentes.** |

2. An adjective ending in **-sta** has the same ending for both the masculine and feminine forms. To make these adjectives plural, simply add an **-s.**

| | |
|---|---|
| El abogado es **pesimista.** | Las abogadas son **pesimistas.** |

3. If the masculine form of an adjective ends in **-l**, **-s**, or **-z**, the ending for the feminine form is also **-l**, **-s**, and **-z.** To make these plural, you add **-es.** Note that in the plural form, **z** changes to **c.**

| | |
|---|---|
| El examen es **difícil.** | Las preguntas son **difíciles.** |
| El vestido es **gris.** | Las faldas son **grises.** |
| El niño es **feliz.** | Las niñas son **felices.** |

Remember: The exception to this is that when an adjective of nationality ends in **-s** in the masculine form, the feminine form then ends in -**sa.**

| | |
|---|---|
| El profesor es **francés.** | La profesora es **francesa.** |

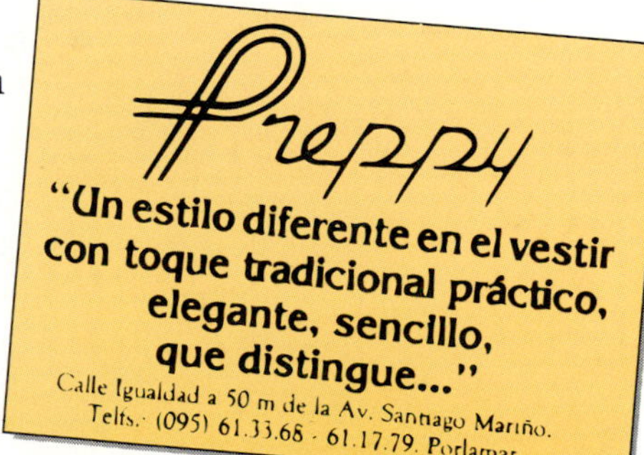

**Posición de los adjetivos**

1. In Spanish an adjective is almost always placed *after* the noun it describes:

   una película **japonesa**
   una lección **fácil**
   los libros **interesantes**

   | | |
   |---|---|
   | Acabo de comprar una moto **nueva.** | *I just bought a* **new** *motorcycle.* |
   | Es una moto **estupenda.** | *It's a* **great** *motorcycle.* |

2. Adjectives indicating nationality always *follow* the noun.

   | | |
   |---|---|
   | Los automóviles **japoneses** son buenos. | ***Japanese*** *cars are good.* |

3. When two adjectives modify the same noun, they are placed after the noun and are connected to each other with **y.**

   una universidad **buena y grande**
   unos muchachos **inteligentes y responsables**

## Dilo tú

**G.** Da la forma del femenino singular de cada adjetivo en la primera columna y la del femenino plural de los adjetivos en la segunda columna.

◆ **Modelo:** caro *cara*
negro *negras*

1. aburrido
2. fácil
3. colombiano
4. alegre
5. delicioso
6. feliz
7. normal
8. bonito
9. activista
10. blanco
11. inglés
12. dominante
13. formal
14. malo

Ahora da la forma del masculino singular de cada adjetivo en la lista del 1 al 10 y la del masculino plural de cada uno en la lista del 11 al 20.

◆ **Modelo:** delgada *delgado*
blanca *blancos*

1. interesante
2. famosa
3. bonita
4. amable
5. optimista
6. gorda
7. anaranjada
8. católica
9. larga
10. real
11. japonés
12. breve
13. azul
14. inglesa
15. tranquila
16. musical
17. baja
18. grande
19. realista
20. difícil

**H. Mi casa es...** Usa un adjetivo para hacer un comentario sobre cada objeto. Después hazle una pregunta a otro(a) estudiante. Sigue el modelo:

◆ **Modelo:** mi casa
– *Mi casa es grande. ¿Y tu casa?*
– *Mi casa es grande también.*
o
– *Mi casa no es grande. Es pequeña.*

1. mi apartamento
2. mi cuarto
3. mis libros
4. mi coche
5. mis compactos
6. mi computadora
7. mi ciudad
8. mi clase de...

**I. ¿Qué tipo *(kind)* de... tienes?** Trabaja con un(a) compañero(a) y escojan uno o dos adjetivos de la lista para contestar cada pregunta.

| | | | | | |
|---|---|---|---|---|---|
| alemán | chino | feo | inteligente | largo | rojo |
| azul | difícil | francés | italiano | moderno | simpático |
| bonito | español | grande | japonés | nuevo | verde |
| blanco | fácil | gris | joven | pequeño | viejo |

◆ **Modelo:** ¿Qué tipo de casa tienes?
*Tenemos una casa pequeña y amarilla.*

1. ¿Qué tipo de apartamento tienes?
2. ¿Qué tipo de coche tiene tu familia?
3. ¿Qué tipo de restaurante prefieres?
4. ¿Qué tipos de amigos tienes?
5. ¿Qué tipo de tarea *(homework)* tienes para la clase de español?
6. ¿Qué tipo de viaje haces cuando vas de vacaciones?
7. ¿Qué tipo de exámenes tienes en la clase de español?

# Enfoque estructural:

## *Adjetivos apocopados*–**buen, mal, gran**

When the adjectives **bueno, malo,** and **grande** are used before a masculine singular noun, they are shortened to **buen, mal,** and **gran.** The meaning of **grande** is radically different when it precedes the noun, for then it means *great* instead of *large.*

| | |
|---|---|
| Ramón es un **buen** muchacho. | *Ramón is a good boy.* (no emphasis on how good) |
| Ramón es un muchacho **bueno.** | *Ramón is a* ***good*** *boy.* (emphasis on how good) |
| Éste es un **mal** día para esquiar. | *This is a bad day for skiing.* (no emphasis on how bad) |
| Éste es un día **malo** para esquiar. | *This is a* ***bad*** *day for skiing.* (emphasis on how bad) |

Plácido Domingo es un **gran** hombre. — *Plácido Domingo is a **great** man.*

Plácido Domingo es un hombre **grande.** — *Plácido Domingo is a **big** man.*

## Dilo tú

**J. ¿Cómo son?** Usa los adjetivos sugeridos de dos maneras para describir los siguientes sustantivos *(nouns).* Cambia las formas si es necesario.

◆ **Modelo:** Es un museo. (grande)
*Es un gran museo.*
*Es un museo grande.*

1. Es un libro. (bueno)
2. Son unos niños. (malo)
3. Es un hombre. (grande)
4. Son unos amigos. (bueno)
5. Son unas ideas. (bueno)
6. Es una situación. (malo)
7. Es un perro. (grande)
8. Es un cuadro *(painting).* (grande)
9. Es una característica. (bueno)
10. Son unos futbolistas. (malo)

**K. Descripciones.** Escoge adjetivos de la lista para describirte a ti mismo(a) y después a las personas indicadas.

| | | | |
|---|---|---|---|
| activo | enérgico | independiente | pesimista |
| alegre | frívolo | indiscreto | realista |
| antipático | fuerte | ingenuo | serio |
| bonito | guapo | inteligente | simpático |
| bueno | generoso | joven | sincero |
| cómico | grande | malo | tímido |
| cruel | honesto | optimista | trabajador |
| delgado | idealista | paciente | triste |
| discreto | imaginativo | pequeño | valiente |
| dinámico | impaciente | perezoso | viejo |
| egoísta | | | |

1. un amigo
2. una amiga
3. un(a) profesor(a)

# Vamos a escuchar: *¡Es feo este auto!*

## *Antes de escuchar*

Think about car ads and adjectives you would use to describe the cars such as **grande, pequeño, elegante, feo, bello, económico, práctico, y los colores.** What other adjectives can be used?

## *Después de escuchar*

**L. Comprensión.**

1. ¿Le gusta a la muchacha el coche?
2. ¿De qué color es el coche?
3. ¿Qué dice Felipe de su coche?
4. ¿Qué quiere hacer la muchacha?

**M. ¿Cómo lo dicen?**

1. What Spanish phrase does Felipe use that is the equivalent of "What do you mean . . ."?
2. What verb does Pablo use when he asks if the car "works"?
3. What is the Spanish expression for "to go for a ride"?

# Tú dirás

**N. Un(a) amigo(a).** Un(a) estudiante de Bogotá, Colombia acaba de llegar a los Estados Unidos y quiere saber cómo es tu universidad. Usa todos los adjetivos necesarios para ser preciso(a) en tus descripciones. Incluye la librería, la cafetería, la biblioteca, la piscina, el estadio, la clase de inglés (de matemáticas), etc. Tu nuevo(a) amigo(a) te va a hacer preguntas para obtener más información.

**Ñ. Intercambio.** Hazle a un(a) estudiante las siguientes preguntas en español.

1. Do you live in a house or in an apartment? What is it like?
2. Do you have a car? A bike? What color? What size? Is it new?

## Para empezar: *La gente que conoces*

### *Preparación*

- When you make a physical description of a person, what kind of information is useful to include?
- What are some of the personality traits that are taken into account when you talk about what someone is like?
- How would you describe yourself over the telephone to someone who has never seen you or talked with you before?

### Nuestros vecinos y nuestros amigos

| | |
|---|---|
| neighbor | Aquí está nuestro **vecino**, el señor Salazar. |
| | Tiene 82 años. |
| thin | No es muy **delgado.** |
| eyes | Tiene los **ojos** azules. |
| hair / a little long | Tiene el **pelo un poco largo.** |
| nose | Tiene la **nariz** grande. |
| moustache / beard | No tiene **bigote** y **barba.** |

| | |
|---|---|
| granddaughter | Aquí está su **nieta,** Susana. |
| | Es joven; tiene veinte años. |
| strong | Es alta y **fuerte.** |
| hazel | Tiene los ojos **castaños.** |
| | Tiene el pelo rubio y largo. |
| | Tiene la nariz pequeña. |

## El carácter

Personality

Aquí está mi amigo Eduardo.

- ☐ Es pesimista.
- ☐ Es tímido.
- ☐ Es idealista.
- ☐ Es honesto.
- ☐ Es paciente.
- ☐ Es intelectual.
- ☐ Es serio.
- ☐ Es **perezoso.** — lazy
- ☐ Es generoso.
- ☐ Es independiente.
- ☐ Es discreto.
- ☐ Es triste.

Aquí está mi amiga Cecilia.

- ☐ Es optimista.
- ☐ Es valiente.
- ☐ Es realista.
- ☐ Es honesta.
- ☐ Es impaciente.
- ☐ Es atlética.
- ☐ Es simpática.
- ☐ Es **cómica.** — funny
- ☐ Es activa y enérgica.
- ☐ Es generosa también.
- ☐ Es independiente.
- ☐ Es inteligente
- ☐ Es alegre.

# Te toca a ti

**A. José Manuel y la señora Velázquez: retratos *(portraits)* físicos.** Contesta las preguntas según lo que representan los dibujos.

1. Aquí está José Manuel. Tiene veinticinco años. ¿Es viejo? ¿Es grande? ¿Es fuerte? ¿Tiene los ojos negros? ¿Tiene bigote? ¿Tiene la nariz pequeña?
2. Aquí está la señora Velázquez. ¿Es gorda? ¿Es delgada? ¿Tiene el pelo rubio? ¿Tiene la nariz pequeña? ¿Es alta?

**B. Retrato de un(a) compañero(a) de clase.** Usa las descripciones en la página 269 como modelo para describir a uno(a) de tus compañeros(as) de clase. No menciones su nombre. La clase va a tratar de adivinar *(guess)* quién es.

**C. José Manuel y la señora Velázquez: retratos psicológicos.** Contesta las preguntas sobre la personalidad de José Manuel y de la Sra. Velázquez.

1. A José Manuel le gustan mucho los coches rápidos y las actividades peligrosas *(dangerous)*. ¿Es valiente o tímido?
2. La señora Velázquez da dinero a los amigos que no son ricos. ¿Es generosa o tacaña *(stingy)*?
3. A José Manuel le gusta arreglar automóviles y leer novelas de detectives. ¿Es trabajador o perezoso?
4. La señora Velázquez encontró 50.000 pesos. Llamó por teléfono a la policía. ¿Es honesta o deshonesta?
5. A José Manuel no le gusta tocar el piano, pero le encanta jugar al béisbol y le gusta esquiar. ¿Es atlético o musical?
6. La señora Velázquez siempre escucha la radio. Le gustan la música clásica y las discusiones políticas. ¿Es seria o cómica?
7. A José Manuel le gusta la vida y tiene muchos amigos. ¿Es triste o alegre?
8. La señora Velázquez trabaja mucho. Va al teatro, al museo y al cine. ¿Es activa o perezosa?

**D. Mi mejor amigo(a).** Háblale a un compañero(a) de tu mejor amigo(a). Primero dale una descripción física. Luego describe su carácter.

# ¿Recuerdas?

**E. ¡Vamos a visitar el castillo *(castle)* y el parque de Chapultepec!** Descríbeles a tus amigos el castillo y el parque de Chapultepec en la ciudad de México. Usa la información dada a continuación para hacer tus descripciones. Puedes usar más detalles si tienen que ver con *(have to do with)* la idea central.

◆ **Modelo:** parque / inmenso
*Es un parque inmenso, o muy grande.*

**El parque de Chapultepec**

1. parque / interesante
2. turistas / norteamericano
3. el lago *(lake)* / bonito / popular
4. las estatuas / enorme
5. el tren / pequeño / divertido
6. los senderos *(paths)* / romántico / bonito

**El castillo de Chapultepec**

7. museo / histórico / mexicano
8. cuadros / viejo
9. terraza / bello / alto
10. patios / elegante / tranquilo
11. vista / espectacular

# Enfoque estructural:

## *El verbo* conocer *y la "*a*" personal*

– ¿Quieres **conocer** a Raúl, ese muchacho guapo? – *Do you want to* **meet** *Raúl, that good-looking boy?*
– ¡Cómo no! ¿Tú lo **conoces**? – *Of course!* **Do you know** *him?*
– ¡Claro que sí! Es mi hermano. – *Of course! He's my brother.*

**conocer**

| | | | |
|---|---|---|---|
| yo | cono**zco** | nosotros | conoc**emos** |
| tú | conoc**es** | vosotros | conoc**éis** |
| él / ella / Ud. | conoc**e** | ellos / ellas / Uds. | conoc**en** |

This verb is used to indicate an acquaintance or familiarity with someone, something, or some place. It can also be used to talk about the act of meeting someone or visiting a place for the first time.

¿Conoces **a** Catalina? *Do you know Catalina?*
¿Conocen la ciudad? *Do you know the city?*

The object of a verb is a person, a thing, or an idea that receives the action of that verb. When the direct object is a specific *human being or an animal that is personalized,* it is preceded by **a.** When the definite article in the masculine singular form follows the personal **a,** the contraction **al** is used.

| | |
|---|---|
| ¿Admiras **al** presidente? | *Do you admire the president?* |
| ¿Ves **a** la mujer alta? | *Do you see the tall woman?* |
| ¿Llevo **a** mi perro? | *Shall I take my dog?* |
| ¿Ves el edificio grande? | *Do you see the big building?* |
| ¿Admiras la inteligencia de Carlos? | *Do you admire Carlos's intelligence?* |

## Dilo tú

**F. ¿Con "a" o sin "a"?** Usa el modelo para completar las oraciones, usando más palabras si es necesario.

◆ **Modelo:** Miro… (la televisión / los estudiantes).
*Miro la televisión. Miro a los estudiantes.*

1. Buscamos… (el parque / los turistas / Roberto / el restaurante nuevo / mi perro).
2. Voy a visitar… (el estadio / la señora Mendoza / mis amigos / Buenos Aires).
3. El presidente no comprende… (la gente / los jóvenes / la situación / la lengua japonesa).
4. Josefina piensa visitar… (el museo / México / su familia / los tíos).

**G. Preguntas.** Haz preguntas a los estudiantes en tu grupo sobre cada tema a continuación.

◆ **Modelo:** México
*¿Conoces México?*
*¿Qué conoces de México?*

1. Buenos Aires
2. la comida mexicana
3. a Gloria Estefan
4. el castillo de Chapultepec
5. las mejores tiendas de esta ciudad (pueblo)
6. a algún estudiante extranjero

**H. ¿Qué miras?** Explícale a otro(a) estudiante lo que te gusta mirar cuando vas al centro. Usa la **a** personal si es necesario.

# Enfoque estructural:

## *Los pronombres de complemento directo*

1. As you saw in the previous *Enfoque estructural,* a direct object is the person or thing that is directly affected by a verb. It tells who or what receives the action. In the first column of sentences below, **mi coche, la cámara japonesa, los muchachos,** and **novelas de aventura** are all direct objects.

| | |
|---|---|
| – ¿El policía mira **mi coche?** | – *Is the police officer looking at **my car?*** |
| – Sí, **lo** mira. | – *Yes, he's looking at **it.*** |

| | |
|---|---|
| – ¿María quiere **la cámara japonesa?** | – *Does María want the **Japanese camera?*** |
| – Sí, **la** quiere. | – *Yes, she wants **it.*** |
| – ¿Ven **a los muchachos?** | – *Do they see **the children?*** |
| – No, no **los** ven. | – *No, they don't see **them.*** |
| – ¿Prefiere José **novelas de aventura?** | – *Does José prefer **adventure novels?*** |
| – Sí, **las** prefiere. | – *Yes, he prefers **them.*** |

2. Whenever possible, speakers tend to take shortcuts by using pronouns, and to replace direct objects by direct object pronouns. The pronouns agree with the direct object they stand for in both number (singular and plural) and gender (masculine and feminine).

**masculine singular: lo**

| | |
|---|---|
| ¿Ves **mi cuaderno?** | *Do you see **my notebook?*** |
| No, no **lo** veo. | *I don't see **it.*** |

**feminine singular: la**

| | |
|---|---|
| Escuchamos **música clásica.** | *We listen to **classical music.*** |
| **La** escuchamos. | *We listen to **it.*** |

**masculine plural: los**

| | |
|---|---|
| Despierto a **mis hermanos.** | *I wake **my brothers.*** |
| **Los** despierto. | *I wake **them.*** |

**feminine plural: las**

| | |
|---|---|
| No compramos **las entradas.** | *We don't buy **the tickets.*** |
| No **las** compramos. | *We don't buy **them.*** |

**Position of direct object pronouns**

1. The direct object pronoun is placed immediately *in front* of the conjugated verb, and immediately after an infinitive, attached to it.

| | |
|---|---|
| ¿El edificio? **Lo** conozco. | *The building? I'm familiar with **it.*** |
| ¿El número? Es importante saber**lo.** | *The number? It's important to know **it.*** |
| ¿Las cartas? Puedes poner**las** allí. | *The letters? You can put **them** there.* |
| ¿Los libros? **Los** quiero comprar ahora. | *The books? I want to buy **them** now.* |
| Leo **la revista.** | *I read **the magazine.*** |
| **La** leo. | *I read **it.*** |
| Es posible vender **el coche.** | *It's possible to sell **the car.*** |
| Es posible vender**lo.** | *It's possible to sell **it.*** |

2. When a conjugated verb and an infinitive are used together, the direct object pronoun can be placed *either* in front of the

conjugated verb or attached to the end of the infinitive. Attaching the pronoun to the infinitive is usually the more common practice.

| | |
|---|---|
| Prefiero comprar **la cámara.** | *I prefer to buy* ***the camera.*** |
| **La** prefiero comprar.<br>Prefiero comprar**la.** | *I prefer to buy* ***it.*** |

## Dilo tú

**I. En pocas palabras.** Shorten each sentence by replacing the direct object with the corresponding direct object pronoun. Follow the model.

◆ **Modelo:** Ruth llama a Francisco por teléfono.
*Ruth lo llama por teléfono.*

1. Hago la tarea ahora.
2. Los estudiantes no leen el libro.
3. No como carne.
4. Compramos los cuadernos en la librería.
5. Invitan a las muchachas.
6. Dan una película después de la clase.
7. No conozco al profesor Valdéz.
8. Mis padres prefieren la música clásica.

**J. Es decir...** Make up a short sentence consisting of an appropriate direct object pronoun for the object nouns or phrases listed, followed by a form of **buscar, ver, necesitar,** or **llevar.**

◆ **Modelo:** un libro de matemáticas
*Lo necesito.*

1. otro coche
2. cincuenta dólares
3. unos vídeos
4. la profesora Herrera
5. unos discos compactos nuevos
6. dos raquetas de tenis
7. un amigo
8. el número de teléfono
9. clases de química
10. un horario fácil

**K. ¿Si o no?** You and a classmate take turns asking each other the following questions. Answer them briefly and use a direct object pronoun for the noun or phrase provided.

◆ **Modelo:** ¿Hablas alemán?
*Sí, lo hablo.*
o
*No, no lo hablo.*

1. ¿Miras la televisión por la noche?
2. ¿Tomas el autobús a la universidad?
3. ¿Tus profesores dan muchas tareas?
4. ¿Tienes tiempo para practicar deportes?
5. ¿Quién prepara la comida en tu casa?

6. ¿Lees el periódico cuando desayunas?
7. ¿Haces tus tareas por la tarde o por la noche?
8. ¿Lavas los platos después de la cena?

**L. ¡Ya lo hice!** When your friend tells you to do something, you indicate that you have already done it. Follow the model.

◆ **Modelo:** ¡Lava los platos!
*¡Ya los lavé!*

1. ¡Compra el pan!
2. ¡Prepara el desayuno!
3. ¡Quita la mesa!
4. ¡Lava los platos!
5. ¡Termina tu tarea!
6. ¡Escucha el nuevo disco!
7. ¡Busca mis llaves!

**M. No quiero hacerlo... no voy a hacerlo...** You are in a particularly bad mood one evening. Whenever you are asked if you are going to do what you normally do, you indicate that you don't want to do it and, moreover, you are not going to do it. Follow the model.

◆ **Modelo:** preparar la cena
– *¿Vas a preparar la cena esta noche?*
– *No, no quiero prepararla esta noche.*
– *Pero, vas a prepararla de todas maneras* (anyway), *¿no?*
– *No quiero prepararla y no voy a prepararla.*

1. lavar la ropa
2. ayudar a tu hermano
3. quitar la mesa
4. leer el libro
5. terminar tu tarea
6. mirar la televisión
7. comprar comida
8. lavar los platos

## Vamos a escuchar:

*Descripciones de personas*

### *Antes de escuchar*

Describe la personalidad de alguien que tú conoces bien. Haz una lista de posibles adjetivos.

### *Después de escuchar*

**N. Comprensión.** Contesta las siguientes preguntas.

**Diálogo 1**

1. ¿Cuál es la profesión de la hermana de Raúl?
2. ¿Dónde vive ella?
3. ¿Cuántos años tiene ella?

4. ¿Le gustan los deportes?
5. ¿Cómo la describe su hermano?
6. ¿Qué piensa Raúl cuando oye hablar de la hermana de su amigo?

**Diálogo 2**

1. ¿Qué hace el hermano de Cecilia?
2. ¿De qué color tiene Manuel el pelo?
3. ¿Cómo reacciona Claudia?
4. ¿Cuál es el problema que menciona Cecilia?

### Ñ. ¿Cómo lo dicen?

**Diálogo 1**

1. What expression does Raúl use to ask how old his friend's sister is?
2. How do you say "hardworking" in Spanish?
3. How does Roberto say "Of course"?
4. What is an equivalent of "Be careful" in Spanish?

**Diálogo 2**

1. What words does Cecilia use to say that her brother is "likeable" and "good-looking"?
2. How do you say "mustache" in Spanish?
3. What word means "girlfriend" in Spanish?

## Tú dirás

**O. ¿Quién es?** Descríbeles a los otros estudiantes una persona famosa, sin decirles su nombre. Ellos tratarán de adivinar *(guess)* quién es. Antes de hacer la descripción di lo que la persona hace (es cantante, es actor/actriz, es profesor(a), etc.). Junto con la descripción física, dales otros detalles (i.e. dónde vive, su nacionalidad, cómo es su personalidad, sus preferencias, etc.).

**P. Mi pariente *(relative)* preferido(a).** Descríbele a otro(a) estudiante una persona en tu familia. Incluye *(include)* detalles sobre su apariencia física y su personalidad. Él(Ella) va a hacerte preguntas después.

**Q. Mi retrato.** Usa diferentes adjetivos para describirte a ti mismo(a) a otro(a) estudiante en tu clase. Si es posible da algunos ejemplos para explicar las características. Por ejemplo, si eres atlético(a), indica los deportes en que participas.

**R. Una entrevista *(An interview).*** Pretend that you work on your school newspaper and that you're interviewing a visiting rock star who is performing in your town. A classmate will play the role of the rock star. Find out as much as you can about his or her personality, what he or she likes to do, what music he or she listens to most often, what kinds of books he or she likes, what sports he or she plays, what climate he or she prefers, etc. Use some of the adjectives you have learned to ask questions and to find out what the person is like.

**Estudiantes universitarios en Lima, Perú**

## Lectura: *El tiempo en España*

### *Antes de leer*

Mira el mapa metereológico que sigue para ver rápidamente qué tiempo hace en ciertas regiones de España. Contesta las siguientes preguntas:

1. ¿Llueve o hace sol en Andalucía?
2. ¿Qué tiempo hace en Madrid?
3. ¿Hace calor en Cataluña?
4. ¿Qué tiempo hace en Galicia?
5. ¿Está nublado en Castilla-León?
6. ¿Hace frío en Castilla-La Mancha?

Si piensas hacer un viaje, es buena idea consultar la sección meteorológica del periódico. Ahora lee el pronóstico del tiempo antes de hacer el ejercicio que sigue.

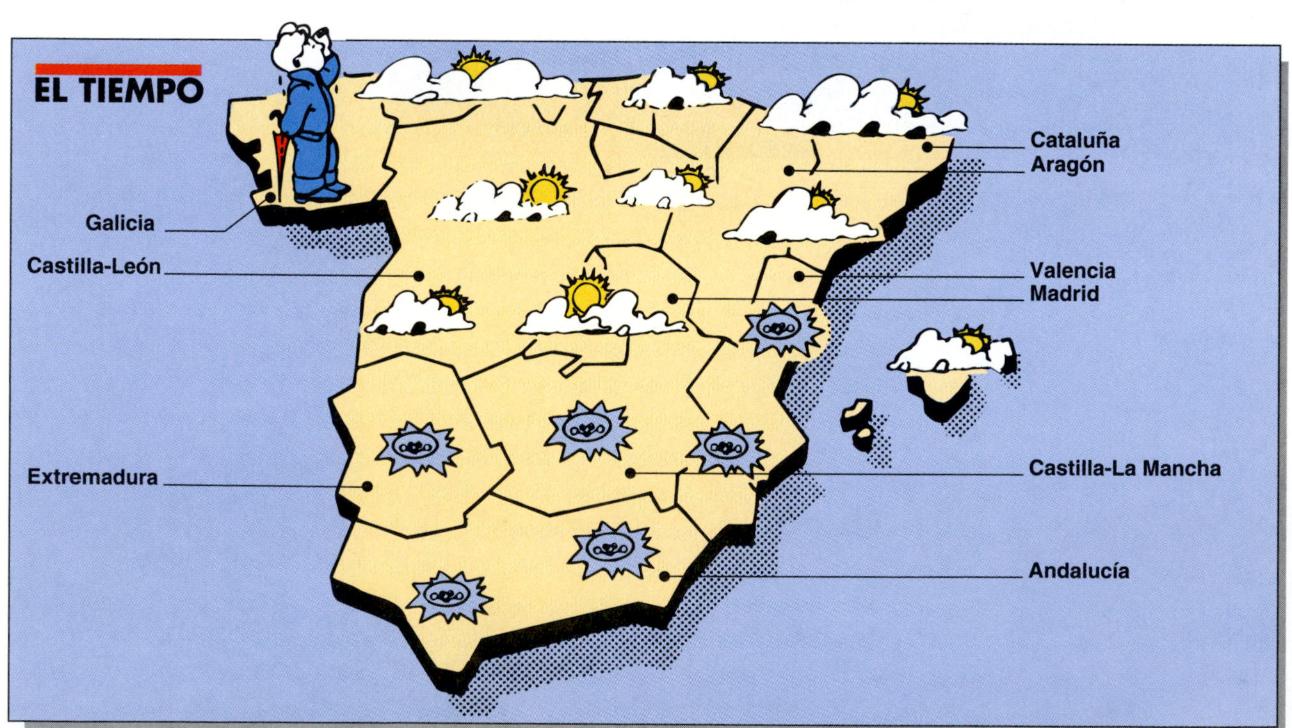

**Excepto Galicia, soleado**

Más lentamente de lo esperado va a **mejorar** la situación atmosférica en la mayoría de las regiones españolas, con predominio de los cielos parcialmente nubosos o despejados. Únicamente **habrá** tiempo nublado y algo inestable en Galicia y algunos intervalos nubosos frecuentes en las costas norteñas.

to improve
there will be

**Andalucía.** Máxima, de 22° a 26°; mínima, de 11° a 19°. **Ambiente** templado, con cielos despejados. Áreas de **marejada.**

Atmosphere
heavy sea

**Aragón**. Máxima, de 16° a 21°; mínima, de 10° a 15°. Predominio de los cielos parcialmente nubosos, con bancos de niebla **matinales** en el valle del Ebro y ambiente suave.

morning

**Castilla–La Mancha**. Máxima, de 19° a 24°; mínima, de 10° a 13°. Ambiente suave, con cielos despejados y algunas neblinas matinales.

**Castilla-León**. Máxima, de 17° a 21°; mínima, de 10° a 13°. **Refrescamiento,** con intervalos nubosos, más frecuentes en las áreas montañosas, con algunas precipitaciones débiles ocasionales.

A cooling off

**Cataluña.** Máxima, de 17° a 24°; mínima, de 10° a 16°. Cielos parcialmente nubosos en el norte. Predominio de los grandes claros, con bancos de niebla matinales en el resto. Marejada.

**Extremadura.** Máxima, de 23° a 25°; mínima, de 14° a 18°. Neblinas matinales, con predominio de los cielos poco nubosos o despejados y ambiente templado durante el día.

**Galicia.** Máxima, de 19° a 21°; mínima, de 11° a 14°. Predominio de los cielos nubosos, con frecuentes bancos de niebla matinales, ambiente suave y tiempo algo inestable con lluvias ocasionales. Marejada.

**Madrid.** Máxima, de 22° a 25°; mínima, de 11° a 14°. Predominio de los cielos poco nubosos o despejados, con ambiente templado y agradable durante el día. Neblinas y fresco nocturno y matinal.

**Valencia.** Máxima, de 23° a 25°; mínima, de 15° a 17°. Tiempo **seco** y cielos poco nubosos o despejados, con ambiente muy templado durante el día y nieblas matinales. Marejada.

dry

## *Después de leer*

**A. El tiempo.** Trabajando con un(a) compañero(a) de clase, estudia el mapa meteorológico de España y la información que lo acompaña. Cada persona escogerá una región distinta para hablar del tiempo que va a hacer allí, mencionando la ropa que conviene llevar bajo las condiciones que describe. Háganse preguntas sobre la información que dan. Usen las expresiones **va a hacer...** y **va a estar...** (i.e. "**Va a hacer sol, Va a hacer frío**", etc. y "**Va a estar nuboso.**") en sus descripciones y "**Estamos a** + *degrees* " al hablar de la temperatura.

**A. ¿Quién soy?** You are going to work in groups of at least four students. You need to have some "post-its" at hand to play this game.

Here are the instructions. Each person in the group is going to think of a well-known person (living or deceased). Then you will write the person's name on a post-it and put it on the forehead of a person in the group sitting next to you. Before beginning the game, each person in the group will have the name of someone you all know, so you will all see who everybody is but you will not know who *you* are.

One person will begin by asking a yes/no question (Am I a man?, Am I alive? . . .). If the answer is yes, this one person will get to ask again until he/she gets a negative response. Then, the next person in the group will start asking questions.

The game ends when everybody finds out *who* he or she is.

**B. ¿Sabes quién es?**

### *Estudiante A*

Below you have a series of pictures of well-known people. You will describe the first one to your partner and when he or she finds out who the person is, he or she will describe another one to you.

**Detalles y colores**

The extraordinary attention to detail and the enthusiastic display of colors are hallmarks of artistic expression in Spain and Latin America. Various examples of this preference are shown, from the ancient pyramids to baroque ornamentation, from the decoration of the practical to the creation of the amusing.

Writing activities for this chapter are presented in the workbook. For specific references to tasks supported by Atajo, please consult the workbook.

Fidel Castro

Gabriel García Márquez

Pablo Picasso

Gabriela Sabatini

## *Estudiante B*

Below you have a series of pictures of well-known people. You will describe the first one to your partner and when he or she finds out who the person is, he or she will describe another one to you.

Gloria Estefan

Salvador Dalí frente al Museo Dalí, Figuieras, España

Cristobal Colón

# Vocabulario

## Para charlar

### Para hablar del tiempo  Talking about the weather

¿Qué tiempo hace? *What's the weather like?*
Está despejado. *It's clear.*
Está nublado. *It's cloudy.*
Está resbaloso. *It's slippery.*
Hace buen tiempo. *It's nice.*
Hace calor. *It's hot.*
Hace fresco. *It's cool.*
Hace frío. *It's cold.*
Hace mal tiempo. *It's bad.*
Hace sol. *It's sunny.*
Hace viento. *It's windy.*
Hay hielo. *It's icy.*
Hay neblina. *It's foggy.*
Hay niebla. *It's foggy.*
Hay nubes. *It's cloudy.*
Hay tormenta. *It's stormy.*
Llovizna. *It's drizzling.*
Llueve. *It's raining.*
Nieva. *It's snowing.*
Truena. *It's thundering.*

### Para hacer una descripción física  Making a physical description

alto(a)/bajo(a) *tall/short*
feo(a)/bonito(a) *ugly/pretty*
joven/viejo(a) *young/old*
largo(a)/corto(a) *long/short*
ligero(a)/pesado(a) *light/heavy*
moderno(a)/viejo(a) *modern/old*
pequeño(a)/grande *small/big*
rubio(a)/moreno(a) *blond/brown-haired*

### Para dar una opinión  Giving an opinion

aburrido(a)/interesante *boring/interesting*
alegre/triste *happy/sad*
bueno(a) *good*
caro(a) *expensive*
clásico(a) *classic(al)*
completo(a) *complete*
delicioso(a) *delicious*
divertido(a)/serio(a) *fun/serious*
económico(a) *economical*
elegante *elegant*
extraño(a) *strange*
formal *formal*
formidable *formidable*
histórico(a) *historical*
infantil *infantile, childish*
optimista/pesimista *optimistic/pessimistic*
práctico(a) *practical*
regular *okay, regular*
romántico(a) *romantic*
sensacional *sensational*
teatral *theatrical*
variado(a) *varied*

### Para dar una descripción física de una persona  Giving a physical description of a person

Tiene... *He/she has . . .*
los ojos azules/verdes/castaños/negros *blue/green/hazel/black eyes*
el pelo corto/largo *short/long hair*
la nariz grande/pequeña *a big/small nose*
bigote/barba *a mustache/beard*
Es... *He/she is . . .*
débil/fuerte *weak/strong*
pálido(a)/bronceado(a) *pale/tan*

### *Para describir el carácter Describing someone's personality*

Él (ella) es... *He (she) is . . .*
- activo(a)/perezoso(a) *active/lazy*
- ambicioso(a) *ambitious*
- atlético(a) *athletic*
- cómico(a) *funny*
- deshonesto(a)/honesto(a) *dishonest/honest*
- discreto(a)/indiscreto(a) *discreet/indiscreet*
- generoso(a) *generous*
- idealista/realista *idealistic/realistic*
- impaciente/paciente *impatient/patient*
- independiente *independent*
- intelectual *intellectual*
- perfecto(a) *perfect*
- serio(a) *serious*
- tímido(a)/valiente *timid/brave*
- trabajador(a) *hard-working*

### *Otras palabras y expresiones*

- ¡Cuidado! *Careful! Watch out!*
- dar una vuelta *to turn over*
- ¿De qué color es... ? *What color is . . . ?*
- le describe *describes to him, her, you*
- Descríbeme... *Describe . . . for me.*
- estar de mal humor *to be in a bad mood*
- las estrellas *stars*
- llover a cántaros *to rain cats and dogs*
- parece *it appears*
- por lo menos *at least*

## Vocabulario general

### *Sustantivos*

- el cuadro *painting*
- el estilo *style*
- el horóscopo *horoscope*
- el mar *sea*
- la montaña *mountain*
- la niebla *fog*
- nieto(a) *grandson (daughter)*
- la nieve *snow*
- novio(a) *boy(girl)friend, fiancé(e)*
- el período *period (of time)*
- pintor(a) *painter*
- el pronóstico *forecast*
- la reacción *reaction*
- la temperatura *temperature*
- la tormenta *storm*
- vecino(a) *neighbor*

### *Verbos*

- adorar *to adore*
- ahorrar *to save*
- conocer *to know (person, place)*
- funcionar *to function, work*
- jugar *to play*
- saber *to know (fact)*
- volver *to return*

# 8 La salud

## Chapter Objectives:

This chapter deals with topics relating to health, nutrition, and physical fitness.

After completing this chapter you should be able to carry out the following tasks:

- talk about your own and other people's health and physical fitness
- refer to habitual actions in the past
- understand conversations about health and physical fitness
- read a short text dealing with health and physical fitness

The linguistic elements you will learn to help you carry out the above tasks are:

- vocabulary related to the following topics:
  - parts of the body
  - symptoms of common illnesses
  - the basic food groups
  - habitual actions
- grammatical structures:
  - the imperfect tense
  - indirect object pronouns
  - the verb *doler*
  - the present and preterite of the verbs *dar* and *pedir*

Primera etapa: Un accidente

Segunda etapa: Las enfermedades y los remedios

Tercera etapa: La salud: Mejor que la riqueza

Cuarta etapa: *Acerca de los dolores musculares*

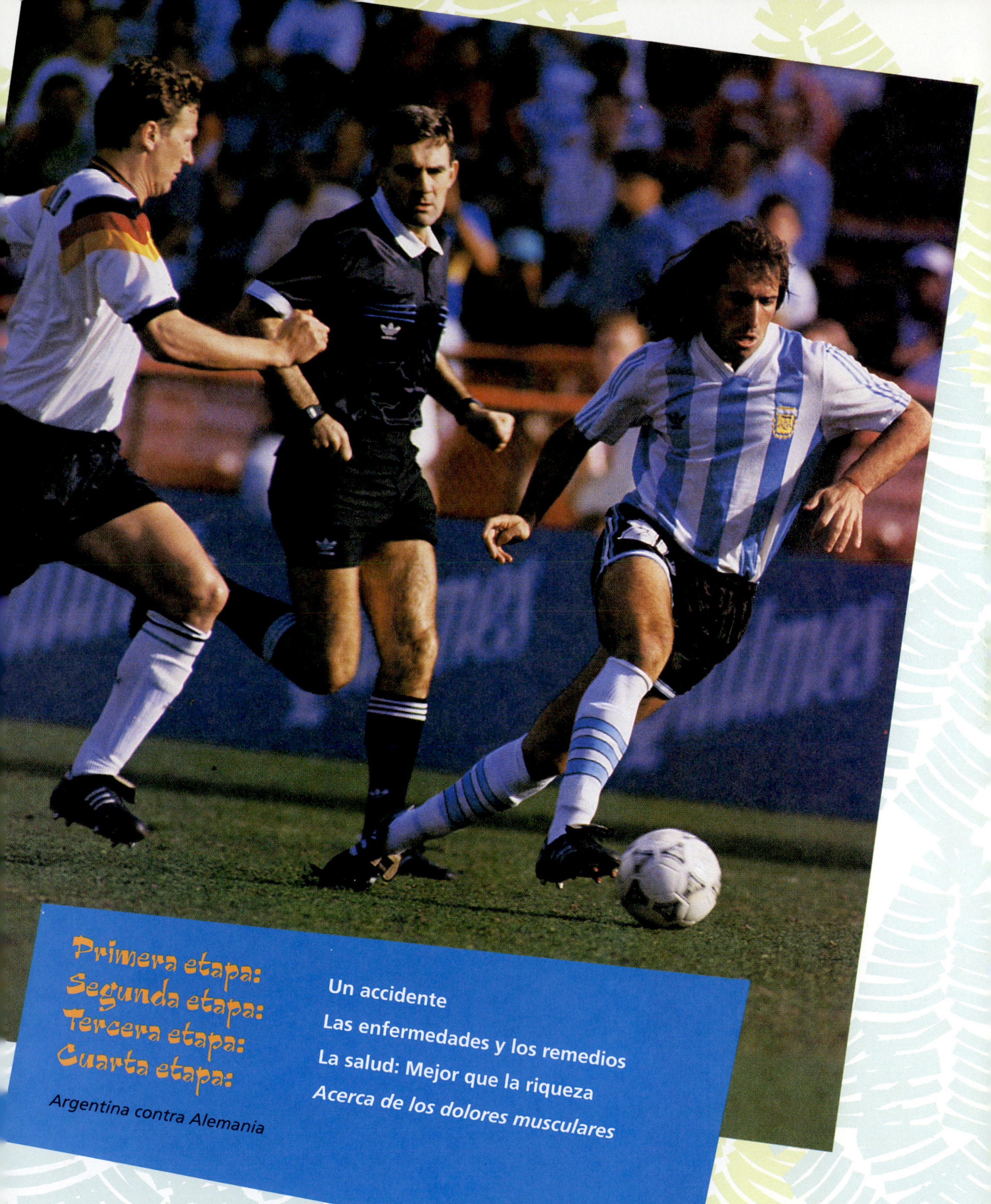

*Argentina contra Alemania*

## Para empezar: *Un accidente*

### *Preparación*

As you get ready to start this *etapa,* think about how you express such things as a hurt knee, a stomachache, a headache, a sprained ankle, or other aches and pains you may have or have had.

Think also about when you talk about your past—about routines you had in the past, last summer or your last year of high school, for example. Spanish, like English, uses a special past tense to talk about actions that formed part of our routines.

As you read the following article about an accident involving a student and a taxi, note the body parts that are mentioned.

### Estudiante choca con taxi

Amarilis Carrero, una estudiante de 22 años, **montaba** su bicicleta y chocó con un taxi ayer a las 9:30 de la mañana en la calle Bolívar. La estudiante iba a la universidad y chocó con el coche cuando **cruzaba** la calle. El conductor del taxi se lastimó una pierna. El pasajero no sufrió ningún daño. La Srta. Carrero se rompió un brazo, se torció un tobillo y se cortó la frente. La llevaron al Hospital Santa Cruz en una ambulancia de la Cruz Roja.

was riding

was crossing

## Te toca a ti

**A. Estudio de palabras.** Busca en el texto las palabras que significan lo siguiente:

1. collided
2. broke
3. sprained
4. cut
5. hurt
6. was not hurt

**B. Un accidente.** En español frecuentemente se usan los verbos **lastimarse** *(to hurt oneself)*, **torcerse** *(to sprain)*, **romperse** *(to break)* y **cortarse** *(to cut oneself)* con las partes del cuerpo para expresar los resultados de un accidente. Emplea las expresiones sugeridas a continuación para indicar lo que te pasó. Sigue el modelo:

◆ **Modelo:** (Yo) me lastimé…
*(Yo) me lastimé la mano.*

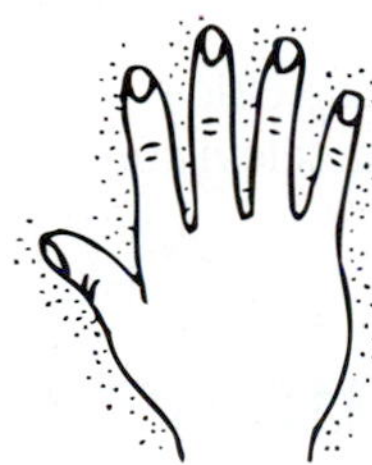

1. (Yo) me lastimé…

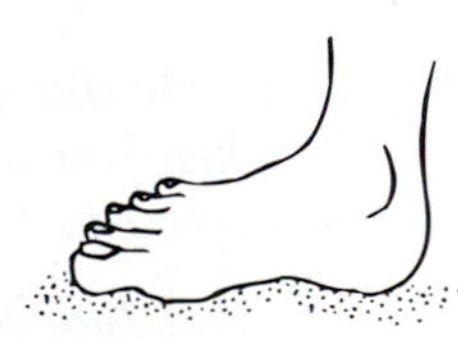
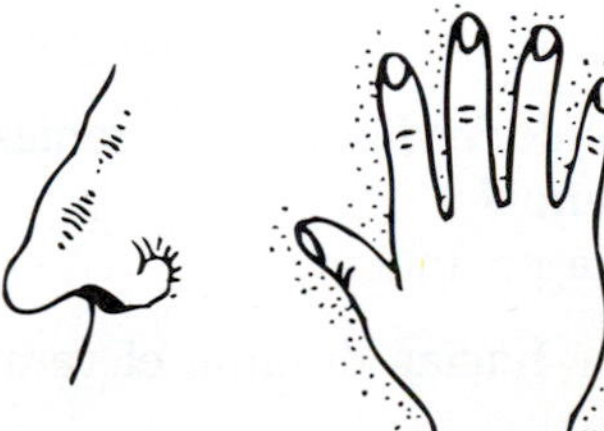

2. (Yo) me torcí…

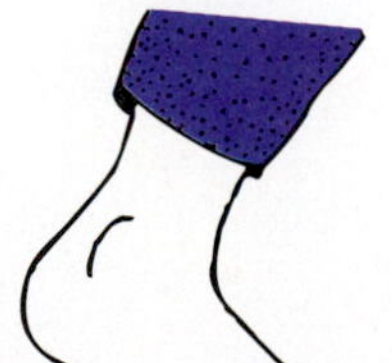

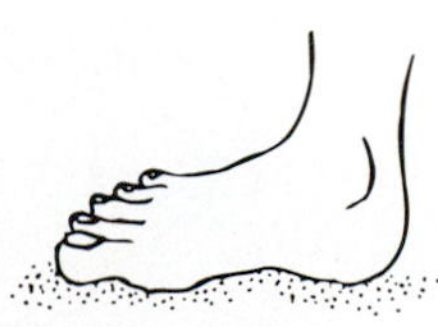

3. (Yo) me rompí…

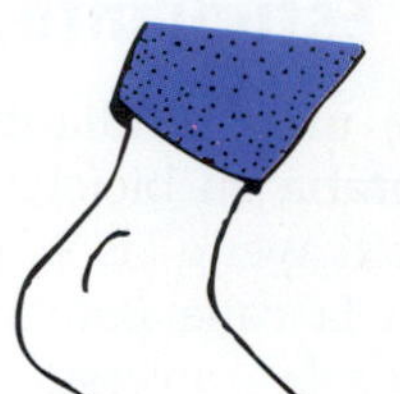
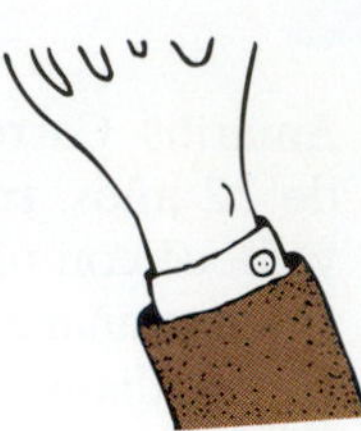

4. (Yo) me corté…

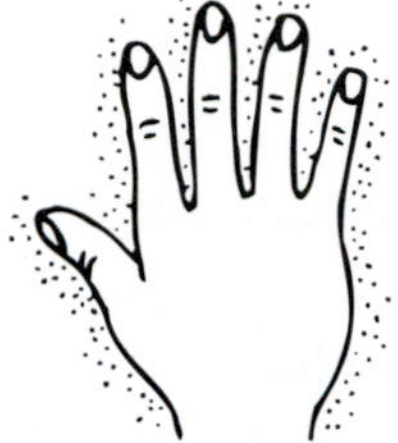
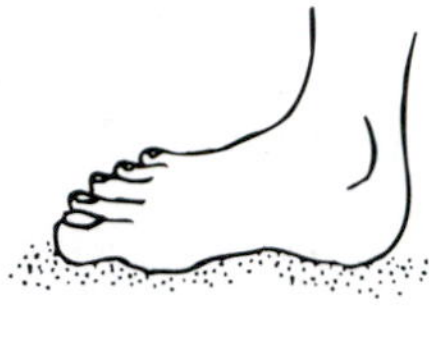

**C. Las partes del cuerpo.** Identifica las partes del cuerpo que asocias con las siguientes actividades:

1. tocar el piano
2. correr
3. nadar
4. mascar chicle
5. mirar televisión
6. comprar perfume
7. comer
8. cantar
9. bailar
10. escribir

## Enfoque estructural: *El imperfecto*

You have already learned to express actions in the past by using the preterite. Now you will learn a second past tense, the *imperfect,* which will allow you to express what you *used to do.* Note the following examples:

– ¿Dónde **vivías** cuando tenías 10 años? — *Where* ***did you use to live*** *when you were 10 years old?*
– **Vivía** en Indiana. — *I* ***used to live*** *in Indiana.*

– ¿Qué **hacías** durante el verano? — *What* ***did you use to do*** *during the summer?*
– **Nadaba y jugaba** al tenis todos los días. — *I* ***used to swim and play*** *tennis every day.*

To form the imperfect, note the following:

| | **hablar** | **comer** | **vivir** |
|---|---|---|---|
| | **habl-** | **com-** | **viv-** |
| yo | habl**aba** | com**ía** | viv**ía** |
| tú | habl**abas** | com**ías** | viv**ías** |
| él, ella, Ud. | habl**aba** | com**ía** | viv**ía** |
| nosotros | habl**ábamos** | com**íamos** | viv**íamos** |
| vosotros | habl**abais** | com**íais** | viv**íais** |
| ellos, ellas, Uds. | habl**aban** | com**ían** | viv**ían** |

The imperfect tense has three equivalents in English:

**Ella vivía** en España. { *She lived* in Spain. / *She used to live* in Spain. / *She was living* in Spain.

**El imperfecto de *ver, ser,* e *ir***

The verbs **ver, ser,** and **ir** do not follow the pattern presented above. Instead they form the imperfect in the following way:

| | **ver** | **ser** | **ir** |
|---|---|---|---|
| yo | **veía** | **era** | **iba** |
| tú | **veías** | **eras** | **ibas** |
| él, ella, Ud. | **veía** | **era** | **iba** |
| nosotros | **veíamos** | **éramos** | **íbamos** |
| vosotros | **veíais** | **erais** | **ibais** |
| ellos, ellas, Uds. | **veían** | **eran** | **iban** |

## Dilo tú

**D. La juventud *(youth)* del padre de Diana.** El padre de Diana recuerda lo que hacía cuando era niño. En la descripción de su vida, cambia los verbos del presente al imperfecto.

◆ **Modelo:** Vivimos en Valencia.
*Vivíamos en Valencia.*

1. Mi padre trabaja en un banco.
2. Mi mamá se queda en casa.
3. Yo asisto a la escuela primaria de nuestro barrio.
4. Mi hermana tiene dieciocho años.
5. Ella estudia en la universidad.
6. Nosotros pasamos los veranos en Málaga.
7. Mis padres alquilan una casa cerca del mar.
8. A mi hermana le gusta nadar.
9. Yo juego al vólibol en la playa.

10. Mi padre y yo vamos de pesca.
11. Nosotros nos divertimos mucho durante nuestras vacaciones en Málaga.

**E. El año pasado...cada jueves por la tarde.** Cuenta lo que hacían las personas en los dibujos cada jueves por la tarde.

◆ **Modelo:** *El año pasado, Carmen corría cada jueves por la tarde.*

**F. El año pasado, mi amigo y yo... cada sábado por la tarde.** Ahora imagina que cada sábado por la tarde tú y un(a) amigo(a) hacían lo mismo que las personas en los dibujos del Ejercicio E.

# Enfoque léxico:

## *Expresiones para hablar de acciones habituales*

The imperfect tense is used to express something that happened over and over again in the past.

| | |
|---|---|
| Todos los veranos **íbamos** a la playa. | *Every summer* ***we used to go*** *to the beach.* |
| Cada tarde mi hermana **nadaba** en el mar. | *Every afternoon my sister* ***used to swim*** *in the sea.* |
| Cada noche **escribíamos** postales y mis padres **leían** revistas. | *Every evening* ***we used to write*** *postcards and my parents* ***used to read*** *magazines.* |

Certain adverbs and expressions that convey the idea of a routine often accompany the imperfect tense and are listed below:

| | |
|---|---|
| **a menudo** | *often* |
| **a veces** | *sometimes* |
| **cada día (viernes, sábado, tarde, mañana, noche, semana, mes,** etc.) | *every day (Friday, Saturday, afternoon, morning, night, week, month,* etc.*)* |
| **con frecuencia** | *frequently* |
| **con regularidad** | *regularly* |
| **de vez en cuando** | *from time to time* |
| **frecuentemente** | *frequently* |
| **muchas veces** | *many times* |
| **normalmente** | *normally* |
| **siempre** | *always* |
| **todos los días (lunes, martes,** etc.) | *every day (Monday, Tuesday,* etc.*)* |
| **una vez al día (a la semana, al mes, al año,** etc.) | *once a day (week, month, year,* etc.*)* |

# Dilo tú

**G. El verano pasado.** El verano pasado Silvia pasó dos semanas con su amiga Elisabeth. Emplea las sugerencias y el imperfecto para contar lo que hacían Silvia y su amiga.

◆ **Modelo:** cada sábado por la noche / nosotras / salir con mis amigos
*Cada sábado por la noche salíamos con nuestros amigos.*

1. cada día / nosotros / despertarse temprano
2. muchas veces / yo / quedarse en cama una hora o dos
3. de costumbre / Elisabeth / levantarse enseguida

4. todos los días / nosotras / ducharse
5. normalmente / nosotras / desayunarse juntas
6. cada mañana / Elisabeth / arreglar la casa
7. a veces / yo / leer revistas en cama
8. cada tarde / nosotras / nadar en la piscina con nuestros amigos
9. cada noche / yo / hablar por teléfono con mis amigas
10. cada día / nosotras / comer pizza
11. de vez en cuando / nosotras / ir al cine
12. por lo general / nosotras / acostarse a las 11:00 o 12:00

**H. Cuando tú tenías siete años...** Emplea las sugerencias y pregúntale a un(a) compañero(a) de su vida cuando tenía siete años. Escribe las respuestas en una hoja de papel para que puedas informarle a la clase.

◆ **Modelo:** ir a la escuela
– *¿Dónde ibas a la escuela?*
– *Cerca de casa.*

1. vivir aquí
2. tener muchos amigos
3. ir a la playa
4. dormir la siesta
5. comer mucho
6. ser travieso(a) *(mischievous)*
7. jugar con los compañeros
8. levantarse temprano
9. acostarse tarde
10. beber mucha leche

## Vamos a escuchar:

## *El accidente de Felipe*

Carlos and Felipe are talking on the phone about an accident Felipe had yesterday.

### *Antes de escuchar*

Based on what you've learned in this *etapa*, what is some of the information you expect Carlos to ask Felipe about the accident?

**I. Comprensión.** Before your instructor plays the tape, take a moment and look at the questions below. After you listen, answer the questions.

1. ¿Qué parte del cuerpo se lastimó Felipe?
2. ¿Cómo pasó el accidente?
3. ¿Qué hacía Felipe?
4. ¿Se lastimó otra persona también?
5. ¿Qué le pasó?

### *Después de escuchar*

**J. ¿Cómo lo dicen?** Your instructor will play the tape again. Listen to try to determine the following:

1. How does Felipe describe himself?
2. How does Felipe say they weren't paying attention?

## Tú dirás

**K. ¿Qué hacías normalmente el verano pasado?** Think back to what you did in a typical week last summer. Make a list of some of the things you used to do on weekdays, weekends, certain nights, etc. Then ask a classmate what he or she did in a typical week last summer and compare your answers.

**L. Tuve un accidente.** Think of a time when you may have been hurt in an accident. Imagine that it occurred just recently. When a classmate calls up, tell him or her about your injury and explain, as well as you can, the circumstances of the accident. When did it happen? Where? What were you doing? With whom? What happened to you?

## Para empezar:

*Las enfermedades y los remedios*

### *Preparación*

Think about the various common illnesses we tend to get in the winter.

- What are some of them?
- What are the symptoms?
- What are some of the medicines we take for these illnesses?
- Are these over-the-counter medicines?
- Do you need a prescription?

As you read the following article about a common winter illness, note how symptoms and remedies are expressed.

borders / flu / reaches / point

Cada invierno los microbios cruzan **las fronteras.** Llegan de todas partes del mundo. Es la temporada de la **gripe.** Esta epidemia **alcanza** su **punto** más alto en diciembre, enero y febrero. Estas personas tienen la gripe. Noten los síntomas que tienen.

Estornuda.

Tiene fiebre.

Tiene dolor de estómago.

Tiene escalofrío.

Tiene dolor de garganta.

Tiene dolor de cabeza.

Tose.

I buy / cough syrup

Cuando no me siento bien, voy a la farmacia y **compro** alguna medicina. Cuando sufro un ataque de alergia y estornudo constantemente, compro un antihistamínico. Cuando toso mucho, compro un **jarabe.** Si tengo la gripe y me duele todo el cuerpo, me acuesto para descansar. Bebo mucha agua o jugo y tomo aspirinas para el dolor.

prescription / I take care of myself

Cuando estoy muy enfermo, tengo que ir a la doctora. Ella me examina y me toma la temperatura. Si tengo una infección y si tengo fiebre, ella me da una **receta.** Con la receta voy a la farmacia y compro un antibiótico. Descanso y **me cuido** muy bien cuando estoy enfermo.

## Te toca a ti

**A. ¿Qué tienen?** Describe los síntomas de las personas en los dibujos.

◆ **Modelo:** *El Sr. González tiene dolor de estómago.*

Sr. González

1. Sra. López

2. Simón

3. Beatriz

4. Sr. Torres

5. Srta. Martín

6. Isabel

**B. ¿Qué recomiendas?** Estás de vacaciones con tu familia en el Uruguay. Cuando alguien no se siente bien, te pide ayuda. Tú vas a la farmacia y de acuerdo con la información en la lectura y en *Comentarios culturales,* ¿qué crees que te va a decir el farmacéutico para los siguientes casos?

1. Your sister has a very bad cough.
2. Your father has a backache.
3. Your mother's allergies are acting up and she can't stop sneezing.
4. You have a fever and ache all over.

## Comentarios culturales

**Los remedios.** In much of the Spanish-speaking world, people often consult the local pharmacist *(farmacéutico)* when they are not feeling good. If the pharmacist considers the illness to be serious, he or she will advise the customer to see a doctor. In case of a cold, flu, allergy, or minor accident, the pharmacist will recommend over-the-counter medicine and will even do some first aid. Every city and town has at least one pharmacy that remains open all night. All other pharmacies have signs on the doors indicating which pharmacy has the long hours on that specific day.

When you go to a pharmacy, you may ask for something to heal a particular part of the body, for example:

***Necesito algo* para el dolor de garganta, el dolor de espalda, el dolor de estómago.**

Or you may ask for a remedy for a particular problem:

***Necesito algo* para la tos, para la gripe, para la fiebre, para una alergia.**

Or you may ask for a certain type of medicine:

Necesito **unas aspirinas, unas gotas** *(drops)* **para los ojos, unas gotas para la nariz, un antihistamínico, unas pastillas** *(lozenges)* **para la garganta, un jarabe** *(syrup)* **para la tos.**

How is this different from pharmacies in this country?

## ¿Recuerdas?

**C. ¿Cómo es...?** Dale a un(a) compañero(a) de clase una descripción breve de cada objeto, empleando dos adjetivos y la conjunción **y.**

◆ **Modelo:** ¿Cómo es tu casa?
*Es una casa pequeña y blanca.*

1. ¿Cómo es tu bicicleta?
2. ¿Cómo es tu apartamento (tu casa)?
3. ¿Cómo son tus discos?
4. ¿Cómo son tus libros?
5. ¿Cómo es tu familia?
6. ¿Cómo son tus hermanos (padres)?
7. ¿Cómo son los programas que miras en la televisión?
8. ¿Cómo son los exámenes de matemáticas?

**D. Mi hermana y yo.** Paula Ramírez cuenta cómo pasó su hermana Luisa el día de ayer. Emplea el pretérito.

◆ **Modelo:** Luisa y yo / pasar un día tranquilo
*Luisa y yo pasamos un día tranquilo.*

1. yo / correr por la mañana
2. Luisa / hacer gimnasia
3. Luisa / preparar el desayuno
4. yo / lavar la ropa
5. nosotras / hablar de nuestros planes
6. yo / ir al centro
7. Luisa / ver una película
8. nosotras / tomar un café
9. nosotras / cenar / las 6:30
10. Luisa / mirar un programa de televisión
11. yo / leer una revista

## Enfoque estructural:

### *Pronombres de complemento indirecto*

Indirect object pronouns are used to indicate what person or thing receives the direct object. Note the following examples:

Él **me** escribió una carta. — *He wrote a letter* ***to me.***
Ella **te** compró un disco. — *She bought a record* ***for you.***
Tú **nos** vendiste el coche. — *You sold the car* ***to us.***

– ¿Le escribió ella una carta **a Juan?** — – *Did she write a letter* ***to Juan?***
– No, ella **les** escribió una carta **a sus amigas.** — – *No, she wrote a letter* ***to her friends.***

The indirect object pronouns in Spanish are:

| | | | |
|---|---|---|---|
| **me** | *to (for) me* | **nos** | *to (for) us* |
| **te** | *to (for) you* | **os** | *to (for) you* |
| **le** | *to (for) him, her, you* | **les** | *to (for) them, you* |

## *El verbo* ***doler***

– ¿Cómo estás?
– No muy bien. **Me duele** la garganta.
– **¿Te duele** la cabeza?
– Sí, y **me duelen** la espalda y las piernas también.

– *How are you?*
– *Not too well. My throat* ***hurts.***
– ***Does*** *your head* ***ache?***
– *Yes, and my back and legs* ***hurt*** *also.*

The verb **doler** is just like the verb **gustar** in that it is used with the indirect object pronouns **me, te, le, nos, os,** and **les.** Like **gustar,** only the third-person singular and plural forms are used, depending on whether what hurts is singular or plural. Also notice that in the above examples, Spanish uses definite articles for body parts where English uses possessives.

## Dilo tú

**E. ¿Te duele...?** Pregúntales a varios compañeros de clase si les duele algo. Emplea las sugerencias y sigue el modelo:

◆ **Modelo:** la muñeca / la espalda
– *¿Te duele la muñeca?*
– *No, no me duele la muñeca, pero me duele la espalda.*

1. el tobillo / los pies
2. los ojos / la cabeza
3. la espalda / las piernas
4. las orejas / el brazo
5. el hombro / las piernas
6. la rodilla / la garganta

# Enfoque estructural:

## *El imperfecto–usos adicionales*

In addition to indicating habitual past actions, the imperfect tense is used to talk about several other kinds of situations in the past:

1. To indicate actions that *were going on* at the time about which you are speaking.

   Mientras **hablábamos,** ella **leía** una revista. — *While* ***we were talking,*** *she* ***was reading*** *a magazine.*

2. To describe the physical attributes of people you are remembering.

   Ella **tenía** los ojos azules. — *She* ***had*** *blue eyes.*

3. To express attitudes and beliefs that were held at that time in the past, using verbs such as **creer, pensar,** etc.

   Yo **creía** que era bonita. — *I **thought** she was pretty.*

4. To express how old someone was in the past.

   Él **tenía** cincuenta años. — *He **was** fifty years old.*

5. To describe past states of health.

   Yo **no me sentía** bien. — *I **didn't feel** well.*

6. To set the background or context for a story that takes place in the past.

   **Eran** las nueve de la noche. Yo **estaba de visita** en Phoenix. **Era** invierno, pero **hacía** muchísimo calor allí. **Estábamos** en un pequeño restaurante.

   *It **was** 9:00 at night. I **was visiting** Phoenix. **It was** winter, but **it was** very hot there. **We were** in a tiny restaurant.*

## Dilo tú

**F. La fiesta de Cecilia.** Daniel llegó tarde a la fiesta de Cecilia. De acuerdo con el dibujo, emplea el imperfecto para indicar lo que hacían sus amigos cuando él llegó.

◆ **Modelo:** Olga
*Olga escuchaba discos compactos.*

**G. Anoche a las 8:00.** Vas a contar algo que te pasó a ti. Describe dónde estabas y qué hacías cuando empezó el cuento. Para la primera situación hay unas preguntas que te pueden servir de guía.

1. ayer por la noche a las 8:00 – ¿Dónde estabas? ¿Qué hacías? ¿Qué tiempo hacía? ¿Cómo te sentías? ¿Estabas solo(a) *(alone)* o con otras personas? ¿Qué hacían ellas?
2. esta mañana a las 7:30
3. el sábado pasado a las 10:00 de la noche
4. el viernes pasado por la noche
5. un momento importante de tu vida

## Vamos a escuchar: *En la farmacia*

A client goes to a pharmacy and discusses his symptoms with the pharmacist.

### *Antes de escuchar*

Based on what you've learned in this *etapa,* what is some of the information you expect to hear about:

1. how he will describe his symptoms
2. how he will ask for certain medicines
3. what the pharmacist will suggest

**H. Comprensión.** Before your instructor plays the tape, take a moment and look at the questions below. After you listen, answer the questions.

1. ¿Cuáles son los síntomas del cliente?
2. ¿Qué le da la farmacéutica?
3. ¿Para qué síntomas?
4. ¿Qué más le pide el cliente a la farmacéutica?
5. ¿Qué consejos le da la farmacéutica al cliente?

### *Después de escuchar*

**I. ¿Cómo lo dicen?** Your instructor will play the tape again. Listen to try to determine the following.

1. How does the pharmacist say "may I help you"?
2. How does the pharmacist say "of course"?

## Tú dirás

**J. No me siento bien.** You don't feel well and need some medicine. Go to the pharmacist and describe your symptoms. Your classmate will play the role of the pharmacist and will suggest various medicines for the specific symptoms.

**K. ¿Qué te pasaba?** Remember the last time you were sick. Tell your classmate about it. When was that? Where were you? What were the symptoms? How did you feel?

Una médica española

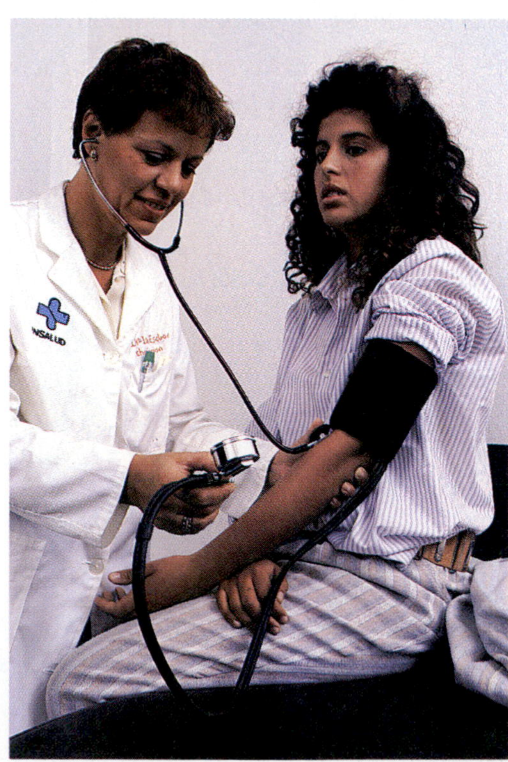

## Para empezar:

*La salud–mejor que la riqueza*

### *Preparación*

As you get ready to begin this *etapa,* think about the food craze this country has gone through in the past few years. Think about your own eating habits. Do you eat health foods? Do you eat junk foods? What about meat?

## Los cinco grupos alimenticios

| | | | |
|---|---|---|---|
| 1 | | **Leches y productos lácteos** | calcio, proteína, grasa, vitamina B, vitamina A |
| 2 | | **Carne, pescado, huevos** | proteína, grasa, hierro, vitamina A, vitamina B |
| 3 | | **Frutas y vegetales** | vitamina C, fibra, minerales |
| 4 | | **Pan, cereales, papas, vegetales secos** | almidón, proteína, vitamina B |
| 5 | | **Grasa** | lípidos, vitamina A en la mantequilla y la crema |

### Funciones de los cinco grupos alimenticios

Grupos 1 y 2 **Desarrollan,** mantienen y **renuevan** los **tejidos** del cuerpo. Forman los **huesos** y los dientes; mantienen **sanos** los nervios y los músculos; regulan el tono muscular y el ritmo cardíaco.

Develop / renew / tissues
bones / healthy

Grupo 3 Facilitan la digestión; mejoran la visión nocturna; ayudan al movimiento muscular.

Grupos 4 y 5 Le dan energía al cuerpo (calorías).

## Te toca a ti

**A. Debes comer los alimentos del grupo...** La dieta tiene una influencia muy importante en nuestra condición física. De acuerdo con la información al principio de esta *etapa,* recomienda lo que deben comer las siguientes personas.

◆ **Modelo:** Paula Lerma tiene problemas cuando maneja *(drives)* el coche de noche; ella no puede ver muy bien.
*Debe comer los alimentos del grupo 3, frutas y vegetales.*

1. Mateo Torres se prepara para una competición deportiva.
2. Virginia Estrada siempre está cansada.
3. Adela López empieza a echar los dientes *(to teethe).*
4. Pablo Chávez tiene problemas después de comer: le duele el estómago.
5. Juan José Cisneros se rompió el brazo tres veces.
6. A Genoveva Candelaria le late *(beats)* el corazón irregularmente.

**B. ¿Comes bien?** Comenta sobre lo que comiste ayer en términos de los cinco grupos básicos. Tu compañero(a) va a decirte si comiste bien o comiste mal.

◆ **Modelo:** – *Del primer grupo comí queso para el almuerzo y bebí leche para la cena. Del segundo grupo...* etc.
– *Comiste muy bien.* o:
– *Comiste muy mal.*

## ¿Recuerdas?

**C. Cuando tenías diecisiete años.** Haz una lista de las cosas que hacías habitualmente cuando tenías diecisiete años. Después habla con un(a) compañero(a) y pregúntale si hacía o no las mismas cosas que tú.

**D. Las quejas *(complaints).*** Haz el papel de farmacéutico(a). Emplea el verbo **deber** y un infinitivo y recomiéndales a tus clientes lo que deben hacer. Sigue el modelo.

◆ **Modelo:** Tengo dolor de cabeza. (aspirina)
*Debes tomar dos aspirinas.*

1. Estornudo sin parar. (antihistamínico)
2. Tengo la gripe. (aspirina)
3. Tengo una tos terrible. (jarabe)
4. Me duele la garganta. (pastillas)
5. Siempre estoy cansado(a). (descansar)
6. Tengo fiebre. (aspirina)
7. Me duele el estómago. (té)
8. Me duele todo el cuerpo. (médico)

# Enfoque estructural:

## *Los verbos **dar** y **pedir***

**Dar**

| | |
|---|---|
| Le **doy** el libro a mi compañero. | *I **give** the book to my classmate.* |
| La profesora nos **da** la tarea. | *The instructor **gives** the homework to us.* |
| – ¿Le **diste** la carta a tu novia? | – ***Did you give** the letter to your girlfriend?* |
| – Sí, le **di** la carta a ella. | – *Yes, **I gave** the letter to her.* |

Except for the **yo** form, the verb **dar** is conjugated in the present tense in the same way as other **-ar** verbs.

**Present of the verb *dar***

| | | | |
|---|---|---|---|
| yo | **doy** | nosotros | **damos** |
| tú | **das** | vosotros | **dais** |
| él / ella / Ud. | **da** | ellos / ellas / Uds. | **dan** |

**Preterite of the verb *dar***

| | | | |
|---|---|---|---|
| yo | **di** | nosotros | **dimos** |
| tú | **diste** | vosotros | **disteis** |
| él / ella / Ud. | **dio** | ellos / ellas / Uds. | **dieron** |

Although **dar** is an **-ar** verb, it is conjugated in the preterite with the endings that you use for **-er** and **-ir** verbs. Also notice that the forms **di** and **dio** do not take an accent mark.

The verb **dar** is often used with indirect object pronouns that indicate to whom something is being given. Other verbs commonly used with indirect object pronouns are **hablar, decir, mandar** *(to send)*, and **escribir.**

**Pedir**

| | |
|---|---|
| – ¿Le **pides** permiso a alguien cuando quieres salir? | – ***Do you ask** anyone for permission when you want to go out?* |
| – No, no le **pido** permiso a nadie. | – *No, I don't **ask** anyone for permission.* |

| | |
|---|---|
| – ¿Le **pediste** dinero a Juan para ir al concierto? | – ***Did you ask** Juan for money to go to the concert?* |
| – Sí, le **pedí** 50 dólares. | – *Yes, I **asked** him for 50 dollars.* |

**Pedir** means *to ask for something* as opposed to **preguntar**, which means *to ask questions.* Here are the conjugations of **pedir.**

**Present tense of *pedir***

| | | | |
|---|---|---|---|
| yo | **pido** | nosotros(as) | **pedimos** |
| tú | **pides** | vosotros(as) | **pedís** |
| él / ella / Ud. | **pide** | ellos / ellas / Uds. | **piden** |

Notice that the **e** in the stem of **pedir** changes to **i** in all forms of the present except **nosotros** and **vosotros.**

**Preterite tense of *pedir***

| | | | |
|---|---|---|---|
| yo | **pedí** | nosotros(as) | **pedimos** |
| tú | **pediste** | vosotros(as) | **pedisteis** |
| él / ella / Ud. | **pidió** | ellos / ellas / Uds. | **pidieron** |

Notice that the **e** in the stem of **pedir** changes to **i** in the third person singular and plural of the preterite. Other verbs conjugated like this are:

**servir**
**medir** *(to measure)*
**reírse** *(to laugh)*
**repetir** *(to repeat)*
**sonreír** *(to smile)*

## Dilo tú

**E. El médico le dio la medicina a...** Indica a quién le dio el médico cada medicina. Emplea las sugerencias y sigue el modelo.

◆ **Modelo:** el jarabe / Mario
*Le dio el jarabe a Mario.*

1. la medicina / Laura
2. el jarabe / mis hermanos
3. el antihistamínico / Ud.
4. el antibiótico / yo
5. el jarabe / tú
6. la receta / la profesora
7. la aspirina / mi esposo(a)
8. las gotas para los ojos / tú
9. la medicina / mi novio(a)
10. las aspirinas / mi amigo(a)

**F. ¿Qué pides?** Tu amigo(a) te pregunta si en la cafetería de la universidad te sirven ciertas comidas. Tú le contestas que les pides ciertas comidas y te sirven otras. Sigue el modelo.

◆ **Modelo:** dulces / fruta
– *¿Les pides dulces?*
– *Sí, pero me sirven fruta.*

1. pasteles / yogur
2. papas fritas / zanahorias
3. dulces / pasas (raisins)
4. helado / manzanas o peras
5. galletas / bananas
6. torta / fruta y queso

## Comentarios culturales

**Metros y kilos.** In Spanish-speaking countries, height and weight are expressed in **metros** and **kilos.**

One meter **(metro)** is equivalent to 3.281 feet (a little over 39 inches). Conversely, one foot equals 0.305 meters, and one inch equals 2.5 centimeters. To convert your height to meters and centimeters, multiply your height in inches by 2.5. For example, if you are 5'8" tall, you would be 170 centimeters tall (68" × 2.5). Since there are 100 centimeters in a meter you would say that you are 1 meter and 70 centimeters tall, or **"Mido un metro setenta."**

One kilogram **(kilo)** is the equivalent of 2.2 pounds, and one pound equals 454 grams. To convert pounds to kilograms, divide your weight in pounds by 2.2. For example, if you weigh 145 pounds, you would weigh 65.9 kilograms (145 ÷ 2.2) and you would say, **"Peso casi sesenta y seis kilos."**

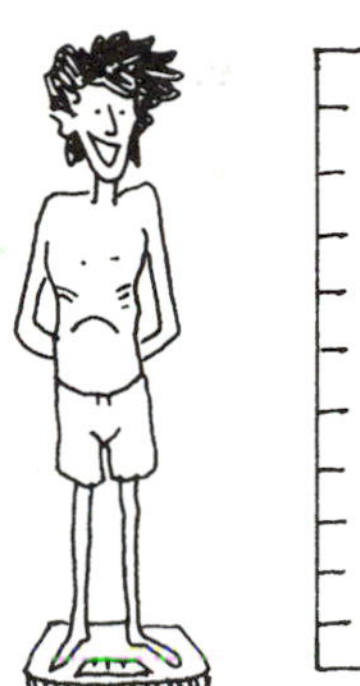

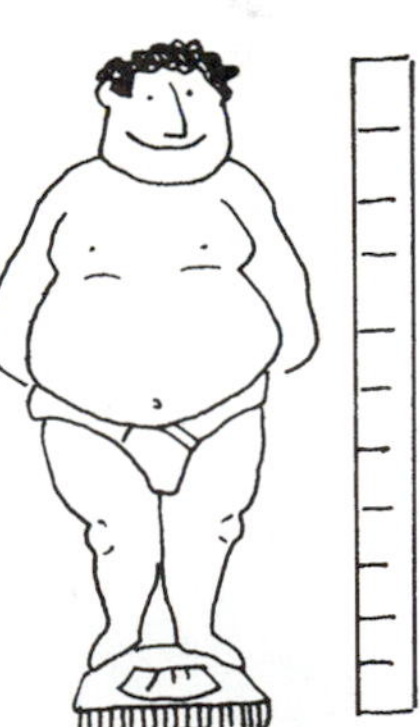

## Vamos a escuchar: *Comer bien*

Héctor and Felipe are having a conversation about eating right and staying in shape.

## *Antes de escuchar*

Based on what you've learned in this *etapa,* what is some of the information you expect to hear about:

1. how tall they are
2. how much they weigh
3. what they eat
4. what they don't eat

**G. Comprensión.** Before your instructor plays the tape, take a moment and think about the questions below. After you listen, answer the questions.

1. ¿Cuánto mide Felipe?
2. ¿Cuánto pesa?
3. ¿Cómo guarda la línea?
4. ¿Qué tipo de comidas preparan?

## *Después de escuchar*

**H. ¿Cómo lo dicen?** Your instructor will play the tape again. Listen to try to determine the following.

1. How does Felipe say how tall he is?
2. How does he say he exercises?

# Tú dirás

**I. Costumbres alimenticias.** Survey some of your classmates about the eating habits and physical conditions of their family members and/or friends. Then report to the class your general conclusions about the physical condition of people in your town.

**J. La dieta ideal.** With a classmate, prepare the ideal diet for the following people: (a) a group of athletes, and (b) a group of college students who are not very active. Present the diet to the class and explain why you think it is good for them.

## Lectura: *Acerca de los dolores musculares*

### *Antes de leer*

This text is taken from *El Regional,* a newspaper in Puerto Rico. Don't try to translate every word. Instead, work on capturing the general idea of each section.

# Acerca de los dolores musculares

## Por Robert P. Sheldon

**MANTÉNGASE**

Mientras innumerables cantidades de personas comienzan un régimen de ejercicios cada año, otro tanto "tira la toalla" antes de ver algún resultado positivo. Y la cesación de la actividad no está limitada a los principiantes: veteranos, también, frecuentemente abandonan su deporte. La falta de interés y de tiempo y las lesiones son algunas de las razones para renunciar. Los científicos especialistas en comportamiento humano, John Martín, Ph.D. y Patricia Dubbert, Ph.D., de la Administración de Veteranos y el Centro Médico de la Universidad de Mississippi tienen estos consejos para los deportistas novatos y los no tan novatos, lo mismo que para los profesionales y amigos alentadores:

**1) Vaya paso a paso.** Comience de una manera fácil, de baja intensidad y gradualmente aumente su ritmo de ejercicios.

**2) Control del refuerzo.** Siéntase orgulloso de usted mismo. Mantenga una lista que le recuerde sus logros. Cuéntele a sus amigos lo mucho que ha avanzado. Envuélvase en desafíos motivacionales de premios ganados o separe cierta cantidad de dinero por cada milla que corra, nade o corra en bicicleta.

**3) Control estimulante.** Saque la ropa que va a utilizar en la corrida mañanera la noche anterior, o por la mañana si es que va a correr en la tarde después del trabajo. Evite las amistades que no aprecian el ejercicio. Lleve un historial de su millaje, tenga a la vista carteles y fotografías de personas ejercitándose, programe sus ejercicios semanalmente por adelantado y escriba notas sobre usted mismo.

**4) Contratos de comportamiento humano.** Escríbase un contrato a usted mismo, y sea realista acerca de sus metas. Guárdelo y cuando haya logrado su meta, celébrelo.

**5) Estrategias congénitas.** Establezca metas, visualícese logrando éstas, y sea positivo. La gente comienza a ejercitarse por que es bueno para su salud y quiere hacerlo bien. Con un poco de empuje mental y premeditación, usted puede mantenerse en un programa de ejercicios o ayudar a otros a continuar el suyo.

**A. Comprensión.** Answer the following questions in English based on the reading.

1. Who are John Martin and Patricia Dubbert and what kind of advice do they give?
2. According to point number one, how should you begin?
3. How does point number two suggest that you reward yourself?
4. What are some suggestions to help maintain a routine?
5. Why do people exercise, according to point five?

**B. Ejercicio de palabras.** Based on the content of the reading, what do you think the following words mean?

1. principiantes
2. novatos
3. logros
4. evite
5. meta

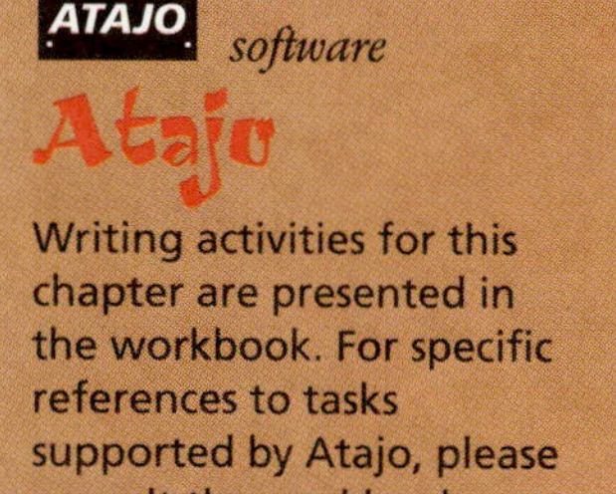


*software*

**Atajo**

Writing activities for this chapter are presented in the workbook. For specific references to tasks supported by Atajo, please consult the workbook.

Evaluación de remedios en Caracas, Venezuela

*video*

**Mosaico cultural**

**Remedios tradicionales y modernos**

From the role of the pharmacist to herbal and spiritual remedies, a longstanding tradition of indigenous medicine coexists today with the most advanced medicine—to restore health and vigor, both physical and spiritual.

## Por fin

**A. Partes del cuerpo.** Con un(a) compañero(a), completa el crucigrama en las páginas 311 y 312 usando palabras para las diferentes partes del cuerpo humano.

Van a necesitar las siguientes expresiones:

*Es la parte que está... .*

*Sirve para... .*

*Tiene... .*

## *Estudiante A*

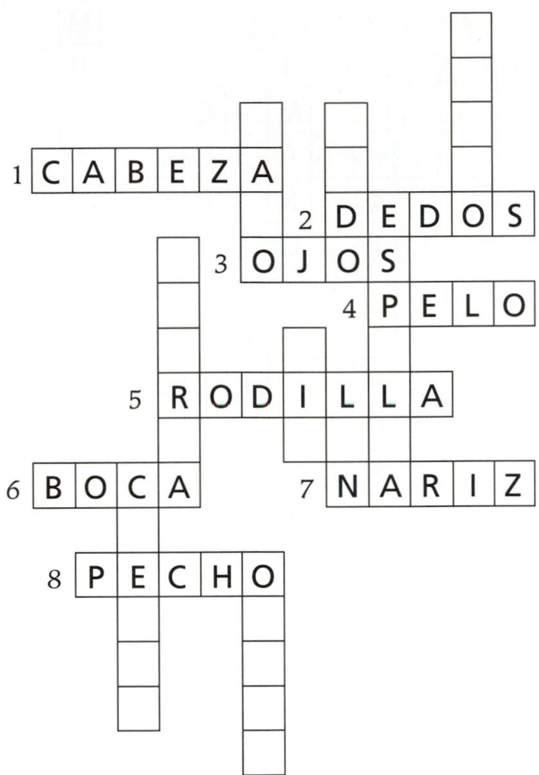


En este crucigrama tienes la parte horizontal pero faltan las respuestas para la parte vertical.

Tu compañero(a) va a describir, sin mencionar la palabra, las partes del cuerpo que aparecen en su crucigrama y tú tienes que escuchar atentamente y adivinar la parte del cuerpo que está describiendo.

Tu compañero(a) va a empezar describiendo el nº 1 vertical. Cuando descubras la respuesta, tú sigues describiendo el nº 1 horizontal.

## Estudiante B

En este crucigrama tienes la parte vertical pero faltan las respuestas para la parte horizontal.

Tu compañero(a) va a describir, sin mencionar la palabra, las partes del cuerpo que aparecen en su crucigrama y tú tienes que escuchar atentamente y adivinar la parte del cuerpo que está describiendo.

Tú vas a empezar describiendo el nº 1 vertical. Cuando tu compañero(a) descubra la respuesta, le toca a él(ella) describir el nº 1 horizontal.

**B. Una historia del pasado.** Imaginen que viven a finales del Siglo XXI. Un día estás en casa y llega un(a) amigo(a). Entre los dos intentan recordar cómo era la vida en el Siglo XX. Utilizando las fotos que siguen y sus recuerdos, hablen de la vida y las costumbres del siglo anterior.

## *Estudiante A*

Tú vas a empezar a recordar. Usando las fotos que tienes arriba, comenta:

a. what people looked like
b. where and how they used to live

Tu compañero(a) también tiene fotos. Escribe las cosas que dice tu compañero(a). Al final, entre los dos van a tener una historia completa que van a compartir con el resto de la clase.

## Estudiante B

Tú vas a ayudar a tu compañero(a) a completar la historia. Usando las fotos que tienes habla de lo siguiente:

a. things people used to do: jobs, hobbies...
b. their eating habits

Escribe las cosas que dice tu compañero(a). Al final, entre los dos van a tener una historia completa que van a compartir con el resto de la clase.

# Vocabulario

## Para charlar

### Para hablar de tu estado físico *Talking about your physical state*

bajar de peso *to lose weight*
caerse *to fall*
cortarse *to cut*
lastimarse *to hurt*
mantenerse en condiciones óptimas *to stay in top condition*
ponerse en forma *to get in shape*
romperse *to break*
(no)sentirse bien(mal) *(not) to feel good (bad)*
sudar *to sweat*
tener dolor de... *to have a ...ache*
tener un accidente *to have an accident*
tonificarse *to tone up*
torcerse *to sprain*
guardar la línea *to watch one's weight*

### Para hablar del estado físico de otra persona *Talking about the physical state of another person*

¿Cómo te sientes? *How do you feel?*
¿Te sientes bien(mal)? *Do you feel good (bad)?*
No te ves muy bien. *You don't look very well.*
¿Estás en forma? *Are you in shape?*
¿Qué te pasa? *What's the matter with you?*
¿Qué te pasó? *What happened to you?*
¿Te lastimaste? *Did you hurt yourself?*
¿Tuviste algún accidente? *Did you have an accident?*

### Para describir los síntomas *Describing symptoms*

Estornudo. *I sneeze.*
No puedo dormir. *I can't sleep.*
Me duele(n) *It hurts.*
Tengo una alergia. *I have an allergy*
catarro *a cold*
dolor de cabeza *a headache*
espalda *a backache*
estómago *a stomachache*
Tengo escalofrío. *I have chills.*
fiebre *a fever*
la gripe *the flu*
una infección *an infection*
tos *a cough*
un virus *a virus*
Toso. *I cough.*

### Para comprar medicina en la farmacia *Buying medicine at the drugstore*

Necesito... (remedio) *I need...(remedy)*
Necesito algo para... (parte del cuerpo) *I need something for...(part of body)*
Necesito alguna cosa para... (parte del cuerpo) *I need something for...(part of body)*

### Para hablar de actividades habituales *Talking about habitual activities*

a menudo *often*
a veces *sometimes*
cada día (viernes, sábado, tarde, mañana, noche, semana, mes, etc.) *every day (Friday, Saturday, afternoon, morning, night, week, month, etc.)*
con frecuencia *frequently*
con regularidad *regularly*
de repente *suddenly*
de vez en cuando *from time to time*
muchas veces *many times*

## Temas y contextos

### Las actividades físicas *Physical activities*

bailar *to dance*
hacer ejercicios aeróbicos *to do aerobics*
hacer gimnasia *to do exercises, gymnastics*
levantar pesas *to lift weights*
nadar *to swim*

### *El cuerpo The body*

la boca *mouth*
el brazo *arm*
la cabeza *head*
la cara *face*
el codo *elbow*
el corazón *heart*
el cuello *neck*
el dedo (de la mano) *finger*
el dedo del pie *toe*
el diente *tooth*
la espalda *back*
el estómago *stomach*
la frente *forehead*
la garganta *throat*
el hombro *shoulder*
la mano *hand*
la muñeca *wrist*
el muslo *thigh*
la nariz *nose*
el ojo *eye*
la oreja *ear*
el pecho *chest*
el pelo *hair*
el pie *foot*
la pierna *leg*
el pulmón *lung*
la rodilla *knee*
el tobillo *ankle*

### *Los remedios Remedies*

un antibiótico *antibiotic*
un antihistamínico *antihistamine*
una aspirina *aspirin*
unas gotas para los ojos *eye drops*
un jarabe *syrup*
unas pastillas *pills*

### *Los alimentos Foods*

el almidón *starch*
el calcio *calcium*
el cereal *cereal*
la fibra *fiber*
la fruta *fruit*
la grasa *fat*
el hierro *iron*
la leche *milk*
los lípidos *lipids*
los minerales *minerals*
el pan *bread*
las papas *potatoes*
los productos lácteos *dairy products*
la proteína *protein*
los vegetales *vegetables*
las vitaminas *vitamins*

## Vocabulario general

### *Adverbios*

normalmente *normally*
verdaderamente *truly*
constantemente *constantly*
aparentemente *apparently*
exactamente *exactly*

### *Otras palabras y expresiones*

¡No me digas! *You don't say!*
¡Qué va! *No way!*
tener razón *to be right*
tener suerte *to be lucky*
sin parar *without stopping*
tomar la temperatura *to take a temperature*
¿De veras? *Really?*
en parte al menos *at least in part*
estar de visita *to be visiting*
lo mismo *the same*
llevar a cabo *to carry out*
¡Qué envidia! *I'm envious!*

### Sustantivos

un artículo *article*
un(una) bebé *baby*
unas calorías *calories*
una causa *cause*
una dificultad *difficulty*
la digestión *digestion*
una duda *doubt*
la energía *energy*
una epidemia *epidemic*
una frontera *border*
un hueso *bone*
una indicación *indication*
un microbio *microbe*
un movimiento muscular *muscle movement*
un músculo *muscle*
un nervio *nerve*
un punto *point*
un resultado *result*
el ritmo cardíaco *heart rate*
la salud *health*
una señal *signal, sign*
el tono muscular *muscle tone*
la visión nocturna *night vision*

### Adjetivos

adicional *additional*
anual *annual*
balanceado(a) *balanced*
preocupado(a) *worried, preoccupied*

### Verbos

admitir *to admit*
desarrollar *to develop*
facilitar *to facilitate*
formar *to form*
mejorar *to improve*
presentar *to present, introduce*
recuperar *to recuperate*
regular *to regulate*
renovar *to renew*
repetir(i, i) *to repeat*
sonreír(se)(i, i) *to smile*
sugerir(ie, i) *to suggest*
tratar de *to try to*

# Los estudios en el extranjero

## Chapter Objectives:

In this chapter you will learn about study abroad programs and how to make short- and long-term living arrangements in a Spanish-speaking country.

After completing this chapter you should be able to carry out the following tasks:

- determine which aspects of a study abroad program are most interesting to you
- make short- and long-term living arrangements
- request and provide information that is necessary when you live and study in a different country
- communicate with others about past activities and events

The linguistic elements you will learn to help you carry out these tasks are:

- vocabulary related to the following topics:
  - study abroad programs: classes, activities, etc.
  - the 24-hour clock: official schedules
  - finding a room in a hotel
  - renting an apartment
- grammatical structures:
  - the preterite of *dormir, salir, llegar*
  - integrating past tenses: preterite and imperfect

**Primera etapa:** Un programa de intercambio

**Segunda etapa:** Un par de días en un hotel

**Tercera etapa:** ¿Buscas apartamento?

**Cuarta etapa:** *El Príncipe Felipe: Estudiante en una universidad americana*

## Para empezar: *Un programa de intercambio*

### *Preparación*

- ¿Quieres estudiar un año en el extranjero? ¿En qué país? ¿Qué piensas estudiar allí?
- ¿Conoces a algún estudiante que estudie en otro país? ¿Te parece importante vivir una temporada fuera de tu país de origen? ¿Por qué?
- ¿Tiene tu universidad programas de estudios en otros países? ¿En cuáles? ¿Qué tipo de programas?

### *Antes de leer*

brochure — A continuación tienes un **folleto** con información sobre un programa de estudios en una universidad española.

skim

1. Mira el texto **por encima.** ¿Cómo se llama la universidad?
2. Ahora mira el mapa en la página 321. ¿Dónde está esa ciudad española?
3. ¿Qué información esperas encontrar en el folleto?

**Salamanca tiene el privilegio de poseer un extraordinario patrimonio histórico y artístico, un rico y variadísimo conjunto arquitectónico y cultural que testimonia la historia de la ciudad desde el Imperio Romano hasta el siglo XX.**

Las excursiones son opcionales y permiten a nuestros estudiantes conocer importantes ciudades históricas y paisajes característicos de España. Profesores de arte o de geografía acompañan a los estudiantes y les ofrecen detalladas explicaciones sobre los lugares que se visitan.

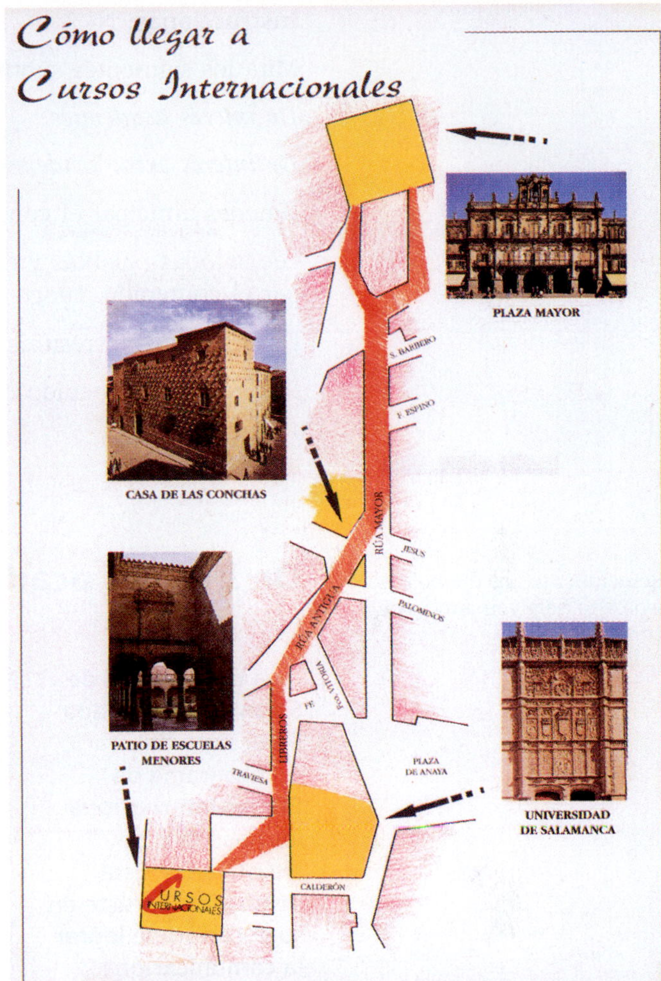


**Instrucciones: Nº 1**

Mira el texto de la foto de la página anterior. ¿Qué palabras reconoces? ¿Ves algún cognado?

¿Qué información sobre Salamanca aparece?

**Instrucciones: Nº 2**

Mira el texto de la foto de arriba. ¿Sabes lo que significa la palabra **excursión?** Es un sinónimo de **visita** o **viaje.**

¿Cómo les ayuda la universidad a los estudiantes a conocer otras ciudades?

**Instrucciones: Nº 3**

Mira los siguientes subtítulos.

*De interés académico*

*De interés extra-académico*

¿Puedes anticipar el contenido de cada sección?

Lee sólo las palabras y expresiones **en negrilla** *(boldface)* y trata de anticipar el contenido. Luego, lee todo el texto.

Después de leer, resume brevemente la información.

¿Coincide el contenido con lo que anticipaste?

¿Sí? ¿No? Explica.

Remember to use the boldface words to help you anticipate content.

## De interés académico

La **Universidad de Salamanca,** fundada en el **siglo XIII,** inició un **programa de Cursos Internacionales** hace más de treinta años. Esta institución persiste en su vocación de lograr la **comunicación universal entre los pueblos** y las gentes gracias a la destrucción de las barreras lingüísticas. Se mantiene fiel a su compromiso de **difundir el español** y lo español, así como de fomentar su estudio. En consonancia con los **objetivos propuestos,** se reafirma en su voluntad de **seguir ofreciendo** al estudiante, al aficionado o al profesional extranjero las **fórmulas** más apropiadas y mejor experimentadas para **iniciarse o progresar en el aprendizaje de la lengua y la cultura españolas.** Al mismo tiempo los **estudiantes reciben** las mejores **atenciones** fuera del ámbito estrictamente académico.

En los **cursos programados para el verano** se mantienen:

- el número de **12 estudiantes** por aula en todas las **clases de lengua** española, a fin de mejorar la proporción profesor/alumnos, permitir un mejor aprovechamiento del **tiempo efectivo de clase** y desarrollar la participación activa del alumno durante su estancia en el aula.

- el número de 8 estudiantes en las **clases de Conversación** fuera del aula. El objetivo es **fomentar un vínculo** más estrecho entre el **profesor y los estudiantes** y ampliar el **tiempo útil** de actuación de éstos **en español.**
- la amplia **diversidad de tipos de cursos** y de **opciones personalizadas** que cada estudiante puede elegir si decide estudiar con nosotros.

## De interés extra-académico

Como ciudad esencialmente universitaria, **Salamanca** mantiene a lo largo de **todo el año** una extensa y **atractiva vida cultural.** Cursos Internacionales, en **colaboración con otras instituciones** ciudadanas, organizan un amplio **programa** que incluye **teatro, música, ciclos de cine, ballet y otros espectáculos** que se desarrollan en los más bellos recintos de la ciudad. **Nuestros alumnos** pueden **adquirir abonos** a **precio especial** para este tipo de actividad, así como para acceder a las piscinas en condiciones ventajosas. Pueden, por lo demás, **utilizar** todos los recintos e **instalaciones deportivas** de la Universidad de Salamanca.

Los alumnos de Cursos Internacionales cuentan, además, con una variada programación de **actividades lúdicas y deportivas** programadas exclusivamente para ellos: **fiestas, bailes de recepción y despedida, carreras, juegos, torneos y campeonatos, concursos de fotografía** e, incluso, **publicaciones periódicas** propias en las que están invitados a **colaborar** mostrando sus **opiniones, creaciones** e **ideas** en **lengua española.**

# Te toca a ti

**A. ¿Quieres estudiar un verano en la Universidad de Salamanca?** Después de leer el folleto sobre Salamanca, ya tienes suficiente información sobre el programa de verano. Menciona una serie de razones por las que un estudiante como tú puede elegir Salamanca para estudiar allí. Incluye información relacionada con la situación geográfica, el ambiente, los cursos, el profesorado, etc.

**B. La hoja de inscripción.** A continuación tienes el impreso necesario para matricularte en el programa de verano de Salamanca.

1. ¿Qué información vas a necesitar para completarlo?
2. ¿Qué opciones tienes en cuanto al alojamiento?
3. ¿Cuál es la más económica?

CURSOS INTERNACIONALES

**Reservado a Secretaría**

9 3

Preinscripción: Alojamiento:

FOTOGRAFÍAS

2

Apellido

Nombre

Fecha de Nacimiento Día Mes Año 1 9 Sexo: Fem. Masc.

Pasaporte (Número) Nacionalidad

Dirección

Teléfono (Número) Fax (Número)

**ALOJAMIENTO**

**VERANO**: Señale con los números 1, 2, 3 y 4 su orden de preferencias, cubriendo todas las opciones.
**RESTO DEL AÑO**: Señale con los números 1 y 2 su orden de preferencia dentro del alojamiento en familia.

| **RESIDENCIA** (Sólo en verano) | | **FAMILIA** (Todo el año) | |
|---|---|---|---|
| Habitación doble (54.000 ptas. el mes) | Habitación individual (62.000 ptas. el mes) | Habitación doble (1.800 ptas. diarias) | Habitación individual (2.000 ptas. diarias) |

**C. De interés especial.** Pregúntale a un(a) estudiante de tu clase cuáles actividades extra-académicas (cuatro o cinco) que ofrece el programa de la Universidad de Salamanca son de interés especial para él (ella). Después, dile lo que te interesa más a ti.

◆ **Modelo:** De interés especial para mí son las excursiones, las fiestas, etc.

## Enfoque léxico: *La hora oficial*

¿Sabes cómo funciona el reloj de 24 horas? Posiblemente sí.

Este sistema es muy común en el mundo hispano para indicar la hora en los siguientes contextos:

- Transporte–trenes, aviones, autobuses
- Programas de radio y televisión
- Horarios de cine y otros espectáculos
- Deportes–partidos de fútbol, baloncesto, etc.
- Horarios de establecimientos oficiales (correos, bancos, etc.) y tiendas
- Horarios de clases

### La hora oficial

**teatros nacionales**

**CENTRO DRAMATICO NACIONAL.** Teatro María Guerrero. Tamayo y Baus, 4. Tel. 319.47.69. Director: José Carlos Plaza. **Temporada 1993/94.**
—**"El mercader de Venecia"**, de William Shakespeare. Reposición a partir del 15 de septiembre. Horario de funciones: de martes a domingos, a las 20 horas.
—Venta de localidades, a partir del 17 de agosto. Miércoles, precio reducido. Horarios: De 11,30 a 13,30 y de 17 a 20 horas (todos los días). Reservas y grupos: 310.29.49.

**musicales**

**BAMBU KARAOKE.** C/ Vázquez de Mella, 3 (esquina Alcalá, 402). Tel. 377.38.48. Cante su canción favorita. Nosotros ponemos la mejor orquesta del mundo a su disposición. Divertido y lleno de humor. A partir 20 horas. Lunes, cerrado.

**CAFE CENTRAL.** Plaza del Angel, n.° 10. Tel. 369.41.43. **Jazz en vivo,** todos los días de 10 a 12 noche. Del 30 de agosto al 5 de septiembre **Chano Domínguez Trío.** Con Chano Domínguez (piano), Javier Colina (contrabajo), Guillermo MacGill (batería).

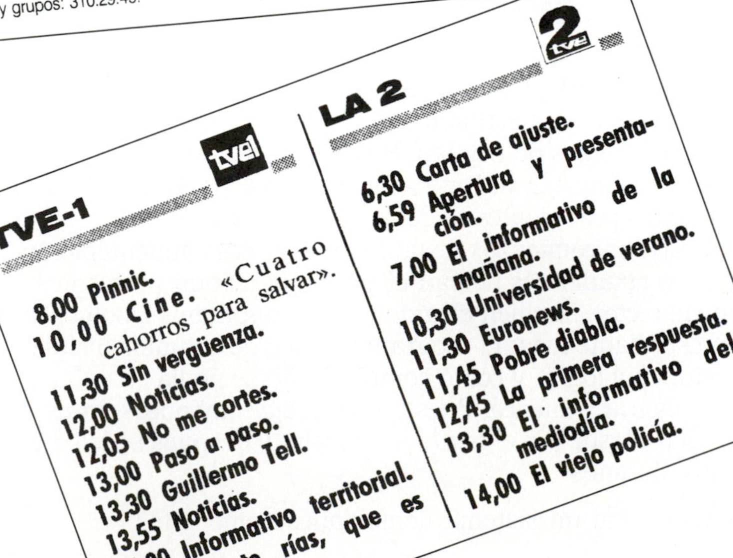

**TVE-1**

8,00 Pinnic.
10,00 Cine. «Cuatro cahorros para salvar».
11,30 Sin vergüenza.
12,00 Noticias.
12,05 No me cortes.
13,00 Paso a paso.
13,30 Guillermo Tell.
13,55 Noticias.
14,00 Informativo territorial.
14,30 No te rías, que es peor.

**LA 2**

6,30 Carta de ajuste.
6,59 Apertura y presentación.
7,00 El informativo de la mañana.
10,30 Universidad de verano.
11,30 Euronews.
11,45 Pobre diabla.
12,45 La primera respuesta.
13,30 El informativo del mediodía.
14,00 El viejo policía.

**varios**

**ACCIONA: MUSEO INTERACTIVO DE LA CIENCIA.** C/ Pintor Murillo, s/n. Alcobendas. Reservas de grupos tel. 6613009. Horario 10 a 18 horas todos los días, laborables y festivos. Entrada: 600 ptas. Grupos: 400 ptas. Recorridos por: La Paleontología, La Química, La Optica, La Energía, El Aula del Futuro, Navegando por Imágenes, El Cuarto de los niños. 110 módulos al alcance de la mano para conocer fenómenos sorprendentes. Exposición Temporal **"España en Orbita"**. Cerrado mes de agosto.

**AQUAPALACE.** Parque Acuático. Paseo Ermita del Santo, 48. Madrid. Tel. 526.17.79. Abierto de 11 a 20 horas. Precios desde 750 ptas.

**AQUOPOLIS.** El parque acuático más grande de Europa. Tel. 815.69.11. En Villanueva de la Cañada, a 20 minutos de Madrid. Abierto todos los días desde las 12 horas. Autobuses gratuitos desde la Plaza de España, calle Reyes (junto al cine Coliseum).

**LAGOSUR.** Parque Acuático. Km. 9 Autovía de Toledo (Parquesur). Tel. 686.70.00. Abierto de 11 a 19 horas. Precios desde 700 ptas.

**MULTIVISION DIAPORAMA.** (Anexo museo de Cera). Un deslumbrante espectáculo de color, luz y sonido. Pases: horario Museo.

**MUSEO DE CERA.** (El mejor del mundo). Plaza de Colón. Tel. 308.08.25. Abierto todos los días, de 10,30 a 14 y de 16 a 20,30 horas.

**PARQUE DE ATRACCIONES DE LA CASA DE CAMPO.** Tel.: 463.29.00. Metro Batán. Autobuses: 33 y 65. Servicios especiales de autobús, domingos y festivos, desde paradas metro Estrecho, Pacífico y Ventas. De lunes a jueves, de 18 a 1 h. Viernes, de 18 a 3 h. Sábados, de 12 a 3. Domingos, 12 a 1.

**PLANETARIO DE MADRID.** Parque Tierno Galván. Metro Méndez Alvaro. Tel. 467.38.98. Bus: 148. 11,30 y 17,30 . **"La nueva tierra"**. 12,45 y 18,45. **"Terra incógnita"**. Lunes, cerrado.

You have already learned the conversational method of telling time in Spanish. The basic differences between the two methods are:

| Conversational time | Official time |
|---|---|
| • Is based on a 12-hour clock | • Is based on the 24-hour clock (0 = midnight, 12 = noon) |
| • Divides the hour into two 30-minute segments (after and before the hour) | • Treats the hour as a 60-minute whole (that is, only moves forward) |
| • Uses **y cuarto, y media, menos cuarto, media noche, mediodía** | • Uses only cardinal numbers: **y quince, y treinta, y cuarenta y cinco, veinte y cuatro horas, doce horas** |

The easiest way to switch from official time to conversational time is to *subtract* twelve from the hour of official time *unless* the hour is already less than twelve.

| Conversational time | | Official time | |
|---|---|---|---|
| 9:45 A.M. | las diez menos cuarto | 9:45 | nueve horas y cuarenta y cinco |
| 12:30 P.M. | las doce y media | 12:30 | doce horas y treinta |
| 2:50 P.M. | las tres menos diez | 14:50 | catorce horas y cincuenta |
| 11:15 P.M. | las once y cuarto | 23:15 | veintitres horas y quince |

## Dilo tú

### Comentarios culturales

**La Universidad de Salamanca.** Fundada en 1215, la Universidad de Salamanca, es la más antigua y una de las más conocidas de España. En el siglo XVI, es decir, 300 años después de su fundación, la universidad contaba con 12.000 estudiantes procedentes de todo el mundo y con 70 **catedráticos.** En sus comienzos, esta institución era eminentemente democrática. Los estudiantes podían elegir a sus propios profesores y curiosamente el rector, también elegido por los estudiantes, solía ser él mismo un estudiante más. El programa básico de estudios incluía gramática, retórica y lógica y como complemento se podía estudiar aritmética, geometría y música. Puesto que había muy pocos libros, en las clases el profesor leía el texto en voz alta y después se lo explicaba a los alumnos.

catedráticos: full-time faculty members

¿Tiene tu universidad un sistema democrático como éste?

**D. ¿A qué hora?** Este fin de semana vas a ir a Madrid. Tienes el periódico y quieres planear varias actividades con un(a) compañero(a) de clase. Selecciona al menos 4 actividades posibles y apunta el día y la hora conversacional para cada una.

## CONVOCATORIAS PARA HOY

• **Jazz de las estrellas.** Contará con las actuaciones de Jimmy Ponder, Jorge Pardo, Miguel A.Cahstang y Carlos Carli en este encuentro de cuatro grandes estrellas del jazz, que ofrecerán una sesión especial dedicada a los aficionados. En Galáctica, El Espacio. Parque de Enrique Tierno Galván.

• **Malcom y Ñaco Blues Band.** Actuaciones de blues hasta finales de agosto. En Café Populart. A las 23,00 h. y 1,00 h. C/ Huertas, 22.

• **Flamenco.** Dentro de la programación de los Veranos de la Villa, con motivo de la Tribuna del Flamenco, ha vuelto a los escenarios El Pele, cantaor que cuenta con un considerable número de adeptos. El próximo día 2 le toca el turno a Esperanza Fernández, cantaora sevillana cuya voz encuentra su mejor acomodo en los palos rítmicos. Patio Viejo del Centro Conde Duque. C/ Conde Duque, s/n.

• Continúan los Veranos de la Villa. Temporada de Zarzuela 1993. Antología de la Zarzuela. Hasta el 2 de septiembre, «La Verbena de la Paloma». Libreto: Ricardo de la Vega. Música: Tomás Bretón. «La Revoltosa». Libreto: Lope Silva. Música. Ruperto Chapí. Horario de funciones: Martes, a las 22,30 h. De miércoles a domingo, a las 19 y 22,30 h. En el Centro Cultural de la Villa. Plaza de Colón.

• La Muralla Arabe. Parque del Emir Mohamed I (Cuesta de la Vega, s/n). Espectáculo: «Aquellos dulces y terroríficos años». Recorrido por el teatro, la música, el misterio, la fantasía, la animación terrorífica y la gastronomía. Representación de la obra: «El cianuro ¿solo o con leche?, de Juan José Alonso Millán. Con Pilar Bardem, Lola Lemos, María Kosti. Recinto abierto a partir de las 21,30 h. Funciones teatrales, a las 22,30 h.

• «Año Miró». Con obras de Chillida, Tàpies, Mignoni, Barcala, Mompó... Hasta finales de septiembre. Galería Theo Madrid. C/ Marqués de la Ensenada, 2.

• «Seis pinturas de Giorgio Morandi para Contemplación». En la Real Academia de Bellas Artes de San Fernando. Alcalá, 13.

• «Instante y magia 93». Fotografías. «Arcadio Blasco. Elogio a la ciudad». «Caligrafía japonesa». Hasta el 31 de agosto. Museo Nacional de Antropología. Avenida Juan de Herrera, 2.

• Exposición colectiva de verano, con obras de Alvaro Delgado, Agustín Ubeda y Gregorio del Olmo. En la Galería Espalter. Marqués de Cubas, 23.

• «Vorágine», exposición colectiva en la que participan 45 artistas, en su mayoría españoles. Hasta el 14 de septiembre. En la galería Detursa. Jorge Juan, 9.

• Para niños. Hasta el próximo 21 de septiembre, el Planetario ofrece una programación donde se recopilan los espectáculos y exposiciones más conocidos en los últimos años. Los programas de esta temporada son: «Tierra incógnita», de martes a domingos, a las 12,45 h. y 18,45 h. «La nueva tierra», martes a las 11,30 h. y 17,30 h. Sábados, a las 11,30 h. «Otros horizontes», miércoles a las 11,30 h. y 17,30 h., y domingos a las 11,30 h. «En el interior de Dirgon», jueves, a las 11,30 h. y 17,30 h., y domingos a las 17,30 h. «Las aventuras de Feliton», viernes, a las 11,30 h. y 17,30 h., y sábado, a las 17,30 h. Algunos de ellos mezclan los datos puramente científicos con la ficción. Lo mejor para los menores de seis años es inclinarse por Las aventuras de Feliton creado especialmente para ellos y donde un simpático gato, Feliton, guía a dos niños por nuestra galaxia.

**E. Horarios de avión.** En clase conociste (**conocer** = *to meet*) a Pepe, un estudiante de Tenerife. Estás considerando la posibilidad de pasar una semana en su casa durante las vacaciones de Pascua *(Easter)*. Cada semana, Iberia y British Caledonia Airways (BCA) tienen cuatro vuelos de Madrid a Santa Cruz de Tenerife. Mira los horarios que tienes a continuación e indica si las siguientes afirmaciones son verdaderas o falsas.

### Madrid-Tenerife — Salidas del Aeropuerto de Barajas

| | Vuelo | Salida | Llegada |
|---|---|---|---|
| martes | Iberia 831 | 8:15 | 11:30 |
| jueves | BCA 29 | 20:30 | 23:45 |
| sábado | BCA 37 | 10:45 | 14:00 |
| domingo | Iberia 867 | 21:15 | 0:30 |

**Tenerife-Madrid — Llegadas al Aeropuerto de Barajas**

| | | | |
|---|---|---|---|
| lunes | Iberia 868 | 13:30 | 16:45 |
| miércoles | Iberia 832 | 6:15 | 9:30 |
| viernes | BCA 30 | 12:40 | 15:55 |
| domingo | BCA 38 | 17:15 | 20:30 |

| Verdadero | Falso | |
|---|---|---|
| ☐ | ☐ | 1. Los lunes el avión de Iberia llega a Madrid a las cinco menos cinco. |
| ☐ | ☐ | 2. Los martes el vuelo de la BCA sale de Madrid a las ocho y media. |
| ☐ | ☐ | 3. Los lunes el avión de Iberia 868 sale a la una y media y llega a las cinco menos cuarto de la tarde. |
| ☐ | ☐ | 4. Los sábados el vuelo de BCA 37 llega a Tenerife a las 2 de la tarde. |
| ☐ | ☐ | 5. Los domingos el avión sale de Madrid a las nueve y cuarto de la mañana y llega a Tenerife a las 12 y veinticinco del mediodía. |
| ☐ | ☐ | 6. La duración del vuelo es de tres horas y cuarto. |

**F. Una pequeña prueba.** Para practicar cómo se usa el tiempo oficial, Pepe te hace las siguientes preguntas:

1. El avión de Madrid a Barcelona tarda una hora en llegar. Quieres estar en Barcelona a las 9:00 de la noche. ¿Vas a tomar el avión de las 20:00 o el de las 21:00?
2. Quieres ir al cine pero tienes que volver a casa antes de las 6:00 de la tarde. La película es de dos horas y comienza a las 13:00, 16:00, 19:00 y 22:00. ¿A qué hora vas a poder ir al cine?
3. Hay un programa de televisión a las 22:30. Normalmente te acuestas a las 10:00 de la noche y te levantas a las 6:00 de la mañana. ¿Vas a poder mirar el programa?
4. Vas a la estación de trenes para recoger *(to pick up)* a tus padres. El tren llega de Barcelona a las 17:30. Llegas a la estación a las 4:30 de la tarde. ¿Llegaste a tiempo?
5. Invitaste a un(a) amigo(a) a un concierto. El concierto comienza a las 21:00. Se tarda media hora en ir de tu apartamento al concierto. ¿A qué hora tiene que llegar tu amigo a tu apartamento?

## Enfoque estructural: *Más sobre el pretérito*

In the context of this *etapa* you will talk about studying abroad. At this point it is useful to review the use of the past tense that allows you to talk about the time you left, arrived somewhere, how things went during your trip, and what you did. Studying abroad, meeting new friends, living with a family, and so on, will provide you with situations in which you may want to talk about how you spent your weekend, what you saw, who you met, when you left home and came back, etc.

## Al llegar al aeropuerto de Tenerife...

– ¿Qué tal el viaje?
– Oh, muy bien, sin problemas.
– ¿A qué hora **salió** el avión? Llega con **un poco de retraso,** ¿no?
– Bueno, sí, **salimos** de Madrid a las once y cuarto.
– **¿Dormiste** algo en el avión?
– No, unos minutos.

a little late

Notice that during the exchange both friends are using the preterite to refer to past actions.

## Preguntas y comentarios que puedes oír de la gente

– ¿A qué hora **saliste** de clase ayer?
– Eh, no sé, creo que **salí** a las 4:00. Pero no **llegué** a casa hasta las 5:30.
– ¿A qué hora dices que **llegaste?**
– A las 5:30.

Here you have all the forms of the verbs used in the preceding exchanges:

| dormir | |
|---|---|
| dormí | dormimos |
| dormiste | dormisteis |
| **durm**ió | **durm**ieron |

A common expression with **dormir** is **dormir la siesta** *(to take a nap).*

| salir | |
|---|---|
| salí | salimos |
| saliste | salisteis |
| salió | salieron |

**Expresiones con *salir***

**salir para** *to leave for* (a place)
**salir de** *to leave from* (a place)
**salir con** *to go out with* (someone)
**salir bien/mal** *to turn out fine/badly*

| llegar | |
|---|---|
| **llegu**é | llegamos |
| llegaste | llegasteis |
| llegó | llegaron |

**Expresiones con *llegar***

**llegar a** *to arrive at* (a place)
**llegar de** *to arrive from* (a place)
**llegar tarde** *to be late*
**llegar a tiempo** *to be on time*
**llegar con retraso** *to be delayed*

## Dilo tú

**G. Preguntas.** Ya conoces a la familia de Pepe, tu amigo en Tenerife. Después de dos días en su casa, ya te atreves a *(you dare to)* iniciar una conversación en español. Utilizando un elemento de cada columna, crea cinco posibles preguntas que les puedes hacer a Pepe o a otros miembros de su familia.

| Quién | Qué | Cuándo |
|---|---|---|
| la madre de Pepe | salir | ayer |
| la hermana | llegar | el viernes |
| su padre | volver | el domingo |
| Pepe | dormir | esta tarde |
| los amigos de Pepe | ir | el fin de semana pasado |

**H. Otras preguntas.** Ahora quieres conocer mejor a tus compañeros de clase. Selecciona a cinco estudiantes y hazles preguntas similares a las del ejercicio G.

## Vamos a escuchar: *¡Bienvenido a casa!*

Patrick McGill es un estudiante americano en su tercer año de universidad. Después de consultar los folletos de diferentes programas y universidades, entre ellos el de Salamanca, al final decide ir a Costa Rica.

### *Antes de escuchar*

1. ¿Cómo crees que la familia Álvarez va a recibir a Patrick? ¿Qué preguntas le pueden hacer?
2. ¿A dónde crees que van a ir primero?

Es el mes de agosto y Patrick acaba de llegar a San José. Su familia costarricense lo recoge en el aeropuerto y lo lleva a casa. Escucha la conversación y contesta las preguntas.

### *Después de escuchar*

**I. Comprensión**

1. ¿Cómo estaba Patrick al llegar?
2. ¿A qué hora salió de Nueva York?
3. ¿Qué sugirió la señora Álvarez que podía hacer Patrick al llegar a casa?
4. ¿Qué había en la habitación?
5. ¿Qué había en el baño?

**J. ¿Cómo lo dicen?** Your teacher will play the tape again. Listen and see if you can determine the following:

1. How did Pedro ask about the trip?
2. How did Patrick react when he saw the room?

## Comentarios culturales

**Vivir con una familia en un programa de intercambio.** La mayoría de los programas de intercambio ofrecen a los estudiantes extranjeros la posibilidad de vivir con una familia. Al convertirse en miembro de la familia, el estudiante se separa de otros estudiantes americanos y tiene la oportunidad de conocer mejor la forma de vida y la cultura del país.

## Tú dirás

**K. ¿Qué hay en la habitación de Patrick?** Describe la habitación de Patrick según el dibujo. ¿Es como la tuya *(yours)?* ¿Sí? ¿No? Explica.

**L. El diario de Patrick.** Al día siguiente de llegar, Patrick decide empezar un diario. En la primera entrada habla de su experiencia desde que salió de su casa hasta que se levantó por primera vez en Costa Rica. Lo escribe en español para practicar el idioma. Con un(a) compañero(a) imagina el contenido del diario de Patrick. Puedes incluir la siguiente información:

- time he left for the airport
- who took him there
- what happened on the plane
- time he arrived at San José
- how he felt when meeting his host family
- how he slept that first night in an unfamiliar room

**M. Tu diario.** Escribe sobre una experiencia similar a la de Patrick. Piensa en alguna vez que dormiste fuera de casa. ¿Qué pasó?

**Estudiantes universitarios en Lima, Perú**

## Para empezar: *Un par de días en un hotel*

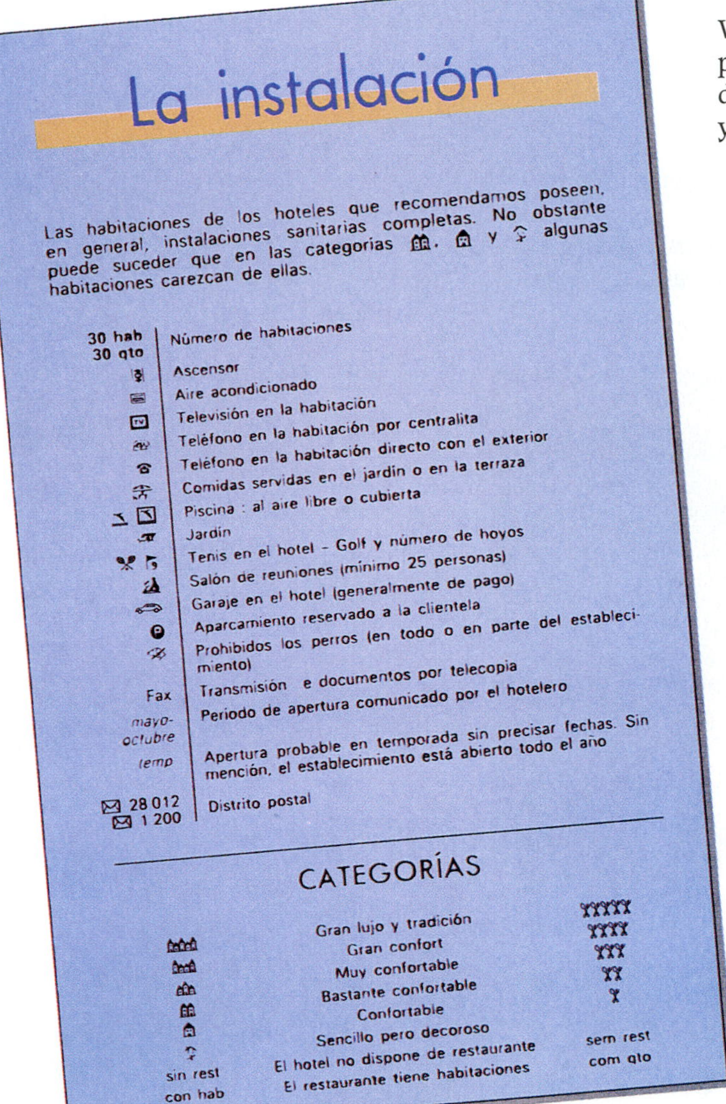

# La instalación

Las habitaciones de los hoteles que recomendamos poseen, en general, instalaciones sanitarias completas. No obstante puede suceder que en las categorías, y algunas habitaciones carezcan de ellas.

| | |
|---|---|
| 30 hab<br>30 qto | Número de habitaciones |
| | Ascensor |
| | Aire acondicionado |
| | Televisión en la habitación |
| | Teléfono en la habitación por centralita |
| | Teléfono en la habitación directo con el exterior |
| | Comidas servidas en el jardín o en la terraza |
| | Piscina : al aire libre o cubierta |
| | Jardín |
| | Tenis en el hotel - Golf y número de hoyos |
| | Salón de reuniones (mínimo 25 personas) |
| | Garaje en el hotel (generalmente de pago) |
| | Aparcamiento reservado a la clientela |
| | Prohibidos los perros (en todo o en parte del establecimiento) |
| Fax | Transmisión e documentos por telecopia |
| mayo-octubre | Periodo de apertura comunicado por el hotelero |
| temp | Apertura probable en temporada sin precisar fechas. Sin mención, el establecimiento está abierto todo el año |
| 28 012<br>1 200 | Distrito postal |

## CATEGORÍAS

| | | |
|---|---|---|
| | Gran lujo y tradición | |
| | Gran confort | |
| | Muy confortable | |
| | Bastante confortable | |
| | Confortable | |
| | Sencillo pero decoroso | |
| sin rest | El hotel no dispone de restaurante | sem rest |
| con hab | El restaurante tiene habitaciones | com qto |

### *Preparación*

Vivir como estudiante extranjero en otro país ofrece, entre otras cosas, la oportunidad de viajar y conocer diferentes pueblos y ciudades.

- ¿Te gusta viajar?
- ¿Qué tipo de viajes te interesan más? ¿Turismo? ¿Visitas a tus amigos y/o familiares?
- Cuando viajas, ¿dónde prefieres alojarte?

Con frecuencia, los programas de intercambio organizan visitas y excursiones a diferentes lugares de interés.

¿Recuerdas el programa de Salamanca? En el folleto se incluía información sobre excursiones a distintas ciudades españolas organizadas por la universidad.

- ¿Te gustan los viajes organizados o prefieres viajar **por tu cuenta?** on your own

Si prefieres viajar por tu cuenta,

- ¿qué información vas a necesitar para preparar tu viaje?
- ¿qué hace falta para reservar una habitación en un hotel?
- ¿en qué tipo de hoteles se alojan normalmente los estudiantes?

Si viajas por España, *la Guía Michelín* roja (guía de hoteles y restaurantes) puede resultar muy útil. Esta guía usa el sistema de símbolos que está en la página 336 para clasificar los hoteles.

Por ejemplo, en una de las páginas de la Guía ésta es la información que aparece sobre el Hotel Inglaterra en Sevilla.

**Inglaterra,** pl Nueva 7, 41001, 422 49 70, Telex 72244 – E VISA rest BV a
Com 2750 – 550 – **116 hab** 16000/20000 – P 15100/21100

**En otras palabras**

El Hotel Inglaterra es un hotel de gran confort. Está en la Plaza Nueva nº *(número)* 7, distrito postal 41001, número de teléfono 422 49 70 y Telex: 72244. Tiene ascensor, aire acondicionado, televisión en cada habitación y garaje. Aceptan cuatro tarjetas de crédito (American Express, Diners Club, Eurocard y Visa). Se prohiben los perros. Tiene restaurante. La comida cuesta 2.750 pesetas (ptas.) y el desayuno 550 ptas. El hotel tiene 116 habitaciones que cuestan entre 16.000 y 21.000 ptas.

## Te toca a ti

**A. ¿Cómo interpretar los símbolos de la Guía?** Para familiarizarte con la forma en que la Guía Michelín presenta la información sobre los hoteles, une cada símbolo con el significado que le corresponda. ¡Atención, hay una palabra que no corresponde a ningún símbolo!

| Símbolos | Significado |
|---|---|
| | tenis y golf |
| | garaje |
| | teléfono en la habitación |
| | jardín |
| | televisión en la habitación |
| | prohibidos los perros |
| | ascensor |
| | hotel confortable |

**B. Los hoteles de Sevilla.** Unos amigos que conociste en Salamanca quieren ir de viaje a Sevilla. Como saben que tienes una guía de hoteles, te llaman para pedirte información sobre los hoteles de allí. Contesta sus preguntas de acuerdo con la información que aparece en la Guía.

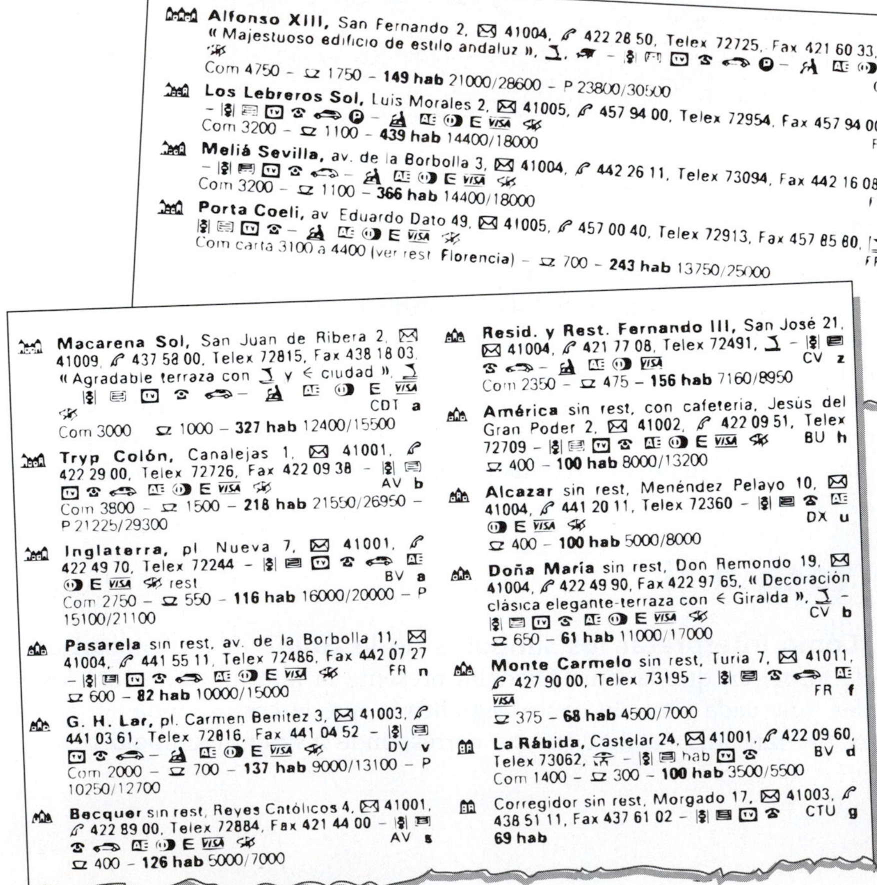

**Alfonso XIII,** San Fernando 2, 41004, 422 28 50, Telex 72725, Fax 421 60 33, « Majestuoso edificio de estilo andaluz », CX **c**
Com 4750 – 1750 – **149 hab** 21000/28600 – P 23800/30500

**Los Lebreros Sol,** Luis Morales 2, 41005, 457 94 00, Telex 72954, Fax 457 94 00, E VISA FR **v**
Com 3200 – 1100 – **439 hab** 14400/18000

**Meliá Sevilla,** av. de la Borbolla 3, 41004, 442 26 11, Telex 73094, Fax 442 16 08, E VISA FR **n**
Com 3200 – 1100 – **366 hab** 14400/18000

**Porta Coeli,** av Eduardo Dato 49, 41005, 457 00 40, Telex 72913, Fax 457 85 80, E VISA FR **a**
Com carta 3100 a 4400 (ver rest Florencia) – 700 – **243 hab** 13750/25000

**Macarena Sol,** San Juan de Ribera 2, 41009, 437 58 00, Telex 72815, Fax 438 18 03, « Agradable terraza con y ciudad », E VISA CDT **a**
Com 3000 1000 – **327 hab** 12400/15500

**Tryp Colón,** Canalejas 1, 41001, 422 29 00, Telex 72726, Fax 422 09 38 – E VISA AV **b**
Com 3800 – 1500 – **218 hab** 21550/26950 – P 21225/29300

**Inglaterra,** pl Nueva 7, 41001, 422 49 70, Telex 72244 – E VISA rest BV **a**
Com 2750 – 550 – **116 hab** 16000/20000 – P 15100/21100

**Pasarela** sin rest, av. de la Borbolla 11, 41004, 441 55 11, Telex 72486, Fax 442 07 27 – E VISA FR **n**
600 – **82 hab** 10000/15000

**G. H. Lar,** pl. Carmen Benitez 3, 41003, 441 03 61, Telex 72816, Fax 441 04 52 – E VISA DV **v**
Com 2000 – 700 – **137 hab** 9000/13100 – P 10250/12700

**Becquer** sin rest, Reyes Católicos 4, 41001, 422 89 00, Telex 72884, Fax 421 44 00 – E VISA AV **s**
400 – **126 hab** 5000/7000

**Resid. y Rest. Fernando III,** San José 21, 41004, 421 77 08, Telex 72491, – VISA CV **z**
Com 2350 – 475 – **156 hab** 7160/8950

**América** sin rest, con cafeteria, Jesús del Gran Poder 2, 41002, 422 09 51, Telex 72709 – E VISA BU **h**
400 – **100 hab** 8000/13200

**Alcazar** sin rest, Menéndez Pelayo 10, 41004, 441 20 11, Telex 72360 – E VISA DX **u**
400 – **100 hab** 5000/8000

**Doña María** sin rest, Don Remondo 19, 41004, 422 49 90, Fax 422 97 65, « Decoración clásica elegante-terraza con Giralda », – E VISA CV **b**
650 – **61 hab** 11000/17000

**Monte Carmelo** sin rest, Turia 7, 41011, 427 90 00, Telex 73195 – VISA FR **f**
375 – **68 hab** 4500/7000

**La Rábida,** Castelar 24, 41001, 422 09 60, Telex 73062, – hab BV **d**
Com 1400 – 300 – **100 hab** 3500/5500

Corregidor sin rest, Morgado 17, 41003, 438 51 11, Fax 437 61 02 – CTU **g**
**69 hab**

1. Which is the most expensive?
2. What justifies the high prices?
3. Which hotels have swimming pools?
4. Which hotels don't have restaurants?
5. Which hotel is the least expensive?
6. Which hotels have meeting rooms?
7. How much does breakfast cost at the Hotel Macarena Sol?
8. How many rooms does the Hotel Doña María have?
9. What hotels don't allow dogs?
10. Where will it be cheaper to eat?

## Comentarios culturales

**Los albergues de juventud.** Si viajas por España, una forma conveniente y económica de alojamiento son los albergues de juventud. Estos albergues están diseñados para acomodar a gente joven, sobre todo estudiantes, menores de 26 años. Las habitaciones son realmente baratas y también se puede comer por poco dinero. Como todos los lugares baratos, los albergues presentan algunos inconvenientes. En la mayoría de ellos se cierra la puerta a partir de una hora determinada (normalmente entre las 23:00 y las 0:00 horas). Por lo general, las personas que se alojan en estos lugares tienen que compartir la habitación con otros viajeros. Sin embargo, junto a los precios económicos, los albergues ofrecen al turista la posibilidad de conocer a personas de todas partes del mundo. Una de las mayores ventajas es, sin duda, la oportunidad de hacer nuevas amistades que pueden durar toda la vida.

Youth Hostels

Este tipo de alojamiento no sólo existe en España sino en toda Europa. Muchos jóvenes que viajan por diferentes países europeos lo hacen alojándose en estos albergues de juventud.

## ¿Recuerdas?

**C. ¿Dormiste bien?** Estás en Sevilla con tus amigos. Por la mañana, durante el desayuno, ustedes tienen la siguiente conversación.

| Estudiante A | Estudiante B |
|---|---|
| Greet your friend. | Respond to the greeting. |
| Find out how he or she slept last night. | Answer the question. |
| Say you went out last night and didn't get back until late. | Say you didn't leave the hotel and ask where your friend went. |

# Enfoque estructural:

## *El imperfecto–las descripciones*

### Al volver de Sevilla

– ¿Qué tal el viaje?
– Bien, muy bien.
– ¿Y el hotel?
– Bueno, no **estaba** mal. **Era** un hotel barato pero bastante confortable. **Tenía** piscina, teléfono y televisión en la habitación y ¡**costaba** sólo 3.500 pts. la noche!
– ¡Oye! no está nada mal. ¿**Había** mucha gente? Supongo que sí.
– Sí, **estaba** lleno. ¡No **quedaba** ni una habitación libre!

Notice that during the exchange both friends are using the imperfect (**-aba**, **-ía**, and **era**) to describe what the hotel was like.

The imperfect is generally used in Spanish in four types of descriptions in the past:

| | |
|---|---|
| 1. physical | El hotel **era** confortable. |
| 2. feelings | Juan y yo **estábamos** contentos con la habitación. |
| 3. attitudes and beliefs | Yo **creía** que el hotel no **tenía** piscina. |
| 4. state of health | Juan siempre **estaba** cansado. |

# Dilo tú

**D. ¿Cómo era la Universidad de Salamanca?** En la *Primera etapa,* uno de los *Comentarios culturales* contiene información sobre cómo era la Universidad de Salamanca en sus orígenes. Vuelve a leer el texto en la pagina 326 e identifica los verbos utilizados en la descripción.

**E. ¿Cómo era tu universidad hace unos años?** Probablemente la universidad a la que asistes es diferente ahora de cómo era hace unos años. Posiblemente los estudiantes también son distintos. Utilizando los siguientes verbos describe cómo era **antes** tu universidad y cómo es ahora. Algunos verbos útiles son **ser, tener, estar, haber, llevar.**

**La universidad**

| antes | ahora |
|---|---|

**Los estudiantes**

| antes | ahora |
|---|---|

# Enfoque estructural:

## *Pretérito e imperfecto–acciones en el pasado*

### Patrick habla de las vacaciones con su amiga Berta

**Patrick:** Antes, yo **iba todos los años** a Florida de vacaciones. Pero **el año pasado fui** a Texas con mi novia porque **queríamos** conocer esa parte del país.
**Berta:** ¿A qué parte de Texas **fueron**?
**Patrick:** Bueno, primero **estuvimos** en San Antonio y después en El Paso. Y tú, ¿qué **hiciste?**
**Berta:** Pues antes **siempre pasaba** las vacaciones de verano en México, pero **el verano pasado me quedé** aquí en San José porque no **tenía** suficiente dinero.

Note that the preceding exchange contains verbs in both the preterite and the imperfect. In previous chapters you learned two past tenses: the preterite **(fui, fuimos, me quedé)** and the imperfect **(iba, íbamos, pasaba).** Although both tenses are used to report past actions, each tense is used in different contexts.

The main distinction between the use of the preterite and the imperfect in this context has to do with certain *aspects* of actions in the past.

1. If an action is viewed as having been either begun or completed within any definite time period, occurs only once, or is repeated a specific number of times, the verb will be in the preterite.

   **Fui** a Texas **tres veces.** *(specific number of times)*

2. If a past action is habitual, repeated an unspecified number of times, or performed in an indefinite time period, the verb will be in the imperfect.

   **Siempre pasaba** las vacaciones de verano en México. *(habitual occurrence)*

3. To justify the reason someone did or did not do something, or to explain why something did or did not get done, the verb will be in the imperfect.

   **El verano pasado** me quedé aquí en San José **porque no tenía suficiente dinero.**

## Dilo tú

**F. ¿Siempre? ¿Una vez?** Un día, mientras están en Sevilla, tú y tus amigos hablan de las cosas que hacían normalmente hace unos años y de las cosas que hicieron sólo una vez. Une las frases siguientes con las expresiones de tiempo correspondientes.

| | |
|---|---|
| Mi familia y yo íbamos a los parques nacionales... | el verano pasado |
| Mis amigos fueron a México... | todos los veranos |
| No iba de vacaciones; me quedaba en casa para trabajar... | todos los inviernos |
| Mis padres nos llevaban a ver los museos de la ciudad... | siempre |
| Alquilamos un coche y fuimos a Nuevo México... | normalmente |
| Iba a esquiar a Colorado... | una vez |

**G. ¿Por qué no lo hiciste?** Una tarde, mientras Patrick está en casa con la familia costarricense, escucha a la Sra. Álvarez hacer las siguientes preguntas a sus hijos. Cada uno contesta justificándose.

◆ **Modelo:** ¿Hiciste la tarea? (no tener los libros)
*No, porque no tenía los libros.*

| Sra Álvarez | Sus hijos |
|---|---|
| 1. ¿Te duchaste? | (no haber agua caliente) |
| 2. ¿Comiste? | (no tener hambre) |
| 3. ¿Hiciste los mandados? | (ser muy tarde) |
| 4. ¿Acompañaste a tu hermana? | (querer ir sola) |
| 5. ¿Compraste el pan? | (estar muy ocupado) |
| 6. ¿Llamaste a tus amigos? | (no saber el número de teléfono) |

# Vamos a escuchar:

## *¿Tienen habitación reservada?*

Linda y su amiga Kelly estudian durante el año con Patrick. El año pasado mientras él fue a San José, ellas optaron por ir a Salamanca. Linda y Kelly decidieron viajar un poco por su cuenta en vez de *(instead of)* participar en las excursiones organizadas por la universidad.

Un fin de semana fueron a Sevilla. Al llegar al Hotel Montecarlo fueron directamente a la recepción y Linda habló con el empleado. Escucha la conversación y contesta las preguntas.

### *Antes de escuchar*

1. Look at the questions in excercise H and identify a few things you expect to hear during Linda and Kelly's exchange at the hotel desk.
2. Keep in mind that the dialog you are about to hear is presented just the way it happened at the time Linda and Kelly went to Sevilla.

### *Después de escuchar*

#### H. Comprensión.

1. ¿Tenían Linda y Kelly una habitación reservada?
2. ¿Cuánto costó la habitación?
3. ¿Dónde desayunaron?
4. ¿Qué número de habitación tenían?
5. ¿En qué piso estaba?
6. ¿Qué tenían que hacer cada día para usar la ducha?

**I. ¿Cómo lo dicen?** Escucha otra vez la conversación e identifica las siguientes expresiones:

1. How does the hotel clerk ask how he can help them?
2. How does Linda say they have a reservation?
3. How does she ask if breakfast is included in the price?

# Tú dirás

**J. La reserva.** Con un(a) compañero(a) de clase haz la siguiente actividad.

**Estudiante A**

Imagina de nuevo que eres un estudiante de intercambio y que estás en una ciudad española o latinoamericana. Estás planeando una excursión a otra ciudad. A ti y a tus amigos no les apetece *(don't feel like)* alojarse en un albergue de juventud; quieren ir a un hotel. Llama por teléfono para hacer la reserva.

1. Greet the clerk and say that you would like two rooms with a bath.
2. The rooms are for four persons for three nights.
3. Find out the price of the room. Have your credit card number ready to guarantee the reservation.
4. Ask if breakfast is included. If not, ask how much it costs.
5. Ask about transportation from the hotel to downtown.
6. Thank the hotel clerk and say good-bye.

**Estudiante B**

Imagina que trabajas en la recepción de un hotel en una ciudad española o latinoamericana. Contesta el teléfono.

1. Greet the customer.
2. Ask for how many people the rooms are.
3. Tell how much the rooms cost.
4. Ask the customer if he or she wants to guarantee the room with a credit card.
5. Say whether breakfast is included in the price of the room.
6. Mention what transportation is available from the hotel to downtown.
7. Ask if the customer needs any other information. Say good-bye.

# Tercera etapa

## Para empezar: *¿Buscas apartamento?*

### *Preparación*

Patrick decidió ir de nuevo al extranjero. Esta vez va a pasar un año. Por su cuenta, él va a buscar un apartamento en Madrid. A continuación tienes unos anuncios del periódico.

- Mira el texto por encima. ¿Cuántos anuncios hay?
- ¿Qué información esperas encontrar en un anuncio de apartamento?
- ¿Qué crees que significa la primera palabra de cada anuncio?

Goya. **Vacío**. Dos dormitorios. 60 m². **Cocina amueblada**. **Comedor**. Baño. Teléfono. **Terraza**. 5° piso. Ascensor. Tel. 2 43 94 54

Lavapies. Un dormitorio. Baño. Teléfono. Cocina amueblada. Piscina. **Jardín**. Tenis. Llamar después de las 16hs. Tel. 5 31 67 06

Plaza de España. Completamente amueblado. **Sala de estar** grande. Dos dormitorios. 125 m². Cocina grande. Baño. 3er piso. Llamar mañanas. Tel. 2 45 85 42.

Prado. Completamente amueblado. 225 m². Aire acondicionado. Piscina. Tres dormitorios. Garaje. Dos baños. Dos terrazas. 4° piso. Ascensor. Llamar después de las 20hs. Tel. 4 20 28 87

Ventas. Vacío. 185 m². Cuatro dormitorios. Dos baños. Dos terrazas. Cocina grande. **Estacionamiento**. Comedor. 7° piso. Dos ascensores. Tel 5 73 34 30

Centro. Tres dormitorios. Cocina amueblada. Garaje. Piscina. Jardín. Tel. 4 52 58 24 noche.

vacant
furnished kitchen
dining room / living room / garden
terrace

parking

## Te toca a ti

**A. Palabras clave.** Lee los anuncios con cuidado. ¿Qué crees que significan las siguientes palabras?

1. aire acondicionado
2. amueblado
3. dormitorio
4. tenis
5. garaje
6. vacío

**B. Anuncios por palabras *(classified ads).*** Estás revisando los anuncios de apartamentos que hay en el periódico hoy. Llama a un(a) amigo(a) español(a) por teléfono y descríbele uno de los apartamentos. Basa tu descripción en uno de los anuncios de la página 343.

◆ **Modelo:** *El apartamento está cerca de la estación de metro Goya. Está vacío y tiene dos dormitorios. Tiene 60 metros cuadrados* (square meters) *y la cocina está amueblada. También tiene un comedor, baño, teléfono y terraza. Está en el quinto piso y hay un ascensor en el edificio.*

**Goya. Vacío. Dos dormitorios. 60 m². Cocina amueblada. Comedor. Baño. Teléfono. Terraza. 5° piso. Ascensor. Tel. 2 43 94 54**

# ¿Recuerdas?

**C. Una tarde en el parque.** Mira el dibujo que aparece a continuación y comenta lo que la gente hacía en el parque el domingo pasado por la tarde.

◆ **Modelo:** *Dos niños jugaban al fútbol.*

**D. ¿Qué le pasó a Carolina?** Lee la lectura con cuidado. Cuéntale a un(a) compañero(a) de clase lo que le pasó a Carolina. Recuerda que tienes que usar las formas apropiadas del pasado en tu descripción.

A las 11:00 de la noche más o menos, Carolina **llega** a su casa después de un día muy ocupado. Cansada, **se sienta** por unos momentos. **Abre** su cartera y **saca** una carta. La **pone** sobre la mesita, al lado del sofá, pero luego la **mira** varias veces y, por fin, **decide** abrirla. Al principio, no lo **puede** hacer. **Se pone** nerviosa pero, por fin, **rompe** el sobre y **mira** la carta. Poco después, confundida *(confused),* **pone** la carta en el sobre y **se levanta** muy despacio del sofá. **Se da** cuenta del silencio total de la casa. Cuando **pone** el pie en el primer escalón *(step)* para subir a su cuarto, una voz **grita** *(shouts)* desde allí. No **puede** moverse. **Se queda** paralizada de terror, sin saber qué hacer.

## Enfoque estructural:

### *Pretérito e imperfecto–Resumen*

| **Preterite** | **Imperfect** |
| --- | --- |
| *Actions that are begun or completed as single events:* | *Actions repeated habitually:* |
| Ella **corrió** hacia el parque. | Ella **comía** conmigo todos los días. |
| Ellos **llegaron** a las 7:00. | Siempre **salíamos** a bailar. |
| *Actions that are repeated a specified number of times or that have a time limit:* | *Actions that occur simultaneously over an indefinite period of time:* |
| **Fui** a la tienda tres veces. | Mientras **corría** por el parque **pensaba** en sus planes para la noche. |
| **Vi** la televisión toda la tarde. | *Telling time and age:* |
| | **Eran** las 5:00 de la tarde. |
| | El actor **tenía** 38 años. |

| *Sudden changes in mental states or conditions seen as completed (moods, feelings, opinions, illnesses, or other physical complaints):* | *General mental states:* |
|---|---|
| En ese momento, **tuve** miedo de subir al avión. | En esos días, **tenía** miedo de subir al avión. |
| Hasta ese día, **creí** que podía hacerlo. | En aquellos días **creía** que podía hacerlo. |
| **Estuve** preparado para subir hasta que **me puse** tan nervioso que **fue** imposible seguir. | **Estaba** tan preparado para subir que me **sentía** valiente. |
| | *Descriptions of characteristics of people, things, or physical conditions:* |
| | **Era** un muchacho sano y fuerte. |

## Dilo tú

**E. Un mal día.** Basándote en los dibujos, cuenta cómo le fue a Catalina ayer. Usa el pretérito o el imperfecto según el contexto.

◆ **Modelo:** despertarse
*Catalina se despertó a las 7:00.*

1.

despertarse a las 7:00
quedarse en la cama quince minutos

2.

levantarse
estar cansada
vestirse
no estar bien vestida

3.

salir de casa
llover
darse prisa para llegar a la escuela

4.

esperar
subir
no poder sentarse

5.

entrar en
llegar tarde
no saber las respuestas
recibir una mala nota
no estar contenta

6.

regresar a su casa
acostarse

**F. Ayer.** Con un(a) compañero(a), habla de cómo te fue ayer. Puedes usar los verbos de la lista u otros que necesites. Usa el pretérito o el imperfecto según el contexto.

| | | |
|---|---|---|
| levantarse | estar contento(a) | llegar tarde |
| lavarse | estar de mal humor | estar cansado(a) |
| tener hambre | tener mucho trabajo | comer |
| llegar | salir | dormir la siesta |
| ir | tener sed | acostarse |
| hacer sol, etc. | hablar con | pasear |
| vestirse | hacer deporte | tener mucho trabajo |

**G. Cuando yo era niño(a)...** Habla con un(a) compañero(a) sobre tu niñez. ¿Dónde vivías? ¿Qué tiempo hacía en esa región? ¿A qué escuela asistías? ¿Qué hacías durante las vacaciones? ¿Qué hacías durante los fines de semana? Menciona algo extraordinario que te ocurrió durante una de tus vacaciones (un accidente, un viaje especial, etc.). Usa el pretérito o el imperfecto según el contexto.

## Comentarios culturales

**El Rastro.** El Rastro es un mercado al aire libre en Madrid que se organiza todos los domingos por la mañana. Es semejante a los *flea markets* de este país. Igual que en este país, en el Rastro la gente puede comprar todo tipo de artículos. Es muy probable que Patrick y sus amigos vayan al Rastro para comprar algo para decorar su apartamento.

## Vamos a escuchar:

### *Buscamos un apartamento*

Patrick está revisando los anuncios del periódico con un amigo. Escucha la conversación y contesta las preguntas.

### *Antes de escuchar*

1. ¿Qué es lo más importante para ti cuando buscas un apartamento?
2. ¿Qué crees que van a comentar los dos amigos mientras revisan los anuncios?

### *Después de escuchar*

**H. Comprensión.**

1. ¿Qué encuentra Patrick?
2. ¿Dónde está?
3. ¿Cuánto cuesta?
4. ¿Qué piensa Richard del apartamento?

5. ¿Cómo es el apartamento que encuentra Richard?
6. Según Patrick, ¿cuál es el problema con ese apartamento?
7. ¿Dónde compraron muebles Cristina y Berta?
8. ¿Cómo es el apartamento que deciden ir a ver?

## I. ¿Cómo lo dicen?

1. What expression does Patrick use to get Richard's attention?
2. How did Richard say that the apartment is much too expensive?
3. How did Richard say that the apartment fits their exact needs?

# Tú dirás

**J. Buscamos un apartamento.** You and your friend have spent a semester living with a family on a study abroad program from your university. You have chosen to find your own apartment for next semester. Look at the apartment ads from the classified section of the newspaper and carry out the following tasks: (1) describe the apartments according to the ads; (2) decide which apartments are too expensive; and (3) decide which apartment you're going to rent **(alquilar).**

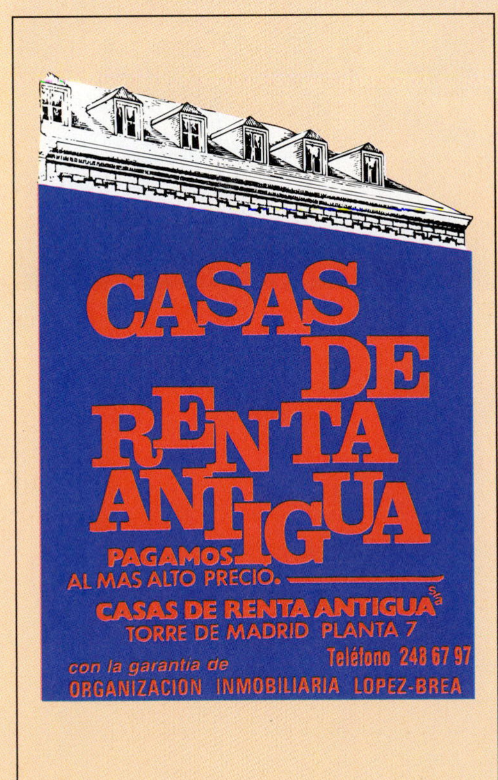


**Cuatro Caminos**. Amueblado. Cuatro dormitorios. Dos baños. Comedor. Dos terrazas. Piscina. 95.000 ptas. Tel. 4 12 54 40

**Argüelles**. Tres dormitorios. Cocina grande. Comedor. Todo amueblado excepto salón. 50.000 ptas. Tel. 6 10 90 87

**Lavapies**. Amueblado. Comedor. Un dormitorio. Teléfono. Terraza. Piscina. Tenis. 70.000 ptas. Tel. 8 14 23 85

**Delicias**. Un dormitorio grande. Cocina amueblada. Aire acondicionado. Jardín. Tel. 7 21 40 89 noche.

**Legazpi**. Vacío. Dos dormitorios. Comedor. Baño. Cocina. 30.000 ptas. Tel. 4 50 17 76

**Goya**. Amueblado. Dos dormitorios. Comedor. Cocina. Baño. Terraza. 60.000 ptas. Tel. 3 15 41 55

**K. Mi casa / Mi apartamento.** Describe your dream house or apartment to one of your classmates. Where is the house or apartment? How do you get from there to school? How many rooms does it have? Name the rooms. How big are the rooms? On what floor are the rooms located? Is there a garden? Do you have a garage? Is there an elevator? Your classmate will ask you questions to get more information.

**L. Busco apartamento.** Based on the ads you have seen and information you have learned in this *etapa,* write an ad for an apartment like the one you would want to live in if you were in a Spanish-speaking country for a year.

Casas en Buenos Aires, Argentina

# Lectura:

## *El Príncipe Felipe: Estudiante en una universidad americana*

### *Antes de leer*

**A. ¿Quién es el Príncipe Felipe?**

1. La Familia Real española

Juan Carlos Sofía

Cristina Felipe Elena

As you read, you will notice that some of the glosses are now in Spanish.

2. Breve biografía del Príncipe:

> **Fecha de nacimiento**
>
> Nació en Madrid el 30 de enero de 1968.
>
> **Estudios**
>
> Desde los cuatro años hasta los 16 asistió al Colegio Nuestra Señora de Rosales. Hizo el COU en Lakesfield College School en Canadá. Allí vivió en una residencia de estudiantes donde compartió la habitación con un estudiante canadiense.
>
> Al terminar, regresó a España. Durante los tres años siguientes, desde octubre de 1985 hasta junio de 1988, recibió la formación militar necesaria para el **heredero de la Corona.** Primero entró en la Academia Militar de Zaragoza, después en la Escuela Naval Militar de Marín y por último en el Ejército del Aire.
>
> Luego comenzó sus estudios universitarios en la Universidad Autónoma de Madrid. Allí estudió cuatro años de Derecho y uno de Económicas.
>
> Ahora, en agosto de 1993, se dispone a comenzar un "master" en Relaciones Internacionales en la Universidad de Georgetown.
>
> **Responsabilidades**
>
> Como heredero de la Corona, el Príncipe representa a España en numerosos actos oficiales. Cada año entrega los famosos Premios Príncipe de Asturias para las Artes y las Ciencias.
>
> **Intereses**
>
> El Príncipe Felipe es un gran deportista. El deporte que más le gusta y más practica es la navegación a vela. Participó en las Olimpiadas de Barcelona en 1992 y fue el **abanderado** del equipo español.

*sucesor del Rey, según el sistema monárquico*

Se llama **abanderado** a la persona que lleva la bandera *(flag).*

**B. Los titulares de la noticia.** Mira los titulares de los distintos periódicos aquí y en la página 353.

- Why do you think that at least three different newspapers covered this piece of news so extensively?
- Would the American press react similarly if a daughter or a son of the president went to another country to get a degree?

**Redacción, Publicidad y Administración.** Albasanz, 14. 28037 MADRID. Teléfono 396 50 00. Fax 3965246 y 304 49 71. Télex 49172. **Adjunta a Dirección General:** Mari Carmen Molinos. **Gerente:** Joaquín Fernández. **Directores:** Juan López (Publicidad), Luis Miranda (Técnico), Javier Aldea (Personal), Rafael Guzmán (Planificación) y Javier Tosat (Financiero-administrativo). INPRESA. **Director gerente de Proyectos Regionales:** Jaime Lladró. **DEPOSITO LEGAL: M-33377-1976** **DIFUSION CONTROLADA POR OJD.**

Diario16

**DIARIO 16:** Dtor., José Luis Gutiérrez. **D-16 Andalucía:** Dtor. adjunto, Francisco Rosell. **D-16 Aragón:** Dtor. adjunto, Francisco Sancho. **D-16 Galicia:** Dtor. adjunto, Miguel A. Boo. **D-16 Burgos:** Subdirector, José Luis Estrada. **D-16 Málaga:** Dtor. adjunto, Juan de Dios Mellado. **D-16 Murcia:** Dtor. adjunto, Jesús Pozo. **D-16 Valencia:** Dtor. adjunto, Cruz Sierra. **D-16 Baleares:** Dtor. adjunto, Fernando Reinlein. **Distribuye:** INDISA. Rufino González, 34 bis. 28037 Madrid. Tels. 586 31 96 - 586 31 91. Fax 586 31 86. **Director General:** José Pérez Gracia. **Corresponsal de los lectores.** Teléfono (91) 396 52 40.

Durante dos años, Don Felipe cursará en esta prestigiosa Universidad, que cuenta entre sus ex alumnos al presidente Bill Clinton, el «masters» de «Ciencias de Relaciones Internacionales» y disfrutará del ambiente diplomático de la capital.

**EL PRINCIPE DE GEORGETOWN**

**Don Felipe, un apuesto desconocido en Washington**

**EL MUNDO**

TESTIGO DIRECTO / ERNESTO CORTES

**Un príncipe en la corte de Clinton**

Felipe de Borbón hizo cola, como el resto de alumnos, para matricularse en la Universidad de Georgetown en Washington y se mostró más preocupado por el curso de posgrado en Relaciones Internacionales que por el desorden de su apartamento

**EL PAIS**

**El heredero vuelve a ser Philip**

El Príncipe se instala en Washington para estudiar Relaciones Internacionales

Ahora ya tienes mucha información sobre el texto que vas a leer. Haz una lista de posibles temas que van a aparecer en la lectura. Después de leer comprueba si los temas de tu lista aparecen o no en el texto.

## La despedida de su familia y el viaje

En el palacio de Marivent **reinaba** una cierta sensación de tristeza el pasado domingo 22 de agosto. Los Reyes de España **se despedían** de su único hijo varón, el Príncipe Felipe, heredero de la Corona y el **benjamín** de la familia. Sus hijas, las infantas Elena y Cristina, estaban ausentes aquella tarde de la residencia veraniega de la Familia Real española. El verano de 1993 **tocaba su fin.** Fue un verano austero y familiar.

*reinaba: había* · *se despedían: decían adiós* · *benjamín: menor* · *tocaba su fin: terminaba*

Acompañado por su séquito de seguridad, Felipe de Borbón volaba desde el aeropuerto mallorquín de San Joan en el vuelo regular de Iberia 773 a las 6,25 horas de la tarde rumbo al aeropuerto de Barajas, Madrid. Su equipaje lo componían treinta bultos —entre bolsas y maletas—. **Su semblante** estaba serio y su tez morena. Comenzaba así la **andadura** en solitario más importante de su vida. Se trataba de la antesala de su larga marcha hacia otro país. Estados Unidos, concretamente la ciudad de Washington, será durante los próximos dos años el nuevo lugar de residencia del Príncipe Felipe. Un **enclave idóneo** para cultivar las influencias políticas internacionales de un futuro jefe de Estado en período de formación.

*su semblante: su cara* / *andadura: aventura* · *enclave idóneo: lugar ideal*

"Es una persona con muchas **ansias** por aprender, por formarse. Supone una etapa muy importante en su vida", aseguran fuentes del palacio de la Zarzuela.

*ansias: deseos*

¿Sabes...

1. qué día salió de España?
2. cuánto equipaje llevaba?
3. por qué dice el periodista que ésta es la "andadura en solitario más importante de su vida"?

## La llegada a Washington: los primeros días

### La matrícula en la Universidad, las clases

*El mundo*

El heredero de la Corona se ha matriculado en Estudios americanos, busca una especialización en Europa y quiere entrar en el cursillo de Estudios árabes, uno de los más deseados y en el que no tiene plaza asegurada. En realidad, no tiene plaza en ninguno y de ahí el **madrugón** de ayer para estar **haciendo cola** como todo estudiante que busca un **hueco.**

very early rising / lining up / space

Sus clases son abiertas, con permanentes debates y preguntas de los profesores, que están aquí para provocar el interés y la discusión. El Príncipe deberá estudiar Economía internacional, realizará infinidad de "papers" en los que expondrá su pensamiento y deberá seguir muy al día las noticias internacionales.

*Panorama*

Licenciado en Derecho por la Universidad Autónoma de Madrid, a sus 25 años, el Heredero español inicia el día 30 de agosto a las diez de la mañana un "master" en Política internacional —que cuesta más de un millón y medio de pesetas— en la Universidad norteamericana regentada por los jesuitas de Georgetown.

*Diario 16*

¿Por qué Georgetown? "Bueno... estuve mirando varias universidades, pero elegí ésta por su situación geográfica, en Washington, y también por amigos que me la habían recomendado. De alguna forma, creo que el que me interesó en ella fue mi primo, que **se licenció** aquí. Además, yo deseaba desarrollar estudios internacionales y creo que éste es uno de los centros más abiertos y mejor localizados para mis objetivos". ¿Qué objetivos? "Pues conocer a mucha gente... Relacionarme con la comunidad internacional que reside aquí". ¿Incluido Clinton? "No hay nada **previsto,** pero, por supuesto, me gustaría tener la oportunidad de saludarle porque no le conozco. Sé que los reyes ya se han encontrado con él".

graduated / *planeado*

¿Sabes...

1. qué va a estudiar?
2. cómo son las clases?
3. por qué eligió Georgetown?

### El alojamiento

*Diario 16*

Su Alteza pretende llevar una vida bien sencilla en Washington y ha alquilado, con su primo Pablo de Grecia, una **casa adosada** en el mismo barrio de Georgetown para poder ir andando cada día a clase. "Es lo más cómodo, porque aquí normalmente las plazas de aparcamiento están limitadas".

townhouse

Desde que llegó a Estados Unidos, hace una semana, Felipe y Pablo se han dedicado a arreglar su nueva casa con muebles comprados en Ikea (un gran centro comercial a 60 kilómetros de la ciudad), de los que se venden baratos pero desmontados y hay que construir tornillo a tornillo. Lo que califica como "el típico **follón** de **trasladarse**". ¿Ya se han repartido las tareas domésticas? "Sí... ¡Ja, ja! Eso todavía está bastante desordenado, pero ya nos **apañaremos**". Dicen que en principio no quería tener ni una empleada de hogar, pero al final aceptó contratar a alguien para la limpieza. ¿Así que usted mismo cocinará? "Bueno, algo haré, ¿no? Tampoco **se me da tan mal**" y vuelve a reír. ¿Y qué cocina? "Pues no sé... cualquier cosa. He llegado a hacer alguna paella alguna vez".

*complicación*/move; manage; I'm not that bad

*El país*

La casa que el heredero de la Corona ocupará en la capital estadounidense tampoco tiene los privilegios de un palacio, y don Felipe va a pasar todo este fin de semana **montando muebles** y llenando armarios con sus pertenencias. El Príncipe comparte una casa adosada de Georgetown con su primo Pablo de Grecia, cerca de la que ocupan desde hace semanas los miembros del servicio secreto encargados de su seguridad. Los dos primos, que hablan entre ellos en inglés, comparten todos los gastos de la vivienda.

putting together furniture

El Príncipe puede llegar a clase en bicicleta en un par de minutos, al igual que los miles de estudiantes que **acuden** a este prestigioso centro católico, el mismo en que se graduó el presidente Bill Clinton.

*van*

¿Sabes...

1. con quién va a vivir el Príncipe?
2. si su casa está lejos de la Universidad?
3. cómo piensa ir a clase?

## *Después de leer*

**C. Las ideas principales.** Escribe un resumen de la información contenida en la lectura en relación a los siguientes temas.

1. ¿Por qué eligió el Príncipe la Universidad de Georgetown y no otra?
2. los estudios del Príncipe en Georgetown
3. el alojamiento

**D. Información nueva.** Junto con un(a) compañero(a) de clase, elabora una lista de las cosas nuevas que aprendiste con esta lectura. Piensa no sólo en los estudios del Príncipe sino también en la información sobre España, la Familia Real, el sistema educativo, vocabulario, etc.

**E. ¡No todos somos príncipes!** Con un(a) compañero(a) de clase, entrevista a alguien de tu universidad que haya estudiado *(has studied)* en el extranjero. Entre los dos escriban un informe sobre la experiencia de esta persona y presenten la información en clase. Pueden incluir los siguientes aspectos:

1. el viaje
2. la llegada al país
3. las clases
4. la vida en un país diferente
5. el alojamiento
6. otros...

MOSAICO CULTURAL *video*

**Mosaico cultural**

**Profesiones y oficios**

In the Spanish-speaking world, attitudes towards work reflect a pride in one's way of earning a living. A premium is placed on the dignity of working and on the willingness to adapt to socioeconomic realities.

*software*

**Atajo**

Writing activities for this chapter are presented in the workbook. For specific references to tasks supported by Atajo, please consult the workbook.

**A. ¿Tienen habitaciones?**

### *Estudiante A*

El hermano de Pepe va a venir este fin de semana. Ayer, al llegar a casa, tenías este mensaje en tu contestador automático.

> ¡Hola! Como sabes, pienso llegar el viernes a las 3:00. ¿Puedes llamar al Hostal Lisboa para hacer la reserva? Necesito una habitación individual para tres días. Puedo gastar 3500 pts. cada noche. ¡Ah! Quiero una habitación con baño privado. Gracias y nos vemos el viernes.

Llama al hotel, explica qué necesitas y haz la reserva para el hermano de Pepe.

### *Estudiante B*

Imagina que trabajas en el hotel Lisboa. Suena el teléfono. Alguien quiere hacer una reserva para el fin de semana próximo.

Hay un problema...

> Because next weekend is the celebration of San Isidro, a big holiday in Madrid, all rooms are already booked, except for two. One is single, has no bathroom and costs 3.000 pts. The other is double, has a private bathroom and costs 4.500 pts. Come to an agreement with the person calling.

**B. ¿Qué pasó con Carlos?** Yesterday, Carlos arrived in Madrid where he is going to spend a year living with a family. He had some problems before he was able to find the street in Madrid he was looking for.

Write down in Spanish what you see happening in each picture. When you and your partner are ready, **Estudiante A** will begin by saying:

> Primero, Carlos llegó al aeropuerto de Madrid a las 8:00 de la mañana. ¿Qué pasó después?

Next, **Estudiante B** will say:

> Luego, Carlos recogió sus maletas.

## Estudiante B

**C. La agencia inmobiliaria.**

## *Estudiante A*

Necesitas encontrar un apartamento en Madrid. Alguien te dijo que hay una agencia inmobiliaria muy buena. Decides ir para ver si te pueden ayudar.

You get to the agency, greet the agent and explain that you are looking for an apartment in downtown Madrid:

one bedroom, one bath • furnished • between 50.000 and 60.000 pts. per month • You would consider sharing it with someone.

## *Estudiante B*

Son las 14:30, la hora de ir a comer. Tuviste una mañana muy atareada. Ahora que estás preparado para ir a casa, llega un cliente.

greet him/her appropriately

ask how you can help

listen to what the customer is looking for

ask the necessary questions to fill out the following form:

**NOMBRE:** ____________________

**APELLIDOS:** ____________________

**EDAD:** ____________________

**PROFESIÓN:** ____________________

**TIPO DE ALOJAMIENTO:** ____________________

____________________

____________________

____________________

____________________

(See page 343 for a list of apartments that might be of interest to your customer.)

Tell your client what you have available at this time. Arrange a day and a time to show the apartment to the client.

# Vocabulario

## Para charlar

### *Para hablar de una habitación en un hotel Talking about a hotel room*

Yo quisiera... *I would like . . .*
una habitación *a room*
Nosotros quisiéramos... *We would like . . .*
Necesitamos... *We need . . .*
Buscamos... *We are looking for . . .*
Tenemos una reserva. *We have a reservation.*
para dos personas. *for two people.*
por tres noches. *for three nights.*
con una cama matrimonial. *with a double bed.*
con camas sencillas. *with single beds.*
con baño. *with bath.*
sin baño. *without bath.*
en el primer piso. *on the first floor.*
con televisor. *with a television set.*
con teléfono. *with a telephone.*

### *Para hablar del horario Talking about a schedule*

llegar a tiempo *to arrive on time*
llegar tarde *to arrive late*
llegar temprano *to arrive early*
en (veinte, treinta minutos, etc.) *in (twenty, thirty minutes, etc.)*
por (una hora, etc.) *for (an hour, etc.)*
un cuarto de hora *quarter of an hour*
media hora *half hour*
tres cuartos de hora *three quarters of an hour*
(cinco, diez, etc.) minutos *(five, ten, etc.) minutes*

### *Para dar las gracias Thanking*

Le(s) agradezco. *I thank you.*
Le(s) agradezco con todo el corazón su hospitalidad. *I thank you for your hospitality with all my heart.*
Mil gracias por... *thanks a million for . . .*
Muchas gracias por... *Thank you very much (many thanks) for . . .*

## Temas y contextos

### *En el hotel At the hotel*

una alfombra *rug, carpet*
un ascensor *elevator*
un baño (una sala de baño) *bath (bathroom)*
un corredor *corridor, hallway*
una cuenta *bill*
el desayuno (incluido en el precio o no incluido en el precio) *breakfast (included in the price or not included in the price)*
una ducha *shower*
el (la) empleado(a) *employee*
el (primer, segundo, tercer, cuarto, quinto) piso *(first, second, third, fourth, fifth) floor*
la planta baja *ground floor*
la recepción *reception desk*
el WC *toilet*

### *Los muebles de una habitación Furniture in a room*

una cama *bed*
un clóset *closet*
una cómoda con *dresser with*
dos cajones *two drawers*
cuatro cajones *four drawers*
un escritorio *desk*
un estante *bookshelf*
una lámpara *lamp*
una silla *chair*
un sillón *armchair*

### *Los anuncios del periódico para una casa o un apartamento Newspaper ads for a house or an apartment*

aire acondicionado *air-conditioned*
(completamente) amueblado *(fully) furnished*
la cocina *kitchen*
el comedor *dining room*
el dormitorio *bedroom*
el estacionamiento *parking*
el garaje (para dos coches) *(two-car) garage*
el jardín *garden*
la sala de estar *living room*
la terraza *terrace, porch*
vacío(a) *vacant, empty*

## Vocabulario general

### *Sustantivos*

el alquiler *rent*
la calidad *quality*
la categoría *category*
el confort *comfort*
una edad *age*
el espacio *space*
un estado *state*
el lujo *luxury*
un país *country*
el periódico *newspaper*
el plan *floor plan*
un programa de intercambio *exchange program*
una salida *exit*
el sistema de clasificación *classification system*
la ventana *window*

### *Adjetivos*

amable *friendly*
cómodo(a) *comfortable*
confortable *comfortable*
incluido(a) *included*
increíble *incredible*
simple *simple*
útil *useful*

### *Verbos*

arreglar *to arrange, fix*
beneficiarse *to benefit*
cocinar *to cook*
decir *to say, tell*
dormir (ue, u) (la siesta) *to sleep (take a nap)*
extrañar *to miss*
lavar *to wash*
llegar de (a) *to arrive from (at)*
perfeccionar *to perfect*
poner *to put*
revisar *to review*
salir con *to go out with*
  de *to leave from*
  para *to leave for*
subir *to go up, climb, rise*

### *Otras palabras y expresiones*

al fondo *at the end*
al menos *at least*
¡Claro que no! *Of course not!*
hay que pasar por... *one must go through . . .*
lo que dice **la Guía Michelín** *what the* ***Michelin Guide*** *says*
lo siguiente *the following*
no permiten *do not permit, do not allow*
Vamos a ver. *Let's see.*
un abrazo *hug*
despedirse de su amigo(a) *to say good-bye to a friend*
durante *during*
en todo caso *in any event*
espero que Uds. puedan visitar *I hope that you can visit*
lo lleva *takes him*
lo recoge *pick it/him up*
prestar atención *to pay attention*
la ropa sucia *dirty clothes*
una toalla *towel*
¿Cómo se dice...? *How do you say . . . ?*
contra la pared *against the wall*
decir que sí (no) *to say yes (no)*
$m^2$ (metros cuadrados) *square meters*
para decir la verdad *to tell the truth*
¿Qué dijiste? *What did you say?*
querer decir *to mean*

# 10 Hoy, ayer y mañana

## Chapter Objectives:

In this chapter you will learn to talk about your daily routine, to narrate and describe past events, and to make future plans.

After completing this chapter you should be able to carry out the following tasks:

- communicate with others about your daily activities and those of your friends
- narrate and describe different past events and activities
- make plans for the near future and discuss them with others

The linguistic elements you will learn to help you carry out these tasks are:

- vocabulary related to the following topics:
  - daily routine
  - past activities
  - future events
- grammatical structures:
  - reflexive verbs
  - specific time expressions
  - discourse organizers

**Primera etapa:** ¿Qué haces normalmente?

**Segunda etapa:** ¿Qué hiciste el verano pasado?

**Tercera etapa:** ¿Qué vas a hacer?

**Cuarta etapa:** *La madre, el hijo y el pintor*

*Punta Caña, República Dominicana*

## Para empezar: *¿Qué haces normalmente?*

### *Preparación*

- ¿Qué haces normalmente durante la semana? ¿Y los fines de semana?
- ¿Cuándo y con quién hablas de tus actividades diarias?
- ¿En qué se diferencia un día normal de un día extraordinario?

### *Antes de leer*

1. En el siguiente texto Cristina Gallegos, una chica española, cuenta lo que hace normalmente. Haz una lista de las actividades que en tu opinión pueden aparecer en el texto.
2. Ahora lee la primera frase de cada párrafo. ¿Qué te indica esta frase sobre el contenido del texto?
3. ¿Cómo te sientes los domingos por la noche?

**Suggestion:** "Durante" es un cognado. ¿Qué significa?

### Cristina Gallegos nos habla de sus actividades diarias

Durante la semana **me levanto** normalmente a las 7:30. Después de **ducharme** y **vestirme,** desayuno un café con leche rápidamente y me voy a clase. Salgo de casa a las 8:10 y siempre voy a pie porque el autobús no va directamente a la universidad. Generalmente tardo 20 minutos. Así que, como mis clases no empiezan hasta las 8:30, casi siempre llego a tiempo.

I get up
I take a shower/I get dressed

**Suggestion:** Como sabes, *"-mente"* es el equivalente de *"-ly"*.

Alguna vez, si me encuentro con algún amigo por el camino, **me retraso** un poco y cuando llego la clase ya ha empezado.

I'm late

Tengo clase todos los días hasta la 1:30. Al terminar la última clase, muchas veces me quedo con mis compañeros en la cafetería de la facultad a tomar un aperitivo antes de ir a casa. En casa comemos por lo general a las 2:30. Después de comer, ayudo a **recoger la mesa** y a **fregar los platos** y si tengo tiempo, me encanta sentarme un rato a ver la tele. Por las tardes, siempre tengo algo que hacer. A veces voy a la biblioteca, pero normalmente me gusta trabajar en casa porque hay menos distracción y puedo concentrarme mejor.

**Suggestion:** La expresión "al + infinitivo" tiene el valor temporal de "cuando".

clean the table/do the dishes

Los fines de semana comienzan para mí el viernes después de clase. A menudo, alrededor de las 8:00, **me reúno** con mis compañeros de clase para ir al cine o para **tomar una copa.** A veces vamos a cenar fuera y otras, nos juntamos en casa de alguien y cocinamos nosotros. Los domingos por la noche, como a casi todo el mundo, **me deprimen** un poco. Siempre tengo trabajo que hacer para mis clases del lunes.

I get together

have a drink

depress me

## *Antes de leer*

1. En el siguiente texto Enrique, el novio de Cristina, cuenta lo que hace un día normal de clase. Haz una lista de las actividades que en tu opinión pueden aparecer en el texto.
2. ¿A qué hora tienes tus clases?
3. ¿Qué te gusta hacer cuando terminan tus clases?

## Enrique Castillo nos cuenta cómo pasa un día cualquiera

Este año empiezo **segundo de carrera.** A diferencia del año pasado ahora sólo tengo clases por la tarde. Por la mañana normalmente me quedo en casa a estudiar y a prepararme para mis clases. De vez en cuando después de tres o cuatro horas de estudio, me gusta salir a dar un paseo para **despejarme.**

In Spain: second-year university

clear my head

Mis clases empiezan a las 3:30 y duran cincuenta y cinco minutos. Los lunes, miércoles y viernes tengo tres clases: literatura, filosofía y latín, y cuatro los martes y jueves: literatura, griego, historia y francés. Por eso nunca salgo de la universidad antes de las 7:00 o las 8:00. Los días que termino a las 7:00, me quedo un rato a charlar con mis compañeros. Con la cantidad de trabajo que tenemos no es posible pasar mucho tiempo con ellos. Normalmente nos tomamos un café o una cerveza y hablamos un poco de todo: de las clases, de deportes, de política.

*alrededor de*

Después, **a eso** de las 8:30 o 9:00 vuelvo a casa y trabajo un poco antes de cenar. A veces, cuando no tengo mucho que hacer, llamo por teléfono a Cristina, mi novia, y nos vamos al centro a dar una vuelta o a tomar algo en alguno de los bares que más nos gustan.

## Te toca a ti

**A. Cierto o falso.** De acuerdo con el texto de Cristina, di si las siguientes afirmaciones son verdaderas (V) o falsas (F). Si alguna de ellas es falsa, explica por qué.

1. Cristina se levanta temprano todos los días.
2. Primero desayuna y después se prepara para ir a clase.
3. Cristina se prepara para ir a la universidad en menos de una hora.
4. Normalmente llega a clase a tiempo.
5. Al salir de clase, suele tomar algo con sus amigos antes de ir a casa.
6. Sus fines de semana son parecidos a los de cualquier estudiante norteamericano(a).
7. Por lo general los domingos Cristina no tiene que trabajar.

**B. Enrique y tú.** Compara un día de clases tuyo con el que describe Enrique. Para cada una de las siguientes afirmaciones di si tu situación es igual (Para mí, es lo mismo...) o si es diferente, indica por qué. (Para mí, es diferente...)

1. Por las mañanas no tengo clase.
2. Después de estudiar tres o cuatro horas, me gusta salir a pasear.
3. Mis clases duran cincuenta y cinco minutos.
4. Los lunes por la tarde tengo tres clases.
5. Después de clase me quedo un rato a charlar con mis compañeros.
6. A veces, por las tardes llamo a mi novia para ir a tomar un café.

# Enfoque léxico:

## *Expresiones para hablar de una secuencia de acciones en el presente*

When you talk about your daily routine you can use the following expressions to organize your discourse. Below, you have a summary of the different expressions available in Spanish that answer the following questions: **¿Cuándo? ¿En qué momento del día? ¿Con qué frecuencia?**

**¿Cuándo?**

| | | |
|---|---|---|
| **durante el día** | **por la mañana**<br>**por la tarde**<br>**por la noche** | *in the morning*<br>*in the afternoon*<br>*in the evening/at night* |
| **durante la semana** | **todos los días**<br>**los lunes (martes, miércoles... )** | *everyday*<br>*on Mondays (Tuesdays, Wednesdays . . . )* |
| **durante el fin de semana** | **los sábados**<br>**los domingos** | *on Saturdays*<br>*on Sundays* |

**¿En qué momento del día?**

| | | |
|---|---|---|
| **los lunes** | **por la mañana**<br>**por la tarde**<br>**por la noche** | *Monday mornings*<br>*Monday afternoons*<br>*Mon. evening/nights* |
| | **al despertarme**<br>**al salir de casa** | *when I get up*<br>*when I leave home* |
| | **después de comer**<br>**antes de clase**<br>**a la hora de cenar** | *after lunch*<br>*before class*<br>*at dinnertime* |

**¿Con qué frecuencia?**

| | |
|---|---|
| **siempre**<br>**normalmente**<br>**por lo general**<br>**generalmente** | *always*<br>*usually*<br>*in general*<br>*generally* |
| **a menudo**<br>**con frecuencia**<br>**casi siempre** | *often*<br>*frequently*<br>*almost always* |
| **de vez en cuando**<br>**a veces**<br>**algunas veces** | *once in a while*<br>*sometimes*<br>*sometimes* |
| **casi nunca**<br>**nunca** | *almost never*<br>*never* |

## Enfoque estructural: *Reflexivos*

In Spanish when you talk about your daily routine, that is, the things you usually do during the week and on the weekend, you use the present tense of any verb. You learned how to do this in Chapter 1 of this book.

You learned how to talk about yourself by adding the ending **-o** to any verb **(hablo, estudio, como, bebo...).** You also learned how to talk to others about themselves by adding either **-as** or **-es (hablas, estudias, comes, bebes...)** or **-an, -en (hablan, estudian, comen...).**

In Spanish when you refer to your daily activities you will need to use a particular group of verbs called **reflexives.** Look again at the beginning of Cristina's daily routine. The highlighted verbs are examples of reflexive verbs in Spanish.

> Durante la semana **me levanto** normalmente a las 7:30. Después de **ducharme** y **vestirme,** desayuno un café con leche rápidamente y **me voy** a clase. Salgo de casa a las 8:10 y siempre voy a pie porque el autobús no va directamente a la universidad. Generalmente tardo 20 minutos. Así que, como mis clases no empiezan hasta las 8:30, casi siempre llego a tiempo. Alguna vez, si **me encuentro** con algún amigo por el camino, **me retraso** un poco y cuando llego, la clase ya ha empezado.

As you can see, the only difference between these forms and the ones you learned in Chapter 1 is that reflexive verbs are accompanied by the corresponding reflexive pronoun. Note that when the verb is in the infinitive, the reflexive pronoun is attached to it.

**levantarse**

| | | | |
|---|---|---|---|
| yo | **me** levanto | nosotros | **nos** levantamos |
| tú | **te** levantas | vosotros | **os** levantáis |
| él / ella / Ud. | **se** levanta | ellos / ellas / Uds. | **se** levantan |

Several reflexive verbs in the infinitive are as follows:

| | |
|---|---|
| **acostarse (ue)** | *to go to bed* |
| **afeitarse** | *to shave* |
| **cepillarse (el pelo, los dientes)** | *to brush (one's hair, teeth)* |
| **darse prisa** | *to hurry up* |
| **desayunarse** | *to eat breakfast* |
| **despertarse (ie)** | *to wake up* |
| **divertirse (ie, i)** | *to have a good time* |
| **dormirse (ue, u)** | *to fall asleep* |
| **ducharse** | *to take a shower* |

| | |
|---|---|
| **lavarse (las manos, el pelo, los dientes)** | *to wash (one's hands, hair, to brush one's teeth)* |
| **levantarse** | *to get up* |
| **maquillarse** | *to put on makeup* |
| **peinarse** | *to comb one's hair* |
| **ponerse** | *to put on* |
| **quedarse** | *to stay, to remain* |
| **sentarse (ie)** | *to sit down* |
| **vestirse (i, i)** | *to get dressed* |

**Verbos reflexivos y no reflexivos**

1. Many Spanish verbs have both a reflexive and a nonreflexive form. In some cases, the meanings of the verbs change when they are used with reflexive pronouns:

| | |
|---|---|
| Siempre **duermo** ocho horas. | *I always* ***sleep*** *eight hours.* |
| Casi siempre **me duermo** cuando estudio en la biblioteca. | *I almost always* ***fall asleep*** *when I study in the library.* |
| **Me pongo** los zapatos. | ***I put on*** *my shoes.* |
| **Pongo** los zapatos afuera. | ***I put*** *the shoes outside.* |

2. In other cases, the meaning of the verbs is the same, but the meaning of the sentence changes. The nonreflexive verb expresses an action that goes from the subject to the object. The reflexive verb expresses a reciprocal action (the idea of *each other*):

| | |
|---|---|
| **Llamo** a Claudia por teléfono a menudo. | ***I call*** *Claudia on the telephone often.* |
| Claudia y yo **nos llamamos** por teléfono a menudo. | *Claudia and I* ***call each other*** *on the telephone often.* |

3. In most cases, however, the nonreflexive verb indicates an action that the subject does to someone else and the reflexive verb expresses an action that the subject does to itself.

| | |
|---|---|
| Yo **lavo** el coche. | *I* ***wash*** *the car.* |
| Yo **me lavo.** | *I* ***wash*** *myself.* |
| Yo **me lavo** las manos. | *I* ***wash*** *my hands.* |

## Dilo tú

**C. ¿Cuándo lo haces tú?** Habla con un(a) compañero(a) sobre tu rutina diaria. Utiliza las expresiones presentadas en la página 367 para decir cuándo y con qué frecuencia haces las siguientes actividades.

1. levantarse temprano
2. ir a clase
3. desayunar tranquilamente

4. charlar con los compañeros de clase
5. comer a las 2:30
6. estudiar en la biblioteca
7. tomar un café con los amigos
8. ver la tele
9. lavar los platos
10. preparar la cena

**D. ¿Qué haces primero? ¿Qué después?** Pon las siguientes actividades en orden utilizando las expresiones de la página 367.

1. vestirme
2. salir de casa
3. desayunar
4. ducharme
5. recoger la ropa
6. despertarme

**E. Se lava la cara.** Utiliza los verbos indicados para describir las actividades de las personas que aparecen en los dibujos. Para cada caso tienes que decidir si necesitas un verbo reflexivo o no.

◆ **Modelo:** lavar
*Miguel se lava la cara.*
*La Sra. Pérez lava el coche.*

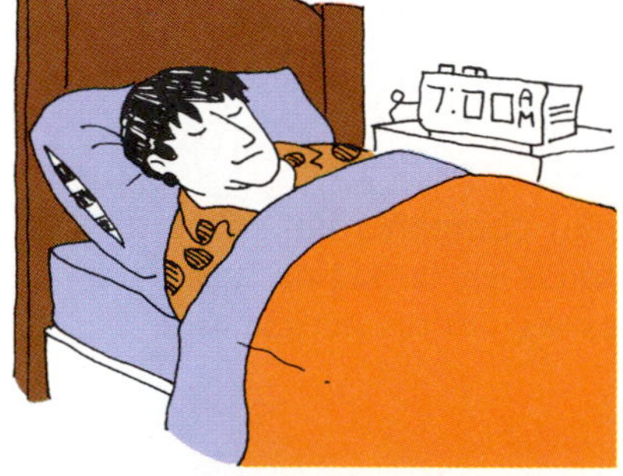


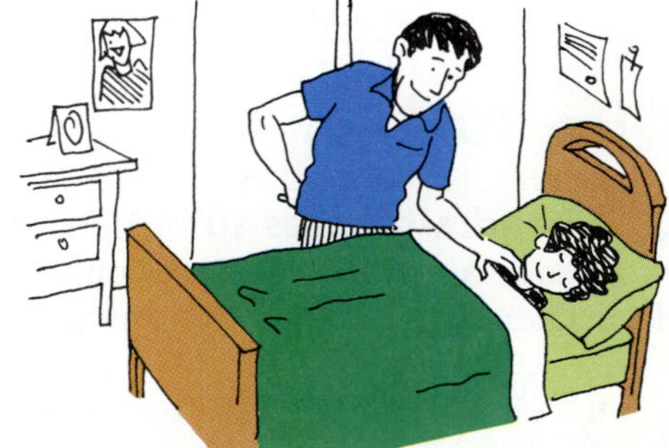

1. despertar

2. mirar

3. hablar

4. acostar

## Comentarios culturales

**Actitudes hacia el tiempo.** Como sabes, la palabra **mañana** significa tanto *tomorrow* como *morning*. Esto hace que la expresión *tomorrow morning* sea en español **mañana por la mañana.** A veces, en algunos países hispanos se utiliza la palabra **mañana** para referirse al futuro de manera indefinida, y no a la mañana o al día siguiente. Al mismo tiempo, es importante entender que los términos **mañana, tarde** y **noche** tienen unos límites temporales más amplios que en inglés. Cuando se usa de un modo específico, **la mañana** dura hasta más o menos las 13:00 horas. **La tarde** llega hasta las 20:00 o 21:00 horas. Parece que no hay una gran preocupación por dividir el día en unidades de tiempo muy precisas.

# Vamos a escuchar:

## *Una mañana en casa de los padres de Cristina Gallegos*

### *Antes de escuchar*

De acuerdo con el título de esta sección, contesta las siguientes preguntas:

1. What are some of the things you expect to happen in this segment? Remember that this takes place at Cristina's parents' house on a weekday morning.
2. Did you ever have problems getting ready for school when you were a child?

Éste es un fin de semana largo para Cristina y ha ido a casa de sus padres. Hoy es viernes y aunque Cristina no tiene clase, sus hermanas sí. Para ellas todas las mañanas de colegio son iguales.

**F. Comprensión.** Escucha lo que ocurre en esta casa en una mañana típica y después contesta las preguntas siguientes.

1. ¿Cuál de las dos hermanas se levanta antes?
2. ¿Qué hace Belén después de levantarse?
3. ¿Cuánto tiempo tarda Belén en ducharse?
4. ¿Por qué María nunca tiene tiempo para nada?
5. ¿Desayuna Belén antes de ir a clase?

### *Después de escuchar*

#### G. ¿Cómo lo dicen?

1. Sra. Gallego wants her two daughters to hurry up. What does she say?
2. How does Belén show her disagreement with María?
3. How does María react to Belén's comments? What does she say?

## Tú dirás

**H. Una mañana típica.** Habla con un(a) compañero(a) de clase sobre una mañana típica para ti. Utiliza las expresiones aprendidas en esta *etapa*. Tu compañero(a) puede hacer preguntas para comprender mejor los detalles.

◆ **Modelo:** – *En mi casa nos levantamos normalmente muy temprano. Mi compañero se levanta primero.*
– *¡Ah! ¿Sí? ¿A qué hora?*
– *Pues, a las seis y media. Primero, se ducha...*

**I. ¿Qué haces tú por la noche?** Quieres saber quién en la clase hace las actividades que aparecen a continuación. Pregunta a varios compañeros de clase qué hacen por la tarde y por la noche. Haz una lista y escribe los nombres correspondientes al lado de las actividades.

1. get home from school at the same time you do
2. do their homework when you do it
3. eat dinner at the same time you do
4. help around the house in the same ways you do
5. have pets
6. go to sleep at the same time you usually do

## Para empezar: *¿Qué hiciste el verano pasado?*

### *Preparación*

- ¿Qué hiciste el verano pasado?
- ¿Fuiste de vacaciones a algún sitio?

### *Antes de leer*

1. A continuación Esteban habla sobre sus últimas vacaciones. Mira el mapa de España. ¿A qué partes del país crees que fue de vacaciones con su familia?
2. Cuando vas de vacaciones, ¿viajas con tus amigos o con tu familia?
3. Lee la primera frase del texto. ¿Dónde vive Esteban?

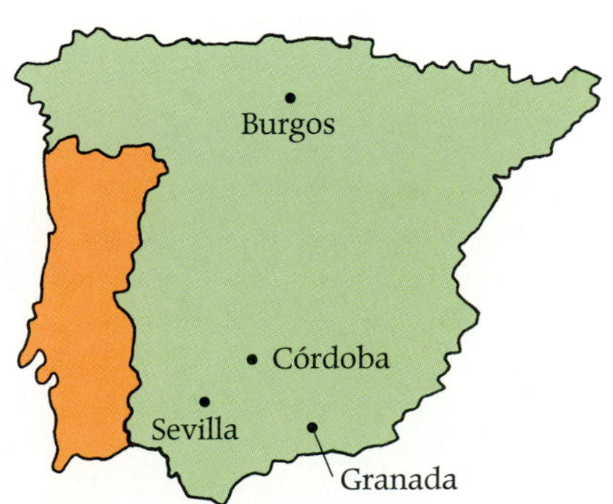

Me llamo Esteban Beltrán y vivo en Burgos con mi familia. El verano pasado hicimos un viaje por Andalucía. Mi abuela vive en Sevilla y también tengo primos en Córdoba. Hacía mal tiempo cuando salimos de Burgos. Hicimos el largo viaje a Granada en un sólo día. Estábamos muy cansados cuando llegamos al Parador de San Francisco. Dormimos bien esa noche.

Al día siguiente comenzamos a explorar Granada. Primero, visitamos la Alhambra, una fortaleza que construyeron los árabes en el siglo XIV. Por la tarde visité el Alcázar con mis padres. Al llegar al hotel, hacía tanto calor que decidí ir a nadar un rato en la piscina.

De Granada viajamos a Córdoba donde visitamos la Mezquita, ahora una catedral famosa en el centro de la ciudad.

Allí pasamos el fin de semana con mis primos. El sábado, después de cenar en un restaurante excelente, vimos un concurso de baile flamenco. El domingo por la mañana visitamos el Museo Arqueológico.

Por fin, después de dos semanas de viaje, regresamos a Burgos.

## Te toca a ti

**A. ¿Verdadero o falso?** Decide si las oraciones que siguen son verdaderas (V) o falsas (F) según la información en la descripción.

Esteban Beltrán y su familia:

1. Visitaron Granada.
2. Tienen una casa pequeña en la Costa del Sol.
3. Hicieron un viaje por Andalucía.
4. Tardaron dos días en llegar a Granada.
5. Visitaron a sus primos.
6. Son del norte de España.
7. El día que salieron de Madrid hacía buen tiempo.
8. Visitaron varios lugares de interés histórico.
9. Pasaron la mayor parte de sus vacaciones en un sólo lugar.

**B. Mis vacaciones.** Usa los siguientes verbos y expresiones para hablar de tus vacaciones más recientes. Usa el pretérito, según el modelo, para indicar qué hiciste. Si en realidad no fuiste de vacaciones, inventa los detalles *(details)*. Sigue el modelo.

◆ **Modelo:** el verano pasado / ir
*El verano pasado nosotros fuimos a Boston.*

1. el verano pasado / ir
2. el primer día / desayunar
3. primero / visitar
4. después / ver
5. esa noche / ir
6. el día siguiente / comprar
7. más tarde / comer
8. después de unos días / salir
9. por fin / regresar

## ¿Recuerdas?

**C. En casa de Victoria.** Mira los dibujos que hay a continuación y describe las cosas que Miguel y Victoria *hacen* por la mañana. Puedes utilizar los siguientes verbos: **despertarse, levantarse, quedarse en la cama, ducharse, lavarse, cepillarse, afeitarse, maquillarse, vestirse, peinarse, desayunarse, irse.**

**D. ¿Y tú?** Habla con un(a) compañero(a) sobre tus actividades durante el día. Puedes hablar sobre un día de clase normal, o sobre un día del fin de semana.

## Enfoque léxico:

### *Secuencia de acciones puntuales en el pasado*

You have already learned the verb structure necessary to talk about past events. When you talk about the things you did yesterday, or the day before, or last week, weekend, month, summer, and so on, you will use the preterite tense as in the example below.

> Ayer, después de levantarme, lo primero de todo **me tomé** un café. Luego, **me duché** rápidamente, **limpié** un poco el apartamento, y por fin **salí** de casa a eso de las 10:00 para ir a clase.

En el texto de la p. 374 Esteban habla de lo que hizo durante las vacaciones y utiliza una serie de expresiones para referirse al pasado y para organizar el discurso.

A continuación tienes algunas expresiones de tiempo para hablar de una secuencia de acciones puntuales en el pasado.

### *Expresiones para organizar el discurso en el pasado*

When you talk about what you did in the past, you can refer either to a particular day (**un día determinado**) or to a period of time (**un período de tiempo**). In Spanish you can use the following expressions to organize your discourse:

**Un día determinado en el pasado**

1. To refer to a particular day you can begin with:

| | |
|---|---|
| **ayer** | *yesterday* |
| **anteayer** | *the day before yesterday* |
| **el lunes (martes...) pasado** | *last Monday (Tuesday . . .)* |

2. To indicate exactly when in the day, you can use **por la mañana, por la tarde, por la noche...**

3. Then, you can use the following expressions to indicate what you did first, second, or last.

| | |
|---|---|
| **primero** | *first* |
| **lo primero de todo** | *first of all* |
| **después** | *then* |
| **luego** | |
| **más tarde** | *later on* |
| **por fin** | *finally* |
| **finalmente** | |

| | |
|---|---|
| **por último** | *at the end* |
| **al final del día** | *at the end of the day* |
| **de la tarde** | *of the afternoon* |
| **de la noche** | *of the evening/night* |

**Un período de tiempo en el pasado**

1. To refer to a period of time in the past you can begin with:

| | |
|---|---|
| **el fin de semana pasado** | *last weekend* |
| **la semana pasada** | *last week* |
| **el mes pasado** | *last month* |
| **el verano pasado** | *last summer* |
| **las vacaciones pasadas** | *last vacation* |

2. After you indicate what you did, you can continue your narration by using first expressions from column A, and then expressions from column B:

**Ejemplo:**
*El fin de semana pasado* fuimos a visitar a unos amigos en San José. *Al llegar* descansamos un rato. Después, *ese mismo día* salimos a dar una vuelta por el centro.

| A | | B | |
|---|---|---|---|
| **el primer día** | *the first day* | **ese mismo día** | *that same day* |
| **los primeros días** | *the first days* | **al día siguiente** | *the next day* |
| **al llegar** | *upon arriving* | **el último día** | *the last day* |
| **el día que llegamos** | *the day we arrived* | | |

## Enfoque léxico:

### *Secuencia de acciones habituales en el pasado*

You have already learned the verb structure necessary to talk about past events. When you talk about the things you used to do *X* years ago **(hace X años)**, or when you were *X* years old **(cuando tenías X años)** or when you lived somewhere else **(cuando vivías en)** you will use the imperfect tense, as in the example below.

> Hace cinco años **vivía** en un apartamento de estudiantes en State College, Pennsylvania. Durante la semana **tenía** clase todos los días a las 9:00, así que normalmente **me levantaba** temprano y casi siempre de mal humor. No **me gustaba** madrugar. Después de la primera taza de café, **me sentía** un poco mejor y entonces **era** capaz de hablar con mi compañera de apartamento.

To organize your discourse when you refer to habitual past actions, you can use the same expressions presented on p. 367 to talk about daily routine.

# Dilo tú

**E. Una llamada de teléfono inesperada.** Imagina que estás en tu casa o en tu residencia. Son como *(it's around)* las 8:00 de la tarde y estás mirando la televisión. De repente suena el teléfono y ¡sorpresa! es un(a) amigo(a) tuyo(a) con el(la) que *(with whom)* hace mucho tiempo no hablas. Tu amigo(a) quiere que le cuentes *(tell him/her)* todo lo que hiciste desde la última vez que te vio *(he/she saw you).*

Con un(a) compañero(a) de clase imagina esta conversación telefónica. Antes de empezar, cada uno, individualmente, preparará su papel.

**F. Cuando vivía en... con...** Hace ya varias semanas que compartes con tus compañeros varias horas a la semana de clase. Seguramente, ya sabes muchas cosas sobre ellos y ellos saben muchas cosas sobre ti. Sin embargo, es posible que todavía no hayan *(you haven't yet)* hablado mucho sobre cómo eran sus vidas hace unos años. Utiliza las siguientes preguntas como guía para hablar con un(a) compañero(a) de clase sobre esos años pasados antes de llegar aquí.

1. ¿Cómo era tu vida hace unos años?
2. ¿Dónde vivías? ¿Con quién?
3. ¿Qué hacías normalmente durante la semana, los fines de semana, los veranos?
4. ¿Quiénes eran tus amigos(as)?

# Vamos a escuchar:

## *El encuentro de Belén y Patricia al volver de vacaciones*

Belén, una de las amigas de Esteban Beltrán, al salir de clase se encuentra *(runs into)* con una de sus compañeras del curso pasado.

### *Antes de escuchar*

1. What do you talk about when you run into a friend you haven't seen during the summer break?
2. Read the questions below before you listen to the dialog.

**G. Comprensión.** Ahora, escucha lo que dicen y decide si las afirmaciones siguientes son verdaderas o falsas. Si son falsas, explica por qué.

1. Belén no sabe todavía que clases va a tener.
2. Patricia quiere saber a dónde fue Belén de vacaciones.
3. Belén pasó las dos primeras semanas del verano con su familia en Galicia.

4. Después, al llegar a Barcelona, el primer día fue a la playa con Juan y su novia.
5. Patricia le cuenta a Belén cómo fueron sus vacaciones.
6. Belén hizo un viaje en tren.
7. Al final Patricia y Belén deciden quedarse para ir a comer juntas un día.

## *Después de escuchar*

### H. ¿Cómo lo dicen?

1. As you know by now, Belén had a great summer. As Patricia responds to what Belén tells her, try to identify the words and expressions she uses to react to her friend's story.
2. Listen again to Belén's account of the places she visited this summer. Try to identify as many different expressions of time used by Belén to organize her speech as you can.

# Tú dirás

**I. Una historia.** En grupos de tres personas elaboren una historia en el pasado. Va a empezar una persona del grupo y después cada uno va a añadir una frase. Una persona se va a encargar de escribir la historia, y al terminar van a leerla al resto de la clase. Usen los tiempos del pasado y las expresiones temporales que han aprendido en esta *etapa.*

**J. Un viaje.** Habla con un(a) compañero(a) sobre un viaje que hiciste. Incluye la siguiente información:

1. the place you went to
2. the people who traveled with you
3. how long you stayed there
4. things you saw
5. activities you did
6. things you bought
7. anything else you want to mention

Al terminar, tu compañero(a) va a hablar de su viaje.

# Tercera etapa

## Para empezar: *¿Qué vas a hacer?*

### *Preparación*

- ¿Qué planes tienes para el fin de semana?
- ¿Sueles mirar la edición semanal del periódico para decidir qué vas a hacer?
- ¿Qué tipo de información te da el periódico sobre posibles actividades para el fin de semana?

Veamos ahora que van a hacer Enrique y Cristina este fin de semana.

### Enrique y Cristina hacen planes para el fin de semana

Enrique y Cristina viven en Barcelona. Hoy están haciendo planes para el fin de semana que viene. Es un fin de semana largo, **así que** (so) van a tener mucho tiempo libre para hacer las cosas que normalmente no pueden hacer.

A los dos les gusta el cine, así que probablemente entre sus planes van a incluir ver alguna película. Uno de sus directores favoritos es Almodóvar pero también les gustan las películas de miedo y *suspense.*

A Cristina le entusiasma el tenis, y **como ahora** (since now) es el *US Open,* lo más seguro es que quiera ver algún partido. **Mientras tanto,** (In the meantime) Enrique puede ocuparse de hacer las compras para el fin de semana, **pues,** (because) el sábado por la tarde van a tener una fiesta en casa.

La Princesa Cristina y el Principe Felipe ven el final de tenis en los juegos Olímpicos de Barcelona

Si hace buen tiempo, el sábado por la mañana piensan ir a dar un paseo por alguno de los parques de la ciudad. Es posible que lleven a los hermanos pequeños de Enrique.

Enrique es un fanático del arte contemporáneo y tiene muchas ganas de ver algo nuevo así que va a intentar convencer a Cristina para ir el domingo por la mañana a alguna de las exposiciones que hay este fin de semana.

Es viernes y acaban de comprar el periódico para ver cómo van a organizar su tiempo libre estos días. Está claro que quieren pasarlo bien y disfrutar al máximo.

Veamos primero la cartelera de cine. Esto es lo que hay para este fin de semana.

## NOVEDADES

**INTRUSO**. España, 1993. Director: Vicente Aranda. Intérpretes: Victoria Abril, Imanol Arias. 18 años. **Drama**. Una pareja aloja en su casa a un amigo de ambos, Ángel, que estuvo casado durante un tiempo con ella pero que decidió salir de su vida al darse cuenta de que estaba enamorada de su actual compañero. El rencor escondido de Ángel pronto comenzará a aflorar. **Diagonal, París 1**.

**LOS VISITANTES ¡NO NACIERON AYER!**. Francia, 1993. Director: Jean-Marie Poiré. Intérpretes: Christian Clavier, Jean Reno. 13 años. **Comedia**. Tras ingerir la pócima que les da un mago, un conde francés del siglo XIII y su escudero se ven trasladados a la época actual, donde vivirán varias cómicas peripecias. **Astoria, Bailén, Balmes, Capsa (V.O. subt.), Comedia A, Florida 1, Publi 1, Waldorf 2**.

**SLIVER.** EE.UU., 1993. Director: Phillip Noyce. Intérpretes: Sharon Stone, William Baldwin. 18 años. **Thriller**. Una atractiva mujer recién divorciada se traslada a vivir a un edificio donde se han producido varios sucesos misteriosos. Allí se verá envuelta, junto a dos apuestos vecinos, en una intriga de sexo, amor y muerte. **ABC, Club Coliseum, Club Pedro IV 2, Regio Palace, Tívoli, Vergara (V.O. subt.), Victoria**.

## ESTRENOS

**ATRAPADO EN EL TIEMPO**. EE.UU., 1992. Director: Harold Ramis. Intérpretes: Bill Murray, Andie MacDowell. Apta. **Comedia fantástica**. Un hombre del tiempo de un canal de televisión se queda atrapado en el tiempo, viviendo una y otra vez el mismo día, un dos de febrero. **Aribau**.

**BAMBI**. EE.UU., 1942. Director: David D. Hand. Apta. **Dibujos animados**. Reposición del clásico de Walt Disney en torno a la vida en el bosque de un cervatillo. **Comedia C**.

**BLADE RUNNER**. EE.UU., 1982. Director: Ridley Scott. Intérpretes: Harrison Ford, Sean Young. 13 años. **Ciencia ficción**. En un futuro lejano, un ex detective es obligado a localizar y destruir a unos robots de apariencia humana y enorme inteligencia (Versión ampliada y remontada por el director). **Rex (V.O. subt.)**.

## PELÍCULAS EN CARTEL

**COMO AGUA PARA CHOCOLATE**. México, 1992. Director: Alfonso Arau. Intérpretes: Lumi Cavazos, Marco Leonardi. 13 años. **Melodrama**. En el México de la Revolución, una joven es obligada por su despótica madre a permanecer soltera. Para poder estar junto a ella, su joven amado decide casarse con su hermana mayor. **Arcadia, Cinemes Lauren 1**.

**CORAZÓN INDOMABLE**. EE.UU., 1992. Director: Tony Bill. Intérpretes: Marisa Tomei, Christian Slater. 13 años. **Melodrama**. Un joven que trabaja como recadero en un pequeño restaurante se enamora de una de las camareras del local, pero debido a su gran timidez no se atreve a intentar iniciar una relación con ella. **Alexandra 2**.

**DANIEL EL TRAVIESO**. EE.UU., 1993. Director: Nick Castle. Intérpretes: Walter Matthau, Mason Gamble. Apta. **Comedia**. Adaptación del personaje de los cómics de Hank Ketcham, que narra las aventuras de un niño cuya máxima afición es incordiar a su vecino. **Dorado**.

**DE VUELTA A CASA**. EE.UU., 1993. Director: Duwayne Dunham. Intérpretes: Kevin Chevalia, Veronica Lauren. Apta. **Comedia**. La aventura de dos perros y un gato que deben recorrer decenas de kilómetros para reunirse de nuevo côn sus amos. **Nápoles 1**.

**EL ABOGADO DEL DIABLO**. EE.UU., 1993. Director: Sidney Lumet. Intérpretes: Rebecca DeMornay, Don Johnson. 18 años. **Thriller**. Una abogada acepta la defensa de un playboy acusado de homicidio. Cuanto más se estrecha la relación entre ambos mayores son las dudas acerca de su inocencia, hasta el punto de que ella empieza a temer por su vida. **Arkadín 1 (V.O.subt.), Montecarlo, Pelayo 2, Waldorf 3**.

**EL EJÉRCITO DE LAS TINIEBLAS**. EE.UU., 1992. Director: Sam Raimi. Intérpretes: Bruce Campbell, Embeth Davidtz. 18 años. **Terror**. El protagonista de la serie "Evil Dead" se ve trasladado ahora a la Edad Media, donde deberá enfrentarse de nuevo a las fuerzas del mal. **Pelayo 1**.

**EL LADO OSCURO DEL CORAZÓN**. Argentina-Canadá, 1992. Director: Eliseo Subiela. Intérpretes: Darío Grandinetti, Sandra Ballesteros. 18 años. **Drama**. Un joven poeta bohemio inicia una relación sentimental con una prostituta de cabaret que transformará su manera de entender la vida. **Verdi 1**.

**EL PAÍS DEL AGUA**. Gran Bretaña, 1992. Director: Stephen Gyllenhaal. Intérpretes: Jeremy Irons, Ethan Hawke. 18 años. **Drama**. Un profesor de historia les cuenta a sus alumnos un difícil periodo de su juventud: sus relaciones con una joven a la que dejó embarazada y que, sin quererlo, motivó un asesinato. **Cinemes Lauren 3**.

**EL ÚLTIMO GRAN HÉROE**. EE.UU., 1993. Director: John McTiernan. Intérpretes: Arnold Schwarzenegger, F. Murray Abraham. 18 años. **Acción**. Un niño de 11 años entra en un mundo de ficción, a través de la pantalla de un cine, y vive aventuras junto a su héroe favorito. Las cosas cambiarán cuando héroe y niño se vean lanzados al mundo real y deban enfrentarse a peligros auténticos. **Bosque, Club Pedro IV 1, Niza, Palacio Balañá, Río, Rívoli, Urgel**.

**EN CASA CON CLAUDE**. Francia, 1992. Director: Jean Beaudin. Intérpretes: Roy Dupuis, Jacques Godin. 18 años. **Drama urbano**. Reconstrucción de un crimen pasional acontecido en Montreal, a través de las últimas horas del interrogatorio al presunto asesino. **Verdi 5 (V.O. subt.)**.

**ETERNAMENTE JOVEN**. EE.UU., 1992. Director: Steve Miner. Intérpretes: Mel Gibson, Jamie Lee Curtis. Apta. **Melodrama**. En 1939, un joven piloto de aviones de combate pierde a su novia en una tragedia. Apesadumbrado decide participar en un experimentop criogénico que, de forma accidental, le deja en un estado de hibernación del que despierta en 1992. **París 2**.

**HERIDA**. Francia-Gran Bretaña, 1992. Director: Louis Malle. Intérpretes: Jeremy Irons, Juliette Binoche. 18 años. **Drama**. Un respetado diputado conservador británico inicia un tórrido romance con la joven novia de su hijo. La relación continúa incluso cuando ella acepta la oferta de matrimonio del hijo de él. **Club Capitol 2**.

**HOT SHOTS 2**. EE.UU., 1993. Director: Jim Abrahams. Intérpretes: Charlie Sheen, Lloyd Bridges. 18 años. **Comedia de aventuras**. Topper, el protagonista de la primera película, abandona su retiro en un monasterio tibetano donde ayuda a los lamas a fabricar videos, para rescatar a unos soldados norteamericanos retenidos en un lejano país. **Coliseum**.

**HOUSE OF ANGELS.** Suecia, 1992. Director: Colin Nutley. Intérpretes: Helena Bergstrom, Rikard Wolff. 13 años. **Comedia**. En un pequeño pueblo de Suecia, llega el escándalo con el regreso de la nieta del recién fallecido patriarca del lugar. Con sus provocaciones de chica de ciudad, una escalada de intolerancia y de violencia inundará el pueblo. **Casablanca 2 (V.O.subt.)**

**JENNIFER 8**. EE.UU., 1992. Director: Bruce Robinson. Intérpretes: Andy García, Lance Kenriksen. 13 años. **Thriller**. Un joven policía investiga dos muertes que cree que han sido cometidas por un asesino que ya mató a otras ocho personas. Su principal ayuda es una joven ciega que podría ser la próxima víctima del criminal. **Novedades**.

**LA ARDILLA ROJA**. España, 1993. Director: Julio Medem. Intérpretes: Emma Suárez, Nacho Novo. 18 años. **Intriga romántica**. Cuando está a punto de suicidarse porque ha sido abandonado por su novia, un joven ve como una chica tiene un accidente de moto. Debido al golpe ella pierde la memoria, por lo que él le hace creer que son novios desde hace años. **Verdi 3**.

**LA FUERZA DEL VIENTO**. EE.UU., 1992. Director: Carroll Ballard. Intérpretes: Matthew Modine, Jennifer Grey. Apta. **Melodrama**. Un joven timonel es contratado por un millonario estadounidense para que intente que su velero gane la regata Copa América. **Cinemes Lauren 2**.

**LA MATÉ PORQUE ERA MÍA**. Francia, 1992. Director: Patrice Leconte. Intérpretes: Thierry Lhermitte, Philipe Noiret. 13 años. **Comedia**. Tres hombres viajan por toda Francia para localizar a la mujer de uno de ellos y matarla por haberle sido infiel. **Alexis (V.O. subt.), Arkadín 2, Comedia A, Waldorf 3**.

**MADE IN AMERICA**. EE.UU., 1993. Director: Richard Benjamin. Intérpretes: Whoopi Goldberg, Ted Danson. Apta. **Comedia**. Una mujer negra que tuvo una hija, también negra, por medio de la inseminación artificial se ve presionada por aquella a buscar a su progenitor. El problema es que este resulta ser un deslenguado vendedor de coches...blanco. **Dorado**.

**MEMORIAS DE UN HOMBRE INVISIBLE**. EE.UU., 1992. Director: John Carpenter. Intérpretes: Nick Halloway, Daryl Hannah. Apta. Thriller romántico. Nick, un analista de bolsa que goza de éxito tanto profesional como con las mujeres, debido a un extraño accidente se convierte en invisible. Nick debe adaptarse a su nuevo estado y hacer frente a sus muchos inconvenientes. **Fantasio**.

**PERDIDOS EN ÁFRICA**. Gran Bretaña, 1993. Director: Stewart Raffill. Intérpretes: Asheley Hamilton, Jennifer McComb. 13 años. Aventuras. Dos jóvenes que realizan un safari fotográfico en Kenia son capturados por una tribu local. Al intentar escapar matan al jefe de la tribu por lo que serán perseguidos implacablemente. **Pelayo 3, Publi 2, Waldorf 4**.

**PLAYBOYS**. EE.UU., 1992. Director: Gillies MacKinnon. Intérpretes: Aidan Quinn, Robin Wright, Albert Finney. Apta. Drama. Una mujer que al tener un hijo ilegítimo crea un gran escándalo en la pequeña comunidad irlandesa en la que vive se enamora de un comediante que llega a su pueblo, pero un policía intenta impedir la relación. **Savoy, Verdi 2 (V.O-.subt.)**.

**SECUESTRADA**. EE.UU., 1993. Director: George Sluizer. Intérpretes: Kieffer Sutherland, Jeff Bridges, Nancy Travis. 13 años. Thriller. Jeff y Diane son una pareja que se encuentra de vacaciones en la montaña. Al parar en una gasolinera, Diane va a comprar unas bebidas y no regresa nunca. Tres años después, cuando la policía ya ha olvidado el caso, Jeff no ha abandonado aún su búsqueda a pesar de haber rehecho su vida con otra mujer. **Alcázar, Club Pedro IV 2, Regio Palace, Victoria**.

**SIMPLE MEN**. EE.UU., 1993. Director: Hal Hartley. Intérpretes: Robert Burke, Karen Sillas. 18 años. Drama. Dos hermanos de personalidades muy diferentes tratan de localizar a su padre, un hombre misterioso que les abandonó a ellos y su madre hace muchos años. **Casablanca 1 (V.O. subt.)**.

**STALINGRADO**. Alemania, 1992. Director: Joseph Vilsmaier. Intérpretes: Dominique Horwitz, Thomas Kretschmann. 18 años. Drama bélico. Recreación del sitio de la ciudad soviética de Stalingrado por las tropas alemanas durante la II Guerra Mundial. **Club Capitol 1**.

**TOCANDO FONDO**. España, 1993. Director: José Luis Cuerda. Intérpretes: Antonio Resines, Jorge Sanz. 18 años. Comedia. Diversos personajes intentan vivir de la picaresca, aprovechando la crisis económica que inunda el país y con el ingenio como mejor arma. **Alexandra 1, Florida 2**.

**UNA PROPOSICIÓN INDECENTE**. EE.UU., 1993. Director: Adrian Lyne. Intérpretes: Robert Redford, Demi Moore. 18 años. Melodrama. Un matrimonio que atraviesa una difícil situación económica recibe una extraña propuesta de un maduro millonario: les dará un millón de dólares si la mujer accede a pasar una noche con él. **Cataluña, Comedia B, Florida 3, Waldorf 1**.

**UN LUGAR EN EL MUNDO**. Argentina, 1992. Director: Adolfo Aristarain. Intérpretes: José Sacristán, Federico Luppi. 13 años. Melodrama. Un hombre regresa al pueblecito argentino donde pasó su infancia y recuerda como vivió aquella. **Verdi 4**.

**UN LUGAR MUY LEJANO**. EE.UU., 1993. Director: Mikael Salomon. Intérpretes: Reese Witherspoon, Ethan Randall. Apta. Aventuras. Dos jóvenes cuyas vidas corren peligro, al ser perseguidos por unos cazadores furtivos que ya han asesinado a sus padres, se ven obligados a huir por el desierto africano con la ayuda de un nativo. **Alexandra 3**.

## REESTRENOS

**AKIRA**. Japón, 1989. Director: Katsuhiro Otomo. 18 años. Dibujos animados. En el año 2020, tras una guerra nuclear, Tokio es una violenta ciudad dominada por un coronel del ejército que trata de mantener en secreto el fruto de unos misteriosos experimentos con niños. **Maldá (V.O. subt.)**.

**BOOMERANG**. EE.UU., 1992. Director: Reginald Hudlin. Intérpretes: Eddie Murphy, Robin ...

cutivo de una compañía neoyorkina se enamora de su nueva jefa, una atractiva mujer a la que sólo parece interesarle el trabajo. **Dante**.

**EL RÍO DE LA VIDA**. EE.UU., 1992. Director: Robert Redford. Intérpretes: Craig Sheffer, Brad Pitt. Apta. Melodrama. En la Montana de principios de siglo, dos hermanos y su estricto padre, pastor de la iglesia presbiteriana, comparten una misma afición: la pesca en el hermoso río que transcurre cerca de su hogar. **Nápoles 2**.

**EL SILENCIO DE LOS CORDEROS**. EE.UU., 1991. Director: Jonathan Demme. Intérpretes: Jodie Foster, Anthony Hopkins. 18 años. Thriller. Una mujer policía entra en contacto con un ex psiquiatra, asesino y caníbal encerrado en una cárcel para que le ayude a localizar a otro criminal. **Arenas**.

**LA ASESINA**. EE.UU., 1992. Director: John Badham. Intérpretes: Bridget Fonda, Gabriel Byrne. 18 años. Acción. Una joven delincuente condenada a muerte recibe una singular propuesta: vivirá si trabaja como asesina a sueldo para una organización estatal secreta. Acepta la oferta y comienza a entrenarse para su nuevo trabajo. Nueva versión de "Nikita". **Dante**.

**LA CARNE**. Italia, 1991. Director: Marco Ferreri. Intérpretes: Sergio Castellitto, Francesca Dellera. 18 años. Drama. Historia de la relación de una pareja que sustituye con el sexo la falta de comunicación e intercambio. **Arenas**.

En la tele, la programación es la siguiente:

LA VANGUARDIA — REVISTA • 6

# TELEVISIÓN

20.30/21.00 C+/C 33

**Vuelve P. Escobar con "Cent × cent futbol"**

E Ignacio Lewin y Michael Robinson con "El día después"

## TELE 5

**6.35** ***Entre hoy y mañana*** (informativo.) (Repetición.)

**7.00** ***Desayuna con alegría*** ("magazine" infantil.) Incluye la serie ***"Corcel negro"*** y los dibujos: ***"Osos amorosos"***; ***"Cocodrilo Juancho"***; ***"Pixi y Dixie"***; ***"Leoncio el león"***; ***"Pepepótamo y Soso"***; ***"Sandy"***; ***"Las nuevas aventuras de las Picapiedra"***; ***"Peter Pan"***; y ***"El broche encantado"***.

**10.00** ***Skippy el canguro*** (serie): capítulo 13.

**10.30** ***La bola de Dan*** (dibujos): capítulo 26.

**10.55** ***Cine matinal*** (película): ***"Nuevas aventuras del Zorro"*** (★). Los franceses han invadido España. Ante la opresión que sufre el pueblo, aparece de nuevo El Zorro. (Ver la sección TV-Películas.)

**12.35** ***Ven a cantar*** (concurso de karaoke.) Presentadores: Jordi LP y María Abradelo.

**13.05** ***Una de cine*** (película): ***"Golfo de alquiler"*** (★). Un joven vago y caprichoso, que lleva diez años intentando graduarse, recibe un ultimátum por parte de su millonario padre: o se gradúa o pierde todos los derechos sobre la herencia. Dado que no pretende estudiar, decide contratar a un pillo de clase baja para que se haga pasar por él en el instituto y consiga la graduación. (Ver la sección TV-Películas.)

**15.00** ***Entre hoy y mañana.*** 1.ª edición (informativo.)

**15.30** ***Primer amor*** (serie): capítulo 157. Martín está completamente sumido en la angustia. Todos sus intentos para convencer a M.ª Ines de que regrese a casa con los niños resultan vanos. Mientras tanto, Mercedes lleva a su sobrino Fernando a trabajar en la constructora.

**16.20** ***Cine español*** (película): ***"La ciudad no es para mí"*** (★). Un hombre de pueblo acude por primera vez a la gran ciudad para ver a sus hijos. El ritmo de vida de la urbe le agobia y no consigue adaptarse. Además, cuando intenta ayudar a sus hijos, le surgen nuevos problemas. (Ver la sección TV-Películas.)

**18.10** ***Apartamento para tres*** (serie): "Una mujer mayor". Jack ayuda a una mujer ya mayor que, agradecida, empieza a meterse en su vida. Janet y Cindy intentan protegerle de las excesivas atenciones de Gladys. Larry, por su parte, le ofrece ayuda con algo más contundente: un bate de béisbol.

## CANAL+

**8.00** ***ABC World News,*** con Peter Jennings.

**8.25** ***El gran musical*** ("magazine"). Monográfico sobre Paul McCartney. (Repetición.)

**9.20** ***Primer plano.*** Entrevistas a Sharon Stone y a Jeff Bridges. Festival de Cine de Venecia. (Repetición.)

**9.52** ***Redacción. Noticias.***

**10.00** ***Cine: "Ambición sin escrúpulos".*** Dir.: Scott D. Goldstein. Int.: Lou Diamond Phillips, Clancy Brown. Un novelista especializado en temas fuertes ve cómo su última obra es rechazada por los editores. Dolido por el fracaso, busca una tema capaz de garantizar el éxito y lo encuentra en un criminal que ha salido de la cárcel. (Codificado.)

**11.36** ***Sesión especial V.O.: "Freejack".*** (Cod.)

**12.00** ***Sesión especial V.O.: "Freejack"*** (continuación. Empieza a las 11.36 horas.) Dir: Geoff Murphy. Intérpretes: Emilio Estévez, Mick Jagger. Poco antes de morir abrasado al volante, Alex es proyectado hacia el año 2009. Asustado, se encuentra a sí mismo en unas calles que le son familiares, pero a la vez diferentes. Perseguido por un grupo de mercenarios, su única esperanza es encontrar a su novia, ahora 18 años mayor que él. (Cod.)

**13.21** ***Piezas: "El libreto".*** Animación. (Codificadas.)

**13.35** ***Los 40 principales*** (programa musical.)

**14.00** ***Redacción. Noticias.***

**14.05** ***Los chicos de Beverly Hills*** (dibujos animados.)

**14.30** ***Aquí mando yo*** (serie.)

**15.00** ***Cine: "Amo tu cama rica".*** Dir: E. Martínez - Lázaro. Int.: Pere Ponce, Ariadna Gil. Pedro se siente incomprendido por las mujeres. En el amor es lento, pero inseguro. Sara acaba de terminar la carrera de veterinaria y tiene un éxito profesional razonable. Él aún no ha definido su futuro. Ambos son cordiales y tienen amigos. (Codificado.)

**16.38** ***Cine: "Viento de cólera".*** Dir.: Pedro de la Sota. Int.: Juan Echanove, Emma Penella, Pedro Mari Sánchez. Dos soldados desertores del Ejército de las Indias, acompañados de dos mujeres de tropa, huyen rumbo a Italia y en su camino penetran en el valle de Baztán. (Codificado.)

**18.06** ***Cine: "En contra de su voluntad".*** Dir.: Delbert Mann. Int.: Walter Matthau, Susan Blakely. El abogado H. Cobb, se traslada a Baltimore con la viuda de su hijo, Billie y su nieta. Allí se enfrentrará contra su eterno rival, el juez Stoddard Bell. (Cod.)

**19.35** ***Doug*** (dibujos animados). (Codificados.)

**20.00** ***Avance. Redacción.***

**20.05** ***Los 40 principales*** (programa musical).

**20.30** ***El día después*** ("magazine" futbolístico). Presentadores: Ignacio Lewin y Michael Robinson. Incluye las secciones: "Lo que el ojo no ve" (imágenes de los partidos que no son habitualmente recogidas por las cámaras); "Atocha" (análisis de las jugadas más interesantes); "Lo mejor de la semana" (selección de las mejores jugadas de la jornada). Joaquín Ramos Marcos analiza las jugadas más conflictivas en la sección "La polémica".

**21.28** ***Información meteorológica.***

**21.30** ***Redacción. Noticias.***

**21.53** ***Información deportiva.***

**22.00** ***Estreno Canal +*** (película): ***"Grand Canyon: el alma de la ciudad"*** (★ ★ ★). Marc, un abogado de inmigración y Claire, son un matrimonio estable (a pesar del "affaire" que él tuvo con su secretaria). Una noche, Marc vuelve a casa tras su partido de baloncesto, y para evitar un atasco se mete en un barrio de afroamericanos donde le asalta una banda callejera. En su ayuda acude Simon, un camionero con el que trabará una gran amistad, que tiene una hija sordomuda y una hermana atemorizada por las pandillas del barrio. (Ver la sección TV-Películas.) (Codificado).

LOS ACTORES PROTAGONISTAS DE LA PELÍCULA "GRAND CANYON: EL ALMA DE LA CIUDAD"

## CANAL 33

**13.55** ***Carta de ajuste.*** (Estéreo.)

**14.00** ***Voleibol.*** Transmisión, en directo, del partido correspondiente al Campeonato de Europa entre España y Rusia.

**16.00** ***Open de tennis dels EE.UU.*** Transmisión en directo.

**19.55** ***Mil paraules*** (literario): "La pedra lunar", Wilkie Collins.

**20.00** ***Tot l'esport*** (programa de información deportiva).

**20.30** ***Basquetmania*** (programa sobre baloncesto).

**21.00** ***Cent x cent fútbol*** ("magazine" futbolístico). El primer programa de esta nueva temporada presta especial atención a los equipos del Lérida y del Español, además de a la primera jornada del Campeonato de Liga que se ha disputado este fin de semana. Invitados fijos: Carles Rexach, segundo entrenador del FC Barcelona; Óscar Nebreda, dibujante; Angel "Pichi" Alonso, entrenador del Figueres; y Sergi Albert, comentarista técnico y antiguo juez de línea. Director y presentador: Pere Escobar.

**22.30** ***L'altra cara*** (serie): "La dona del sac".

**23.20** ***La flor de la vida*** (serie): capítulo 10. (D)

**23.45** ***Allò, allò*** (serie): capítulo 22. René y compañía pasan mil peripecias en su fuga del campo de concentración, disfrazados de coristas del Folies Bergère. (D)

**0.30** ***Star Trek, la nova generació*** (serie): "L'Enterprise del passat". (D)

**1.20** ***Harmonia*** (musical).

**1.45** ***Fin de emisión.***

## CANAL 9

**8.00** ***En la salud y en la enfermedad*** (serie).

**8.30** ***A la babalà*** (infantil). (D)

**10.30** ***¿Tú otra vez?*** (serie).

**11.00** ***Star Trek, la nueva generación*** (serie).

**11.45** ***Olé tus videos I*** (concurso).

**12.45** ***A la babalà*** (infantil). (D)

**14.00** ***Notícies 9.***

**15.00** ***Mis dos padres*** (serie).

**15.30** ***Tardes de cine:*** "A simple vista". EE.UU., 1983. Director: John Llewellyn Moxey. Intérpretes: David Soul, Pam Dawber.

**17.10** ***Justicia callejera*** (serie). (D)

**18.00** ***A la babalà*** (infantil). (D)

**18.45** ***En pantalla:*** "Los gigantes del bosque". EE.UU., 1952. Director: Félix Feist. Intérpretes: Kirk Douglas, Eve Miller.

**20.30** ***Notícies 9.*** Incluye ***L'oratge.***

**21.15** ***Elles i ells.***

**22.25** ***Dilluns cine:*** "Kickboxer 2". EE.UU., 1990. Director: Albert Pyum. Intérpretes: Peter Boyle, Sasha Mitchell.

**0.30** ***La historia del crimen*** (serie).

**1.30** ***Fútbol.*** Clasificación para el Mundial '94. Argentina - Colombia.

**3.00** ***Fin de emisión.***

La televisión valenciana Canal 9 se capta también en algunas zonas de Tarragona y de Baleares

Veamos ahora qué opciones hay para la mañana del domingo:

LUNES, 6 SEPTIEMBRE **ESPECTÁCULOS** LA VANGUARDIA **33**

Q-ZAR es para todas las edades.
**BARCELONA** Aribau, 191 - 193
**BARCELONA** Balmes, 164 - 166
**BARICENTRO** (Zona Cines)
**TERRASSA** Rambla Egara, 103
**MATARO** Ronda Barceló, 62
**ROSES** (Girona), Centre Roses, Zona Nàutic Center.

**MUSEOS**

**MUSEO DE CERA** - Bosc de les Fades. Cafetería. Rbla. Sta. Mónica, 4-6. Drassanes. Telf. 317-26-49 y 317-43-04. Horario. Museu de 10 a 20 h. sin interrupción. Bosc de les Fades - Cafetería: 10 a 22 h. sin interrupción. Abierto todos los días de la semana.

**MUSEU DE LA CIENCIA DE LA FUNDACIO "LA CAIXA"** (Teodor Roviralta, 55, creuant amb Ronda de Dalt. Barcelona. Tel. 212-60-50). Feiners i festius, de 10 a 20 h. Dilluns tancat. Entrada gratuïta pels avis que vagin amb els seus néts. Servei d'Informació tel. 317-57-57. Exposicions: "Amazònia, l'últim paradís". Sales permanents. Clik dels nens: espai per a nens de 3 a 7 anys. Planetari (romandrà tancat del 2 d'agost fins el 27 de setembre ambdós inclosos). Tallers: Toca! Toca! i realitat virtual. De dimarts a diumenge. Places limitades.

**EXPOSICIONES DE ARTE**

Las galerías de arte cuyo nombre va precedido de una estrella (*) están adheridas a la Asociación de Galerías de Arte de Catalunya

* **AB** (Vinyamata, 55. Tel. 870-73-52. Granollers). Albaiges, Queralt, Vernedas.

* **AMBIT** (Consell de Cent, 282. Tel. 488-18-00, 08007 Barcelona). Ñaco Febrer.

* **ANNA BENACH** (Antic de Sant Joan, 3. Tel. 310-41-79, 08003, El Born. Barcelona). Col·lectiva de petit format. Casanova Zapata, Fátima Tocornal, Mercè Atienza, Jaume Carod.

* **ARNAU** (Provença, 376, 08037 Barcelona. Tel. 257-89-51). Col·lectiva.

* **ARTUR RAMON** (Palla, 23-25, 08002 Barcelona. Tel. 302-59-70). L'Escudella de Cerámica (segles XIII al XVIII).

* **ATELIER** (Plaça Rovira i Trias, 9. T. 284-43-17). Colectiva.

**CAFE D'ART IVANOVNA** (Aragó, 40. T. 426-63-41). Col·lectiva 93.

**CENTRE CULTURAL TECLA SALA** (Avgda. Josep Tarradellas, 44, l'Hospitalet. Metro L-I: Torrassa). Horari: de dimarts a dissabte, d'11 a 14 i de 17 a 20 h. Diumenges i festius, d'11 a 14 h. Dilluns, tancat. Exposició: Col·lectiu Abattoirs. Espai M1. Del 7 de setembre al 3 de octubre.

**CENTRE D'ART SANTA MONICA** (Rambla de Santa Mònica, 7. 08002 Barcelona. T. 412-12-72 i 412-49-28). Horari: laborables d'11 a 14 h i de 17 a 20 h; diumenges i festius, d'11 a 15 h. "Festegem Miró", del 24 de juny al 30 setembre.

**CEZANNE 2 SITGES.** Rafael Llopart, 82. T. 894-56-08. Col·lectiva de fons d'art amb col·laboració de la Sala Cezanne de Barcelona (Pedralbes). Annexa estudi A. Reginel. Obert de 5.30 a 8.30 dissabte i festius de 12 a 2 i 6 a 9.

**CONXA LÓPEZ.** (c/ Lleida, n.º 2. Telf. 977/64-30-23). Torredembarra (Tarragona). Expone A. Rueda Oleos.

**DALMAU** (Tel. 215-45-92. Consell de Cent, 349. Barcelona). Col·lectiva.

* **DOLORS JUNYENT** (Aragó, 268, 08007 Barcelona. Tel. 215-63-93). Pintura catalana i internacional.

* **EUDE** (Consell de Cent, 278. 08007 Barcelona. Tel. 487-93-86). Obra gràfica.

**FOZ.** C/. S. Bartolomé, 15. T. 894-25-92. 08870-Sitges. Oleos de F. Sillué.

**FUNDACIO JOAN MIRO** (Telèfon 329-19-08). A causa del desmuntatge de l'exposició antològica de Joan Miró, les sales d'exposició estaran tancades fins el 22 de setembre.

**FUNDACIO "LA CAIXA"** (Plaça Weyler, 3. Palma. T. 971/72-01-11). De dimarts a dissabte, de 10 a 21 h. Diumenges i festius, de 10 a 14 h. Dilluns, tancat. Servei d'informació: T. 93/317-57-57. Del 29 de juliol al 31 d'octubre de 1993. "Anglada Camarasa al Gran Hotel. Redescobrir una època."

**GALERIA CALDER** (Espartería, 15. 08003 Barcelona. Tel. y fax 310-43-41). Alfons Casajuana. "Técnica Mixta".

**GALERIA JOAN GASPAR** (Plaza del Dr. Letamendi, 1. 08007 Barcelona. T. 93/323-07-48). Col·lectiva. Alfaro, Clavé, Miró, Maragall, Picasso, Tàpies, Togores, Viladecans.

**GALERIA JOAN PRATS** (Rambla de Catalunya, 54. 08007 Barcelona. Tel. 93/216-02-84. "Dibuix". Tàpies, Rafols Casamada, Hernández Pijuán, etc.

**GALERIA MAEGHT:** Montcada, 25. Tel. 310-42-45. de 10 a 14 h. y de 16 a 20 h. (jueves hasta 22 h.). Primera planta: "Chillida. Grabados". Planta baja: "Homenaje a Miró. Libros originales y grabados". Hasta el 25 de septiembre.

**LIBRERIA MAEGHT:** Sta. María, 4. Tel. 268-25-96. De 10 a 14 h. y de 16 a 20 h. "Verano de Litografías". Hasta el 18 de septiembre.

* **GALERIAS AUGUSTA** (Passeig de Gràcia, 98, 08008 Barcelona. Tel. 215-32-11). Col·lectiva.

* **HELENA DE SARO** (Alacant, 4B 08017 Barcelona. Tel. 418-16-77). Miquel Berrocal i Manuel Alvarez. Escultures.

* **IGNACIO DE LASSALETTA** (Rambla Catalunya, 47. 08007 Barcelona. Tel. 488-00-06). Col·lectiva.

**KREISLER** (Valencia, 262. T. 215-74-05). Elena Durà.

* **LEMIA ART** Sant Francesc, 54. 08870 Sitges. Tel. 894-78-48 X D' X "Homenatge a Joan Mirà".

* **MAP** (València, 318, 08007 Barcelona. Tel. 457-65-64). X d' X "Homenatje a Joan Miró".

* **MATISSE** (Balmes, 86, 08008 Barcelona. Tel. 216-06-14). Col·lectiva d'estiu.

* **NONELL** (J. S. Bach, 16, 08021 Barcelona. Tel. 201-69-11). Marines.

**PALAU MOJA** (Portaferrisa, 1). Tel. 302-15-22. Laborables de 10 a 14 h. i de 16 a 20 h. Diumenges i festius d'11 a 15 h. Del 16 d'agost al 10 de setembre. Sistema Bibliotecari de Catalunya.

**PEDREGUET ART** (C. Vilafreser, 10. Tel. 972/43-02-09. Amer. Girona). Pepsegura. Aquarel·les "Homenatge a Mercè Bayona", fins al 19 de setembre.

**SALA D'ART CANUDA** (c. Canuda, 4, jto. Rbla. Canaletas). Grandes rebajas marinas, paisajes y bodegones.

Aquí tenemos información sobre los distintos parques:

## El Parque de La Ciudadela

Al final de la Avenida del Marqués de Inglaterra **se encuentra** el Parque de la Ciudadela. El parque se llama así porque originalmente, y durante dos siglos, fue una fortaleza militar. Este parque es un lugar muy agradable para pasear pues tiene jardines, un lago, varias fuentes y está decorado con numerosas estatuas. Además, dentro de La Ciudadela está el Museo Zoológico, "El Castillo de los tres dragones", el Museo de Arte Moderno y el

you can find

"Zoo". Este último es un lugar especialmente atractivo para los niños y adultos interesados en animales. Allí está "Copito de Nieve", un gorila blanco.

### El Parque Güell

Este parque, diseñado por Gaudí, es uno de los más famosos de Barcelona. Está situado en el Monte Carmel, desde donde se obtiene una vista extraordinaria de la ciudad.

La parte baja del Parque está **rodeada** por una **muralla** decorada con **azulejos** de diferentes colores. En la entrada hay unas escaleras con una fuente que **sale** de la boca de un gran **sapo.** Al final de las escaleras está el increíble "Hall de las 100 columnas". En el parque se encuentra también el Museo de Gaudí que contiene planos, fotos, muebles y otros objetos relacionados con el parque y la vida del arquitecto.

surrounded / wall
tiles
comes out / frog

### El Parque de Montjuic

Situado en una de las colinas de Barcelona, este parque está cerca del **puerto.** Aquí se han celebrado numerosos acontecimientos culturales y deportivos, entre otros, la Exposición Universal de 1929 y los Juegos Olímpicos de 1992. La mejor manera de llegar a esta colina es desde la Plaza de España.

port

En este parque hay numerosas atracciones: la Fundación Miró, el Museo de Arte de Cataluña y el Museo Arqueológico. Además, muy cerca se encuentra El Pueblo Español, un lugar de gran interés donde el visitante puede ver una reproducción de distintas calles, plazas y casas típicas de todas las regiones de España. Hay también museos y pequeñas tiendas para los turistas. Finalmente, para los más pequeños, también aquí en Montjuic está el Parque de Atracciones donde todos, mayores y niños, pueden divertirse montándose en las numerosas **instalaciones.**

rides

## Te toca a ti

**A. Los planes de Cristina y Enrique.** Mira el periódico y los materiales de las páginas anteriores. Junto con tu compañero(a) de clase, y de acuerdo con lo que sabes de Enrique y Cristina, decide qué van a hacer este fin de semana.

1. ¿Qué película crees que van a ver?
2. ¿Cuándo va a poder Cristina ver el tenis?
3. ¿Qué exposición puede ir a ver Enrique?

4. ¿Cuál crees que es el mejor parque para pasar el día? Explica por qué. Recuerda que a lo mejor llevan con ellos a niños pequeños, los hermanos de Enrique.
5. Mientras Cristina ve el tenis, Enrique va a ir a hacer las compras. ¿Qué crees que va a comprar para el fin de semana?

**B. Tus planes y los de tus amigos.** Imagina que tú también vas a poder disfrutar de un fin de semana largo. De acuerdo con los materiales de las páginas anteriores haz una lista de las cosas que puedes hacer. Después pregunta a tus compañeros qué van a hacer ellos.

## ¿Recuerdas?

**C. Un mal día.** Claudia y Juan Pablo tuvieron ayer un mal día. Utiliza los siguientes dibujos para comentar lo que ocurrió. Emplea los verbos indicados y no olvides conectar las acciones con las expresiones aprendidas en la *Segunda etapa.*

◆ **Modelo:** *Ayer Juan Pablo se despertó a las 8:00 muy contento. Después...*

## Enfoque léxico:

### *Expresiones para hablar de una secuencia de acciones en el futuro*

To organize your discourse when you refer to future actions you can use the following expressions:

| | | | |
|---|---|---|---|
| **hoy por** | **la tarde**<br>**la noche** | *this* | *afternoon*<br>*evening* |
| **esta** | **tarde**<br>**noche** | | |
| **esta semana**<br>**este mes**<br>**este año** | | | *this week*<br>*this month*<br>*this year* |
| **mañana por** | **la mañana**<br>**la tarde**<br>**la noche** | *tomorrow* | *morning*<br>*afternoon*<br>*evening/night* |
| **pasado mañana** | | *the day after tomorrow* | |
| **por** | **la mañana**<br>**la tarde**<br>**la noche** | *in the* | *morning*<br>*afternoon*<br>*evening* |
| **el lunes (martes... )** | | | |
| **por** | **la mañana**<br>**la tarde**<br>**la noche** | *Monday* | *morning*<br>*afternoon*<br>*evening* |
| **el lunes (martes... )**<br>**el fin de semana**<br>**la semana**<br>**el mes**<br>**el año**<br>**el curso** | **que viene** | *next* | *Monday . . .*<br>*weekend*<br>*week*<br>*month*<br>*year*<br>*academic year* |

## Enfoque léxico:

### *Expresiones verbales para hablar del futuro*

The previous *Enfoque léxico* provided you with a number of time expressions you will find useful when you talk about your plans for the future.

The following are verb structures you will need to use along with the previous expressions when you refer to events to come.

To make your speech more fluent and varied it is better to avoid using only one expression, by making use of several of them. (See introductory reading on p. 380.)

***ir a*** **+ otro verbo en infinitivo**

| | |
|---|---|
| Este fin de semana Cristina y Enrique **van a tener** mucho tiempo libre. | *This weekend Cristina and Enrique* ***are going to have*** *a lot of free time.* |
| Les gusta mucho el cine, así que **van a incluir** una película en sus planes. | *They like the movies a lot, so* ***they're going to include*** *a movie in their plans.* |

***querer*** **+ otro verbo en infinitivo**

| | |
|---|---|
| El sábado por la mañana Cristina **quiere ver** un partido de tenis. | *Saturday morning Cristina* ***wants to see*** *a tennis match.* |
| Está claro que Enrique y Cristina **quieren pasarlo** bien estos días. | *It's obvious that Enrique and Cristina* ***want to have*** *a good time over the next few days.* |

***pensar*** **+ otro verbo en infinitivo**

| | |
|---|---|
| El sábado por la tarde **piensan ir** a dar un paseo. | *Saturday afternoon* ***they plan to go*** *on a trip.* |

***tener (muchas) ganas de*** **+ otro verbo en infinitivo**

| | |
|---|---|
| Enrique **tiene muchas ganas de ver** algo nuevo. | *Enrique* ***would like to see*** *something new.* |

Remember that you will use reflexive verbs **(levantarse, vestirse, lavarse...)** as you do any other verb. Don't forget the reflexive pronouns **(me, te, se...)** that always accompany the verbs. Although the pronoun can be placed immediately before **ir, querer, pensar, tener ganas de,** we recommend that you keep it attached to the infinitive, as in the examples below.

| | |
|---|---|
| Creo que Cristina **va a levantarse** más tarde que de costumbre este fin de semana. | *I think that Cristina* ***is going to get up*** *later than usual this weekend.* |
| El sábado próximo no **pienso despertarme** antes de las 11:00. | *Next Saturday I* ***don't plan to wake up*** *until 11:00.* |
| ¿A qué hora **vas a levantarte** tú? | *What time* ***do you plan to get up?*** |

## Dilo tú

**D. El sábado que viene.** El sábado que viene es un día especial. Por lo tanto *(consequently)* no vas a seguir tu rutina habitual. Haz primero una lista de las cosas que haces normalmente los sábados. Después, explica qué vas a hacer este sábado.

◆ **Modelo:** *Normalmente los sábados por la mañana me quedo en casa. Pero el sábado que viene pienso salir de compras con unos amigos.*

**E. El lunes que viene.** Por otra parte *(on the other hand),* el lunes que viene es un día completamente normal para ti y tu familia (o tus compañeros de apartamento o cuarto). Cuéntale a tu compañero(a) de clase qué vas a hacer el lunes. Intenta incluir todos los detalles que puedas. No te olvides de usar las expresiones aprendidas hasta ahora para conectar y organizar el discurso.

## Vamos a escuchar:

### *La fiesta en casa de Cristina*

Como sabes, Cristina y Enrique van a tener una fiesta en su casa este fin de semana. Escucha la conversación entre ellos mientras hacen los planes.

### *Antes de escuchar*

1. ¿Tienes fiestas en tu casa?
2. ¿En qué necesitas pensar cuando organizas una fiesta?

**F. Comprensión.** Ahora escucha el diálogo y contesta las preguntas siguientes.

1. ¿Cuánta gente esperan tener Enrique y Cristina en la fiesta? En tu opinión, ¿es una fiesta grande o pequeña?
2. ¿Qué tipo de comida va a haber en la fiesta?
3. ¿Quién piensa traer las bebidas?
4. ¿Qué van a hacer Cristina y Enrique antes de la fiesta?

### *Después de escuchar*

**G. ¿Cómo lo dicen?**

1. Enrique wants to go right away to the supermarket. He hopes he will not find too many people there. How does he say it?
2. Cristina wants Enrique to bring some spicy food. How does he say "I'll see what I find"?

## Tú dirás

**H. ¿Qué hacemos esta noche?** Llama por teléfono a un(a) compañero(a) de clase para hacer planes para el fin de semana. Utiliza la información que aparece al principio de la *etapa* y di qué programa de televisión, película, espectáculo, etc. quieres ir a ver. Decide cuándo y dónde se van a encontrar.

**I. Las vacaciones de la familia.** Con otro(a) estudiante de la clase discute los planes de tu familia (o tus amigos) para las próximas vacaciones. Puedes incluir la información siguiente:

1. where everyone is going
2. when you are leaving
3. what you are going to do

Al terminar, pregúntale a tu compañero(a) qué van a hacer él(ella) y su familia (o sus amigos) para las vacaciones.

**El puerto de Barcelona**

## Lectura: *"La madre, el hijo y el pintor"*

### *Antes de leer*

1. Look at the title of the story. What does it tell you about the characters? Can you anticipate anything about the story?
2. Look now at the first drawing and read the first heading. What do you see in this drawing? Why is Manolo between two places? Which days of the week does he spend in one place and which days at the other? How old do you think Manolo is?
3. Go through the drawings and identify the different locations. In which of the two apartments does most of the story take place?
4. Look carefully at the objects included in each drawing. Make a list of what you think will be important for the development of the story.
5. Before you read each segment of the story, read the *Después de leer* questions to know what information you are looking for.

## La madre, el hijo y el pintor

***Alfredo Bryce Echenique***

*La rutina de Manolo dividida entre su madre y su padre*

Se había acostumbrado al sistema: de lunes a jueves, cuatro días con su madre. De viernes a domingo, tres días con su padre. Manolo tenía la ropa que usaba cuando estaba con su padre, y los libros que leía en el **departamento** de su madre. Una pequeña **valija** para el viaje semanal de

*apartamento* / suitcase

Miraflores a Magdalena, de un departamento a otro. Su madre lo quería mucho los jueves, porque al día siguiente lo vería partir, y su padre era muy generoso los domingos, porque al día siguiente le **tocaba** regresar donde "ella". Se había acostumbrado al sistema. Lo encontraba lógico. "No soy tan viejo", le había dicho su padre, una noche mientras cenaban juntos en un restaurante y una mujer le había sonreído **coquetamente.** "Tienes diecisiete años, y eres un muchacho inteligente" le había dicho su madre una mañana. "Es preciso que te presente a mis amigos".

it was his turn to

flirtatiously

## *Después de leer*

Why do you think the narrator says "su madre lo quería mucho los jueves" and "su padre era muy generoso los domingos"?

*En casa de su madre. La madre se prepara para una fiesta.*

Jueves. Sentado en una silla blanca, en el baño del departamento, Manolo contemplaba a su madre que empezaba a **arreglarse** para ir al cocktail.

get ready

—Es muy simpático y es un gran pintor—dijo su madre.
—Nunca he visto un cuadro suyo.
—Tiene muchos en su departamento. Hoy podrás verlos. Me pidió que te llevara. Además, no me gusta separarme de ti los jueves.
—¿Va a ir mucha gente?
—Todos conocidos míos. Buenos amigos y simpáticos. Ya verás.

Manolo la veía en el espejo. Había dormido una larga siesta, y tenía la cara muy **reposada.** Así era cuando tomaban el desayuno juntos: siempre con su **bata floreada** y sus **zapatillas azules.**

*relajada*

flowered robe / blue slippers

—¿Terminaste el libro? —preguntó su madre, mientras cogía un frasco de crema para el cutis.
—No —respondió Manolo. Trataré de terminarlo esta noche, después del cocktail.
—**No te apures** —dijo su madre. Llévatelo mañana, si quieres. Prefiero que lo leas con calma, aunque no creo que allá puedas leer.
—No sé... Tal vez.

don't rush

Se había cubierto el rostro con una crema blanca, y se lo masajeaba con los dedos, **dale que te dale** con los dedos. again and again

—Pareces un **payaso,** mamá —dijo Manolo sonriente. clown
—Todas las mujeres hacen lo mismo. Ya verás cuando te cases.

La veía quitarse la crema blanca. El **cutis** le brillaba. De rato en rato, los ojos de su madre le sorprendían en el espejo: bajaba la mirada. complexion

—Y ahora, una base para polvos —dijo su madre.
—¿Una base para qué?
—Para polvos.
—¿Todos los días haces lo mismo?
—Ya lo creo, Manolo. Todas las mujeres hacen lo mismo. No me gusta estar desarreglada.
—No, ya lo creo. Pero cuando bajas a tomar el desayuno tampoco se te ve desarreglada.
—¿Qué saben los hombres de estas cosas?
—Me imagino que nada, pero en el desayuno...
—No digas tonterías, hijo —interrumpió ella... Toda mujer tiene que arreglarse para salir, para ser vista. En el desayuno no estamos sino nosotros dos. Madre e hijo.
—Humm...
—A toda mujer le gusta gustar.
—Es curioso, mamá. Papá dice lo mismo.
—Él no me quería.
—Sí. Sí. Ya lo sé.
—¿Tú me quieres? —preguntó.

[...]

—Mamá...
—Ya sé. Ya sé. Mañana me abandonas, y no quieres que esté triste.
—Vuelvo el lunes. Como siempre ...
—Alcánzame el traje de terciopelo negro.

No era la primera vez que su madre se lo (el vestido) ponía y, sin embargo, nunca se había dado cuenta de que era tan escotado. Al entrar al baño, lo colgó en una percha y se sentó nuevamente.

—¿Cómo se llama el pintor, mamá?
—Domingo. Domingo como el día que pasas con tu padre —dijo ella, mientras estiraba el brazo para coger el traje. —¿En qué piensas, Manolo?

—En nada.
—¿Me ayudas con el cierre?

—Humm...
—Ven. Este cierre es endemoniado. Súbelo primero, y luego enganchalo en la pretina.

Manolo hizo correr el cierre por la espalda de su madre. "Listo", dijo, y retrocedió un poco mientras ella se acomodaba el traje, tirándolo con ambas manos hacia abajo.

—Estamos atrasados, Manolo —dijo ella, al cabo de un momento.
—Hace horas que estoy listo —replicó, cubriéndose la cara con las manos.
—Será cosa de unos minutos. Sólo me faltan los ojos y los labios.
—¿Qué? —preguntó Manolo.
—Digo que será cosa de minutos. Sólo me faltan los ojos y los labios.

Nuevamente la miraba, mientras se pintaba los labios. Era un lápiz color rojo, y lo usaba con gran habilidad. Sobre la repisa, estaba la tapa. Manolo leyó la marca: "Senso", y desvió la mirada hacia la bata que su madre usaba para tomar desayuno. Estaba colgada de una percha.

—¿Quieres que la guarde en tu cuarto, mamá?
—Que guardes ¿qué cosa?
—La bata.
—Bueno. Llévate también las zapatillas.

## *Después de leer*

1. Does the mother like the painter?
2. Why is she taking Manolo to this party?
3. How does Manolo react to his mother's daily routine as she takes care of her skin? Is it an expected reaction? How does the mother respond?
4. What does the mother usually wear while eating breakfast?

### *Manolo en el cuarto de su madre*

Manolo las cogió, y se dirigió al dormitorio de su madre. Colocó la bata cuidadosamente sobre la cama y luego las zapatillas, una al lado de la otra, junto a la mesa de noche. Miraba alrededor suyo, como si fuera la primera vez que entraba allí. Era una habitación pequeña, pero bastante cómoda, y en la que no parecía faltar nada. En la pared, había un retrato suyo, tomado el día en que terminó el colegio. Al lado del retrato, un pequeño cuadro. Manolo se acercó a mirar la firma del pintor: imposible leer el apellido, pero pudo distinguir claramente la *D* de Domingo. El dormitorio olía a jazmín y junto a un pequeño florero, sobre la mesa de noche, había una fotografía que no creía haber visto antes. La cogió: su madre al centro, con el mismo traje que acababa de ponerse, y rodeada de un grupo de hombres y mujeres. "Deben ser los del cocktail" pensó.

## *Después de leer*

While Manolo is in his mother's bedroom, what does he see that catches his attention?

### *Madre e hijo, listos para salir*

—¡Manolo! ¿Dónde estás?
—Voy —respondió, dejando la fotografía en su sitio.
—**Préndeme** un cigarrillo. Cuidado , Manolo —exclamó —. Y añadió    light me up
—Perdón, hijito. Deja el cigarrillo sobre la repisa.

funny gestures

puff

Se sentó nuevamente a mirarla. Hacía una serie de **muecas graciosísimas** frente al espejo. Luego, se acomodaba el traje tirándolo hacia abajo, y se llevaba las manos a la cintura. Finalmente, cogió el cigarrillo que Manolo había dejado sobre la repisa, dio una **pitada,** y se volvió hacia él.

—¿Qué le dices a tu madre? —preguntó, exhalando el humo.
—Muy bien —respondió Manolo.
—Ahora no me dirás que me prefieres con la bata del desayuno. ¿A cuál de las dos prefieres?
—Te prefiero, simplemente, mamá.
—Dime que estoy linda.
—Sí...
—Tu padre no sabe apreciar eso. ¡Vamos! ¡Apúrate!

## *Después de leer*

The mother is finally ready. How does she feel about herself? Does Manolo share the same feelings?

### *En el coche, hacia la casa del pintor*

*en silencio*

scared him a bit

Su madre conducía el automóvil, mientras Manolo, a su derecha, miraba el camino a través de la ventana. Permanecía **mudo,** y estaba un poco nervioso. Ella le había dicho que era una reunión de intelectuales, y eso **le daba un poco de miedo.**

—Estamos atrasados —dijo su madre, parando el auto frente a un edificio de tres pisos. Aquí es.
—Muy bonito —dijo Manolo.

—No es necesario que hables mucho —dijo ella.
—¿En qué piso es?
—En el tercero.

## *Después de leer*

Here we see that Manolo is not feeling too good. Identify three things that the narrator says about his feelings at this point.

*En casa del pintor*

Subían. Manolo subía detrás de su madre. Tenían casi una hora de atraso, y le parecía que estaba un poco nerviosa. "Hace falta un ascensor" dijo ella, al llegar al segundo piso. La seguía. "¿Va a haber mucha gente, mamá?" No le respondió. Al llegar al tercer piso, dio tres golpes en la puerta, y se arregló el traje por última vez. No se escuchan voces. Se abrió la puerta y Manolo vio al pintor. Era un hombre de unos cuarenta años. El pintor saludó a su madre, pero lo estaba mirando al mismo tiempo. Sonrió. Parecía estar un poco confundido.

—Adelante —dijo.
—Este es Manolo, Domingo.
—¿Cómo estás, Manolo?
—¿Qué pasa? —preguntó ella.
—¿No recibieron mi **encargo**? Llamé por teléfono. *mensaje*
—¿Qué encargo?
—Llamé por teléfono pero tú no estabas.
—No me dijeron nada.
—Siéntense. Siéntense.

## *Después de leer*

When the painter opens the door, he has a puzzled look on his face. Why is he feeling this way?

Manolo lo observaba mientras hablaba con su madre, y lo notaba un poco confundido. Miró a su alrededor: "Ni gente, ni bocadillos. Tenemos una hora de retraso". Era evidente que en ese departamento no había ningún cocktail. Sólo una pequeña mesa en un rincón. Dos asientos. Dos sillas, una enfrente a la otra. Una botella de vino. Algo había fallado.

*retrasar, dejar para otro día*

—Siéntate, Manolo —dijo el pintor, al ver que continuaba de pie. Llamé para avisarles que la reunión se había **postergado.** Uno de mis amigos está enfermo y no puede venir.
—No me han avisado de nada —dijo ella, mirando hacia la mesa.
—No tiene importancia —dijo el pintor mientras se sentaba. Comeremos los tres juntos.
—Domingo...
—Donde hay para dos hay para tres —dijo sonriente, pero algo lo hizo cambiar de expresión y ponerse muy serio.

Manolo se había sentado en un sillón, frente al sofá en que estaban su madre y el pintor. En la pared, encima de ellos, había un inmenso cuadro, y Manolo reconoció la firma: "La *D* del dormitorio", pensó. Miró alrededor pero no había más cuadros como ése. No podía hablar.

—Es una lástima —dijo el pintor ofreciéndole un cigarrillo a la madre de Manolo.
—Gracias, Domingo. Yo quería que Manolo conociera a tus amigos.
—Tiene que venir otro día.
—Por lo menos hoy podrá ver tus cuadros.
—¡Excelente idea! —exclamó. Podemos comer, y luego puede ver mis cuadros. Están es ese cuarto.
—¡Claro! ¡Claro!
—¿Quieres ver mis cuadros, Manolo?
—Sí. Me gustaría...
—¡Perfecto! Comemos, y luego ves mis cuadros.
—¡Claro! —dijo ella, sonriente. Fuma, Manolo. Toma un cigarrillo.
—Ya lo creo —dijo el pintor, inclinándose para encenderle el cigarrillo. Comeremos dentro de un rato. No hay problema. Donde hay para dos...
—¡Claro! ¡Claro! —lo interrumpió ella.

### *Después de leer*

1. As Manolo goes through the apartment, what does he see?
2. At one point his eyes run into something he has seen before. What is it?
3. In your own words, can you tell what is going through the mind of each one of the three characters?

Now that you have finished the story, respond to the following:

4. Did you like how the story ends? Was it a predictable ending? Explain.
5. Individually or in groups of three, create a different ending for this short story.

**A. ¿Qué hacen tus compañeros normalmente?** A continuación tienes una lista de actividades que los estudiantes hacen normalmente. Para cada actividad señala aquéllas que crees que hace tu compañero(a) de clase. Indica en un papel la frecuencia con que tú crees que hace esas actividades.

Al terminar, dile a tu compañero(a) tus respuestas y comprueba si has acertado *(you guessed right)* o si te has equivocado *(you guessed wrong).*

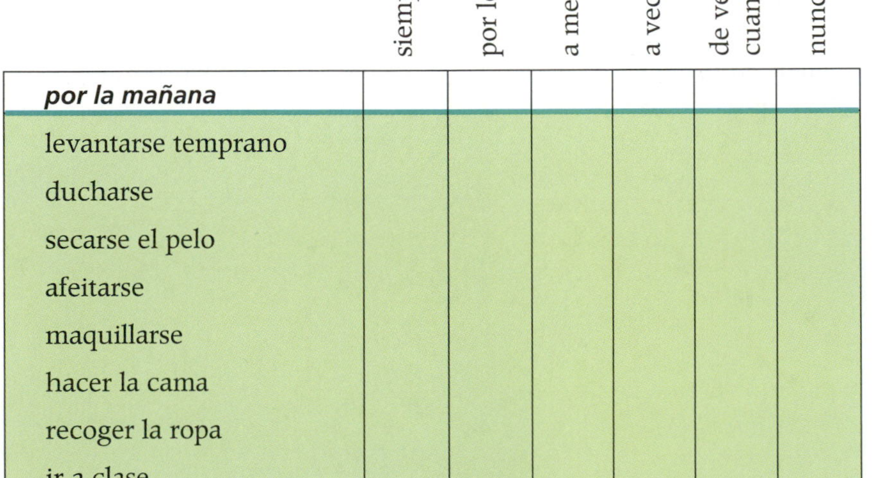

| *por la mañana* | siempre | por lo general | a menudo | a veces | de vez en cuando | nunca |
|---|---|---|---|---|---|---|
| levantarse temprano | | | | | | |
| ducharse | | | | | | |
| secarse el pelo | | | | | | |
| afeitarse | | | | | | |
| maquillarse | | | | | | |
| hacer la cama | | | | | | |
| recoger la ropa | | | | | | |
| ir a clase | | | | | | |

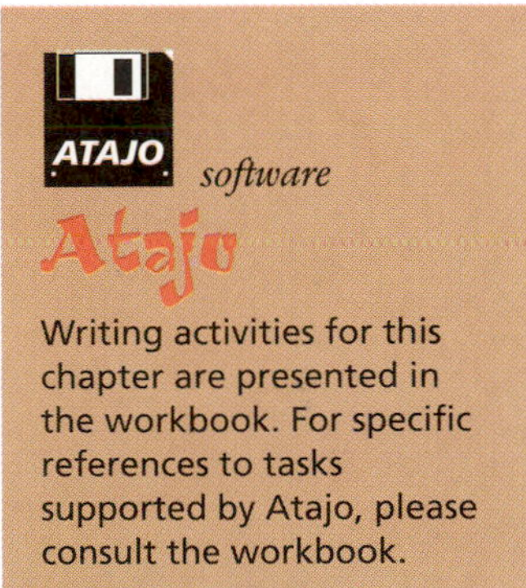

| ***por la tarde/noche*** | siempre | por lo general | a menudo | a veces | de vez en cuando | nunca |
|---|---|---|---|---|---|---|
| dormir la siesta | | | | | | |
| ir a la biblioteca | | | | | | |
| ducharse | | | | | | |
| reunirse con los amigos | | | | | | |
| hacer la compra | | | | | | |
| hablar por teléfono | | | | | | |
| ver la tele | | | | | | |
| preparar la cena | | | | | | |

**B. La niñez de Enrique y Cristina.** Como sabes, Enrique y Cristina son una pareja joven. Viven en Barcelona y los dos tienen hermanos más pequeños. Sabemos que este fin de semana largo van a hacer muchas cosas.

Sin embargo, ¿cuántos años tienen? ¿Están casados? ¿Dónde vivían antes? ¿Dónde, cuándo y cómo se conocieron? ¿Qué hacían cuando eran pequeños?

Éstas y otras preguntas están sin contestar. Con un(a) compañero(a) de clase, inventa el pasado de Cristina y Enrique. Después comparen su historia con la de otros compañeros de clase. Comprueben *(check)* qué cosas tienen en comón, qué cosas son diferentes y expliquen por qué.

# Vocabulario

### Conversando sobre la rutina diaria *Conversing about the daily routine*

Yo me despierto a las... *I wake up at . . .*
me levanto a las... *I get up at . . .*
me baño a las... *I bathe at . . .*
me cepillo los dientes *I brush my teeth*
me lavo (el pelo, las manos, etc.) *I wash (my hair, hands, etc.)*
me maquillo *I put on makeup*
me peino *I comb my hair*
me afeito *I shave*
me ducho *I take a shower*
me acuesto a las... *I go to bed at . . .*
me duermo *I fall asleep*
me visto *I get dressed*

### Expresiones de tiempo/frecuencia *Expressions of time/frequency*

a menudo *often*
de vez en cuando *from time to time*
nunca *never*
rara vez *rarely*
una vez al año *once a year*
algún día *someday*
como de costumbre *as usual*
una vez *once*
cada domingo *every Sunday*
todos los días *every day*
la semana entera *the whole week*
esta semana *this week*
este año *this year*
este mes *this month*
la semana próxima *next week*
el mes próximo *next month*
el año próximo *next year*
mañana por la tarde *tomorrow afternoon.*

### Conversando sobre el pasado *Conversing about the past*

el año pasado *last year*
el mes pasado *last month*
la semana pasada *last week*
el fin de semana pasado *last weekend*
el jueves pasado *last Thursday*
ayer *yesterday*
ayer por la mañana *yesterday morning*
por la tarde *yesterday afternoon*
anoche *last night*
anteayer *the day before yesterday*

### Conversando sobre el futuro *Conversing about the future*

Pienso ir a... *I intend to go to . . .*
Espero hacer un viaje a... *I hope to take a trip to . . .*
Quiero... *I want . . .*
Quisiera... *I would like . . .*
Tengo ganas de... *I feel like . . .*
Voy a... *I am going to . . .*

### *Adjetivos*

escotado *low-cut*
graciosísima *very graceful*
relajada *relaxed*

### *Adverbios*

coquetamente *flirtatiously*

### *Sustantivos*

un apartamento *apartment*
el cutis *skin, complexion*
un encargo *message*
un payaso *clown*
una percha *hanger*
una pitada *puff*
una repisa *shelf*

### *Verbos reflexivos*

acostarse *to go to bed*
afeitarse *to shave*
arreglarse *to get dressed (up), to tidy oneself up*
cepillarse el pelo *to brush one's hair*
darse prisa *to hurry up*

# La comida en el mundo hispano

## Chapter Objectives:

After completing this chapter you should be able to carry out the following tasks:

- read a menu
- order a meal in a restaurant
- understand conversations about food
- understand cultural aspects related to food in the Hispanic world

The linguistic elements that you will learn to help you carry out the above tasks are:

- Vocabulary related to the following topics:
  - food
  - restaurants
  - recipes
  - affirmative and negative expressions
- Grammatical structures:
  - verbs like *gustar: apetecer, encantar, tocar, faltar*
  - *estar* + adjectives
  - present progressive
  - double object pronouns
  - impersonal *se*

**Primera etapa:** Un restaurante español

**Segunda etapa:** La Guía del ocio

**Tercera etapa:** La comida Tex-Mex

**Cuarta etapa:** La historia del chocolate

*Una rica paella en un restaurante español*

## Para empezar: *Un restaurante español*

### *Preparación*

**Restaurante La Barraca**

▾▾▾▾▾▾▾

**Aperitivos**

| | |
|---|---|
| **Espárragos** a la parmesana | Chorizo |
| Tortilla española | **Jamón serrano** |
| Calamares **fritos** | **Gambas al ajillo** |

appetizers
asparagus
Spanish ham, similar to prosciutto / fried / shrimp in garlic

Sopas

| | |
|---|---|
| **Gazpacho andaluz** | Sopa de pescado |
| Sopa de **ajo** | Sopa del dia |
| Sopa de **mariscos** | |

cold soup with tomatoes, garlic, onion (from Andalucía) / garlic
seafood

**Entradas**

| | |
|---|---|
| Pescado frito | Filete de **ternera** |
| **Paella valenciana** | **Chuletas de cordero** |
| **Pollo al chilindrón** | Bistec |

entrees
veal
Spanish dish with rice, shellfish, and chicken / lamb chops / Spanish dish with chicken in a spicy tomato sauce

Ensaladas

Ensalada mixta (lechuga, cebolla, tomate)

Postres

| | |
|---|---|
| Flan | **Queso manchego** |
| Fruta | Helados **variados** |

cheese from La Mancha region in Spain / assorted

Bebidas

| | |
|---|---|
| Agua mineral con gas | Sangría |
| sin gas | Vino tinto |
| Café | Vino blanco |
| Té | Cerveza |
| Refrescos **surtidos** | |

assorted

▾▾▾

As you prepare for this *etapa*, think about what you know about Spanish food.

- Have you had food from a Spanish-speaking country other than Mexico?
- What was the food like?
- What do you know about food in Spain?
- The Caribbean?
- South America?

**Expresiones para pedir una mesa en un restaurante**

| | | | |
|---|---|---|---|
| **Quisiera** / **Quisiéramos** | una mesa para... personas, por favor. | ***I would like*** / ***We would like*** | *a table for . . . people, please.* |

**Expresiones para pedir la comida**

| | |
|---|---|
| **¿Qué quisiera pedir** | ***What would you*** (sing.) ***like*** |
| **como** aperitivo? | ***as*** *an appetizer?* |
| sopa? | *a soup?* |
| **¿Qué quisieran pedir** | ***What would you*** (pl.) ***like*** |
| **como** entrada? | ***as*** *an entree?* |
| postre? | *a dessert?* |

| | | | | | |
|---|---|---|---|---|---|
| **Como** | aperitivo<br>sopa<br>entrada<br>postre | **quisiera...** | ***As*** | *an appetizer*<br>*soup*<br>*an entree*<br>*a dessert* | ***I would like . . .*** |

**Expresiones para pedir la cuenta**

| | |
|---|---|
| **La cuenta, por favor.** | *The check, please.* |
| **¿Podría traernos la cuenta, por favor?** | *Could you bring us the check, please?* |
| **Quisiera la cuenta, por favor.** | *I would like the check, please.* |
| **Quisiéramos la cuenta, por favor.** | *We would like the check, please.* |

## Te toca a ti

**A. ¿Qué vas a comer?** Estás en el Restaurante La Barraca con unos amigos. Ellos te dicen lo que tienen ganas de comer y te piden recomendaciones.

1. Tengo ganas de comer vegetales. ¿Qué puedo comer como aperitivo?
2. Tengo ganas de comer carne. ¿Qué puedo comer como aperitivo?
3. Tengo ganas de comer mariscos. ¿Qué puedo comer como aperitivo? ¿Qué puedo comer como entrada?
4. No quiero comer pescado. ¿Qué platos debo evitar *(avoid)*?
5. ¿Qué tipos de carne sirven como entrada?

**B. ¿Qué le recomiendas?** Consulta el menú del Restaurante La Barraca y pide una comida que incluya aperitivo, sopa, entrada y postre para cada una de las siguientes personas.

1. A una persona que quiere pescado.
2. A una persona que quiere mariscos.
3. A una persona que es vegetariana.
4. A una persona que come mucho.
5. A una persona que quiere comer comida norteamericana tradicional.

## Enfoque estructural: *Verbos como **gustar***

As you have seen previously, **gustar** and verbs like it are used only in the third person singular (**gusta**) or plural (**gustan**) forms along with the indirect object pronouns: **me, te, le, nos, os,** and **les.** Note the following:

| | |
|---|---|
| – ¿**Te gusta** la comida italiana? | – ***Do you like*** *Italian food?* |
| – No, pero **me gusta** la comida china. | – *No, but* ***I like*** *Chinese food.* |
| – ¿**Te gusta** comer? | – ***Do you like*** *to eat?* |
| – Sí. | – *Yes,* ***I do.*** |

Note that when **gustar** is followed by an infinitive, regardless of how many, the third person singular is always used.

| | |
|---|---|
| – ¿Qué **te gusta** hacer en tu tiempo libre? | – *What **do you like** to do in your free time?* |
| – **Me gusta** comer, estudiar y dormir. | – ***I like** to eat, study, and sleep.* |

Here are some other verbs that can be used in the same way as **gustar.**

| | | | |
|---|---|---|---|
| **encantar** | *to like very much* | **tocar** | *to be one's turn* |
| **faltar** | *to need, lack* | **apetecer** | *to appeal* |

## Dilo tú

**C. ¿A quién le gusta...?** Tú y varios amigos están en un restaurante. Haz preguntas y contéstalas refiriéndote a las personas indicadas según el modelo.

◆ **Modelo:** gustar / sopa de ajo (Juan)
*¿A quién le gusta la sopa de ajo?*
*A Juan.*

1. encantar / calamares (nosotros)
2. tocar / pagar la cuenta (Jaime)
3. faltar / tenedor (Linda)
4. tocar / comprar las bebidas (ellas)
5. faltar / dinero (Julieta)
6. encantar / paella (José)
7. faltar / servilleta (ella)
8. apetecer / una ensalada mixta (ellos)

**D. ¿Qué le falta a...?** Tú y tus amigos llegan a su mesa en un restaurante y notan que les faltan algunas cosas. Sigan el modelo.

◆ **Modelo:** *¿Qué le falta a Luisa?*
*A Luisa le falta una servilleta.*

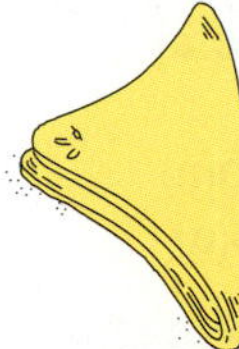

1. Mónica

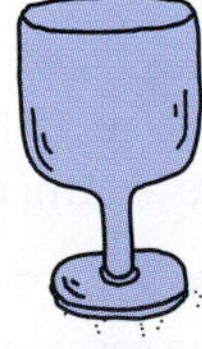

2. Jaime

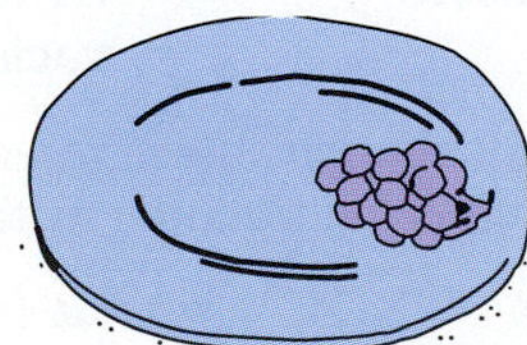

3. Sara

4. Tomás

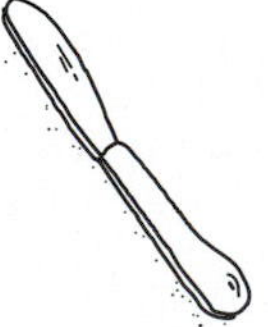

5. Carmen

## Enfoque estructural:

### *Estar + adjetivos para expresar estado o condición*

The verb **estar** is used with certain adjectives to express conditions that are true at a given moment, but not necessarily permanent. Note the following examples:

| | |
|---|---|
| – ¿Qué tal **está** la sopa?<br>– ¡**Está** muy **rica**! (¡**Está riquísima**!) | – *How's the soup?*<br>– *It's very **good**!* |
| – ¿Qué tal **están** los tacos?<br>– **Están** muy **ricos**. (¡**Están riquísimos**!) | – *How **are** the tacos?*<br>– *They'**re** very **good**!* |
| – ¡Qué **rica está** la hamburguesa!<br>– ¡Qué **ricos están** los tacos! | – *This hamburger **is great**!*<br>– *These tacos **are great**!* |
| Yo **estoy nervioso** hoy porque tengo un examen. | *I **am nervous** today because I have an exam.* |
| Marta **está triste** hoy porque no hace sol. | *Marta **is sad** today because it is not sunny.* |
| Camarero, este plato **está sucio**. Tráigame otro, por favor. | *Waiter, this plate **is dirty**. Please bring me another one.* |

Some common adjectives that are used with **estar** to express these types of conditions are:

| | | | |
|---|---|---|---|
| **abierto(a)** | *open* | **sabroso(a)** | *tasty* |
| **aburrido(a)** | *bored* | **salado(a)** | *salty* |
| **alegre** | *happy* | **limpio(a)** | *clean* |
| **avergonzado(a)** | *embarrassed* | **lleno(a)** | *full* |
| **caliente** | *hot* | **mojado(a)** | *wet* |
| **cansado(a)** | *tired* | **nervioso(a)** | *nervous* |
| **cerrado(a)** | *closed* | **ocupado(a)** | *busy* |
| **contento(a)** | *happy* | **picante** | *spicy* |
| **dulce** | *sweet* | **preocupado(a)** | *worried* |
| **enfermo(a)** | *sick* | **seco(a)** | *dry* |
| **enojado(a)** | *angry* | **sucio(a)** | *dirty* |
| **frío(a)** | *cold* | **tranquilo(a)** | *calm* |
| **furioso(a)** | *furious* | **triste** | *sad* |
| | | **vacío(a)** | *empty* |

Remember that when a singular adjective ends in **-o** it has four forms and must agree in both number and gender with the noun it modifies:

| | |
|---|---|
| **El vaso** está **limpio.** | **La cuchara** no está **limpia.** |
| **Los vasos** están **limpios.** | **Las cucharas** no están **limpias.** |

Adjectives that end in **-e** in the singular have only two forms and need only to agree in number with the noun they modify:

**Alberto** está **triste** y **Marta** está **alegre.**
Las **niñas** están muy **alegres** hoy.

**Adding emphasis to a description**

| | |
|---|---|
| – ¿Cómo está Alberto hoy? | – *How is Alberto today?* |
| – Está **un poco** cansado. ¿Y tú? | – *He is* **a little** *tired, and you?* |
| Estoy **muy** nervioso hoy. | *I am* **very** *nervous today.* |
| Me gustan los refrescos cuando están **bien** fríos. | *I like soft drinks when they are* **very** *cold.* |
| – ¿Estás preocupado ahora? | – *Are you worried now?* |
| – Sí, estoy **algo** preocupado. | – *Yes, I am* **somewhat** *worried.* |

**Un poco, muy, algo,** and **bien** may be placed before an adjective of condition in order to enhance or mitigate the quality expressed by the adjective.

## Dilo tú

**E. Tráigame una...** Cuando tú y tus compañeros llegan a la mesa en un restaurante, hay varias cosas sucias. Pídanle al mesero que traiga otras limpias según el modelo.

◆ **Modelo:** cuchara
*Mesero, esta cuchara está sucia. Tráigame una cuchara limpia, por favor.*

1. tenedor
2. vaso
3. cuchillos
4. servilletas
5. platos
6. taza

**F. ¿Cómo está Tina hoy?** Un(a) compañero(a) de clase te hace varias preguntas sobre cómo están varias personas que Uds. conocen. Contesta sus preguntas según el modelo.

◆ **Modelo:** Tina / aburrido
– *¿Cómo está Tina hoy?*
– *Está muy aburrida.*
o
– *Está algo aburrida.*
o
– *Está un poco aburrida.*
o
– *Está bien aburrida.*

1. Julia / preocupado
2. tu padre / contento
3. la profesora / ocupado
4. Sara y Ester / triste
5. Jaime y Nicolás / cansado
6. Uds. / preocupado

**G. Intercambio.** Siempre se conoce mejor a una persona cuando sabemos sus sentimientos. Hazle preguntas a un(a) compañero(a) y luego comparte la información con el resto de la clase. Sigue el modelo.

◆ **Modelo:** cansado
*¿Cuándo estás cansado?*
*Estoy cansado(a) cuando no duermo bien.*

1. cansado(a)
2. preocupado(a)
3. triste
4. nervioso(a)
5. alegre
6. aburrido(a)
7. ocupado(a)
8. furioso(a)
9. contento(a)
10. avergonzado(a)

## Enfoque estructural: *El progresivo*

In Spanish, when you want to show that an action is in progress at the time you are speaking, you use the *present progressive.* In the examples below, you will notice that all include a form of the verb **estar** plus a form of another verb that ends in **-ndo.** This form of the verb that ends in **-ndo** is known as the *present participle.*

| | |
|---|---|
| – ¿Qué **estás haciendo** ahora mismo? | – *What* **are you doing** *right now?* |
| – **Estoy estudiando.** | – ***I am studying.*** |
| – ¿Qué **está haciendo** Catarina ahora? | – *What* **is** *Catarina* **doing** *now?* |
| – **Está hablando** por teléfono. | – ***She is talking*** *on the phone.* |
| – ¿Qué **están haciendo** tus amigos en este momento? | – *What* **are** *your friends* **doing** *at this moment?* |
| – **Están mirando** un programa de TV. | – ***They are watching*** *a TV program.* |

To form the present participle of **-ar** verbs, drop the **-ar** and add **-ando.**

| | | | |
|---|---|---|---|
| habl**ar** | habl**ando** | compr**ar** | compr**ando** |
| bail**ar** | bail**ando** | estudi**ar** | estudi**ando** |
| toc**ar** | toc**ando** | nad**ar** | nad**ando** |

To form the present participle of **-er** and **-ir** verbs, drop the **-er** or **-ir** and add **-iendo.**

| | | | |
|---|---|---|---|
| com**er** | com**iendo** | sal**ir** | sal**iendo** |
| corr**er** | corr**iendo** | escrib**ir** | escrib**iendo** |

The present participles of **leer** and **dormir** (two frequently used verbs you already know) are irregular.

| | |
|---|---|
| leer | **leyendo** |
| dormir | **durmiendo** |

Julia **está leyendo** una revista. — *Julia* ***is reading*** *a magazine.*
José **está durmiendo** ahora mismo. — *José* ***is sleeping*** *right now.*

Notice that in the above examples of the present progressive, **estar** agrees with the subject, while the present participle (the **-ndo** form of the verb) stays the same.

Some expressions you can use with the present progressive to stress that the action is in progress while you are speaking are:

| | |
|---|---|
| **ahora** | *now* |
| **ahora mismo** | *right now* |
| **en este momento** | *at this moment* |

## Dilo tú

**H. ¿Qué está haciendo...?** Pregúntale a un(a) compañero(a) lo que está haciendo la persona indicada. Debe contestar con el verbo indicado. Sigue el modelo.

◆ **Modelo:** Pablo / comer
– *¿Qué está haciendo Pablo ahora?*
– *Está comiendo.*

1. Esteban / beber leche
2. Rafael y Marta / mirar la TV
3. Patricio / escuchar la radio
4. Carmen y Alicia / hablar por teléfono
5. Guillermo y Ricardo / jugar al fútbol
6. Isabel / estudiar para un examen
7. Linda / leer una revista
8. Julián / dormir

**I. ¿Qué están haciendo en este momento?** Di lo que están haciendo las personas en los dibujos a continuación.

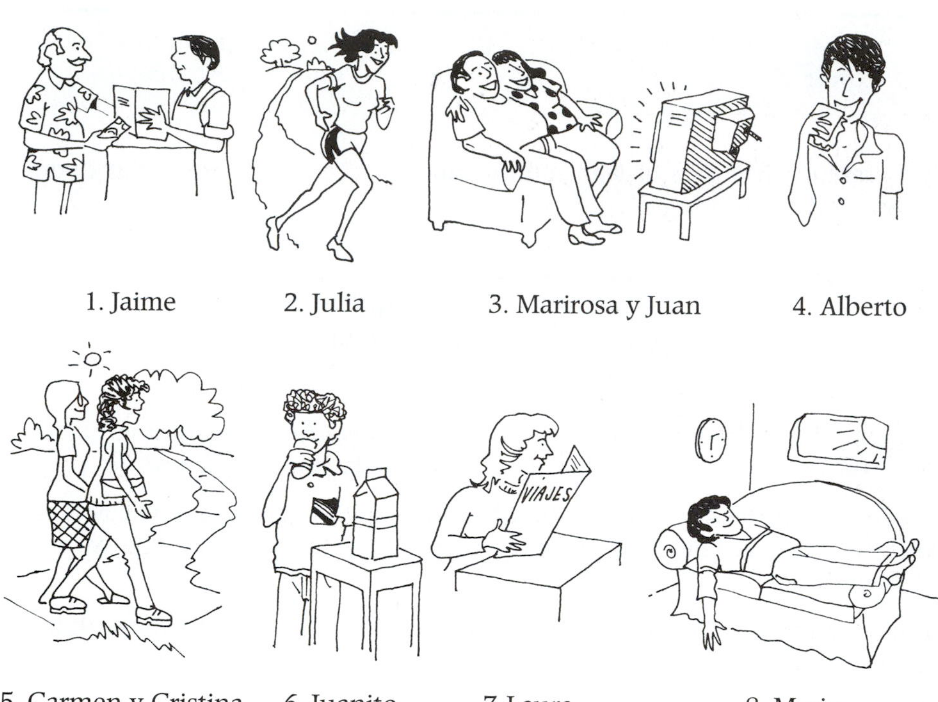


1. Jaime 2. Julia 3. Marirosa y Juan 4. Alberto

5. Carmen y Cristina 6. Juanito 7. Laura 8. Mario

**J. ¿Qué está haciendo...?** Comenta sobre lo que están haciendo las personas en el dibujo a continuación.

# Vamos a escuchar: *En un restaurante*

Sr. and Sra. Pérez are having dinner at a restaurant whose menu appears at the beginning of the *etapa*. Listen to their brief dialog and complete the following exercises.

## *Antes de escuchar*

Based on what you've learned in this *etapa*, what is some of the information you expect to hear about:

1. appetizers
2. the main course
3. the dessert

Escucha la conversación en la cinta. Presta atención en particular a las expresiones útiles para pedir una mesa, la comida y la cuenta.

**K. Comprensión.** Before your instructor plays the tape, take a moment and think about the questions below. After you listen, answer the questions.

1. ¿Dónde pide la mesa el Sr. Pérez?
2. ¿Piden aperitivo? ¿Qué?
3. ¿Qué tipo de sopa pide la Sra. Pérez?
4. ¿Quién pide pescado?
5. ¿Qué piden de postre?
6. ¿Cómo va a pagar la cuenta el Sr. Pérez?

## *Después de escuchar*

**L. ¿Cómo lo dicen?** Your instructor will play the tape again. Listen to try to determine the following.

1. How does Sr. Pérez ask for a table for two?
2. How does Sr. Pérez ask for the check?

El Restaurante Sanborn en Ciudad de México

## Tú dirás

**M. En el restaurante.** Vas a un restaurante con un amigo. Pide una mesa, discute el menú, pide algo para comer. Uno(a) de tus compañeros(as) va a hacer el papel de mesero(a). Consulta el menú de la página 404 para decidir lo que vas a pedir.

**N. Anoche nosotros cenamos en...** Imagina que anoche cenaste con un(a) amigo(a) en el restaurante cuyo menú está en la página 404. Discute con un(a) amigo(a) lo que comiste y si te gustó o no.

*La Guía del ocio:* Guide to leisure-time activities

## Para empezar: *La Guía del ocio*

### *Preparación*

As you get ready to begin this *etapa*, think about where you go to find information about what to do during your free time.

- Does your newspaper publish a special weekend supplement with information on the various activities?
- Does your town have a special publication that is dedicated to this information? How often is it published?
- What type of information can you find in the publication? Movies? Concerts? Plays?
- How about restaurants?

### Guía de precios

En España la mayoría de los restaurantes abre, aproximadamente, de las 12:30 a las 16:00 h. y de las 20:00 a las 24:00 h. Los números entre paréntesis que aparecen al final del texto de cada restaurante indican el precio aproximado por persona: (1) menos de 1.000 pesetas; (2) de 1.000 a 2.000 pesetas; (3) de 2.000 a 3.000 pesetas; (4) de 3.000 a 4.000 pesetas y (5) más de 4.000 pesetas.

## Guía del ocio

■ **¡A TODO MEXICO!** San Bernardino, 4. Tel. 541 93 59. Plaza República del Ecuador, 4. Tel. 259 48 33. San Leonardo, 3. Tel. 247 54 39. Cocina mexicana. Especialidad: tamales, carnitas, mole poblano. Admite tarjetas. **(3).**

■ **AIRIÑOS DO MAR.** ORENSE, 39. Tel. 556 00 52. Cocina gallega. Especialidad: pescados y mariscos. Cerr. dom. **(3).**

■ **ASADOR REAL.** Dr. Fleming, 22 (esquina a Panamá). Tel. 250 84 60. Esp. cordero asado. Cerr. fest. noche y dom. **(3).**

■ **LA BARANDA.** Augusto Figueroa, 32. Tel. 522 55 99. De 13 a 16 y de 21 a 24 h. Vier. y sáb. hasta la 1 h. Ensaladas, crepes, pizzas y pastas. **(2).**

■ **LA BARRACA.** Reina, 29. (Centro-Cibeles). Tel. 532 71 54. Especialidad: paellas, arroces y cocina española. **(3).**

■ **EL CACIQUE.** C/ Padre Damián, 47. Tel. 259 10 16. Cocina Argentina. Especialidad: Carnes a la brasa. Pankeke y dulces de leche. **(4).**

■ **CASA FABAS.** Plaza Herradores, 7. Tel. 541 11 03. Cocina casera. Especialidad: Fabada Asturiana. Callos. Cordero asado. Repostería casera. Cierra domingos noche y lunes todo el día. **(2).**

■ **CASA GALLEGA.** Bordadores, 11 (frente a Iglesia San Ginés). Tel. 541 90 55. Cocina gallega. Esp.: mariscos, pescados y carnes. **(3).**

■ **CASA GADES.** Conde Xiquena, Tel. 522 75 10. Cocina Italiana. Especialidad: pastas, pizzas y postres caseros. **(3).**

■ **CASA PEDRO.** Nuestra Señora de Valverde, 119. Tel. 734 02 01. Cocina castellana. Horno de leña. Esp.: cordero, cochinillo y perdices. Leche frita. **(4).**

■ **LOS CHAVALES.** Plaza Valvanera, 4 (parque de San Juan Bautista). Tel. 415 79 86. Especialidad en mariscos. Cerrado domingos tarde. No admite tarjetas. **(2).**

■ **CHIKY.** Restaurante-Pub. Mayor, 24 (Centro-Sol) y Cololeros, 3. Tel. 266 24 57 y 265 94 48. Especialidad: todos los días, paella y cocido madrileño. Hasta las 2 h. **(2).**

■ **DA NICOLA.** Plaza de los Mostenses, 11 (junto a parking). Tel. 542 25 74. Cocina italiana y pizzas para llevar. Abierto todo el verano. **(2).**

■ **DE LA DIVA.** Cochabamba, 13. (250 77 57). De lunes a viernes de 13 a 18 horas. Cocina casera. Especialidad: Almejas a la marinera con arroz blanco y cola de gambas. Pecho de ternera al horno. **(3).**

■ **DON EMILIANO.** Plaza de los Herradores, 10. (541 13 72). Coc. mexicana, regionales. Esp.: carnes, aves, pescados, mariscos y cócteles tropicales. No admite tarjetas. **(2).**

■ **DONZOKO.** Echegaray, 3 y 9 (Centro). (429 57 20 y 429 62 24). Cocina japonesa. Cerrado domingos. No admite tarjetas. **(2).**

■ **FIGON FAUSTINO.** Palencia, 29. (253 39 77). Cocina segoviana. Cordero y cochinillo encargado. Sábados cerrado. Visa. **(2).**

■ **LA FLOR DE LA CANELA.** General Orgaz, 21 (altura Orense, 39). (571 18 13). Cocina española-peruana. Especialidad: paellas y arroces. Abierto domingos y festivos mediodía. Paellas y platos de encargo. **(2).**

■ **PAPARAZZI.** Sor Angela de la Cruz, 22 (Centro). (279 67 67). Cocina italiana. Esp.: pastas, frito mixto de gambas y calamares, pallarda. Tarjetas. **(2).**

■ **XOCHIMILCO.** Piano-bar. Esquilache, 4 (Cuatro Caminos). (535 17 98). Cocina mexicana. Esp. desde "antojitos" a "chiles en nogada". Admite tarjetas. Cierra domingos noche. **(3).**

## Te toca a ti

**A. Recomendaciones.** Unos amigos de los Estados Unidos te están visitando en Madrid. Ellos te piden recomendaciones sobre dónde comer ciertos tipos de comida. Consulta la *Guía del ocio* arriba para determinar los restaurantes que recomendarías a una persona que desea:

1. paella
2. seafood
3. lamb
4. pizza
5. Italian food
6. Argentine food
7. Japanese food
8. Galician food
9. shrimp and squid
10. Mexican food

Después de escoger los diez restaurantes, determina cuánto va a costarle a cada persona.

## Comentarios culturales

**L*a Guía del ocio.*** La *Guía del ocio* es una publicación semanal que contiene información sobre lo que se puede hacer en Madrid durante el tiempo libre, o sea, las horas de ocio. En esta publicación podemos encontrar información sobre arte, funciones dramáticas, conciertos, acontecimientos deportivos, restaurantes como los de la página 415 y mucho más.

## ¿Recuerdas?

**B. ¿Qué piensas hacer esta tarde?** Pregúntale a un(a) compañero(a) sobre sus planes para las fechas indicadas. Usa expresiones como: pensar, querer, ir a, tener ganas de.

◆ **Modelo:** esta tarde
*¿Qué tienes ganas de hacer esta tarde?*
*Tengo ganas de dormir, pero voy a estudiar.*

1. mañana por la tarde
2. esta noche
3. el viernes por la noche
4. pasado mañana
5. el miércoles próximo
6. el fin de semana que viene

**C. ¿Cómo estás...?** Di cómo estás en cada una de las siguientes situaciones.

1. cuando tienes un examen
2. cuando no hay clase
3. cuando tienes que estudiar gramática
4. cuando llueve y no tienes paraguas
5. cuando sacas una "A" en un examen
6. cuando pierde un partido tu equipo de fútbol favorito
7. cuando recibes una buena noticia
8. cuando tienes un problema
9. cuando no tienes dinero
10. cuando no tienes nada que hacer

# Enfoque estructural:

## *Pronombres de complemento directo e indirecto*

When the direct object is already known from the context of the conversation, you replace it with a direct object pronoun. Note the following examples:

| | |
|---|---|
| – ¿Cuándo **te** compró el vestido? | – *When did **he** buy the dress **for you?*** |
| – **Me lo** compré ayer. | – ***I** bought **it** yesterday.* |
| – ¿**Te** compró tu novio las camisetas? | – *Did your boyfriend buy the tee shirts **for you?*** |
| – Sí, él **me las** compró. | – *Yes, he bought **them for me.*** |

Both direct object pronouns and indirect object pronouns were introduced before. (See Chapter 7 for direct object pronouns and Chapter 8 for indirect object pronouns.) Below you have a chart with all the forms for a quick review.

**Pronombres de complemento directo**

| | Singular | | Plural |
|---|---|---|---|
| **me** | *me* | **nos** | *us* |
| **te** | *you (familiar)* | **os** | *you (familiar)* |
| **lo** | *you (formal), him, it (m.)* | **los** | *you (formal), them (m.)* |
| **la** | *you (formal), her, it (f.)* | **las** | *you (formal), them (f.)* |

**Pronombres de complemento indirecto**

| | | | |
|---|---|---|---|
| **me** | *to me* or *for me* | **nos** | *to us* or *for us* |
| **te** | *to you* or *for you* | **os** | *to you* or *for you (familiar)* |
| **le** | *to* or *for you (formal), her, him* | **les** | *to* or *for you (formal), them* |

Pronouns exist so that we don't have to repeat nouns each time we want to refer to them. Notice how unnatural the following conversation sounds without the use of pronouns:

**Ana:** ¿Quién te compró el vestido?
**Julia:** Mi novio me compró el vestido.
**Ana:** ¿Cuándo te compró el vestido?
**Julia:** Me compró el vestido ayer.

Now observe how much more natural it sounds when you use direct and indirect object (double object) pronouns:

**Ana:** ¿Quién te compró el vestido?
**Julia:** Mi novio me lo compró.
**Ana:** ¿Cuándo te lo compró?
**Julia:** Me lo compró ayer.

Because of the shared information that Ana and Julia have (both are referring to **el vestido**), they don't have to repeat the words **el vestido** each time they have to refer to the dress.

**Position of direct and indirect object pronouns**

When a direct and indirect object pronoun are used together, both are placed before the conjugated verb–with the indirect object pronoun always preceding the direct object pronoun.

You will recall from Chapter 8 that the indirect object pronouns for the third person singular and plural are **le** and **les.** Notice that these pronouns become **se** when used with the direct object pronouns **lo, la, los,** and **las.**

| | |
|---|---|
| – ¿Quién **le** compró la camisa **a Jorge?** | – *Who bought the shirt* ***for Jorge?*** |
| – Su novia **se la** compró. | – *His girlfriend bought* ***it for him.*** |
| – ¿Quién **les** trajo el libro **a tus hermanos**? | – *Who brought the book* ***for your brothers?*** |
| – Mi esposo **se lo** trajo. | – *My husband brought* ***it for them.*** |

The following chart may help you remember this:

| | | | | | |
|---|---|---|---|---|---|
| **le** + / **les** + | { **lo**, **la**, **los**, **las** } | = | **se** | + | { **lo**, **la**, **los**, **las** } |

but

**me, te, nos, os** will not change before { **lo**, **la**, **los**, **las** }

**Position of object pronouns with infinitives and present participles**

Double object pronouns may either be attached to the end of an infinitive or present participle or they may go before the conjugated form of the verb that is being used with the infinitive or present participle.

| | |
|---|---|
| Carlos va a comprár**melo.** | *Carlos is going to buy* ***it for me.*** |
| o | or |
| Carlos **me lo** va a comprar. | *Carlos is going to buy* ***it for me.*** |
| Juan está comprándo**melo.** | *Juan is buying* ***it for me.*** |
| o | or |
| Juan **me lo** está comprando. | *Juan is buying* ***it for me.*** |

Notice that when you attach the two pronouns, an accent mark is added to the vowel before the **-ndo** of the present participle or to the vowel before the **-r** of the infinitive.

## Dilo tú

**D. ¿Quién te recomendó...?** Estás en un restaurante con unos amigos hablando de recomendaciones. Contesta las siguientes preguntas, empleando pronombres de complemento indirecto y directo según el modelo.

◆ **Modelo:** ¿Quién te recomendó el flan? [mi novio(a)]
*Mi novio(a) me lo recomendó.*

1. ¿Quién te recomendó las gambas? (mi hermana)
2. ¿Quién les recomendó la sopa de ajo? (la mesera)
3. ¿Quién te recomendó la ensalada mixta? (mi hermano)
4. ¿Quién les recomendó el pescado frito? (mi prima Berta)
5. ¿Quién te recomendó la ternera? (el mesero)
6. ¿Quién les recomendó los calamares? (mi tío)
7. ¿Quién te recomendó el pollo al chilindrón? (mi hermana)
8. ¿Quién les recomendó el vino tinto? (mi amiga)
9. ¿Quién te recomendó las chuletas de cordero? [mi esposo(a)]
10. ¿Quién les recomendó el restaurante? [mi novio(a)]

**E. ¿Quién va a servirte...?** Siguen hablando en un restaurante. Contesta las siguientes preguntas, empleando pronombres de complemento indirecto y directo según el modelo.

◆ **Modelo:** ¿Quién va a servirte el flan? (el mesero)
*El mesero me lo va a servir.*

1. ¿Quién va a comprarles la comida? (mi hermana)
2. ¿Quién va a mostrarte los postres? (la mesera)
3. ¿Quién va a traerles la bebida? (el mesero)
4. ¿Quién va a servirte el aperitivo? (la mesera)
5. ¿Quién va a mostrarles la mesa? (el mesero)
6. ¿Quién va a traerte la cuenta? (la mesera)

# Enfoque léxico:

## *Expresiones afirmativas y negativas*

You have already learned that you can make Spanish sentences negative by simply placing **no** before the conjugated verb: "No voy a ir a la fiesta mañana." Another way to express negation in Spanish is to use some negative words. See the following examples:

| | |
|---|---|
| – **Nadie** va a la fiesta, ¿no? | – ***Nobody*** *is going to the party, right?* |
| – Alberto **no** va y Mario **tampoco.** | – *Alberto is* ***not*** *going and Mario is* ***not*** *going* ***either.*** |
| – ¿Quiere **alguien** ir conmigo al partido? | – *Does* ***someone*** *want to go with me to the game?* |
| – **No** quiere ir **nadie.** | – ***No one*** *wants to go.* |

| | |
|---|---|
| – Sabes tú **algo** de biología? | – *Do you know* ***anything*** *about biology?* |
| – **No, no** sé **nada** de biología. | – ***No,*** *I don't know* ***anything*** *about biology.* |
| – ¿Hay **algún** estudiante aquí? | – *Is there* ***a*** *student here?* |
| – **No, no** hay **ningún** estudiante aquí. | – ***No,*** *there is* ***not a single*** *student here.* |
| – ¿Van Alberto **o** Nico a la fiesta? | – *Is* ***either*** *Alberto* ***or*** *Nico going to the party?* |
| – **No** van **ni** Alberto **ni** Nico. | – ***Neither*** *Alberto* ***nor*** *Nico is going.* |

Here are some negative words in Spanish along with their affirmative counterparts:

| | | | |
|---|---|---|---|
| **nadie** | *no one, nobody* | **alguien**<br>**todo el mundo** | *someone, somebody*<br>*everyone* |
| **ningún**<br>**ninguno**<br>**ninguna** | *none* | **algún**<br>**alguno**<br>**alguna** | *a, an* |
| | | **algunos**<br>**algunas** | *some* |
| **nada** | *nothing* | **algo** | *something* |
| **tampoco** | *neither, either* | **también** | *also* |
| **nunca** | *never* | **una vez**<br>**algún día**<br>**siempre**<br>**cada día**<br>**todos los días** | *once*<br>*some day*<br>*always*<br>*every day*<br>*every day* |
| **ni... ni...** | *neither . . . nor* | **o... o...** | *either . . . or* |

Notice that the words **alguno** and **ninguno** become **algún** and **ningún** before a singular masculine noun.

Notice also that in Spanish it is possible to have a double negative construction like **No** sé **nada, No** quiere ir **nadie, No** hay **ningún** estudiante aquí.

## Dilo tú

**F. No, no y no.** Expresa negativamente las siguientes ideas. No olvides utilizar la doble negación si es necesario. Sigue el modelo.

◆ **Modelo:** Nilda va a ese restaurante todos los días.
*Nilda nunca va a ese restaurante.*

1. Alberto va a pedir paella también.
2. Alguien quiere comer calamares.

3. Yo quiero comer algo antes de salir de casa.
4. Su familia come en un restaurante cada día.
5. Elena siempre pide la misma comida que su hermana.
6. Algunos estudiantes van a comer pizza el viernes.
7. Alberto o Enrique van a ir al mercado.
8. Alicia come ensaladas todos los días.

**G. Otra vez no.** Vas a cenar con una persona que te hace varias preguntas sobre los restaurantes en tu ciudad. Contesta sus preguntas negativamente.

1. ¿Va tu amigo a cenar con nosotros también?
2. ¿Sirven algún plato típico en este restaurante?
3. ¿Hay algo interesante en el menú?
4. ¿Sirven paella en este restaurante también?
5. ¿Alguien te recomendó este restaurante?

**H. ¿Alguien come allí?** Un(a) compañero(a) te hace varias preguntas sobre un restaurante muy malo que hay en tu pueblo. Tú le contestas negativamente.

1. ¿Alguien come en ese restaurante?
2. ¿Hay algo sabroso en el menú?
3. ¿Sirven alguna comida étnica?
4. ¿Te gusta algún plato de los que sirven allí?
5. ¿Sirven paella o sirven arroz con pollo allí?
6. Tu familia siempre come allí, ¿verdad?

## Vamos a escuchar: *¡Qué rico está!*

Luis and Sonia are having dinner at the restaurant whose menu appears at the beginning of the chapter. Listen to their brief dialog and complete the following exercises.

### *Antes de escuchar*

Based on what you've learned in this *etapa,* what is some of the information you expect to hear about:

1. what they'll order as a main course
2. what they'll order to drink
3. what items they may ask the waiter to bring, either because the items are lacking or are not clean

**I. Comprensión.** Before your instructor plays the tape, take a moment and think about the questions below. After you listen, answer the questions.

1. ¿Qué tipo de sopa pide Sonia?
2. ¿Qué pide Sonia para tomar?
3. ¿Pide Luis sopa?
4. ¿Qué va a tomar Luis?
5. ¿Por qué pide Luis otro tenedor?

### *Después de escuchar*

**J. ¿Cómo lo dicen?** Your instructor will play the tape again. Listen to try to determine the following.

1. How does Luis ask how the soup is?
2. How does Sonia say that the *gambas* are very, very good?

## Tú dirás

**K. Anoche nosotros cenamos en...** Choose a restaurant from the list that appears at the beginning of this *etapa.* Imagine that last night you and a friend had dinner at that restaurant. Discuss with a friend what you ate, how you liked the food, and how much it cost.

## Para empezar: *La comida Tex-Mex*

### *Preparación*

As you get ready to begin this *etapa,* think about what you know about Mexican food. Think about Mexican food you have had in this country.

- What are the common fast-food restaurants that serve this type of food? What do they serve?
- Are there other types of Mexican food restaurants that you are familiar with?
- What is your favorite Mexican food?

¿Cuál es tu plato mexicano favorito? ¿Los tacos? ¿Las enchiladas? ¿Los burritos? ¿Las chimichangas? ¿Los nachos con salsa picante? Los norteamericanos están acostumbrados a la comida mexicana, pero la comida mexicana que se come en los Estados Unidos –la comida Tex-Mex– no es como la comida que generalmente se prepara en México. La comida Tex-Mex que comemos en este país es una adaptación de las **recetas** que se usan en México. — recipes

Esta comida tiene una larga historia. En 1800, en Álamo, Texas, **nació** el famoso "chile con carne", plato oficial de la cocina tejana. **Hoy día** la — was born; Today

**Nachos, salsa, tostadas, tacos, enchiladas... Todos ejemplos de la rica comida Tex-Mex.**

mayoría de los supermercados de Estados Unidos tienen una sección especial dedicada a los productos que se usan para preparar la comida Tex-Mex.

La comida Tex-Mex **ha disfrutado** (has enjoyed) de una popularidad fenomenal en este país. Un caso interesante de esta comida son los nachos. En México no se conocen los nachos, **o sea,** (that is) es una comida que se inventó aquí en los Estados Unidos. Pero los nachos son tan populares que hasta en los partidos de béisbol se comen en vez de los "hot dogs". Otros platos de la cocina Tex-Mex son las fajitas, los burritos y los tacos. Estos platos se sirven siempre con una salsa **al lado.** (on the side) La salsa puede ser picante o no picante, según los **gustos** (tastes, preferences) de cada persona. En 1992, la salsa superó al "catsup" como el condimento más popular en los Estados Unidos.

## Comentarios culturales

**El chile.** Los chiles son un ingrediente importante en la comida Tex-Mex. Hay más de 2,000 tipos de chiles. La palabra *chile* viene de la lengua náhuatl. Esta lengua todavía se habla en México y es la que hablaban los aztecas cuando llegaron los españoles en 1519. Muchas variedades de chiles se cultivaban en la América Latina en tiempos precolombinos. Los chiles se preparan de diferentes maneras, o sea, a veces se muelen *(they are ground)* para hacer salsas o se sirven enteros o cortados según la receta. Hay chiles rojos, verdes y amarillos. Algunos de los chiles más conocidos son el jalapeño, el serrano, el pequín, el chipotle y el ancho. Dicen que el habanero, cultivado en Yucatán, es probablemente el más picante de todos los chiles cultivados en la América Latina y tal vez en el mundo. Lo picante se mide en Unidades Scoville, en honor del científico que inventó la escala. Un jalapeño, por ejemplo, sólo mide 3.000 a 5.000 Unidades Scoville, mientras que un habanero puede medir hasta 500.000 Unidades Scoville.

Un hispano en Nuevo México cultiva sus plantas de chile.

# Te toca a ti

**A. ¿Puedes decir...?** Contesta las siguientes preguntas según lo que comprendiste de la lectura.

1. ¿En qué se diferencia la comida Tex-Mex de la comida mexicana?
2. ¿Cuándo se inventó el "chile con carne"?
3. ¿Dónde se pueden comprar productos para preparar los platos Tex-Mex?
4. ¿Dónde se inventaron los nachos?
5. ¿Con qué se sirven los platos Tex-Mex?
6. ¿Cuál es tu plato favorito de la cocina Tex-Mex?

**B. La comida Tex-Mex.** Tu amigo del Perú quiere saber más sobre ciertas comidas Tex-Mex. Describe cómo son las siguientes comidas. También comenta si te gustan o no.

1. nachos
2. tacos
3. salsa picante
4. burritos
5. chile con carne

# ¿Recuerdas?

**C. ¿Te gusta...?** Pregúntales a varios compañeros de clase si les gustan las siguientes comidas. Ellos contestarán según sus opiniones individuales.

◆ **Modelo:** sopa de ajo
– *¿Te gusta la sopa de ajo?*
– *Sí, me gusta la sopa de ajo.*
o
– *Sí, me encanta la sopa de ajo.*
o
– *No, no me gusta la sopa de ajo.*
o
– *No, detesto la sopa de ajo.*

1. gambas
2. espárragos
3. calamares
4. chuletas de cordero
5. pescado frito
6. ternera asada
7. flan
8. café
9. té
10. helado
11. vino tinto
12. mariscos

**D. Mil preguntas.** Un amigo te está haciendo varias preguntas sobre tu visita a un restaurante. Contesta empleando pronombres de complemento indirecto y directo.

1. ¿Quién te recomendó el restaurante?
2. Tú no sabías dónde estaba el restaurante. ¿Quién te dio direcciones?
3. ¿Quién te mostró la mesa?
4. ¿Quién te trajo el menú?
5. ¿Quién te sirvió los aperitivos?

6. ¿Quién te mostró los postres?
7. ¿Quién te trajo la cuenta?
8. ¿Te aceptaron la tarjeta de crédito?

# Enfoque estructural:

## *Los mandatos con pronombres de complemento directo e indirecto*

You have learned that when a pronoun is used with an affirmative command, it is attached to the end of the command. If the command is negative, the pronoun must be placed before the command form. The same is true when two pronouns are used together.

| | |
|---|---|
| ¿Te compro el vestido? | *Should I buy you the dress?* |
| Sí, **cómpramelo.** | *Yes,* ***buy it for me.*** |
| No, no **me lo compres.** | *No, don't* ***buy it for me.*** |
| ¿Le compro el sombrero a Marcos? | *Should I buy Marcos the hat?* |
| Sí, **cómpraselo.** | *Yes,* ***buy it for him.*** |
| No, no **se lo compres.** | *No, don't* ***buy it for him.*** |

Notice that when you attach both pronouns to the end of an affirmative command, you put an accent mark on the fourth to the last syllable. Remember, the indirect object pronoun always comes before the direct object pronoun.

# Dilo tú

**E. ¿Te sirvo...?** Contesta las siguientes preguntas, empleando mandatos afirmativos informales según el modelo.

◆ **Modelo:** ¿Te sirvo el gazpacho?
*Sí, sírvemelo.*
¿Les sirvo el gazpacho?
*Sí, sírvenoslo.*

1. ¿Te muestro el restaurante?
2. ¿Te compro un café?
3. ¿Te traigo el menú?
4. ¿Te muestro los postres?
5. ¿Te compro la comida?
6. ¿Te traigo otro tenedor?
7. ¿Les compro un helado?
8. ¿Les sirvo las ensaladas?
9. ¿Les traigo la cuenta?
10. ¿Les compro unas cervezas?

Ahora repite el ejercicio, empleando mandatos negativos informales según el modelo.

◆ **Modelo:** ¿Te sirvo el gazpacho?
*No, no me lo sirvas.*

Ahora repite el ejercicio otra vez, empleando mandatos afirmativos formales según el modelo.

◆ **Modelo:** ¿Le sirvo el gazpacho?
*Sí, sírvamelo.*

Ahora repite el ejercicio por última vez, empleando mandatos negativos formales según el modelo.

◆ **Modelo:** ¿Le sirvo el gazpacho?
*No, no me lo sirva.*

**F. ¿Les sirvo...?** Juega el papel de mesero y hazles preguntas a tus compañeros de clase. Ellos deben contestar empleando mandatos formales y pronombres de complemento indirecto y directo. Sigan el modelo.

◆ **Modelo:** les / traer / el menú
*¿Les traigo el menú?*
*Sí, tráiganoslo.*
o
*No, no nos lo traiga.*

1. les / traer / la cuenta
2. les / mostrar / los postres
3. le / servir / el gazpacho
4. le / traer / otro tenedor
5. les / servir / la sopa
6. les / traer / las ensaladas
7. le / mostrar / la mesa
8. les / traer / otra silla

## Comentarios culturales

**Xitomatl, mahiz, papa.** Xitomatl es la palabra náhuatl para el tomate. Hoy día en México se usa la palabra *jitomate* en vez de *xitomatl*, pero en otras partes del mundo hispano se usa la palabra *tomate*. Se cree que esta fruta se cultiva en México y en partes de la América Central desde hace más de 5,000 años. Los exploradores españoles fueron los que introdujeron esta fruta en Europa. ¿Pueden imaginar la cocina italiana sin el tomate?

El maíz, conocido como *mahiz* en la lengua de los indios del Caribe es un producto importantísimo que se originó en las Américas desde hace 5,000 años. En la época precolombina se cultivaba desde lo que hoy es Chile hasta el sur de Canadá.

No podían cultivar el maíz en las altas montañas de los Andes porque hace mucho frío, pero allí, los indios cultivaban la patata, conocida como *papa* en el Quechua, la lengua que hablaban los Incas y que hoy todavía se habla en los países andinos. Se cosechaban varios tipos de papa y los indios inventaron una manera de conservarlas por medio del frío y el calor, o sea el proceso de deshidratarlas y congelarlas a la misma vez.

## Enfoque estructural: *Se impersonal*

There are several ways in Spanish to express an action that is carried out by an unmentioned person or persons. This is called an *impersonal* action. In English several words can be used to refer to impersonal actions that are performed by no one in particular: *one, you, they, people.* In Spanish, one way to make these impersonal statements is to place **se** before the third person form of the verb: **se come, se habla, se vende,** etc.

| | |
|---|---|
| **Se** habla español aquí. | ***You (people, they, one)*** *speak(s) Spanish here.* |
| **Se** come bien en España. | ***You (people, they, one)*** *eat(s) well in Spain.* |

## Dilo tú

**G. Acciones impersonales.** Cambien las siguientes oraciones según el modelo.

◆ **Modelo:** Vivimos bien en España.
*Se vive bien en España.*

1. Comen bien en España.
2. Sirven una paella excelente en ese restaurante.
3. Siempre bailamos en las fiestas.
4. Estudian mucho en la universidad.
5. Viven bien en España.
6. Bajan por esta escalera.
7. No compran fruta en la farmacia.
8. Antes de la sopa sirven el aperitivo.
9. Después de la entrada sirven el postre.
10. En España comen la ensalada después de la entrada.

**H. ¿Qué se hace?** Hagan unos comentarios impersonales sobre las actividades que la gente debe hacer o no hacer en las siguientes situaciones o lugares.

◆ **Modelo:** la biblioteca
*Se estudia en la biblioteca.*
o
*Se lee en la biblioteca.*
o
*No se habla en la biblioteca.*

1. el restaurante
2. el fin de semana
3. un día típico
4. una fiesta de cumpleaños
5. la universidad
6. una biblioteca

## Vamos a escuchar: *Comida Tex-Mex*

Luis and Alberto decide to have lunch at a restaurant that serves Tex-Mex food. Listen to their brief dialog and complete the following exercises.

### *Antes de escuchar*

Based on what you've learned in this *etapa*, what is some of the information you expect to hear about what they'll order?

**I. Comprensión.** Before your instructor plays the tape, take a moment and think about the questions below. After you listen, answer the questions.

1. ¿Qué va a comer Alberto?
2. ¿Qué pide Luis para comer?
3. ¿Qué pide Luis para tomar?
4. ¿Por qué pide Luis salsa?
5. ¿Piden los dos postre?

### *Después de escuchar*

**J. ¿Cómo lo dicen?** Your instructor will play the tape again. Listen to try to determine the following.

1. How does Luis say that his dish is a little salty?
2. How does Alberto say that his dish is a little sweet?

## Tú dirás

**K. En el restaurante.** Escoge un restaurante local e imagina que tú y tus amigos van a comer allí. Pide una mesa, discute lo que van a comer, pidan la comida, discutan el sabor de la comida, y decidan a quién le toca pagar la cuenta.

**L. Una cena especial.** Con un(a) compañero(a), organicen una comida especial para el cumpleaños de alguien. Decidan cuándo y dónde van a servir la comida, a quién van a invitar, y qué van a preparar.

## Lectura: *La historia del chocolate*

### *Antes de leer*

El título de esta lectura es "La historia del chocolate". ¿Qué tipo de información crees que va a incluir este texto? Haz una lista de posibles ideas.

## La historia del chocolate

### El chocolate: Regalo de los dioses

La palabra *xocoatl* es la palabra azteca para el chocolate… sí, el chocolate —divino, delicioso y delectable. La palabra *xoco* significa **amargo** en la lengua náhuatl y *atl* significa *agua.* Las dos palabras juntas significan *agua amarga* porque así es el sabor del chocolate antes de ponerle azúcar.

bitter

Las leyendas entre los indios precolombinos nos dicen que el chocolate fue un regalo de los dioses. Cristóbal Colón fue el primer europeo que probó el chocolate durante su cuarto viaje al Nuevo Mundo en 1502. Después, en 1519, otro español, Cortés, probó el chocolate en Tenochtitlán, la capital de la civilización azteca. Cortés pudo tomar chocolate en la corte del emperador Moctezuma. Moctezuma tenía la costumbre de dar unas cenas elegantes en las que se servía carne de **ciervo** y **pavo** exquisitamente preparada junto con varios tipos de frutas exóticas. Después de la cena **se llevaba a cabo** una ceremonia en la que las sirvientas se lavaban las manos y les servían a los huéspedes chocolate —mezclado con **miel**, especias y vainilla —en unas tazas **hechas de** oro. Así fue como Cortés probó el chocolate por primera vez. Moctezuma era gran aficionado al chocolate y se dice que tomaba cincuenta pequeñas tazas de chocolate cada día.

deer / turkey
they carried out
honey
made of

El sabor del chocolate impresionó mucho a Cortés y en 1528, cuando volvió a España, le llevó chocolate a Carlos V, el rey de España en aquella época. La bebida fascinó a Carlos V y llegó a ser una bebida preferida entre los reyes y nobles. Éstos mezclaban el chocolate con **canela,** pistachos, almendras y otras especias. Hasta 1615 el chocolate fue un secreto de los españoles pero en ese año **se casó** Ana de Austria, una princesa española, con Luis XIII de Francia. Como regalo, Ana le trajo chocolate a su nuevo esposo. Durante los años en que gobernaron Ana y Luis, una de las invitaciones más prestigiosas entre los nobles era ir al palacio de los reyes para tomar el chocolate de Ana. El chocolate llegó a ser muy popular en Francia y los franceses lo introdujeron al resto del mundo, pero fueron los indios precolombinos los que primero probaron esta delicia.

cinnamon
married

## *Después de leer*

**A. Estudio de palabras.** Basándote en la lectura, ¿qué crees que significan las siguientes palabras?

1. regalo
2. sabor
3. mezclado
4. almendras
5. huéspedes

**B. ¿Sabes qué...?** Contesta las siguientes preguntas sobre la lectura.

1. Según los indígenas, ¿de dónde vino el chocolate?
2. ¿Cuándo probó Colón el chocolate por primera vez?
3. ¿Dónde probó Cortés el chocolate?
4. ¿Cómo servía el chocolate Moctezuma después de sus cenas?
5. ¿Bebía Moctezuma chocolate?
6. ¿A quién le llevó Cortés el chocolate?
7. ¿Quién era Ana de Austria?
8. ¿Cómo conocieron los franceses el chocolate?

**C. La historia del chocolate.** Usa la información en la lectura para escribir un informe breve sobre la historia del chocolate. Dibuja un mapa para ilustrar cómo llegó el chocolate de México primero a Europa y finalmente a los Estados Unidos.

## A. La receta incompleta

Un amigo chileno les dio hace poco la receta de un plato típico de su país: *Empanadas de papas.* El problema es que escribieron la receta en distintos trozos *(pieces)* de papel y ahora sólo tienen unas partes.

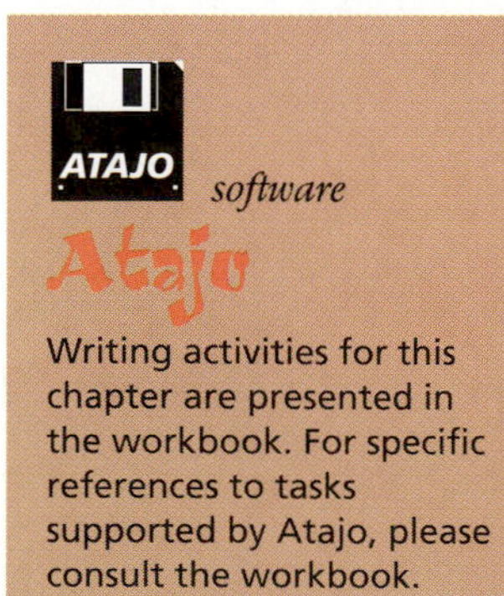


Writing activities for this chapter are presented in the workbook. For specific references to tasks supported by Atajo, please consult the workbook.

## Estudiante A

Ésta es la parte de la receta que tú tienes. El problema es que sólo con esto no puedes preparar las empanadas. Habla con tu compañero(a) a ver si entre los dos pueden completar la receta.

1. Tu compañero(a) va a empezar. Escucha su pregunta. Explícale qué ingredientes necesita para hacer el relleno.
2. Después pregúntale qué hay que hacer para elaborar el relleno. Escribe lo que te diga tu compañero(a) en una hoja de papel.
3. En tu parte de la receta tienes los pasos para elaborar la masa. Pero, ¿qué ingredientes necesitas? Cuando tengas los ingredientes, explica a tu compañero(a) cómo se elabora la masa de las empanadas.
4. Ya sólo falta una cosa para completar la receta: la elaboración de las empanadas. Consigue que tu compañero(a) te explique los pasos que te faltan.

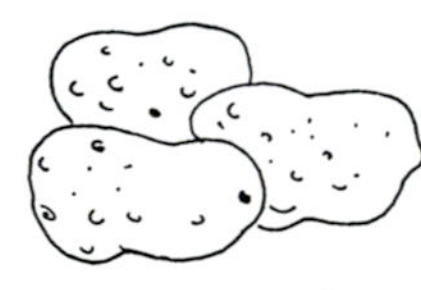

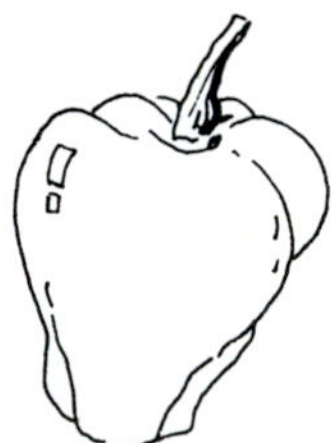

### Ingredientes para el relleno *(filling)*

|  |  |
|---|---|
| 4 medium potatoes | Step 1 |
| 2 small onions, chopped *(picadas)* | Step 2 |
| 1/2 green pepper, chopped | |
| 3 tablespoons *(cucharadas)* of vegetable oil | |
| 1/2 teaspoon *(cucharadita)* of cumin *(comino)* | |
| 1/2 teaspoon of black pepper | |
| 1 teaspoon of salt | |
| 1 cup *(taza)* of corn | Step 3 |
| 1 cup of soft cream cheese | Step 4 |
| 1 cup of Monterey cheese, shredded *(rallado)* | |

### Elaboración de la masa

1. In a bowl mix *(mezclar)* ____________________ . (You need to find out the ingredients.)
2. Add ____________________ and ____________________ . Knead *(amasar)* with your hands.
3. Put the dough *(masa)* on a table. Cut eight pieces.
4. Using a rolling-pin *(rodillo)* form eight circles of 15 cm.

### Elaboración de las empanadas

1. Put one tablespoon of filling in each one of the eight circles.
2. ________________________________________________ .
3. Heat 2 cm. of oil in a pan *(sartén)* and fry the *empanadas,* till they are golden.
4. ________________________________________________ .

## *Estudiante B*

Ésta es la parte de la receta que tú tienes. El problema es que sólo con esto no puedes preparar las empanadas. Habla con tu compañero(a) a ver si entre los dos pueden completar la receta.

1. Tú vas a empezar. Pregunta cuáles son los ingredientes que hacen falta para el relleno. Escribe esta información en una hoja aparte.
2. Después explícale cómo se elabora el relleno.
3. Comparte con tu compañero(a) los ingredientes para la masa, y él (ella) te va a explicar cómo se hace.
4. Por último, comparte con tu compañero(a) la última parte de la receta: la elaboración de las empanadas.

### Elaboración del relleno

1. Boil *(cocer)* ____________________ in water. Drain them *(escurrir)* and mash them with a fork.
2. In a frying pan *(sartén),* fry ____________________ and ____________________ in the ____________________ . Add ____________________ (Hint: spices).
3. Add ____________________ . When the ____________________ (ingredients from #2) are soft *(blandos),* put everything in a bowl.
4. Finally, to the vegetable mix add the ____________________ , purée and ____________________ .

### Ingredientes para la masa *(dough)*

1 cup *(taza)* of warm water
1/2 tablespoon *(cucharada)* of vinegar *(vinagre)*
1 teaspoon *(cucharadita)* of salt
} Step 1

3 and 1/2 cups of flour
3 tablespoons of butter, melted *(derretida)*
} Step 2

### Elaboración de las empanadas

1. ____________________________________________ .
2. Fold *(doblar)* each circle in half to form a semicircle.
3. ____________________________________________ .
4. Dry the empanadas using a paper napkin.

# Vocabulario

## Para charlar

### *Para pedir una mesa en un restaurante Requesting a table in a restaurant*

Quisiera *I would like* / Quisiéramos *We would like* — una mesa para... personas, por favor. *a table for . . . people, please.*

### *Para pedir la comida Ordering food*

¿Qué quisiera pedir como aperitivo? *What would you like as an appetizer?*
sopa? *soup?*
¿Qué quisieran pedir como entrada? *What would you (pl.) like as an entree?*
postre? *a dessert?*
Como *As* — aperitivo *an appetizer* / sopa *soup* / entrada *an entree* / postre *a dessert* — quisiera... *I would like . . .*

### *Para indicar preferencias Indicating preferences*

Tengo ganas de comer... *I feel like eating . . .*
Yo quisiera comer... *I would like to eat . . .*
Me encanta la comida china (griega, italiana, francesa, etc.). *I like Chinese (Greek, Italian, French) food very much.*
Se come bien en este restaurante. *One eats well in this restaurant.*

### *Para pedir la cuenta Requesting the bill*

La cuenta, por favor. *The check, please.*
¿Podría traernos la cuenta, por favor? *Could you bring us the check, please?*
Quisiera *I would like* / Quisiéramos *We would like* — la cuenta, por favor. *the check, please.*

### *Expresiones para comentar sobre el sabor de la comida Expressions for commenting on the flavor of the food*

¿Qué tal está(n)...? *How is (are) . . . ?*
Está muy rico(a). *It's very good.*
Están muy ricos(as). *They are very good.*
¡Está riquísimo(a)! *It's delicious!*
¡Están riquísimos(as)! *They're delicious!*
¡Qué rico(a) está...! *. . . is great!*
¡Qué ricos(as) están! *. . . are great!*
Está un poco (muy, algo, bien) picante. *It's a little (very, somewhat, very) spicy.*
Está un poco (muy, algo, bien) dulce. *It's a little (very, somewhat, very) sweet.*
Está un poco (muy, algo, bien) salado(a). *It's a little (very, somewhat, very) salty.*
Está un poco (muy, algo, bien) sabroso(a). *It's a little (very, somewhat, very) tasty.*
No tiene(n) sabor. *It has no flavor.*

## Temas y contextos

### *Expresiones para dar énfasis Expressions for giving emphasis*

algo *somewhat*
bien *very*
un poco *a little*
muy *very*

### *La mesa The table*

el azúcar *sugar*
la cuchara *spoon*
la cucharita *teaspoon*
el cuchillo *knife*
la mantequilla *butter*
la pimienta *pepper*
el platillo *saucer*
el plato *dish, plate*
el plato hondo *bowl*
la sal *salt*
la servilleta *napkin*
la taza *cup*
el tenedor *fork*
el vaso *glass*

### *Expresiones afirmativas y negativas Affirmative and negative expressions*

algo *something*
alguien *someone, somebody*
algún/alguno/alguna/algunos/algunas *a, an, some*
algún día *someday*
cada día *everyday*
nada *nothing*
nadie *no one, nobody*
ni... ni *neither . . . nor*
ningún/ninguno/ninguna *none*
nunca *never*
o... o *either . . . or*
siempre *always*
también *also*
tampoco *neither*
todos los días *every day*
una vez *once*

### *El menú The menu*

Aperitivos *Appetizers*
calamares fritos *fried squid*
chorizo *sausage*
espárragos a la parmesana *asparagus*
gambas al ajillo *shrimp in garlic*
jamón serrano *Spanish ham, similar to prosciutto*
tortilla española *Spanish omelette*

Entradas *Entrees*
arroz *rice*
bistec *steak*
chuletas de cordero *lamb chops*
enchiladas *soft corn tortillas filled with cheese, meat, or chicken*
filete de ternera *veal fillet*
paella valenciana *Spanish dish with rice, shellfish, and chicken*
pescado frito *fried fish*
pollo al chilindrón *Spanish dish with chicken in a spicy tomato sauce*
tacos *tacos, corn tortillas filled with meat and other things*

Ensaladas *Salads*
ensalada mixta *mixed salad*

Postres *Desserts*
flan *caramel custard*
fruta *fruit*
helados variados *varied ice creams*
queso manchego *cheese from La Mancha region in Spain*

Sopas *Soups*
gazpacho andaluz *cold soup with tomatoes, garlic, onion*
sopa de ajo *garlic soup*
del día *soup of the day*
de mariscos *shellfish soup*
de pescado *fish soup*

Bebidas *Drinks*
agua mineral con gas *mineral water with carbonation*
sin gas *without carbonation*
café *coffee*
cerveza *beer*
chocolate *chocolate*
refrescos surtidos *assorted soft drinks*
sangría *sangria*
té *tea*
vino blanco *white wine*
vino tinto *red wine*

## Vocabulario general General vocabulary

### *Verbos como **gustar** Verbs like **gustar***

apetecer *to appeal*
encantar *to like very much*
faltar *to need, lack*
tocar *to be one's turn*

### *Adjetivos Adjectives*

abierto(a) *open*
aburrido(a) *bored*
alegre *happy*
avergonzado(a) *ashamed; shy*
caliente *hot*
cansado(a) *tired*
cerrado(a) *closed*
contento(a) *happy*
enfermo(a) *sick*
enojado(a) *angry*
frío(a) *cold*
furioso(a) *furious*
limpio(a) *clean*
lleno(a) *full*
mojado(a) *wet*
nervioso(a) *nervous*
ocupado(a) *busy*
preocupado(a) *worried*
seco(a) *dry*
sucio(a) *dirty*
tranquilo(a) *calm; quiet*
triste *sad*
vacío(a) *empty*

# 12 Vamos de viaje

## Chapter Objectives:

In this chapter you will learn to make arrangements in Spanish for traveling by train, plane, subway, or car. You will see that in many instances making travel plans is similar to what you are familiar with, and in other cases, there are differences to keep in mind, such as the use of the metric system when measuring distances.

After completing this chapter you should be able to carry out the following tasks:

- Make travel arrangements
- Ask and answer questions about schedules and distances
- Read maps
- Indicate plans for the future
- Talk about things you have already done

The linguistic elements that you will learn to help you carry out these tasks are:

- Vocabulary related to the following topics:
  - train and subway stations and airports
  - automobile travel
  - travel agencies
- Grammatical structures:
  - prepositions of place
  - future tense and its special uses
  - present perfect tense
  - irregular participles
  - past perfect tense

**Primera etapa:** Los trenes en España

**Segunda etapa:** Un viaje por carretera

**Tercera etapa:** En avión

**Cuarta etapa:** Un recorrido por la Ciudad de México en metro

La Estación de Atocha en Madrid

## Para empezar: *Los trenes en España*

### *Preparación*

- ¿Te gusta viajar en tren? ¿Por qué sí o por qué no?
- ¿Adónde vas normalmente cuando viajas en tren?
- What kinds of questions do you normally need to ask when you are making arrangements to travel by train?
- How do you usually make arrangements for traveling by train (i.e., by going to the station, through a travel agent, etc.)?

Now read the ad for train travel in Spain.

## RENFE: La Red Nacional de Ferrocarriles Españoles

### España ahora toma el tren

En los últimos años en este país vimos muchas cosas nuevas. Escribimos páginas importantes de nuestra reciente historia en ellos. Estamos caminando hacia el futuro, a la **búsqueda** de un mundo mejor. Ahora tomamos el tren y miramos hacia adelante, contemplamos con tranquilidad el panorama, **disfrutando** de nuestro viaje.

### El tren a diario

El mundo no **para**. Todos los días pasan miles de cosas. Y para seguir su ritmo hay que saber estar ahí, sin perder el tren. Aceptando el **reto** a cada instante. Sacando conclusiones del pasado. Mirando hacia el futuro. Sólo así podemos llegar lejos. Sólo así podemos **estar al momento**. Con un medio que es para todos los días. Que es para siempre. Como el tren.

### Tome el tren y viva su propia historia

Mire hacia cualquiera de los cuatro **puntos cardinales.** Cualquiera que sea el lugar que quiera visitar, seguro que está lleno de tradiciones, historias, gentes agradables. Seguro que el tren pasa muy cerca. Que forma ya parte del paisaje. **No lo dude,** llegue hasta él. Con tranquilidad. Disfrutando de España. Dedicándose a lo que le guste. El tren **le deja las manos libres para acariciar** la vida. Para vivir su propia historia.

search / enjoying / stops / challenge / to be up to date / compass points / Don't doubt it / leaves your hands free / to caress

# El horario de trenes

RENFE prepara horarios regionales que indican las salidas y llegadas de los trenes entre la mayoría de las ciudades principales de España. Estudia este horario de los trenes entre Madrid y Valencia.

| Tipo de tren | | Interurb. | **Diurno** | Interurb. | Interurb. | **Diurno** | Reg.Exp. |
|---|---|---|---|---|---|---|---|
| Número circulación | | 36004 | **684** | 32042 | 36006 | **686** | 6008 |
| Número ordenador | | | **684** | | | **686** | |
| Plazas sentadas | | 1-2 | 1-2 | 2 | 1-2 | 1-2 | 1-2 |
| Plazas acostadas | | | | | | | |
| Prestaciones | | | | | | 🍷 | |
| Suplementos/P. Global | | [G] | | | [G] | | [G] |
| Circulación y notas | | Ⓐ | | | | | [1] |
| Origen | | ■ | ■ | ■ | ■ | ■ | ■ |
| **Madrid-Atocha** | | 6 00 | **9 15** | 11 00 | 13 35 | **15 45** | 19 45 |
| Aranjuez | ○ | 6 41 | **9 51** | 11 42 | 14 11 | **16 21** | 20 21 |
| Aranjuez | | 6 42 | **9 52** | 11 43 | 14 12 | **16 23** | 20 22 |
| Ontígola (apd) | | │ | │ | │ | │ | │ | *20 31* |
| Ocaña | | 7 01 | │ | 12 05 | 14 30 | │ | 20 41 |
| Noblejas (apd) | | │ | │ | 12 11 | *14 34* | │ | *20 45* |
| Villarrubia de Santiago | | 7 13 | │ | 12 18 | 14 40 | │ | 20 52 |
| Santa Cruz de la Zarza | | 7 25 | │ | 12 31 | 14 53 | │ | 21 09 |
| Tarancón | | 7 39 | **10 37** | 12 45 | 15 05 | **17 10** | 21 22 |
| Huelves (apd) | | *7 48* | │ | │ | │ | │ | │ |
| Paredes de Melo | | 7 53 | │ | │ | │ | │ | │ |
| Vellisca (apd) | | *8 00* | │ | │ | │ | │ | │ |
| Huete | | 8 11 | **11 04** | 13 20 | 15 32 | **17 38** | 21 50 |
| Caracenilla (apd) | | │ | │ | │ | │ | │ | │ |
| Castillejo del Romeral (apd) | | │ | │ | │ | │ | │ | │ |
| Cuevas de Velasco | | 8 29 | │ | 13 41 | 15 51 | │ | 22 11 |
| Villar del Saz de Navalón (apd) | | *8 34* | │ | │ | │ | │ | │ |
| Chillarón | | 8 44 | │ | 14 02 | 16 13 | │ | │ |
| **Cuenca** | ○ | 8 52 | **11 43** | 14 11 | 16 22 | **18 23** | 22 35 |
| **Cuenca** | | ■ | **11 45** | 14 16 | ■ | **18 30** | ■ |
| La Melgosa (apd) | | | │ | │ | | │ | |
| Los Palancares | | | │ | │ | | │ | |
| Cañada del Hoyo (apd-cgd) | | | │ | 14 43 | | │ | |
| Carboneras de Guadazaón | | | **12 17** | 14 51 | | **19 00** | |
| Arguisuelas | | | │ | 15 05 | | │ | |
| Yemeda-Cardenete | | | │ | 15 24 | | │ | |
| Villora (apd) | | | │ | 15 33 | | │ | |
| Enguídanos (apd) | | | │ | 15 44 | | │ | |
| Camporrobles | | | │ | 16 03 | | │ | |
| Cuevas de Utiel (apd) | | | │ | 16 14 | | │ | |
| Utiel (apt-cgd) | | | **13 20** | 16 24 | | **20 00** | |
| San Antonio de Requena (apd) | | | │ | 16 32 | | │ | |
| Requena | | | **13 30** | 16 40 | | **20 10** | |
| Rebollar (apt) | | | │ | │ | | │ | |
| Siete Aguas (apd) | | | │ | 17 06 | | │ | |
| Venta Mina-Siete Aguas (apt) | | | │ | 17 10 | | │ | |
| Buñol | | | │ | 17 24 | | │ | |
| Chiva (apt) | | | │ | 17 31 | | │ | |
| Cheste | | | │ | 17 37 | | │ | |
| Loriquilla-Llano (apt-cgd) | | | │ | 17 48 | | │ | |
| Aldaya | | | │ | 17 56 | | │ | |
| Vara de Quart (apt-cgd) | | | │ | │ | | │ | |
| **Valencia-Término** | ○ | | **14 45** | 18 12 | | **21 15** | |
| Destino | | | ■ | ■ | | ■ | |

[1] Rio Huecar.

**● Otros signos**

- ○ Llegada.
- ■ Origen/destino del tren o rama.
- [A] Suplemento tren cualificado tipo A, B.
- [G] Precio global.
- [S] Suplementos internacionales.
- │ El tren no circula por ese tramo.
- │ El tren no para en ese tramo o estación.
- [1] Llamada remitiendo a pie de página.
- apd, apt Apeadero, apartadero.
- cgd Cargadero
- Estación fronteriza.
- Talgo P. Talgo Pendular.
- Talgo C. Talgo Camas.
- Reg.Exp. Regional Exprés.
- Interurb. Interurbano.
- Cercan. Cercanías.
- INTERCITY.
- Eurocity. Tren europeo de calidad.

**Composición de los trenes**

- 1, 2 1ª y 2ª clase.
- Coche-literas.
- Coche-camas.
- Cama Gran Clase
- Cama Ducha.
- Tren con servicio de restaurante.
- Tren con servicio de cafetería.
- Tren con servicio de bar.
- Mini-bar.
- Tren con servicio de vídeo.
- Megafonía.
- Coche guardería.
- Coche Rail Club.
- Autoexpreso
- Motoexpreso

## Te toca a ti

**A. Sobre el anuncio.** Contesta las preguntas en español.

1. ¿Cuáles son las cinco palabras o frases que se repiten con más frecuencia en el anuncio en la página 439?
2. ¿Cuál es el efecto de tener tantas frases y oraciones breves en el anuncio?
3. Este anuncio no tiene que ver sólo con el tren. ¿Qué más "vende" el anuncio?
4. ¿Qué sección del anuncio te gusta más? ¿Por qué?

**B. Otro anuncio.** Escribe un anuncio en español de seis a ocho oraciones para AMTRAK en tus propias palabras, llamando la atención sobre las ventajas *(advantages)* de viajar en tren por los Estados Unidos. El anuncio es para los hispanohablantes de este país.

**C. Un horario.** Contesta las siguientes preguntas sobre el horario de los trenes entre Madrid y Valencia.

1. ¿Cuántos trenes diarios hay entre Madrid y Valencia?
2. ¿Cuántas horas toma el viaje entre Madrid y Valencia?
3. Si estás en Cuenca y quieres ir a Valencia, ¿cuántas horas toma el viaje? ¿Hay trenes directos?
4. ¿Hay un tren con servicio de restaurante entre Madrid y Valencia?
5. ¿Qué trenes van a Cuenca como destino final?

**D. Más información.** Varios de tus amigos quieren tomar el tren entre Madrid y Valencia pero necesitan más información. Consulta el horario en la página 439 para contestar sus preguntas. Sigue el modelo.

◆ **Modelo:** Quiero llegar a Cuenca a las 12:00. ¿Qué tren debo tomar desde Madrid?
*Es necesario tomar el tren de las 9:15.*

1. Quiero llegar a Valencia esta noche a las 8:00 para cenar con la familia. ¿Qué tren debo tomar desde Madrid?
2. Voy a Valencia pero quiero desayunar con unos amigos a las ocho antes de salir. ¿Qué tren puedo tomar?
3. ¿Cuántas paradas *(stops)* hace el tren de las 6:00 entre Madrid y Cuenca?
4. Quiero llegar a Valencia antes de las 9:00 esta noche. ¿Qué tren debo tomar desde Madrid?

## Comentarios culturales

**Los trenes en España.** Como España es un país relativamente pequeño, la gente viaja más en tren que en avión. La red nacional española de trenes es bastante eficaz *(efficient)* y su importancia es similar a la que tienen las líneas aéreas en los Estados Unidos. Los españoles están orgullosos *(proud)* del desarrollo extenso del sistema ferroviario en los últimos diez años. Los trenes generalmente ofrecen buen servicio y son cómodos y bastante puntuales. El gobierno español, que administra el sistema de transporte conocido como RENFE, ha contribuido con más de 3.000 millones de pesetas para mejorar las vías *(rail routes)* y aumentar la velocidad de los trenes. En algunas líneas (Madrid— Barcelona—Valencia—Madrid) la velocidad ha subido *(has risen)* a 160 kms por hora. Desde 1992 existe un tren de alta velocidad, el AVE, entre Madrid y Sevilla que viaja a unos 300 kms por hora.

## Enfoque léxico: *Expresiones de lugar*

**a, en, de, por, para, entre, hasta, hacia, cerca de, lejos de**

All of the prepositions shown are often used to tell something about a location. These prepositions describe places in the following ways:

- as the location itself **(en)**
- as a starting point or place of origin **(de)**

- as a final destination **(a, hasta)**
- as movement toward a place **(hacia, para)**
- as a reference to the distance between it and another place **(entre)**
- as a reference to traveling through a place **(por)**
- as an indication of general proximity **(cerca de, lejos de)**

| | |
|---|---|
| En julio pensamos ir **a** España. | *In July we plan to go* ***to*** *Spain.* |
| Vamos a comer gazpacho **en** Sevilla y mariscos **en** la costa. | *We are going to eat gazpacho* ***in*** *Seville and seafood* ***on*** *the coast.* |
| Vamos a salir **de** Nueva York. | *We are going to leave* ***from*** *New York.* |
| Vamos a viajar **por** todo el país. | *We are going to travel* ***through(out)*** *the entire country.* |
| Después vamos a salir **para** Francia. | *Then we are going to leave* ***for*** *France.* |
| ¿Qué distancia hay **entre** Madrid y París? | *What's the distance* ***between*** *Madrid and Paris?* |
| Vamos a seguir **hasta** la frontera italiana. | *We are going to continue on* ***all the way to*** *the Italian border.* |
| Vamos a caminar **hacia** los Pirineos. | *We are going to walk* ***in the direction of*** *the Pyrenees.* |
| Segovia está **cerca de** Madrid. | *Segovia is* ***close to (near)*** *Madrid.* |
| Cádiz está **lejos de** Madrid. | *Cádiz is* ***far from*** *Madrid.* |

## Dilo tú

**E. Lugares, lugares.** Según el contexto, indica cuál de las palabras entre paréntesis es la correcta.

◆ **Modelo:** Mis tíos ahora viven (de / en / hasta) México.
*Mis tíos ahora viven en México.*

1. Mañana el tren sale (entre / en / para) Andalucía a las 8:05.
2. ¿Quiénes quieren almorzar (hasta / entre / en) el Parque del Retiro?
3. Prefiero ir (en / a / entre) la Costa del Sol.
4. Aranjuez está a 25 kms (hacia / de / a) Madrid.
5. ¿Sólo son 25 kms? Entonces Aranjuez no está (cerca de / lejos de / para) Madrid.
6. Dicen que el tren hace seis paradas (en / por / entre) Madrid y Málaga.
7. Pienso llevar a mi sobrino (de / en / a) la playa este fin de semana.
8. El niño durmió en el tren (para / entre / a) Barcelona y Zaragoza.
9. El plan es salir (lejos de / de / hacia) la estación de Atocha porque tiene los trenes más rápidos.

**F. Preguntas sobre un viaje.** Hazle las siguientes preguntas sobre las vacaciones a un(a) compañero(a). Cuando hagas la pregunta, escoge la preposición que corresponde a la que aparece en inglés entre paréntesis. Después tu compañero(a) contestará la pregunta con **sí** o **no,** usando la misma preposición. Sigan el modelo.

◆ **Modelo:** ¿Vas _____ la playa con tu familia este verano? *(to)*
Tú: *¿Vas a la playa con tu familia este verano?*
Él (Ella): *Sí, voy a la playa con mi familia.*
o
Él (Ella): *No, voy a la playa con mis amigos.*

1. ¿Van a estar Uds. ______ una ciudad? *(far from)*
2. ¿Cuándo piensas regresar ______ tu casa? *(to)*
3. En su viaje, ¿van a pasar _____ el pueblo donde viven tus abuelos? *(through)*
4. ¿Van a poder conducir ______ Francia en un coche tan viejo? *(all the way to)*
5. ¿Van ______ el norte el segundo día de su viaje? *(in the direction of)*
6. ¿Vas a comer ____ el famoso restaurante de mariscos que está _____ la costa? *(in/on)*

# Enfoque estructural: *El futuro*

So far, to talk about future time you have used either the present tense with a future reference (**Mañana visitamos a tus primos**), the immediate future with **ir a** + infinitive (**Vamos a ver una película esta noche**), or an expression that implies the future such as **quiero, pienso, espero** + infinitive (**Espero ir a Madrid este verano).**

### Verbos regulares

Spanish also has a future tense that, like the future tense in English, expresses what will happen. Note the following examples:

| | |
|---|---|
| – **¿Visitaremos** el castillo mañana? | – ***Will we visit*** *the castle tomorrow?* |
| – Sí, **llamaré por teléfono** para confirmarlo. | – *Yes,* ***I'll call*** *to confirm it.* |
| – ¿Dónde **nos encontraremos?** | – *Where* ***will we meet?*** |
| – Te **esperaré** enfrente del banco. | – ***I'll wait*** *for you in front of the bank.* |

In Spanish, however, this tense is not used in everyday conversation with as much frequency as the two alternatives you already know.

To form the future tense, simply add the endings **-é, -ás, -á, -emos, -éis, -án** to the infinitive form of the verb (whether it is an **-ar, -er,** or **-ir** verb).

**llegar, ver, pedir**

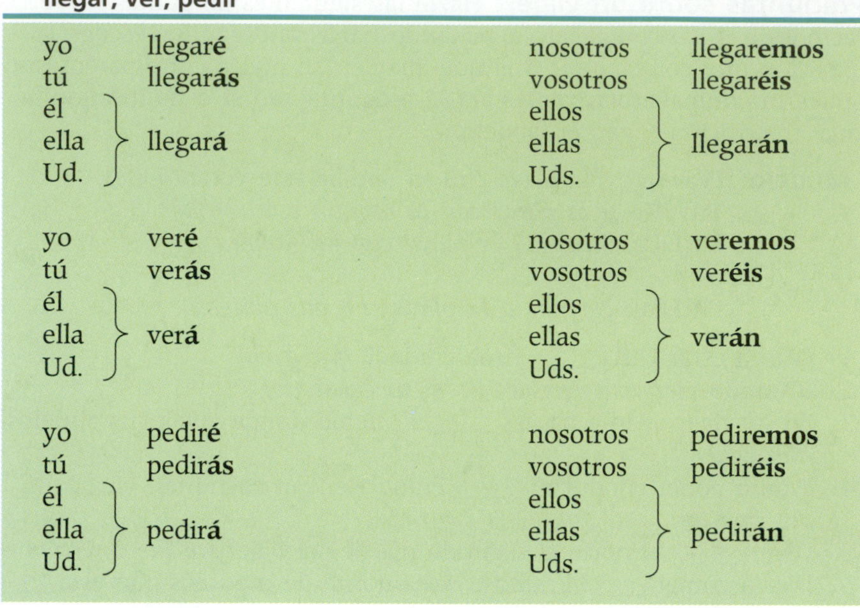

| | | | |
|---|---|---|---|
| yo | llegar**é** | nosotros | llegar**emos** |
| tú | llegar**ás** | vosotros | llegar**éis** |
| él, ella, Ud. | llegar**á** | ellos, ellas, Uds. | llegar**án** |
| yo | ver**é** | nosotros | ver**emos** |
| tú | ver**ás** | vosotros | ver**éis** |
| él, ella, Ud. | ver**á** | ellos, ellas, Uds. | ver**án** |
| yo | pedir**é** | nosotros | pedir**emos** |
| tú | pedir**ás** | vosotros | pedir**éis** |
| él, ella, Ud. | pedir**á** | ellos, ellas, Uds. | pedir**án** |

**Verbos irregulares**

Some of the verbs that you have learned don't use the infinitive to form the future tense. Because of this, they are considered "irregular." The endings that attach to this form, however, are the same as those you just learned **(-é, -ás, -á, -emos, -éis, -án).** Some commonly used irregular verbs in the future tense are:

**decir, hacer, querer**

| | | | |
|---|---|---|---|
| yo | **diré** | nosotros | **diremos** |
| tú | **dirás** | vosotros | **diréis** |
| él, ella, Ud. | **dirá** | ellos, ellas, Uds. | **dirán** |

| | | | |
|---|---|---|---|
| hacer | **har-** | yo **haré** | **-ás, -á, -emos, -éis, -án** |
| querer | **querr-** | yo **querré** | |

Note that in the following verbs the **-e** of the infinitive is dropped to form the new stem.

**poder, saber**

| | | | |
|---|---|---|---|
| poder | **podr-** | yo **podré** | **-ás, -á, -emos, -éis, -án** |
| saber | **sabr-** | yo **sabré** | |

Remember that **hay** *(there is, there are)* comes from the verb **haber**, which forms the future in the same way as **poder** and **saber**. Therefore, the future form of **hay** is **habrá** *(there will be).*

In these next verbs the **-er** or **-ir** infinitive ending is replaced by **-dr** before adding the future tense endings.

**poner, salir, tener, venir**

| | | | |
|---|---|---|---|
| poner | **pondr-** | yo **pondré** | **-ás, -á, -emos, -éis, -án** |
| salir | **saldr-** | yo **saldré** | |
| tener | **tendr-** | yo **tendré** | |
| venir | **vendr-** | yo **vendré** | |

## Dilo tú

**G. De vacaciones.** Indica lo que harán las siguientes personas durante sus vacaciones. Cambia las oraciones al tiempo futuro según el modelo.

◆ **Modelo:** Mario está en Madrid. Visita el Museo del Prado. Después va a Toledo.
*Mario estará en Madrid. Visitará el Museo del Prado. Después irá a Toledo.*

1. Juana tiene ganas de estar al aire libre. Va al campo con sus padres. Van de campamento.
2. Vamos a la playa. Podemos tomar el sol y nadar. Queremos aprender a usar la tabla-vela.
3. Jorge y su primo van a Sevilla. Se quedan en casa de sus abuelos. Comen mucho gazpacho.
4. Voy a Portugal. Estoy allí por tres días. Te escribo una tarjeta postal.
5. Estás en casa. Cuidas a tu hermano. Recibes cartas de tus amigos.

**H. Hoy no, pero mañana sí.** Indica que las siguientes personas harán mañana lo que no pueden hacer hoy. Sigue el modelo.

◆ **Modelo:** ¿Puedes ir al banco hoy?
*Hoy no, pero iré mañana.*

1. ¿Tu hermana puede llevar a los niños al parque?
2. ¿Piensan estudiar ustedes?
3. ¿Vas al cine con tu novio(a)?
4. ¿Puede llamarnos Carmen por teléfono?
5. ¿Ud. quiere tomar el tren a Granada?
6. ¿Pueden salir ustedes temprano?
7. ¿Puedes comprar las bebidas en el supermercado?
8. ¿Maricarmen espera aprender ese poema?
9. ¿Tienes tiempo libre hoy?
10. ¿Carlos puede venir a la casa?
11. ¿Hay tiempo para ir a la playa?

**I. Intercambio.** Usa los elementos indicados para hacerle preguntas a un(a) compañero(a), que después te contestará. Expresa el futuro empleando el tiempo futuro u otra estructura que conozcas. Sigue el modelo.

◆ **Modelo:** hacer / después de la clase
– *¿Qué harás tú después de la clase?*
– *Yo iré (voy, voy a ir, pienso ir,* etc.*) al centro.*

1. hacer / después de esta clase
2. hacer / esta tarde después de volver a tu casa
3. hacer / esta noche
4. ver / en el cine la semana próxima
5. comprar / en la nueva tienda de ropa
6. comer / en el restaurante mexicano
7. recibir / como regalo de cumpleaños
8. aprender a hacer / el próximo verano
9. hacer / el año próximo
10. viajar / el mes que viene

# Enfoque estructural:

## *Usos especiales del futuro*

### El futuro de probabilidad

The future tense is often used in Spanish to wonder about an action or a situation related to the present. Note the following examples.

| | |
|---|---|
| ¿Cuántos años **tendrá** ese actor? | ***I wonder how old** that actor **is.*** |
| ¿Quién **será** esa persona? | ***I wonder who** that person **is.** (Who **can** that person **be**?)* |

Using the future tense you can express probability or uncertainty with regard to an action or a situation in the present. In other words, when you make a comment that is really more of a guess or speculation, rather than actual knowledge, the future tense is used:

| | |
|---|---|
| **Tendrá** unos treinta. | ***He's probably (He must be)** about thirty.* |

### El futuro en oraciones condicionales

Look at the following examples and notice that when the verb in the main clause is in the present or future tense, the verb in the **si** clause will always be in the present tense. In this type of conditional clause the indicative is used after **si** because the speaker is assuming that something will take place.

| | |
|---|---|
| Compraremos ese coche rojo **si tenemos** el dinero. | *We will buy that red car **if we have** the money.* |
| Estaré contento **si** me **escribes.** | *I will be happy **if you write** to me.* |

**Si pierdes** ese reloj, será una lástima. — ***If you lose*** *that watch, it will be a shame.*

Pasaré por ti **si** me **esperas.** — *I will stop by for you* ***if you wait*** *for me.*

**Si** Carlos **trabaja** mucho, aprenderá mucho. — ***If*** *Carlos* ***works*** *hard he will learn a lot.*

## Comentarios culturales

**El calendario de RENFE.** RENFE divide el calendario del año en tres períodos: **días blancos, días rojos** y **días azules.** Los días de viaje preferibles son **los días azules** porque hay menos viajeros y el precio de los billetes es más barato por los descuentos *(discounts)* que RENFE ofrece en esos días. Los precios son más caros para los **días blancos** (los fines de semana de ciertos meses) y especialmente para los **días rojos** (días festivos).

## Dilo tú

**J. Me pregunto...** Convierte las siguientes oraciones en preguntas que expresen una conjetura. Sigue el modelo.

◆ **Modelo:** El tren no sale a tiempo.
*¿Cuándo saldrá el tren?*

1. El tren llega más tarde.
2. No comemos en el restaurante de la estación
3. No puedo pagar con un cheque de viajero.
4. No sirven el desayuno en el tren.
5. Hay muchos pasajeros alemanes.
6. Este tren no llega a tiempo.
7. El tren no para en Huelva.
8. Los ingleses no van a Málaga.
9. Mi padre tiene problemas con las maletas.

**K. ¡No sé, José!** José, el hijo de unos amigos españoles, viaja en el tren contigo. Solo tiene ocho años y es muy persistente con las preguntas que hace. Como tú no sabes contestarlas de una manera exacta, expresa la probabilidad o la duda usando el mismo verbo que él usa pero cambiándolo al tiempo futuro. Sigue el modelo.

◆ **Modelo:** –¿Qué hora es?
– *¡No sé, José! Serán las nueve.*

1. ¿Cómo se llama el conductor del tren?
2. ¿Qué sirven para comer en el tren?
3. ¿Qué tipo de música escucha esa chica en su "Walkman"?
4. ¿Qué tiene esa señora en su maleta?
5. ¿A qué hora llega ese señor a su casa?
6. ¿Cuántas personas hay en este tren?
7. ¿Qué pueblo es éste?
8. ¿Dónde estamos ahora?
9. ¿Quién es ese señor alto del sombrero negro?
10. ¿A cuántos kilómetros por hora vamos en este momento?

**L. Suposiciones.** Trabaja con un(a) compañero(a) de clase. Completa las oraciones con la suposición que tú quieras hacer.

◆ **Modelo:** Te podré ayudar si...
*Te podré ayudar si me llamas.*

1. Sabré el número del vuelo si...
2. Iré al cine contigo si...
3. Mi novia dice que podré usar su coche si...
4. Compraré los boletos para el concierto si...
5. Terminaré toda la novela si...
6. El tren llegará temprano si...
7. Iremos a México el verano próximo si...
8. Estaré muy contento(a) si...
9. Tendrás tiempo para estudiar si...
10. Yo pagaré la cuenta si...
11. Podremos explicar el problema si...
12. No tendremos dificultades con la tarea si...

**M. Consecuencias.** Trabaja con un(a) compañero(a) de clase para completar las oraciones, indicando lo que suponen que serán las consecuencias de la acción previa. Sigue el modelo.

◆ **Modelo:** Si esperas media hora...
*Si esperas media hora, iremos juntos a la estación.*

1. Si sales a tiempo...
2. Si el tren sale tarde...
3. Si no llega el tren pronto...
4. Si te gusta viajar...
5. Si cuesta demasiado dinero...
6. Si el hotel es bonito...
7. Si el pasaporte no está en la maleta...
8. Si hablas con el agente de viajes...
9. Si tú me pagas el viaje...
10. Si hay problemas en la aduana *(customs)*...
11. Si tus amigos no quieren viajar en tren...
12. Si ustedes leen el horario...
13. Si llegamos a Madrid temprano...

# Vamos a escuchar:

## *En la Estación de Atocha*

**Diálogo I**

Enrique va a la Estación de Atocha en Madrid para comprar billetes de tren y para reservar dos plazas.

### *Antes de escuchar*

Lee las preguntas en la sección de comprensión para tener una idea del contenido de la conversación que vas a escuchar.

**N. Comprensión.** Escucha el diálogo y contesta las preguntas.

1. ¿Cuántas plazas reserva Enrique en el tren?
2. ¿De qué tipo son los billetes que compra?
3. ¿De qué clase son los billetes?
4. ¿Adónde piensa viajar?
5. ¿A qué hora sale el tren que prefiere?
6. ¿Qué día quiere volver a Madrid?
7. ¿Qué información importante le da el empleado?

### *Después de escuchar*

**Ñ. ¿Cómo lo dicen?**

1. What phrase does Enrique use to indicate that he would like to know something?
2. How does he say that he would like to make a reservation?
3. What expression does the employee use to wish Enrique a good trip?

**Diálogo II**

Es el día que Carmen y Antonio Altabé comienzan sus vacaciones. Llegan a la Estación de Atocha en Madrid para tomar el tren para Valencia.

### *Antes de escuchar*

Based on what you learned in this *etapa,* what are some of the things you expect to hear about in a train station?

**O. Comprensión.** Escucha el diálogo y contesta las preguntas.

1. ¿Adónde piensan viajar Carmen y Antonio?
2. ¿Cuál es el problema con el tren en que van a viajar?
3. ¿Qué quiere saber Carmen al final?
4. ¿Qué piensa hacer Antonio mientras esperan?

### Después de escuchar

**P. ¿Cómo lo dicen?**

1. How does Carmen ask about the departure of their train?
2. What term is used for reserved seats on the train?
3. What word is used for a train car?

## Tú dirás

**Q. Así será.** En la estación de trenes la gente te hace muchas preguntas. Al contestar las siguientes preguntas, usa el tiempo futuro para expresar probabilidad, indicando que no sabes si tu respuesta es correcta o no.

◆ **Modelo:** ¿Dónde está tu billete para el tren?
*No sé. Estará en casa.*

1. ¿Cuántas personas viajan en este tren?
2. ¿A qué hora se abre el coche comedor para el almuerzo?
3. ¿En cuántas horas hace el viaje desde Madrid a Málaga este tren?
4. ¿Qué estación de trenes en Madrid tiene más tráfico?
5. ¿Quién nos espera en la estación adónde vamos?
6. ¿Cuál es el precio de un viaje de ida y vuelta *(round trip)* entre Madrid y París?
7. ¿De dónde es ese pasajero que habla inglés?
8. ¿Qué les sirven de beber a los pasajeros?
9. ¿Dónde tienen revistas y periódicos en el tren?
10. ¿Cuál es la velocidad máxima de este tren?

**R. Así es...** Contesta las siguientes preguntas para indicar lo que va a pasar. Usa el indicativo y el futuro. Sigue el modelo.

◆ **Modelo:** ¿Y si el tren llega tarde?
*Si el tren llega tarde, no veremos a mis tíos.*

1. ¿Y si no hay asientos en el tren?
2. ¿Y si tenemos hambre?
3. ¿Y si solo hay un billete?
4. ¿Y si el tren sale a las 8:00?
5. ¿Y si Carlos no quiere viajar en tren?
6. ¿Y si el horario cambia?

## Para empezar: *Un viaje por carretera*

### *Preparación*

- ¿Has viajado mucho en coche?
- ¿Cuál es uno de los viajes más largos que has hecho?
- When you plan a long trip by car, what kinds of things do you usually need to know or keep in mind?
- Do you normally use road maps when you travel by car in the country where you live? What about when you take a road trip in a country you are visiting?

### El mapa de carreteras

El Departamento de Turismo publica una serie de mapas detallados de cada región de México. Con la ayuda de la leyenda, que explica los signos convencionales, estudia el siguiente mapa. **Fíjate en** la capital del país y en otras ciudades y pueblos cerca de ella.

notice

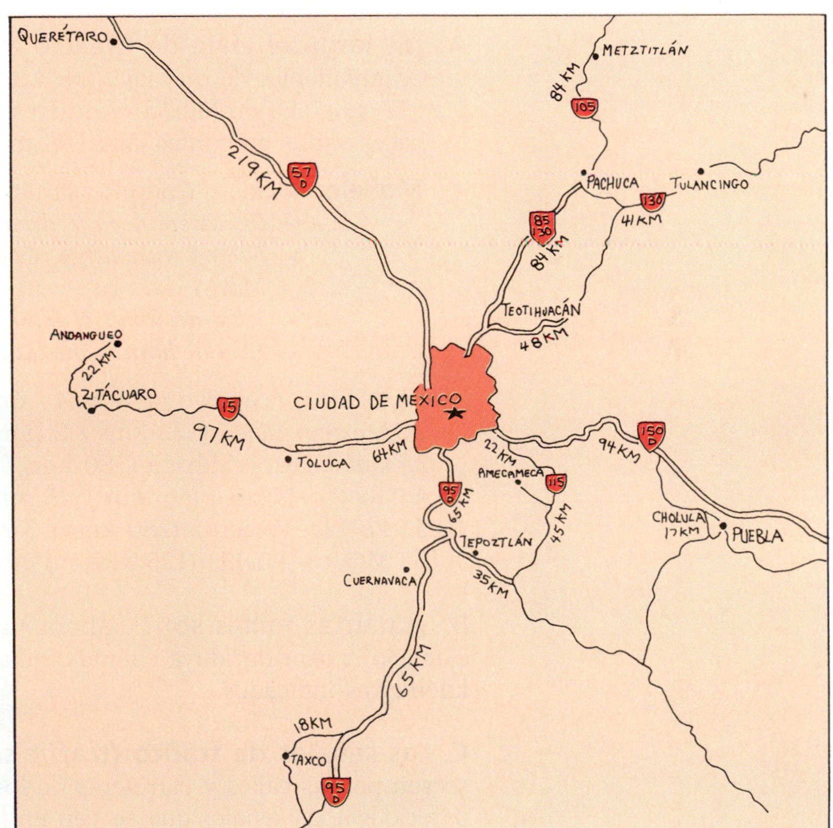

## Comentarios culturales

**Kilómetros y millas.** El sistema métrico es el que se usa en los países de habla española. Para la persona que esté acostumbrada a pensar en millas, en lugar de kilómetros, la siguiente fórmula resulta útil para calcular distancias. Para convertir kilómetros en millas se divide el número de kilómetros entre ocho. Después se multiplica el resultado por cinco. Por ejemplo, 160 kilómetros dividido entre ocho son 20, que multiplicado por cinco da 100 millas.

## Te toca a ti

**A. ¿Es largo el viaje de México a Cuernavaca?** Oyes a dos jóvenes mexicanos hablar de un viaje que van a hacer en coche. Tú no conoces bien la geografía de México y quieres saber si el viaje será largo. Por eso les haces varias preguntas. Sigue el modelo.

◆ **Modelo:** México–Cuernavaca (90 kms / 1 hora y ½)
– *¿Es largo el viaje de la Ciudad de México a Cuernavaca?*
– *No, no muy largo. Cuernavaca está a noventa kms de México.*
– *¿Cuánto toma el viaje de México a Cuernavaca en coche?*
– *Es una hora y media.*

1. México–Acapulco (418 kms / 6 horas)
2. México–Taxco (173 kms / 2 horas y ½)
3. Guadalajara–México (580 kms / 7 horas)
4. Toluca–México (66 kms / 45 minutos)
5. Puebla–Veracruz (280 kms / 3 horas y ½)
6. México–Puebla (125 kms / 1 hora y 45 minutos)

**B. ¿Cuántas millas son?** Ahora, usa las distancias indicadas en el ejercicio A para decidir a cuántas millas equivalen aproximadamente los kilómetros indicados.

**C. Las señales de tráfico *(traffic signs).*** Algunas de las señales que se ven por las calles y carreteras de los países de habla española son parecidas a las señales que se ven en los Estados Unidos. Otras señales son distintas. Mira las señales y decide qué quieren decir. Escoje la letra del número correspondiente.

1. Do not enter
2. Customs
3. No parking
4. Do not pass
5. No turns
6. Construction zone

A. No adelantar

B. No virar

C. No hay paso

D. En obras / trabajo

E. Aduana

F. No estacionar

## ¿Recuerdas?

**D. Planes para nuestro viaje.** Consulta el siguiente mapa con un(a) compañero(a). Hablen de un viaje que piensan hacer. Usen Madrid como punto de partida y destino final e indiquen la ruta que van a seguir en su viaje. Hagan planes para visitar por lo menos tres de las ciudades en el mapa. Usen todas las palabras posibles de la lista que sigue para hablar de sus planes: **a, en, de, por, para, hacia, hasta, entre, cerca de, lejos de.** También pueden usar los siguientes verbos en el futuro: **ir, salir, llegar, regresar, parar, seguir, pasar.**

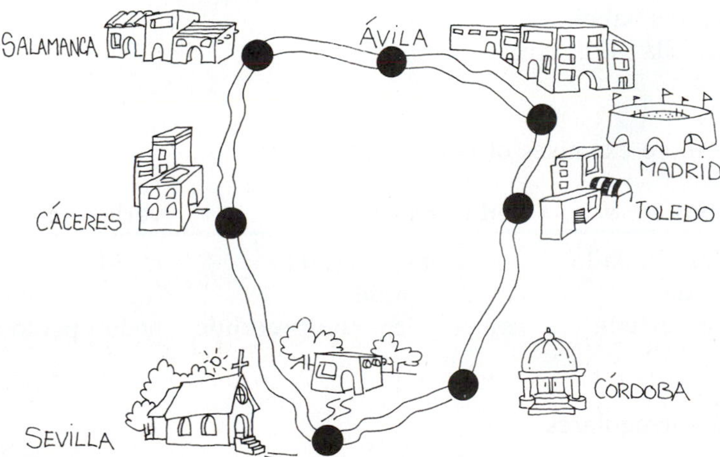


## Enfoque estructural: *El presente perfecto*

The present perfect tense is used to talk about an action that has happened already, either in the general past or quite recently in relation to the moment of speaking. The equivalent in English is *to have done* something. Sometimes it may be used to suggest that the effects of a past event carry over into the present: "I've always done it that way *(and still do)*." Note the following examples:

| | |
|---|---|
| – **¿Han viajado** últimamente? | – ***Have you traveled*** *lately?* |
| – **Hemos visitado** España y Portugal. | – ***We've visited*** *Spain and Portugal.* |
| – **¿Ha salido** el tren para Segovia? | – ***Has*** *the train* ***left*** *for Segovia?* |
| – No, **no ha salido.** | – *No,* ***it hasn't left.*** |

This tense has two parts, exactly as in English: the first part is called a "helping" verb ("have" in English and **haber** in Spanish). The second part is a past participle. The past participle of an **-ar** verb is formed by substituting **-ado** for **-ar.** The ending for both **-er** and **-ir** verbs is **-ido.**

Note that this two-part verb is *not* split up in Spanish by a negative as it is in English.

| | |
|---|---|
| Carlos **no ha llegado.** | *Carlos has* ***not*** *arrived.* |

Notice also that this compound verb is not split up by the subject or subject pronoun when it is used in a question as it is in English.

| | |
|---|---|
| **¿Ha llegado** el tren? | ***Has*** *the train* ***arrived?*** |
| Sí, sí **ha llegado.** | *Yes,* ***it has.*** |

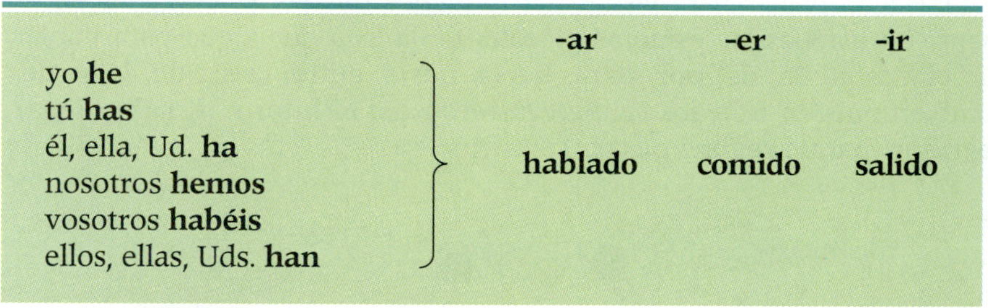

**haber** + participio pasado

| | -ar | -er | -ir |
|---|---|---|---|
| yo **he**<br>tú **has**<br>él, ella, Ud. **ha**<br>nosotros **hemos**<br>vosotros **habéis**<br>ellos, ellas, Uds. **han** | **hablado** | **comido** | **salido** |

Here are more examples of past participles:

| verbos en *-ar* | verbos en *-er* | verbos en *-ir* |
|---|---|---|
| bailar - **bailado** | aprender - **aprendido** | ir - **ido** |
| dar - **dado** | comer - **comido** | seguir - **seguido** |
| estar - **estado** | comprender - **comprendido** | pedir - **pedido** |

**Participios irregulares**

Some verbs in the present perfect tense do *not* follow the same patterns presented above in the formation of the past participles.

| | |
|---|---|
| **He hecho** las reservaciones para el tren. | ***I've made*** *the reservations for the train.* |
| **¿Has visto** la guía turística? | ***Have you seen*** *the tourist guidebook?* |
| Mis amigos me **han escrito** tarjetas postales desde México. | *My friends* ***have written*** *postcards to me from Mexico.* |

Here are some of the more common past participles that are exceptions to the general rule previously described:

| infinitivo | participio pasado |
|---|---|
| abrir | **abierto** |
| decir | **dicho** |
| escribir | **escrito** |
| hacer | **hecho** |
| poner | **puesto** |
| ver | **visto** |
| volver | **vuelto** |

## Dilo tú

**E. ¿Qué ha pasado antes?** Mario y Marta Mendoza han llegado a la terminal de autobuses. Explica lo que han hecho antes de su llegada.

◆ **Modelo:** leer la guía turística sobre México
*Han leído la guía turística sobre México.*

1. ir a su agencia de viajes
2. discutir sus planes
3. pedir reservaciones de plazas en el autobús
4. llevar el gato a la casa de un amigo
5. comer bien
6. preparar las maletas
7. salir temprano de casa
8. tomar un taxi a la terminal

**F. Todavía no, pero... *(Not yet, but...)*** Cuando un(a) amigo(a) te hace unas preguntas, dile que todavía no has podido hacer eso pero que sí has hecho otra cosa. Sigue el modelo.

◆ **Modelo:** viajar por España
– *¿Has viajado por España?*
– *No, todavía no he viajado por España, pero he viajado por México.*

1. comer gazpacho
2. ir al Ballet Folklórico de México
3. leer Don Quijote de la Mancha
4. viajar en tren
5. estudiar portugués
6. vivir en Madrid
7. beber sangría
8. pasar un mes de vacaciones en México
9. pedir caracoles *(snails)* en un restaurante español
10. jugar al jai-alai
11. estar en la Ciudad de México

12. subir a una pirámide azteca
13. bailar el flamenco
14. conocer a Antonio Banderas
15. correr con los toros por las calles de Pamplona
16. oír la música de mariachis mexicanos

**G. Ya lo he hecho.** Un(a) amigo(a) te hace preguntas sobre un viaje que vas a hacer. Contéstale que ya has hecho todo lo necesario. Usa pronombres para abreviar *(abbreviate)* tus respuestas.

◆ **Modelo:** ¿Ya viste los nuevos billetes que venden?
*Sí, ya los he visto.*

1. ¿Ya fuiste a la agencia de viajes?
2. ¿Ya hiciste todas las preparaciones?
3. ¿Ya les dijiste a tus padres que vas a ir a Guadalajara?
4. ¿Ya viste el horario de trenes?
5. ¿Ya pusiste tu maleta en el coche?
6. ¿Ya hiciste una llamada telefónica a Guadalajara?
7. ¿Ya escribiste la lista de regalos que vas a comprar?

## Vamos a escuchar: *Un viaje en coche*

Patricia del Valle va de viaje en coche con sus dos hijos—Alonso, de 10 años y Claudia, de 7 años. Viven en la Ciudad de México. Van a pasar ocho días con la hermana de Patricia en Querétaro. Están en camino en la carretera número 57.

### *Antes de escuchar*

When small children are traveling on a car trip, what are some of the requests and questions that they inevitably bring up along the way? How do adults usually respond to them?

**H. Comprensión.** Escucha el diálogo y contesta las preguntas.

1. ¿Cuánto toma el viaje de la Ciudad de México a Querétaro?
2. ¿Qué quieren los hijos que les compre su mamá?
3. ¿Por qué no quiere parar el coche la mamá?
4. ¿Qué le prometen los niños a su mamá?
5. ¿Por fin dónde decide parar el coche la madre?

### *Después de escuchar*

**I. ¿Cómo lo dicen?**

1. How does Alonso ask how long the trip will take?
2. What phrase does the mother use to indicate the time it takes to get to their destination?
3. How do you express frustration with "Don't tell me!" in Spanish?

## Comentarios culturales

**Los ángeles verdes.** Muchas de las carreteras de México pasan por regiones muy montañosas. Para ayudar a los viajeros en caso de emergencia, el Departamento de Turismo tiene cientos de **camiones** verdes asignados a policías especiales que hablan inglés y otras lenguas. Los policías llevan uniformes del color de sus vehículos. Estos "ángeles verdes", como los llaman los mexicanos, ofrecen asistencia mecánica y **primeros auxilios.** Además, tienen información sobre la condición de las carreteras. Todo esto es gratis, con excepción de la gasolina, el **aceite,** o **piezas de repuesto.** La Asociación Mexicana Automovilística (AMA) también ofrece muchos servicios a los miembros de su organización.

trucks

first aid

oil/spare parts

## Tú dirás

**J. Nunca lo hemos hecho...** Trabaja con un(a) compañero(a) para hacer una lista de ocho cosas que ustedes nunca han hecho hasta ahora en su vida. Traten de usar ocho verbos distintos en su lista de actividades.

**K. Unas postales...** Cuando viajas, a veces no tienes tiempo para escribir cartas; es más fácil mandar postales. Imagina que estás de viaje en España o México. Escríbele una postal a un(a) amigo(a) en que le dices dónde estás y qué has hecho en los últimos tres días.

El templo Dzíbilnocac es de la cultura maya en México.

## Para empezar: *En avión*

### *Preparación*

- ¿Has viajado en avión? ¿Adónde?
- ¿Cuánto tiempo tomó el viaje más largo que has hecho en avión?
- Name one of the biggest airports in the United States.
- What is the fastest way to get to the airport nearest where you live?

Now read the information that follows.

### El Aeropuerto Internacional de México Benito Juárez

En general, los aviones que van de los Estados Unidos a México llegan al Aeropuerto Internacional de México Benito Juárez. El aeropuerto queda bastante lejos del centro de la Ciudad de México pero hay muchas maneras de hacer el viaje entre el aeropuerto y la ciudad — en la línea roja del metro a la Estación Pantitlán, en autobús (o camión, como también lo llaman los mexicanos) y, por supuesto, en taxi.

**Este aeropuerto es uno de los más importantes del mundo. Por sus puertas pasan millones de viajeros cada año.**

**En la Ciudad de México, los pilotos tienen que saber despegar y aterrizar sus aviones con mucho cuidado. Esto se debe a las grandes montañas que rodean la ciudad.**

La manera preferida de viajar al centro para mucha gente es en un *colectivo*. Cada persona paga un precio fijo para **compartir** el coche o la **camioneta** con otras personas que viajan en la misma dirección. El conductor vende los boletos antes de comenzar el viaje a las zonas en que está dividida la ciudad.

compartir: to share
camioneta: van

El Aeropuerto Internacional Benito Juárez es famoso por ser uno de los centros de tráfico aéreo más importantes del mundo. Casi todas las aerolíneas extranjeras llegan a este aeropuerto. En un año típico, pasan millones de viajeros por la ciudad, y muchos de ellos viajan por avión. Los pasajeros siempre tienen una vista espectacular de la capital de México.

Como la Ciudad de México está a una altura de 2.240 m (más de 7.000 pies) sobre el **nivel del mar,** pero dentro de un gran valle **rodeado** de altos volcanes, los pilotos reciben un **entrenamiento** especial. Tienen que aprender a **despegar** y **aterrizar** los aviones dentro de un espacio bastante limitado. Para hacer esto sin problemas, tienen que saber subir o descender en grandes círculos con mucha **destreza** por las muchas montañas que rodean la ciudad. ¡Para algunos pasajeros es una experiencia inolvidable!

nivel del mar / rodeado: sea level / surrounded
entrenamiento: training
despegar / aterrizar: to take off / to land
destreza: skill

## Comentarios culturales

**Los taxis en la Ciudad de México.** La Ciudad de México es famosa por sus numerosos taxis, o *libres* como dicen los mexicanos. Hay taxis de varios colores y de muchos modelos. Algunos, como los anaranjados, tienen el número de su sitio *(taxi stand)* pintado en la puerta y reciben llamadas telefónicas. Otros, como los amarillos y los verdes, van por las calles en busca de pasajeros.

Los choferes a veces no usan medidores *(meters)* por el cambio en los precios que causa el problema de la inflación. Generalmente el pasajero tiene que preguntarle el precio y, a veces, llegar a un acuerdo con el chofer antes de tomar el taxi. La costumbre es siempre dar una buena propina después de llegar al destino. Por lo general, este tipo de transporte *(transportation)* es bastante económico para el pasajero que quiere conocer la ciudad en taxi.

## Te toca a ti

### A. Al llegar a la Ciudad de México...

1. ¿Cuáles son algunos de los medios de transporte para ir del aeropuerto al centro de la ciudad?
2. ¿Cuál es la manera más popular de viajar entre el aeropuerto y el centro?
3. ¿Cuál crees que sería la manera menos rápida de ir al aeropuerto? ¿Por qué?
4. ¿Cómo se decide quién viaja en un "colectivo"?
5. ¿Qué otra palabra se usa en México para decir "autobús"?
6. ¿Cómo describirías este aeropuerto en cuanto a su tráfico y el número de personas que lo usan?
7. ¿A qué altura está el Aeropuerto Internacional de México?
8. ¿Por qué es tan única la localización del aeropuerto?
9. ¿Qué tipo de entrenamiento especial reciben los pilotos que usan este aeropuerto?

**B. La llegada al aeropuerto.** Explícale a un(a) amigo(a) lo que tiene que hacer cuando llega al Aeropuerto Internacional Benito Juárez. Usa las expresiones que siguen pero en el orden correcto. Usa también las palabras **primero, entonces, después,** y **finalmente.**

- **Modelo:** *Primero, bajas del avión. Después tú..., etc.*

ir a la aduana
mostrar tu pasaporte y tu visado
tomar un autobús o un taxi al centro de la ciudad
ir a la sala de reclamación de equipaje
abrir las maletas en la sala de inspección de la aduana
recoger *(pick up)* las maletas facturadas

## ¿Recuerdas?

**C. Desde que llegué, he hecho lo siguiente.** Trabaja con un(a) compañero(a) de clase para explicarle lo que has hecho desde tu llegada a la Ciudad de México hace dos semanas. Usa el presente del perfecto para contarle sobre tus actividades.

**D. ¿Qué se hace...?** Un(a) amigo(a) te pregunta lo que se hace en varios sitios. Tú le contestas empleando el **se** impersonal. Sigue el modelo.

◆ **Modelo:** el parque
– *¿Qué se hace en el parque?*
– *Se juega.*
– *Se camina.*
– *Se descansa.*

1. la discoteca
2. el restaurante
3. la clase de español
4. la aduana
5. la tienda de ropa
6. la fiesta
7. el aeropuerto
8. el tren

## Enfoque estructural: *El pluscuamperfecto*

The past perfect tense is used to indicate that something had already happened before something else occurred. Just as in English, this tense needs another action in the past as a reference point, whether it is stated or not, in order to make sense. Note the following examples:

| | |
|---|---|
| Carlos no fue porque ya **había visto** al agente de viajes. | *Carlos didn't go because he* **had** *already* **seen** *the travel agent.* |
| Mis padres **habían llegado** a Madrid cuando me llamaron. | *My parents* **had arrived** *in Madrid when they called me.* |
| El tren ya **había salido** cuando llegamos a la estación. | *The train* **had** *already* **left** *when we arrived at the station.* |

Like the present perfect, the past perfect has two parts: the "helping" verb **haber** and the past participle. The only difference between the present perfect and past perfect tenses is in the form of **haber,** which is formed with *imperfect* tense endings when using the past perfect.

**haber** + participio pasado

| | -ar | -er | -ir |
|---|---|---|---|
| yo **había**<br>tú **habías**<br>él, ella, Ud. **había**<br>nosotros **habíamos**<br>vosotros **habíais**<br>ellos, ellas, Uds. **habían** | **hablado** | **comido** | **salido** |

## Dilo tú

**E. Ya lo había hecho cuando...** Cambia las oraciones según el modelo para indicar que algo ya había pasado antes de otra cosa.

◆ **Modelo:** El mesero sirvió las enchiladas y después yo llegué.
*El mesero ya había servido las enchiladas cuando yo llegué.*

1. El avión llegó y después yo llamé por teléfono.
2. El agente de viajes preparó el itinerario y después Mario compró los boletos.
3. Vimos el horario y después fuimos a comer.
4. El empleado nos dijo algo sobre el vuelo y después oímos las noticias.
5. Pediste una mesa en la sección de no fumar y después nos llamó el mesero.
6. Mi papá hizo las reservaciones y después yo llegué.
7. En el restaurante comimos demasiado y después nos sirvieron el postre.
8. Yo salí para Veracruz y después me mandaste la tarjeta.
9. Le escribí cinco postales a mi novia y después ella llamó.
10. Ustedes se durmieron en el avión y después el piloto nos habló de las condiciones atmosféricas.

**F. ¿Qué dijeron?** Durante la cena, el teléfono suena y tú contestas. Varias personas en tu familia quieren saber quién es y qué ha dicho. Indica quién llamó, y usa el pluscuamperfecto *(past perfect tense)* al repetir lo que la persona que llamó te dijo. Cambia los verbos al pasado y los pronombres a las formas que corresponden a la situación. Sigue el modelo.

◆ **Modelo:** José llama. Te dice que ha llegado al cine y que ya ha visto la película que van a dar.
*Llamó José. Me dijo que había llegado al cine pero que ya había visto la película.*

1. Francisco llama. Te dice que ha hablado con el agente de viajes y que no ha podido comprar los boletos para el avión.

2. Alicia llama. Te dice que ha ido al centro y que ya ha vuelto a su casa.
3. Tu tío Guillermo llama. Te dice que ha puesto un regalo para ti en su coche pero que todavía no ha tenido tiempo de ir a tu casa para dártelo.
4. Tu amigo Luis llama. Te dice que el profesor ha cambiado el día del examen.
5. Una persona que no conoces llama. Te dice que ha marcado este número tres veces y que ha tenido problemas con la línea.
6. Tu amiga Silvia llama. Te dice que ha recibido una invitación para la fiesta de Carlos y ya ha comprado un vestido nuevo.
7. El empleado de la biblioteca llama. Te dice que ha buscado el libro que necesitas pero que no lo ha encontrado.
8. La secretaria de tu papá llama. Te dice que ha recibido una llamada urgente y que ha estado preocupada.

**G. Antes de cumplir dieciocho años...** Averigua *(Find out)* tres o cuatro cosas interesantes o inolvidables *(unforgettable)* de la vida de tres de tus compañeros(as) de clase antes de los dieciocho años de edad.

◆ **Modelo:** – ¿Qué cosa(s) interesante(s) habías hecho antes de cumplir dieciocho años?
– *Antes de cumplir dieciocho años, yo ya había...*
o
– *Cuando cumplí dieciocho años yo ya había...*

Después escribe una lista de esta información para leérsela a la clase.

## Enfoque léxico: *Antes de, después de*

Both the prepositional phrase **antes de** *(before)* and **después de** *(after)* may be used with a noun **(antes del viaje)** or an infinitive **(antes de comprar)**, **(después de las vacaciones)**, **(después de visitar)**.

| | |
|---|---|
| **Antes del** viaje, hablaré con mis padres por teléfono. | ***Before*** *the trip, I'll speak to my parents on the phone.* |
| **Antes de** comprar los billetes, quiero ver el horario de trenes. | ***Before*** *buying the tickets, I want to see the train schedule.* |
| **Después de** las vacaciones, no estaré cansado. | ***After*** *vacation, I will not be tired.* |
| **Después de** visitar los museos, mis amigos sabrán mucho sobre España. | ***After*** *visiting the museums, my friends will know a lot about Spain.* |

Remember that when the masculine singular article **el** is used with **de**, it becomes **del.**

## Dilo tú

**H. ¿Cuándo?** Sustituye las palabras en cursiva por las palabras entre paréntesis y haz los cambios necesarios.

1. Antes de *la salida del tren*, pensamos desayunar. (la llegada / el viaje / la parada / la llamada telefónica)
2. Después de *la visita al museo*, pasaré por tu casa. (la película / el desayuno / las vacaciones / el viaje)
3. Antes de *visitar a mi abuela*, llamaremos por teléfono. (ir al restaurante / organizar el viaje / ir a la estación / salir para Segovia)
4. Después de *hacer las reservaciones*, regresaremos al hotel. (consultar el horario / caminar por el parque / llamar por teléfono.

**I. La partida.** Los siguientes dibujos cuentan el viaje de dos jóvenes que se llaman Susan Haley y Charles Latowsky. Mira los dibujos y escribe seis frases que describan su viaje. Utiliza la preposición *antes de* en tres frases y *después de* en las otras tres frases. Sigue los ejemplos en la página 463.

## Vamos a escuchar:

### *¿Dónde está la maleta?*

Durante un vuelo a Guadalajara, Judy Miller ha conocido a dos mexicanos –el señor y la señora Castillo. Judy les ha dicho que tiene un poco de miedo porque es su primer viaje a México y su primer vuelo en avión. Los Castillo le explican lo que hay que hacer en el aeropuerto: mostrar su documentación, ir a la sala de equipaje para recoger *(to pick up)* las maletas que ha facturado *(has checked),* abrir las maletas en la sala de inspección, pasar por la aduana *(customs)*. Finalmente, Judy y el señor y la señora Castillo bajan del *(get off)* avión.

## *Antes de escuchar*

Have you ever lost a suitcase on a plane trip? How did it happen? What did you have to do to try to get it back?

**J. Comprensión.** Escucha el diálogo y contesta las preguntas.

1. ¿Cuántas maletas tiene Judy?
2. ¿De qué color es la maleta que Judy no ha encontrado?
3. ¿Es grande o pequeña la maleta que busca Judy?
4. ¿Qué identificación lleva la maleta perdida?
5. ¿Dónde cree Judy que dejó la maleta?
6. ¿Qué lección dice Judy que aprendió?

## *Después de escuchar*

**K. ¿Cómo lo dicen?**

1. What phrases are used by the Castillo couple to ask about the color and shape of the missing suitcase?
2. How do you say "baggage room" in Spanish?
3. What expression does Judy use to say that the couple is very kind?
4. What is the word used for "identification tag"?
5. What phrase does Mrs. Castillo use to tell Judy not to worry?

# Tú dirás

**L. No, porque ya...** Completa cada oración con el mismo verbo en el pluscuamperfecto que se usa en el pretérito. Incluye complementos (pronombres) directos e indirectos cuando sean necesarios.

◆ **Modelo:** No escuché el disco otra vez porque...
*No escuché el disco otra vez porque ya lo había escuchado.*

1. No vimos esa película otra vez porque ya...
2. No fueron a México otra vez porque ya...
3. No abrí las ventanas otra vez porque ya...
4. No bailé con él (ella) otra vez porque ya...
5. No se lo dijeron otra vez porque ya...
6. No leíste el libro otra vez porque ya...
7. No paré el coche otra vez porque ya...
8. No presenté mis documentos otra vez porque ya...
9. No hice el mismo error otra vez porque ya...
10. No salieron después de las 10:00 porque ya...

**M. Antes del año 1995 ya lo había hecho...** Toma turnos con un(a) amigo(a). Cuéntense cinco cosas que ya habían hecho antes del año 1995.

## Lectura:

### *Un recorrido por la Ciudad de México en metro*

### *Antes de leer*

1. Skim the article looking for as many cognates as you can find. Say them out loud as you spot them.
2. Now read only the first sentence of each of the five paragraphs that make up the reading. What do they tell you about the metro in Mexico?
3. Look at the photograph that goes with this reading. What does it suggest to you about the metro stations?

El Sistema de Transporte Colectivo de la Ciudad de México es uno de los más extensos del mundo. Es una manera rápida y económica de viajar de un lado a otro en el Distrito Federal, la capital de la nación. La Ciudad de México es uno de los centros urbanos más grandes del mundo con más de 20 millones de habitantes que disfrutan de un metro limpio y eficiente como éste.

El metro mexicano se inauguró en septiembre de 1969. Para poder servir bien al público, tiene nueve líneas de diferentes colores, 105 estaciones, y 136 kms de **vías.** En ciertas partes el metro corre a una velocidad máxima de 90 kms por hora, aunque el **promedio** en general es 35 kms por hora. Durante los primeros años del metro el precio de un boleto era muy barato: un peso, nada más. En años recientes ha subido el precio de los boletos. Sin embargo, todavía es una manera de viajar bastante económica y muy popular.

Todos los días, más de cinco millones de personas

RED GENERAL
SISTEMA DE TRANSPORTE
COLECTIVO

PARADERO
ESTACIONAMIENTO PUBLICO

tracks / average

**Una estación del metro mexicano adornada con enormes esculturas de la época de las grandes civilizaciones indígenas.**

viajan en el metro. Al comparar los números de pasajeros que usan el metro mexicano con los de otros países, México ocupa el tercer lugar en el mundo, después de Moscú en Rusia y Tokio en el Japón. Claro está, durante las horas más populares —antes de las 10:00 de la mañana y después de las 4:00 de la tarde —el metro está completamente lleno. Obviamente, es mejor viajar durante el día a las horas menos populares.

Es interesante notar que durante las excavaciones que hicieron para el sistema subterráneo, los **obreros,** arquitectos y arqueólogos encontraron muchas ruinas de las antiguas civilizaciones de la época antes de la llegada de Colón y los conquistadores y colonizadores españoles. La Ciudad de México está construída sobre Tenochtitlán, la antigua capital de los aztecas. Por eso descubrieron pequeños templos, como el que está en el centro de la Estación de Pino Suárez, y muchos artefactos de la época: artículos artísticos de piedras semipreciosas, pequeñas figuras de **barro,** y **joyas** de oro y de plata. El gobierno mexicano mandó hacer réplicas de muchas de estas cosas y ahora la gente que viaja en el metro puede verlas en las estaciones.

workers

clay / jewels

Cada una de las hermosas estaciones del metro tiene decoraciones artísticas y su propio símbolo. Algunas estaciones llevan el nombre de alguna persona **ilustre** (illustrious, famous) de la historia mexicana como el emperador azteca Moctezuma; el héroe de la Independencia, José María Morelos; el General Ignacio Zaragoza; el Presidente Benito Juárez; y el revolucionario Emiliano Zapata entre otros. También hay "módulos de información" en las estaciones donde el público puede conseguir mapas y asistencia general. Sin duda, hacer un **recorrido** (trip, a run) por la Ciudad de México en el metro es una experiencia interesante. ¡Cómo el metro de México no hay dos!

Las estaciones del metro son grandes y bellas.

## *Después de leer*

**A. Sobre el metro.** Contesta las preguntas sobre el metro mexicano según lo que has aprendido de la lectura.

1. ¿Cuándo abrieron el metro mexicano por primera vez?
2. ¿Cuántos kilómetros de vías tiene este sistema de transporte?
3. ¿Cuántas líneas tiene? ¿Cuál es su velocidad máxima?
4. ¿Cuáles son las horas más populares para viajar en el metro?
5. En un día típico, ¿cuántas personas usan el metro?
6. En comparación con el uso de los metros de otros países, ¿qué lugar ocupa México en el mundo?
7. ¿Qué es "un módulo de información"?
8. ¿Qué encontraron cuando los obreros hicieron las excavaciones para los túneles del metro?
9. ¿En qué estación del metro se puede ver un pequeño templo azteca?
10. ¿De dónde vienen muchos de los nombres de las estaciones?
11. ¿Tienes interés en hacer un recorrido en este metro? ¿Por qué sí o por qué no?

**B. Comparación.** Trabaja con un(a) compañero(a) para hacer una comparación del metro de México con el metro de otra cuidad que Uds. conozcan. Hagan una lista de cinco diferencias que Uds. observen.

# Por fin

## A. Un viaje a Sevilla

### *Estudiante A*

Tienes que ir a Sevilla mañana y llamas a la agencia de viajes para hacer la reserva de billete.

1. Call the agency and say you need a plane ticket to Sevilla. You don't like to travel by train, and besides, since you are in a hurry, you need to get there as soon as possible.

Tell the agent the following:

2. You need to leave tomorrow morning.
3. You don't know when you are coming back. It will probably be the same day, but it's not certain.

### *Estudiante B*

Trabajas en la agencia de viajes "Sol". Un cliente llama para hacer una reserva para el avión de Sevilla de mañana por la mañana.

1. Explain that the plane Madrid-Sevilla is sold out.
2. Suggest to the customer that he or she can take the train. There is a new high-speed train called AVE (Alta Velocidad) that gets to Sevilla in two and a half hours.
3. If the customer hesitates to take the train, explain all the good things about this new train service.
4. Tell the person what kind of ticket he or she needs to buy given the circumstances.

Here you have all the information you need about the AVE to convince the customer.

*video*

**Mosaico cultural**

**Pasajeros a bordo**

By water and by rail, traditional and modern means of transportation meet the needs of many travelers.

*software*

**Atajo**

Writing activities for this chapter are presented in the workbook. For specific references to tasks supported by Atajo, please consult the workbook.

# HORARIOS

## MADRID Puerta de Atocha • CIUDAD REA

| TIPO DE TREN (*) | VALLE | LLANO | LLANO | LLANO | PUNTA | L |
|---|---|---|---|---|---|---|
| NUMERO DE TREN | 9614 | 9616 | 9618 | 9622 | 9628 | |
| OBSERVACIONES | **(1)** | **(2)** | | | | |
| MADRID Puerta de Atocha | 7:00 | 8:00 | 9:00 | 11:00 | 14:00 | 1 |
| CIUDAD REAL | 7:49 | - | - | - | - | |
| PUERTOLLANO | 8:05 | - | - | - | - | |
| CORDOBA | 8:51 | 9:40 | 10:47 | 12:47 | 15:40 | 1 |
| SEVILLA Santa Justa | 9:40 | 10:25 | 11:35 | 13:35 | 16:25 | 1 |

## SEVILLA Santa Justa • CORBOBA • PUER

| TIPO DE TREN (*) | VALLE | LLANO | LLANO | LLANO | PUNTA | L |
|---|---|---|---|---|---|---|
| NUMERO DE TREN | 9615 | 9617 | 9619 | 9623 | 9629 | |
| OBSERVACIONES | **(1)** | **(2)** | | | | |
| SEVILLA Santa Justa | 7:00 | 8:00 | 9:00 | 11:00 | 14:00 | 1 |
| CORDOBA | 7:44 | 8:44 | 9:44 | 11:44 | 14:44 | 1 |
| PUERTOLLANO | 8:26 | - | 10:26 | - | - | |
| CIUDAD REAL | 8:42 | - | 10:42 | - | - | |
| MADRID Puerta de Atocha | 9:40 | 10:25 | 11:40 | 13:35 | 16:25 | 1 |

**(*)** El tipo de tren hace referencia al precio aplicado al mismo en función a su denominación: valle, llano o punta. En c

**OBSERVACIONES:** **(1)** No circula los días 25/12 y 1/1. **(2)** No circula los domingos ni los días 12/10, 1/11, 9/11, 6/12
**(4)** No circula los sábados ni los días 10/10, 11/10, 31/10, 7/11, 8/11 y 5/12. No circula del 24/12
**(5)** Circula los viernes y domingos y los días 12/10, 1/11, 9/11, 8/12 y 23/12. No circula los días 1
**(6)** No circula los días 24/12 y 31/12. **(7)** Circula los domingos, excepto los días 10/10, 31/10, 7/1

## LLANO • CORBOBA • SEVILLA Santa Justa

| NO | LLANO | LLANO | LLANO | LLANO | LLANO | (*) TIPO DE TREN |
|---|---|---|---|---|---|---|
| 2 | 9634 | 9636 (5) | 9638 | 9640 (4) | 9642 (6) | NUMERO DE TREN OBSERVACIONES |
| 0 | 17:00 | 18:00 | 19:00 | 20:00 | 21:00 | MADRID Puerta de Atocha |
| - | - | - | - | - | 21:49 | CIUDAD REAL |
| - | - | - | - | - | 22:05 | PUERTOLLANO |
| 7 | 18:47 | 19:47 | 20:47 | 21:47 | 22:51 | CORDOBA |
| 5 | 19:35 | 20:35 | 21:35 | 22:35 | 23:40 | SEVILLA Santa Justa |

## CIUDAD REAL • MADRID Puerta de Atocha

| O | LLANO | LLANO | LLANO | LLANO | LLANO | LLANO | (*) TIPO DE TREN |
|---|---|---|---|---|---|---|---|
| | 9635 | 9637 (5) | 9639 | 9641 (4) | 9643 (6) | 9645 (7) | NUMERO DE TREN OBSERVACIONES |
| ) | 17:00 | 18:00 | 19:00 | 20:00 | 21:00 | 21:45 | SEVILLA Santa Justa |
| 4 | 17:44 | 18:44 | 19:44 | 20:44 | 21:44 | 22:29 | CORDOBA |
| - | - | - | - | - | 22:26 | - | PUERTOLLANO |
| - | - | - | - | - | 22:42 | - | CIUDAD REAL |
| 5 | 19:35 | 20:35 | 21:35 | 22:35 | 23:40 | 00:10 | MADRID Puerta de Atocha |

os los servicios se prestan con trenes AVE.
del 24/12 al 8/1. **(3)** Circula los viernes y el día 23/12. No circula del 24/12 al 8/1.

y 5/12. No circula del 24/12 al 8/1.
ula del 24/12 al 8/1. Circula los días 12/10, 1/11, 9/11 y 8/12.

## PRECIOS(*)

**Válidos a partir del 5•9•93**

| | TURISTA | | | PREFERENTE | | | CLUB | | |
|---|---|---|---|---|---|---|---|---|---|
| | VALLE | LLANO | PUNTA | VALLE | LLANO | PUNTA | VALLE | LLANO | PUNTA |
| MADRID-SEVILLA | 6.600 | 7.900 | 8.900 | 9.100 | 10.800 | 12.500 | 12.100 | 14.300 | 16.500 |
| MADRID-CORDOBA | 4.800 | 5.800 | 6.500 | 6.700 | 7.900 | 9.100 | 8.800 | 10.400 | 12.000 |
| MADRID-PUERTOLLANO | 3.000 | 3.500 | 4.000 | 4.100 | 4.800 | 5.600 | 5.400 | 6.400 | 7.400 |
| MADRID-CIUDAD REAL | 2.400 | 2.900 | 3.300 | 3.300 | 3.900 | 4.600 | 4.400 | 5.300 | 6.200 |
| CIUDAD REAL-SEVILLA | 4.200 | 5.000 | 5.600 | 5.800 | 6.900 | 7.900 | 7.700 | 9.000 | 10.300 |
| CIUDAD REAL-CORDOBA | 2.400 | 2.900 | 3.200 | 3.400 | 4.000 | 4.500 | 4.400 | 5.100 | 5.900 |
| CIUDAD REAL-PUERTOLLANO | 600 | 600 | 700 | 800 | 900 | 1.000 | 1.000 | 1.100 | 1.200 |
| PUERTOLLANO-SEVILLA | 3.600 | 4.400 | 4.900 | 5.000 | 6.000 | 6.900 | 6.700 | 7.900 | 9.100 |
| PUERTOLLANO-CORDOBA | 1.800 | 2.300 | 2.500 | 2.600 | 3.100 | 3.500 | 3.400 | 4.000 | 4.700 |
| CORDOBA-SEVILLA | 1.800 | 2.100 | 2.400 | 2.400 | 2.900 | 3.400 | 3.300 | 3.900 | 4.500 |

**(*) Incluyen el IVA, el Seguro Obligatorio de Viajeros y la reserva de plaza.**

**AVE pone a su disposición diversas Tarifas para que usted pueda elegir la que más le convenga.**

| | | |
|---|---|---|
| **GENERAL** | La especificada en el Cuadro de Precios. | ***Sí*** *admite cambio y anulación.* |
| **IDA Y VUELTA** | 20% DESCUENTO sobre Tarifa General. Regreso dentro de los 60 días siguientes a la fecha del viaje de IDA, formalizando la VUELTA en taquilla. Necesariamente igual trayecto. | ***Sí*** *admite cambio y anulación.* |
| **DIA (Ida y Vuelta)** | 30% DESCUENTO sobre Tarifa General. Necesario cerrar IDA y VUELTA y siempre para el mismo día y trayecto. Si no está seguro de la hora de su vuelta, acójase a IDA y VUELTA 20% descuento. | ***No*** *admite cambio ni anulación.* |
| **BILLETE ABIERTO** | 6 meses de validez desde la emisión del billete. Reserva por teléfono hasta 1 hora antes de la salida del tren (91) 534 05 05 y (95) 454 03 03<br>Es imprescindible formalizar su viaje en taquilla antes de realizar el viaje, hasta 10 minutos antes de la salida del tren. | ***Sí*** *admite cambio sin coste alguno.* ***Sí*** *admite anulación.* |
| **INFANTIL** | 40% DESCUENTO sobre Tarifa General. Niños de 4 a 11 años. | ***Sí*** *admite cambio y anulación* |
| **DORADA** | 25% DESCUENTO sobre Tarifa General. Titular de Tarjeta Dorada. | ***Sí*** *admite cambio y anulación.* |
| **GRUPOS** | 15% DESCUENTO sobre Tarifa General. Grupos de 10 a 25 personas.<br>Los billetes deben adquirirse al menos, el día anterior a la fecha del viaje. | ***No*** *admite cambio y* ***sí*** *anulación total.* |
| **GRANDES GRUPOS Y TRENES CHARTER** | Grupos de más de 25 personas.<br>Teléfonos consultas:<br>(91) 527 80 37 - 527 31 60 extensiones 3485 y 3610<br>(95) 441 18 55 | |
| **INTERNACIONAL** | Titulares de: EURAILPASS, EURODOMINO Y TARJETA TURISTICA<br>*Reducción:* 1ª Clase / 2ª Clase<br>CLUB 60% / -<br>PREFERENTE 65% / -<br>TURISTA 85% / 85% | ***Sí*** *admite cambio y anulación.* |

**Los billetes para trenes AVE Larga Distancia pueden adquirirse, hasta con 60 días de antelación a la fecha de viaje, en puntos de venta RENFE y en Agencias de viaje.**

# Vocabulario

## Para charlar

### *Para reservar una plaza en el tren* *Reserving a seat on the train*

¿Me da una plaza de segunda clase, por favor? *Will you give me a second-class seat, please?*

Necesito una plaza de primera clase, por favor. *I need a first-class seat, please.*

Quisiera reservar una plaza para (destino). *I would like to reserve a seat for (destination).*

Quisiera una plaza en la sección de no fumar. *I would like a seat in the no smoking section.*

¿Sería posible reservar una plaza en el tren de (hora)? *Would it be possible to reserve a seat on the (time) train?*

Una plaza de ida y vuelta, por favor. *A round-trip seat, please.*

### *Para obtener información en la estación* *Obtaining information at the station*

¿A qué hora llega el tren de...? *What time does the train from . . . arrive?*

¿A qué hora sale el prómixo tren para...? *What time does the next train for . . . leave?*

¿Cómo se llega al andén...? ¿Queda de este lado? ¿Queda del otro lado? *How does it arrive at the platform? Does it end up on this side? Does it end up on the other side?*

¿De qué andén sale el tren para...? *From which platform does the train for . . . leave?*

¿El tren llegará retrasado / adelantado / a tiempo? *Will the train arrive late/early/on time?*

¿El tren llegará tarde / temprano? *Will the train arrive late/early?*

### *Para reclamar equipaje perdido* *Claiming lost luggage*

¿Ha perdido su maleta (bolsa, valija, maletín)? *Have you lost your suitcase (bag, valise, small suitcase)?*

Sí, la he dejado en el avión. *Yes, I've left it on the airplane.*

Sí, la facturé pero no he podido encontrarla. *Yes, I checked it, but I haven't been able to find it.*

¿En qué avión? ¿En qué vuelo? *On which airplane? On which flight?*

(Línea aérea), vuelo (número). *(Airline), flight (number).*

¿De qué color es la maleta? *What color is the suitcase?*

¿De qué material es? *What material is it?*

Es (color). Es de tela (cuero, plástico). *It's (color). It's cloth (leather, plastic).*

¿De qué tamaño es? *What size is it?*

Es grande (pequeña). *It's big (small).*

¿Lleva la maleta alguna identificación? *Does the suitcase have any identification?*

Lleva una etiqueta con mi nombre y dirección. *It has a tag with my name and address.*

¿Qué contiene la maleta? *What does the suitcase contain?*

¿Qué lleva en la maleta? *What are you carrying in the suitcase?*

Contiene... *It contains . . .*

### *Para hablar del tiempo que se necesita para viajar en coche   Talking about the time needed to travel by car*

¿Cuánto toma el viaje de... a...?   *How long does the trip from . . . to . . . take?*
¿Cuánto tiempo se necesita para ir a...?   *How much time is needed to go to . . . ?*
¿En cuánto tiempo se hace el viaje de... a... (en coche)?   *How much time does the trip from . . . to . . . (by car) take?*
Se necesita(n)...   *One needs . . .*
¿Son... horas de viaje de... a... (en coche)?   *Is it . . . hours from . . . to . . . (by car)?*
Se hace el viaje de... a... en... horas (en coche).   *The trip from . . . to . . . (by car) is made in . . . hours.*
¿Cuántas millas son?   *How many miles is it?*

## Temas y contextos   Themes and contexts

### *El coche   The car*

la carretera   *highway*
la llanta   *tire*
el mapa de carreteras   *highway map*
el neumático   *tire*

### *Los vuelos   Flights*

la aduana   *customs*
el aeropuerto   *airport*
el avión   *airplane*
el pasaporte   *passport*
facturar la maleta (la bolsa, la valija, el maletín)   *to check a suitcase (bag, valise, small suitcase)*
la visa   *visa*
reclamar el equipaje (perdido)   *to claim (lost) luggage*

### *Señales de tráfico   Traffic signs*

no adelantar   *no passing*
no virar   *no u-turns*
no hay paso   *do not enter*
en obras/trabajo   *under construction*
aduana   *customs*
no estacionar   *no parking*

## Vocabulario general

### *Adjetivos*

cerca de   *near*
ferroviario   *railway*
gratis   *free of charge*
rodeado(a)   *surrounded*

### *Verbos*

aterrizar   *to land*
cerrar   *to close*
compartir   *to share*
cuidar   *to take care of*

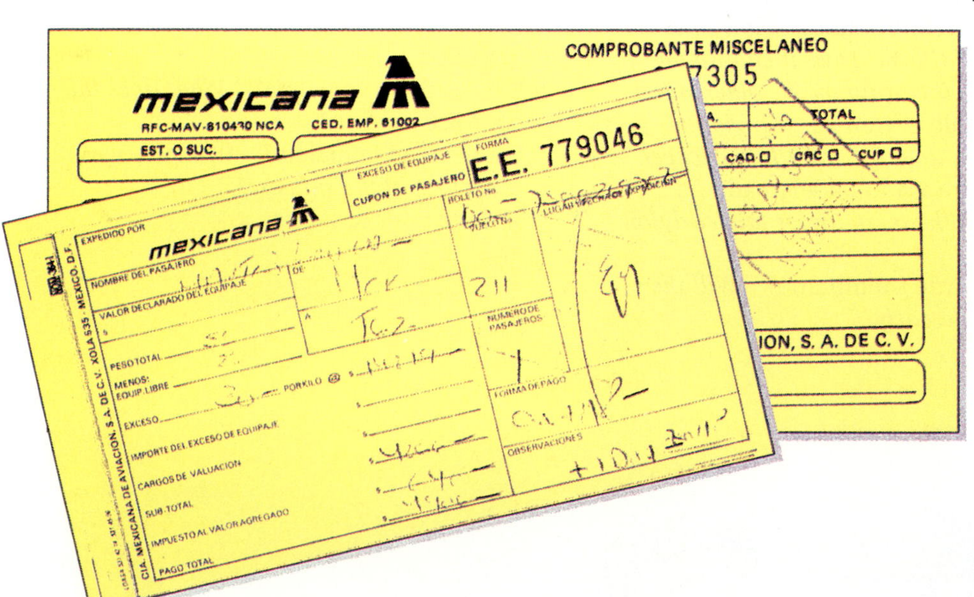

decir *to say, tell*
despegar *to take off*
fijarse en *to notice*
haber *to have (auxiliary verb)*
llegar *to arrive*
pedir *to ask for, request*
regalar *to give*
ver *to see*

### *Sustantivos*

el (la) acompañante *traveling companion*
la ayuda *help*
el boleto *ticket*
el calendario *calendar*
la camioneta *van, light truck*
el departamento de literas *berth compartment*
el departamento de plazas sentadas *seating compartment*
la destreza *skill*
el entrenamiento *training*
el horario *schedule*
la mitad *half*
el nacimiento *birth*
el nivel *level*
la pareja *couple, pair*
la red *network*
la señal de marcar *dial tone*
la ventaja *advantage*

### *Preposiciones*

a *to, at*
antes de *before*
hacia *toward*
conmigo *with me*
contigo *with you*
de *of, from*
después de *after*
en *in*
entre *between*
hasta *until*
lejos de *far from*
para *for, in order to*
por *for, during*

# 13 El arte y la música

## Chapter Objectives:

The final two chapters of *Tú dirás* bring you a wealth of cultural information about the Spanish-speaking world. In these chapters you will learn about music, art, and literature while developing your reading skills.

After completing this chapter, you should be able to carry out the following tasks:

- Understand texts about fine art, popular art, and music in the Spanish-speaking world
- Express wishes, desires, and hopes
- Express emotions and reactions
- Talk about fine art, popular art, and music
- Understand conversations about fine art, popular art, and music

The linguistic elements that you will learn to help you carry out the above tasks are:

- Vocabulary related to the following topics:
  - fine art, popular art, and music
  - emotions, desires, and hopes
- Grammatical structures:
  - the present subjunctive

| | |
|---|---|
| **Primera etapa:** | Siete artistas del siglo xx |
| **Segunda etapa:** | El arte popular |
| **Tercera etapa:** | La música en el mundo hispano |
| **Cuarta etapa:** | Andrés Segovia, "inventor" de la guitarra |

*Pablo Picasso, Los tres músicos, 1921*

## Lectura: *El muralismo mexicano*

### *Preparación*

As you get ready to begin this chapter think about what you know about art. Perhaps you have taken an art history class.

- Who are some of the artists you are familiar with?
- What are the characteristics of their work?
- Are they realists? Surrealists? Abstract painters?
- What about murals? Are there any in your university? What about the town you live in?
- What is the theme of the mural(s)?
- What do you know about public art?

Sometimes artists will create huge murals for all to enjoy, not simply for the elite who go to art museums. In this *etapa* you will read and learn about some twentieth century painters from Spain and Latin America.

**José Clemente Orozco,** ***Zapatistas***

## El muralismo mexicano

El arte de Diego Rivera **constituyó** uno de los pilares sobre los que se basa el muralismo mexicano. Rivera nació en la ciudad de Guadalajara, en el estado de Jalisco, el 8 de diciembre de 1886. Después del **traslado** a la capital mexicana cuando tenía diez años, obtuvo una **beca** del gobierno para asistir a la Academia de Bellas Artes. Después pasó unos años en Europa donde investigó la técnica mural del pintor italiano prerrenacentista Giotto, cuya influencia le hizo **apartarse** del cubismo, un movimiento artístico que **estaba en boga** durante aquella época. En 1921 regresó a México y **fundó,** junto con David Alfaro Siqueiros y José Clemente Orozco, un movimiento pictórico conocido como la escuela mexicana de pintura. Durante estos años pintó varios murales en México y con la expansión de su fama **expuso** algunas obras en Nueva York. Después de esta exhibición recibió el **encargo** de pintar grandes murales en el Instituto de Arte en Detroit y otro en Rockefeller Center. El tema principal de Rivera era la lucha de las clases populares indígenas. Su última obra, un mural épico sobre la historia de México, quedó incompleta cuando murió en la Ciudad de México el 25 de noviembre de 1957.

Otro pilar de este movimiento artístico fue David Alfaro Siqueiros, que nació en Chihuahua el 29 de diciembre de 1896. Después de iniciar sus estudios artísticos en la Ciudad de México, pasó una temporada en Europa con el objeto de **ampliar** su formación. Los temas de las obras de Siqueiros son el **sufrimiento** de la clase obrera, el conflicto entre el socialismo y el capitalismo y la decadencia de la clase media. El arte para Siqueiros era un **arma** que se podía utilizar para el progreso del pueblo y como un **grito** que podía inspirar la rebelión entre la gente que sufría la injusticia y la

constituted / move / scholarship / distance himself / in vogue / founded / exhibited / commission / to expand, widen / suffering / weapon / cry, shout

**David Alfaro Siqueiros, *Etnografía*, 1931**

imprisonments / exiles
surface

miseria. Durante su vida sufrió varios **encarcelamientos** y **destierros** debido a sus actividades políticas, pero esto no impidió que sus murales decoraran importantes edificios públicos en la capital mexicana. Uno de sus últimos trabajos, *Del porfirismo a la revolución,* ocupa una **superficie** de 4.500 metros cuadrados en el Museo de Historia Nacional. Otro, que mide 4.000 metros cuadrados y está en el Hotel de México, se llama *La marcha de la humanidad.* Fue terminado en 1971 después de cuatro años de exhaustivo trabajo. Siqueiros murió en Cuernavaca el 6 de enero de 1974.

genius
inspired / that they leave

El tercer pilar del muralismo mexicano fue José Clemente Orozco. Éste nació en Ciudad Guzmán, en el estado de Jalisco, el 23 de noviembre de 1883, y a los siete años se trasladó, con su familia, a la capital. Allí, como estudiante en la Academia de San Carlos, pronto mostró su **genio** para el arte pictórico. Aquí conoció al Dr. Atl, que **animaba** a sus compañeros **a que dejaran** las culturas extranjeras y cultivaran los temas de la tierra mexicana. Orozco pintó grupos de campesinos e imágenes de destrucción, sacrificio y renacimiento después de la Revolución de 1910. Su fama se extendió fuera de México y en 1927 recibió el encargo de pintar un mural para Pomona College en California. En 1932 fue profesor de pintura mural en Dartmouth College, donde hoy día podemos ver varios murales que pintó allí. Orozco murió el 7 de septiembre de 1949 en la ciudad de México.

**Mural por José Clemente Orozco, Guadalajara, México**

**Diego Rivera,**
***Vendedor de flores,* 1935**

## Te toca a ti

**A. Estudio de palabras.** Trata de adivinar el significado de varias palabras en la lectura sobre el muralismo mexicano. Encuentra las palabras en inglés en la lista de la derecha que corresponden a las palabras en español en la lista de la izquierda.

| | |
|---|---|
| 1. pilares | a. season, period of time |
| 2. obtuvo | b. because of |
| 3. prerrenacentista | c. rebirth |
| 4. cuya | d. pre-Renaissance |
| 5. en boga | e. whose |
| 6. quedó | f. pillars |
| 7. temporada | g. obtained |
| 8. debido a | h. in vogue, in style |
| 9. extranjera | i. remained |
| 10. renacimiento | j. foreign |

**B. Un bosquejo *(outline)*.** Completa el siguiente bosquejo que se basa en la lectura sobre el muralismo mexicano.

El muralismo mexicano

1. Diego Rivera
   a. ________________ 1886
   b. Con otros artistas fundó un movimiento pictórico en 1921.
   c. ________________ 1957
2. ________________
   a. Nació en Chihuahua el 29 de diciembre de 1896.
   b. ________________ 1971
   c. ________________ 1974

3. ________________
   a. ________________ 1883
   b. ________________ 1927
   c. Murió el 7 de septiembre de 1949.

**C. ¿Qué sabes sobre el muralismo?** Contesta las siguientes preguntas en español.

1. ¿Quiénes son los tres muralistas mexicanos más importantes?
2. ¿Quién fue el mayor? ¿Quién fue el menor?
3. ¿En qué orden murieron?
4. ¿Quién fue Giotto?
5. ¿Quién pintó algunos murales en Detroit?
6. ¿Quién pintó algunos murales en Dartmouth College?
7. ¿Qué influencia tuvo el Dr. Atl en los muralistas?
8. ¿Cuál de los muralistas empezó más controversias y fue encarcelado por sus ideas?

**D. El muralismo mexicano.** Usa la información de la lectura para escribir un informe breve sobre uno de los muralistas mexicanos. Escoge una de las pinturas en las páginas 479–481 y descríbela brevemente para ilustrar tu informe.

## Lectura: *Frida Kahlo*

### *Antes de leer*

**E. Los artistas.** Por lo general, los artistas tienen vidas atormentadas.

1. ¿Qué tipos de acontecimientos *(events)* extraordinarios asocias con la vida de un artista?
2. ¿Crees que en general los artistas sufren de un modo especial? ¿Sí?, ¿No? Explica.

## Frida Kahlo

Frida Kahlo nació el mismo año en que se inició la Revolución Mexicana: 1910. Más que ningún otro artista mexicano, ella combina el pasado precolombino, la imaginería católica del período colonial, las artes populares de México y la vanguardia europea. Con colores sumamente brillantes **deja constancia** de su dolor físico, su **muerte cercana** y su tempestuoso matrimonio con Diego Rivera.

*she left evidence / approaching death*

En 1951 Frida le dijo a una periodista, "He sufrido dos accidentes graves en mi vida. En uno, **un tranvía me atropelló** cuando yo tenía dieciséis años: fractura de columna, veinte años de inmovilidad... El otro accidente es Diego..." El primer accidente ocurrió el 17 de septiembre de 1925, cuando Frida era estudiante y se preparaba para **ingresar en** la escuela de medicina de la universidad. El autobús en que ella viajaba **chocó con** un tranvía. Se

*a streetcar hit me / to enroll in / ran into*

**Frida Kahlo, *Autorretrato con changuito y loro,* 1942**

fracturó la columna en dos lugares, la pelvis en tres y además la pierna derecha.

El segundo accidente fue su matrimonio con el famoso muralista mexicano Diego Rivera. A los trece años, Frida vio a Rivera, gordo y feo, por primera vez. Se enamoró de él y les confesó a sus amigas que se iba a casar con él. Frida y Diego se casaron el 23 de agosto de 1929. Ella tenía diecinueve años y él, establecido como el pintor más importante de México, tenía cuarenta y tres.

Muchas de las pinturas de Frida son autorretratos, y entre 1937 y 1945 se autorretrató varias veces con **monos**. Por ejemplo, en su *Autorretrato con changuito,* 1945, incluye un tipo de perro precolombino casi extinto en la

monkeys

was buried with / master

actualidad, llamado *ixcuincle.* En tiempos precolombinos el *ixcuincle* **se sepultaba** con su **amo** para que el muerto difrutara de su compañía juguetona y su cariño en la otra vida. En este autorretrato tal vez Kahlo esté usando el perrito para anunciar su muerte. En su *Autorretrato como tehuana,* 1943, lleva el vestido tradicional de una india tehuana y en la frente tiene un retrato de Diego.

Para principios de la década de los años cincuenta la salud de Frida se había deteriorado mucho. El 13 de julio de 1954 murió en su casa en Coyoacán, en las afueras de la Ciudad de México, donde nació, vivió con Diego Rivera y pintó muchas de sus obras. La casa, que ahora es el Museo Frida Kahlo, contiene muchos recuerdos suyos y su colección de arte.

## *Después de leer*

**F. Cognado, contexto o diccionario.** Localiza las siguientes palabras en el texto. Al tratar de adivinar su significado indica si la palabra es un cognado, si la adivinaste por medio del contexto o si tuviste que buscar la palabra en el diccionario. Si tuviste que buscar la palabra en un diccionario, indica la forma de la palabra que aparece en el diccionario y el significado que encontraste allí.

| | cognado | contexto | diccionario | forma en el diccionario | significado |
|---|---|---|---|---|---|
| combina | | | | | |
| imaginería | | | | | |
| enamorarse | | | | | |
| casarse | | | | | |
| autorretratos | | | | | |
| disfrutara | | | | | |
| cariño | | | | | |
| juguetona | | | | | |
| afueras | | | | | |
| recuerdos | | | | | |

**G. El orden cronológico...** Organiza las siguientes oraciones sobre la vida de Frida Kahlo en orden cronológico. Busca las fechas en el texto para justificar tus respuestas.

1. Se casó con Diego Rivera.
2. Fue atropellada por un tranvía.
3. Pintó *Autorretrato con changuito.*
4. Nació.
5. Murió en la Ciudad de México.

**H. Frida Kahlo.** Contesta las siguientes preguntas en español.

1. ¿Cuándo nació Frida Kahlo?
2. ¿Qué elementos combina en su arte?
3. ¿Cuáles fueron sus dos accidentes?
4. ¿Qué sufrió en uno de sus accidentes?
5. ¿Qué diferencia de edad había entre Frida y Diego?
6. ¿Qué pintó Kahlo entre 1937 y 1945?
7. ¿Qué es un *ixcuincle?*
8. ¿Qué significado tiene el perrito en el *Autorretrato con changuito* de Kahlo?
9. ¿Cuántos años tenía cuando murió?
10. ¿Dónde está el Museo Frida Kahlo?

**I. Una pintura de Frida Kahlo.** Escoge una pintura de la página 483 y descríbela. Puedes trabajar con un(a) compañero(a).

## Enfoque estructural:

### *El subjuntivo de verbos regulares*

| | |
|---|---|
| Mi papá quiere **que** yo **estudie** más. | *My father wants me* ***to study*** *more.* |
| Es necesario **que** tú **estudies** más. | *It is necessary* ***that*** *you* ***study*** *more.* |

Here we are going to focus on the forms of the subjunctive and on the structure of a type of sentence in which it is used. In the next chapter you will learn more about concepts associated with the Spanish subjunctive.

The subjunctive mood is used in sentences that have more than one clause and where the subjects in the two clauses are different. In the examples shown, the first part of the sentence expresses necessity or a desire regarding the person in the second part. Notice that the two parts of the sentence are connected by the word **que.** The verb following **que** is in the present subjunctive.

For most verbs, the present subjunctive is formed by removing the **o** of the **yo** form of the present indicative tense and adding the following endings.

**verbos en *-ar***

| | | | | | |
|---|---|---|---|---|---|
| habl**ar** | → | habl**o** | → | habl**e** | habl**emos** |
| | | | | habl**es** | habl**éis** |
| | | | | habl**e** | habl**en** |

**verbos en *-er***

| | | | | | |
|---|---|---|---|---|---|
| com**er** | → | com**o** | → | com**a** | com**amos** |
| | | | | com**as** | com**áis** |
| | | | | com**a** | com**an** |

**verbos en *-ir***

| | | | | | |
|---|---|---|---|---|---|
| escrib**ir** | → | escrib**o** | → | escrib**a** | escrib**amos** |
| | | | | escrib**as** | escrib**áis** |
| | | | | escrib**a** | escrib**an** |

You can use this rule for forming the present subjunctive of the following verbs you have previously encountered in ***Tú dirás*** as well as for the new verbs provided.

**-ar verbs**

| | | | |
|---|---|---|---|
| acampar | comprar | expresar | preguntar |
| ahorrar | contestar | ganar | presentar |
| alquilar | cuidar | gustar | prestar |
| andar | cultivar | hablar | regatear |
| anunciar | charlar | llamar | regresar |
| aprovechar | descansar | llevar | sudar |
| arreglar | desear | mandar | terminar |
| bailar | disfrutar de | mirar | tomar |
| bajar | doblar | nadar | trabajar |
| cambiar | escuchar | necesitar | trotar |
| caminar | esperar | odiar | viajar |
| cantar | estudiar | pasar | visitar |
| cenar | exagerar | planear | |

**-er verbs**

| | | | |
|---|---|---|---|
| aprender | correr | leer | ver |
| comer | creer | romper | |
| comprender | deber | vender | |

**-ir verbs**

| | | |
|---|---|---|
| asistir a | discutir | recibir |
| compartir | escribir | subir |
| describir | insistir en | vivir |

## Dilo tú

**J. Quiero que...** Indica lo que quieres que hagan otras personas. Crea frases según el modelo.

◆ **Modelo:** Uds. comen más.
*Quiero que Uds. coman más.*

1. Tú ahorras dinero.
2. Pedro alquila un coche.
3. El mesero arregla la cuenta.
4. Juana baila el merengue.
5. Los profesores explican bien.

Ahora indica lo que tú quieres que hagan otras personas.

◆ **Modelo:** Tú compras menos ropa.
*Quiero que tú compres menos ropa.*

6. Tú caminas a la universidad.
7. Mi amigo cena con nosotros.
8. Mi esposo compra un coche nuevo.
9. Mi hermana mayor cuida a mi hermano.
10. La vecina charla menos.

Ahora expresa lo que es necesario que hagan tú y los otros miembros de tu familia.

◆ **Modelo:** Mi hermano come mucho.
*Es necesario que mi hermano coma mucho.*

11. Mis padres disfrutan de sus vacaciones.
12. Nosotros escuchamos las instrucciones de mi padre.
13. Mi hermano no mira la televisión mucho.
14. Mi padre nada 30 minutos cada día.
15. Mi hermana regresa temprano a casa todos los días.
16. Tú terminas la tarea temprano esta noche.
17. Yo tomo seis vasos de agua cada día.
18. Mi padre viaja a Chicago cada mes.
19. Mi mamá camina cinco millas cada lunes, miércoles y viernes.
20. Nosotros visitamos a nuestros abuelos en diciembre.

**K. No quiere...** Varias personas que tú conoces no quieren hacer nada. Pero tú sabes que es necesario que ellos hagan las actividades indicadas. Sigue el modelo.

◆ **Modelo:** Simón no quiere escuchar a la profesora.
*Es necesario que Simón escuche a la profesora.*

1. Julia no quiere nadar hoy.
2. Julián no quiere estudiar francés.
3. Mi hermanito no quiere comer vegetales.
4. Nosotros no queremos regresar temprano.
5. Beatriz y Rosa no quieren arreglar su cuarto.

6. Tú no quieres cenar conmigo.
7. Magda no quiere ahorrar dinero para la universidad.
8. Mi hermano no quiere cuidar al niño esta noche.
9. Nosotros no queremos ver el programa de televisión en PBS.
10. Marcos y Laura no quieren correr todos los días.

## Enfoque léxico: *Ojalá (que)*

**Ojalá que** is an expression in Spanish that means *I hope (that).* It is normally used as an exclamation and is followed by a verb in the subjunctive.

| | |
|---|---|
| – ¿Vas al cine el viernes? | – *Are you going to the movies on Friday?* |
| – ¡**Ojalá que** pueda ir! | – ***I hope** I can go!* |
| – ¿Puedes llamarme por teléfono esta noche? | – *Can you call me tonight?* |
| – Tengo mucho que estudiar. ¡**Ojalá que** tenga tiempo! | – *I have a lot to study. **I hope** I have time!* |

### Comentarios culturales

**Palabras árabes.** La expresión **ojalá que** es de origen árabe y significa *"may Allah grant that"* en inglés. Los musulmanes, quienes hablaban árabe, invadieron la Península Ibérica en 711 d. C. y permanecieron allí hasta que fueron expulsados en 1492. Durante este período, casi ocho siglos, muchas palabras árabes entraron a la lengua española. Los lingüistas han determinado que hay aproximadamente 4.000 palabras de origen árabe en el español moderno. Muchas de las palabras españolas que empiezan con **al**- son de origen árabe: **alcohol, álgebra, alcachofa, alfalfa, alberca, alcoba, algodón, almendra, almohada, almanaque, alfombra, albóndigas.** Algunas palabras que comienzan en **a**- también son de origen árabe: **aceite, aceituna, ajedrez, ajonjolí, arroz, azúcar, aduana, azulejo, azucena.** Otras palabras interesantes que son de origen árabe son: **jazmín, jarabe, naranja, cifras,** y **cénit.** Algunas de estas palabras también han entrado a la lengua inglesa: *alcohol, algebra, almond, alfalfa, almanac, alcove, jasmine, y zenith.*

**L. ¿Con quién...?** Un(a) amigo(a) te pregunta lo que vas a hacer y tú le contestas con lo que esperas hacer empleando la expresión **ojalá que.**

◆ **Modelo:** comer mañana
– *¿Con quién vas a comer mañana?*
– *¡Ojalá que coma con Yara!*

1. estudiar
2. bailar
3. caminar a clase
4. cenar el viernes por la noche
5. mirar la televisión esta noche
6. escuchar tu disco compacto nuevo
7. viajar a España el verano próximo
8. asistir al concierto el sábado próximo

## Enfoque estructural:

### *El subjuntivo–verbos con cambios ortográficos*

Listed are some common verbs that you may have already learned in ***Tú dirás*** and that undergo certain spelling changes when conjugated in the present indicative and subjunctive. They are listed below with their **yo** form and the forms of the present subjunctive.

**verbs with *g* in the stem**

| | | |
|---|---|---|
| decir | digo | diga, digas, diga, digamos, digáis, digan |
| hacer | hago | haga, hagas, haga, hagamos, hagáis, hagan |
| oír | oigo | oiga, oigas, oiga, oigamos, oigáis, oigan |
| poner | pongo | ponga, pongas, ponga, pongamos, pongáis, pongan |
| tener | tengo | tenga, tengas, tenga, tengamos, tengáis, tengan |
| traer | traigo | traiga, traigas, traiga, traigamos, traigáis, traigan |
| salir | salgo | salga, salgas, salga, salgamos, salgáis, salgan |
| venir | vengo | venga, vengas, venga, vengamos, vengáis, vengan |

**verbs that change *e* to *ie***

| | | |
|---|---|---|
| entender | entiendo | entienda, entiendas, entienda, entendamos, entendáis, entiendan |
| pensar | pienso | piense, pienses, piense, pensemos, penséis, piensen |
| perder | pierdo | pierda, pierdas, pierda, perdamos, perdáis, pierdan |
| querer | quiero | quiera, quieras, quiera, queramos, queráis, quieran |

The **e** changes to **ie** in all forms except **nosotros** and **vosotros.**

**verbs that change *o* to *ue***

| | | |
|---|---|---|
| encontrar | encuentro | encuentre, encuentres, encuentre, encontremos, encontréis, encuentren |
| poder | puedo | pueda, puedas, pueda, podamos, podáis, puedan |
| volver | vuelvo | vuelva, vuelvas, vuelva, volvamos, volváis, vuelvan |

The **o** changes to **ue** in all forms except **nosotros** and **vosotros.**

| | | |
|---|---|---|
| dormir | duermo | duerma, duermas, duerma, durmamos, durmáis, duerman |

The **o** of **dormir** changes to **ue** in all forms except in the **nosotros** and **vosotros** forms, where the **o** changes to **u.**

**verbs that change *e* to *i***

| | | |
|---|---|---|
| pedir | pido | pida, pidas, pida, pidamos, pidáis, pidan |
| repetir | repito | repita, repitas, repita, repitamos, repitáis, repitan |
| seguir | sigo | siga, sigas, siga, sigamos, sigáis, sigan |

The **e** changes to **i** for these verbs in all forms, *even* **nosotros** and **vosotros.**

## Dilo tú

**M. El profesor quiere que...** Tú estás comentando sobre lo que el profesor de español quiere que hagan tú y tus compañeros de clase. Haz frases según el modelo.

◆ **Modelo:** Yo repito la respuesta.
*El profesor quiere que yo repita la respuesta.*

1. Tú haces la tarea.
2. Ella trae su libro a clase.
3. Juan no duerme durante la clase.
4. Nosotros salimos después de la clase.
5. Sara encuentra su tarea.
6. Tú piensas antes de hablar.

**N. Es necesario que...** Tú les estás dando consejos a tus compañeros de clase. Empieza tus consejos con **Es necesario que...**

◆ **Modelo:** Tú repites la respuesta.
*Es necesario que tú repitas la respuesta.*

1. Él dice la verdad.
2. Ellos vienen a clase temprano.
3. Tú no pierdes tus libros.
4. Ella entiende las instrucciones del profesor.
5. Nosotros dormimos ocho horas cada noche.
6. Yo vuelvo a casa temprano hoy.

## Comentarios culturales

**El museo del Prado.** El Museo del Prado es uno de los museos de arte más importantes del mundo. El museo se abrió al público en 1819 en un edificio nuevo y se llamaba Museo de la Colección Real de Pintura. Tenía ese nombre porque, anteriormente, las pinturas pertenecían a la colección que muchos reyes españoles habían reunido durante varios siglos.

En el Prado hay actualmente más de 5.000 cuadros, pero solamente la mitad de ellos se puede ver en las salas del museo. El resto de los cuadros están guardados en el museo o están prestados a otros museos.

También forma parte del Museo del Prado un museo que se llama el Casón del Buen Retiro, en el que hay una colección histórica sobre arte español. Allí se pueden ver los cuadros de los pintores de la escuela Catalana, quienes prepararon el camino para el joven Pablo Picasso.

La colección de pintura española que tiene el museo no tiene igual en el mundo. Se puede ver allí una muestra de las obras de los mejores pintores españoles, por ejemplo, Velázquez, Goya y El Greco.

El cuadro *Guernica,* de Picasso, volvió a España después de estar muchos años en el Museo de Arte Moderno de Nueva York y se encuentra actualmente en el Museo Reina Sofía, un museo nuevo dedicado al arte español del siglo XX. Junto con el cuadro están también los dibujos que hizo Picasso cuando planeaba realizar esa magnífica pintura.

# Lectura:

## *Tres pintores españoles–Picasso, Miró, Dalí*

### *Antes de leer*

**Ñ. Pintores españoles.** Lee el título del texto. ¿Reconoces alguno de los nombres? Mira el texto por encima *(skim)* e identifica en qué época del siglo XX vivieron. ¿Qué acontecimientos históricos relacionas con esos años?

**Pablo Picasso, *Retrato de Ambroise Vollard,* 1910**

## Tres pintores españoles: Picasso, Miró, Dalí

### Picasso

Probablemente el artista español más universal es Pablo Picasso. Su obra dejó una profunda **huella** (mark, imprint) en la pintura moderna. Nació en Málaga el 15 de octubre de 1881. Su padre, pintor y profesional del dibujo, lo inició en el arte pictórico. Picasso demostró muy pronto una aptitud extraordinaria para la pintura y fue admitido, cuando sólo tenía 14 años, en la Escuela de Bellas Artes en Barcelona. Desde 1900 hizo varios viajes a Madrid y París, donde finalmente estableció su **taller.** (studio, workshop)

Entre 1900 y 1906 Picasso pasó por sus períodos azul y rosa. Estas dos épocas se llaman así por las tonalidades predominantes en las obras que pintó durante esos años. Después de esto, junto con Georges Braque, creó el estilo que hoy se conoce como el "cubismo". Este movimiento artístico se caracteriza por el uso o predominio de formas geométricas. Picasso es una de las figuras más representativas de este movimiento artístico. También hizo unas incursiones esporádicas en el **ámbito** de la escultura. Dos de estas obras son: *La cabra* que está en el Museo de Arte Moderno en Nueva York y una escultura gigantesca de metal que se encuentra en la ciudad de Chicago. Picasso murió en la Riviera francesa el 8 de abril de 1973.

medium

## Miró

Joan Miró nació el 20 de abril de 1893 en Barcelona. Desde 1948 dividió su tiempo entre España y París. En esta época el pintor comenzó una serie de obras de intenso contenido poético cuyos símbolos estaban basados en el tema de la mujer, el pájaro y la **estrella.** En las obras de Miró podemos ver un juego de colores brillantes, contrastes fuertes y líneas que sólo sugieren imágenes. Su abundante obra representa la búsqueda de un lenguaje artístico abstracto, con el que **intentaba plasmar** la naturaleza tal como la **vería** un hombre primitivo o un niño. Su obra **desemboca** en un surrealismo mágico, rico en color. Miró murió el 25 de diciembre de 1983 en Mallorca.

star

he tried to mold

would see / meets, joins with

**Joan Miró, *Mujer y pájaro por la noche,* 1945**

**Salvador Dalí, *La persistencia de la memoria,* 1931**

## Dalí

**S**alvador Dalí nació en Figueras el 11 de mayo de 1904. Pronto mostró habilidades para el dibujo, y su padre lo envió a Madrid a estudiar en la Escuela de Bellas Artes de San Fernando. En 1928, impulsado por el pintor Joan Miró, **se mudó** a París y se adhirió al movimiento surrealista. En estos años colaboró con Luis Buñuel en dos célebres películas —*Un chien andalou (Un perro andaluz) y Lâge d'or (La edad de oro)*— y pintó algunas de sus mejores obras: *La persistencia de la memoria* y *El descubrimiento de América.* Su exposición en 1933 lo **lanzó** a la fama internacional y comenzó a llevar una vida llena de excentricidades. Esta actitud, considerada por algunos como una forma de comercializar sus obras y su falta de postura política, causaron su expulsión del grupo surrealista. Murió en Barcelona el 23 de enero de 1989.

moved

*lanzó* launched

## *Después de leer*

**O. Estudio de palabras.** Trata de adivinar el significado de varias palabras de la lectura sobre los tres artistas españoles del siglo XX. Encuentra las palabras en inglés en la lista de la derecha que corresponden a las palabras en español en la lista de la izquierda.

| | |
|---|---|
| 1. tonalidades | a. suggest |
| 2. predominio | b. tones |
| 3. esporádicas | c. influenced |
| 4. sugieren | d. predominance |
| 5. búsqueda | e. attitude |
| 6. impulsado | f. eccentricities |
| 7. se adhirió a | g. intermittent, sporadic |
| 8. excentricidades | h. he joined |
| 9. actitud | i. political position |
| 10. postura política | j. search |

**P. ¿Picasso, Miró o Dalí?** Indica si las siguientes oraciones se refieren a Picasso, Miró o Dalí.

1. Nació en Barcelona.
2. Nació en Málaga.
3. Murió en Barcelona.
4. Murió en Mallorca.
5. Fue surrealista.
6. Fue escultor.
7. Sus temas incluyen pájaros y estrellas.
8. Fue cubista.
9. Trabajó en dos películas.
10. Tiene una escultura en Chicago.

**Q. Sobre los artistas.** Contesta las siguientes preguntas en español.

1. ¿Cuál de los tres artistas era el mayor?
2. ¿Cuál de los tres artistas era el menor?
3. ¿En qué orden murieron?
4. ¿Quién fue Georges Braque?
5. ¿Qué es el cubismo?
6. ¿Qué trataba de demostrar Miró en su arte?
7. ¿Por qué se mudó Dalí a París?
8. ¿Quién fue Luis Buñuel?
9. ¿Cómo era la vida de Dalí después de llegar a ser famoso internacionalmente?
10. ¿Por qué expulsaron los surrealistas a Dalí de su grupo?

**R. El arte español del siglo XX.** Usa la información de la lectura para escribir un informe breve sobre uno de los artistas españoles del siglo XX. Escoge una de las pinturas en las páginas 492–494 y descríbela brevemente en tu informe.

**S. Mi... quiere...** Pregúntale a un(a) amigo(a) lo que no le gusta hacer pero que su novio(a), esposo(a) o amigo(a) quiere que haga. Sigue el modelo.

◆ **Modelo:** – *¿Qué te gusta hacer por la noche?*
– *Me gusta salir con mis amigos(a), pero mi novia quiere que yo estudie.*

**T. ¿Qué quiere el (la) profesor(a)?** Repasa los verbos en las páginas 489–490. Después haz comentarios sobre lo que el (la) profesor(a) quiere que hagan varios compañeros de clase.

**U. Es necesario que mi amigo(a)...** Escribe una serie de seis oraciones que reflejen lo que es necesario que haga tu amigo(a) en un día típico. Empieza tus oraciones con **Es necesario...**

**V. ¿Qué es necesario que haga un(a) buen(a) estudiante?** Repasa los verbos en las páginas 489–490 y escribe una lista de por lo menos diez recomendaciones sobre lo que es necesario que haga o no haga un(a) buen(a) estudiante.

## Lectura: *El arte popular*

### *Preparación*

As you get ready to begin this *etapa,* think about what you know about popular art.

- Have you ever been to a crafts fair?
- What types of works of art can you see?
- Glass work? Quilts? Pottery? Tapestries?

While it takes great artistic talent to create such work, they are not the same as the works of art in art museums. In the Spanish-speaking world such popular art also exists, and in this *etapa* you will read and learn about it.

## Las molas de los indios cunas

Cerca de la costa **oriental** de Panamá hay más de 300 islas idílicas de las cuales 50 están habitadas por los indios cunas. En las otras sólo se ven playas desiertas de arena fina y agua transparente, donde los peces nadan por entre los **arrecifes** coralinos. Desde que Cristóbal Colón navegó por la

eastern

reefs

costa de Panamá en 1502, en su cuarto viaje, los indios cunas se relacionan con el mundo exterior. La cuestión es: ¿Cómo mantienen los cunas sus tradiciones, **si se tiene en cuenta** que prácticamente todas las tribus de indios americanos que tenían algo que los europeos deseaban (tierras, artesanías, etc.) sucumbieron ante las influencias extranjeras?

Los cunas **poseen** todos estos atractivos. No sólo son las islas donde viven bellísimas, **sino** que los propios indios son atractivos en su físico y en su manera de ser. Son gente amable y es raro que **levanten la voz.** Lo que más se oye en las **aldeas** de esta tribu es la **risa** de los niños. Las mujeres **deslumbran** a los occidentales al ser **muestrarios** de **rasgos** culturales considerados exóticos: **narigueras,** pectorales de oro, inmensos **pendientes** que se mueven, y **desde luego,** las blusas hechas con molas —un gran ejemplo de artesanía en el mundo hispánico.

Si las mujeres son las **embajadoras** de los cunas ante el mundo, las molas son su estandarte. Las tiendas de regalos de grandes ciudades como Nueva York, Boston, San Francisco, Tel Aviv y Tokio tienen a la venta estos rectángulos de vivos colores, hechos de **telas** superpuestas con incrustaciones que forman diseños geométricos o de flora y fauna reales o de la mitología. Al andar por una aldea a cualquier hora del día se ve a las mujeres **coser,** moviendo las manos con gran rapidez.

Las molas son relativamente recientes, pues **surgieron** en la segunda mitad del siglo XIX como sustituto a la pintura del cuerpo. Tradicionalmente las mujeres se pintaban el cuerpo con dibujos complicados y ciudadosos, pero el cristianismo y el comercio no eran compatibles con la desnudez del torso. Para adaptarse a la situación, las mujeres **traspasaron** los colores y los dibujos del cuerpo a las telas con las que se hicieron blusas y entraron en la "civilización moderna" llevando molas. La variedad de molas es **sorprendente** y revela una diversidad impresionante de formas y temas. Entre los numerosos motivos de la flora y la fauna figuran los pájaros y las flores. Los dibujos abstractos son semejantes a las formas geométricas que solían verse en las primeras molas.

one realizes, takes into account
possess
but also
they raise their voices
villages / laughter
dazzle / examples / characteristics
nose rings / earrings
of course
ambassadors
fabrics
sewing
appeared
transferred, transposed
surprising

## Te toca a ti

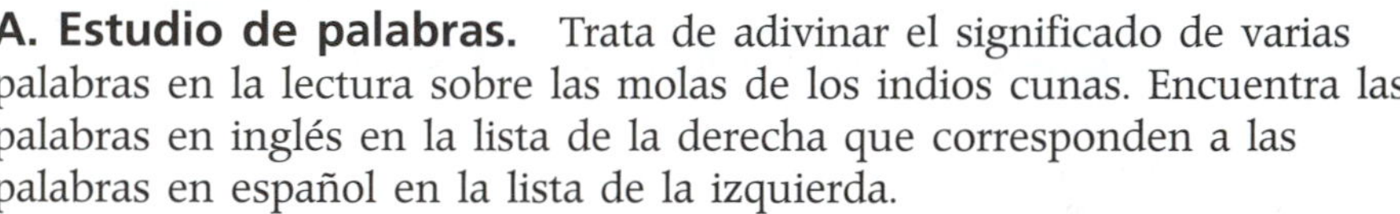
**A. Estudio de palabras.** Trata de adivinar el significado de varias palabras en la lectura sobre las molas de los indios cunas. Encuentra las palabras en inglés en la lista de la derecha que corresponden a las palabras en español en la lista de la izquierda.

| | |
|---|---|
| 1. habitadas | a. behavior, way of being |
| 2. arena fina | b. breastplates |
| 3. coralinos | c. banner; standard |
| 4. tribu | d. placed on top of |
| 5. artesanía | e. sell |
| 6. sucumbieron | f. nudity |
| 7. manera de ser | g. kind, amiable |
| 8. amable | h. careful, meticulous |

| | | | |
|---|---|---|---|
| 9. | pectorales | i. | similar |
| 10. | estandarte | j. | coral |
| 11. | superpuestas | k. | fine sand |
| 12. | tienen a la venta | l. | inhabited |
| 13. | cuidadosos | m. | gave into, succumbed |
| 14. | desnudez | n. | crafts |
| 15. | semejantes | ñ. | tribe |

**B. ¿Aparece o no aparece en la lectura?** Lee la lectura sobre los indios cunas e indica si los siguientes lugares, nombres, temas, etc. se mencionan. Si se menciona, indica en qué párrafo se encuentra.

1. pájaros y flores
2. Nueva York y Boston
3. rasgos exóticos
4. Francisco Pizarro
5. Nicaragua
6. el siglo XX
7. gente desagradable
8. islas

**C. Más sobre molas y los indios cunas.** Contesta las siguientes preguntas en español.

1. ¿Cuántas de las islas panameñas están habitadas por los indios cunas?
2. ¿Cuándo pasó Colón por la costa de Panamá?
3. Haz una lista de las características de los indios cunas.
4. ¿Cuáles son algunos de los adornos que llevan las mujeres cunas?
5. ¿Dónde podemos comprar molas?
6. ¿Qué diseños caracterizan las molas?
7. ¿Cuál es el origen de la mola?
8. ¿Qué plantas y animales se encuentran frecuentemente en las molas?

**D. Las molas.** Usa la información de la lectura para escribir un informe breve sobre la evolución de las molas de los indios cunas.

## ¿Recuerdas?

**E. Quiero que tú...** Tú le estás diciendo a un(a) amigo(a) lo que quieres que haga y no haga. Construye frases originales que empiecen con **Quiero que tú...** Emplea los verbos que siguen. Sigue el modelo.

◆ **Modelo:** estudiar
*Quiero que tú estudies tres horas.*
o
*Quiero que tú estudies en la biblioteca.*
o
*No quiero que tú estudies con María.*

1. estudiar
2. cenar con
3. mirar... en la televisión
4. escuchar
5. asistir al concierto de
6. compartir el libro con

**F. Es necesario que...** Ahora, sigue diciéndole a un(a) amigo(a) lo que es necesario que haga. Construye frases originales que empiecen con **Es necesario que...** y emplea los verbos que siguen.

1. llamar a... por teléfono
2. comprar
3. caminar a
4. regresar a... a las
5. leer
6. discutir el problema con

# Enfoque estructural:

## *El subjuntivo–otros verbos irregulares*

The following six verbs form the subjunctive in a way that is not based on the **yo** form of the present tense:

**verbos irregulares**

| | | | | | | |
|---|---|---|---|---|---|---|
| **dar** | dé | des | dé | demos | deis | den |
| **estar** | esté | estés | esté | estemos | estéis | estén |
| **haber** | haya | hayas | haya | hayamos | hayáis | hayan |
| **ir** | vaya | vayas | vaya | vayamos | vayáis | vayan |
| **saber** | sepa | sepas | sepa | sepamos | sepáis | sepan |
| **ser** | sea | seas | sea | seamos | seáis | sean |

**The subjunctive of verbs with spelling changes**

**verbs that change *z* to *c***

| | | | | |
|---|---|---|---|---|
| cruzar | → | cruzo | → | cruce, cruces, cruce, crucemos, crucéis, crucen |
| comenzar | → | comienzo | → | comience, comiences, comience, comencemos, comencéis, comiencen |
| empezar | → | empiezo | → | empiece, empieces, empiece, empecemos, empecéis, empiecen |

**verbs that change *c* to *qu***

| | | | | |
|---|---|---|---|---|
| buscar | → | busco | → | busque, busques, busque, busquemos, busquéis, busquen |
| practicar | → | practico | → | practique, practiques, practique, practiquemos, practiquéis, practiquen |
| tocar | → | toco | → | toque, toques, toque, toquemos, toquéis, toquen |
| tonificar | → | tonifico | → | tonifique, tonifiques, tonifique, tonifiquemos, tonifiquéis, tonifiquen |

**verbs that change *g* to *gu***

| | | | | |
|---|---|---|---|---|
| jugar | → | juego | → | juegue, juegues, juegue, juguemos, juguéis, juegen |
| pagar | → | pago | → | pague, pagues, pague, paguemos, paguéis, paguen |
| llegar | → | llego | → | llegue, llegues, llegue, lleguemos, lleguéis, lleguen |

## Dilo tú

**G. No quiere...** Alguien indica que otra(s) persona(s) no quiere(n) hacer algo, pero tú le(s) dices que es necesario que lo haga(n). Sigue el modelo.

◆ **Modelo:** Miguel no quiere ser más responsable.
*Es necesario que Miguel sea más responsable.*

1. Javier no quiere estar aquí mañana.
2. Lilia no quiere dar un paseo ahora.
3. Nosotros no queremos saber si hay un examen mañana.
4. Tú no quieres ir a la biblioteca.
5. Francisco y Ramón no quieren ser más responsables.
6. Yo no quiero saber si vas o no vas.
7. Uds. no quieren estar en la clase mañana.
8. Paula y Raúl no quieren ir a la escuela.

**H. Es necesario...** Tú quieres expresar lo que es necesario que hagan tú y tus compañeros. Haz frases según el modelo.

◆ **Modelo:** Yo saco la basura todos los días.
*Es necesario que yo saque la basura todos los días.*

1. Yo tonifico el cuerpo con ejercicio aeróbico.
2. Tú llegas temprano a clase.
3. Yo cruzo la calle con mi hermano.
4. Ellas tocan el piano en la fiesta.
5. Sara empieza a estudiar a las 7:30.
6. Tú practicas algún deporte.
7. Nosotros pagamos la cuenta.
8. Yo busco las llaves antes de salir de casa.

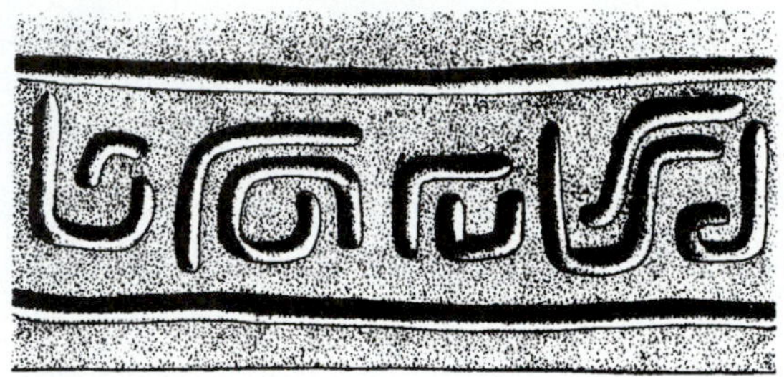

# Enfoque estructural:

## *Verbos reflexivos en el subjuntivo*

Reflexive verbs form the subjunctive in the same way as nonreflexive verbs. The reflexive pronoun is in the same position in the subjunctive mood as in its other uses. Note the following examples:

| | |
|---|---|
| Es necesario que yo **me levante** temprano. | *It is necessary (for) me* ***to get up*** *early.* |
| Mi esposo quiere que nos **acostemos** temprano. | *My husband wants (for) us* ***to go to bed*** *early.* |

Here are some of the most common reflexive verbs you have already learned:

acostarse (ue)
afeitarse
bañarse
desayunarse
dormirse (ue, u)
ducharse
encargarse
encontrarse con (ue)
lavarse
lavarse los dientes
levantarse
llamarse
maquillarse
moverse(ue)
peinarse
ponerse
quedarse
quitarse
sentarse (ie)
servirse (i)
vestirse (i)

# Dilo tú

**I. Mi mamá quiere que...** Tú le estás contando a un(a) amigo(a) lo que tu mamá quiere que hagan los miembros de tu familia cuando tú la visitas durante las vacaciones. Haz frases según el modelo.

◆ **Modelo:** Nosotros nos desayunamos todos los días.
*Mi mamá quiere que nosotros nos desayunemos todos los días.*

1. Yo me acuesto a las 10:30 cada noche.
2. Mi hermano se levanta a las 6:30 todos los días.
3. Nosotros nos duchamos antes de las 7:00.
4. Mi hermana no se maquilla todos los días.
5. Mi hermano se afeita antes de ducharse.
6. Nosotros nos vestimos antes de bajar al comedor.
7. Mi hermanito se peina con más cuidado.
8. Nosotros nos desayunamos a las 7:30.
9. Nosotros nos lavamos los dientes después de comer.
10. Yo me pongo un suéter antes de salir de casa.

**J. Es necesario...** Ordena las siguientes actividades cronológicamente. Usa las expresiones **primero, después** y **finalmente** para establecer el orden. Sigue el modelo.

◆ **Modelo:** desayunarse, lavarse los dientes, ducharse
*Primero es necesario que te duches.*
*Después es necesario que te desayunes.*
*Finalmente es necesario que te laves los dientes.*

1. acostarse, dormirse, bañarse
2. desayunarse, lavarse los dientes, levantarse
3. maquillarse, peinarse, vestirse
4. encontrarse con amigos, llamarse por teléfono, sentarse en el café
5. quitarse la ropa, acostarse, ducharse

# Enfoque estructural:

## *El subjuntivo con expresiones de voluntad*

You have already learned several expressions that take the subjunctive (**querer, es necesario, ojalá que**). You may have noticed that these expressions convey a feeling (a transferring of will) that influences the action of the verb in the **que** clause. (**Quiero que tú estudies.**) Because of the effect that these verbs and expressions have on the verb in the **que** clause, this verb must be in the subjunctive. Here are some other verbs and expressions that convey a similar effect and trigger the use of the subjunctive in the **que** clause that follows.

| | |
|---|---|
| **esperar** | *to hope* |
| **preferir (ie, i)** | *to prefer* |
| **mandar** | *to order* |
| **insistir en** | *to insist that* |
| **prohibir** | *to forbid, to prohibit* |
| **es importante** | *it is important* |
| **es aconsejable** | *it is advisable* |

## Dilo tú

**K. Es importante...** Haz frases según el modelo.

◆ **Modelo:** Yo estudio cinco horas todos los días.
*Es importante que yo estudie cinco horas todos los días.*

1. Yo no fumo.
2. Tú lees mucho.
3. Isabel se levanta temprano.
4. Nosotros no nos acostamos muy tarde.
5. Ellas hacen ejercicio para tonificar el cuerpo.
6. Uds. hablan español en la clase.

**L. Es aconsejable...** Haz frases según el modelo.

◆ **Modelo:** Yo duermo ocho horas cada noche.
*Es aconsejable que yo duerma ocho horas cada noche.*

1. Yo me lavo los dientes después de comer.
2. Tú duermes ocho horas cada noche.
3. Ud. estudia cuatro horas cada noche.
4. Nosotros hacemos ejercicios todas las tardes después de la escuela.
5. Mis hermanos se levantan temprano los sábados.
6. Uds. se acuestan temprano antes de un examen.

**M. Prefiero, espero, es importante o es aconsejable que...** Usa las expresiones arriba y haz comentarios sobre lo que **prefieres** o **esperas** o **es importante** o **es aconsejable** que hagan tus amigos cuando están de vacaciones.

## Lectura: *Los santeros de Nuevo México*

### *Antes de leer*

**N. Vocabulario.** La palabra **santero** es un derivado de la palabra **santo.** Si **panadero** significa "la persona que hace pan" y **pastelero,** "la persona que hace pasteles" ¿qué crees que significa **santero?**

**Ñ. Anticipación.** De acuerdo con el título, ¿cuál va a ser el contenido de esta lectura? Lee el texto por encima. ¿Quiénes son los santos más populares?

## Los santeros de Nuevo México y cómo identificar los santos más populares

Durante los siglos XVIII y XIX las **aldeas** en lo que hoy es el norte de Nuevo México y el sur de Colorado estaban bastante aisladas del resto del mundo hispano. Los habitantes hispanos en esta parte de la Nueva España, como en el resto del mundo hispano, eran sumamente religiosos. A causa del **aislamiento** y la falta de atención de la Ciudad de México, que era la capital de la Nueva España, surgieron aquí varias tradiciones religiosas que son un poco diferentes de las del resto del mundo hispano. En las iglesias no había objetos religiosos, así que la gente empezó a crear pinturas y esculturas de imágenes religiosas. A veces pintaban escenas religiosas en **trozos** de madera. También tallaban esculturas en madera de los santos más importantes. Las pinturas se conocen como "retablos" mientras que las esculturas se conocen como "bultos".

villages

isolation

pieces

La tradición de tallar santos no sólo ocurrió en esta región, sino también en otras partes del mundo que colonizaron los españoles. Por ejemplo, en Puerto Rico y en las Islas Filipinas también esculpían santos por las mismas razones que en Nuevo México. Los bultos pueden ser de dos clases. Una clase se pinta con colores llamativos mientras que la otra clase no se pinta. Tenemos con estas imágenes religiosas una impresionante muestra de arte popular.

En Nuevo México a mediados de este siglo casi murió esta tradición, pero recientemente ha ocurrido una especie de renacimiento. Algunas personas se han interesado en la historia y en las tradiciones hispanas y han resucitado esta forma de arte popular. Un buen ejemplo de esto es Eulogio Ortega y su esposa Zoraida Gutiérrez de Ortega que viven en Velarde, una aldea en las montañas del norte de Nuevo México. Ambos fueron **maestros** de escuela primaria en el norte de Nuevo México por más de cuarenta años. **Al jubilarse,** el Sr. Ortega empezó a tallar santos en madera. Como él no ve los colores muy bien, después de tallar un santo la Sra. Gutiérrez de Ortega lo pinta. Juntos han contribuido al renacimiento de esta forma de arte popular en Nuevo México. Aparte del bulto de Santiago, las fotografías en las páginas 505–507 muestran algunos bultos que ha tallado el Sr. Ortega con una breve descripción para ayudarles a identificar algunos de los santos más populares en Nuevo México.

teachers

Upon retiring

### San Antonio de Padua

San Antonio es, después de San Francisco, el santo más popular para los franciscanos. Lleva su hábito azul de **monje** y nunca lleva barba. Frecuentemente lleva un libro y un niño.

monk

### San Francisco de Asís

El fundador de la Orden de los Franciscanos, lleva su hábito azul de monje y siempre lleva barba. Generalmente lleva una cruz en la mano derecha y una **calavera** en la otra.

skull

### San Isidro Labrador

Lleva un saco azul y pantalones negros, **chaleco** rojo y un sombrero. Debe ser como se vestían los **labradores** en la época colonial en Nuevo México. Siempre aparece con uno o dos **bueyes** y un **arado** y a veces también aparece con un ángel. Es el santo patrón de Madrid y de los labradores de Nuevo México.

vest
laborers
oxen / plow

### Santiago

Según las leyendas, Santiago, el santo patrón de España, aparecía durante las batallas entre moros y cristianos y **ayudaba** a los españoles a triunfar. En el Nuevo Mundo se dice que apareció varias veces en batallas entre españoles e indios. Una de estas apariciones ocurrió en Nuevo México en 1599 cuando Santiago ayudó a Juan de Oñate y a sus soldados españoles mientras luchaban contra los indios en el pueblo de Acoma.

helped

### Nuestra Señora de Guadalupe 

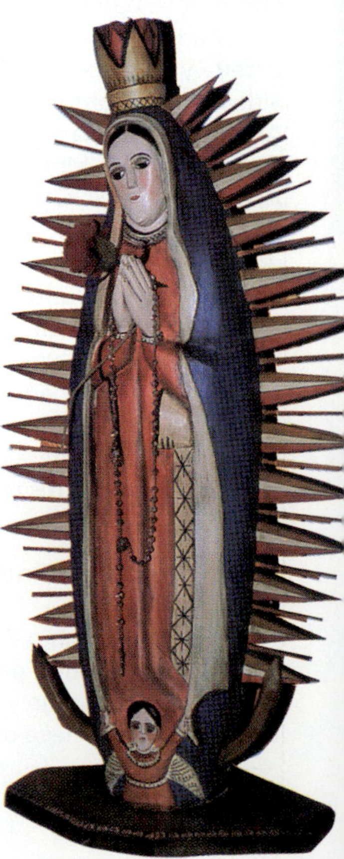

Siempre se representa como aparece en el cuadro que está en la Basílica de Guadalupe en la Ciudad de México. Lleva un vestido rojo y una **manta** azul. A sus pies siempre hay un ángel y una **luna creciente.**

robe
crescent moon

### Nuestra Señora de los Dolores

Es una figura que simboliza los dolores de la vida de la Virgen María y es una de las imágenes más populares en Nuevo México. Lleva una bata roja, manta azul y una o más **espadas clavadas** en el pecho.

swords / piercing

**San Rafael** 

Es el ángel que se le apareció a Tobías. San Rafael le dijo a Tobías que **cogiera** un pescado, lo **quemara,** y que le pusiera las **cenizas** en los ojos a su padre que era **ciego.** Según la leyenda, el padre de Tobías recobró la **vista** a causa de esto. San Rafael siempre se representa con un pescado.

he should catch
burn
ashes / blind

sight

## *Después de leer*

**O. Cognado, contexto o diccionario.** Localiza las siguientes palabras en el texto. Al tratar de adivinar su significado indica si la palabra es un cognado, si la adivinaste por medio del contexto o si tuviste que buscar la palabra en el diccionario. Si tuviste que buscar la palabra en un diccionario indica la forma de la palabra que aparece en el diccionario y el significado que encontraste allí.

| | cognado | contexto | diccionario | forma en el diccionario | significado |
|---|---|---|---|---|---|
| aisladas | | | | | |
| sumamente | | | | | |
| surgieron | | | | | |
| tallaban | | | | | |
| santos | | | | | |
| razones | | | | | |
| muestra | | | | | |
| especia | | | | | |
| han resucitado | | | | | |
| cruz | | | | | |
| cuadro | | | | | |
| recobró | | | | | |

**P. Cierto o falso.** Di si las siguientes oraciones son ciertas o falsas. Si la oración es falsa, explica por qué.

1. Los nuevos mexicanos no eran muy religiosos.
2. La tradición de tallar santos se desarrolló *(developed)* solamente en Nuevo México.
3. En los años 50 casi murió esta tradición en Nuevo México.
4. Eulogio Ortega y su esposa viven en una aldea en las montañas de las Filipinas.
5. San Antonio es el santo más popular entre los franciscanos.
6. San Isidro también es un santo importante en España.

**Q. Nuevo México y sus santos.** Contesta las siguientes preguntas en español.

1. ¿Por qué surgió la tradición de hacer retablos y bultos en Nuevo México?
2. ¿Cuál es la diferencia entre un bulto y un retablo?
3. ¿Cuáles son los dos tipos de bultos que encontramos en Nuevo México?
4. ¿Quién es Eulogio Ortega?
5. ¿Cómo ayuda la Sra. Gutiérrez de Ortega a su esposo?
6. ¿En qué sentido es San Antonio diferente de San Francisco?
7. ¿Por qué es importante Santiago?
8. ¿Qué milagro se asocia con San Rafael?

## Tú dirás

**R. ¿Qué es necesario que haga por la mañana?** Repasa los verbos en las páginas 500 y 501 y escribe una lista de recomendaciones sobre lo que es necesario que una persona haga antes de ir a clase cada mañana.

**S. Las molas.** Escoge una de las molas que están en las páginas 497–499 y descríbela. Trabaja con un(a) compañero(a).

**T. Es aconsejable...** Un(a) amigo(a) de Costa Rica quiere venir a este país a estudiar el año próximo. Escríbele una carta y dale consejos sobre lo que es aconsejable o importante que él (ella) haga cuando esté aquí.

**U. Los santos de Nuevo México.** Usa la información en la lectura sobre los santos de Nuevo México y prepara una breve presentación oral sobre este tema. Usa un mapa de los Estados Unidos y México para ilustrar tu presentación.

## Lectura: *La música en el mundo hispano*

### *Preparación*

As you get ready to begin this *etapa,* think about what you know about music of the Spanish-speaking world.

- Are you familiar with any of this music?
- Do you know about any of the musicians? Which ones?
- Do you know of any singers in this country who may sing in Spanish?

In this *etapa* you will read and learn about music in the Spanish-speaking world.

## La historia de la bamba

Se dice que esta canción, indudablemente una de las más populares de todos los tiempos, llegó al puerto de Veracruz con los **esclavos** procedentes de un lugar en África llamado Mbamba.

¿Es "La bamba" la canción más conocida del hemisferio occidental? Probablemente sí. Su **reconocimiento** es instantáneo, feliz y bilingüe. La canción **pertenecía** solamente a la América hispanohablante hasta finales de 1958, cuando Richard Valenzuela, cuyo nombre artístico fue Ritchie Valens, la amplificó e **injertó** en la melodía tradicional un alegre ritmo de rock and roll —como se ve en la película del mismo título que fue dirigida por Luis Valdez. Desde entonces se ha convertido en un elemento básico del repertorio de toda banda de barrio desde el este de Los Ángeles hasta el sur del Bronx. Treinta años después de que Valens introdujera la canción con su letra en español en la cultura americana, "La bamba" se ha convertido en un clásico en prácticamente todos los países desde Canadá hasta la Argentina.

La canción que ahora **resuena** en clubes nocturnos, fiestas y radios de todas partes tuvo sus orígenes en la costa sur de Veracruz, México, donde la música regional se caracteriza por el humor de sus letras y sus instrumentos de **cuerda:** guitarras de varios **tamaños,** un arpa pequeña, a menudo **un bajo de pie** y algunas veces un violín.

slaves / recognition / belonged / inserted / resounds / string / sizes / a bass

Ritchie Valens

Desde que Hernán Cortés llegó a la costa del golfo en 1519, Veracruz ha **presenciado** la llegada de misioneros católicos, piratas caribeños, esclavos africanos y tropas extranjeras. El resultado ha sido la fusión de la tradición española con la vida africana, caribeña y nativa. La población de **sangres mezcladas** vino a ser llamada "mestiza", y sus canciones, junto con sus bailes y ritmos únicos, fueron conocidas como canciones al estilo "jarocho". De los centenares de melodías que evolucionaron de ese híbrido, la de "La bamba" es la más **duradera.**

witnessed

mixed blood

long lasting

"La bamba" vivirá para siempre, pero sus orígenes precisos son desconocidos. Entre las teorías existentes, una de las más interesantes es la de su posible origen africano. A principios del siglo XVII, los españoles llevaron esclavos a la costa del golfo de diferentes partes de África occidental incluyendo un lugar llamado Mbamba. Hacia el final de ese **siglo,** una canción llamada "La bamba" surgió en esa misma parte de Veracruz. "La bamba" era aparentemente una fusión del español y lenguas africanas.

century

## Te toca a ti

**A. Cognado, contexto o diccionario.** Al tratar de adivinar el significado de las siguientes palabras indica si la palabra es un cognado, si la adivinaste por medio del contexto o si tuviste que buscar la palabra en el diccionario. Si tuviste que buscar la palabra en un diccionario, indica la forma de la palabra que aparece en el diccionario y el significado que encontraste allí.

| | cognado | contexto | diccionario | forma en el diccionario | significado |
|---|---|---|---|---|---|
| indudablemente | | | | | |
| procedentes | | | | | |
| occidental | | | | | |
| hispanohablante | | | | | |
| ritmo | | | | | |
| nocturnos | | | | | |
| arpa | | | | | |
| tropas extranjeras | | | | | |
| centenares | | | | | |
| híbrido | | | | | |
| desconocidos | | | | | |
| teorías | | | | | |

**B. ¿Aparece o no aparece en la lectura?** Vuelve a leer la lectura sobre la bamba e indica si se mencionan las siguientes cosas. Si se menciona, indica en qué párrafo se encuentra.

1. una ciudad en la costa sur de México
2. un autor
3. un explorador español
4. un lugar en África
5. un país europeo
6. un director de cine
7. un artista de cine
8. un país de la América del Sur

**C. Para bailar la bamba se necesita...** Contesta las siguientes preguntas en español.

1. ¿En qué parte de México se originó esta canción?
2. ¿Quién fue Ritchie Valens?
3. ¿Quién es Luis Valdez?
4. ¿Qué tipos de culturas han venido a esa parte de México?
5. ¿Cuál es una teoría sobre los orígenes de la canción?
6. ¿Cuándo apareció la canción por primera vez?

**D. Evolución de "La bamba"...** Usa la información en la lectura y escribe un informe breve sobre la evolución de la canción. Usa un mapa del mundo para ayudarte a ilustrar tu presentación.

## Comentarios culturales

**La letra de *"La bamba"***

Para bailar la bamba,
para bailar la bamba
se necesita una poca de gracia
pa' mí y pa' ti
ay arriba y arriba
ay arriba y arriba
por ti seré, por ti seré, por ti seré
Yo no soy marinero
yo no soy marinero, soy capitán
soy capitán, soy capitán,
Bamba, bamba
Bamba, bamba

## ¿Recuerdas?

**E. Es necesario...** Haz frases originales que empiecen con **Es necesario.** Emplea los verbos que siguen.

1. cruzar
2. empezar
3. sacar
4. practicar
5. pagar
6. llegar

**F. Yo quiero que tú...** Imagina que tú tienes tres hijos y les dices lo que quieres que hagan. Emplea los siguientes verbos y expresiones: **levantarse, ducharse, peinarse, desayunarse, lavarse los dientes, ponerse el abrigo.**

**G. Los quehaceres.** Tú y tus compañeros tienen que arreglar la casa para una cena especial. Contesta las preguntas de tu amigo(a) empleando los verbos **esperar** o **preferir.** Sigue el modelo.

◆ **Modelo:** sacar la basura / Juan
– *¿Quién va a sacar la basura?*
– *Espero que Juan la saque.*
o
– *Prefiero que Juan la saque.*

1. limpiar la cocina / Marta
2. hacer la cama / Juan
3. poner la mesa / Esteban
4. hacer la ensalada / Harry
5. preparar el postre / Elisabeth
6. quitar la mesa / Sara

## Enfoque estructural:

### *El subjuntivo con expresiones de emoción*

When a verb or expression in the main clause of the sentence expresses an emotion or some sort of reaction, the verb in the **que** clause must be in the subjunctive. Note the following examples:

| | |
|---|---|
| **Estoy contento** de que **puedas** ir a la fiesta. | ***I am happy*** *that* ***you can*** *go to the party.* |
| **Me alegro** de que tú **estudies** conmigo. | ***I am happy*** *that you are* ***studying*** *with me.* |
| **Siento** que él no **vaya** mañana. | ***I am sorry*** *that he* ***is*** *not* ***going*** *tomorrow.* |
| **Temo** que no **podamos** asistir a la conferencia. | ***I fear*** *that we* ***can't*** *attend the lecture.* |
| **Es bueno (Es malo, Es mejor)** que **leas** el libro. | ***It's good (It's bad, It's better)*** *that you* ***read*** *the book.* |

Some of the more common verbs and expressions that convey an emotion or reaction are listed below.

| | | | |
|---|---|---|---|
| **alegrarse de** | *to be happy* | **es mejor** | *it's better* |
| **estar contento(a)** | *to be happy* | **sentir (ie, i)** | *to regret* |

| | | | |
|---|---|---|---|
| **es bueno** | *it's good* | **temer** | *to fear* |
| **es malo** | *it's bad* | | |

Here are some of the more common expressions that are used in Spanish to express an emotion or a reaction. These expressions trigger the use of the subjunctive in the **que** clause.

| | |
|---|---|
| ¡**Qué bueno** que llegues temprano! | ***How great*** *that you're arriving early!* |
| ¡**Qué raro** que Juan no esté aquí hoy! | ***How strange*** *that John is not here today!* |
| ¡**Qué vergüenza** que tú no estudies más! | ***What a shame*** *that you don't study more!* |

| | |
|---|---|
| **qué bueno** | *how great* |
| **qué lástima** | *what a pity* |
| **qué malo** | *how terrible* |
| **qué maravilla** | *how wonderful* |
| **qué pena** | *what a shame* |
| **qué raro** | *how strange* |
| **qué vergüenza** | *what a shame* |

## Dilo tú

**H. ¿Es bueno o es malo?** Di si es bueno o malo lo que hacen tú y tus compañeros de clase. Sigue el modelo:

◆ **Modelo:** Jaime estudia cinco horas todos los días.
*Es bueno que Jaime estudie cinco horas todos los días.*
o
*Es malo que Jaime estudie cinco horas todos los días. Debe divertirse más.*

1. Tú no fumas.
2. Julia lee mucho.
3. Isabel se acuesta temprano.
4. Nosotros nos levantamos a las 6:30.
5. Ellos hacen ejercicios para tonificar el cuerpo.
6. Nosotros hablamos español en la clase.

**I. Me alegro de...** Un(a) compañero(a) está contando lo que hacen algunos de tus compañeros de clase. Tú reaccionas con una frase que empieza con **Me alegro de...** Sigue el modelo.

◆ **Modelo:** María / dormir ocho horas cada noche
*María duerme ocho horas cada noche.*
*Me alegro de que María duerma ocho horas cada noche.*

1. Juan / lavar los platos después de comer
2. Benito / dormir ocho horas cada noche
3. Sebastián / estudiar cuatro horas cada noche
4. Nora / hacer ejercicios cada tarde después de la escuela

5. Jaime / levantarse temprano los sábados
6. Susana / acostarse temprano antes de un examen

**J. ¡Qué bueno!** Haz frases según el modelo.

◆ **Modelo:** Tú visitas a tu abuela con frecuencia.
*¡Qué bueno que tú visites a tu abuela con frecuencia!*

1. Lucas estudia solo.
2. Él no come mucho.
3. Susana llega a casa temprano.
4. Uds. hacen su tarea antes de mirar la televisión.
5. Tú vas a la biblioteca ahora.
6. Ellos terminan la lección.

**K. ¡Qué raro!** Haz frases según el modelo.

◆ **Modelo:** Juan no llega tarde.
*¡Qué raro que Juan no llegue tarde!*

1. Luis no está aquí.
2. Marisol no viene a clase.
3. Tú no vas con ellos.
4. Jaime y Esteban no conocen a Marilú.
5. Uds. no pueden asistir al concierto.
6. Ellas no tienen tarea esta noche.

# Lectura: *Jon Secada*

## *Antes de leer*

**L. Músicos de origen hispano.** ¿Qué cantantes o grupos de origen hispano conoces? ¿Te gusta alguno en particular? ¿Es la música hispana popular entre tus amigos?

**M. Anticipación.** ¿Qué quiere decir el título de esta lectura? ¿Estás de acuerdo *(agree)* con esta afirmación? ¿Sí? ¿No? Explica.

### Jon Secada, un éxito bilingüe: Irresistible en inglés y en español

Estamos con Jon Secada que acaba de volver a casa después de una sesión en la que hizo algunos ajustes a su nuevo álbum. El cantante de 29 años nació en La Habana y se crió en Miami. Moreno y atractivo, no muy alto, quizás mide 5′ 10″ de estatura, lleva sus incondicionales "jeans," camiseta negra y botas de "cowboy" del mismo color. Para mantenerse en forma y verse bien corre, hace ejercicios y juega al tenis. Pero más que su condición física le preocupa el estado de sus cuerdas vocales. "Si en la

mañana puedo llegar a estas notas altas, sé que el resto del día marchará bien. Presiento que no voy a tener problemas en el estudio," nos dice Jon.

Secada no sólo es un cantante bien parecido, es un cerebro, un académico certificado. Tiene un diploma de maestría en música, específicamente en ejecución de jazz obtenido con dedicación y esfuerzo en la Universidad de Miami. Su historia es una de verdadero éxito: trabajó durante seis años de universidad cantando por las noches con una banda llamada *The Company.* Todavía, hasta hace poco, iba a ayudarles a sus padres a hacer café cubano o a atender la caja registradora del restaurante de comida cubana que ellos tenían en Hialeah, un barrio de Miami. Con su gran éxito Jon ha conseguido que sus padres se retiren y les ha comprado un auto nuevo y una casa también nueva en su antiguo barrio.

Cuando le preguntamos qué siente al ser famoso, responde: "Es un sentimiento bueno. No me puedo quejar, especialmente por el éxito internacional. Eso es lo más emocionante —ver el disco en otros lugares y otros países." Su ascenso ha sido rápido. "Recuerdo cuando nos dijeron que "Just Another Day" se estaba moviendo" dice refiriéndose a la escalada de su canción en las listas de popularidad. "Entonces me dije a mí mismo, 'bueno, lo único que quiero es que se coloque entre los primeros 40 lugares de popularidad.' Cuando se colocó entre ellos dije, 'sólo quiero que llegue a los primeros 20.' Cuando estuvo entre los primeros 20, yo seguí cruzando los dedos: ¡Sería fantástico que llegara a los primeros 10!" Por supuesto todos sus deseos se cumplieron y el disco llegó a los 10 primeros puestos. Jon Secada todavía mueve la cabeza con incredulidad y se ve en la necesidad de contar con más detalle cómo fue su salto definitivo a la fama.

"Me acuerdo que regresaba de Toronto. Nos comunicaron que la canción estaba en el número 6. Ahí me di cuenta de que teníamos un verdadero *hit* y supe con certeza que la canción iba a quedarse dando vueltas por un tiempito. ¡Estuvo entre las primeras 10 durante 12 semanas!"

Desde entonces, Secada se ha mantenido en la cima. Y con un mérito doble porque ha conquistado el mercado inglés y el español, algo muy raro en el mundo de la música. Durante las Navidades de 1992 se vendieron más de un millón de copias de "Just Another Day" mientras que en la América Latina y España se vendió la misma cantidad de "Otro día más sin verte," la versión en español del mismo álbum. Ni siquiera veteranos como Julio Iglesias han conseguido triunfar de una forma tan rápida en el mercado americano. Pero, Secada le lleva bastante ventaja: es cubanoamericano, su inglés es tan impecable como su español y ha vivido 21 años en los Estados Unidos. Tiempo suficiente para desarrollar su personalidad tipo "cool" cultivada, sin duda, en el circuito de jazz latino en Miami y por escuchar durante años a sus ídolos Stevie Wonder, Elton John, Billy Joel; además de ver mucha televisión en este país.

## *Después de leer*

**N. Cognado, contexto o diccionario.** Al tratar de adivinar el significado de las siguientes palabras indica si la palabra es un cognado, si la adivinaste por medio del contexto o si tuviste que buscar la palabra en el diccionario. Si tuviste que buscar la palabra en un diccionario indica la forma de la palabra que aparece en el diccionario y el significado que encontraste allí.

| | cognado | contexto | diccionario | forma en el diccionario | significado |
|---|---|---|---|---|---|
| ajustes | | | | | |
| de estatura | | | | | |
| cuerdas vocales | | | | | |
| diploma de maestría | | | | | |
| caja registradora | | | | | |
| ascenso | | | | | |
| escalada | | | | | |
| salto | | | | | |
| cima | | | | | |
| ventaja | | | | | |

**Ñ. ¿Aparece o no aparece en la lectura?** Vuelve a leer la lectura sobre Jon Secada e indica si los siguientes temas se mencionan. Si se mencionan, indica en qué párrafo se encuentran.

1. la edad de Secada
2. palabras en inglés
3. nombres de algunas ciudades
4. el nombre de sus padres
5. algunos números
6. nombres de otros cantantes

**O. ¿Qué sabes de Jon Secada?** Contesta en español.

1. ¿Dónde nació Jon Secada?
2. ¿Dónde asistió a la universidad?
3. ¿Cómo se llama su álbum en español?
4. ¿Qué hizo por sus padres?
5. ¿Cuánto tiempo estuvo su *hit* "Just Another Day" entre la lista de las primeras 10 canciones más populares?
6. ¿Por qué ha tenido éxito en el mundo hispano?

## Tú dirás

**P. ¿Qué es necesario que tú hagas cada mañana?** Piensa, por lo menos, en cinco cosas que son necesarias, importantes o aconsejables que hagas cada mañana antes de ir a clase. Entonces cuando un(a) compañero(a) te pregunte lo que es necesario, importante o aconsejable que hagas, tú le contestas con las expresiones **es necesario que yo..., es importante que yo...** o **es aconsejable que yo...**

◆ **Modelo:** *Es importante que yo me lave los dientes.*

**Q. Una gran fiesta.** Estás planeando una fiesta importante y estás haciendo los arreglos con tus amigos. Discute lo que es necesario, importante, aconsejable, etc. que traigan tus amigos a la fiesta.

**R. Las reacciones.** Repasa las expresiones en las páginas 512–513 y úsalas para reaccionar a algo que está ocurriendo en tu vida o en la de tus amigos o tu familia en estos días.

## Lectura: *Andrés Segovia*

### *Antes de leer*

**A. La música de guitarra.** ¿Te gusta la música de guitarra? ¿Conoces la música de algún guitarrista? ¿Eric Clapton? ¿Eddie van Halen? ¿Otmar Liebert? ¿Carlos Santana? ¿John Williams? ¿Cuál es tu guitarrista favorito?

**B. Anticipación.** Mira el título. ¿Qué crees que va a significar "inventor" en esta lectura?

## Andrés Segovia, "inventor" de la guitarra

Andrés Segovia fue a la guitarra lo que Paganini fue al violín: un genio de la interpretación. A los 94 años, no tenía intenciones de morirse. Acababa de llegar de Nueva York donde, desde marzo, había dado una serie de clases que coincidieron con su nombramiento como doctor **honoris causa** (honorary doctorate) en Artes Musicales de la Manhattan School of Music. En abril tuvo que internarse en una clínica por una arritmia cardíaca. Se recuperó y volvió a su hogar en Madrid. Se sentía bien. Estaba mirando la televisión con su esposa, Emilia Corral, y su hijo menor, Carlos Andrés, de 17 años cuando, de pronto, se sintió cansado y dejó de respirar.

"Mi pasión por la música pareció **estallar en llamaradas** (explode into flames) cuando aún niño tuve la ocasión de escuchar el preludio de Francisco Tárraga, interpretado por Gabriel Ruiz de Almodóvar en Granada". Desde entonces Segovia no abandonó más su vocación de guitarrista. Desde los tres a los ocho años, en la localidad de Jaén en el sur de España, siguió clases de **solfeo** (musical notation (sol-fa)) y violín y se había aficionado a la pintura, promovido económicamente por unos tíos, pues sus padres eran muy modestos.

Comenzó tocando flamenco y melodías populares, pero pronto se **dio cuenta de que** (realized that) con la guitarra se podían interpretar las composiciones más complejas. **Tuvo éxito** (He had success) en toda España. En Madrid se hizo famoso por su capa negra, su pelo largo y unos lentes redondos de **marco grueso** (thick frames) que usaba en los recitales.

Segovia se transformó en un verdadero "inventor" de la guitarra como instrumento de concierto. En sus **giras** (tours) por todo el mundo demostró cómo se podía hacer maravillas con ella entre los brazos y con una **partitura** (score) de Bach, Beethoven o Joaquín Rodrigo. Otros grandes compositores contemporáneos comenzaron a producir obras especialmente para él. Entusiasmó a miles cuando creó los cursos de Información e Interpretación de Música Española en Compostela, hasta donde comenzaron a llegar **becarios** (scholarship students) de todos los continentes.

"La música es para mí el océano", decía, "y los instrumentos son las islas. La guitarra es un maravilloso instrumento, de una gran variedad de

Andrés Segovia

colores musicales y con una capacidad para la armonía superior al violín y al violonchelo. La guitarra es como una orquesta pequeña".

El gran guitarrista recibió centenares de premios. Entre ellos están las grandes cruces de Isabel la Católica y Alfonso X el Sabio; el premio "Una vida por la música", considerado el Nóbel de su género; el Premio Nacional (1981) y muchas medallas y discos de oro de diversos países. El Rey Juan Carlos le dio a Segovia el título nobiliario de Marqués de Salobrena en 1981 y dos años después fue recibido como miembro de honor de la Real Academia de Bellas Artes de Santa Isabel de Hungría en Sevilla, la Academia de Estocolmo (Suecia) y la de Santa Cecilia de Roma.

## *Después de leer*

**C. Cognado, contexto o diccionario.** Al tratar de adivinar el significado de las siguientes palabras indica si la palabra es un cognado, si la adivinaste por medio del contexto o si tuviste que buscar la palabra en el diccionario. Si tuviste que buscar la palabra en un diccionario indica la forma de la palabra que aparece en el diccionario y el significado que encontraste allí.

| | cognado | contexto | diccionario | forma en el diccionario | significado |
|---|---|---|---|---|---|
| nombramiento | | | | | |
| internarse | | | | | |
| arritmia cardíaca | | | | | |
| modestos | | | | | |
| capa | | | | | |
| lentes | | | | | |
| redondos | | | | | |
| maravillas | | | | | |
| entusiasmó | | | | | |

**D. ¿Aparece o no aparece en la lectura?** Lee la lectura sobre Andrés Segovia e indica si los siguientes temas se mencionan. Si se mencionan, indica en qué párrafo se encuentran.

1. la edad de Segovia cuando murió
2. nombres de algunos meses
3. nombres de instrumentos musicales además de la guitarra
4. nombres de ciudades españolas
5. algunas fechas
6. nombres de compositores famosos

**E. ¿Qué sabes de Segovia?** Contesta en español.

1. ¿Dónde y cómo murió Segovia?
2. ¿Qué inspiró a Segovia a tocar la guitarra?
3. ¿Cuáles eran sus tres características típicas?
4. ¿Por qué se dice que Segovia es el inventor de la guitarra?
5. ¿Cuáles son algunos de los premios que recibió en España?
6. ¿Ganó premios de otros países? ¿Cuáles?

### A. Imitando a los grandes artistas

## *Estudiante A*

Aquí tienes un cuadro muy famoso de un gran pintor español del siglo XX. Vas a describir el cuadro a tu compañero(a) para que él (ella) lo dibuje siguiendo tus instrucciones. Cuando termines, pregúntale a tu compañero(a) si conoce el cuadro y quién lo pintó. Si no lo sabe, explícale que lo pintó Picasso y que el cuadro representa el bombardeo de una ciudad española, Guernica, durante la Guerra Civil.

Ahora, vamos a ver qué tal dibujas tú. Tu compañero(a) va a darte instrucciones para que dibujes otro cuadro famoso. Escucha atentamente lo que dice. ¿Sabes qué cuadro es?

*video*

**Mosaico cultural**

**Personajes inolvidables**

Brief biographies of outstanding individuals whose accomplishments are admired within national boundaries and beyond. A variety of people give their reactions to these six important figures, whose contributions to the arts, literature and politics are without equal.

**Pablo Picasso, *Guernica,* 1937**

*software*

**Atajo**

Writing activities for this chapter are presented in the workbook. For specific references to tasks supported by Atajo, please consult the workbook.

## *Estudiante B*

Tu compañero(a) va a describir un cuadro famoso de un conocido pintor español. En un papel, y siguiendo las instrucciones que te da tu compañero(a), dibuja las cosas que te diga. Si no comprendes algo, pídele que repita. Escucha atentamente lo que dice. ¿Sabes qué cuadro es?

Y ahora es tu turno. Aquí tienes un cuadro muy famoso de un gran pintor español del siglo XVII. Vas a describir el cuadro a tu compañero(a) para que él (ella) lo dibuje siguiendo tus instrucciones. Cuando termines, pregúntale a tu compañero(a) si conoce el cuadro y quién lo pintó. Si no lo sabe, explícale que lo pintó Velázquez en 1650.

Diego Velázquez, *Las meninas,* 1650

**B. El arte y la música.** Con un(a) compañero(a), completa el siguiente crucigrama con la información sobre el arte y la música que has aprendido en este capítulo.

Antes de empezar, mira bien las palabras que aparecen en tu crucigrama. Si hay algo que no sabes, repasa el capítulo para encontrar la información necesaria. Elabora una definición para cada una de las palabras que tienes en tu parte de la actividad. Recuerden: Cuando uno de los dos no comprenda algo, deben usar expresiones como **No comprendo, ¿puedes repetir?**

**Sones y ritmos**

Typical sounds and rhythms from Spain and Latin America are performed live. Musicians and singers comment on the influences on their music and its characteristics.

## *Estudiante A*

En el crucigrama que está a continuación tienes la parte horizontal pero faltan las respuestas para la parte vertical.

Tu compañero(a) va a darte definiciones y pistas *(hints)* para que descubras las palabras que aparecen en su crucigrama y tú tienes que escuchar atentamente y adivinar lo que está describiendo.

Tu compañero(a) va a empezar describiendo el nº 1 vertical. Cuando descubras la respuesta, sigues tú describiendo el nº 1 horizontal.

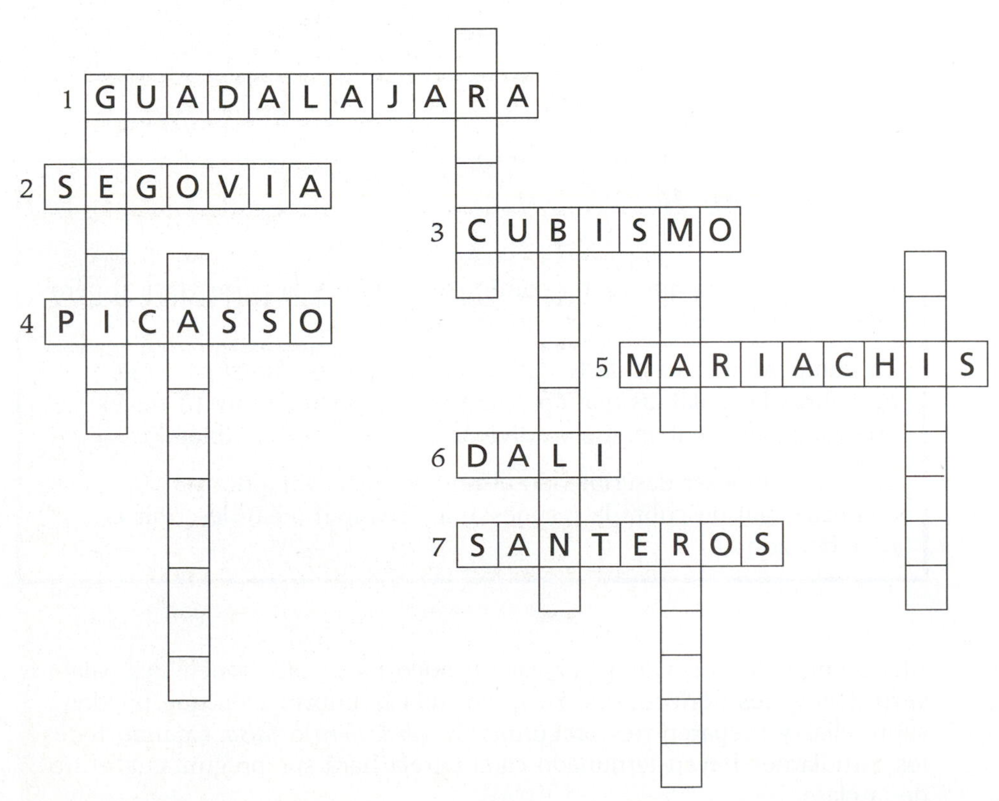

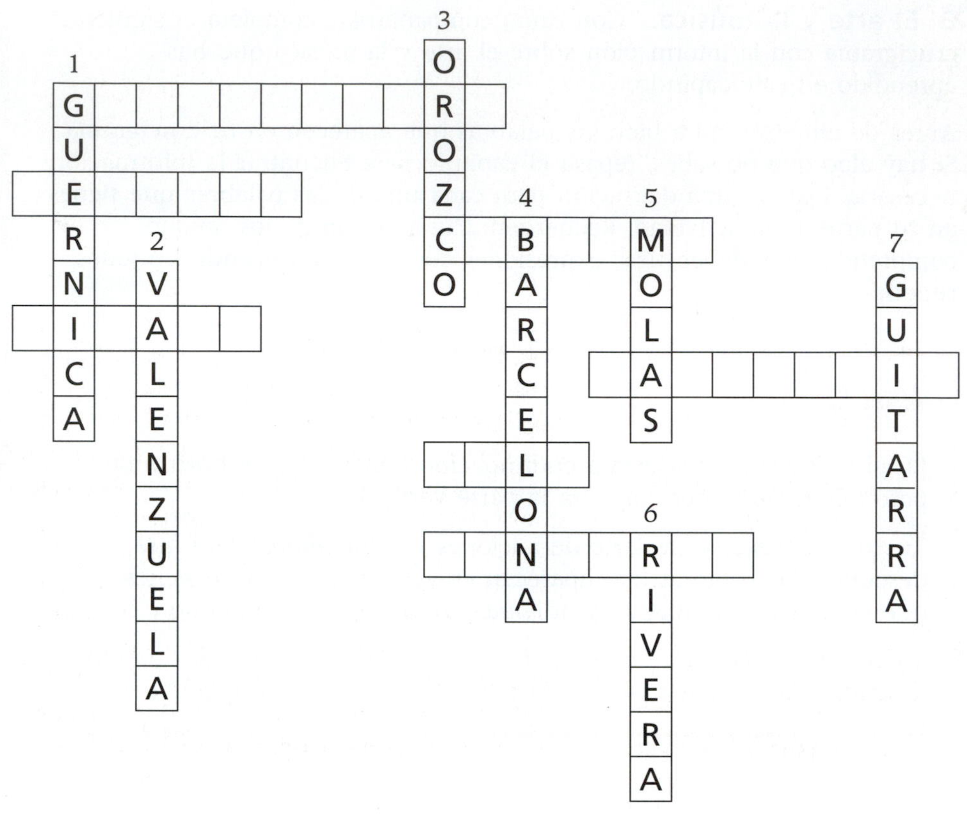


## *Estudiante B*

En el crucigrama que está a continuación tienes la parte vertical pero faltan las respuestas para la parte horizontal.

Tu compañero(a) va a darte definiciones y pistas *(hints)* para que descubras las palabras que aparecen en su crucigrama y tú tienes que escuchar atentamente y adivinar lo que está describiendo.

Tú vas a empezar describiendo el nº 1 vertical. Cuando tu compañero(a) descubra la respuesta, le toca a él (ella) describir el nº 1 horizontal.

Ahora entre los dos, van a trabajar un poco más. Seleccionen tres palabras verticales y tres horizontales. Busquen toda la información que puedan sobre ellas y preparen tres preguntas de *verdadero* o *falso.* Cuando todos los estudiantes hayan terminado cada pareja hará sus preguntas al resto de la clase.

# Vocabulario

## Para charlar

*Para expresar emociones y reacciones*
*Expressing emotions and reactions*

Es bueno que... *It's good that...*
Es malo que... *It's bad that...*
Es mejor que... *It's better that...*
Estoy contento(a) de que... *I'm happy that...*
Me alegro de que... *I'm happy that...*
Ojalá que... *I hope that...*
Qué bueno que... *How great that...*
Qué lástima que... *What a pity that...*
Qué maravilla que... *How wonderful that...*
Qué pena que... *What a shame that...*
Qué raro que... *How strange that...*
Qué vergüenza que... *What a shame that...*
Siento que... *I regret that...*
Temo que... *I fear that...*

*Para expresar necesidad o preferencias*
*Expressing need or preferences*

Él (Ella) manda que... *He (she) orders that...*
Es aconsejable que... *It's advisable that...*
Es importante que... *It's important that...*
Es necesario que... *It's necessary that...*
Espero que... *I hope that...*
Insisto en que... *I insist that...*
Prefiero que... *I prefer that...*
Prohibo que... *I prohibit...*

## Para hablar del arte *Talking about art*

*Sustantivos*

el (la) artista *artist*
el autorretrato *self-portrait*
el color *color*
el cubismo *cubism*
el dibujo *drawing*
el diseño *design*
la diversidad *diversity*
el espíritu *spirit*
la fabricación *manufacture, fabrication*
la fauna *fauna*
la flora *flora*
la forma *form, shape*
la imagen *imagine*
la imaginería *imagery*
la incrustación *incrustation*
el motivo *motive*
el mural *mural*
el muralismo *muralism*
la obra *work*
la pintura *painting*
el rectángulo *rectangle*
el surrealismo *surrealism*
el taller *studio, workshop*
la tela *cloth, fabric*
el tema *theme*
la tonalidad *tonality*

*Adjetivos*

abstracto *abstract*
complicado *complicated*
creador *creative*
cuidadoso *careful*
llamativo *flashy, showy*
mitológico *mythological*
real *real*
superpuesto *superimposed*

*Verbos*

coser *to sew*
dibujar *to draw*
exponer *to expose*
pintar *to paint*
sugerir *to suggest*
tallar *to carve*

## Para hablar de la música *Talking about music*

### *Adjetivos*

alegre *happy*
conocido *known*
corajudo *hot-tempered*
rechazado *rejected*

### *Sustantivos*

el arpa *harp*
el baile *dance*
el bajo *bass*
la canción *song*
la danza *dance*
el desengaño *deception*
el estilo *style*
la guitarra *guitar*
el instrumento de cuerda *stringed instrument*
el intérprete *singer*
la letra *lyrics*
la melancolía *melancholy*
la melodía *melody*
la onda *wave*
el piano *piano*
el rasgo *trait*
el ritmo *rhythm*
el repertorio *repertoire*
el violonchelo *violoncello*

# 14 El mundo de las letras

## Chapter Objectives:

In this chapter you will learn about different types of literature that are representative of several Spanish-speaking countries. By reading brief sample passages from legends, poems, short stories, and novels you will gain an understanding of how literary writing reflects oral tradition, makes creative use of language, involves representations of reality, and relies on the active use of the imagination.

After completing this chapter you will be able to carry out the following tasks:

- talk about the general characteristics of literary texts
- talk about the probable and the improbable
- refer to possibilities and impossibilities
- speculate and talk about conditions contrary to fact

The linguistic elements that you will learn to help you carry out these tasks are:

- Vocabulary related to the following topics
  - the form and content of legends, poems, short stories, and novels
- Grammatical structures:
  - the subjunctive mood to express uncertainty
  - adverbial conjunctions used with the subjunctive
  - the conditional tense and its special uses
  - the subjunctive and the indicative with "if" clauses
  - more on the subjunctive and the sequence of tenses

**Primera etapa:** El Premio Nóbel de Literatura: España y América Latina

**Segunda etapa:** El realismo y el idealismo

**Tercera etapa:** El realismo mágico

**Cuarta etapa:** Casos

Venta de libros en Madrid

# La literatura y los países de habla española

Cuando una civilización se desarrolla hasta el punto de cultivar el arte de la expresión escrita, tiene una literatura. El lenguaje expresivo de un país o de un grupo de países, abre un camino importante hacia el conocimiento del mundo que **rodea** al ser humano. La literatura es un arte que ofrece ciertas maneras de explorar y explicar la realidad —que incluye la naturaleza, la sociedad, la religión, la ciencia, la política y la psicología. Por medio de un sistema de signos, el escritor encuentra maneras de representar las múltiples dimensiones de la realidad, entre las que se incluye la fantasía. El escritor expresa de una manera artística lo que observa, cree, imagina y siente ante la vida, creando en el proceso un texto literario —es decir, la literatura.

surrounds

El desarollo de la literatura ocurre cuando los escritores deciden convertir una narración en un texto literario que puede ser de varios tipos o géneros como el cuento, la poesía, el teatro, la novela o el **ensayo.** El autor se comunica con el lector por medio de la lengua literaria. Esta comunicación escrita se realiza a distintos niveles por medio de palabras cargadas de sonidos, imágenes, emociones, ideas y símbolos. Las funciones de una obra artística son las de apelar a la razón, expresar los sentimientos, enseñar algo o simplemente divertir. Un aspecto interesante de la literatura es que la interpretación de o un cuento, un poema o una novela puede variar de lector a lector, mostrando así la gran diversidad y variedad del mundo y las maneras de representarlo y entenderlo por medio del arte literario.

essay

Las literaturas del mundo de habla española tienen sus orígenes en el siglo XII en España con el poema épico, El *poema del Mío Cid,* sobre la figura heroica de un gran guerrero, así como en los relatos y las crónicas de las antiguas civilizaciones (como los mayas, los aztecas y los incas) que vivían en América muchos siglos antes de la llegada de los europeos en el siglo XV. Se considera a Miguel de Cervantes el "padre de la novela moderna" por su famosa obra del siglo XVII, *El Ingenioso hidalgo don Quijote de la Mancha.* En el siglo XIX el poeta nicaragüense Rubén Darío fue el principal representante del Modernismo, movimiento literario latinoamericano que influyó tanto en España como en Europa por su atención al estilo y a la forma de la poesía y la prosa. En el siglo XX se encuentra un extraordinario número de excelentes escritores en todos los países donde se habla y escribe el español, inclusive en los Estados Unidos.

Por lo general, los países hispanohablantes se formaron a partir de la mezcla de diversas razas y culturas. Esta es una de las complejas y fascinantes realidades que se reflejan en su cultura. En efecto, muchos escritores hispanohablantes siguen la tradición de Cervantes que incorporó elementos españoles, europeos, mediterráneos, africanos, orientales y árabes en sus famosos libros de ficción. A lo largo de los siglos los escritores de lengua española, sean de España o de América Latina, tienen en común no sólo el poder expresivo de su idioma, sino también una visión totalizadora del mundo. En esta visión se incluye lo histórico y lo **mítico**, lo divino y lo humano, lo sublime y lo grotesco, lo bello y lo feo, lo real y lo irreal, lo **serio** y lo cómico.

mythical

serious

## Para empezar:

### *El Premio Nóbel de Literatura–España y América Latina*

### *Preparación*

- ¿Sabes qué es el Premio Nóbel de Literatura?
- ¿Quiénes son algunas de las personas que han ganado este premio?
- Can you name three or four of the Nobel prize winners for the United States?
- What is the name of the African American woman who received the Nobel Prize in 1993?
- Do you know of a writer from Latin America or Spain who has won the prize?

Desde que se empezó a dar el Premio Nóbel de Literatura a fines del siglo XIX a los mejores escritores del mundo, la Real Academia de Suecia les ha dado el prestigioso premio a diez escritores de países de habla española.

Los cinco ganadores de España son el **dramaturgo** José Echegaray (1904), el dramaturgo Jacinto Benavente (1922), el poeta Juan Ramón Jiménez (1956), el poeta Vicente Aleixandre (1977) y el novelista Camilo José Cela (1989).

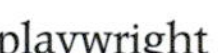
playwright

Los escritores de América Latina que han ganado el premio son la poeta chilena Gabriela Mistral (1945), el novelista guatemalteco Miguel Ángel Asturias (1967), el poeta chileno Pablo Neruda (1971), el novelista/ cuentista colombiano Gabriel García Márquez (1982) y el poeta/ensayista mexicano Octavio Paz (1990).

Los mini-retratos biográficos que siguen servirán para dar una idea de quiénes son algunos de estos distinguidos autores del mundo de las letras.

**Gabriela Mistral (1889–1957).**

País natal: Chile. Fue profesora, diplomática, periodista y poeta por excelencia. El hombre con quién iba a casarse murió trágicamente y este hecho tuvo gran influencia en su obra. En sus versos líricos expresó su visión de la vida como un "valle de lágrimas" donde todos sentimos gozo y dolor. Sus temas constantes son el amor por los niños, la naturaleza, la religión y la compasión por la gente que sufre. Llenos de emoción, sueños y musicalidad, sus mejores poemas están en las colecciones *Desolación, Ternura, Tala* y *Lagar.* Premio Nóbel: 1945.

**Camilo José Cela (1916– ).**

País natal: España. Ha sido soldado, torero, pintor, actor de cine y periodista, entre otras cosas. Más que nada, ha escrito novelas y ensayos que han tenido gran influencia en España después de la Guerra Civil de 1936 al 1939. Al deformar la realidad en su obra, Cela trata de mostrar que la vida es fea y cruel para mucha gente. El autor cree que la culpa es de la sociedad y que la causa del crimen y la tragedia es la falta de responsabilidad social. La violencia es un grito de protesta en novelas como *La familia de Pascual Duarte* y *La colmena.* Premio Nóbel: 1989.

**Gabriel García Márquez (1927– ).**

País natal: Colombia. Ha dicho que todo lo que ha escrito ya lo sabía o ya lo había oído de sus abuelos antes de los ocho años. Trabajó como periodista por muchos años. Muchos de sus fabulosos cuentos y novelas tienen lugar en Macondo —un pueblo ficticio, pero con todos los aspectos geográficos, históricos y socio-políticos de su país y de América Latina. Sus personajes pueden ser considerados tragicómicos. La fantasía, el humor y la exageración son elementos típicos de sus novelas, como *Cien años de soledad, El otoño del patriarca* y *El amor en los tiempos del cólera,* así como de algunos de sus cuentos. Premio Nóbel: 1982.

**Octavio Paz (1914– ).**

País natal: México. Ha sido editor, diplomático, profesor universitario y poeta por excelencia. Luchó con las fuerzas republicanas durante la Guerra Civil española. Los temas esenciales de sus ensayos y poemas son la soledad, el tiempo, el amor, la comunicación y la naturaleza. Escribe sobre las actitudes y el carácter del mexicano pero con una preocupación por el destino de todos los seres humanos. Cree que se puede restablecer el diálogo entre la gente por medio de la poesía y el amor. Su obra ensayística incluye *El laberinto de la soledad* y *El arco y la lira.* Sus mejores poemas se encuentran en *Libertad bajo palabra* y *Ladera este.* Premio Nóbel: 1990.

## Te toca a ti

**A. Significados.** Adivina el significado de algunas de las palabras de los mini-retratos biográficos. Encuentra las palabras en inglés en la lista de la derecha que corresponden a las palabras en español en la lista de la izquierda.

| | |
|---|---|
| 1. periodista | a. stories |
| 2. los sueños | b. guilt |
| 3. la libertad | c. joy |
| 4. ficticio | d. nature |
| 5. la soledad | e. liberty |
| 6. los cuentos | f. journalist |
| 7. los personajes | g. destiny |
| 8. los ensayos | h. fictitious |
| 9. el destino | i. dreams |
| 10. el gozo | j. characters |
| 11. la culpa | k. solitude |
| 12. la naturaleza | l. essays |

**B. Temas literarios.** Para cada tema literario que sigue, nombra a la persona en los mini-retratos que tenga un interés especial en el tema.

1. la fantasía y la exageración
2. la poesía y el amor como medios de comunicación
3. la imposibilidad de vivir de una manera honesta
4. la violencia como manera de protestar
5. la vida alegre y triste de los perros de la ciudad
6. la vida como un valle de lágrimas

**C. ¿Has comprendido?** Contesta las siguientes preguntas sobre la información en los mini-retratos de los escritores.

1. ¿Quién les tiene un cariño especial a los niños?
2. ¿A quién le interesa escribir ensayos sobre los problemas ecológicos?
3. ¿Qué escritor cree que la falta de responsabilidad social causa el crimen?
4. ¿Quién escribe con humor sobre un pueblo que representa a América Latina?
5. ¿Cuál de los escritores incluye mucha información sobre la música en sus libros?
6. ¿Para quién son importantes las actitudes y el carácter de los mexicanos?

**D. Un diálogo imaginario.** Usando la información que se encuentra en los mini-retratos, escribe un diálogo en español entre dos de los ganadores del Premio Nóbel. Incluye en las preguntas y en los comentarios de la conversación información sobre su vida, su obra, y sus actitudes y preferencias. (Trata de escribir entre 16 a 20 oraciones en total.)

# Lectura:

## *Poemas de dos ganadores del Premio Nóbel*

### *Antes de leer*

1. Look at the glossed words to be sure you know their meaning before reading the poem. Do they give you any clue as to what the poem is about?
2. What does the title mean? What comes to mind when you think of a snowfall?

Estos versos son un ejemplo de la emoción que Gabriela Mistral (Chile, 1889–1957) sentía por la naturaleza. Varios de sus poemas revelan una espiritualidad que asocia la naturaleza con un poder divino. Los sentimientos religiosos de la poeta siempre incluyen el mundo físico de los objetos. Los versos de Mistral son buenos ejemplos del uso del lenguaje sencillo.

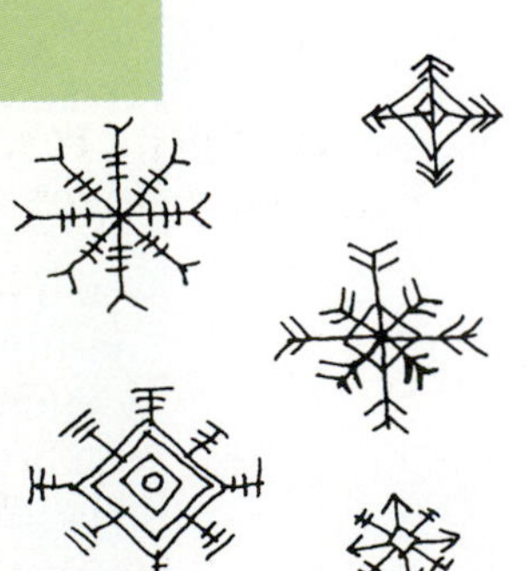

### Mientras baja la nieve

Ha bajado la nieve, divina criatura,
el valle a conocer,
Ha bajado la nieve, esposa de la **estrella** — star

¡Mirémosla caer!

¡Dulce! Llega sin ruido, como los suaves seres
que **recelan** dañar. — they fear
Así baja la luna y así bajan los sueños.
¡Mirémosla bajar!

¡Pura! Mira tu valle como los está **bordando** — embroidering
de su ligero **azahar.** — orange flower
Tiene unos dulces dedos tan leves y sutiles
que **rozan** sin rozar. — they rub

¡Bella! ¿No te parece que sea el **don** magnífico — gift
de un alto **Donador?** — Giftgiver
Detrás de las estrellas su ancho **peplo** de **seda** — a short skirt / silk
**desgaja** sin **rumor.** — it breaks into pieces / noise

Déjala que en tu frente te **diluya** su pluma — dilute
y te **prenda** su flor. — pin on
¡Quién sabe si no trae un mensaje a los hombres
de parte del Señor!

## Después de leer

**E. Rimas.** ¿Cuáles son algunas de las palabras claves que contienen sonidos similares? Añade otras palabras que sigan las mismas rimas. Por ejemplo: **flor, Señor.**

**F. El sentido *(sense)* del poema.** Contesta las preguntas sobre el poema.

1. ¿Qué adjetivos usa Mistral en sus descripciones?
2. Según la poeta, ¿qué es posible que sea la nieve?
3. ¿Qué ejemplos hay de la humanización de la naturaleza?
4. ¿Qué emociones se expresan en el poema? ¿En qué versos?
5. ¿Por qué tenemos la impresión de que estamos incluídos en el poema?
6. ¿Cuál sería "el mensaje a los hombres" que se sugiere al final?

**G. Resumen.** Lee el poema otra vez y escribe un breve resumen de cinco a seis oraciones de lo que describe Mistral en su poema.

## Antes de leer

Al leer este poema es interesante pensar en la idea que tiene Octavio Paz (México, 1914– ) de que el significado de la poesía es el resultado de un encuentro entre el poema y el lector. Es decir, la interpretación viene de la contribución de la persona que lee los versos. Lo importante es que el lector participe en la creación literaria. Así lo que dice un poema puede ser momentáneo y cambiante porque depende en parte de la explicación de ella que dé el lector.

## El pájaro

| | |
|---|---|
| Un silencio de aire, luz y cielo. | |
| En el silencio transparente | |
| el día **reposaba** | was resting |
| la transparencia del espacio | |
| era la transparencia del silencio. | |
| La inmóvil luz del cielo **sosegaba** | silenced |
| el crecimiento de las **yerbas.** | weeds |
| Los **bichos** de la tierra, entre las piedras, | creatures |
| bajo una luz idéntica, eran piedras. | |
| El tiempo en el minuto se **saciaba.** | filled itself up |
| En la quietud **absorta** | absorbed |
| se consumía el mediodía. | |
| | |
| Y un pájaro cantó, delgada **flecha.** | arrow |
| **Pecho** de plata herido vibró el cielo, | breast |
| se movieron las hojas, | |
| las yerbas despertaron... | |
| Y sentí que la muerte era una flecha | |
| que no se sabe quién **dispara** | shoots |
| y en un abrir los ojos nos morimos. | |

### *Después de leer*

**H. Cognados.** Busca las palabras que se pueden reconocer por ser parecidas a las del inglés. Hay por lo menos siete que son fáciles de encontrar.

**I. Imágenes.** Al volver a leer el poema, presta atención a las maneras en que el poeta representa las ideas del movimiento y la inmovilidad.

**J. Interpretaciones.** Después de leer los versos una vez más, contesta las preguntas sobre el poema.

1. ¿Dónde tienen lugar las escenas que describe Paz?
2. ¿Qué quiere decir el poeta cuando dice que "los bichos de la tierra eran piedras"? ¿Qué hace que parezcan así los animales?
3. ¿Cómo pasa el tiempo en el contexto que se describe aquí?
4. ¿Qué le pasó al pájaro? ¿Cómo le pasó esto?
5. ¿A qué conclusión llega el poeta al final del poema? ¿Cómo parece sentirse el poeta al entender este significado?
6. ¿Cuál es el tono general del poema o la actitud del poeta que se comunica en él?
7. ¿Cuáles son algunas de las palabras claves que revelan esta actitud?
8. ¿Qué piensas de la posibilidad de que la voz que dice "sentí que la muerte era una flecha" sea la del pájaro mismo y no la de un observador humano?
9. ¿Qué te hace sentir a ti este poema?
10. ¿Cuál es para ti la parte más importante del poema? ¿Por qué?

# Enfoque estructural:

## *El subjuntivo con expresiones de incertidumbre*

As you learned earlier, the subjunctive mood is used in dependent clauses (after **que**) following expressions such as **querer que, es necesario que, es bueno que.** Spanish speakers also use the subjunctive in dependent clauses with expressions that indicate uncertainty or doubt about people, things, or events and also in dependent clauses that refer to something unknown or nonexistent.

| | |
|---|---|
| **Dudo** que Ramón **entienda** la situación política. | ***I doubt*** *that Ramón* ***understands*** *the political situation.* |
| **¿Es posible** que el tren **llegue** a tiempo? | ***Is it possible*** *that the train* ***will arrive*** *on time?* |
| **No es probable** que el tren **llegue** a tiempo. | ***It's not likely*** *that the train* ***will arrive*** *on time.* |
| **Puede ser** que el avión **salga** tarde. | ***It could be*** *that the plane* ***will leave*** *late.* |
| **Es increíble** que Marisol **tenga** esa actitud. | ***It's incredible*** *that Marisol* ***has*** *that attitude.* |
| **No creemos** que Carmen lo **compre.** | ***We don't think*** *Carmen* ***will buy it.*** (Doubt is implied.) |
| **No creo** que Carlos **tenga** tiempo. | ***I don't think*** *Carlos* ***has/will have*** *time.* (I fully believe he won't.) |

1. Whenever a verb or expression in the first half of a sentence (a) expresses doubt about a person, thing, or event, (b) places it within the realm of either possibility or impossibility, or (c) views it as unreal or unknown, the verb in the second half of the sentence is used in the subjunctive. To put it another way, when someone, or something, or an event is projected into what could be called "the twilight zone"–where its reality is imagined, questioned or negated–the verbs that refer to it are used in the subjunctive mood.
2. The following verbs and expressions convey doubt, uncertainty, and unreality and require the use of the subjunctive. So do expressions of possibility, impossibility, probability, and improbability, whether used with **no** or without it.

| | | | |
|---|---|---|---|
| **Dudo...** | **Es increíble...** | **(No) Es posible...** | |
| **Es dudoso...** | **Es imaginable** | **(No) Es imposible...** | **+ que** |
| **Puede ser...** | **No es verdad...** | **(No) Es probable...** | |
| **No estar seguro(a)...** | **No es cierto...** | **(No) Es improbable...** | |

# Dilo tú

**K. Lo dudo.** Imagina que eres una persona que duda de todo. Usa las expresiones entre paréntesis y el subjuntivo para expresar tus dudas y tus incertidumbres sobre las actividades de tus amigos.

◆ **Modelo:** Miguel es sincero. (dudo)
*Dudo que Miguel sea sincero.*

1. Pablo entiende bien la tarea. (no es posible)
2. Mario va a la biblioteca todas las noches. (dudo)
3. Isabelina se acuesta siempre a la 1:00 de la mañana. (es imposible)
4. Alejandro navega en tabla de vela. (es improbable)
5. Susana es más inteligente que su hermana. (no creo)
6. Manuel pasa sus exámenes sin estudiar. (es improbable)
7. Ramón tiene más paciencia que Alberto. (no puede ser)
8. Alfredo pinta muy bien. (no es verdad)

**L. ¿Es posible? ¿Es imposible?** Escribe una serie de seis a ocho oraciones sobre tus actividades, tus proyectos, tus gustos, etc. Algunos comentarios pueden ser ciertos; otros pueden ser exageraciones. Después, comparte tus oraciones con la clase. Tus compañeros de clase van a reaccionar a lo que dices, usando las expresiones **es posible que, es imposible que, dudo que, es probable que, no creo que, es improbable que,** etc. Sigue los modelos.

◆ **Modelo:** – Tengo diez perros y ocho gatos.
– *No es posible que tengas diez perros y ocho gatos.*
– Voy a casarme la semana que viene.
– *Dudo que te cases la semana que viene.*

# Enfoque estructural:

## *El subjuntivo con antecedentes indefinidos o imaginarios*

As you have already learned, when the first part of a sentence questions, doubts, denies, or sees as purely imagined the existence of something or someone, the verb in the second half of the sentence will be in the subjunctive. When talking about an unknown outcome, the use of the subjunctive is often linked with the future–the dimension where things have not yet happened or taken place.

Remember that the indefinite article is used to mark an unknown thing or person, while the definite article is used with something that is already known. (Also, note that the personal **a** is not used before the indefinite article or a direct object referring to a person who may or may not exist, except for **alguien** or **nadie.**) These are small clues that indicate whether a speaker is talking about something imagined or not and help determine whether to use the subjunctive or indicative mood.

| | |
|---|---|
| Necesitamos **un empleado** que **hable** sueco. | *We need **an employee** who **speaks** Swedish.* (Whoever it may be, we are trying to find a person.) |
| **No conozco a nadie** que **hable** sueco. | ***I don't know anybody** who **speaks** Swedish.* (I know of no such person.) |

| | |
|---|---|
| ¿**Hay alguien** que **entienda** el problema? | ***Is there anyone** who **understands** the problem?* (There may be no such person.) |
| ¿**Busca a alguien** que **pueda** ayudarlo? | ***Are you looking for someone** who **may be able** to help you?* (It is unclear who that person may be.) |
| **El (La) estudiante** que **escriba** la mejor composición ganará el premio. | ***The student** who **writes** the best composition will win the prize.* (Whoever that student may be, he or she is not yet known.) |
| **Buscamos una casa** que **tenga** cuatro dormitorios, una piscina, muchos árboles –y que **no cueste** mucho dinero. | ***We're looking for a house** that **has** four bedrooms, a pool, lots of trees–and that **doesn't cost** much money.* (This is the ideal kind of house that we have in mind, and we would like to find out if such a place exists.) |

In order to understand the important difference in meaning between the subjunctive and the indicative in these kinds of situations, notice the difference between the following pairs of sentences:

**Subjunctive**

Quiero **un** coche que **corra** rápido. (My ideal car is one that's fast.)

**Indicative**

Quiero **el** coche que **corre** rápido. (I want the fast car that's right over there.)

**Subjunctive**

Busco **un** hombre que **sea** piloto. (I don't know if he exists, but I'd like to find him.)

**Indicative**

Busco **al** hombre que **es** piloto. (I know this man, but I don't know where he is.)

## Dilo tú

**M. ¿Existe o no existe?** Completa las siguientes oraciones con la forma apropiada de los verbos entre paréntesis. Decide si es necesario usar el subjuntivo o el indicativo.

1. Éste es el cuadro de Frida Kahlo que el museo no ______ (tener).
2. No hay ningún jugador aquí que ______ (jugar) al fútbol como Diego Maradona.
3. ¿Hay alguien aquí que ______ (querer) boletos para el concierto de Celia Cruz?

4. Buscamos una persona que ______ (cantar) bien en español y en inglés.
5. José Canseco es el beisbolista que yo ______ (preferir).
6. Ustedes quieren una persona que ______ (escribir) más de cien palabras por minuto.
7. Raúl Juliá es uno de los actores hispanos que ______ (trabajar) en Hollywood.
8. ¿Hay un cuarto en el Hotel Tropicana que ______ (costar) un poco menos?
9. Buscamos el famoso teatro que ______ (presentar) El Ballet Folklórico de México.
10. Todos los estudiantes que ______ (leer) la novela *Don Quijote* el verano próximo, recibirán el premio de un viaje gratis a España.

**N. ¿Qué buscas?** Un(a) amigo(a) te menciona algo sobre su vida o su trabajo. Indica que entiendes la situación haciendo una pregunta con la información entre paréntesis. Sigue el modelo.

◆ **Modelo:** Esta compañía no paga bien. (una compañía / pagar mejor)
– *Ah, entonces, ¿buscas una compañía que pague mejor?*

1. La película que dan en el cine Variedades es demasiado triste. (una película / ser cómica)
2. Mi amigo Francisco escribe a máquina muy mal. (una persona / escribir bien)
3. No me gusta ese cuadro porque tiene pocos colores. (un cuadro / tener muchos rojos y verdes)
4. Ese programa me parece demasiado político. (un programa / ser más objetivo)
5. Las cintas en esa tienda son muy caras. (unas cintas / costar menos)
6. Ese tren sale demasiado temprano el lunes. (un tren / salir el lunes por la tarde)
7. Mi jefe no entiende la situación. (una persona / entender lo que pasa)
8. Mi tía no sabe usar la nueva computadora. (una persona / saber cómo funciona)
9. El agente de viajes está muy ocupado. (un agente / ayudarte ahora)
10. Ese vuelo no llegará a tiempo para cenar. (un vuelo / llegar a las 5:00)

**Ñ. Idealmente...** Piensa en "un(a) amigo(a) ideal" o "un viaje ideal" y prepara seis oraciones para conversar con uno(a) de tus compañeros(as) de clase. Menciona cinco o seis características de esta persona o cosa, usando verbos en el subjuntivo después de la frase "**Un ___ ideal para mí es un ____ que...** ", etc. Sigue el modelo.

◆ **Modelo:** *Un amigo ideal para mí es un amigo que sea inteligente,* etc.

# Introducción:

## *Las raíces de la literatura en América Latina*

Desde el comienzo de su historia, a los seres humanos siempre les han fascinado los misterios del universo. Al tratar de explicar el mundo y el origen de los pueblos que viven en él, se usaba el relato oral para contar las aventuras de los dioses y los héroes y, más tarde, las actividades de la gente común y corriente. La narración oral entretenía a la gente y le enseñaba una lección para su vida. De estas tradiciones orales transmitidas durante muchas generaciones pasadas nacieron los mitos, las fábulas y las leyendas. Muchos de los relatos orales más populares llegaron a escribirse, y todavía se siguen escribiendo, en forma de cuentos literarios.

Las culturas que han contribuido a la literatura de habla española son las culturas indígenas de las Américas, que existían antes de la llegada de los españoles, y la cultura africana, que llegó a los continentes americanos con la llegada de gente obligada a trabajar como esclavos en el campo, especialmente en el cultivo de la caña de azúcar.

La leyenda que sigue es un ejemplo de las leyendas de la civilización maya que floreció muchos siglos antes de la llegada de los españoles en lo que hoy es México y Centroamérica. Recientemente el traductor Domingo Dzul Poot, de Campeche, México, adaptó de la lengua maya al español varias de estas leyendas.

Los países de habla española donde se manifiesta más el interés en captar la realidad total del negro –sus sentimientos, sus creencias y su música, son Cuba, Puerto Rico y la República Dominicana. Entre los poetas más conocidos está el cubano Nicolás Guillén –famoso por la musicalidad de sus versos así como por la protesta que expresa contra la opresión y la desigualdad. Los versos de su poema *Balada de los dos abuelos* demuestran que Guillén es muy consciente de la presencia africana en América desde la llegada de los europeos hasta hoy en día. En su poema que sigue representa el espíritu vital del negro en la formación de la multiplicidad étnica de América.

### *Antes de leer*

**O. Verbos.** Lee el texto de la leyenda e identifica los verbos de la lista. Después, con un(a) compañero(a) escribe una definición que explique su significado. Consulta un diccionario para ver las definiciones que allí aparecen de ellas, comparándolas con las que ustedes escribieron.

1. rezar
2. mezclar
3. ordeñar
4. pastar
5. darse prisa
6. cruzar
7. retrasarse
8. ahogarse

## El agua lo trajo, el agua se lo llevó

**(Leyenda maya)**

Tata Bus rezaba a San Isidro, el santo patrón de los animales.

—¡Ay, San Isidro! Por favor, dame tan siquiera una vaca con su **becerro.** Te prometo que yo nunca venderé leche mezclada con agua como lo hace mi **vecino** al que llaman **"aguador".**

San Isidro hizo un **milagro** y le concedió su deseo. Tata Bus comenzó a vender leche pura de su vaquita a tres personas.

Un día vino una señora y le suplicó:

—Tata Bus, véndeme siquiera medio **calabazo** de leche cada día. Tata Bus dijo que iba a pensarlo. Si le ponía medio calabazo de agua a toda la leche que **ordeñaba,** seguramente no se notaría. De ese modo podría venderle a la señora lo que le pedía. Y así lo hizo. Con el dinero que ganó de la **venta** del medio calabazo diario de agua, compró dos vaquitas más. Todos los días las llevaba al campo a **pastar.**

Un día, mientras pastaba su **ganado,** cayó un torrencial **aguacero.** Tata Bus se dio prisa para llevar de nuevo sus vacas al pueblo. La vaca que le había dado San Isidro cruzó por una **hondonada** pero las dos que había comprado con el dinero de la venta del medio calabazo de agua se **retrasaron** y se **ahogaron** ahí. Entonces Tata Bus dijo:

—**¡Y qué más da!** El agua me las trajo, el agua se las llevó!

calf
neighbor
someone who cheats by watering down something
a miracle
a gourd
milked
the sale
to graze, to eat grass
cattle
a rainstorm
a ravine
fell behind / drowned
Who cares?

### *Después de leer*

**P. El contenido y su interpretación.** Contesta las preguntas sobre la leyenda "El agua lo trajo, el agua se lo llevó".

1. ¿Qué tipo de trabajo hace Tata Bus?
2. ¿Qué tipo de persona es el vecino de Tata Bus? ¿Cómo lo sabemos?
3. ¿Quién es San Isidro?
4. ¿Qué le promete Tata Bus a San Isidro?
5. ¿Cuál es el milagro que hace San Isidro?
6. ¿Qué hace Tata Bus inmediatamente después del milagro?
7. ¿Para qué sirve el calabazo?
8. ¿Qué decidió hacer un día Tata Bus con la leche que le pidió una señora?

9. Después de esto, ¿qué pasó con las vacas de Tata Bus?
10. ¿Qué significan las palabras de Tata Bus "¡y qué más da! El agua me las trajo, el agua se las llevó!"?
11. Después de todo, ¿qué tipo de persona es Tata Bus?
12. ¿Cuál es una de las lecciones que enseña esta leyenda?
13. ¿Cuál sería otro título que podría tener esta leyenda?

## *Antes de leer*

**Q. Vocabulario.** Identifica en el poema de Guillén las siguientes palabras. Después lee las definiciones de la columna de la derecha. Decide qué definición corresponde a cada palabra.

| | |
|---|---|
| 1. selva | a. animal con cola larga que vive en los árboles |
| 2. coco | b. el comienzo del día |
| 3. látigo | c. bosque de gran extensión |
| 4. tambor | d. fruto de un tipo de palma |
| 5. caimán | e. cuerda que se usa para golpear o castigar |
| 6. mono | f. proyección oscura de un cuerpo |
| 7. llanto | g. reptil parecido al cocodrilo |
| 8. madrugada | h. instrumento musical de percusión |
| 9. sombra | i. pieza protectora hecha de acero |
| 10. armadura | j. efusión de lágrimas |

## Balada de los dos abuelos

**por Nicolás Guillén**

shadows
escort, accompany

**Sombras** que sólo yo veo,
me **escoltan** mis dos abuelos.

bone
drum
throat piece of suit of armor / suit of armor

Lanza con punta de **hueso,**
**tambor** de cuero y madera:
mi abuelo negro.
**Gorguera** en el cuello ancho,
gris **armadura** guerrera:
mi abuelo blanco.

jungles
thick, muted gongs

África de **selvas** húmedas
y de **gordos gongos sordos...**
–¡Me muero!
(Dice mi abuelo negro.)

**Aguaprieta** de **caimanes,** — dark water / alligators
verdes mañanas de **cocos...** — coconuts
–¡Me canso!
(Dice mi abuelo blanco.)
Oh **velas** de **amargo** viento, — sails / bitter
galeón **ardiendo** en oro... — burning
–¡Me muero!
(Dice mi abuelo negro.)
Oh costas de cuello virgen
engañadas de **abalorios...** — glass beads
–¡Me canso!
(Dice mi abuelo blanco.)
¡Oh puro sol **repujado,** — embossed
preso en **el aro** del trópico; — hoop, ring
oh luna redonda y limpia
sobre el sueño de los **monos!** — monkeys

**¡Qué de** barcos, qué de barcos! — How many . . .
¡Qué de negros, qué de negros!
¡Qué largo **fulgor** de cañas! — shining
¡Qué **látigo** el del **negrero!** — whip / slavedriver
Piedra de **llanto** y de sangre, — weeping
venas y ojos **entreabiertos,** — half open
y **madrugadas** vacías, — dawns
y **atardeceres** de **ingenio,** — dusks / sugar mill
y una gran voz, fuerte voz
**despedazando** el silencio. — shattering
¡Qué de barcos, qué de barcos,
qué de negros!

Sombras que sólo yo veo,
me escoltan mis dos abuelos.

Don Federico me grita,
y **Taita** Facundo calla; — father or grandfather (colloquial)
los dos en la noche sueñan,
y andan, andan.
Yo los **junto.** — combine, mix, bring together

–¡Federico!

¡Facundo! Los dos se abrazan.
Los dos **suspiran.** Los dos — sigh
las fuertes cabezas **alzan;** — lift up, raise
los dos del mismo **tamaño,** — size
bajo las **estrellas** altas; — stars
los dos del mismo tamaño,
**ansia** negra y ansia blanca, — intense desire
los dos del mismo tamaño
gritan, sueñan, lloran, cantan.
Sueñan, lloran, cantan.
Lloran, cantan.
¡Cantan!

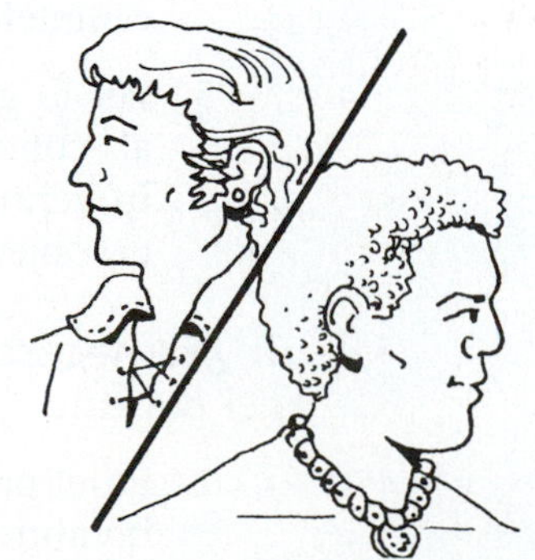

## *Después de leer*

**R. El contenido.** Contesta las preguntas sobre el contenido del poema.

1. Según el poeta, ¿quiénes lo acompañan siempre?
2. ¿Con qué compara el poeta a las dos figuras?
3. ¿Qué nombres les da el poeta a los dos hombres?
4. ¿Cuál es la diferencia principal entre los dos hombres?
5. ¿En qué se parecen los dos?
6. ¿Qué dice cada hombre en varias ocasiones?
7. ¿Cuál de los dos hombres sufrió más según el poeta?
8. ¿Le importa más al poeta uno de los hombres que el otro? ¿Por qué sí o por qué no?
9. Al final del poema, ¿qué hacen los dos hombres?
10. Pensando en el tono general del poema, ¿cómo parece sentirse el poeta en cuanto a sus parientes?

**S. La forma y el estilo.** Escoge la respuesta más apropiada sobre la forma y el estilo del poema.

1. La rima general de los versos depende más que nada de los sonidos de _______ .
   a. las vocales **i** y **e**
   b. las vocales **a** y **o**
   c. las vocales **e** y **u**

2. Los signos de exclamación en varios de los versos sirven para expresar _______ .
   a. cierta paz interior
   b. una actitud imparcial
   c. la fuerte pasión

3. La repetición es una técnica que Guillén usa para _______ .
   a. enfatizar imágenes y sonidos
   b. complicar el poema
   c. enseñar vocabulario

4. Según el tono general del poema, la actitud del narrador es ______ .
   a. nerviosa y contradictoria
   b. apasionada y orgullosa
   c. intelectual y contemplativa

5. Por lo general, el vocabulario que el poeta usa es _______ .
   a. concreto y descriptivo
   b. refinado y abstracto
   c. objetivo y filosófico

**T. ¿Es necesario?** Para cada espacio en blanco, da la forma apropiada del presente del subjuntivo del verbo entre paréntesis.

1. En el poema de Guillén el narrador pregunta si es necesario que un hombre _______ (tratar) a otro hombre como esclavo.

2. Es una lástima que el abuelo del narrador ______ (tener) que trabajar tanto.
3. Al narrador le molesta que su abuelo blanco ______ (golpear) a su abuelo negro.
4. ¿Hay esperanza de que algún día ______ (estar) libre su abuelo?
5. El narrador se alegra de que él ______ (ser) descendiente de sus dos abuelos.
6. Al poeta le da pena que los africanos ______ (sufrir) tanto.
7. El poema indica que es importante que nosotros ______ (entender) que todos los hombres son iguales en este mundo.

## Tú dirás

**U. ¿Es posible o es cierto?** A uno de tus amigos le gusta hablar de los otros, pero a veces él no está seguro de lo que dice. Usa las expresiones entre paréntesis para indicar tu reacción a los comentarios de tu amigo. Decide si se debe usar el subjuntivo o el indicativo. Sigue los modelos.

◆ **Modelo:** Juan va a quedarse en casa durante las vacaciones. (es probable)
*Es probable que Juan se quede en casa.*

Su hermana va a la casa de sus abuelos. (es cierto)
*Es cierto que su hermana va a la casa de sus abuelos.*

1. Héctor va a Acapulco en febrero. (es posible)
2. Sus padres quieren acompañarlo. (dudo)
3. Le gusta mucho navegar en barco de vela. (no es cierto)
4. No pasa mucho tiempo en la playa. (es increíble)
5. Felipe va a ir de vacaciones este año. (es probable)
6. Va a pasar ocho días en Aruba. (es posible)
7. Va a pedirle el coche a su hermano. (estoy seguro[a] de)
8. Su hermano se lo va a prestar. (es imposible)

**V. Busco algo...** Completa las siguientes oraciones para indicarle a un(a) amigo(a) cómo son las cosas que buscas o necesitas. Sigue el modelo.

◆ **Modelo:** Busco un coche...
*Busco un coche que corra rápido.*

1. Quiero leer un libro...
2. Mis abuelos buscan una casa...
3. ¿Prefieres comer en un restaurante donde...?
4. Mi padre necesita un empleado...
5. Quiero hablar con alguien...
6. No hay nadie aquí...
7. Necesitamos una máquina...

## Para empezar: *El realismo y el idealismo*

### *Preparación*

- ¿Sabes quién es don Quijote de la Mancha?
- ¿Sancho Panza?
- ¿Miguel de Cervantes?
- What do the terms "realism" and "idealism" mean to you in general?

Literature, and art in general, often deal with representations of these two important aspects of human experience. Great writers like Cervantes and Shakespeare, who both lived at about the same time, found ways to humanize the conflicts between realism and idealism in the characters they portrayed in specific situations that brought out the best and the worst in these characters. Literature and art, along with science and religion provide important ways of knowing about the world.

### *Antes de leer*

**A. Estudio de palabras.** Lee el texto por encima *(skim)* y localiza las palabras que tienes a continuación. Después, con un(a) compañero(a) escribe una definición que explique mejor su significado. Consulten un diccionario para ver las definiciones que ahí aparecen, comparándolas con las que ustedes escribieron.

1. el realismo
2. el idealismo
3. la sátira
4. el espíritu
5. la justicia
6. el materialismo

**Don Quijote y Sancho Panza pintados por Pablo Picasso**

Miguel de Cervantes (1547–1616) mezcló las **corrientes** del realismo y el idealismo, entre otras, al escribir una de las obras más universales de la literatura: *El ingenioso hidalgo don Quijote de la Mancha.* Cervantes vivió durante una época de grandes conflictos cuando España tenía el imperio más vasto que ha conocido hasta ahora la historia de la humanidad. En esa época, por un lado se proclamaba lo ideal de la gloria de España y por otro **se negaba** su **grandeza.** El país atravesó varios momentos de crisis y al final no fue capaz de controlar la administración y la economía de sus extensos territorios en Europa, África, Indonesia y América. En estas circunstancias, el pueblo español sentía, sin poder evitarlo, una gran tensión entre el realismo y el idealismo. Cervantes reconoció esta tensión y la representó en su creación literaria.

currents

was denied / greatness

Los lectores de la famosa novela de Cervantes han hecho innumerables interpretaciones de ella a lo largo de los siglos. Sin embargo, la mayoría está de acuerdo en que los dos protagonistas, don Quijote y Sancho Panza, representan **valores** espirituales que nos dan una **amplia** y rica visión de la naturaleza humana y del **destino** del ser humano en general. Don Quijote y Sancho son hijos de España pero, a la vez, son hombres universales y **eternos.**

values / broad

destiny, fate

eternal

Don Quijote, el gran idealista, tiene una **fe ciega** en los valores del espíritu como la **bondad,** la **honra,** la **valentía,** la **lealtad** y el amor a la justicia. Está convencido de que es todo un caballero con la noble misión de reformar el mundo. Sale en busca de aventuras con la idea de hacer bien a todos para que triunfe la justicia. Por el contrario Sancho, el humilde realista, con su fuerte sentido práctico de las cosas, tiene mucho interés en las cosas materiales. Es un **labrador sencillo** y **grosero** que siempre tiene hambre y sed. La razón por la que decide acompañar a don Quijote en sus aventuras es porque espera convertirse en un hombre rico y famoso cuando vuelva a su casa.

blind faith

kindness / honor / courage / loyalty

farmhand, peasant / simple / vulgar

## Comentarios culturales

**La popularidad de *El Quijote*.** *El ingenioso hidalgo don Quijote de la Mancha* es una de las creaciones literarias más populares en la historia de la literatura. Después de la *Biblia* es una de las obras más publicadas y más traducidas del mundo. Es interesante notar también que el vocabulario que usa Cervantes es uno de los más extensos de la historia literaria. Como ejemplo, en comparación con las 6.000 palabras que contiene la versión inglesa de la *Biblia* (King James), Cervantes usa unas 8.200 palabras distintas en *El Quijote.*

### *Después de leer*

**B. Cierto / Falso.** Decide si las siguientes oraciones son ciertas o falsas. Corrige las falsas de acuerdo con la información que acabas de leer.

| Cierto | Falso | |
|---|---|---|
| ☐ | ☐ | 1. Cervantes escribió "la novela por excelencia" porque pudo combinar genialmente el realismo y el idealismo. |
| ☐ | ☐ | 2. En su novela clásica Cervantes presenta una visión universal de cómo sienten y cómo actúan los seres humanos en general. |
| ☐ | ☐ | 3. En la época de Cervantes, España tenía un lugar sin importancia en el mundo. |
| ☐ | ☐ | 4. Los críticos han hecho sólo dos o tres interpretaciones de esta obra. |
| ☐ | ☐ | 5. Esta novela no es interesante para la gente que no sabe nada de España. |
| ☐ | ☐ | 6. Don Quijote cree que es posible mejorar las cosas. |
| ☐ | ☐ | 7. Don Quijote tiene mucho interés en la comida y la bebida. |
| ☐ | ☐ | 8. A Sancho le interesa la manera más directa y eficiente de hacer las cosas. |
| ☐ | ☐ | 9. Sancho Panza casi siempre piensa en cómo puede ayudar a la gente. |

**C. Los personajes y sus valores.** Escribe un parrafo de cinco o seis oraciones sobre don Quijote y otro sobre Sancho Panza. Indica lo que es importante para cada uno y lo que representan los dos personajes en la famosa novela de Cervantes.

# **Lectura:** *Don Quijote: Nuestro héroe*

## *Antes de leer*

**D. Los caballeros.** What do you know about Knights of Chivalry? Have you heard of the legend of King Arthur and the Knights of the Round Table? What qualities do you associate with a "knight in shining armor"? ¿Cómo es un "caballero andante"? ¿Quién es don Quijote de la Mancha? ¿Cómo es don Quijote?

DON FLORISEL DE NIQVEA.

LA PRIMERA PARTE

DE LA QVARTA DE LA CHORONICA DEL

excellentiſsimo Principe Don Floriſel de NIQUEA que fue escripta en Grie[illegible] por Galerſis, fue ſacada en latin por Philaſtes Campaneo, y traduzida en romance caſtellano por Feliciano de Silva.

Una de las páginas de una novela de caballerías que era muy popular en la época de Cervantes

**E. Así es.** ¿Cuáles de las siguientes palabras asocias con don Quijote?

| | | | | |
|---|---|---|---|---|
| perezoso | gordo | curioso | cruel | bajo |
| joven | valiente | pobre | ambicioso | tonto |
| débil | delgado | antisocial | alegre | malo |
| aventurero | aburrido | fuerte | egoísta | |
| individualista | guapo | activo | paciente | |

## Don Quijote

### por Miguel de Cervantes

### Nuestro héroe

En un lugar de la Mancha, de cuyo nombre no quiero acordarme, no hace mucho tiempo que vivía un **hidalgo** pobre. Tenía en su casa un **ama de casa** que pasaba de cuarenta años, y una sobrina que no llegaba a los veinte. La edad de nuestro hidalgo era de cincuenta años; era fuerte, delgado, muy activo y amigo de la **caza.** Los momentos en que no tenía nada que hacer (que eran la mayoría del año), se dedicaba a leer libros de caballerías con tanta afición y gusto que olvidó casi completamente el ejercicio de la caza, y aun la administración de su hacienda. Llegaron a tanto su curiosidad y locura en esto, que vendió muchas tierras para comprar libros de caballerías para leer, y así llevó a su casa muchos libros de esta clase.

nobleman / housekeeper

hunting

Los quatro libros del Uir
tuoso cauallero Amadis
de Gaula: Complidos.

Tuvo muchas disputas con el **cura** de su lugar, y con maestro Nicolás, el barbero del mismo pueblo, sobre cuál había sido mejor caballero, Palmerín de Inglaterra o Amadís de Gaula, y sobre otras cuestiones semejantes que trataban de los personajes y episodios de los libros de caballerías. Se aplicó tanto a su lectura que pasaba todo el tiempo, día y noche, leyendo. Se llenó la cabeza de todas aquellas locuras que leía en los libros, tanto de **encantamientos** como de disputas, batallas, duelos, heridas, amores, infortunios y absurdos imposibles. Tuvieron tal efecto sobre su imaginación que le parecían verdad todas aquellas invenciones que leía, y para él no había otra historia más cierta en el mundo.

priest
magic spells

Como ya había perdido **su juicio,** le pareció necesario, para aumentar su gloria y para servir a su nación, hacerse **caballero andante,** e irse por todo el mundo con sus armas y caballo a buscar aventuras. Pensaba dedicarse a hacer todo lo que había leído que los caballeros andantes hacían, destruyendo todo tipo de deshonor y poniéndose en circunstancias y peligros, donde, terminándolos, obtendría eterna gloria y fama. Lo primero que hizo fue limpiar unas **armas** que habían sido de sus **bisabuelos.** Las limpió y las reparó lo mejor que pudo, pero vio que tenían una gran falta, y era que no tenían **celada;** más con su habilidad hizo una celada de **cartón.** Para probar si era fuerte, sacó su **espada** y le dio dos golpes con los que deshizo en un momento la que había hecho en una semana. Volvió a hacerla de nuevo y quedó tan satisfecho de ella, que sin probar su firmeza la consideró finísima celada.

sanity
knight-errant
weapons / great-grandparents
helmet / cardboard
sword

## *Después de leer*

**F. ¿Comprendiste?** Escoge la frase que mejor describa el propósito del narrador del texto que acabas de leer.

a. dar una serie de opiniones personales sobre los viejos locos
b. narrar una secuencia de acontecimientos importantes en la historia española
c. describir el temperamento de un protagonista interesante
d. convencer a los lectores que vale la pena leer libros de caballerías

**G. Comprensión.** Contesta en español las siguientes preguntas sobre la lectura.

1. ¿Quiénes vivían con el hidalgo en su casa?
2. ¿Cuántos años tenía don Quijote?
3. ¿Cómo era físicamente?
4. ¿Cómo pasaba don Quijote la mayoría de su tiempo?
5. ¿Cómo lo afectó esta actividad?
6. ¿Cuál era el tema de las disputas entre don Quijote, el cura y el barbero?
7. ¿Qué decidió hacer don Quijote por fin? ¿Por qué tomó esta decisión?
8. Después de limpiar las armas, ¿qué descubrió don Quijote que necesitaba?
9. ¿Cómo resolvió el protagonista su problema?

**H. ¿Qué pasará con don Quijote?** Ahora que ya sabes algo sobre el carácter de don Quijote, escribe un párrafo de seis oraciones describiendo lo que tú crees que él hará al día siguiente. Usa el tiempo futuro en tu descripción.

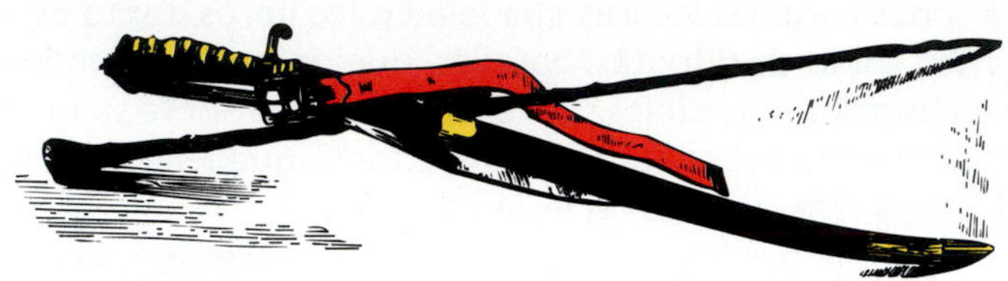

## ¿Recuerdas?

**I. Una persona ideal.** Discute con un(a) compañero(a) sobre las características que definirían a un(a) compañero(a) de apartamento ideal. Comiencen sus comentarios con "un(a) compañero(a) ideal para mí es un hombre/una mujer que..." Recuerda que los verbos que uses deben estar en el subjuntivo porque estas personas todavía son parte de tu imaginación.

**J. ¿Qué es necesario?** Piensa en por lo menos cinco cosas que son necesarias, importantes o aconsejables que hagas antes de salir de viaje. Cuando un(a) compañero(a) te pregunte lo que es necesario, importante o aconsejable que hagas, tú le contestas con las expresiones **es necesario que yo...**, **es importante que yo...** o **es aconsejable que yo...**

◆ **Modelo:** *Es importante que yo reserve los billetes con tiempo.*

## Enfoque estructural:

### *Más sobre el subjuntivo*

**El subjuntivo después de ciertas conjunciones: *en caso de que, sin que, con tal de que, a menos que, para que, antes de que***

There are certain conjunctions in Spanish after which the subjunctive is always used because they usually relate one event to another by projecting them into the realm of the unknown or by linking them to an event that may or may not occur.

| | |
|---|---|
| **En caso de que salga** temprano, te llamaré. | ***In case I leave*** *early, I'll call you.* |
| El perro no puede salir **sin que** lo **veamos.** | *The dog can't get out* ***without our seeing*** *him.* |

The following conjunctions are always used with the subjuntive: **en caso de que, sin que, con tal de que, antes de que, para que, a menos que.** (Note: the first letter of each of these conjunctions in this order spells the word *ESCAPA,* which may help you remember them.)

Iré al cine **con tal de que** tú **pagues.** — *I'll go to the movies* ***as long as*** *you* ***pay.***

No pueden llamar **a menos que** les **des** tu número. — *They can't call* ***unless*** *you* ***give*** *them your number.*

Elsa habla español en casa **para que** sus hijos lo **aprendan.** — *Elsa speaks Spanish at home* ***so that*** *her children* ***will learn*** *it.*

¿Piensas comer **antes de que lleguemos?** — *Do you plan to eat* ***before we arrive?***

### El subjuntivo y el indicativo con *cuando* y *aunque*

The conjunction **cuando** can be used with either the subjunctive or the indicative, according to the idea you want to express. It is a conjunction tied to time. The subjunctive is used in the **que** clause when the verb of the main clause is in the future tense. This is because *the next time* is implied and there is no certainty that the action will take place.

Hablaremos con Mario **cuando llame.** — *We'll talk with Mario* ***when he calls.*** (This hasn't happened yet.)

**Cuando llegue** a México, comeré muchos tacos de pollo. — ***When I get to*** *Mexico, I'll eat lots of chicken tacos.* (The next time I go there, whenever that may be, I will do this.)

When the verb in the main clause is in the past, however, the indicative is used after **cuando** because the action has already taken place.

Comí muchos tacos **cuando llegué** a México. — *I ate lots of tacos* ***when I got to*** *Mexico.* (This is what happened that time.)

When the main-clause verb is in the present tense, **cuando** is also followed by a verb in the indicative because it refers to *whenever* something happens on a regular basis.

Siempre como muchos tacos **cuando voy** a México. — *I always eat lots of tacos* ***whenever I go*** *to Mexico.* (This happens on a regular basis.)

**Aunque** is a conjunction that allows for two different meanings, depending on whether it is used with the subjunctive or the indicative. The subjunctive is used after **aunque** when an outcome is seen as indefinite.

**Aunque sea** inteligente, Vicente no estudia. — *Even* ***though he may be*** *intelligent, Vicente doesn't study.*

Used with the indicative, **aunque** conveys the idea that something is an established fact, regardless of the tense that is used in the main clause.

**Aunque es** inteligente, Vicente no estudia. — ***Even though he is*** *intelligent, Vicente doesn't study.*

Notice that these two conjunctions, like several of the others you have learned, can be used either at the beginning of a sentence, before the main clause, or after it.

## Dilo tú

**K. Circunstancias.** Elige uno de los verbos entre paréntesis para completar las frases siguientes.

1. Yo no pienso salir de viaje a menos que ustedes _______ (llegar, terminar, escribir, regresar, llamar).
2. Mi tía Alicia dice que está preparada en caso de que yo no _______ (volver, llamar, entender, ganar, correr).
3. El jefe siempre lleva el dinero al banco antes de que los empleados _______ (salir, ir, terminar, insistir, venir).
4. Mis padres hacen todo lo posible para que nosotros _______ (aprender, divertirse, estudiar, viajar, entender).
5. Ese empleado siempre se va temprano sin que el jefe lo _______ (permitir, ver, saber, llamar, parar).
6. Todos te ayudaremos con tal de que tú _______ (trabajar, pagar, venir, estar, volver).

**L. Todo depende...** Trabaja con un(a) compañero(a) de clase para completar las oraciones de una manera original, indicando que la situación depende de algo. Sigan el modelo.

◆ **Modelo:** El editor publica la revista para que la gente...
*El editor publica la revista para que la gente lea en español.*

1. Dicen que la actriz siempre sale del teatro sin que el público...
2. ¿Quiénes pueden leer esa novela antes de que el profesor...?
3. No quiero comprar la novela a menos que yo...
4. ¿Qué piensas hacer en caso de que tu novio(a) no...?
5. Muchos actores de cine dicen que sólo trabajan para que el público...
6. El (La) novelista espera escribir otra obra con tal de que él (ella)...

**M. Premio para un escritor.** Completa las siguientes oraciones (todas juntas narran una anécdota) con la forma apropiada del presente del subjuntivo o del indicativo del verbo entre paréntesis. La explicación sugerida entre paréntesis puede ser una ayuda en algunos casos.

1. El escritor Fulano siempre acepta cuando alguien le _______ (mandar) una invitación. (La gente lo invita a menudo.)
2. Esta vez, Fulano sonríe cuando _______ (leer) una carta importante sobre un premio literario. (La carta le da la información.)
3. Irá a la ceremonia aunque él no _______ (recibir) el premio. (No sabe si va a recibirlo.)
4. Quiere hacer el viaje aunque nadie _______ (saber) quién va a ganar. (Es seguro que nadie tiene idea en este momento.)
5. Su bella amiga Lola lo acompañará aunque ella _______ (tener) mucho trabajo. (Sabemos que está muy ocupada con un proyecto.)
6. Empezarán las fiestas cuando Fulano y Lola _______ (llegar). (No han llegado todavía.)

7. Aunque todos sus amigos lo ______ (esperar), Fulano llegará un poco tarde. (Todos están esperando ahora.)
8. Fulano siempre hace esto cuando ______ (querer) llamar la atención. (Le gusta la atención.)
9. Estará bien preparado en caso de que el maestro de ceremonias ______ (decir) su nombre. (Fulano no sabe si lo va a oír.)
10. De pronto, el público dice "¡Bravo!" cuando ______ (oír) el nombre "Lanufo". (Ése es el nombre que el maestro de ceremonias anuncia.)
11. "Está bien", dice Fulano. "Aunque no ______ (ser) mi nombre, tiene todas las letras de mi nombre". (El maestro de ceremonias no dice su nombre.)
12. Aunque Fulano ______ (saber) que no ha ganado el premio esta vez, le dice "¡Felicidades!" a Lanufo. (Fulano tiene esta información ahora.)
13. "La próxima vez", Fulano le dice a Lola, "cuando nosotros ______ (ir) a la ceremonia, el premio será para mí. ¡Esta vez sólo perdí por el orden de las letras!" (No han ido todavía a esa ceremonia.)

## Enfoque estructural: *El condicional*

**El condicional**

The conditional tense in Spanish is equivalent to the English structure *would* + verb. It simply expresses what would happen if the conditions were right.

| | |
|---|---|
| ¿**Viajarías** conmigo? | ***Would you travel*** *with me?* |
| Sí, **me gustaría** viajar contigo. | *Yes,* ***I would like*** *to travel with you.* |
| ¿No **irían** tus primos con ellos? | ***Wouldn't*** *your cousins* ***go*** *with them?* |
| ¿**Venderías** tu bicicleta? | ***Would you sell*** *your bicycle?* |
| Pedro dijo que **llegaría** a las 6:00. | *Pedro said* ***he would arrive*** *at 6:00.* |

Another way to think about the conditional is that it is related to the past the way the future is to the present. That is, the conditional refers to the *future* of an action in the *past*.

| | |
|---|---|
| **Dicen** que **volverán** temprano. | ***They say they will return*** *early.* |
| **Dijeron** que **volverían** temprano. | ***They said they would return*** *early.* |

The conditional tense is very similar to the future tense. It is formed by adding the endings **-ía, -ías, -ía, -íamos, -íais,** and **-ían** to the infinitive, whether it be an **-ar, -er,** or **-ir** verb.

**llegar**

| | | | |
|---|---|---|---|
| yo | llegar**ía** | nosotros | llegar**íamos** |
| tú | llegar**ías** | vosotros | llegar**íais** |
| él / ella / Ud. | llegar**ía** | ellos / ellas / Uds. | llegar**ían** |

**ver**

| | | | |
|---|---|---|---|
| yo | ver**ía** | nosotros | ver**íamos** |
| tú | ver**ías** | vosotros | ver**íais** |
| él / ella / Ud. | ver**ía** | ellos / ellas / Uds. | ver**ían** |

**pedir**

| | | | |
|---|---|---|---|
| yo | pedir**ía** | nosotros | pedir**íamos** |
| tú | pedir**ías** | vosotros | pedir**íais** |
| él / ella / Ud. | pedir**ía** | ellos / ellas / Uds. | pedir**ían** |

The conditional *cannot* be used in Spanish to refer to something that "used to be" the way *would* can be used in English: "When we were kids, we would always go to the movies on Saturdays." (As you have learned, the imperfect tense is used in Spanish to talk about habitual actions in the past.)

As you have learned already, some verbs use a different stem to form the future tense. They use these same stems to form the conditional tense. The endings, however, are the same as for regular verbs (**-ía, -ías, -ía, -íamos, -íais, -ían).** The most common verbs that do not use the infinitive as the stem to form either the future or the conditional tense are:

| | | | |
|---|---|---|---|
| decir | **dir-** | yo **diría** | tú **dirías,** etc. |
| haber | **habr-** | yo **habría** | |
| hacer | **har-** | yo **haría** | |
| poder | **podr-** | yo **podría** | |
| poner | **pondr-** | yo **pondría** | |
| querer | **querr-** | yo **querría** | |
| saber | **sabr-** | yo **sabría** | |
| salir | **saldr-** | yo **saldría** | |
| tener | **tendr-** | yo **tendría** | |
| venir | **vendr-** | yo **vendría** | |

**Usos especiales del condicional**

Just as the future tense may be used in Spanish to wonder about an action or a situation related to the present, so the conditional tense is used to make a guess about something in the past.

| | |
|---|---|
| ¿Cuántos años **tendría** ese escritor? | ***I wonder*** *how old that writer* ***was?*** (How old could that writer have been?) |
| **Tendría** unos setenta años. | ***He was probably*** *about seventy years old.* |
| ¿Quién **sería** esa persona? | ***I wonder who*** *that person was?* (Who could that person have been?) |

Another common use of the conditional tense is to express politeness in a statement or soften a request, much as the phrases *I would like to...* or *Would you mind...* do in English.

| | |
|---|---|
| ¿**Te gustaría** ir conmigo? | ***Would you like*** *to go with me?* |
| ¿**Tendría** Ud. tiempo para ayudarme? | ***Would you have*** *time to help me?* |

# Dilo tú

**N. ¿Qué dijeron que harían?** Cambia el primer verbo al pretérito y el segundo al condicional para hacer una referencia al pasado.

◆ **Modelo:** Dice que escribirá una novela.
*Dijo que escribiría una novela.*

1. Me dicen que les darán un premio a los tres mejores escritores.
2. Ramón dice que le gusta leer los poemas de Neruda.
3. ¿Dicen ustedes que no irán a la ceremonia?
4. Mi amigo dice que no leerá esa novela.
5. ¿Dices que no escribirás la composición?
6. Los críticos dicen que la gente no entenderá la novela.
7. El editor dice que publicará otra revista en español.
8. ¿Ustedes dicen que no será difícil encontrar a esa autora?
9. Carlos y Marta dicen que verán a muchos escritores en la fiesta.
10. Yo digo que algún día Carlos Fuentes, de México, ganará el Premio Nóbel.

**Ñ. ¿Quién sabe por qué?** Contesta las siguientes preguntas, expresando incertidumbre o conjetura *(conjecture)* sobre el pasado. Usa la información entre paréntesis en tu respuesta. Sigue el modelo.

◆ **Modelo:** ¿Por qué no aceptó ese autor el premio literario? (estar / muy enojado)
*Estaría muy enojado.*

1. ¿Cuántos años tenía el escritor cuando murió? (tener / ochenta años)

2. ¿Quiénes vinieron para hablar de la novela? (venir / los que la leyeron)
3. ¿Sabes quién llamó por teléfono durante la ceremonia? (ser / el presidente)
4. ¿Qué dijo el maestro de ceremonias? (decir / lo que siempre dice)
5. ¿Por qué no caminaron todos por el parque después de la reunión? (hacer / mucho frío)
6. ¿Cómo regresaron los escritores al hotel a la medianoche? (tomar / un taxi)
7. ¿Cuánto costó ese libro tan viejo de Cervantes? (costar / unos 300 dólares)
8. ¿Cómo pagó el comité por el premio si no tenía fondos? (pagar / con contribuciones de los socios)
9. ¿Por qué puso la escritora el libro en su maleta? (poner / para no dejarlo en el cuarto del hotel)
10. ¿A qué hora llegaron los jueces anoche? (ser / las 3:00 de la mañana)

**O. La cortesía es importante.** Cambia las oraciones a una forma más cortés *(courteous).* Sigue el modelo.

◆ **Modelo:** ¿Puedes ayudarme con el coche?
*¿Podrías ayudarme con el coche?*

1. ¿Puedo usar tu raqueta esta tarde?
2. ¿Tiene usted tiempo para ir conmigo?
3. Ella no debe hablar de esa manera.
4. Prefiero ver otra película.
5. ¿Me puede decir usted qué hora es?
6. ¿Les gusta a tus padres viajar en tren?
7. No es posible hacer eso.
8. Tendré más interés en otra ocasión.
9. No es ninguna molestia.
10. ¿Me da usted la oportunidad de trabajar aquí este verano?
11. Es posible hablar con el jefe mañana.
12. Puedes hablarme de tu problema.

## Lectura: *Don Quijote–Los molinos de viento*

### *Antes de leer*

En La Mancha, la región donde don Quijote tuvo muchas de sus aventuras, hay muchos molinos de viento. En un episodio de la famosa novela de Cervantes, el héroe ataca un molino con su lanza, creyendo que es en realidad un enorme gigante. La gente de muchos pueblos de La Mancha dice que su pueblo es el lugar donde nació don Quijote. ¿Qué dice don Quijote de los molinos? ¿Qué dice Sancho que son?

**P. La locura *(madness)* de don Quijote.** Don Quijote percibía la realidad de una forma muy especial. Lee el primer diálogo del texto. ¿Qué ve don Quijote? ¿Qué piensa hacer con ellos?

**Q. Sancho Panza, el realista.** Vuelve a leer el primer diálogo. ¿Cómo responde Sancho al comentario de su amo?

## Los molinos de viento

Don Quijote y Sancho iban caminando por el Campo de Montiel cuando de pronto descubrieron treinta o cuarenta **molinos de viento** que había en aquel campo. Cuando don Quijote los vio, dijo a su **escudero**: —La fortuna **está guiando** nuestras cosas mejor de lo que podemos desear; porque ves allí, amigo Sancho Panza, treinta o pocos más enormes **gigantes**, con quienes pienso hacer batalla y quitarles a todos la vida.

—¿Qué gigantes?—dijo Sancho Panza.

windmills
shieldbearer
is guiding
giants

Molinos de viento, La Mancha, España

master
leagues (a measured length)

—Aquéllos que allí ves, —respondió su **amo,** —de los brazos largos, que los tienen algunos de casi dos **leguas.**

Your Grace
blades (of windmill)

—Mire **vuestra merced,** —respondió Sancho, —que aquéllos que allí parecen ser gigantes son molinos de viento, y lo que en ellos parecen brazos son las **aspas,** que, cuando el viento las mueve, hacen andar la piedra del molino.

you're not well-informed

—Bien parece, —respondió don Quijote, —que **no estás versado** en las aventuras: ellos son gigantes; y si tienes miedo, quítate de ahí porque voy a entrar con ellos en feroz batalla.

he dug in his spurs
Don't flee / cowards

Y diciendo esto, **picó con la espuela** a su caballo Rocinante, sin prestar atención a los gritos que su escudero Sancho le daba, diciéndole que, sin duda alguna, eran molinos de viento, y no gigantes, aquéllos que iba a atacar. Pero él estaba tan convencido de que eran gigantes, que no oía los gritos de su escudero Sancho, ni se dio cuenta, aunque estaba muy cerca, de lo que eran; al contrario, iba diciendo en voz alta: **—¡No huyáis, cobardes** y viles criaturas, porque un solo caballero es el que os ataca!

Se levantó en este momento un poco de viento, y las grandes aspas comenzaron a moverse. Cuando vio esto, don Quijote dijo: —Pues aunque mováis todos los brazos juntos, me lo pagaréis.

he hurled himself
went rolling
donkey

Y diciendo esto, después de dedicarse de todo corazón a su señora Dulcinea, pidiéndole su ayuda en tan peligroso momento, **se precipitó** a todo el galope de Rocinante, y atacó con la lanza al primer molino que estaba delante. El viento movió el molino con tanta furia, que hizo pedazos la lanza, llevándose detrás de sí al caballo y al caballero, que **fueron rodando** por el campo. Fue a ayudarle Sancho Panza a todo el correr de su **asno,** y cuando llegó, descubrió que no podía moverse.

Good heavens!

—**¡Válgame Dios!** —dijo Sancho, —¿por qué no miró bien vuestra merced lo que hacía. ¿No le dije que eran molinos de viento y no gigantes?

Be quiet
magician
ill-will
evil arts

—**Calla,** amigo Sancho, —respondió don Quijote; —que las cosas de la guerra más que otras están sujetas a contínua transformación. Por eso yo pienso que un **encantador** llamado Fristón ha cambiado estos gigantes en molinos para quitarme la gloria de su derrota; tal es la **enemistad** que me tiene; pero al fin, al fin, poco podrán hacer sus **malas artes** contra la bondad de mi espada.

—Así es, —respondió Sancho Panza; y ayudándole a levantarse, volvió a subir sobre Rocinante. Y hablando de la pasada aventura, siguieron el camino.

## *Después de leer*

**R. Estudio de palabras.** Piensa en dos sinónimos para las palabras que aparecen en la lista. Usa un diccionario cuando sea necesario.

1. enorme
2. una batalla
3. precipitarse
4. la furia
5. el asno
6. un encantador
7. la derrota
8. la enemistad

**S. Y entonces...** Completa las siguientes frases de acuerdo con lo que se narra en la lectura.

1. Don Quijote y Sancho iban caminando por el campo cuando de pronto descubrieron allí...
2. Don Quijote pensaba hacer batalla, diciéndole a Sancho que lo que veían eran...
3. Al oír esto, Sancho respondió que...
4. Sin prestar atención a su escudero, don Quijote picó con la espuela a Rocinante y...
5. En ese momento un viento fuerte...
6. Sancho corrió para ayudar a don Quijote pero cuando llegó...
7. La explicación de esta aventura que ofreció don Quijote fue que...

**T. Comprensión.** Contesta en español las preguntas sobre la lectura.

1. ¿Cuántos molinos de viento había en el campo?
2. ¿Qué creía don Quijote que eran los molinos?
3. ¿Qué dijo don Quijote que haría con los molinos?
4. ¿Cómo reaccionó Sancho cuando oyó lo que don Quijote pensaba?
5. A pesar de los gritos de Sancho, ¿qué hizo don Quijote?
6. ¿Qué pasó cuando el viento empezó a mover las aspas del molino?
7. ¿Cómo explicó don Quijote lo que había pasado?
8. ¿Crees tú que es mejor ser como don Quijote o como Sancho Panza? ¿Por qué?

**U. Entrevistas con don Quijote y Sancho Panza.** Trabajando con un(a) compañero(a), preparen seis preguntas sobre el incidente de los molinos para don Quijote y seis para Sancho. Después un(a) estudiante hará el papel de don Quijote para contestar las preguntas que le hace el (la) entrevistador(a), y el otro hará el papel de Sancho para contestar las preguntas que le tocan a este personaje.

## Tu dirás

**V. Dije que sí, pero ahora no puedo.** Contesta las preguntas que siguen indicando que las personas mencionadas dijeron que harían algo, pero que ahora no lo pueden hacer. Sigue el modelo.

◆ **Modelo:** ¿Vas a ir al cine?
*Dije que iría, pero ahora no puedo.*

1. ¿Piensas salir el miércoles para España?
2. ¿Viajarán ustedes juntos en el avión?
3. ¿Tu novio(a) va a cantar esta noche?
4. ¿El (La) profesor(a) va a estar en la fiesta?
5. ¿Tus primos van a nadar con nosotros?
6. ¿El taxista vendrá a las 11:00 por nosotros?
7. ¿Vas a ayudar a tu amigo(a) esta tarde con sus muebles?
8. ¿Quieren correr ustedes diez kilómetros conmigo mañana?
9. ¿Podrás terminar el proyecto este fin de semana?
10. ¿Tus amigos quieren jugar al tenis hoy?

**W. En ese caso...** Indica lo que tú o las personas mencionadas harían en las circunstancias indicadas. Sigue el modelo.

◆ **Modelo:** Ves un coche parado en la carretera con una llanta desinflada *(flat tire)*. ¿Qué harías?
*Ayudaría a la persona a cambiar la llanta.*

1. Estás en un restaurante cuando alguien grita, "¡Fuego en la cocina!" ¿Qué harías?
2. Tu amigo y tú caminan por la calle cuando empieza a llover. Tú no tienes paraguas, pero él sí. ¿Qué haría tu amigo?
3. Tienes un dolor de cabeza. ¿Qué harías?
4. Tu hermano quiere comprar una bicicleta pero le falta dinero. ¿Qué haría él?
5. Tú ves a una niña de tres años que no sabe nadar. Se cae en la piscina. ¿Qué harías?
6. Tus amigos quieren ir a una fiesta pero nadie tiene coche. ¿Qué harían?
7. Tus padres no están preparados para una visita. Reciben una llamada telefónica de unos parientes que dicen que van a pasar a visitarlos a las 6:00 de la tarde. ¿Qué harían tus padres?
8. Una escritora recibe las noticias de que ha ganado un premio literario. ¿Qué haría ella?
9. En un autobús tú ves que un muchacho está enojado y que golpea a otro muchacho. ¿Qué harías?
10. Tus compañeros están cansados y tú estás tocando música rock muy alto. ¿Qué pasaría?

**X. Planes inseguros.** Con un(a) compañero(a) completa las siguientes oraciones con el subjuntivo o el indicativo, usando la información entre paréntesis. Sigue el modelo.

◆ **Modelo:** Nosotros pensamos ir a la reunión a menos que... (ustedes / no ir)
*Nosotros pensamos ir a la reunión a menos que ustedes no vayan.*

1. El novelista va a la ceremonia para que... (ellos / darle el premio)
2. Carolina siempre va al cine sin que... (su hermano / saberlo)
3. Siempre visito a Carlos cuando... (yo / ir a México)
4. Compraremos otro abrigo en caso de que... (hacer frío)
5. Mi padre piensa ir en tren a menos que... (el tren / salir tarde)
6. Yo te ayudaré aunque estoy seguro(a) de que... (ser una mala idea)
7. Tocaremos más música con tal de que... (ustedes / querer quedarse)
8. Es una buena idea estudiar antes de que... (la profesora / llegar)

## Lectura: *El realismo mágico*

### *Preparación*

- ¿Crees que es posible que la realidad contenga elementos misteriosos que son difíciles de explicar?
- Have you heard the term "magical realism"?
- Even if you have not, what do you think "magical realism" means as opposed to just "realism"?
- Can you think of some examples of the way "unreal" things actually form part of a large reality?
- What about dreams? Creatures of the imagination? What else?

Ahora lee el breve ensayo en preparación para los ejercicios que se dan a continuación.

La originalidad y el uso de la imaginación en la literatura hispanoamericana contemporánea le han dado fama en todas partes del mundo. La popularidad de esta literatura, en especial la de la novela, **tiene mucho que ver con** "el realismo **mágico**" que existe independientemente de la explicación racional. Para un escritor mágicorrealista, sería una distorsión de la realidad si sólo la presentara desde un punto de vista completamente lógico o intelectual. Sin embargo, lo que intenta expresar [illegible] la emoción de la realidad sin eliminar su dimensión misteriosa o "mágica".

has a lot to do with
magical

Uno de los objetivos del realismo mágico es hacer una combinación de lo real y de lo mágico para representar una nueva dimensión. Un **hecho** en sí es real y podría tener una explicación lógica, pero lo que interesa más es una explicación **mítica.** Esta explicación está basada en las **creencias** populares, en las leyendas, y en los sueños colectivos de la gente. Por ejemplo, si una mujer **se ahoga** en un **pozo,** la explicación, según el realismo mágico, sería que era el pozo que la necesitaba porque quería transformarla en una serpiente. Como dijo Miguel Ángel Asturias, los escritores que incluyen el realismo mágico en sus obras "viven con sus personajes en un mundo en que no hay fronteras entre lo real y lo fantástico, en que un hecho cualquiera –cuando lo **cuentan** –**se vuelve** parte de un algo **extraterreno.** Lo que es hijo de la fantasía **cobra** realidad en la mentalidad de las gentes".[1]

fact
mythical / beliefs
drowns / well
they tell a story / becomes
from another world / takes on

Entre los escritores hispanoamericanos de nuestra época que incluyen en su obra muchos aspectos variables de la realidad está Gabriel García

[1]From *"Quince preguntas a M. A. Asturias," "Revolución." 17 de agosto, 1959, p. 23.*

**EL AMOR EN LOS TIEMPOS DEL COLERA**
**Gabriel García Márquez** **DIANA**

¡EXITO!

El amor expresado de esta manera y con este estilo literario, no solamente nos hace sentir y vibrar, sino que nos sumerge en la adversidad que viven Florentino Ariza y Fermina Daza, quienes desde muy jóvenes conocieron el verdadero e intenso amor que sólo a esa edad se nos concede vivir. Pero precisamente debido a la edad, inusitadamente ocurre la separación, dejando el sabor de esa clase de amores que nunca se olvidarán y que muy a pesar del destino las distancias, la presencia de otros amores, el tiempo, la familia, la vejez y las arrugas, su sólo recuerdo nos hace conservar la esperanza de algún día volver. Así se materializa un sueño, un hermoso sueño que jamás pudiéramos considerar absurdo o imposible...

*No. 0319BCT* *$18.95*

Márquez. Algunos críticos lo han comparado con Miguel de Cervantes. Aunque los separan casi cuatro siglos, los dos han sabido **renovar** el arte de **contar** –y lo han hecho con un gran sentido del humor. Además, los dos consideran lo real y lo **sobrenatural** como parte del mismo mundo de la realidad. *Cien años de soledad* y *El ingenioso hidalgo don Quijote de la Mancha* son excelentes ejemplos de cómo representar la realidad en sus varias dimensiones a lo largo de una narración llena de claridad, crítica social e incidentes cómicos.

renew
storytelling
supernatural

El pueblo en que tiene lugar lo que pasa en *Cien años de soledad* se llama "Macondo". Este pueblo ficticio está basado en la realidad que conoce García Márquez desde niño. Es una recreación de los aspectos geográficos, históricos, sociales y políticos de Colombia. Al trazar la vida y la fantasía de seis generaciones de la familia Buendía, el autor lleva a Macondo a una dimensión universal. Este pueblo podría representar a América Latina y, en otro nivel, a todo el mundo. En la realidad que crea García Márquez, todo **cabe** dentro de lo posible. Allí todo es verdad y todo es **mentira** a la vez.

fits
a lie

**CIEN AÑOS DE SOLEDAD**

***Gabriel García Márquez***
***DIANA***

*Pcio. de Lista $19.50*
*Pcio. de Promoción $9.95*
*No.0147BCT*

En *Cien años de soledad,* García Márquez pasa fácilmente de lo cómico a lo trágico para ilustrar las maneras en que los seres humanos viven. Su técnica preferida es la exageración. Lo extraordinario se vuelve parte de la vida diaria como si fuera algo ordinario, como cuando un cura empieza a subir al cielo después de beber una taza de chocolate bien fuerte. Lo trivial se vuelve algo fabuloso, como el bloque de hielo que la gente insiste en llamar un **diamante** enorme. Por medio del humor, el autor humaniza a los muchos personajes que representan todas las facetas de la sociedad. Usa la sátira para divertir, así como para llamar la atención sobre las injusticias de un sistema político corrupto y violento, dejando que los lectores se imaginen cómo se podría mejorar la situación.

diamond

## Te toca a ti

**A. Significados.** Adivina el significado de las siguientes palabras que aparecen en la lectura. Busca las palabras en inglés en la lista de la derecha que corresponden a las palabras en español de la izquierda.

| | |
|---|---|
| 1. la explicación | a. criticism |
| 2. la distorsión | b. level |
| 3. incluir | c. distortion |
| 4. la frontera | d. to include |
| 5. la crítica | e. explanation |
| 6. el nivel | f. border |

**B. Palabras claves.** Decide cuál de las cuatro posibilidades explica *mejor* las siguientes frases o nombres que aparecen en la lectura.

1. el realismo mágico
   a. explicaciones racionales
   b. hechos históricos
   c. la dimensión misteriosa
   d. injusticias sociales
2. Miguel Ángel Asturias
   a. romántico
   b. realista
   c. mágicorrealista
   d. existencialista
3. la sátira
   a. mantiene una actitud objetiva
   b. critica la sociedad
   c. usa muchos adjetivos
   d. es respetuosa y reverente
4. Macondo
   a. un pueblo cerca de Bogotá
   b. una compañía bananera
   c. el nombre de una familia colombiana importante
   d. un pueblo imaginario
5. creencias populares
   a. personajes interesantes
   b. leyendas y mitos
   c. las facetas de la sociedad
   d. el chocolate y el hielo

6. Cervantes y García Márquez
   a. vivieron en Colombia
   b. renovaron el arte de contar
   c. demuestran poco interés en lo fabuloso
   d. se limitan a los hechos en su obra

**C. ¿Comprendiste?** Contesta en español las preguntas que siguen sobre el realismo mágico, García Márquez y el pueblo ficticio de Macondo.

1. ¿Cuál es la característica principal del realismo mágico?
2. ¿Qué importancia tienen los mitos para los escritores del realismo mágico?
3. ¿Quién es Gabriel García Márquez?
4. ¿Con qué otro gran escritor ha sido comparado García Márquez? ¿Qué tienen los dos en común?
5. ¿Qué representa Macondo en la obra de García Márquez?
6. ¿Cuál es una de las técnicas preferidas por él? ¿Cuál es un ejemplo de esta técnica?
7. ¿Para qué usa García Márquez el humor en su obra?
8. ¿Te gustaría visitar el pueblo de *Cien años de soledad?* ¿Por qué sí o por qué no?
9. ¿Conoces a algún escritor o alguna escritora que escriba en inglés que se pueda comparar con García Márquez? ¿Quién es?

# Lectura: *Cien años de soledad*

## *Antes de leer*

- Piensa en un bloque de hielo. ¿Con qué lo puedes comparar?
- En general, ¿como reaccionan las personas ante lo desconocido?

# Cien años de soledad

## por Gabriel García Márquez

### El bloque de hielo

Muchos años después, frente al **pelotón de fusilamiento,** el coronel Aureliano Buendía recordaría aquella tarde remota en que su padre lo llevó a conocer el hielo. Macondo era entonces una **aldea** de veinte casas de **barro** y caña construidas a la **orilla** de un río de aguas cristalinas que corrían por unas piedras **pulidas,** blancas y enormes como huevos prehistóricos. El mundo era tan reciente que muchas cosas no tenían nombre, y para mencionarlas se tenían que **señalar** con el dedo.

El día que fueron a la **feria** de los **gitanos,** su padre los llevaba a él y a su hermano de cada mano para no perderlos en el tumulto. Habían insistido en ir a conocer la **portentosa novedad** de los **sabios** de Egipto, anunciada a la entrada de una **carpa** que, según decían, había sido del rey Salomón. Tanto insistieron los niños, que José Arcadio Buendía pagó los treinta **reales,** y los llevó hasta el centro de la carpa, donde había un gigante de torso **peludo** y cabeza **rapada,** con un **anillo** de cobre en la nariz, cuidando un **cofre** de pirata. Cuando el gigante lo abrió, el cofre dejó escapar un **aliento** glacial. Dentro sólo había un bloque transparente, con **infinitas agujas internas** en las cuales *se* **despedazaba** en estrellas de colores la claridad del **crepúsculo.** Preocupado, porque sabía que los niños esperaban una explicación inmediata, José Arcadio Buendía **murmuró:**

—Es el diamante más grande del mundo.

—No —corrigió el gitano. —Es hielo.

José Arcadio Buendía, sin entender, extendió la mano hacia el bloque, pero el gigante se la quitó: —Cinco reales más para tocarlo— dijo. José Arcadio Buendía los pagó, y entonces puso la mano sobre el hielo, y la dejó puesta por varios minutos, mientras el corazón se le **hinchaba** de temor y de alegría al contacto del misterioso objeto. Sin saber qué decir, pagó otros diez reales por los hijos; así ellos podrían vivir también la **prodigiosa** experiencia. El pequeño José Arcadio se negó a tocarlo. Aureliano, en cambio, dio un paso hacia adelante, puso la mano y la retiró inmediatamente. —¡Está **hirviendo!**— exclamó con miedo. Pero su padre no le prestó atención. **Asombrado** por la evidencia del **prodigio,** pagó otros cinco reales, y con la mano puesta en el bloque, como si estuviera expresando un testimonio sobre el texto **sagrado,** exclamó:

—Éste es el gran **invento** de nuestro tiempo.

firing squad
little village, hamlet
clay / edge
polished
to point
fair / gypsies
extraordinary novelty / wise men, sages / tent
unit of money
hairy / shaved / ring
large trunk or chest / rush of air, breath / countless internal needles / was breaking up
twilight
murmured
was swelling up
marvelous
boiling
Amazed / wonderous object
sacred
invention

## *Después de leer*

**D. Una técnica favorita.** A García Márquez le gusta usar adjetivos descriptivos dramáticos para exagerar las cosas. ¿Cuáles de las siguientes frases de la lectura son ejemplos de la exageración? ¿Cómo dirías algo parecido en inglés?

1. piedras blancas y enormes como huevos prehistóricos

2. la feria de los gitanos
3. la portentosa novedad
4. un anillo de cobre en la nariz
5. infinitas agujas internas
6. una explicación inmediata
7. el diamante más grande del mundo
8. se le hinchaba el corazón de temor
9. la prodigiosa experiencia
10. el pequeño José Arcadio
11. el gran invento de nuestro tiempo

**E. ¿Qué pasó?** Pon las siguientes acciones en orden cronológico según la lectura.

1. El padre dijo que era un diamante.
2. Un gigante de torso peludo abrió un cofre de pirata.
3. Uno de los niños también puso la mano sobre el hielo.
4. El gigante dijo que era hielo.
5. Dentro del cofre había un bloque transparente.
6. Un día un hombre llevó a sus hijos a la feria de los gitanos.
7. El padre curioso puso la mano sobre el bloque.
8. Los tres entraron en una carpa.

**F. Comprensión.** Contesta en español las siguientes preguntas sobre la lectura.

1. ¿Cómo era Macondo cuando el coronel Aureliano Buendía y su hermano eran niños?
2. ¿Adónde querían el pequeño Aureliano y su hermano que los llevara su padre cuando estaban en la feria?
3. Cuando los tres entraron en la carpa, ¿qué vieron primero? Describe lo que vieron.
4. ¿Qué había dentro del cofre?
5. ¿Qué explicación dio el padre de lo que vio en el cofre?
6. ¿Cómo reaccionó el padre cuando tocó el objeto que estaba en el cofre?
7. ¿Qué dijo Aureliano después de tocar el objeto?
8. ¿Te gustó esta lectura? ¿Por que sí o por qué no?

# ¿Recuerdas?

**G. ¿Qué consejo *(advice)* darías?** El ama de casa de don Quijote te habla de los problemas que tiene con don Quijote y Sancho Panza. Usa la información entre paréntesis para indicar lo que harías tú **en tal caso** *(in such a case)*.

◆ **Modelo:** Me canso de recoger los libros de caballerías que don Quijote lleva a la casa. (ponerlos en la biblioteca de la casa)
*Yo los pondría en la biblioteca de la casa.*

1. Nunca tenemos dinero porque don Quijote lo usa para comprar libros. (pedirle a don Quijote cierta cantidad de dinero cada semana)
2. Me molestan las disputas que don Quijote tiene en la casa con el cura y el barbero. (salir de la casa cuando las tienen)
3. Don Quijote pasa el día y la noche leyendo y no quiere comer cuando es hora. (dejar la comida a su lado en la biblioteca)
4. A Sancho le gusta demasiado el vino. (abrir sólo una botella cuando visita a don Quijote)
5. La sobrina de don Quijote dice que su tío está un poco loco. (decir lo mismo dadas las circunstancias)
6. Necesito unos días de descanso pero no quiero dejar solo a don Quijote. (pedir la ayuda de la sobrina)
7. Don Quijote va a limpiar todas las armas viejas en la sala. (ayudarle a llevar las armas al establo)
8. Sancho siempre pierde dinero en la taberna del pueblo. (no preocuparse y aceptar que es su dinero)
9. Don Quijote tiene la barba demasiado larga. (hacer una cita para él con el barbero)
10. Me pongo nerviosa cuando don Quijote dice que va a viajar con Sancho. (aceptar que don Quijote no va a cambiar)

**H. ¡Qué vergüenza...!** Usa cada una de las expresiones en las páginas 512 y 513 para expresar una reacción a algo que está ocurriendo con uno(a) de tus compañeros(as).

◆ **Modelo:** *¡Qué vergüenza que Juan no estudie más!*

# Enfoque estructural:

## *El imperfecto del subjuntivo*

You have already learned that the subjunctive mood is always used in situations involving (a) transfer of will, (b) emotional reactions, and (c) the uncertain or unreal ("the twilight zone"). Another matter related to the use of the subjunctive involves the sequence of tenses in two-part sentences with a verb in each part.

If the present-tense verb in the main clause of a sentence calls for the use of the subjunctive in the **que** clause, the verb in the **que** clause will be in the present subjunctive.

If the preterite or imperfect tense verb in the main clause calls for the use of the subjunctive in the **que** clause, the verb in the **que** clause will be in the imperfect (past) subjunctive.

This is an automatic sequencing that does not always translate word-for-word into English.

| | |
|---|---|
| Pablo **quiere** que yo lo **ayude.** | *Pablo* ***wants*** *me* ***to help*** *him.* |
| Pablo **quería** que yo lo **ayudara.** | *Pablo* ***wanted*** *me to* ***help*** *him.* |

| | |
|---|---|
| El médico **recomienda** que **comamos** pescado. | *The doctor **recommends** that **we eat** fish.* |
| El médico **recomendó** que **comiéramos** pescado. | *The doctor **recommended** that **we eat** fish.* |
| Mi abuela siempre **pide** que mi mamá le **sirva** sopa de pollo. | *My grandmother always **asks** that my mother **serve** chicken soup to her.* |
| Mi abuela siempre **pedía** que mi mamá le **sirviera** sopa de pollo. | *My grandmother always **used to ask** that my mother **serve** chicken soup to her.* |

It is easy to form the past subjunctive of all verbs (-**ar**, -**er**, and -**ir**) when you already know the **ustedes** form of the preterite. Simply remove the **-on** ending and add the past subjunctive endings **-a, -as, -a, -amos, -ais, -an.** Notice that the **nosotros** form of the past subjunctive has a written accent on the third syllable from the end **(llamáramos, pudiéramos, pidiéramos).**

**llamar**

Pretérito: llamaron, llamar-

| | | | |
|---|---|---|---|
| yo | llamar**a** | nosotros | llamár**amos** |
| tú | llamar**as** | vosotros | llamar**ais** |
| él, ella, Ud. | llamar**a** | ellos, ellas, Uds. | llamar**an** |

**poder**

Pretérito: pudieron, pudier-

| | | | |
|---|---|---|---|
| yo | pudier**a** | nosotros | pudiér**amos** |
| tú | pudier**as** | vosotros | pudier**ais** |
| él, ella, Ud. | pudier**a** | ellos, ellas, Uds. | pudier**an** |

**pedir**

Pretérito: pidieron, pidier-

| | | | |
|---|---|---|---|
| yo | pidier**a** | nosotros | pidiér**amos** |
| tú | pidier**as** | vosotros | pidier**ais** |
| él, ella, Ud. | pidier**a** | ellos, ellas, Uds. | pidier**an** |

# Dilo tú

**I. Casi todo era posible en Macondo.** Para cada espacio en blanco, da la forma apropiada del imperfecto del subjuntivo del verbo entre paréntesis.

1. Era posible que un bloque de hielo ______ (ser) un enorme diamante.
2. Era posible que una persona ______ (vivir) más de cien años.
3. No era imposible que un ángel ______ (visitar) a una pareja pobre del pueblo.
4. Era posible que los muertos ______ (hablar) con los vivos.
5. Era posible que una niña ______ (transformarse) en una araña por desobedecer a sus padres.
6. No era imposible que una bella mujer ______ (elevarse) al cielo.
7. Era posible que ______ (llover) más de cuatro años sin parar.
8. Era posible que un hombre no ______ (dormir) por el ruido de las estrellas.

**J. Las cosas de la niñez *(childhood).*** Trabaja con un(a) compañero(a) de clase para hablar de su niñez completando las siguientes oraciones. Presten atención al imperfecto del subjuntivo. Sigan el modelo.

◆ **Modelo:** mis padres siempre pedían que yo...
*Cuando era pequeño(a), mis padres siempre pedían que yo me acostara temprano.*

1. mis padres no permitían que yo...
2. no era posible que...
3. me molestaba mucho que mi hermano(a)...
4. era probable que yo...
5. un día me pareció muy extraño que...
6. yo siempre dudaba que...
7. mi hermano(a) nunca quería que yo...
8. yo sentía mucho que no...
9. mi papá me pidió una vez que yo...
10. me parecía increíble que mis padres...

**K. El (La) profesor(a) pidió que...** Explíquenle a un(a) compañero(a) que no pudo ir a la clase de literatura ayer lo que el (la) profesor(a) pidió que ustedes hicieran de tarea. Usen los verbos de la columna A con la forma apropiada del imperfecto del subjuntivo. Escojan palabras de la columna B para completar la información. Sigan el modelo.

◆ **Modelo:** Ayer el (la) profesor(a) pidió que nosotros... (hacer)
*Ayer la profesora pidió que nosotros hiciéramos la tarea.*

| A | B |
|---|---|
| hacer | la novela |
| leer | la composición |
| estudiar | un poema |
| empezar | el cuento |
| escribir | el tema central |
| corregir | el cuarto capítulo |
| discutir | 350 palabras |
| terminar | la tarea |
| analizar | cinco páginas |
| aprender | diez versos |

**L. Le recomendé que...** Trabaja con un(a) compañero(a). Escriban de seis a ocho recomendaciones que le han hecho recientemente a un(a) estudiante de intercambio de Colombia que les pidió consejos en preparación para su visita de seis meses a los Estados Unidos. Usen **Le recomendé que...** con cada sugerencia. Traten de incluir en su lista de seis a ocho verbos en el imperfecto del subjuntivo. Después pueden leer la lista a la clase.

## Enfoque estructural:

### *El imperfecto del subjuntivo y el indicativo en oraciones con si*

The conjunction **si**, meaning *if*, is used to set up a situation contrary to fact. The statement that immediately follows **si** indicates that you are talking about something hypothetical (that doesn't exist or is unlikely to happen).

The statement that follows **si** also indicates that you are imagining what might possibly happen under certain conditions. You can always tell that the projection is into "the twilight zone" from the use of the conditional tense in the clause of this kind of sentence. The conditional tense sets up what would happen if the hypothetical situation were to occur.

Whenever the conditional tense appears in the main clause, any verb used after **si** in the dependent clause will always be in the imperfect (past) subjunctive form.

| | |
|---|---|
| Compraríamos ese coche rojo **si tuviéramos** más dinero. | *We would buy that red car* ***if we had*** *more money.* |

| | |
|---|---|
| Estaría contento **si** me **escribieras.** | *I would be happy* ***if you wrote*** *to me.* |
| **Si perdieras** ese reloj, sería una lástima. | ***If you were to lose*** *that watch, it would be a shame.* |
| Pasaría por ti **si** me **esperaras.** | *I would stop by for you* ***if you were to wait*** *for me.* |

Notice that there are several ways in English to translate a contrary-to-fact clause like **Si aceptaras la invitación...** All of the following are used: *If you were to accept the invitation . . ., If you accepted the invitation . . .,* and *If you would accept the invitation. . . .*

## Dilo tú

**M. No va a pasar... pero si pasara...** Indica lo que podría pasar bajo ciertas circunstancias, usando el imperfecto del subjuntivo en la cláusula con *si* y el tiempo condicional en la otra cláusula. Sigue el modelo.

◆ **Modelo:** No tengo dinero, pero si lo ______ (tener), yo ______ (comprar) ese coche.
*No tengo dinero, pero si lo* ***tuviera****, yo* ***compraría*** *ese coche.*

1. No van a invitarlo, pero si ellos lo ______ (invitar), Ramón ______ (ir) a México.
2. No puedo salir a las 3:00, pero si yo ______ (poder), ustedes ______ (ir) conmigo.
3. No podemos terminar la composición, pero si la profesora nos ______ (dar) más tiempo, nosotros la ______ (terminar).
4. No tengo dinero, pero si ______ (ganar) más, yo no ______ (tener) problemas.
5. Ese hotel es muy caro. Si ustedes ______ (ir) a otro, ustedes ______ (pagar) menos.
6. No sabemos quién va a la fiesta, pero si Cristina y Raquel ______ (estar), todo el mundo ______ (estar) contento.
7. Mi tío Pepe dice que no le gusta el arte abstracto, pero si alguien le ______ (vender) un cuadro famoso, él lo ______ (comprar) para su oficina.
8. Al médico no le gusta viajar en avión, pero si él ______ (saber) que estaba enferma su abuela, creo que eso le ______ (convencer) que debe hacerlo.

**N. Imagínate...** Completa las oraciones según tus propias opiniones.

◆ **Modelo:** Yo estaría muy triste si...
*Yo estaría muy triste si tuviera que asistir a otra universidad.*

1. Yo te llamaría por teléfono a la una de la mañana si...
2. Creo que el (la) profesor(a) te invitaría a la cena si...
3. Mis compañeros de clase estarían muy contentos si...
4. Me gustaría leer la novela *Don Quijote* si...
5. ¿Trabajarías diez horas por día si...?

6. Yo me enojaría mucho si...
7. ¿Qué dirías si...?
8. Yo no sé lo que haría si...
9. ¿Cómo reaccionarían tus amigos si...?

**Ñ. En una isla desierta.** Pregúntale a un(a) compañero(a) lo que haría si estuviera unos meses en una isla desierta. Usa los verbos en el condicional. Sigue el modelo.

◆ **Modelo:** ¿Cuánto tiempo podrías pasar en la isla?
*Podría pasar dos meses (cuatro meses, un año, etc).*

1. ¿Cómo harías el viaje? ¿En barco o en avión?
2. ¿A quien invitarías para acompañarte?
3. ¿En qué parte del mundo escogerías esa isla?
4. ¿Qué es lo primero que harías en la isla?
5. ¿Qué animal te gustaría tener contigo?
6. ¿Qué pondrías en tu maleta?
7., ¿Qué llevarías de comer?
8. ¿Qué tipo de música llevarías contigo?
9. ¿Qué aprenderías a hacer en la isla?
10. ¿Estarías contento(a) de volver a tu casa?

## Enfoque estructural:

### *Más sobre el subjuntivo y la secuencia de los tiempos verbales*

When the future tense or the present perfect *(have done something)* in the main clause requires the use of the subjunctive in the **que** clause, the verb in that dependent **que** clause will be in the present subjunctive. Note that in both instances, the present subjunctive refers to future action.

| | |
|---|---|
| En este caso, el director **pedirá** que los escritores **acepten** su idea. | *In this case, the director* ***will ask*** *that the writers* ***accept*** *his idea.* |
| En este caso, el director **ha pedido** que los escritores **acepten** su idea. | *In this case, the director* ***has asked*** *that the writers* ***accept*** *his idea.* |

When the conditional tense or the past perfect tense *(had done something)* in the main clause requires the use of the subjunctive in the **que** clause, the verb in that dependent **que** clause will be in the imperfect subjunctive.

| | |
|---|---|
| En este caso, el director **pediría** que los escritores **aceptaran** su idea. | *In this case, the director* ***would ask*** *that the writers* ***accept*** *his idea.* |
| En este caso, el director **había pedido** que los escritores **aceptaran** su idea. | *In this case, the director* ***had asked*** *that the writers* ***accept*** *his idea.* |

This is an automatic sequencing in Spanish that does not always translate word-for-word into English.

## Dilo tú

**O. ¿Qué más?** Completa las oraciones siguientes con la información que quieras añadir. Presta atención a la secuencia de los tiempos verbales y al uso del subjuntivo.

◆ **Modelo:** No será posible que...
*No será posible que nosotros salgamos temprano hoy.*

1. No será necesario que...
2. La profesora había pedido que...
3. Nosotros sentiríamos mucho que...
4. Mis padres insistirían en que...
5. El presidente del club había querido que...
6. Para mejorar la situación, yo sugeriría que...
7. La profesora explicará el poema para que...
8. Mis amigos y yo vamos a pedir que...
9. Será mejor que todos los estudiantes...
10. Me alegraría mucho de que...

**P. Si pudieras escoger...** Indica lo que harías en las situaciones que siguen. Sigue el modelo.

◆ **Modelo:** Si pudieras escoger, ¿viajarías solo(a) o con un grupo grande?
*Estoy seguro(a) de que viajaría solo(a).*

1. Si fueras de vacaciones a España, ¿quién organizaría el viaje, tú o un agente de viajes?
2. Si pudieras escoger, ¿viajarías por el país en tren o en avión?
3. Si tú pagaras los billetes, ¿comprarías plazas de primera o segunda clase?
4. ¿Y si tus padres pagaran los billetes?
5. Si tuvieras que decidir, ¿llegarías a la estación temprano o a la hora exacta?
6. Si fuera tu responsabilidad, ¿llevarías una maleta o dos?
7. Si te sirvieran comida durante el viaje, ¿comerías pescado o pollo?
8. Si uno de los pasajeros fumara cerca de ti, ¿cambiarías de asiento o no?
9. Si el tren o el avión llegara tarde, ¿hablarías con el conductor o el piloto o no dirías nada?
10. Si pudieras escoger, ¿irías de la estación o del aeropuerto en taxi o en metro?

**Q. Sólo un sueño.** Cambia el verbo entre paréntesis a la forma apropiada del imperfecto del subjuntivo para completar la historia que sigue.

Un niño salió de la casa silenciosamente para que nadie lo ______ (oir). Se había llevado el dinero de un cajón de la cocina y no quería que sus padres lo ______ (descubrir). Tenía miedo, por supuesto, porque sabía que era posible que sus padres ______ (despertarse) y lo ______ (buscar). Fuera de la casa, empezó a correr. Esperaba que el tren todavía ______ (estar) en la estación y que no lo ______ (dejar). Si esto ______ (pasar), tendría que esconderse en algún lugar hasta la llegada de otro tren. A pesar del pánico que sentía, decidió no volver a casa. En ese momento, el niño se despertó y se dio cuenta de que todo sólo había sido un sueño. Se alegró mucho de que ______ (estar) todavía en su cama en su propio cuarto. Decidió ir a despertar a sus padres para contarles su sueño.

## Lectura: *La casa de los espíritus*

### *Preparación*

Imagínate a un animal doméstico que crece y crece y crece.

- ¿Qué pasaría si un perro, por ejemplo, llegara a ser de repente *(suddenly)* del tamaño de un caballo?
- ¿Cómo reaccionaría la gente?
- ¿Qué crees que harían?
- ¿Qué harías tú si tu perro, o tu gato se convirtiera en un animal gigantesco?

### *Antes de leer*

**R. Anticipación.** ¿Qué te indica el título sobre el contenido del texto? De acuerdo con las preguntas que contestaste arriba en *Preparación,* qué crees que va a pasar con Clara y su perro?

## La casa de los espíritus

**por Isabel Allende**

**Isabel Allende** (Chile, 1938– ) es una de las novelistas que siempre aparece en la lista de los mejores escritores contemporáneos de habla española. Ha publicado cuatro novelas, *La casa de los espíritus* (1982), *De amor y de sombra* (1984), *Eva Luna* (1987), *El plan infinito* (1991) y una colección de cuentos, *Los cuentos de Eva Luna* (1989). Su primera obra, de donde viene la selección que sigue, se considera la mejor que ha escrito hasta ahora. En esta novela presenta la vida de varias generaciones de una familia chilena por medio del prisma del realismo mágico. Sus fuertes personajes femeninos son inolvidables como mujeres de carne y hueso, como espíritus y como símbolos de la reforma general que la sociedad necesita si la vida va a mejorar para todos.

## La niña Clara y su perro Barrabás

*took charge of the / muzzle / swollen / dried out / became / noticed*

La niña Clara **se hizo cargo del** perrito enfermo. Lo sacó de la canasta, lo abrazó a su pecho y con el cuidado de misionera le dio agua en el **hocico hinchado** y **reseco.** Clara se **convirtió** en una madre para el animal, dudoso privilegio que nadie quería disputarle. Un par de días más tarde, su padre Severo **se fijó** en la criatura que su hija llevaba en los brazos.

—¿Qué es eso? —preguntó.

—Barrabás —dijo Clara.

—Déselo al jardinero, para que lo lleve de esta casa. Puede contagiarnos con alguna enfermedad —ordenó Severo.

*to breathe*

—Es mío papá. Si me lo quita, le prometo que dejaré de **respirar** y me moriré.

*devouring / to grow / length / swept*

Se quedó en la casa. Al poco tiempo corría por todas partes **devorándose** las cortinas, las alfombras y las patas de los muebles. Se recuperó de su enfermedad con gran rapidez y empezó a **crecer.** Cuando lo bañaron por primera vez, se descubrió que era negro, de cabeza cuadrada, patas muy largas y pelo corto. La Nana quería cortarle la cola, diciendo que así parecería perro fino, pero Clara se enojó tanto que tuvo un ataque de asma y nadie volvió a mencionar la idea. Barrabás se quedó con la cola entera. Con el tiempo ésta llegó a tener el **largo** de un palo de golf y sus movimientos descontrolables **barrían** las porcelanas de las mesas y rompían las lámparas.

*breed / sheep / colt*

Era de **raza** desconocida. No tenía nada en común con los perros que andaban por la calle y mucho menos con los de pura raza de algunas familias aristocráticas. El veterinario no supo decir cuál era su origen, y Clara supuso que era de la China, porque había llegado en el equipaje de su tío que había visitado ese lejano país. Tenía una ilimitada capacidad de crecimiento. A los seis meses era del tamaño de una **oveja** y al año tenía las proporciones de un **potrillo.** La familia estaba desesperada y se preguntaba hasta qué tamaño crecería.

*hooves / crocodile / sharp / bite*

—Dudo que sea realmente un perro —decía Nívea. Cuando observaba sus **pezuñas** de **cocodrilo** y sus dientes **afilados,** sentía en su corazón de madre que la bestia podía quitarle la cabeza a un adulto de una **mordida** y con mayor razón a cualquiera de sus niños.

*covered up / leaned against / growl*

Pero Barrabás no daba muestras de ninguna ferocidad; por el contrario. Jugaba como un gatito. Dormía en los brazos de Clara, dentro de su cama, con la cabeza en la almohada de plumas y **tapado** hasta el cuello porque le daba frío, pero después cuando ya no cabía en la cama, se acostaba en el suelo a su lado, con su hocico de caballo **apoyado** en la mano de la niña. Nunca lo oyeron ladrar ni **gruñir.** Era negro y silencioso como una

**pantera,** le gustaban el jamón y los dulces de fruta y cada vez que alguien visitaba la casa y olvidaban **encerrarlo,** entraba tranquilamente al comedor y daba una vuelta a la mesa, tomando **con delicadeza** sus **bocadillos** preferidos de los platos. Nadie hacía nada para impedírselo.

panther
lock him up
delicately / snacks

## *Después de leer*

**S. ¿Cómo es Barrabás?** Prepara una lista de las características de este perro extraordinario, tomando en cuenta las siguientes categorías: **su apariencia física, su temperamento, sus hábitos** y **gustos.**

**T. Comprensión.** Contesta en español las siguientes preguntas sobre la lectura.

1. Cuando llegó el perrito a la casa, ¿cómo lo trató la niña Clara?
2. ¿Qué pensaba su padre Severo del animal?
3. ¿Qué dijo Clara que haría en caso de que Barrabás no pudiera quedarse con ella?
4. ¿Qué descubrieron cuando bañaron al perro?
5. ¿Qué quería la Nana hacer con la cola?
6. ¿Cómo reaccionó Clara a esta idea?

7. ¿Cómo era su cola?
8. Describe cómo creció Barrabás.
9. ¿Por qué estaba preocupada Nívea, la madre de Clara?
10. ¿Cómo era el temperamento del perro?
11. ¿Dónde dormía Barrabás?
12. ¿Qué hacía el perro a la hora de la comida cuando no lo encerraban?
13. ¿Te gustaría tener un perro como Barrabás? ¿Por qué sí o por qué no?

**U. Un diálogo entre Clara y su padre.** Trabajando con un(a) compañero(a) de clase, imaginen una conversación entre Clara y su padre. ¿Cómo sería un intercambio entre ellos con Barrabás como el centro del conflicto? Escriban juntos un diálogo de unas diez a doce líneas, preparándose para después presentarlo en la clase.

## Tú dirás

**V. ¿Qué recomendarías?** Trabajando con un(a) compañero(a) dile lo que tú recomendarías que hiciera una persona interesada en ser un novelista famoso. Haz seis recomendaciones. Después escucha lo que él (ella) recomendaría.

**W. Una carrera ideal sería...** Piensa en lo que te gustaría hacer en el futuro, en el tipo de trabajo o en la carrera que te gustaría tener para ganarte la vida. Escribe una breve composición de tres o cuatro párrafos, comenzando con la frase "**Una carrera ideal sería...**" y luego empleando la forma apropiada del imperfecto del subjuntivo con los verbos que decidas usar.

**X. Un mundo legendario.** Imagina con un(a) amigo(a) que los dos hicieron un viaje a un mundo legendario donde era posible que ocurriera cualquier cosa. Describan algunas cosas que hicieron o que pasaron durante ese viaje, usando las formas correctas del imperfecto del subjuntivo después de tales frases como "**En este mundo legendario que visitamos... era posible que..., un rey quería que..., nuestros poderes extraordinarios permitieron que...**

- **Modelo:** *En el mundo legendario que visitamos era posible que voláramos de un lugar a otro, que habláramos lenguas que no conocíamos, que tuviéramos la forma de cualquier animal, que nadáramos al fondo del mar, etc.*

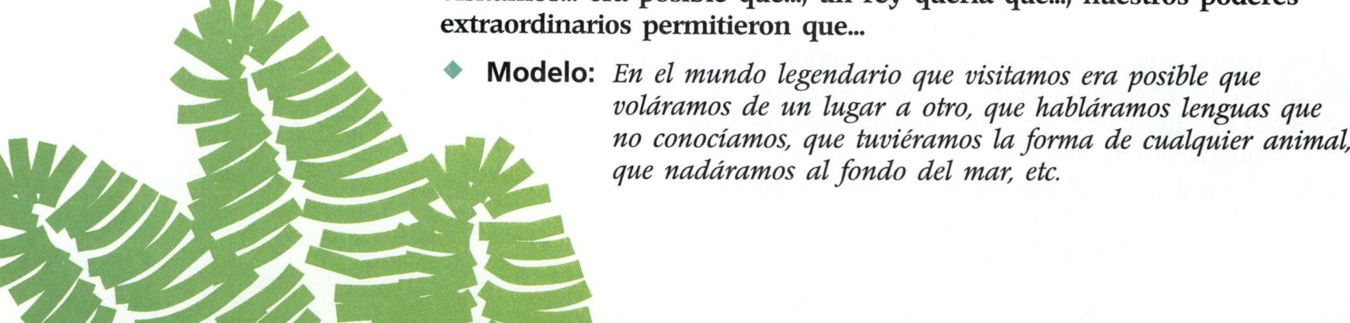

## Lectura: *Casos*

### *Antes de leer*

**A. Cuentos cortos.** Fíjate en la breve extensión de estos pasajes. ¿Crees que es posible contar un cuento en tan pocas palabras?

**B. Titulos.** Lee los títulos de cada "caso" y trata de adivinar de qué se trata sin leer lo que sigue.

## Casos

**por Enrique Anderson Imbert**

**Enrique Anderson Imbert** (Argentina, 1910– ) ha escrito cuentos fantásticos y lo que él llama "casos", una especie de micro-texto que contiene la esencia mínima de un relato. Un caso se podría definir como una cápsula narrativa que contiene principio, mitad y fin y que cuenta algo imaginativo e irónico.

### Alas

Yo practicaba entonces la medicina, en Humahuaca. Una tarde me trajeron un niño con la cabeza herida: se había caído por el precipicio de un cerro. Cuando, para examinarlo, le quité el poncho, vi dos **alas.** Las miré: estaban sanas. Cuando el niño pudo hablar le pregunté: (alas: wings)

—¿Por qué no **volaste,** mi hijo, cuando empezaste a caer? (volaste: you fly)

—¿Volar?— me dijo. —¿Volar, para que la gente se ría de mí?

### Las dulces memorias

El viejo Manuel le pidió al Ángel que lo hiciera niño. ¡Eran tan dulces sus memorias de la niñez!

El Ángel lo hizo niño.

Ahora Manuelito no tiene memorias.

## El hombre-mosca

Muchas veces Leonidas había visto **moscas** caminando por el **techo.** Pero la cosa ocurrió el miércoles 17, a las cinco de la tarde. Vio esa mosca y descubrió su vocación. Leonidas lo abandonó todo. **Trepó** por las paredes y ya no habló más. **Recorría** toda la casa, por el techo. Para comer, bajaba y andaba sobre las rodillas y manos.

houseflies
ceiling
He climbed / He would run through

## Cortesía de Dios

Hoy yo estaba descansando, en mi **rincón** oscuro, cuando oí pasos que se acercaban. ¡Otro que descubría dónde estaba **escondido** y venía a adorarme! ¿En qué tendría que **metamorfosearme** esta vez? Miré hacia el **pasillo** y vi a la pobre criatura. Era peludo, caminaba en dos pies, en sus ojos **hundidos** había miedo, esperanza, amor y su **hocico** parecía sonreír. Entonces, por cortesía, me levanté, adopté la forma de un gran chimpancé y fui a conocerlo.

corner
hidden
change my shape
hallway
sunken / snout

## El príncipe

Cuando nació el príncipe hicieron una gran fiesta nacional. Bailes, fuegos artificiales, **revuelos de campanas, disparos de cañón...**

Con tanto **ruido** el recién nacido murió.

tolling of bells / cannon shots
noise

## La pierna dormida

Esa mañana, cuando se despertó, Félix se miró las piernas, abiertas sobre la cama, y, ya listo para levantarse, se dijo —¿Y si dejara la pierna izquierda aquí?— Meditó un instante. —No, imposible; si pongo la derecha en el suelo, estoy seguro que va a **arrastrar** la izquierda, **que lleva pegada.** ¡Ea! Hagamos la prueba.— Y todo salió bien. Se fue al baño, saltando en un solo pie, mientras la pierna izquierda siguió dormida sobre las **sábanas.**

to drag / which is attached to it
sheets

## *Después de leer*

**C. Categorías.** Trabajando con un(a) compañero(a) de clase, escribe en una hoja de papel una lista de las palabras que se usan en los *casos* de acuerdo con las categorías a continuación: **las personas, partes del cuerpo, los objetos, los nombres.**

**D. ¿Comprendiste?** Contesta en español las siguientes preguntas sobre los *casos* que leíste en las páginas 583 y 584.

1. ¿Cuáles son dos o tres características que todos los casos tienen en común?
2. ¿En qué caso hay una metamorfosis, o un cambio de forma?
3. ¿En qué casos aparecen seres que no son humanos?

4. ¿Cuál de los casos te parece más realista? ¿Por qué?
5. ¿En qué caso es más evidente el uso del realismo mágico? ¿Por qué?
6. ¿Cuál de los casos te parece más cómico? ¿Por qué?
7. ¿Cuál es el caso más extraño? ¿Por qué?
8. Hay tres casos en que se usa el subjuntivo. ¿Cuáles son? ¿Por qué se usa el subjuntivo en estos casos?

**E. Títulos creativos.** Lee otra vez los casos y con un(a) compañero(a) escriban un nuevo título, igual de breve o más largo, para cada caso. Piensen en su contenido y usen la imaginación.

**A. ¿Quién es?**

## *Estudiante A*

Selecciona uno de los escritores de la lista que tienes a continuación. Tu compañero(a) tiene que decubrir quién es. Para ello va a hacer preguntas a las que tú sólo puedes contestar SÍ o NO. Cuando él (ella) adivine el nombre del escritor, es tu turno para empezar a preguntar.

Camilo José Cela
Isabel Allende
Octavio Paz

## *Estudiante B*

Tu compañero(a) va a pensar en un escritor y tú tienes que adivinar quién es. Para ello vas a hacer preguntas a las que sólo puede contestar SÍ o NO. Cuando adivines el nombre del escritor que ha seleccionado, es tu turno para seleccionar uno de los escritores de la lista que tienes a continuación. Tu compañero(a) tiene que descubrir quién es.

Miguel de Cervantes
Gabriela Mistral
Gabriel García Márquez

**B. Escribir poesía.** ¿Han escrito alguna vez un poema? Es posible que algunos de ustedes lo hayan hecho, otros no. Lo más probable es que nadie haya escrito nunca una poesía en español. Bien, aquí tienen la oportunidad de hacerlo y ya verán que no es muy difícil si siguen las instrucciones que tienen a continuación.

## *Estudiante A*

Vas a empezar tú.

1. Elige el sujeto. Usa sólo una palabra: un nombre (una persona, una cosa).
2. Tu compañero va a seguir.
3. Elige tres verbos para describir una acción sobre el sujeto de la primera línea.
4. Tu compañero(a) va a continuar.
5. Busca una palabra que signifique lo mismo que el sujeto de la primera línea.

## *Estudiante B*

1. Tu compañero(a) va a empezar.
2. Ahora tú: describe con dos adjetivos el sujeto que ha elegido tu compañero(a).
3. Va a seguir tu compañero(a).
4. Ahora tú: expresa en cuatro palabras una realidad un sentimiento, o una emoción sobre el sujeto.
5. Tu compañero(a) va a terminar.

# Vocabulario

## Para charlar

### *Para hablar del mundo de las letras* *Talking about the literary world*

el (la) autor(a) *author*
el (la) cuentista *storyteller*
el cuento *story*
el (la) dramaturgo(a) *playwright*
el (la) ensayista *essayist*
el ensayo *essay*
el (la) escritor(a) *writer*
la literatura *literature*
la novela *novel*
el (la) novelista *novelist*
la obra *work*
el (la) periodista *journalist*
el periódico *newspaper*
los personajes *characters*
la pieza teatral *play*
el poema *poem*
el (la) poeta *poet*
la revista *magazine*
el teatro *theater*
el tema *theme*

### *Para expresar duda, incertidumbre e improbabilidad* *Expressing doubt, uncertainty, and improbability*

Dudo que... I *doubt that...*
Es dudoso que... *It is doubtful that...*
Puede ser que... *It could be that...*
No estoy seguro(a)... *I'm not sure...*
No creo que... *I don't think that...*
Es increíble que... *It's incredible that...*
No es verdad que... *It's not true that...*
No es cierto que... *It's not true that...*
(No) Es posible que... *It is (not) possible that...*
(No) Es imposible que... *It is (not) impossible that...*
(No) Es probable que... *It is (not) likely that...*
(No) Es improbable que... *It is (not) unlikely that...*

### *Para expresar resultados imaginarios o dependientes de acciones previas* *Expressing imaginary results or those dependent on previous actions*

Antes de que... *Before...*
Aunque... *Although...*
En caso de que... *In case...*
Cuando... *When...*
A menos que... *Unless...*
Para que... *So that...*
Sin que... *Without...*

### *Para hablar de condiciones irreales y hacer hipótesis* *Talking about unreal conditions and making hypotheses*

Si tuviera tiempo, iría... *If I had time, I would go...*

### *Para expresar suposiciones* *Expressing suppositions*

Si tengo tiempo, iré... *If I have time, I will go...*

## Temas y contextos

### *Para hablar más del arte y la literatura* *Talking more about art and literature*

#### *Sustantivos*

las corrientes (artísticas) *(artistic) trends*
la creación *creation*
el (la) crítico(a) *critic*
la escultura *sculpture*
el idealismo *idealism*
la historia (literaria) *(literary) story*
las novelas de caballerías *novels of chivalry*
la pintura *painting*
el realismo *realism*
la sátira *satire*

#### *Verbos*

añadir *to add*
desarrollar(se) *to develop*
negar *to deny*
publicar *to publish*
reflejar *to reflect*
representar *to represent*
traducir *to translate*
trazar *to trace*

#### *Adjetivos*

amplio(a) *broad, wide*
eterno(a) *eternal*
fiel *faithful*
grosero(a) *vulgar*
idealista *idealistic*
profundo(a) *deep*
realista *realistic*
sencillo(a) *simple*
trágico(a) *tragic*
universal *universal*

### *Para hablar del mundo imaginario* *Talking about the imaginary world*

Un(a) amigo(a) ideal es una persona que sea... *An ideal friend is a person who is . . .*
Busco una persona que sepa... *I'm looking for a person who knows . . .*
Deseo vivir en una casa que tenga... *I want to live in a house that has . . .*
¿Hay alguien que sea...? *Is there someone who is . . . ?*
No hay nadie que pueda... *There's nobody that can . . .*
Quiero un coche que sea... *I want a car that is . . .*

#### *Otras palabras y expresiones*

de carne y hueso *of flesh and blood*
la fe ciega *blind faith*
el punto de vista *point of view*

## Vocabulario general

### *Sustantivos*

el amor *love*
una araña *spider*
el barro *mud*
los bisabuelos *great-grandparents*
el caballero *knight, gentleman*
las campanas *bells*
las creencias *beliefs*
el crepúsculo *twilight*
la dama *lady*
el destino *destination, destiny*
la dignidad *dignity*
los diseños *designs*
la duda *doubt*
el esbozo *sketch, outline*
el (la) estrella (de cine, de televisión) *(TV, movie) star*
la fantasía *fantasy*
la fe *faith*
la feria *fair*
la fusión *fusion*
un hecho *fact*
la honra *honor*
la imaginación *imagination*
la incertidumbre *uncertainty*
la irrealidad *unreality*
la justicia *justice*
el labrador *farmhand*
la lealtad *loyalty*
las leyes *laws*
la mezcla *mixture*
los mitos *myths*
una mordida *bite*
una mosca *fly*
la nobleza *nobility*
una oveja *sheep*
una pantera *panther*
la patria *patriotism*
los poderes *powers*
un potrillo *young colt*
el premio *prize*
la realidad *reality*
un rincón *corner*
el ruido *noise*
la soledad *solitude*
la valentía *courage*
los valores *values*

### *Verbos*

aparecer *to appear*
caber *to fit*
crecer *to grow*
desaparecer *to disappear*
encerrar *to enclose*
ganar *to earn*
incluir *to include*
ladrar *to bark*
murmurar *to murmur*
perder *to lose*
recorrer *to run through*
renovar *to renew*
respirar *to breathe*
señalar *to point*
soñar *to dream*
volver(se) *to return*

### *Adjetivos*

extraterreno(a) *from another world*
hinchado(a) *swollen*
literario(a) *literary*
mágico(a) *magic*
misterioso(a) *mysterious*
mítico(a) *mythical*
reseco(a) *dried out*
sobrenatural *supernatural*

### *Otras expresiones*

contar un cuento (una historia, un sueño, etc.) *to tell a story (a tale, a dream, etc.)*
convertirse en *to become*
de golpe *suddenly*
¡Felicitaciones! *Congratulations!*
hacerse cargo de *to take charge of*
llamar la atención *to call attention*
tener que ver *to have to do with*

# TRANSCRIPT FOR *VAMOS A ESCUCHAR* SECTIONS

Capítulo 1
**Primera etapa**
Vamos a escuchar: En un café

Clara: ¡Pst, camarero!
Camarero: ¿Qué desean tomar?
Ana: Una limonada.
Clara: Yo quisiera un café.
Camarero: ¿Y usted?
Francisco: Quisiera comer algo. Un sándwich de jamón y queso.
Ana: ¡Ah! Y yo, un pastel con el café.
Camarero: Bien, entonces, una limonada, un café, un pastel y un sándwich de jámon y queso.
Francisco: Y una botella de agua mineral.
Camarero: Está bien, ahora mismo.

**Segunda etapa**
Vamos a escuchar: En un bar de tapas

Un camarero: ¡Una de calamares!
Otro camarero: ¡Unas aceitunas!
Otro camarero: Hola, buenas. ¿Qué van a tomar?
Beatriz: Mm... tortilla de patata y una cerveza. ¿Y tú, Linda?
Linda: Yo, quiero unos calamares y para beber, mmm..., cerveza también.
Camarero: ¿Algo más?
Cristina: ¡Hola, Beatriz! ¡Hola, Linda!
Linda y Beatriz: ¡Hola, Cristina!
Cristina: Yo voy a tomar un vino tinto y pan con chorizo.
Camarero: Está bien.

**Segunda etapa**
Vamos a escuchar: En una cantina mexicana

Camarero: Buenos días, ¿qué van a pedir?
Carolina: Para mí, unos tacos de pollo y frijoles.
Verónica: Yo quisiera unas enchiladas de queso con salsa de chile.
Camarero: ¿Y para tomar?
Carolina: Yo una cerveza.
Camarero: Y usted, ¿cerveza también?
Verónica: No, no me gusta la cerveza. Una limonada bien fría.
Camarero: Muy bien, un momento.
*(The waiter brings the food.)*
Pepe: ¡Carolina!
Carolina: ¡Pepe!
Pepe: ¡Hola, Carolina! ¿qué tal estás?
Carolina: Muy bien, ¿y tú?
Pepe: Mm... ¡Qué comida más rica! ¿Qué es?
Carolina: Enchiladas con salsa de chile.
Pepe: ¡Qué picante! Está riquísima. Mmm...
Carolina: Perdona, Pepe. Ésta es Verónica, una amiga de Costa Rica.
Pepe: ¡Hola, Verónica! ¿Qué tal?
Verónica: Oye, tú no eres de aquí. ¿De dónde eres?
Pepe: De Salamanca.
Verónica: ¡Español! ¿Y qué haces aquí?
Pepe: Soy estudiante.

Capítulo 2
**Primera etapa**
Vamos a escuchar: Aquí vivo. En mi cuarto tengo...

Hola, me llamo Miguel. Vivo en una casa con mi familia. En mi cuarto tengo un estéreo, una cama, un escritorio, una silla y una máquina de escribir. Para ir a clase voy en bicicleta. Llevo una mochila con mi cuaderno, mi calculadora y mis libros.

Buenos días, me llamo Isabel. Vivo en un apartamento cerca de la universidad con otros estudiantes. En mi cuarto tengo unos pósters, una cómoda, una computadora, un televisor. No tengo estantes y hay muchos libros en mi escritorio. Para ir a clase voy en coche.

**Segunda etapa**
Vamos a escuchar: ¿Qué te gusta?

Miguel: Isabel, ¿te gusta el cine?
Isabel: Sí.
Miguel: ¿Qué películas te gustan más? ¿Las películas de horror, de aventuras, de ciencia ficción?
Isabel: Umm..., me gustan las películas de horror, pero las de ciencia ficción son mis favoritas. No me gustan las películas de aventuras. ¿Te gusta el cine?
Miguel: No mucho. Me gustan más los deportes.
Isabel: Ah, ¿sí? ¿Qué deportes te gustan más?
Miguel: Me gustan todos los deportes, pero mis favoritos son el fútbol americano y el básquetbol.

**Tercera etapa**
Vamos a escuchar: Mi familia

Hola, me llamo Miguel García. Tengo una familia muy grande—dos hermanos y tres hermanas. Mis abuelos también viven con nosotros. Mi padre se llama Luis y mi madre se llama Sara. Mi madre es periodista y mi padre es ingeniero. Mis hermanos no trabajan. Son estudiantes en la universidad.

Hola, me llamo Isabel Vásquez. Tengo una familia pequeña. Vivo con mi mamá y mi hermanito, José. Mis padres están divorciados. Mi madre es profesora de matemáticas y mi padre es contador. Vive en otra ciudad con su esposa. Mis abuelos tienen un restaurante donde trabajo de camarera los fines de semana.

Capítulo 3
**Primera etapa**
Vamos a escuchar: ¿Adónde van?

Gloria: Oye, Marilú, tengo que ir al centro para hacer unas compras. ¿Quieres ir?
Marilú: Bueno, prefiero ir al cine, pero, sí, vamos pues.
Gloria: ¡Bien! Podemos almorzar en el nuevo restaurante mexicano si quieres.
Marilú: ¡Buena idea! Tengo hambre. ¿Adónde vamos primero?
Gloria: Bueno, primero vamos a la librería porque tengo que comprar un libro de historia. Luego vamos a la farmacia para comprar medicina para mi hermana. Después vamos a la panadería, luego al correo...
Marilú: ¡Un momento, un momento, Gloria! Tienes mucho que hacer. Creo que voy al parque para descansar mientras tú vas de compras. ¿Por qué no vamos al restaurante como a las 15:00?
Gloria: ¡Ay no! Mira, mejor vamos al restaurante primero y después vamos de compras. ¿Prefieres comer primero?
Marilú: Bueno, ya que insistes. Sí, tengo ganas de comer algo ahora.
Gloria: Vamos, entonces. Yo te voy a comprar los tacos de pollo que te gustan tanto.
Marilú: ¡Ay qué rico! Después podemos ir al mercado también si quieres.

**Segunda etapa**
Vamos a escuchar: ¿Dónde está la biblioteca?

Señora: Perdón, señor. No soy de aquí. ¿Dónde está la biblioteca?
Señor: No está lejos del banco central. ¿Sabe dónde está el banco?
Señora: Creo que está cerca del correo.
Señor: Exacto. La biblioteca está en la esquina de la calle donde están el correo y el banco.
Señora: Muchas gracias.
Señor: También hay una biblioteca en la universidad.
Señora: ¿Y esa biblioteca está lejos?

Señor: Sí, la biblioteca de la universidad está bastante lejos. Tiene que tomar un taxi para ir a esa biblioteca.
Señora: Oh, entonces prefiero ir a la biblioteca cerca del correo. Adiós.
Señor: Adiós, que le vaya bien.

**Tercera etapa**
Vamos a escuchar: ¿Dónde está la Calle Bolívar?

Señor: Perdone, señorita, ¿dónde está la Calle Bolívar? Quiero ir al Museo Nacional.
Señorita: ¿La Calle Bolívar? Como no. Está cerca de aquí.
Señor: ¿En qué calle estamos ahora?
Señorita: Esta es la Calle San Vicente. Siga derecho hasta llegar a la plaza en la Calle Independencia. Después doble a la izquierda y siga tres cuadras hasta ver el Hotel Cosmos. Doble ahí a la derecha y ahí está la Calle Bolívar. El museo está ahí.
Señor: A ver si entiendo bien. ¿El Hotel Cosmos está en la Calle Bolívar?
Señorita: No, señor. La Calle Bolívar está casi frente al Hotel Cosmos pero el Hotel Cosmos está en la Calle Venezuela. Doble a la derecha para llegar a Bolívar.
Señor: Ah, ahora entiendo. Gracias, señorita.
Señorita: No hay de qué.

Capítulo 4
**Primera etapa**
Vamos a escuchar: ¿Quieres ir conmigo?

Juan: Hola, Laura. ¿Qué tal?
Laura: Muy bien, Juan. ¿Y tú?
Juan: Bastante bien, gracias. ¿Qué haces?
Laura: Tengo que ir al centro.
Juan: ¿Para qué vas?
Laura: Tengo que hacer un mandado para mi padre. ¿Quieres ir conmigo?
Juan: ¡Cómo no! Yo también tengo que ir al centro. Quiero comprar un disco compacto nuevo.
Laura: Vamos entonces. Primero hacemos el mandado y después pasamos por la tienda de discos.
Juan: ¡Perfecto! ¿Cómo quieres ir? ¿A pie?
Laura: No, ¡qué va! No tenemos todo el día. Vamos en metro.

**Segunda etapa**
Vamos a escuchar: ¿Vamos al centro?

Carmen: Hola, Ramón.
Ramón: Hola, Carmen. ¿Qué quieres hacer?
Carmen: ¿Por qué no vamos al centro?
Ramón: ¿Para qué?
Carmen: Quiero comprar un libro para mi clase de literatura.
Ramón: Yo también quiero ir al centro. Tengo ganas de ver una película.
Carmen: ¿Por qué no pasamos por la librería Acosta primero? Después podemos ir al cine.
Ramón: Buena idea. ¿Cómo vamos? ¿En autobús?
Carmen: No, no. Nos queda más cerca si vamos en metro. Tomamos la línea roja en Ventas que está aquí al lado. Cambiamos en Ópera y bajamos en Cuatro Caminos. La librería está muy cerca y también hay muchos teatros donde podemos ver la película que quieres. ¿Qué crees?
Ramón: ¡Vamos!

**Tercera etapa**
Vamos a escuchar: Vamos a cenar

Pedro: Tengo mucha hambre. ¿Por qué no vamos a cenar?
Esteban: Vamos. Conozco un restaurante donde sirven un pollo asado riquísimo y no es muy caro.
Pedro ¿Cómo vamos? ¿En metro o en taxi?
Esteban: Vamos en taxi. Llegamos mas rápido.
Pedro: ¡Taxi, taxi! ¿Está libre?
Taxista: Sí, sí, ¡cómo no! ¿A dónde van?
Esteban: Queremos ir al restaurante Casa Mingo. Es un restaurante que está en el Paseo de la Florida, cerca de la Estación del Norte.
Pedro: ¿Cuánto toma en llegar?
Taxista: Unos quince minutos, más o menos. Depende del tráfico.
*(Llegan al restaurante.)*
Esteban: ¿Cuánto es?
Taxista: Setecientas ochenta pesetas.
Esteban: Aquí tiene.
Taxista: Tome su cambio—doscientas veinte pesetas. Muchísimas gracias.
Esteban: A Ud., señor. Hasta luego.

Capítulo 5
**Primera etapa**
Vamos a escuchar: Una conversación de teléfono

Rafael: Hola, Elena. Te habla Rafael. ¿Cómo estás?
Elena: Hola, Rafael. Estoy bien, gracias. Me llamaste el sábado pasado, ¿verdad?
Rafael: Sí, te llamé como a las ocho y no te encontré en casa. Te dejé un mensaje en tu contestador.
Elena: Sí, pero ¿sabes? Empezaste a hablar pero el contestador no funcionó bien, así es que no dejaste un mensaje completo.
Rafael: Sí lo sé. No escuché el sonido pero hablé de todas maneras. Traté de dejar un mensaje. Te invité a cenar conmigo pero no me llamaste. Entonces, cené solo, fíjate.
Elena: Lo siento. Es que no regresé a casa hasta ayer. Viajé en tren desde México y no llegamos a Los Ángeles hasta muy temprano esta mañana.
Rafael: ¿En tren? Pero, ¿por qué viajaste en tren?
Elena: El viaje costó menos en tren y, además, no me gusta el avión.
Rafael: Bueno, si costó menos, bien, pero ¿qué hiciste durante dos días y noches de viaje en tren?
Elena: Bueno, la pasé bastante bien, fíjate. Escuché música, miré televisión, jugué con un "Game Boy", compré muchas revistas para leer, hablé con una señora muy interesante que es de Bolivia, caminé por todo el tren, tomé muchos refrescos, y luego al final del viaje pasó algo realmente extraordinario. Es algo que prefiero decirte esta noche.
Rafael: ¿Cómo? ¿Qué pasó? ¿Me lo dices esta noche? Pues bien. ¿Quieres ir a cenar esta noche y me dices lo que pasó?
Elena: Cómo no. ¿Por qué no vamos al Restaurante Las Brisas? Prefiero hablar de esto contigo ahí.
Rafael: Bueno, ya me dejaste en suspenso pero paso por ti a las 7:30 y me cuentas todos los detalles de lo que pasó.
Elena: Claro que sí. Nos vemos a las 7:30. Hasta luego.
Rafael: Adiós. Hasta luego.

**Segunda etapa**
Vamos a escuchar: Los exploradores y colonizadores

Florida: En 1513 Ponce de León descubrió Florida. También exploraron Florida Pánfilo de Narváez, Álvar Nuñez Cabeza de Vaca y Hernando de Soto.

En 1565 Pedro Menéndez de Avilés fundó la colonia permanente de San Agustín. El pirata inglés, Sir Francis Drake, causó la destrucción de San Agustín en 1586. De 1763 a 1783 Florida formó parte del territorio inglés.

Texas: Alonso de Pineda exploró Texas en 1519; llegó hasta la boca del Río Grande. Alvar Núñez Cabeza de Vaca viajó por el sur de Texas de 1528 a 1536. En 1541 Francisco Vásquez Coronado llegó al norte de Texas.

En 1682 los españoles fundaron el primer pueblo en Texas. Todavía existe —se llama Ysleta—y está cerca de lo que es hoy la ciudad de El Paso.

Hicieron doce misiones en Texas. Una de ellas, San Antonio de Béxar (fundada en 1718), es ahora la ciudad de San Antonio.

California: Juan Rodríguez Cabrillo descubrió California en 1540. Fray Junípero Serra y otros exploradores (como Gaspar de Portolá) colonizaron California en 1769 cuando llegaron a San Diego, la primera comunidad permanente de este territorio.

En 1776 Juan Bautista de Anza llegó a Monterrey y después formó una colonia en Yerba Buena, cerca de la Bahía de San Francisco.

Los españoles edificaron presidios—lugares militares—en San Diego, Santa Bárbara, Monterrey y San Francisco. Fundaron pueblos—colonias civiles—en San José, Los Ángeles y Santa Cruz. Fray Junípero Serra y otros establecieron veintiuna misiones franciscanas entre San Diego y Sonora.

**Tercera etapa**
Vamos a escuchar: ¿Qué hiciste durante las vacaciones?

Me llamo Margarita Lezcano y vivo en Madrid. Mi familia tiene una casa pequeña en Nerja, un pueblo en la Costa del Sol. Todos los años pasamos el mes de agosto en nuestra casa donde tenemos una bella vista del mar. Como de costumbre, el verano pasado fuimos de vacaciones. Salimos el 2 de agosto. Hicimos el viaje en coche en diez horas. Tuvimos buena suerte porque hizo buen tiempo el día que viajamos. Llegamos como a las cinco de la tarde.

Los primeros días tuvimos mucho que hacer para arreglar la casa. Mi hermano y yo ayudamos a nuestros padres. Limpiamos los cuartos, hicimos las camas y compramos comida—huevos, patatas, pan y fruta.

Después nos divertimos mucho. Mi hermano y yo nos encontramos con nuestros amigos, anduvimos por el pueblo, fuimos al cine, hicimos excursiones a la playa y comimos muchas cosas deliciosas. También fuimos a varias fiestas donde toqué la guitarra para los amigos.

A fines de agosto cerramos la casa y volvimos a Madrid. Ahora estoy lista para volver a la universidad.

Capítulo 6
**Primera etapa**
Vamos a escuchar: En el centro comercial

*Diálogo 1*

Dependienta: Hola, buenas tardes. ¿En qué puedo servirle?
Cliente: Hola. Me hace falta una raqueta de tenis. Ya tengo una, pero está muy vieja. Además creo que pesa demasiado.
Dependienta: Bueno. Le puedo mostrar unas que acaban de llegar. Llegaron ayer por la tarde y ya vendimos tres.
Cliente: Bueno, está bien. Pero me imagino que si acaban de llegar, todavía no estarán de oferta ¿no?
Dependienta: No, no, claro, no están de oferta, pero no son muy caras.
Cliente: Bueno, está bien, a ver cómo son.

*Diálogo 2*

Dependiente: Hola, buenas.
Cliente: Hola, estoy buscando un vestido para mi novia. ¿Puedo ver ése?
Dependiente: ¿Cuál? ¿Este verde?
Cliente: Sí, el verde. Muéstreme ése, por favor. ¿Cuánto cuesta?
Dependiente: Mil ochocientos pesos.
Cliente: ¡Mil ochocientos! No, es carísimo. Lo compro por mil pesos.
Dependiente: No, lo siento, no se lo puedo dejar en mil. Si quiere algo más barato ahí tenemos unos vestidos que están de oferta.

*Diálogo 3*

Cliente 1: Oye, mira, tienen una selección fabulosa de rock.
Cliente 2: Sí, es cierto. Mi hermano estuvo aquí la semana pasada y pasó más de una hora.
Cliente 1: ¿Compró algún disco?
Cliente 2: No, creo que al final compró dos cintas y un disco compacto. Los compactos están bastante baratos aquí.
Cliente 1: Es verdad. Mira éstos de aquí. Creo que voy a comprar uno para mí y otro para mi novia.

**Segunda etapa**
Vamos a escuchar: De compras en el mercado

Cliente: Hola, buenos días.
Dependienta: Hola, ¿cómo está?
Cliente: Bien, muy bien. Oiga, quiero preparar un guacamole para esta noche. ¿Tiene aguacates?
Dependienta: No, señor, se acabaron ya. Lo siento.
Cliente: Bueno, en fin, no importa. A ver, entonces, medio kilo de papas y dos cebollas.
Dependienta: Cómo no. Aquí tiene. ¿Algo más?
Cliente: Sí, mmm..., estos mangos se ven muy bien. ¿Cuánto cuestan?
Dependienta: Esos dos le cuestan 150 pesos. Están bien dulces.
Cliente: Está bien. Me los llevo. ¡Ah!, y también quiero una lechuga.
Dependienta: ¿Ésta? ¿Le parece bien ésta?
Cliente: Sí, ésa está bien. Y unos tomates.
Dependienta: ¿Cuántos?
Cliente: Un kilo.
Dependienta: ¿Necesita algo más?
Cliente: No, eso es todo. ¿Cuánto es?
Dependienta: Son 534 en total.
Cliente: Aquí tiene.

**Tercera etapa**
Vamos a escuchar: El regalo para Paco

*¡RING! ¡RING!*
Laura: ¿Dígame?
Pepa: ¿Laura?
Laura: Sí, soy yo. ¿Quién es?
Pepa: Laura, soy yo, Pepa. Oye, tienes que ayudarme.
Laura: ¿Qué pasa?
Pepa: Laura, necesito dinero.
Laura: ¿Cómo? ¿Que necesitas dinero?
Pepa: Sí, mira, te explico. El sábado es el cumpleaños de Paco y ayer fui al Corte Inglés a comprarle algo. Pues bien, no pude resistir la tentación, me gasté todo el dinero en ropa para mí. Me compré un vestido, un par de blusas y el último disco de Radio Futura.
Laura: Estás loca, Pepa. Está claro que no puedes ir de compras sola, y menos cuando están de oferta en las tiendas.
Pepa: Mira, Laura, necesito 5.000 pesetas para comprarle algo a Paco.
Laura: ¿Qué piensas comprarle?
Pepa: No sé, creo que una camisa. Vi una ayer que no es muy cara.
Laura: ¿Cuánto cuesta?
Pepa: 3.500
Laura: Pepa, hay algo que no comprendo. Si la camisa cuesta 3.500 ¿para qué quieres 5.000 pesetas?
Pepa: Es que también vi unos zapatos por 1.500, un precio increíble, ¿no crees?
Laura: Lo siento Pepa, olvídate de los zapatos. Mira, te dejo 3.500 para el regalo de Paco, pero nada más, ¿está claro?
Pepa: Está bien, Laura. Gracias.

Capítulo 7
**Primera etapa**
Vamos a escuchar: Conversaciones sobre el tiempo

*Diálogo 1*

La familia Valenzuela está de vacaciones en Portillo, pero hace mal tiempo y los hijos no están contentos.

Marcelo: ¡Qué aburrido estoy! Hace mucho frío aquí. Está nublado. ¡Y hay tormenta ahora!
Susana: ¡Sí! En Acapulco probablemente hace buen tiempo con mucho sol.
Papá: ¿Por qué están de mal humor? Por lo menos ayer esquiamos un poco.
Mamá: Y todos comemos bien aquí, ¿no?
Marcelo: ¡Pero qué aburrido! No hay música, no hay estrellas de cine.
Susana: Es verdad. Pasamos todo el día en el cuarto del hotel.
Papá: Pero por lo menos estamos de vacaciones en familia y eso es bueno.

*Diálogo 2*

Mañana es sábado. Patricia y sus amigos hablan de sus planes para el fin de semana. Pero sus planes dependen del tiempo que va a hacer.
Patricia: ¿Quieren ir a la playa mañana?
Margo: No sé. ¿Qué tiempo va a hacer?
Elena: Escuché el pronóstico en la TV. ¡Mañana por la mañana va a llover a cántaros!
Margo: Entonces yo prefiero ir al centro.
Patricia: ¿Y mañana por la tarde va a llover también?
Elena: No, va a hacer buen tiempo. Va a hacer mucho calor.
Patricia: ¡Qué bien! Podemos ir a la playa por la tarde entonces. Margo, ¿quieres ir con nosotras?
Margo: Sí, si ustedes van al centro conmigo por la mañana.
Elena: De acuerdo. Vamos al centro por la mañana y a la playa por la tarde.

**Segunda etapa**
Vamos a escuchar: ¡Es feo este auto!

Felipe ahorró su dinero y por fin compró un coche. Sus amigos inspeccionan el coche, pero sus reacciones no son muy optimistas.
Claudia: ¡Es feo este coche! No me gusta nada, ¡qué horror!
Felipe: ¡Cómo que feo! Miren… no es caro, es muy práctico.
Pablo: ¿Estás seguro de que funciona, Felipe?
Felipe: ¡Claro que sí, oigan! ¡Es pequeño, es económico y funciona muy bien y por lo menos tengo un coche! ¿Quieren dar una vuelta?
Claudia: Bueno, yo sí. ¿Pero, un coche violeta? Es un poco extraño, ¿no?

**Tercera etapa**
Vamos a escuchar: Descripciones de personas

*Diálogo 1*

Roberto va a visitar a su hermana Silvia el próximo fin de semana y su amigo Raúl le describe cómo es su hermana.
Raúl: ¿Qué hace tu hermana, Roberto?
Roberto: Es doctora en Chicago.
Raúl: ¿Cuántos años tiene?
Roberto: Es mi hermana mayor. Tiene veintinueve años.
Raúl: ¿Cómo es?
Roberto: Es muy independiente y seria. Le gustan los deportes y es atlética también. Por lo general, parece una persona muy feliz.
Raúl: ¿Es muy trabajadora?
Roberto: Claro que sí. Pero es muy simpática y, a veces, es muy generosa con su tiempo y con su dinero.
Raúl: Me gustaría mucho conocer a tu hermana. Parece perfecta.
Roberto: ¡Cuidado! ¡Es casada y tiene hijos!

*Diálogo 2*

Cecilia va a visitar a Manuel, su hermano mayor, el próximo fin de semana. Ahora, ella describe a su amiga Claudia cómo es su hermano.
Cecilia: Mi hermano Manuel es muy simpático.
Claudia: ¿Qué hace?
Cecilia: Está en la universidad. Va a ser ingeniero.
Claudia: ¿Cómo es?
Cecilia: Es alto y guapo. Tiene el pelo castaño, los ojos verdes y una nariz pequeña.
Claudia: ¿Tiene bigote? Adoro a los hombres con bigote.
Cecilia: No, pero tiene barba.
Claudia: Me gustaría mucho conocer a Manuel. ¡Parece sensacional!
Cecilia: ¡Lo siento! ¡Tiene una novia muy celosa!

Capítulo 8
**Primera etapa**
Vamos a escuchar: El accidente de Felipe

*(Carlos habla por teléfono con su amigo Felipe.)*
Carlos: Hola, ¿Felipe? ¿Qué te pasa? No fuiste a la escuela hoy.
Felipe: No, tuve un pequeño accidente.
Carlos: ¿Un accidente? ¿Te lastimaste?
Felipe: Sí, me rompí la pierna.
Carlos: ¡Te rompiste la pierna! ¡No me digas! ¿Cómo te pasó?
Felipe: Mira, es que soy verdaderamente torpe. Yo iba en mi bicicleta con Catarina. Hablábamos mucho. Nos reíamos. Nos divertíamos. No prestábamos atención. De repente un perro grande cruzó la calle en frente de nosotros. Y los dos nos caímos.
Carlos: ¿Y Catarina? ¿Se lastimó ella también?
Felipe: Ella se torció un tobillo y se cortó el brazo. Pero no fue muy grave.

**Segunda etapa**
Vamos a escuchar: En la farmacia

Farmacéutica: Buenos días, señor. ¿En qué puedo servirle?
Cliente: Es que no me siento muy bien. Toso sin parar y me duele la garganta.
Farmacéutica: ¿Tiene usted fiebre?
Cliente: Sí, un poco, pero necesito algo para la tos.
Farmacéutica: Este jarabe es muy bueno.
Cliente: ¿Tiene algo para el dolor de garganta?
Farmacéutica: ¡Claro que sí! Le recomiendo estas pastillas.
Cliente: Muchas gracias. ¿Puede darme unas aspirinas también?
Farmacéutica: Sí, sí. Parece que usted tiene la gripe. Descanse y beba mucha agua y jugo de naranja.

**Tercera etapa**
Vamos a escuchar: Comer bien

Héctor: ¿Cuánto mides, Felipe?
Felipe: Mido exactamente un metro setenta y ocho.
Héctor: ¿Y cuánto pesas?
Felipe: Setenta y dos kilos.
Héctor: ¿Y cómo guardas la línea?
Felipe: Pues hago gimnasia todos los días y como bien.
Héctor: ¿Comes dulces y galletas?
Felipe: A veces, pero por lo general prefiero evitarlos y comer bien. En casa preparamos unas comidas estupendas.
Héctor: ¿Qué preparan?
Felipe: Bueno, pues comidas balanceadas. No comemos ni mucha carne ni muchos postres. Comemos vegetales y frutas todos los días.

Capítulo 9
**Primera etapa**
Vamos a escuchar: ¡Bienvenido a casa!

Sra. Álvarez: ¿Eres Patrick?
Patrick: Sí, ¿Sra. Álvarez?
Sra. Álvarez: Sí, hola Patrick. ¿Qué tal?
Patrick: Un poco cansado.
Sr. Álvarez: Bueno, no te preocupes. En seguida llegamos a casa y si quieres puedes dormir una siesta.
*(Llegan a la casa de los Sres. Álvarez, tocan el timbre y abre Pedro.)*

Pedro: Hola, Patrick. ¿Qué tal el viaje? Debes estar cansado.
Patrick: Sí, un poco porque no dormí mucho en el avión.
Pedro: ¿A qué hora saliste de Nueva York?
Patrick: Llegué al Aeropuerto Kennedy a las 4:00 pero el avión no salió hasta las 6:00.
Sr. Álvarez: Ven Patrick. Vamos a llevar tus maletas a tu habitación.
Sra. Álvarez: Aquí está tu habitación.
Patrick: Muchas gracias, señora. Oh, es muy bonita.
Sra. Álvarez: Sí, es muy cómoda. Tienes una cama grande, un sillón, este escritorio con su lámpara y ahí esos estantes para tus libros.
Patrick: ¿Dónde pongo mi ropa?
Sra. Álvarez: Mira, ahí tienes un armario para colgar tus cosas. En esta cómoda con cajones puedes guardar lo que quieras.
Patrick: Ah, ¿dónde está el baño?
Sra. Álvarez: Está en el corredor a la derecha. Allí hay toallas y jabón. Allí puedes dejar tu ropa sucia. Lavo la ropa todos los sábados.
Patrick: Muchas gracias, señora. Es Ud. muy amable.

**Segunda etapa**
Vamos a escuchar: ¿Tienen habitación reservada?

Linda: Buenas tardes.
Empleado: Buenas tardes. ¿En qué puedo servirles?
Linda: Tenemos una habitación reservada para esta noche.
Empleado: Sí, a ver, un momento. ¿A nombre de quién?
Linda: Klein, Linda Klein. Llamé la semana pasada para hacer la reserva.
Empleado: Sí, espere. Klein, Klein, aquí está. Una habitación doble, ¿verdad?
Linda: Sí, así es. Y ¿cuánto cuesta?
Empleado: El precio de la habitación es 5.500 pesetas por noche.
Linda: Y, ¿está incluido el desayuno?
Empleado: No, el desayuno es aparte. Si quieren pueden pagar 350 pesetas más y desayunar en el hotel.
Linda: Kelly, ¿qué piensas? ¿Desayunamos aquí?
Kelly: Sí, ¿por qué no?
Empleado: Bueno, aquí tienen la llave. La habitación es la número 38 y está en el tercer piso.
Kelly: ¿El ascensor, por favor?
Empleado: Detrás de Uds. a la izquierda.

*(Linda y Kelly suben hasta el tercer piso y entran en la habitación.)*
Linda: Esta habitación es simple, pero no está mal.
Kelly: Sí, mira, las camas son muy cómodas. Oye, ¿tenemos un baño?
Linda: No, los baños están fuera, al fondo del pasillo. Para usar la ducha es necesario pedir la llave en la recepción.
Kelly: ¡Uf! estoy muerta. ¿Por qué no dormimos una siesta antes de salir?
Linda: Sí, buena idea, Kelly.

**Tercera etapa**
Vamos a escuchar: Buscamos apartamento

Patrick: ¡Mira! Encontré uno. Un apartamento con dos dormitorios y está amueblado.
Richard: ¿Dónde está?
Patrick: Muy cerca de la universidad.
Richard: Eso está bien. Pero si está amueblado, debe ser muy caro.
Patrick: Bueno, sí un poco. El alquiler es 70.500 pesetas al mes.
Richard: ¡Espera un momento! ¡Es carísimo! No podemos pagar eso.
Patrick: Bueno, está bien. Vamos a buscar otro más barato.
Richard: Mira éste. Tiene dos dormitorios, comedor, baño y cocina y cuesta sólo 40.000.
Patrick: Sí, pero está vacío y además está en un barrio muy malo. ¿De dónde vamos a sacar los muebles?
Richard: No sé. Podemos preguntarles a otros estudiantes. Sé que Cristina y Berta compraron un montón de cosas en el Rastro muy baratas.
Patrick: Bueno, no sé. Creo que tenemos que seguir buscando.
Richard: Vale, a ver.
Patrick: Mira este otro. Está en Cuatro Caminos al lado del metro. Tiene dos dormitorios, está amueblado y cuesta sólo 50.000 al mes.
Richard: ¿De verdad? ¡Es exactamente lo que necesitamos! ¿Por qué no llamamos a la agencia para ir a verlo mañana mismo?
Patrick: Vale. ¿Llamas tú?
Richard: Bien, dame el número.

Capítulo 10
**Primera etapa**
Vamos a escuchar: Una mañana en casa de los padres de Cristina Gallegos

Sra. Gallegos: ¡Vamos, hijas! ¡De prisa! ¡Qué cosa, siempre igual! ¡Ya es hora de irse! Se os va a hacer tarde para llegar a clase.
María: Mamá, no me grites a mí, yo no tengo la culpa. Belén, que es una pesada. Se levanta a las 7:15 y se encierra en el baño. Tarda media hora en ducharse, después se seca el pelo, luego se maquilla, y no sé qué más hace. Y a mí no me queda tiempo para nada, me ducho, me peino, y ya.
Belén: No es verdad, mamá. María, se despierta antes de la 7:00, pero no se levanta. Se queda en la cama hasta las 7:45. Después, por fin, se levanta y se viste, pero ya es casi la hora de salir. Por eso nunca tiene tiempo para nada.
María: ¡Alá! ¡Cómo exageras! Bueno, es igual, ya son las 8:00, vámonos. Adiós, mamá, adiós Cristina. Nos vemos por la tarde.
Belén: Adiós, mamá.
Sra. Gallegos: Belén, ¿y el desayuno? ¿No vas a desayunar? Pero, ¿cómo te vas a ir sin comer?

**Segunda etapa**
Vamos a escuchar: El encuentro de Belén y Patricia al volver de vacaciones

Belén: ¡Eh! ¡Patricia!
Patricia: ¿Belén? ¡Hombre, qué sorpresa! ¿Qué clases tienes este año? No te he visto en ninguna.
Belén: Bueno, pues, todavía no lo sé. No he tenido tiempo de decidir. Acabo de llegar de vacaciones y aún estoy un poco perdida.
Patricia: ¿Que acabas de volver? Increíble, o sea que has aprovechado hasta el último minuto. No está mal.
Belén: Todavía no me creo que ya esté aquí y que ya hayan empezado las clases. Me fui nada más terminar el curso, en junio, y volví ayer.
Patricia: No sabía que hubieras pasado todo el verano fuera. ¿A dónde fuiste?
Belén: Pues, mira, la primera semana fui a visitar a mi familia en Galicia, después me fui a Barcelona a ver a mi hermano Juan y a su novia y pasé otra semana con ellos. Fue una semana estupenda pues hicimos un montón de cosas. El primer día llovió mucho así que no pudimos ir a la playa pero aprovechamos para ir a un par de museos. Al día siguiente, me llevaron a Cadaqués donde viven unos amigos de ellos. ¿Conoces Cadaqués? Es un sitio

increíble. Nos quedamos allí un par de días. Luego, volvimos a Barcelona. Al llegar, me estaban esperando unos amigos de Madrid con los que me fui en tren de Barcelona a París.

Patricia: Oye, ¡menudo verano!

Belén: Bueno, y no se acaba ahí. Por fin, a finales de julio...

Patricia: Oye, lo siento, ya me lo contarás otro día, ahora me tengo que ir a clase a todo correr porque si no voy a llegar tarde.

Belén: Bien, pues a ver si nos vemos un día de esta semana para ir a tomar un café o para comer, ¿te parece?

Patricia: Está bien, te llamo mañana.

Belén: Sí, llámame. Adiós.

**Tercera etapa**

Vamos a escuchar: La fiesta en casa de Cristina

Cristina: Bueno, ¿cuánta gente va a venir por fin?

Enrique: No estoy seguro pero creo que vamos a ser unos veinte o así.

Cristina: Bien, hay que hacer la compra de comida, las bebidas las piensa traer la gente. ¿Te importa ir tú solo? Ponen un partido de tenis en la tele ahora y me encantaría verlo.

Enrique: No, no te preocupes. Está bien. El tenis me aburre un montón. Voy a salir ahora mismo. Espero no encontrar mucha gente en el super.

Cristina: ¡Espera! ¿Sabes qué vas a comprar?

Enrique: Bueno, pues, no sé. ¿Qué quieres poner? Pensaba traer aceitunas, cacahuetes, un poco de chorizo, algo de jamón, pan,... ¿Se te ocurre algo más?

Cristina: Sí, tengo ganas de comer algo picante, pero no sé qué.

Enrique: Bueno, voy a ver qué encuentro. ¿Oye, a qué hora va a venir la gente?

Cristina: Les dije a todos que a partir de las 9:30.

Enrique: Bien, así al volver del supermercado, podemos descansar un rato. Después, preparamos las cosas, limpiamos un poco la casa, y a lo mejor, nos queda tiempo para mirar el periódico y decidir a qué exposición vamos a ir mañana, ¿vale?

Cristina: No sé, ya veremos.

Capítulo 11

**Primera etapa**

Vamos a escuchar: En un restaurante

Camarero: Buenas noches.

Sr. Pérez: Buenas noches, señor. Quisiéramos una mesa para dos, por favor.

Camarero: Muy bien. Tengo una mesa aquí y otra allí cerca de la ventana. ¿Dónde prefieren sentarse?

Sr. Pérez: Cerca de la ventana, por favor.

Camarero: Vengan conmigo, por favor. Aquí tienen los menús. ¿Quieren pedir un aperitivo?

Sr. Pérez: Sí, como aperitivo, ¿por qué no pedimos unas gambas al ajillo?

Sra. Pérez: Está bien.

Sr. Pérez: Por favor, quisiéramos unas gambas al ajillo.

*(El camarero se va y en unos minutos vuelve con el aperitivo.)*

Camarero: Aquí tienen. ¿Qué van a pedir? ¿Desean una sopa?

Sra. Pérez: Sí, yo quisiera el gazpacho.

Sr. Pérez: Y para mí una sopa de ajo.

Camarero: ¿Qué van a pedir como entrada?

Sra. Pérez: Para mí las chuletas de cordero.

Sr. Pérez: Y para mí el pescado frito.

Camarero: ¿Quisieran una ensalada?

Sr. Pérez: Sí, sí. Una ensalada mixta para dos, por favor.

*(Después de que los Pérez comieron las entradas, vuelve el camarero otra vez.)*

Camarero: ¿Qué quieren pedir como postre?

Sra. Pérez: Yo, un flan.

Sr. Pérez: Y para mí un helado de fresa, gracias.

Camarero: ¿Café también?

Sr. Pérez: Sí, por favor.

Camarero: ¿Desean algo más?

Sr. Pérez: No, no gracias. ¿Puede traernos la cuenta, por favor?

*(Después de un rato, vuelve el camarero otra vez.)*

Camarero: Sí, como no.

Sr. Pérez: ¿Aceptan tarjetas de crédito?

Camarero: ¡Claro que sí!

**Segunda etapa**

Vamos a escuchar: ¡Qué rico está!

Luis: ¿Qué vas a pedir?

Sonia: No tengo mucha hambre. Voy a pedir una sopa de ajo y unas gambas al ajillo. ¿Y tú?

Luis: No sé. A ver...no quiero sopa. Voy a pedir la ensalada mixta y las chuletas de cordero y voy a tomar vino tinto. ¿Y tú?

Sonia: Tengo mucha sed. Voy a pedir agua mineral.

Luis: Camarero, este tenedor está sucio. Tráigame otro, por favor. Y a la señorita le falta la servilleta.

*(Más tarde el camarero les trae la comida.)*

Luis: ¿Qué tal está la sopa?

Sonia: Está muy rica. ¿Y la ensalada?

Luis: También está rica.

Sonia: ¿Y las chuletas?

Luis: Están riquísimas. ¿Y las gambas?

Sonia: Están pero riquísimas. En este restaurante se sirve una comida muy buena.

Luis: Sí, estoy de acuerdo. Se come muy bien.

**Tercera etapa**

Vamos a escuchar: Comida Tex-Mex

Luis: ¡Hola Alberto! ¿En qué andas?

Alberto: Nada pues. Voy aquí al restaurante este para comer unos nachos. ¿Me acompañas?

Luis: ¡Cómo no! Estoy que me muero de hambre.

Alberto: Ándale pues. Vamos.

Camarero: ¿Qué van a pedir?

Alberto: Para mí unos nachos y una cerveza bien fría, por favor.

Camarero: ¿Y para Ud.?

Luis: Para mí unas fajitas de pollo, un guacamole y un vaso de agua con mucho hielo, por favor.

*(Más tarde el camarero les trae la comida.)*

Camarero: Aquí tienen señores.

Alberto: Oye Luis, ¿qué tal están las fajitas?

Luis: No sé. No tienen sabor. Voy a pedir una salsa picante. Camarero, ¿me trae una salsita picante, por favor?

Camarero: Sí, señor. ¡Cómo no!

Alberto: Y ahora, ¿qué tal están?

Luis: Ahora sí que están pero riquísimas. ¿Y qué tal los nachos?

Alberto: Están muy sabrosos. ¿Y el guacamole?

Luis: Está un poco salado, pero me gusta.

*(Después de un rato vuelve el camarero.)*

Camarero: Señores, ¿quieren algo de postre?

Luis: Para mí no. Comí muchísimo.

Alberto: Para mí un flan, por favor.

Luis: ¿Qué tal el flan?

Alberto: Está algo dulce, pero me gustan las comidas dulces.

Capítulo 12

**Primera etapa**

Vamos a escuchar: En la Estación de Atocha

Empleado: Buenas tardes, señor. ¿En qué puedo servirle?

Enrique: Buenas tardes. Pensamos ir a Barcelona y quisiera saber si hay algún tren que salga temprano por la mañana.

Empleado: Sí, cómo no. Aquí tiene el horario. Uno sale a las 6:45 y otro a las 8:00.

Enrique: Ah, muy bien. Prefiero el tren de las 6:45. Quisiera reservar dos plazas—de ida y vuelta, por favor.
Empleado: Cómo no. ¿En primera o en segunda clase, señor?
Enrique: En primera.
Empleado: ¿Y para qué día?
Enrique: Para el miércoles, por favor. Y queremos volver a Madrid el martes de la semana que viene. Son días azules, ¿no?
Empleado: Sí, señor. Aquí tiene sus billetes.
Enrique: Muy bien. Y aquí tiene el dinero. ¡Muchas gracias!
Empleado: De nada, señor. ¡Buen viaje!
*(Inmediatamente después llegan Carmen y Antonio a la ventanilla de billetes.)*
Empleado: Buenas tardes. ¿En qué puedo servirles?
Carmen: Buenas tardes, señor. ¿A qué hora sale el próximo tren para Valencia, por favor?
Empleado: Según el horario, a las 15:00.
Antonio: Ya compramos los billetes. ¿Podría decirnos si el tren saldrá a tiempo?
Empleado: Es posible, pero en este momento el tren para Valencia está un poco retrasado.
Antonio: Ah, entonces, tenemos tiempo para comer algo. ¿De que andén sale el tren?
Empleado: Vayan ustedes al andén C.
Carmen: Gracias. ¿Y cómo se llega al andén C?
Empleado: Por esa puerta cerca del quiosco. Los andenes A y B no quedan lejos de allí.
Carmen: ¿Y cuál es el número de vagón, por favor?
Empleado: Tienen asientos reservados en el número 10.
Carmen: Bien, muchas gracias, señor.
Empleado: De nada. Les deseo un buen viaje.
Antonio: Gracias. Adiós.

**Segunda etapa**
Vamos a escuchar: Un viaje en coche

Alonso: Mamá, tengo sed. ¿Podemos parar y comprar un refresco?
Claudia: Yo también, mami. Tengo mucha, mucha, mucha, pero mucha sed. ¿Podemos parar?
Patricia: ¡Pero, hijitos! ¿Cómo es posible? Sólo hemos estado en el coche una hora. ¿No bebieron nada en casa?
Alonso: Sí, sí, pero ahora tenemos sed. Es que hace calor en el coche y no hemos bebido nada desde que salimos. ¿Cuándo vamos a llegar? ¿Cuánto toma el viaje de México a Querétaro?
Patricia: Son como cuatro horas a Querétaro, pero serán más si paramos cada media hora. ¿No pueden esperar una hora más?
Claudia: No, mamita. Y te prometo que si paramos esta vez y me compras un refresco, que ya no tenemos que parar otra vez hasta llegar a casa de Tía Cuca.
Alonso: Así es, mamá. Paramos ahora y después ya no te molestamos.
Patricia: Ese cuento lo he oído antes. Pero, bueno, ¿qué le vamos a hacer? Si ven una tienda de refrescos, les compro uno. ¿De acuerdo?
Alonso: ¡Sí, sí! ¡Qué buena eres, mamá!
Claudia: ¡Sí, eres la mejor mamá del mundo! Yo quiero un refresco bien grande. ¡Grandotote!
Alonso: Y yo quiero dos. ¡Bien fríos!
Patricia: ¡Ay, que niños éstos!
Claudia: ¿Mamita?
Patricia: Sí, mi hijita. Dime...
Claudia: ¿Sabes otra cosa, mamá?
Patricia: A ver, dime, hijita. ¿Qué cosa?
Claudia: ¡Pues...ahora tengo que ir al baño también!
Patricia: ¡No me digas! Pues ya lo sabía. Miren, ahí hay una gasolinera más adelante. Vamos a parar y los dos van al baño. ¿Me entienden? Creo que no son cuatro horas a Querétaro, como he dicho. ¡Serán ocho!

**Tercera etapa**
Vamos a escuchar: ¿Dónde está la maleta?

Sr. Castillo: Pues ha sido un gusto conocerla, Judy.
Judy: Gracias, igualmente. Y gracias por toda la información que me han dado. Me siento mucho mejor.
Sra. Castillo: Me alegro. ¿Por qué no vamos con Judy a la sala de equipaje, Raúl?
Sr. Castillo: Buena idea. Tenemos que pasar por ahí también. Y si hay algún problema, estaremos a sus órdenes, Judy.
Judy: Muchas gracias. Ustedes son muy amables.
*(Unos momentos después... en la sala de reclamación de equipaje)*
Sra. Castillo: ¿Qué pasó Judy? ¿No ha encontrado sus maletas?
Judy: Aquí tengo una, pero no he visto la otra.
Sr. Castillo: ¿De qué color es la maleta?
Judy: Es amarilla.
Sra. Castillo: ¿Y de qué tamaño es?
Judy: Pues, no muy grande. Es más pequeña que ésta.
Sr. Castillo: ¿Y lleva alguna identificación?
Judy: Sí, lleva una etiqueta con mi nombre y dirección.
Sra. Castillo: ¿Y qué contiene la maleta?
Judy: Tres vestidos, unos zapatos y unas blusas. ¡Ah, y un regalo para mi amiga Josefina!
Sra. Castillo: Pues, ahora la vamos a encontrar. No se preocupe.
Judy: ¡Ah! ¿Saben? Creo que la dejé en el avión. ¡Qué tonta soy!
Sr. Castillo: ¡Ah! ¡Menos mal! Hablaré con el agente. Alguien podrá ir a buscarla en el avión, entonces.
Sra. Castillo: Sí, y no se preocupe. Es que ha estado un poco nerviosa.
Judy: Sí, es verdad. Y muchas gracias a ustedes. He aprendido una lección importante. Es mejor llevar una maleta grande que dos pequeñas.
Sra. Castillo: Bueno, Raúl, habla con el agente y luego vamos a ver si encontramos las nuestras. Son verdes, ¡pero creo que he visto cien maletas verdes aquí!

# Appendix A Regular Verbs

## Simple Tenses

| Present Indicative | Imperfect | Preterite | Future | Conditional | Present Subjunctive | Past Subjunctive | Commands |
|---|---|---|---|---|---|---|---|
| **hablar** *(to speak)* | | | | | | | |
| hablo | hablaba | hablé | hablaré | hablaría | hable | hablara | habla |
| hablas | hablabas | hablaste | hablarás | hablarías | hables | hablaras | (no hables) |
| habla | hablaba | habló | hablará | hablaría | hable | hablara | hable |
| hablamos | hablábamos | hablamos | hablaremos | hablaríamos | hablemos | habláramos | hablad |
| habláis | hablabais | hablasteis | hablaréis | hablaríais | habléis | hablarais | (no habléis) |
| hablan | hablaban | hablaron | hablarán | hablarían | hablen | hablaran | hablen |
| **aprender** *(to learn)* | | | | | | | |
| aprendo | aprendía | aprendí | aprenderé | aprendería | aprenda | aprendiera | aprende |
| aprendes | aprendías | aprendiste | aprenderás | aprenderías | aprendas | aprendieras | (no aprendas) |
| aprende | aprendía | aprendió | aprenderá | aprendería | aprenda | aprendiera | aprenda |
| aprendemos | aprendíamos | aprendimos | aprenderemos | aprenderíamos | aprendamos | aprendiéramos | aprended |
| aprendéis | aprendíais | aprendisteis | aprenderéis | aprenderíais | aprendáis | aprendierais | (no aprendáis) |
| aprenden | aprendían | aprendieron | aprenderán | aprenderían | aprendan | aprendieran | aprendan |
| **vivir** *(to live)* | | | | | | | |
| vivo | vivía | viví | viviré | viviría | viva | viviera | vive |
| vives | vivías | viviste | vivirás | vivirías | vivas | vivieras | (no vivas) |
| vive | vivía | vivió | vivirá | viviría | viva | viviera | viva |
| vivimos | vivíamos | vivimos | viviremos | viviríamos | vivamos | viviéramos | vivid |
| vivís | vivíais | vivisteis | viviréis | viviríais | viváis | vivierais | (no viváis) |
| viven | vivían | vivieron | vivirán | vivirían | vivan | vivieran | vivan |

## Compound Tenses

| | | | | | |
|---|---|---|---|---|---|
| **Present progressive** | estoy<br>estás<br>está | estamos<br>estáis<br>están | hablando | aprendiendo | viviendo |
| **Present perfect indicative** | he<br>has<br>ha | hemos<br>habéis<br>han | hablado | aprendido | vivido |
| **Past perfect indicative** | había<br>habías<br>había | habíamos<br>habíais<br>habían | hablado | aprendido | vivido |

# Appendix B Stem-changing Verbs

| *Infinitive*<br>*Present Participle*<br>*Past Participle* | *Present Indicative* | *Imperfect* | *Preterite* | *Future* | *Conditional* | *Present Subjunctive* | *Past Subjunctive* | *Commands* |
|---|---|---|---|---|---|---|---|---|
| pensar<br>*to think*<br>**e → ie**<br>pensando<br>pensado | **pienso**<br>**piensas**<br>**piensa**<br>pensamos<br>pensáis<br>**piensan** | pensaba<br>pensabas<br>pensaba<br>pensábamos<br>pensabais<br>pensaban | pensé<br>pensaste<br>pensó<br>pensamos<br>pensasteis<br>pensaron | pensaré<br>pensarás<br>pensará<br>pensaremos<br>pensaréis<br>pensarán | pensaría<br>pensarías<br>pensaría<br>pensaríamos<br>pensaríais<br>pensarían | **piense**<br>**pienses**<br>**piense**<br>pensemos<br>penséis<br>**piensen** | pensara<br>pensaras<br>pensara<br>pensáramos<br>pensarais<br>pensaran | **piensa**<br>**no pienses**<br>**piense**<br>**pensad**<br>**no penséis**<br>**piensen** |
| acostarse<br>*to go to bed*<br>**o → ue**<br>acostándose<br>acostado | me **acuesto**<br>te **acuestas**<br>se **acuesta**<br>nos acostamos<br>os acostáis<br>se **acuestan** | me acostaba<br>te acostabas<br>se acostaba<br>nos acostábamos<br>os acostabais<br>se acostaban | me acosté<br>te acostaste<br>se acostó<br>nos acostamos<br>os acostasteis<br>se acostaron | me acostaré<br>te acostarás<br>se acostará<br>nos acostaremos<br>os acostaréis<br>se acostarán | me acostaría<br>te acostarías<br>se acostaría<br>nos acostaríamos<br>os acostaríais<br>se acostarían | me **acueste**<br>te **acuestes**<br>se **acueste**<br>nos acostemos<br>os acostéis<br>se **acuesten** | me acostara<br>te acostaras<br>se acostara<br>nos acostáramos<br>os acostarais<br>se acostaran | **acuéstate**<br>**no te acuestes**<br>**acuéstese**<br>acostad<br>**no os acostéis**<br>**acuéstense** |
| sentir<br>*to feel*<br>**e → ie, i**<br>**sintiendo**<br>sentido | **siento**<br>**sientes**<br>**siente**<br>sentimos<br>sentís<br>**sienten** | sentía<br>sentías<br>sentía<br>sentíamos<br>sentíais<br>sentían | sentí<br>sentiste<br>**sintió**<br>sentimos<br>sentisteis<br>**sintieron** | sentiré<br>sentirás<br>sentirá<br>sentiremos<br>sentiréis<br>sentirán | sentiría<br>sentirías<br>sentiría<br>sentiríamos<br>sentiríais<br>sentirían | **sienta**<br>**sientas**<br>**sienta**<br>**sintamos**<br>**sintáis**<br>**sientan** | **sintiera**<br>**sintieras**<br>**sintiera**<br>**sintiéramos**<br>**sintierais**<br>**sintieran** | **siente**<br>**no sientas**<br>**sienta**<br>sentid<br>**no sintáis**<br>**sientan** |
| pedir<br>*to ask*<br>**e → i, i**<br>**pidiendo**<br>pedido | **pido**<br>**pides**<br>**pide**<br>pedimos<br>pedís<br>**piden** | pedía<br>pedías<br>pedía<br>pedíamos<br>pedíais<br>pedían | pedí<br>pediste<br>**pidió**<br>pedimos<br>pedisteis<br>**pidieron** | pediré<br>pedirás<br>pedirá<br>pediremos<br>pediréis<br>pedirán | pediría<br>pedirías<br>pediría<br>pediríamos<br>pediríais<br>pedirían | **pida**<br>**pidas**<br>**pida**<br>**pidamos**<br>**pidáis**<br>**pidan** | **pidiera**<br>**pidieras**<br>**pidiera**<br>**pidiéramos**<br>**pidierais**<br>**pidieran** | **pide**<br>**no pidas**<br>**pida**<br>pedid<br>**no pidáis**<br>**pidan** |
| dormir<br>*to sleep*<br>**o → ue, u**<br>**durmiendo**<br>dormido | **duermo**<br>**duermes**<br>**duerme**<br>dormimos<br>dormís<br>**duermen** | dormía<br>dormías<br>dormía<br>dormíamos<br>dormíais<br>dormían | dormí<br>dormiste<br>**durmió**<br>dormimos<br>dormisteis<br>**durmieron** | dormiré<br>dormirás<br>dormirá<br>dormiremos<br>dormiréis<br>dormirián | dormiría<br>dormirías<br>dormiría<br>dormiríamos<br>dormiríais<br>dormirían | **duerma**<br>**duermas**<br>**duerma**<br>**durmamos**<br>**durmáis**<br>**duerman** | **durmiera**<br>**durmieras**<br>**durmiera**<br>**durmiéramos**<br>**durmierais**<br>**durmieran** | **duerme**<br>**no duermas**<br>**duerma**<br>dormid<br>**no durmáis**<br>**duerman** |

# Appendix C Change of Spelling Verbs

| *Infinitive Present Participle Past Participle* | *Present Indicative* | *Imperfect* | *Preterite* | *Future* | *Conditional* | *Present Subjunctive* | *Past Subjunctive* | *Commands* |
|---|---|---|---|---|---|---|---|---|
| comenzar | comienzo | comenzaba | **comencé** | comenzaré | comenzaría | **comience** | comenzara | comienza **(no** |
| (e → ie) | comienzas | comenzabas | comenzaste | comenzarás | comenzarías | **comiences** | comenzaras | **comiences)** |
| *to begin* | comienza | comenzaba | comenzó | comenzará | comenzaría | **comience** | comenzara | **comience** |
| **z → c** | comenzamos | comenzábamos | comenzamos | comenzaremos | comenzaríamos | **comencemos** | comenzáramos | comenzad **(no** |
| **before e** | comenzáis | comenzabais | comenzasteis | comenzaréis | comenzaríais | **comencéis** | comenzarais | **comencéis)** |
| comenzando | comienzan | comenzaban | comenzaron | comenzarán | comenzarían | **comiencen** | comenzaran | **comiencen** |
| comenzado | | | | | | | | |
| conocer | **conozco** | conocía | conocí | conoceré | conocería | **conozca** | conociera | se conoce **(no** |
| *to know* | conoces | conocías | conociste | conocerás | conocerías | **conozcas** | conocieras | **conozcas)** |
| **c → zc** | conoce | conocía | conoció | conocerá | conocería | **conozca** | conociera | **conozca** |
| **before a, o** | conocemos | conocíamos | conocimos | conoceremos | conoceríamos | **conozcamos** | conociéramos | conoced **(no** |
| conociendo | conocéis | conocíais | conocisteis | conoceréis | conoceríais | **conozcáis** | conocierais | **conozcáis)** |
| conocido | conocen | conocían | conocieron | conocerán | conocerían | **conozcan** | conocieran | **conozcan** |
| pagar | pago | pagaba | **pagué** | pagaré | pagaría | **pague** | pagara | paga **(no** |
| *to pay* | pagas | pagabas | pagaste | pagarás | pagarías | **pagues** | pagaras | **pagues)** |
| **g → gu** | paga | pagaba | pagó | pagará | pagaría | **pague** | pagara | **pague** |
| **before e** | pagamos | pagábamos | pagamos | pagaremos | pagaríamos | **paguemos** | pagáramos | pagad **(no** |
| pagando | pagáis | pagabais | pagasteis | pagaréis | pagaríais | **paguéis** | pagarais | **paguéis)** |
| pagado | pagan | pagaban | pagaron | pagarán | pagarían | **paguen** | pagaran | **paguen** |
| seguir | **sigo** | seguía | seguí | seguiré | seguiría | **siga** | siguiera | sigue **(no** |
| (e → i, i) | sigues | seguías | seguiste | seguirás | seguirías | **sigas** | siguieras | **sigas)** |
| *to follow* | sigue | seguía | siguió | seguirá | seguiría | **siga** | siguiera | **siga** |
| **g → gu** | seguimos | seguíamos | seguimos | seguiremos | seguiríamos | **sigamos** | seguiéramos | seguid **(no** |
| **before a, o** | seguís | seguíais | seguisteis | seguiréis | seguiríais | **sigáis** | siguierais | **sigáis)** |
| siguiendo | siguen | seguían | siguieron | seguirán | seguirían | **sigan** | siguieran | **sigan** |
| seguido | | | | | | | | |
| tocar | toco | tocaba | **toqué** | tocaré | tocaría | **toque** | tocara | toca **(no** |
| *to play* | tocas | tocabas | tocaste | tocarás | tocarías | **toques** | tocaras | **toques)** |
| **c → qu** | toca | tocaba | tocó | tocará | tocaría | **toque** | tocara | **toque** |
| **before e** | tocamos | tocábamos | tocamos | tocaremos | tocaríamos | **toquemos** | tocáramos | tocad **(no** |
| tocando | tocáis | tocabais | tocasteis | tocaréis | tocaríais | **toquéis** | tocarais | **toquéis)** |
| tocado | tocan | tocaban | tocaron | tocarán | tocarían | **toquen** | tocaran | **toquen** |

# Appendix D Irregular Verbs

*Verbs with irregular *yo*-forms in the present indicative

| Infinitive Present Participle Past Participle | Present Indicative | Imperfect | Preterite | Future | Conditional | Present Subjunctive | Past Subjunctive | Commands |
|---|---|---|---|---|---|---|---|---|
| andar | ando | andaba | **anduve** | andaré | andaría | ande | **anduviera** | anda |
| *to walk* | andas | andabas | **anduviste** | andarás | andarías | andes | **anduvieras** | (no andes) |
| andando | anda | andaba | **anduvo** | andará | andaría | ande | **anduviera** | ande |
| andado | andamos | andábamos | **anduvimos** | andaremos | andaríamos | andemos | **anduviéramos** | andad |
| | andáis | andabais | **anduvisteis** | andaréis | andaríais | andéis | **anduvierais** | (no andéis) |
| | andan | andaban | **anduvieron** | andarán | andarían | anden | **anduvieran** | anden |
| *dar | **doy** | daba | **di** | daré | daría | **dé** | **diera** | da **(no des)** |
| *to give* | das | dabas | **diste** | darás | darías | **des** | **dieras** | **dé** |
| dando | da | daba | **dio** | dará | daría | **dé** | **diera** | dad **(no deis)** |
| dado | damos | dábamos | **dimos** | daremos | daríamos | **demos** | **diéramos** | den |
| | dais | dábais | **disteis** | daréis | daríais | **deis** | **dierais** | |
| | dan | daban | **dieron** | darán | darían | **den** | **dieran** | |
| *decir | **digo** | decía | **dije** | **diré** | **diría** | **diga** | **dijera** | **di (no digas)** |
| *to say, tell* | **dices** | decías | **dijiste** | **dirás** | **dirías** | **digas** | **dijeras** | **diga** |
| **diciendo** | **dice** | decía | **dijo** | **dirá** | **diría** | **diga** | **dijera** | decid |
| **dicho** | decimos | decíamos | **dijimos** | **diremos** | **diríamos** | **digamos** | **dijéramos** | **(no digáis)** |
| | decís | decíais | **dijisteis** | **diréis** | **diríais** | **digáis** | **dijerais** | **digan** |
| | **dicen** | decían | **dijeron** | **dirán** | **dirían** | **digan** | **dijeran** | |
| *estar | **estoy** | estaba | **estuve** | estaré | estaría | **esté** | **estuviera** | **está** |
| *to be* | **estás** | estabas | **estuviste** | estarás | estarías | **estés** | **estuvieras** | **esté** |
| estando | **está** | estaba | **estuvo** | estará | estaría | **esté** | **estuviera** | **(no estés)** |
| estado | estamos | estábamos | **estuvimos** | estaremos | estaríamos | **estemos** | **estuviéramos** | estad |
| | estáis | estabais | **estuvisteis** | estaréis | estaríais | **estéis** | **estuvierais** | **(no estéis)** |
| | **están** | estaban | **estuvieron** | estarán | estarían | **estén** | **estuvieran** | **estén** |
| haber | **he** | había | **hube** | **habré** | **habría** | **haya** | **hubiera** | |
| *to have* | **has** | habías | **hubiste** | **habrás** | **habrías** | **hayas** | **hubieras** | |
| habiendo | **ha [hay]** | había | **hubo** | **habrá** | **habría** | **haya** | **hubiera** | |
| habido | **hemos** | habíamos | **hubimos** | **habremos** | **habríamos** | **hayamos** | **hubiéramos** | |
| | **habéis** | habíais | **hubisteis** | **habréis** | **habríais** | **hayáis** | **hubierais** | |
| | **han** | habían | **hubieron** | **habrán** | **habrían** | **hayan** | **hubieran** | |
| *hacer | **hago** | hacía | **hice** | **haré** | **haría** | **haga** | **hiciera** | **haz** |
| *to make, do* | haces | hacías | **hiciste** | **harás** | **harías** | **hagas** | **hicieras** | **(no hagas)** |
| haciendo | hace | hacía | **hizo** | **hará** | **haría** | **haga** | **hiciera** | **haga** |
| **hecho** | hacemos | hacíamos | **hicimos** | **haremos** | **haríamos** | **hagamos** | **hiciéramos** | haced |
| | hacéis | hacíais | **hicisteis** | **haréis** | **haríais** | **hagáis** | **hicierais** | **(no hagáis)** |
| | hacen | hacían | **hicieron** | **harán** | **harían** | **hagan** | **hicieran** | **hagan** |

# Appendix D Irregular Verbs *(continued)*

| *Infinitive Present Participle Past Participle* | *Present Indicative* | *Imperfect* | *Preterite* | *Future* | *Conditional* | *Present Subjunctive* | *Past Subjunctive* | *Commands* |
|---|---|---|---|---|---|---|---|---|
| ir<br>*to go*<br>**yendo**<br>ido | **voy**<br>**vas**<br>**va**<br>**vamos**<br>**vais**<br>**van** | **iba**<br>**ibas**<br>**iba**<br>**íbamos**<br>**ibais**<br>**iban** | **fui**<br>**fuiste**<br>**fue**<br>**fuimos**<br>**fuisteis**<br>**fueron** | iré<br>irás<br>irá<br>iremos<br>iréis<br>irán | iría<br>irías<br>iría<br>iríamos<br>iríais<br>irían | **vaya**<br>**vayas**<br>**vaya**<br>**vayamos**<br>**vayáis**<br>**vayan** | **fuera**<br>**fueras**<br>**fuera**<br>**fuéramos**<br>**fuerais**<br>**fueran** | **ve (no vayas)**<br>**vaya**<br>id **(no vayáis)**<br>**vayan** |
| *oír<br>*to hear*<br>**oyendo**<br>**oído** | **oigo**<br>**oyes**<br>**oye**<br>**oímos**<br>**oís**<br>**oyen** | oía<br>oías<br>oía<br>oíamos<br>oíais<br>oían | oí<br>**oíste**<br>**oyó**<br>**oímos**<br>**oísteis**<br>**oyeron** | oiré<br>oirás<br>oirá<br>oiremos<br>oiréis<br>oirán | oiría<br>oirías<br>oiría<br>oiríamos<br>oiríais<br>oirían | **oiga**<br>**oigas**<br>**oiga**<br>**oigamos**<br>**oigáis**<br>**oigan** | **oyera**<br>**oyeras**<br>**oyera**<br>**oyéramos**<br>**oyerais**<br>**oyeran** | **oye (no oigas)**<br>**oiga**<br>oíd<br>**no oigáis**<br>**oigan** |
| poder<br>*can, to be able*<br>**pudiendo**<br>podido | **puedo**<br>**puedes**<br>**puede**<br>podemos<br>podéis<br>**pueden** | podía<br>podías<br>podía<br>podíamos<br>podíais<br>podían | **pude**<br>**pudiste**<br>**pudo**<br>**pudimos**<br>**pudisteis**<br>**pudieron** | **podré**<br>**podrás**<br>**podrá**<br>**podremos**<br>**podréis**<br>**podrán** | **podría**<br>**podrías**<br>**podría**<br>**podríamos**<br>**podríais**<br>**podrían** | **pueda**<br>**puedas**<br>**pueda**<br>podamos<br>podáis<br>**puedan** | **pudiera**<br>**pudieras**<br>**pudiera**<br>**pudiéramos**<br>**pudierais**<br>**pudieran** | |
| *poner<br>*to place, put*<br>poniendo<br>**puesto** | **pongo**<br>pones<br>pone<br>ponemos<br>ponéis<br>ponen | ponía<br>ponías<br>ponía<br>poníamos<br>poníais<br>ponían | **puse**<br>**pusiste**<br>**puso**<br>**pusimos**<br>**pusisteis**<br>**pusieron** | **pondré**<br>**pondrás**<br>**pondrá**<br>**pondremos**<br>**pondréis**<br>**pondrán** | **pondría**<br>**pondrías**<br>**pondría**<br>**pondríamos**<br>**pondríais**<br>**pondrían** | **ponga**<br>**pongas**<br>**ponga**<br>**pongamos**<br>**pongáis**<br>**pongan** | **pusiera**<br>**pusieras**<br>**pusiera**<br>**pusiéramos**<br>**pusierais**<br>**pusieran** | **pon**<br>**(no pongas)**<br>**ponga**<br>poned<br>**(no pongáis)**<br>**pongan** |
| querer<br>*to like*<br>queriendo<br>querido | **quiero**<br>**quieres**<br>**quiere**<br>queremos<br>queréis<br>**quieren** | quería<br>querías<br>quería<br>queríamos<br>queríais<br>querían | **quise**<br>**quisiste**<br>**quiso**<br>**quisimos**<br>**quisisteis**<br>**quisieron** | **querré**<br>**querrás**<br>**querrá**<br>**querremos**<br>**querréis**<br>**querrán** | **querría**<br>**querrías**<br>**querría**<br>**querríamos**<br>**querríais**<br>**querrían** | **quiera**<br>**quieras**<br>**quiera**<br>queramos<br>queráis<br>**quieran** | **quisiera**<br>**quisieras**<br>**quisiera**<br>**quisiéramos**<br>**quisierais**<br>**quisieran** | **quiere**<br>**(no quieras)**<br>**quiera**<br>quered<br>(no queráis)<br>**quieran** |
| *saber<br>*to know*<br>sabiendo<br>sabido | sé<br>sabes<br>sabe<br>sabemos<br>sabéis<br>saben | sabía<br>sabías<br>sabía<br>sabíamos<br>sabíais<br>sabían | **supe**<br>**supiste**<br>**supo**<br>**supimos**<br>**supísteis**<br>**supieron** | **sabré**<br>**sabrás**<br>**sabrá**<br>**sabremos**<br>**sabréis**<br>**sabrán** | **sabría**<br>**sabrías**<br>**sabría**<br>**sabríamos**<br>**sabríais**<br>**sabrían** | **sepa**<br>**sepas**<br>**sepa**<br>**sepamos**<br>**sepáis**<br>**sepan** | **supiera**<br>**supieras**<br>**supiera**<br>**supiéramos**<br>**supierais**<br>**supieran** | sabe<br>**(no sepas)**<br>**sepa**<br>sabed<br>**(no sepáis)**<br>**sepan** |

# Appendix D Irregular Verbs *(continued)*

| *Infinitive Present Participle Past Participle* | *Present Indicative* | *Imperfect* | *Preterite* | *Future* | *Conditional* | *Present Subjunctive* | *Past Subjunctive* | *Commands* |
|---|---|---|---|---|---|---|---|---|
| *salir<br>*to go out*<br>saliendo<br>salido | **salgo**<br>sales<br>sale<br>salimos<br>salís<br>salen | salía<br>salías<br>salía<br>salíamos<br>salíais<br>salían | salí<br>saliste<br>salió<br>salimos<br>salisteis<br>salieron | **saldré**<br>**saldrás**<br>**saldrá**<br>**saldremos**<br>**saldréis**<br>**saldrán** | **saldría**<br>**saldrías**<br>**saldría**<br>**saldríamos**<br>**saldríais**<br>**saldrían** | **salga**<br>**salgas**<br>**salga**<br>**salgamos**<br>**salgáis**<br>**salgan** | saliera<br>salieras<br>saliera<br>saliéramos<br>salierais<br>salieran | **sal (no salgas)**<br>**salga**<br>salid<br>**(no salgáis)**<br>**salgan** |
| ser<br>*to be*<br>siendo<br>sido | **soy**<br>**eres**<br>**es**<br>**somos**<br>**sois**<br>**son** | **era**<br>**eras**<br>**era**<br>**éramos**<br>**erais**<br>**eran** | **fui**<br>**fuiste**<br>**fue**<br>**fuimos**<br>**fuisteis**<br>**fueron** | seré<br>serás<br>será<br>seremos<br>seréis<br>serán | sería<br>serías<br>sería<br>seríamos<br>seríais<br>serían | **sea**<br>**seas**<br>**sea**<br>**seamos**<br>**seáis**<br>**sean** | **fuera**<br>**fueras**<br>**fuera**<br>**fuéramos**<br>**fuerais**<br>**fueran** | **sé (no seas)**<br>**sea**<br>sed **(no seáis)**<br>**sean** |
| *tener<br>*to have*<br>teniendo<br>tenido | **tengo**<br>**tienes**<br>**tiene**<br>tenemos<br>tenéis<br>tienen | tenía<br>tenías<br>tenía<br>teníamos<br>teníais<br>tenían | **tuve**<br>**tuviste**<br>**tuvo**<br>**tuvimos**<br>**tuvisteis**<br>**tuvieron** | **tendré**<br>**tendrás**<br>**tendrá**<br>**tendremos**<br>**tendréis**<br>**tendrán** | **tendría**<br>**tendrías**<br>**tendría**<br>**tendríamos**<br>**tendríais**<br>**tendrían** | **tenga**<br>**tengas**<br>**tenga**<br>**tengamos**<br>**tengáis**<br>**tengan** | **tuviera**<br>**tuvieras**<br>**tuviera**<br>**tuviéramos**<br>**tuvierais**<br>**tuvieran** | **ten (no tengas)**<br>**tenga**<br>tened<br>**(no tengáis)**<br>**tengan** |
| traer<br>*to bring*<br>**trayendo**<br>**traído** | **traigo**<br>traes<br>trae<br>traemos<br>traéis<br>traen | traía<br>traías<br>traía<br>traíamos<br>traíais<br>traían | **traje**<br>**trajiste**<br>**trajo**<br>**trajimos**<br>**trajisteis**<br>**trajeron** | traeré<br>traerás<br>traerá<br>traeremos<br>traeréis<br>traerán | traería<br>traerías<br>traería<br>traeríamos<br>traeríais<br>traerían | **traiga**<br>**traigas**<br>**traiga**<br>**traigamos**<br>**traigáis**<br>**traigan** | **trajera**<br>**trajeras**<br>**trajera**<br>**trajéramos**<br>**trajerais**<br>**trajeran** | trae **(no traigas)**<br>**traiga**<br>traed<br>**(no traigáis)**<br>**traigan** |
| *venir<br>*to come*<br>**viniendo**<br>venido | **vengo**<br>**vienes**<br>**viene**<br>venimos<br>venís<br>**vienen** | venía<br>venías<br>venía<br>veníamos<br>veníais<br>venían | **vine**<br>**viniste**<br>**vino**<br>**vinimos**<br>**vinisteis**<br>**vinieron** | **vendré**<br>**vendrás**<br>**vendrá**<br>**vendremos**<br>**vendréis**<br>**vendrán** | **vendría**<br>**vendrías**<br>**vendría**<br>**vendríamos**<br>**vendríais**<br>**vendrían** | **venga**<br>**vengas**<br>**venga**<br>**vengamos**<br>**vengáis**<br>**vengan** | **viniera**<br>**vinieras**<br>**viniera**<br>**viniéramos**<br>**vinierais**<br>**vinieran** | **ven (no vengas)**<br>**venga**<br>venid<br>**(no vengáis)**<br>**vengan** |
| ver<br>*to see*<br>viendo<br>**visto** | **veo**<br>ves<br>ve<br>vemos<br>veis<br>ven | **veía**<br>**veías**<br>**veía**<br>**veíamos**<br>**veíais**<br>**veían** | **vi**<br>**viste**<br>**vio**<br>**vimos**<br>**visteis**<br>**vieron** | veré<br>verás<br>verá<br>veremos<br>veréis<br>verán | vería<br>verías<br>vería<br>veríamos<br>veríais<br>verían | **vea**<br>**veas**<br>**vea**<br>**veamos**<br>**veáis**<br>**vean** | viera<br>vieras<br>viera<br>viéramos<br>vierais<br>vieran | ve **(no veas)**<br>**vea**<br>ved **(no veáis)**<br>vean |

# Spanish-English Glossary

*The numbers in parentheses refer to the chapter in which the word or phrase is introduced.*

## A

**a** to, at (12)
**a veces** sometimes (1)
**abierto(a)** *m.(f.)* open (11)
**abogado(a)** *m.(f.)* lawyer (2)
**abrigo** *m.* coat (6)
**abril** April (5)
**abstracto** abstract (13)
**abuelo(a)** *m.(f.)* grandfather(mother) (2)
**aburrido(a)** *m.(f.)* bored (3), boring (2)
**aceite** *m.* oil (6)
**aceituna** *f.* olive (1)
**acompañante** *m.(f.)* traveling companion (12)
**acostarse** to go to bed (10)
**adicional** additional (8)
**admitir** to admit (8)
**adorar** to adore (7)
**aduana** *f.* customs (12)
**aeropuerto** *m.* airport (3)
**afeitarse** to shave (10)
**agosto** August (5)
**agua mineral con gas** mineral water with carbonation (11), **sin gas** without carbonation (11)
**aguacate** *m.* avocado (6)
**ahorrar** to save (7)
**aire acondicionado** air-conditioned (9)
**alegre** happy (11)
**alemán (alemana)** German (1)
  **Alemania** Germany (1)
**alfombra** *f.* rug, carpet (2)
**algo** something, somewhat (11)
**alguien** someone, somebody (11)
**algún día** someday (11)
**algún/alguno/alguna/algunos/algunas** a, an, some (11)
**alimento** *m.* food (6)
**almidón** *m.* starch (8)
**almohada** *f.* pillow (2)
**alquiler** *m.* rent (9)
**alto(a)** *m.(f.)* tall (2)
**alumno(a)** *m.(f.)* student (2)
**amable** friendly (9)
**amarillo(a)** *m.(f.)* yellow (6)
**amor** *m.* love (14)
**amplio(a)** *m.(f.)* broad, wide (14)
**(completamente) amueblado** (fully) furnished (9)
**añadir** to add (14)
**andar** to walk (5)
**animal doméstico** *m.* pet (2)
**antes de** before (12)
**antibiótico** *m.* antibiotic (8)
**antihistamínico** *m.* antihistamine (8)
**antipático(a)** *m.(f.)* disagreeable (2)
**anual** annual (8)
**anunciar** to announce (3)
**aparecer** to appear (14)
**aparentemente** apparently (8)
**apartamento** *m.* apartment (2)
**apellido** *m.* last name (2)
**aperitivo** *m.* appetizer (11)
**apetecer** to appeal (11)
**aquel(la)** *m.(f.)* that (6)
**araña** *f.* spider (14)
**área de estacionamiento** *m.* parking lot (3)
**argentino(a)** *m.(f.)* Argentinian (1)
**arpa** *m.* harp (13)
**arquitectura** *f.* architecture (2)
**arreglar** to arrange, fix (9)
  **arreglarse** to get dressed (up), to tidy oneself up (10)
**arroz** *m.* rice (1)
**arte** *m.* art (2)
**artículo** *m.* article (8)
**artista** *m.(f.)* artist (13)
**ascensor** *m.* elevator (9)
**asistir a** to attend (5)
**aspirina** *f.* aspirin (8)
**aterrizar** to land (12)
**autorretrato** *m.* self-portrait (13)
**avenida** *f.* avenue (3)
**avergonzado(a)** *m.(f.)* ashamed, shy (11)
**avión** *m.* airplane (12)
**ayuda** *f.* help (12)
**azúcar** *m.* sugar (6)
**azul** blue (6)

**bailar** to dance (1)
  **baile folklórico** *m.* folk dance (3)
  **baile popular** *m.* popular dance (3)
**bajo** *m.* bass (13)
**bajo(a)** *m.(f.)* short (2)
**balanceado(a)** *m.(f.)* balanced (8)
**banana** *f.* banana (6)
**banco** *m.* bank (3)
**baño (una sala de baño)** *m.* bath (bathroom) (9)
**barato(a)** *m.(f.)* cheap (6)
**barrio** *m.* neighborhood (3)
**barro** *m.* mud (14)
**básquetbol** *m.* basketball (2)
**bebé** *m.(f.)* baby (8)
**bebida** *f.* drink (11)
**béisbol** *m.* baseball (2)
**beneficiarse** to benefit (9)
**biblioteca** *f.* library (3)
**bicicleta** *f.* bicycle (2)
**bien** very (11), well (1)
**billete de diez viajes** *m.* ten-trip ticket (4)
  **billete sencillo** *m.* one-way ticket (4)
**biología** *f.* biology (2)
**bisabuelos** *m.* great-grandparents (14)
**bistec** *m.* steak (6)
**blanco(a)** *m.(f.)* white (6)
**blusa** *f.* blouse (6)
**boca** *f.* mouth (8)
**bocadillo** *m.* sandwich (French roll) (1)
**boleto** *m.* ticket (12)
**bolígrafo** *m.* ballpoint pen (2)
**boliviano(a)** *m.(f.)* Bolivian (1)
**bolsa de cuero** *f.* leather handbag (6)
**bonito(a)** *m.(f.)* pretty (2)
**borrador** *m.* eraser (2)
**bota** *f.* boot (6)
**botella de** *f.* bottle of (1)
  **botella de agua mineral** *f.* bottle of mineral water (1)
**brazo** *m.* arm (8)
**bueno(a)** *m.(f.)* good (2)
**buscar** to look for (5)

**caballero** *m.* knight, gentleman (14)
**caber** to fit (14)
**cabeza** *f.* head (8)
**cacahuete** *m.* peanut (1)
**cada día** everyday (11)
**café** *m.* coffee (1), **con leche** with milk (1)
**calamares fritos** *m.* fried squid (11)
**calcetines** *m.* socks (6)
**calcio** *m.* calcium (8)
**calculadora** *f.* calculator (2)
**calendario** *m.* calendar (12)
**calidad** *f.* quality (9)
**caliente** hot (11)
**caloría** *f.* calorie (8)
**calle** *f.* street (3)
**cama** *f.* bed (2)
**cámara** *f.* camera (2)

**camarero(a)** *m.(f.)* waiter (waitress) (1)
**caminar** to walk (5)
**camioneta** *f.* van, light truck (12)
**camisa** *f.* shirt (6)
**camiseta** *f.* t-shirt (6)
**campana** *f.* bell (14)
**Canadá** Canada (1)
  **canadiense** Canadian (1)
**canción** *f.* song (13)
**cansado(a)** *m.(f.)* tired (3)
**cantar** to sing (1)
**cara** *f.* face (8)
**carne** *f.* meat (1)
  **carnicería** *f.* butcher shop (3)
**caro(a)** *m.(f.)* expensive (6)
**carretera** *f.* highway (12)
**carrito** *m.* shopping cart (6)
**cartera** *f.* wallet (2)
**casa** house (2)
**catedral** *f.* cathedral (3)
**categoría** *f.* category (9)
**causa** *f.* cause (8)
**cebolla** *f.* onion (6)
**celebrar** to celebrate (3)
**cenar** to eat dinner (5)
**centro comercial** *m.* shopping center (6)
**cepillarse el pelo** to brush one's hair (10)
**cerca de** near (12)
**cereal** *m.* cereal (8)
**cerrado(a)** *m.(f.)* closed (11)
  **cerrar** to close (12)
**cerveza** *f.* beer (1)
**champiñon** *m.* mushroom (6)
**chaqueta** *f.* jacket (6)
**chile** *m.* hot pepper (1)
**chileno(a)** *m.(f.)* Chilean (1)
**chino(a)** *m.(f.)* Chinese (1)
**chocolate** *m.* chocolate (1)
**chorizo** sausage (11)
**chuletas de cordero** lamb chops (11)
**cien** one hundred (4)
  **ciento** a hundred (4)
**ciencia** *f.* science (2)
**cine** *m.* movie theater (3)
**cinta** *f.* tape (2)
**cinturón** *m.* belt (6)
**ciudad** *f.* city (2)
**clase** *f.* class (1)
**clóset** *m.* closet (9)
**club** *m.* club
**coche** *m.* car (2)
**cocina** *f.* kitchen (9)
**cocinar** to cook (9)
**codo** *m.* elbow (8)
**colegio** *m.* school (3)
**colombiano(a)** *m.(f.)* Colombian (1)
**color** *m.* color (13)
**comedor** *m.* dining room (9)
**comer** to eat (1)
**cómoda con** *f.* dresser with, **dos cajones** two drawers, **cuatro cajones** four drawers (9)
**cómodo(a)** *m.(f.)* comfortable (9)
**compartir** to share (12)
**complicado** complicated (13)
**comprar** to buy (5)
**computadora** *f.* computer (2)
**concurso de poesía** *m.* poetry contest (3)
**conducir** to drive (6)
**confort** *m.* comfort (9)
**confortable** comfortable (9)
**conmigo** with me (12)
**conocer** to know (person, place) (7)
  **conocido** known (13)
**constantemente** constantly (8)
**contador(a)** *m.(f.)* accountant (2)
**contento(a)** *m.(f.)* happy (3)
**contigo** with you (12)
**coquetamente** flirtatiously (10)
**corajudo** hot-tempered (13)
**corazón** *m.* heart (8)
**corredor** *m.* corridor, hallway (9)
**corriente (artística)** *f.* (artistic) trends (14)
**corto(a)** *m.(f.)* short (7)
**coser** to sew (13)
**costarricense** Costa Rican (1)
**creación** *f.* creation (14)
**creador** creative (13)
**crecer** to grow (14)
**creencia** *f.* belief (14)
**crema** *f.* cream (6)
**crepúsculo** *m.* twilight (14)
**crítico(a)** *m.(f.)* critic (14)
**croissant** *m.* croissant (1)
**cuaderno** *m.* notebook (2)
**cuadro** *m.* painting (7)
**cuarto** room (2)
**cuarto de kilo de** *m.* quarter of a kilogram of (6)
**cuatrocientos(as)** four hundred (4)
**cubano(a)** *m.(f.)* Cuban (1)
**cubismo** *m.* cubism (13)
**cuchara** *f.* spoon (11)
  **cucharita** *f.* teaspoon (11)
**cuchillo** *m.* knife (11)
**cuello** *m.* neck (8)
**cuenta** *f.* bill (9)
**cuidadoso** careful (13)
  **cuidar** to take care of (12)
**cutis** *m.* skin, complexion (10)

**dama** *f.* lady (14)
**danza** *f.* dance (13)
**darse prisa** to hurry up (10)
**de** of, from (12)
**decir** to say, tell (6)
**dedo (de la mano)** *m.* finger (8), **del pie** *m.* toe (8)
**delgado(a)** *m.(f.)* thin (2)
**dentista** dentist (2)
**departamento de literas** *m.* berth compartment (12), **de plazas sentadas** seating compartment (12)
**depender de** to depend on (5)
**desaparecer** to disappear (14)
**desarrollar** to develop (8)
**desarrollar(se)** to develop (14)
**desayuno** *m.* breakfast (1)
  **desayuno (incluido en el precio o no incluido en el precio)** *m.* breakfast (included in price or not included in price) (9)
**descansar** to rest (3)
**desear** to want (1)
**desengaño** *m.* deception (13)
**desfile** *m.* parade (3)
**despegar** to take off (12)
**después** after (1), **después de** after (12)
**destino** *m.* destination; destiny (14)
**destreza** *f.* skill (12)
**Día de la Independencia** *m.* Independence Day (3)
**dibujar** to draw (13)
  **dibujo** *m.* drawing (13)
**diciembre** December (5)
**diente** *m.* tooth (8)
**dificultad** *f.* difficulty (8)
**digestión** *f.* digestion (8)
**dignidad** *f.* dignity (14)
**disco compacto** *m.* compact disc (2)
**discoteca** *f.* discotheque (3)
**discutir** to argue (4)
**diseño** *m.* design (13)
**diversidad** *f.* diversity (13)
**divertido(a)** *m.(f.)* fun, amusing (2)
**docena de** *f.* a dozen of (6)
**dominicano(a)** *m.(f.)* Dominican (1)
**dormir (ue, u) (la siesta)** to sleep (take a nap) (9)
**dormitorio** *m.* bedroom (9)
**doscientos(as)** two hundred (4)
**ducha** *f.* shower (9)
**duda** *f.* doubt (8)

**ecuatoriano(a)** *m.(f.)* Ecuadoran (1)
**edad** *f.* age (9)
**el** the *(m.)* (1)
**él, ella, ellos, ellas** he (1), she (1), they *m.* (1), they *f.* (1)
**empleado(a)** *m.(f.)* employee (9)
**en** in (12)
**encantar** to like very much (11)
**encargo** *m.* message (10)
**encerrar** to enclose (14)
**enchilada** *f.* soft corn tortilla filled with cheese, meat, or chicken (1)
**energía** *f.* energy (8)
**enero** January (5)
**enfermero(a)** *m.(f.)* nurse (2)
  **enfermo(a)** *m.(f.)* sick (3)
**enojado(a)** *m.(f.)* angry (3)
**ensalada** salad (11), **ensalada mixta** mixed salad (11)
**entrada** *f.* entrance ticket (4), entree (11)
**entrenamiento** *m.* training (12)
**entre** between, in (12)
**epidemia** *f.* epidemic (8)
**esbozo** *m.* sketch, outline (14)
**escaparate** *m.* shop window (6)

**escotado** low-cut (10)
**escribir** to write (5)
**escritorio** *m.* desk (2)
**escuchar** to listen to (1)
**escuela secundaria** *f.* high school (3)
**escultura** *f.* sculpture (2)
**ese(a)** *m.(f.)* that (6)
**espacio** *m.* space (9)
**espalda** *f.* back (8)
**español(a)** *m.(f.)* Spanish (1)
**espárrago** *m.* asparagus (11)
**espíritu** *m.* spirit (13)
**esposo(a)** *m.(f.)* husband (2), (wife) (2)
**estación de autobuses** *f.* bus terminal (3), **de metro** *f.* subway station (4), **de policía** *f.* police station (3), **de trenes** *f.* railroad station (3)
**estacionamiento** *m.* parking (9)
**estadio** *m.* stadium (3)
**estado** *m.* state (9)
**Estados Unidos** United States (1)
  **estadounidense** American, from the United States (1)
**estante** *m.* bookshelf (2)
**estar** to be (3)
**este(a)** *m.(f.)* this (6)
**estéreo** *m.* stereo (2)
**estilo** *m.* style (7)
**estómago** *m.* stomach (8)
**estrella (de cine, de televisión)** *m.(f.)* (TV, movie) star (14)
**estudiante** student (2)
**estudiar** to study (1)
**eterno(a)** *m.(f.)* eternal (14)
**exactamente** exactly (8)
**exponer** to expose (13)
**extrañar** to miss (9)
**extraterreno(a)** *m.(f.)* from another world (14)

## F

**fabricación** *f.* manufacture, fabrication (13)
**facilitar** to facilitate (8)
**facturar la maleta (la bolsa, la valija, el maletín)** to check a suitcase (bag, valise, small suitcase) (12)
**falda** *f.* skirt (6)
**faltar** to need, lack (11)
**famoso(a)** *m.(f.)* famous (4)
**fantasía** *f.* fantasy (14)
**farmacia** *f.* pharmacy, drugstore (3)
**fauna** *f.* fauna
**favorito(a)** *m.(f.)* favorite (6)
**fe** *f.* faith (14)
**febrero** February (5)
**feo(a)** plain, ugly (2)
**feria** *f.* fair (3)
**ferroviario** *m.* railway (12)
**fibra** *f.* fiber (8)
**fiel** faithful (14)
**fijarse en** to notice (12)
**filete de ternera** *m.* veal fillet (11)
**flan** *m.* caramel custard (1)
**flora** *f.* flora
**florería** *f.* flower shop (3)
**forma** *f.* form, shape (13)
  **formar** to form (8)
**francés (francesa)** French (1)
  **Francia** France (1)
**frente** *f.* forehead (8)
**fresa** *f.* strawberry (6)
**fresco(a)** *m.(f.)* cool (6)
**frijoles** *m.* beans (1)
**frío(a)** *m.(f.)* cold (11)
**frontera** *f.* border (8)
**fruta** *f.* fruit (8)
**fuegos artificiales** *m.* fireworks (3)
**funcionar** to function, work (7)
**furioso(a)** *m.(f.)* furious (11)
**fusión** *f.* fusion (14)
**fútbol** *m.* soccer (2), **fútbol americano** *m.* football (2)

**galleta** *f.* biscuit, cookie (6)
**galón de** *m.* gallon of (6)
**gambas al ajillo** *f.* shrimp in garlic (11)
**ganar** to earn (1)
**garaje (para dos coches)** *m.* (two-car) garage (9)
**garganta** *f.* throat (8)
**gazpacho andaluz** *m.* cold soup with tomatoes, garlic, onion (11)
**gordo(a)** *m.(f.)* fat *(adj.)* (2)
**gotas para los ojos** *f.* eye drops (8)
**grabadora** *f.* tape recorder (2)
**graciosísima** very graceful (10)
**gramos de** grams of (6)
**granadina (con agua mineral)** *f.* grenadine (with mineral water) (1)
**grasa** *f.* fat *(noun)* (8)
**gratis** free of charge (12)
**grosero(a)** *m.(f.)* vulgar (14)
**guapo(a)** *m.(f.)* handsome (2)
**guatemalteco(a)** *m.(f.)* Guatemalan (1)
**guisantes** *m.* peas (6)
**guitarra** *f.* guitar (5)
**gustar** to like (2)

## H

**haber** to have (auxiliary verb) (12)
**hablar** to speak, talk (1)
**hacer** to do, make (4), (with time reference = "ago, since") (5)
  **hacer ejercicios aeróbicos** to do aerobics (8)
  **hacer gimnasia** to do exercises, gymnastics (8)
**hacia** toward (12)
**harina** *f.* flour (6)
**hasta** until (12)
**hay (haber)** there is/are (2)
**hecho** *m.* fact (14)
**helado** ice cream (6)
**hermano(a)** *m.(f)* brother (2), (sister) (2)
**hermoso(a)** *m.(f.)* beautiful (4)
**hierro** *m.* iron (8)
**hijo(a)** *m.(f)* son (2), (daughter) (2)
**hinchado(a)** *m.(f.)* swollen (14)
**hispano(a)** *m.(f.)* Hispanic (3)
**historia (literaria)** *f.* (literary) story (14), history (2)
**hoja** *f.* (sheet of) paper (6)
**hombre (mujer) de negocios** businessman(woman) (2)
**hombro** *m.* shoulder (8)
**hondureño(a)** *m.(f.)* Honduran (1)
**honra** *f.* honor (14)
**horario** *m.* schedule (12)
**horóscopo** *m.* horoscope (7)
**hospital** *m.* hospital (3)
**hotel** *m.* hotel (3)
**hueso** *m.* bone (8)

**idealismo** *m.* idealism (14)
**idealista** idealistic (14)
**iglesia** *f.* church (3)
**imagen** *f.* imagine (13)
**imaginación** *f.* imagination (14)
**imaginería** *f.* imagery (13)
**impermeable** *m.* raincoat (6)
**incertidumbre** *f.* uncertainty (14)
**incluido(a)** *m.(f.)* included (9)
  **incluir** to include (14)
**increíble** incredible (9)
**incrustación** *f.* incrustation (13)
**indicación** *f.* indication (8)
**ingeniero(a)** *m.(f.)* engineer (2)
**Inglaterra** England (1)
  **inglés (inglesa)** English (1)
**instrumento de cuerda** *m.* stringed instrument (13)
**inteligente** intelligent (2)
**intérprete** *m.* singer (13)
**invierno** *m.* winter (5)
**ir** to go (3)
**irrealidad** *f.* unreality (14)
**Italia** Italy (1)
  **italiano(a)** *m.(f.)* Italian (1)

**jamón serrano** *m.* Spanish ham, similar to prosciutto (11)
**Japón** Japan (1)
  **japonés (japonesa)** Japanese (1)
**jarabe** *m.* syrup (8)
**jardín** *m.* garden (9)

**joven** young (7)
**jugar** to play (5)
**jugo de naranja** *m.* orange juice (1)
**julio** July (5)
**junio** June (5)
**justicia** *f.* justice (14)

## K

**kilo de** *m.* a kilogram of (6)

## L

**la** the *(f.)* (1)
**labrador** *m.* farmhand (14)
**ladrar** to bark (14)
**lámpara** *f.* lamp (9)
**lápiz** *m.* pencil (2)
**largo(a)** *m.(f.)* long (7)
**las** the *(f. pl.)* (1)
**lavar** to wash (9)
**lealtad** *f.* loyalty (14)
**leche** *f.* milk (8)
**lechuga** *f.* lettuce (6)
**lejos de** far from (12)
**lengua** *f.* language (2)
**letra** *f.* lyrics (13)
**levantar pesas** to lift weights (8)
**ley** *f.* law (14)
**libra de** *f.* pound of (6)
**librería** *f.* bookstore (3)
  **libro** *m.* book (2)
**licuado de banana / fresas / melocotón** *m.* banana / strawberry / peach milkshake (1)
**limonada** *f.* lemonade (1)
**limón** *m.* lemon (6)
**limpio(a)** *m.(f.)* clean (11)
**línea** *f.* line (4)
**lípidos** *m.* lipids (8)
**listo(a)** ready (3)
**literario(a)** *m.(f.)* literary (14)
**litro de** *m.* a liter of (6)
**llamativo** flashy, showy (13)
**llanta** *f.* tire (12)
**llave** *f.* key (2)
**llegar** to arrive, **llegar de (a)** to arrive from (at) (9)
**lleno(a)** *m.(f.)* full (6)
**llevar** to take, carry (2)
**los** the *(m. pl.)* (1)
**lujo** *m.* luxury (9)

## M

**madre** *f.* mother (2)
**mágico(a)** *m.(f.)* magic (14)
**maíz** *m.* corn (6)
**mal** poorly
**malo(a)** *m.(f.)* bad (2)
**mango** *m.* mango (6)
**mano** *f.* hand (8)
**mantequilla** *f.* butter (1)
**manzana** *f.* apple (6)
**mapa de carreteras** *m.* highway map (12)
**máquina de escribir** *f.* typewriter (2)
**mar** *m.* sea (5)
**marrón** brown (6)
**marzo** March (5)
**matemáticas** *f.* mathematics (2)
**mayo** May (5)
**mayonesa** *f.* mayonnaise (6)
**medialuna** *f.* croissant (1)
**medias** *f.* stockings (6)
**médico(a)** *m.(f.)* doctor (2)
**medio kilo de** half kilogram of (6), **medio litro de** half liter of (6)
**mejorar** to improve (8)
**melancolía** *f.* melancholy (13)
**melocotón** *m.* peach (6)
**melodía** *f.* melody (13)
**melón** *m.* melon (6)
**mercado** *m.* market (3), **al aire libre** *m.* open-air market (6)
**merienda** *f.* snack (1)
**mermelada** *m.* jelly (1)
**metrotour de cinco días** *m.* five-day tourist ticket (4), **de tres días** *m.* three-day tourist ticket (4)
**mexicano(a)** *m.(f.)* Mexican (1)
  **México** Mexico (1)
**mezcla** *f.* mixture (14)
**mi(s)** my (2)
**microbio** *m.* microbe (8)
**mil** thousand (4)
**millón** million (4)
**mineral** *m.* mineral (8)
**mirar** to look at, watch (1)
**misa de Acción de Gracias** *f.* Thanksgiving Mass (3)
**misterioso(a)** *m.(f.)* mysterious (14)
**mitad** *f.* half (12)
**mítico(a)** *m.(f.)* mythical (14)
**mito** *m.* myth (14)
  **mítico(a)** *m.(f.)* mythical (14)
  **mitológico** mythological (13)
**mochila** *f.* knapsack (2)
**moda** *f.* style (6)
**moderno(a)** *m.(f.)* modern (6)
**mojado(a)** *m.(f.)* wet (11)
**montaña** *f.* mountain (5)
**morado(a)** *m.(f.)* purple (6)
**mordida** *f.* bite (14)
**moreno(a)** *m.(f.)* dark-haired, brunet (2)
**mosca** *f.* fly (14)
**motivo** *m.* motive (13)
**motocicleta** *f.* motorcycle (2)
**movimiento muscular** *m.* muscle movement (8)
**muchísimo** very much (1)
**mucho** a lot (1)
**muñeca** *f.* wrist (8)
**mural** *m.* mural (13)
  **muralismo** *m.* muralism (13)
**murmurar** to murmur (14)
**músculo** *m.* muscle (8)
**museo** *m.* museum (3)
**música** *f.* music (1), **música clásica** *f.* classical music (1)
**muslo** *m.* thigh (8)
**muy** very (1)

## N

**nacimiento** *m.* birth (12)
**nada** nothing (11)
**nadar** to swim (8)
**nadie** no one, nobody (11)
**naranja** *f.* orange (6)
**nariz** *f.* nose (8)
**necesitar** to need (1)
**negar** to deny (14)
**negro(a)** *m.(f.)* black (6)
**nervio** *m.* nerve (8)
  **nervioso(a)** *m.(f.)* nervous (11)
**neumático** *m.* tire (12)
**ni... ni** neither...nor (11)
**nicaragüense** Nicaraguan (1)
**niebla** *f.* fog (7)
**nieto(a)** *m.(f.)* grandson(daughter) (7)
**nieve** *f.* snow (7)
**ningún/ninguno/ninguna** none (11)
**nivel** *m.* level (12)
**No adelantar** No Passing (12)
**No estacionar** No Parking (12)
**No hay paso** Do Not Enter (12)
**No virar** No U-turns (12)
**nobleza** *f.* nobility (14)
**nombre** *m.* name (2)
**normalmente** normally (8)
**norteamericano(a)** North American (1)
**nosotros(as)** we (1)
**novecientos(as)** nine hundred (4)
**novelas de caballerías** *m.* novels of chivalry (14)
**noviembre** November (5)
**novio(a)** *m.(f.)* boy(girl)friend, fiancé(e) (7)
**nuestro(s)** *m.*, **nuestra(s)** *f.* our(s) (2)
**nuevo(a)** *m.(f.)* new (4)
**nunca** never (11)

## O

**o... o** either...or (11)
**obra** *f.* work (13)
**ochocientos(as)** eight hundred (4)
**octubre** October (5)
**ocupado(a)** *m.(f.)* busy (11)
**oficina de correos** *f.* post office (3)
**ofrecer** to offer (6)
**ojo** *m.* eye (8)
**onda** *f.* wave (13)
**oreja** *f.* ear (8)
**otoño** *m.* fall (5)
**oveja** *f.* sheep (14)

**padre** *m.* father (2)
**paella valenciana** *f.* Spanish dish with rice, shellfish, and chicken (11)
**pagar** to pay (4)
**país** *m.* country (9)
**pan** *m.* bread (1), **dulce** *m.* sweet roll (1),
  **pan tostado** *m.* toast (1)
  **panadería** *f.* bakery (3)
**Panamá** Panama (1)
  **panameño(a)** *m.(f.)* Panamanian (1)
**pantalones** *m.* trousers (6)
**pantera** *f.* panther (14)
**papa** *f.* potato (6)
**papel** *m.* paper (6)
**paquete de** *m.* a package of (6)
**para** for, in order to (12)
**paraguayo(a)** *m.(f.)* Paraguayan (1)
**pareja** *f.* couple, pair (12)
**parque** *m.* park (3)
**pasaporte** *m.* passport (12)
**pasar** to pass (6), **pasar tiempo** to spend time (5)
**pasta** *f.* pasta (6)
**pastel de fresas** *m.* strawberry pie (1)
**pastilla** *f.* pill (8)
**patatas bravas** *f.* cooked potatoes diced and served in spicy sauce
**patria** *f.* patriotism (14)
**payaso** *m.* clown (10)
**pecho** *m.* chest (8)
**pedazo de** *m.* a piece of (6)
**pedir** to ask for, request (12)
**pelirrojo(a)** *m.(f.)* redheaded (2)
**pelo** *m.* hair (8)
**pepino** *m.* cucumber (6)
**pequeño(a)** *m.(f.)* small (2)
**pera** *f.* pear (6)
**percha** *f.* hanger (10)
**perder** to lose (5)
**perfeccionar** to perfect (9)
**periódico** *m.* newspaper (9)
  **periodista** *m.(f.)* journalist (2)
**período** *m.* period (of time) (7)
**personas** *f.* people (2)
**Perú** Peru (1)
  **peruano(a)** *m.(f.)* Peruvian (1)
**pescado** *m.* fish (6), **pescado frito** fried fish (11)
**piano** *m.* piano (13)
**pie** *m.* foot (8)
**pierna** *f.* leg (8)
**pimienta** *f.* pepper
**pintar** to paint (13)
  **pintor(a)** *m.(f.)* painter (7)
  **pintura** *f.* painting (2)
**piscina** *f.* swimming pool (3)
**(primer, segundo, tercer, cuarto, quinto) piso** *m.* (first, second, third, fourth, fifth) floor (9)
**pitada** *f.* puff (10)
**plan** *m.* floor plan (9)
**plano del metro** *m.* subway map (4)
**planta** *f.* plant (2), **planta baja** *f.* ground floor (9)
**platillo** *m.* saucer (11)
**plato** *m.* dish, plate (11), **plato hondo** *m.* bowl (11)
**plaza** *f.* plaza, square (3)
**pluma** *f.* fountain pen (2)
**poco** *m.* a little (11), a little *adv.* (1)
**poder** to be able to (4)
**poderes** *m.* powers (14)
**pollo** *m.* chicken (1), **pollo al chilindrón** Spanish dish with chicken in a spicy tomato sauce (11)
**poner** to put (9)
**por** for, during (12)
**portafolio** *m.* briefcase (2)
**póster** *m.* poster (2)
**postre** *m.* dessert (11)
**potrillo** *m.* young colt (14)
**practicar** to practice (1)
**precio** *m.* price (6)
**preferir (ie)** to prefer (3)
**premio** *m.* prize (3)
**preocupado(a)** *m.(f.)* worried, preoccupied (8)
**presentar** to present, introduce (8)
**primavera** *f.* spring (5)
**primo(a)** *m.(f.)* cousin (2)
**producto lácteo** *m.* dairy product (8)
**profesor(a)** *m.(f.)* professor, teacher (2)
**profundo(a)** *m.(f.)* deep (14)
**programa de intercambio** *m.* exchange program (9)
**pronóstico** *m.* forecast (7)
**proteína** *f.* protein (8)
**publicar** to publish (14)
**puertorriqueño(a)** *m.(f.)* Puerto Rican (1)
**pulmón** *m.* lung (8)
**punto** *m.* point (8)

**querer (ie)** to want, love (3)
**queso** *m.* cheese (1)
  **queso manchego** cheese from La Mancha region in Spain (11)
**química** *f.* chemistry (2)
**quinientos(as)** five hundred (4)
**quiosco de periódicos** *m.* newspaper kiosk (3)

**radio** *m.* radio (2)
**rasgo** *m.* trait (13)
**reacción** *f.* reaction (7)
**real** real (13)
**realidad** *f.* reality (14)
**realismo** *m.* realism (14)
**realista** realistic (14)
**rebanada de pan** *f.* slice of bread (1)
**recepción** *f.* reception desk (9)
**rechazado** rejected (13)
**reclamar el equipaje (perdido)** to claim (lost) luggage (12)
**recorrer** to run through (14)
**rectángulo** *m.* rectangle (13)
**recuperar** to recuperate (8)
**red** *f.* network (12)
**reflejar** to reflect (14)
**refresco** *m.* soft drink (1), **refrescos surtidos** *m.* assorted soft drinks (11)
**regalar** to give (12)
**regatear** to bargain (6)
**regular** to regulate (8)
**relajada** relaxed (10)
**renovar** to renew (8)
**repertorio** *m.* repertoire (13)
**repetir(i, i)** to repeat (8)
**repisa** *f.* shelf (10)
**representar** to represent (14)
**República Dominicana** *f.* Dominican Republic (1)
**reseco(a)** *m.(f.)* dried out (14)
**respirar** to breathe (14)
**resultado** *m.* result (8)
**revisar** to review (9)
**rincón** *m.* corner (14)
**ritmo** *m.* rhythm (13), **ritmo cardíaco** heart rate (8)
**rodeado(a)** *m.(f.)* surrounded (12)
**rodilla** *f.* knee (8)
**rojo(a)** *m.(f.)* red (6)
**ropero** *m.* closet (2)
**rosa/rosado(a)** *m.(f.)* pink (6)
**rubio(a)** *m.(f.)* blond (2)
**ruido** *m.* noise (14)
**Rusia** Russia (1)
  **ruso(a)** *m.(f.)* Russian (1)

**saber** to know (fact) (5)
**sacapuntas** *m.* pencil sharpener (2)
**sacar** to take out something, obtain (5)
**sal** *f.* salt (6)
**sala de estar** *f.* living room (9)
**salida** *f.* exit (9)
**salir con** to go out with (5), **salir de** to leave from (5), **salir para** to leave for (9)
**salsa** *f.* sauce (1)
**salud** *f.* health (8)
**Salvador** El Salvador (1)
  **salvadoreño(a)** *m.(f.)* Salvadoran (1)
**sandalia** *f.* sandal (6)
**sándwich de jamón y queso** *m.* ham and cheese sandwich (1)
**sangría** sangria (11)
**sátira** *f.* satire (14)
**Sea Ud...** Be... (3)
**Sean Uds...** Be... *(pl.)* (3)
**seco(a)** *m.(f.)* dry (11)
**secretario(a)** *m.(f.)* secretary (2)
**seguro(a)** *m.(f.)* sure (6)

**seiscientos(as)** six hundred (4)
**señal** *f.* signal, sign (8), **señal de marcar** *f.* dial tone (12)
**señalar** to point (14)
**sencillo(a)** *m.(f.)* simple (14)
**señor** *m.* Mr., sir (1)
**señora** *f.* Mrs., ma'am (1)
**señorita** *f.* Miss (1)
**septiembre** September (5)
**ser** to be (1)
**serio(a)** *m.(f.)* serious (2)
**servilleta** *f.* napkin (11)
**setecientos(as)** seven hundred (4)
**siempre** always (1)
**silla** *f.* chair (2)
**sillón** *m.* armchair (2)
**simpático(a)** *m.(f.)* nice (2)
**simple** simple (9)
**sistema de clasificación** *m.* classification system (9)
**sobre** *m.* envelope (6)
**soda** *f.* soda (1)
**soledad** *f.* solitude (14)
**soñar** to dream (14)
**sonreír(se)(i, i)** to smile (8)
**sopa** *m.* soup (11), **sopa de ajo** garlic soup (11), **sopa del día** soup of the day (11), **sopa de mariscos** shellfish soup (11), **sopa de pescado** fish soup (11)
**su(s)** his, her, your, their, its (2)
**subir** to go up, climb, rise (9)
**sucio(a)** *m.(f.)* dirty (11)
**suéter** *m.* sweater (6)
**suficiente** enough (6)
**sugerir (ie, i)** to suggest (8)
**superpuesto** superimposed (13)
**surrealismo** *m.* surrealism (13)

**taco** *m.* corn tortilla filled with meat and other things (1)
**tallar** to carve (13)
**taller** *m.* studio, workshop (13)
**también** also (11)
**tampoco** neither (11)
**taquilla** *f.* booth (4)
**tarjeta de abono transportes** *f.* commuter pass (4)
**tarjeta de cumpleaños** *f.* birthday card (6)
**taza** *f.* cup (11)
**té** *m.* tea (1), **con leche** with milk (1), **con limón** with lemon (1)
**teatro** *m.* theater (3)
**tela** *f.* cloth, fabric (13)
**televisor (a colores)** *m.* (color) television set (2)
**tema** *m.* theme (13)
**temperatura** *f.* temperature (7)
**tenedor** *m.* fork (11)
**tener** to have (1)
**tener calor** to be hot (3)
**tener frío** to be cold (3)
**tener ganas de...** to feel like... (3)
**tener hambre** to be hungry (3)
**tener que (+ infinitive)** to have to (3)
**tener sed** to be thirsty (3)
**tener sueño** to be sleepy (3)
**tener... años** to be...years old (3)
**terraza** *f.* terrace, porch (9)
**tío(a)** *m.(f.)* uncle, (aunt) (2)
**tobillo** *m.* ankle (8)
**tocar** to be one's turn (11), to touch, to play an instrument (1)
**todos los días** every day (1)
**tomar** to take, drink (1)
**tomate** *m.* tomato (6)
**tonalidad** *f.* tonality (13)
**tono muscular** *m.* muscle tone (8)
**tonto(a)** *m.(f.)* stupid, foolish, silly (2)
**tormenta** *f.* storm (7)
**tortilla** *f.* cornmeal pancake (1), **tortilla de patatas** potato omelette (1), **tortilla española** Spanish omelette (11)
**trabajar** to work (1)
**traducir** to translate (14)
**traer** to bring (6)
**trágico(a)** *m.(f.)* tragic (14)
**tranquilo(a)** *m.(f.)* calm, quiet (11)
**tratar de** to try to (8)
**trazar** to trace (14)
**trescientos(as)** three hundred (4)
**triste** sad (3)
**tú** you *(familiar)* (1)
**tu(s)** your *(familiar)* (2)

**un** a *(m.)* (1)
**una** a *(f.)* (1)
**una vez** once (11)
**unas** some *(f. pl.)* (1)
**universal** universal (14)
**universidad** *f.* university (3)
**unos** some *(m. pl.)* (1)
**uruguayo(a)** *m.(f.)* Uruguayan (1)
**usted (Ud.)** you (formal) (1)
**ustedes (Uds.)** you *(formal pl.)* (1)
**útil** useful (9)
**uva** *f.* grape (6)

**vacío(a)** *m.(f.)* vacant, empty (9)
**valentía** *f.* courage (14)
**valor** *m.* value (14)
**vaso** *m.* glass (11), **vaso de agua (con limón)** *m.* glass of water (with lemon) (1)
**Vaya Ud...** Go... (3)
**Vayan Uds...** Go... *(pl.)* (3)
**vecino(a)** *m.(f.)* neighbor (7)
**vendedor(a)** *m.(f.)* salesman (woman) (6)
**venezolano(a)** *m.(f.)* Venezuelan (1)
**venir** to come (4)
**ventaja** *f.* advantage (12)
**ventana** *f.* window (9)
**ver** to see (12)
**verano** *m.* summer (5)
**verdaderamente** truly (8)
**verde** green (6)
**verdura** *f.* vegetable
**vestido** *m.* dress (6)
**viajar** to travel (1)
**vídeo** *m.* video (2)
**viejo(a)** *m.(f.)* old (7)
**vino blanco** *m.* white wine (1), **vino tinto** *m.* red wine (1)
**violonchelo** *m.* violoncello (13)
**visa** *f.* visa (12)
**visión nocturna** *f.* night vision (8)
**visitar** to visit (5)
**vitamina** *f.* vitamin (8)
**vólibol** *m.* volleyball (2)
**volver** to return (5)
**volver(se)** to return (14)
**vosotros(as)** you *(familiar pl.)* (1)
**vuestro(s)** *m.*, **vuestra(s)** *f.* your(s) (2)

**WC** *m.* toilet (9)

**yo** I (1)
**yogur** *m.* yogurt (6)

**zanahoria** *f.* carrot (6)
**zapato** *m.* shoe (6), **zapato de tacón** *m.* high-heeled shoe (6), **zapato de tenis** *m.* tennis shoe (6)

# English-Spanish Glossary

*The numbers in parentheses refer to the chapter in which the word or phrase is introduced.*

## A

**a** un *(m.)* (1), una *(f.)* (1)
**a, an, some** algún/alguno/alguna/ algunos/algunas (11)
**(to be) able to** poder (4)
**abstract** abstracto (13)
**accountant** contador(a) *m.(f.)* (2)
**(to) add** añadir (14)
**additional** adicional (8)
**(to) admit** admitir (8)
**(to) adore** adorar (7)
**advantage** ventaja *f.* (12)
**(to do) aerobics** hacer ejercicios aeróbicos (8)
**after** después (1), después de (12)
**age** edad *f.* (9)
**air-conditioned** aire acondicionado (9)
**airplane** avión *m.* (12)
**airport** aeropuerto *m.* (3)
**also** también (11)
**always** siempre (1)
**American, from the United States** estadounidense (1)
**angry** enojado(a) *m.(f.)* (3)
**ankle** tobillo *m.* (8)
**(to) announce** anunciar (3)
**annual** anual (8)
**antibiotic** antibiótico *m.* (8)
**antihistamine** antihistamínico *m.* (8)
**apartment** apartamento *m.* (2)
**apparently** aparentemente (8)
**(to) appeal** apetecer (11)
**(to) appear** aparecer (14)
**appetizer** aperitivo *m.* (11)
**apple** manzana *f.* (6)
**April** abril (5)
**architecture** arquitectura *f.* (2)
**Argentinian** argentino(a) *m.(f.)* (1)
**(to) argue** discutir (4)
**arm** brazo *m.* (8)
**armchair** sillón *m.* (2)
**(to) arrange, fix** arreglar (9)
**(to) arrive from (at)** llegar de (a) *m.(f.)* (9)
**art** arte *m.* (2)
**article** artículo *m.* (8)
**artist** artista *m.(f.)* (13)
**ashamed, shy** avergonzado(a) *m.(f.)* (11)
**(to) ask for, request** pedir (12)
**asparagus** espárrago *m.* (6)
**aspirin** aspirina *f.* (8)
**assorted soft drinks** refrescos surtidos *m.* (11)
**(to) attend** asistir a (5)
**August** agosto (5)
**aunt** tía *f.* (2)
**avenue** avenida *f.* (3)
**avocado** aguacate *m.* (6)

## B

**baby** bebé *m.(f.)* (8)
**back** espalda *f.* (8)
**bad** malo(a) *m.(f.)* (2)
**bakery** panadería *f.* (3)
**balanced** balanceado(a) *m.(f.)* (8)
**ballpoint pen** bolígrafo *m.* (2)
**banana** banana *f.* (6)
**bank** banco *m.* (3)
**(to) bargain** regatear (6)
**(to) bark** ladrar (14)
**baseball** béisbol *m.* (2)
**basketball** básquetbol *m.* (2)
**bass** bajo *m.* (13)
**bath (bathroom)** baño (una sala de baño) *m.* (9)
**(to) be** estar (3), ser (1)
**Be...** Sea Ud... (3)
**Be...** Sean Uds... *(pl.)* (3)
**beans** frijoles *m.* (1)
**beautiful** hermoso(a) *m.(f.)* (4)
**bed** cama *f.* (2)
**bedroom** dormitorio *m.* (9)
**beer** cerveza *f.* (1)
**before** antes de (12)
**belief** creencia *f.* (14)
**bell** campana *f.* (14)
**belt** cinturón *m.* (6)
**(to) benefit** beneficiarse (9)
**berth compartment** departamento de literas *m.* (12)
**between, in** entre (12)
**bicycle** bicicleta *f.* (2)
**biology** biología *f.* (2)
**birth** nacimiento *m.* (12)
  **birthday card** tarjeta de cumpleaños *f.* (6)
**biscuit, cookie** galleta *f.* (6)
**bite** mordida *f.* (14)
**black** negro(a) *m.(f.)* (6)
**blond** rubio(a) *m.(f.)* (2)
**blouse** blusa *f.* (6)
**blue** azul (6)
**Bolivian** boliviano(a) *m.(f.)* (1)
**bone** hueso *m.* (8)
**book** libro *m.* (2)
  **bookshelf** estante *m.* (2)
  **bookstore** librería *f.* (3)
**boot** bota *f.* (6)
**booth** taquilla *f.* (4)
**border** frontera *f.* (8)
**bored, boring** aburrido(a) *m.(f.)* (2)
**bottle of** botella de *f.*
  **bottle of mineral water** botella de agua mineral (1)
**bowl** plato hondo *m.* (11)
**boy(girl)friend, fiancé(e)** novio(a) *m.(f.)* (7)
**bread** pan *m.* (1)
**breakfast** desayuno *m.* (1)
  **breakfast (included in price or not included in price)** desayuno (incluido en el precio o no incluido en el precio) (9)
**to) breathe** respirar (14)
**briefcase** portafolio *m.* (2)
**(to) bring** traer (6)
**broad, wide** amplio(a) *m.(f.)* (14)
**brother** hermano *m.* (2)
**brown** marrón (6)
**(to) brush one's hair** cepillarse el pelo (10)
**bus terminal** estación de autobuses *f.* (3)
**businessman(woman)** hombre (mujer) de negocios (2)
**busy** ocupado(a) *m.(f.)* (11)
**butcher shop** carnicería *f.* (3)
**butter** mantequilla *f.* (1)
**(to) buy** comprar (5)

**calcium** calcio *m.* (8)
**calculator** calculadora *f.* (2)
**calendar** calendario *m.* (12)
**calm, quiet** tranquilo(a) *m.(f.)* (11)
**calorie** caloría *f.* (8)
**camera** cámara *f.* (2)
**Canada** Canadá (1)
  **Canadian** canadiense (1)
**car** coche *m.* (2)
**caramel custard** flan *m.* (1)
**careful** cuidadoso (13)
**carrot** zanahoria (6)
**(to) carve** tallar (13)
**category** categoría *f.* (9)

**cathedral** catedral *f.* (3)
**cause** causa *f.* (8)
**(to) celebrate** celebrar (3)
**cereal** cereal *m.* (8)
**chair** silla *f.* (2)
**cheap** barato(a) *m.(f.)* (6)
**(to) check a suitcase (bag, valise, small suitcase)** facturar la maleta (la bolsa, la valija, el maletín) (12)
**cheese** queso *m.* (1)
**chemistry** química *f.* (2)
**chest** pecho *m.* (8)
**chicken** pollo *m.* (1), **chicken in a spicy tomato sauce** pollo al chilindrón (11)
**Chilean** chileno(a) *m.(f.)* (1)
**Chinese** chino(a) *m.(f.)* (1)
**chocolate** chocolate *m.* (1)
**church** iglesia *f.* (3)
**city** ciudad *f.* (2)
**(to) claim (lost) luggage** reclamar el equipaje (perdido) (12)
**class** clase *f.* (1)
**classical music** música clásica *f.* (1)
**classification system** sistema de clasificación *m.* (9)
**clean** limpio(a) *m.(f.)* (11)
**(to) close** cerrar (12)
**closed** cerrado(a) *m.(f.)* (11)
**closet** ropero *m.* (2)
**cloth, fabric** tela *f.* (13)
**clown** payaso *m.* (10)
**club** club *m.* (3)
**coat** abrigo *m.* (6)
**coffee** café *m.* (1), **coffee with milk** café con leche (1)
**cold** frío(a) *m.(f.)* (11)
**(to be) cold** tener frío (3)
**Colombian** colombiano(a) *m.(f.)* (1)
**color** color *m.* (13)
**(to) come** venir (4)
**comfort** confort *m.* (9)
**comfortable** cómodo(a) *m.(f.)* (9)
**commuter pass** tarjeta de abono transportes *f.* (4)
**compact disc** disco compacto *m.* (2)
**complicated** complicado (13)
**computer** computadora *f.* (2)
**constantly** constantemente (8)
**(to) cook** cocinar (9)
**cool** fresco(a) *m.(f.)* (6)
**corn** maíz *m.* (6)
**corner** rincón *m.* (14)
**cornmeal pancake** tortilla *f.* (1)
**corridor, hallway** corredor *m.* (9)
**Costa Rican** costarricense (1)
**country** país *m.* (9)
**couple, pair** pareja *f.* (12)
**courage** valentía *f.* (14)
**cousin** prima *f.* (2), primo *m.* (2)
**cream** crema *f.* (6)
**creation** creación *f.* (14)
**creative** creador (13)
**critic** crítico(a) *m.(f.)* (14)
**croissant** croissant *m.* (1), medialuna *f.* (1)
**Cuban** cubano(a) *m.(f.)* (1)
**cubism** cubismo *m.* (13)
**cucumber** pepino *m.* (6)
**cuenta** *f.* bill (9)
**cup** taza *f.* (11)
**customs** aduana *f.* (12)

**dairy product** producto lácteo *m.* (8)
**(to) dance** bailar (1)
**dance** baile *m.* (13), danza *f.* (13)
**dark-haired, brunet** moreno(a) *m.(f.)* (2)
**daughter** hija *f.* (2)
**December** diciembre (5)
**deception** desengaño *m.* (13)
**deep** profundo(a) *m.(f.)* (14)
**dentista** dentist (2)
**(to) deny** negar (14)
**(to) depend on** depender de (5)
**design** diseño *m.* (13)
**desk** escritorio *m.* (2)
**dessert** postre *m.* (11)
**destination, destiny** destino *m.* (14)
**(to) develop** desarrollar (8), desarrollar(se) (14)
**dial tone** señal de marcar *f.* (12)
**difficulty** dificultad *f.* (8)
**digestion** digestión *f.* (8)
**dignity** dignidad *f.* (14)
**dining room** comedor *m.* (9)
**dirty** sucio(a) *m.(f.)* (11)
**disagreeable** antipático(a) *m.(f.)* (2)
**(to) disappear** desaparecer (14)
**discotheque** discoteca *f.* (3)
**dish, plate** plato *m.* (11)
**diversity** diversidad *f.* (13)
**Do Not Enter** No hay paso (12)
**doctor** médico(a) *m.(f.)* (2)
**Dominican** dominicano(a) *m.(f.)* (1)
**Dominican Republic** República Dominicana *f.* (1)
**doubt** duda *f.* (8)
**dozen of** docena de *f.* (6)
**(to) draw** dibujar (13)
**drawing** dibujo *m.* (13)
**(to) dream** soñar (14)
**dress** vestido *m.* (6)
**dresser** cómoda *f.* (2), **with two drawers** con dos cajones (9), **with four drawers** con cuatro cajones (9)
**dried out** reseco(a) *m.(f.)* (14)
**drink** bebida *f.* (11)
**(to) drive** conducir (6)
**dry** seco(a) *m.(f.)* (11)

**ear** oreja *f.* (8)
**(to) earn** ganar (1)
**(to) eat** comer (1)
**(to) eat dinner** cenar (5)
**Ecuadoran** ecuatoriano(a) *m.(f.)* (1)
**eight hundred** ochocientos(as) (4)
**either...or** o... o (11)
**El Salvador** Salvador (1)
**elbow** codo *m.* (8)
**elevator** ascensor *m.* (9)
**employee** empleado(a) *m.(f.)* (9)
**empty** vacío(a) *m.(f.)* (11)
**(to) enclose** encerrar (14)
**energy** energía *f.* (8)
**engineer** ingeniero(a) *m.(f.)* (2)
**England** Inglaterra (1)
**English** inglés (inglesa) (1)
**enough** suficiente (6)
**entrance ticket** entrada *f.* (4)
**entree** entrada *m.* (11)
**envelope** sobre *m.* (6)
**epidemic** epidemia *f.* (8)
**eraser** borrador *m.* (2)
**eternal** eterno(a) *m.(f.)* (14)
**everyday** cada día (11)
**every day** todos los días (1)
**exactly** exactamente (8)
**exchange program** programa de intercambio *m.* (9)
**(to do) exercises, gymnastics** hacer gimnasia (8)
**expensive** caro(a) *m.(f.)* (6)
**(to) expose** exponer (13)
**eye** ojo *m.* (8)
**eye drops** gotas para los ojos *f.* (8)

**face** cara *f.* (8)
**(to) facilitate** facilitar (8)
**fact** hecho *m.* (14)
**fair** feria *f.* (3)
**faith** fe *f.* (14)
**faithful** fiel (14)
**fall** otoño *m.* (5)
**famous** famoso(a) *m.(f.)* (4)
**fantasy** fantasía *f.* (14)
**far from** lejos de (12)
**farmhand** labrador *m.* (14)
**fat** gordo(a) *m.(f.)* *(adj.)* (2), grasa *f.* *(noun)* (8)
**father** padre *m.* (2)
**fauna** fauna *f.* (13)
**favorite** favorito(a) *m.(f.)* (6)
**February** febrero (5)
**(to) feel like...** tener ganas de... (3)
**fiber** fibra *f.* (8)
**finger** dedo (de la mano) *m.* (8)
**fireworks** fuegos artificiales *m.* (3)
**fish** pescado *m.* (6)
**fish soup** sopa de pescado (11)
**(to) fit** caber (14)
**five hundred** quinientos(as) (4)
**five-day tourist ticket** metrotour de cinco días *m.* (4)

**flashy, showy** llamativo (13)
**flirtatiously** coquetamente (10)
**(first, second, third, fourth, fifth)**
**floor** (primer, segundo, tercer, cuarto, quinto) piso *m.* (9)
**floor plan** plan *m.* (9)
**flora** flora *f.* (13)
**flour** harina *f.* (6)
**flower shop** florería *f.* (3)
**fly** mosca *f.* (14)
**fog** niebla *f.* (7)
**folk dance** baile folklórico *m.* (3)
**food** alimento *m.* (6)
**foot** pie *m.* (8)
**football** fútbol americano *m.* (2)
**for, during** por (12)
**for, in order to** para (12)
**forecast** pronóstico *m.* (7)
**forehead** frente *f.* (8)
**fork** tenedor *m.* (11)
**form, shape** forma *f.* (13)
**(to) form** formar (8)
**fountain pen** pluma *f.* (2)
**four hundred** cuatrocientos(as) (4)
**France** Francia (1)
**free of charge** gratis (12)
**French** francés (francesa) (1)
**fried fish** pescado frito *m.* (11)
**fried squid** calamares fritos *m.* (11)
**friendly** amable (9)
**from another world** extraterreno(a) *m.(f.)* (14)
**fruit** fruta *f.* (8)
**full** lleno(a) *m.(f.)* (6)
**fun, amusing** divertido(a) *m.(f.)* (2)
**(to) function, work** funcionar (7)
**furious** furioso(a) *m.(f.)* (11)
**(fully) furnished** (completamente) amueblado (9)
**fusion** fusión *f.* (14)

**gallon of** galón de *m.* (6)
**(two-car) garage** garaje (para dos coches) *m.* (9)
**garden** jardín *m.* (9)
**garlic soup** sopa de ajo (11)
**German** alemán (alemana) (1)
**Germany** Alemania (1)
**(to) get dressed (up), to tidy oneself up** arreglarse (10)
**(to) give** regalar (12)
**glass** vaso *m.* (11), **glass of water (with lemon)** vaso de agua (con limón) *m.* (1)
**(to) go** ir (3)
**Go...** Vaya Ud... (3)
**Go...** Vayan Uds... *(pl.)* (3)
**(to) go out with** salir con (9)
**(to) go to bed** acostarse (10)
**(to) go up, climb, rise** subir (9)
**good** bueno(a) *m.(f.)* (2)
**grams of** gramos de (6)
**grandfather(mother)** abuelo(a) *m.(f.)* (2)
**grandson(daughter)** nieto(a) *m.(f.)* (7)
**grape** uva *f.* (6)
**great-grandparents** bisabuelos *m.* (14)
**green** verde (6)
**grenadine (with mineral water)** granadina (con agua mineral) *f.* (1)
**ground floor** planta baja *f.* (9)
**(to) grow** crecer (14)
**Guatemalan** guatemalteco(a) *m.(f.)* (1)
**guitar** guitarra *f.* (5)

**hair** pelo *m.* (8)
**half** mitad *f.* (12)
**half kilogram of** medio kilo de (6)
**half liter of** medio litro de (6)
**ham and cheese sandwich** sándwich de jamón y queso *m.* (1)
**hand** mano *f.* (8)
**handsome** guapo(a) *m.(f.)* (2)
**hanger** percha *f.* (10)
**happy** alegre (11), contento(a) *m.(f.)* (3)
**harp** arpa *m.* (13)
**(to) have (auxiliary verb)** haber (12)
**(to) have** tener (1)
**(to) have to** tener que (+ infinitive) (3)
**he** él (1)
**head** cabeza *f.* (8)
**health** salud *f.* (8)
**heart** corazón *m.* (8)
**heart rate** ritmo cardíaco (8)
**help** ayuda *f.* (12)
**high school** escuela secundaria *f.* (3)
**high-heeled shoe** zapato de tacón *m.* (6)
**highway** carretera *f.* (12)
**highway map** mapa de carreteras *m.* (12)
**his, her, your, their, its** su(s) (2)
**Hispanic** hispano(a) *m.(f.)* (3)
**history** historia *f.* (2)
**Honduran** hondureño(a) *m.(f.)* (1)
**honor** honra *f.* (14)
**horoscope** horóscopo *m.* (7)
**hospital** hospital *m.* (3)
**hot** caliente (11)
**(to be) hot** tener calor (3)
**hot pepper** chile *m.* (1)
**hot-tempered** corajudo (13)
**hotel** hotel *m.* (3)
**house** casa *f.* (2)
**hundred** ciento (4)
**(to be) hungry** tener hambre (3)
**(to) hurry up** darse prisa (10)
**husband** esposo *m.* (2)

**I** yo (1)
**ice cream** helado *m.* (6)
**idealism** idealismo *m.* (14)
**idealistic** idealista (14)
**imagery** imaginería *f.* (13)
**imagination** imaginación *f.* (14)
**imagine** imagen *f.* (13)
**(to) improve** mejorar (8)
**in** en (12)
**(to) include** incluir (14)
**included** incluido(a) *m.(f.)* (9)
**incredible** increíble (9)
**incrustation** incrustación *f.* (13)
**Independence Day** Día de la Independencia *m.* (3)
**indication** indicación *f.* (8)
**intelligent** inteligente (2)
**iron** hierro *m.* (8)
**Italian** italiano(a) *m.(f.)* (1)
**Italy** Italia (1)

**jacket** chaqueta *f.* (6)
**January** enero (5)
**Japan** Japón (1)
**Japanese** japonés (japonesa) (1)
**jelly** mermelada *m.* (1)
**journalist** periodista *m.(f.)* (2)
**July** julio (5)
**June** junio (5)
**justice** justicia *f.* (14)

K

**key** llave *f.* (2)
**kilogram of** kilo de *m.* a (6)
**kitchen** cocina *f.* (9)
**knapsack** mochila *f.* (2)
**knee** rodilla *f.* (8)
**knife** cuchillo *m.* (11)
**knight, gentleman** caballero *m.* (14)
**(to) know (fact)** saber (7)
**(to) know (person, place)** conocer (7)
**known** conocido (13)

**lady** dama *f.* (14)
**lamb chop** chuleta de cordero *f.* (11)
**lamp** lámpara *f.* (9)
**(to) land** aterrizar (12)
**language** lengua *f.* (2)
**last name** apellido *m.* (2)
**law** ley *f.* (14)

**lawyer** abogado(a) *m.(f.)* (2)
**leather handbag** bolsa de cuero *f.* (6)
**(to) leave** salir de (5)
**leg** pierna *f.* (8)
**lemonade** limonada *f.* (1)
**lemon** limón *m.* (6)
**lettuce** lechuga *f.* (6)
**level** nivel *m.* (12)
**library** biblioteca *f.* (3)
**(to) lift weights** levantar pesas (8)
**(to) like** gustar (2), **(to) like very much** encantar (11)
**line** línea *f.* (4)
**lipids** lípidos *m.* (8)
**(to) listen to** escuchar (1)
**liter of** litro de *m.* (6)
**literary** literario(a) *m.(f.)* (14)
**little** poco *m.* (11)
**living room** sala de estar *f.* (9)
**long** largo(a) *m.(f.)* (7)
**(to) look at, watch** mirar (1)
**(to) look for** buscar (5)
**(to) lose** perder (5)
**lot** mucho (1)
**love** amor *m.* (14)
**low-cut** escotado (10)
**loyalty** lealtad *f.* (14)
**lung** pulmón *m.* (8)
**luxury** lujo *m.* (9)
**lyrics** letra *f.* (13)

## M

**magic** mágico(a) *m.(f.)* (14)
**(to do) make (with time reference = "ago, since")** hacer (5)
**mango** mango *m.* (6)
**manufacture, fabrication** fabricación *f.* (13)
**March** marzo (5)
**market** mercado *m.* (3)
**mathematics** matemáticas *f.* (2)
**May** mayo (5)
**mayonnaise** mayonesa *f.* (6)
**meat** carne *f.* (1)
**melancholy** melancolía *f.* (13)
**melody** melodía *f.* (13)
**melon** melón *m.* (6)
**message** encargo *m.* (10)
**Mexican** mexicano(a) *m.(f.)* (1)
  **Mexico** México (1)
**microbe** microbio *m.* (8)
**milk** leche *f.* (8)
**(banana / strawberry / peach) milkshake** licuado de banana / fresas / melocotón *m.* (1)
**million** millón (4)
**mineral** mineral *m.* (8)
**mineral water with carbonation**, agua mineral con gas (11), **without carbonation** sin gas (11)
**(to) miss** extrañar (9)
**Miss** señorita *f.* (1)
**mixed salad** ensalada mixta *f.* (11)
**mixture** mezcla *f.* (14)
**modern** moderno(a) *m.(f.)* (6)
**mother** madre *f.* (2)
**motive** motivo *m.* (13)
**motorcycle** motocicleta *f.* (2)
**mountain** montaña *f.* (5)
**mouth** boca *f.* (8)
**movie theater** cine *m.* (3)
**Mr., sir** señor *m.* (1)
**Mrs., ma'am** señora *f.* (1)
**mud** barro *m.* (14)
**mural** mural *m.* (13)
  **muralism** muralismo *m.* (13)
**(to) murmur** murmurar (14)
**muscle** músculo *m.* (8)
  **muscle movement** movimiento muscular *m.* (8)
  **muscle tone** tono muscular *m.* (8)
**museum** museo *m.* (3)
**mushroom** champiñon *m.* (6)
**music** música *f.* (1)
**my** mi(s) (2)
**mysterious** misterioso(a) *m.(f.)* (14)
**myth** mito *m.* (14)
  **mythical** mítico(a) *m.(f.)* (14)
  **mythological** mitológico (13)

## N

**name** nombre *m.* (2)
**napkin** servilleta *f.* (11)
**near** cerca de (12)
**neck** cuello *m.* (8)
**(to) need** necesitar (1), **(to) need, lack** faltar (11)
**neighbor** vecino(a) *m.(f.)* (7)
**neighborhood** barrio *m.* (3)
**neither** tampoco (11)
**neither...nor** ni... ni (11)
**nerve** nervio *m.* (8)
  **nervous** nervioso(a) *m.(f.)* (11)
**network** red *f.* (12)
**never** nunca (11)
**new** nuevo(a) *m.(f.)* (4)
**newspaper** periódico *m.* (9)
  **newspaper kiosk** quiosco de periódicos *m.* (3)
**Nicaraguan** nicaragüense (1)
**nice** simpático(a) *m.(f.)* (2)
**night vision** visión nocturna *f.* (8)
**nine hundred** novecientos(as) (4)
**no one, nobody** nadie (11)
**No Parking** No estacionar (12)
**No Passing** No adelantar (12)
**No U-turns** No virar (12)
**nobility** nobleza *f.* (14)
**noise** ruido *m.* (14)
**none** ningún/ninguno/ninguna (11)
**normally** normalmente (8)
**North American** norteamericano(a) (1)
**nose** nariz *f.* (8)
**notebook** cuaderno *m.* (2)
**nothing** nada (11)
**(to) notice** fijarse en (12)
**novels of chivalry** novelas de caballerías *f.* (14)
**November** noviembre (5)
**nurse** enfermero(a) *m.(f.)* (2)

## O

**October** octubre (5)
**of, from** de (12)
**(to) offer** ofrecer (6)
**old** viejo(a) *m.(f.)* (7)
**oil** aceite *m.* (6)
**olive** aceituna *f.* (1)
**once** una vez (11)
**one hundred** cien (4)
**one-way ticket** billete sencillo *m.* (4)
**(to be) one's turn** tocar (11)
**onion** cebolla *f.* (6)
**open** abierto(a) *m.(f.)* (11)
  **open-air market** mercado al aire libre *m.* (6)
**orange** naranja *f.* (6), **orange juice** jugo de naranja *m.* (1)
**our** nuestra(s) *f.*, **our** nuestro(s) *m.* (2)

**package of** paquete de *m.* (6)
**(to) paint** pintar (13)
  **painter** pintor(a) *m.(f.)* (7)
  **painting** cuadro *m.* (7), pintura *f.* (13)
**Panama** Panamá (1)
  **Panamanian** panameño(a) *m.(f.)* (1)
**panther** pantera *f.* (14)
**paper** papel *m.* (6), **sheet of paper** hoja *f.* (6)
**parade** desfile *m.* (3)
**Paraguayan** paraguayo(a) *m.(f.)* (1)
**park** parque *m.* (3)
**parking** estacionamiento *m.* (9),
  **parking lot** área de estacionamiento *m.* (3)
**(to) pass** pasar (6)
**passport** pasaporte *m.* (12)
**pasta** pasta *f.* (6)
**patriotism** patria *f.* (14)
**(to) pay** pagar (4)
**peach** melocotón *m.* (6)
**peanut** cacahuete *m.* (1)
**pear** pera *f.* (6)
**peas** guisantes *m.* (6)
**pencil** lápiz *m.* (2)
  **pencil sharpener** sacapuntas *m.* (2)
**people** personas *f.* (2)
**pepper** pimienta *f.* (6)
**(to) perfect** perfeccionar (9)
**period (of time)** período *m.* (7)
**Peru** Perú (1)
  **Peruvian** peruano(a) *m.(f.)* (1)

**pet** animal doméstico *m.* (2)
**pharmacy, drugstore** farmacia *f.* (3)
**piano** piano *m.* (13)
**piece of** pedazo de *m.* (6)
**pillow** almohada *f.* (2)
**pill** pastilla *f.* (8)
**pink** rosa/rosado(a) *m.(f.)* (6)
**plain, ugly** feo(a) (2)
**plant** planta *f.* (2)
**(to) play** jugar (5)
**plaza, square** plaza *f.* (3)
**poetry contest** concurso de poesía *m.* (3)
**point** punto *m.* (8)
**(to) point** señalar (14)
**police station** estación de policía *f.* (3)
**poorly** mal (1)
**popular dance** baile popular *m.* (3)
**post office** oficina de correos *f.* (3)
**poster** póster *m.* (2)
**potato** papa *f.* (6)
  **potatoes diced and served in spicy sauce** patatas bravas (1), **potato omelette** tortilla de patatas (1)
**pound of** libra de *f.* (6)
**powers** poderes *m.* (14)
**(to) practice** practicar (1)
**(to) prefer** preferir (ie) (3)
**(to) present, introduce** presentar (8)
**pretty** bonito(a) *m.(f.)* (2)
**price** precio *m.* (6)
**prize** premio *m.* (3)
**professor, teacher** profesor(a) *m.(f.)* (2)
**protein** proteína *f.* (8)
**(to) publish** publicar (14)
**Puerto Rican** puertorriqueño(a) *m.(f.)* (1)
**puff** pitada *f.* (10)
**purple** morado(a) *m.(f.)* (6)
**(to) put** poner (9)

## Q

**quality** calidad *f.* (9)
**quarter of a kilogram of** cuarto de kilo de *m.* (6)

## R

**radio** radio *m.* (2)
**railroad station** estación de trenes *f.* (3)
  **railway** ferroviario (12)
**raincoat** impermeable *m.* (6)
**reaction** reacción *f.* (7)
**ready** listo(a) (3)
**real** real (13)
**realism** realismo *m.* (14)
**realistic** realista (14)
**reality** realidad *f.* (14)
**reception desk** recepción *f.* (9)
**rectangle** rectángulo *m.* (13)
**(to) recuperate** recuperar (8)
**red** rojo(a) *m.(f.)* (6)
**red wine** vino tinto *m.* (1)
**redheaded** pelirrojo(a) *m.(f.)* (2)
**(to) reflect** reflejar (14)
**(to) regulate** regular (8)
**rejected** rechazado (13)
**relaxed** relajada (10)
**(to) renew** renovar (8)
**rent** alquiler *m.* (9)
**(to) repeat** repetir (i, i) (8)
**repertoire** repertorio *m.* (13)
**(to) represent** representar (14)
**(to) rest** descansar (3)
**result** resultado *m.* (8)
**(to) return** volver (5) **(to) return** volver(se) (14)
**(to) review** revisar (9)
**rhythm** ritmo *m.* (13)
**rice** arroz *m.* (1)
**room** cuarto *m.* (2)
**rug, carpet** alfombra *f.* (2)
**(to) run through** recorrer (14)
**Russia** Rusia (1)
  **Russian** ruso(a) *m.(f.)* (1)

**sad** triste (3)
**salad** ensalada *f.* (11)
**salesman(woman)** vendedor(a) *m.(f.)* (6)
**salida** *f.* exit (9)
**salt** sal *f.* (6)
**Salvadoran** salvadoreño(a) *m.(f.)* (1)
**sandal** sandalia *f.* (6)
**sandwich (French roll)** bocadillo *m.* (1)
**sangria** sangría *f.* (11)
**satire** sátira *f.* (14)
**sauce** salsa *f.* (1)
**saucer** platillo *m.* (11)
**sausage** chorizo *m.* (1)
**(to) save** ahorrar (7)
**(to) say, tell** decir (6)
**schedule** horario *m.* (12)
**school** colegio *m.* (3)
**science** ciencia *f.* (2)
**sculpture** escultura *f.* (2)
**sea** mar *m.* (5)
**seating compartment** departamento de plazas sentadas *m.* (12)
**secretary** secretario(a) *m.(f.)* (2)
**(to) see** ver (12)
**self-portrait** autorretrato *m.* (13)
**September** septiembre (5)
**serious** serio(a) *m.(f.)* (2)
**seven hundred** setecientos(as) (4)
**(to) sew** coser (13)
**(to) share** compartir (12)
**(to) shave** afeitarse (10)
**she** ella (1)
**sheep** oveja *f.* (14)
**shelf** repisa *f.* (10)
**shirt** camisa *f.* (6)
**shoe** zapato *m.* (6)
**shop window** escaparate *m.* (6)
**shopping cart** carrito *m.* (6)
**shopping center** centro comercial *m.* (6)
**short** bajo(a) *m.(f.)* (2), corto(a) *m.(f.)* (7)
**shoulder** hombro *m.* (8)
**shower** ducha *f.* (9)
**shrimp in garlic** gambas al ajillo *f.* (11)
**sick** enfermo(a) *m.(f.)* (3)
**signal, sign** señal *f.* (8)
**simple** sencillo(a) *m.(f.)* (14), simple (9)
**(to) sing** cantar (1)
  **singer** intérprete *m.* (13)
**sister** hermana *f.* (2)
**six hundred** seiscientos(as) (4)
**sketch, outline** esbozo *m.* (14)
**skill** destreza *f.* (12)
**skin, complexion** cutis *m.* (10)
**skirt** falda *f.* (6)
**(to) sleep (take a nap)** dormir (ue, u) (la siesta) (9)
**(to be) sleepy** tener sueño (3)
**slice of bread** rebanada de pan *f.* (1)
**small** pequeño(a) *m.(f.)* (2)
**(to) smile** sonreír(se)(i, i) (8)
**snack** merienda *f.* (1)
**snow** nieve *f.* (7)
**soccer** fútbol *m.* (2)
**sock** calcetín *m.* (6)
**soda** soda *f.* (1)
**soft drink** refresco *m.* (1), **assorted soft drinks** refrescos surtidos (11)
**solitude** soledad *f.* (14)
**some** unos *(m. pl.)* (1), unas *(f. pl.)* (1)
**someday** algún día (11)
**someone, somebody** alguien (11)
**something** algo (11)
**sometimes** a veces (1)
**somewhat** algo (11)
**son** hijo *m.* (2)
**song** canción *f.* (13)
**soup** sopa *f.* (11)
  **soup of the day** sopa del día (11)
**space** espacio *m.* (9)
**Spain** España (1)
  **Spanish** español(a) *m.(f.)* (1)
**Spanish ham** jamón serrano *m.* (11)
**Spanish omelette** tortilla española *f.* (11)
**(to) speak, talk** hablar (1)
**(to) spend time** pasar tiempo (5)
**spider** araña *f.* (14)
**spirit** espíritu *m.* (13)
**spoon** cuchara *f.* (11)
**spring** primavera *f.* (5)
**squid** calamar *m.* (1)
**stadium** estadio *m.* (3)
**(TV, movie) star** estrella (de cine, de televisión) *m.(f.)* (14)
**starch** almidón *m.* (8)
**state** estado *m.* (9)
**steak** bistec *m.* (6)
**stereo** estéreo *m.* (2)
**stockings** medias *f.* (6)
**stomach** estómago *m.* (8)

**storm** tormenta *f.* (7)
**(literary) story** historia (literaria) *f.* (14)
**strawberry** fresa *f.* (6)
  **strawberry pie** pastel de fresas *m.* (1)
**street** calle *f.* (3)
**stringed instrument** instrumento de cuerda *m.* (13)
**student** alumno(a) *m.(f.)* (2), estudiante (2)
**studio, workshop** taller *m.* (13)
**(to) study** estudiar (1)
**stupid, foolish, silly** tonto(a) *m.(f.)* (2)
**style** estilo *m.* (7), moda *f.* (6)
**subway map** plano del metro *m.* (4)
  **subway station** estación de metro *f.* (4)
**sugar** azúcar *m.* (6)
**(to) suggest** sugerir (8)
**summer** verano *m.* (5)
**superimposed** superpuesto (13)
**sure** seguro(a) *m.(f.)* (6)
**surrealism** surrealismo *m.* (13)
**surrounded** rodeado(a) *m.(f.)* (12)
**sweater** suéter *m.* (6)
**sweet roll** pan dulce *m.* (1)
**(to) swim** nadar (8)
**swimming pool** piscina *f.* (3)
**swollen** hinchado(a) *m.(f.)* (14)
**syrup** jarabe *m.* (8)

**t-shirt** camiseta *f.* (6)
**taco** corn tortilla filled with meat and other things *m.* (1)
**(to) take care of** cuidar (12)
**(to) take, carry** llevar (2)
**(to) take, drink** tomar (1)
**(to) take off** despegar (12)
**(to) take out something, obtain** sacar (5)
**tall** alto(a) *m.(f.)* (2)
**tape** cinta *f.* (2)
**tape recorder** grabadora *f.* (2)
**tea** té *m.* (1), **tea with lemon** con limón *m.* (1), **tea with milk** con leche *m.* (1)
**teaspoon** cucharita *f.* (11)
**(color) television set** televisor (a colores) *m.* (2)
**temperature** temperatura *f.* (7)
**ten-trip ticket** billete de diez viajes *m.* (4)
**tennis shoe** zapato de tenis *m.* (6)
**terrace, porch** terraza *f.* (9)
**Thanksgiving Mass** misa de Acción de Gracias *f.* (3)
**that** aquel(la) *m.(f.)* (6), ese(a) *m.(f.)* (6)
**the** el *(m.)* (1), la *(f.)* (1), las *(f. pl.)* (1), los *(m. pl.)* (1)
**theater** teatro *m.* (3)
**theme** tema *m.* (13)
**there is/are** hay (haber) (2)
**they** ellas *(f.)* (1), ellos *m.* (1)
**thigh** muslo *m.* (8)
**thin** delgado(a) *m.(f.)* (2)
**(to be) thirsty** tener sed (3)
**this** este(a) *m.(f.)* (6)
**thousand** mil (4)
**three hundred** trescientos(as) (4)
**three-day tourist ticket** metrotour de tres días *m.* (4)
**throat** garganta *f.* (8)
**ticket** boleto *m.* (12)
**tire** llanta *f.* (12), neumático *m.* (12)
**tired** cansado(a) *m.(f.)* (3)
**to, at** a (12)
**toast** pan tostado *m.* (1)
**toe** dedo del pie *m.* (8)
**toilet** WC *m.* (9)
**tomato** tomate *m.* (6)
**tonality** tonalidad *f.* (13)
**tooth** diente *m.* (8)
**tortilla (filled with cheese, meat, or chicken)** enchilada *f.* (1)
**(to) touch, play an instrument** tocar (1)
**toward** hacia (12)
**(to) trace** trazar (14)
**tragic** trágico(a) *m.(f.)* (14)
**training** entrenamiento *m.* (12)
**trait** rasgo *m.* (13)
**(artistic) trends** corrientes (artísticas) *f.* (14)
**(to) translate** traducir (14)
**(to) travel** viajar (1)
**trousers** pantalones *m.* (6)
**truly** verdaderamente (8)
**(to) try to** tratar de (8)
**twilight** crepúsculo *m.* (14)
**two hundred** doscientos(as) (4)
**typewriter** máquina de escribir *f.* (2)

**uncertainty** incertidumbre *f.* (14)
**uncle** tío *m.* (2)
**United States** Estados Unidos (1)
**universal** universal (14)
**university** universidad *f.* (3)
**unreality** irrealidad *f.* (14)
**until** hasta (12)
**Uruguayan** uruguayo(a) *m.(f.)* (1)
**useful** útil (9)

**V**

**vacant, empty** vacío(a) *m.(f.)* (9)
**value** valor *m.* (14)
**van, light truck** camioneta *f.* (12)
**veal fillet** filete de ternera (11)
**vegetable** verdura *f.* (8)
**Venezuelan** venezolano(a) *m.(f.)* (1)
**very** bien (11), muy (1)
**very graceful** graciosísima (10)
**very much** muchísimo (1)
**video** vídeo *m.* (2)
**violoncello** violonchelo *m.* (13)
**visa** visa *f.* (12)
**(to) visit** visitar (5)
**vitamin** vitamina *f.* (8)
**volleyball** vólibol *m.* (2)
**vulgar** grosero(a) *m.(f.)* (14)

**waiter (waitress)** un(a) camarero(a) *m.(f.)* (1)
**(to) walk** andar (5), caminar (5)
**wallet** cartera *f.* (2)
**(to) want** desear (1)
**(to) want, love** querer (ie) (3)
**(to) wash** lavar (9)
**wave** onda *f.* (13)
**we** nosotros(as) (1)
**well** bien (1)
**wet** mojado(a) *m.(f.)* (11)
**white** blanco(a) *m.(f.)* (6)
  **white wine** vino blanco *m.* (1)
**wife** esposa *f.* (2)
**window** ventana *f.* (9)
**winter** invierno *m.* (5)
**with me** conmigo (12), **with you** contigo (12)
**work** obra *f.* (13)
  **(to) work** trabajar (1)
**worried, preoccupied** preocupado(a) *m.(f.)* (8)
**wrist** muñeca *f.* (8)
**(to) write** escribir (5)

**(to be) ...years old** tener... años (3)
**yellow** amarillo(a) *m.(f.)* (6)
**yogurt** yogur *m.* (6)
**you** *(familiar)* tú (1), **you** *(formal pl.)* ustedes (Uds.) (1), **you** *(formal)* usted (Ud.) (1), **you** *(familiar pl.)* vosotros(as) (1)
**young** joven (7)
**young colt** potrillo *m.* (14)
**your** *(familiar)* tu(s) (2), **your** *(formal)* vuestra(s) (2), **your** *(formal)* vuestro(s) (2)

## A


a, 441
accent marks, 6–7
accidents, 288–290, 294–295
acostar, 148
acostarse (ue), 368
acquaintances, indicating, 271
adjectives, 263–264
    demonstrative, 222
    estar +, 106, 408–409
    feminine, 263
    irregular comparative form, 220
    masculine, 263
    nationality, 37–39, 264
    possessive, 65
    ser +, 39, 74
adverbs, 21, 293
advertising, 234–235
afeitarse, 368
affirmative expressions, 208, 435
afternoon, 114
age, asking one's, 122
air travel, 458–459, 465, 474
al (a + el), 107
alegrarse de, 512
a menos que, 554
andar, 185
antes de que, 554
apartment. {See} housing
apetecer, 407
apologizing, 122
apostrophe, 68
appetizers, 435
aquel, 222–223
-ar infinitive, 22–23, 28
art, 478–481
    expositions, 384
    popular, 497–500
    talking about, 525, 588
articles
    definite, 27, 113, 539
    indefinite, 18, 27, 539
artists, 482–485, 492–496
-ar verbs, 167–168, 209, 305, 411, 486, 557
-as, 37
asking, 87
aunque, 555


## B


bar de tapas, 26
beverages. {See} drinks
bills, requesting, 434
body language, 9
body parts, 316
buen, 265–266
buildings, 92–95, 122
buscar, 501
business places, 92–95, 111
buying, expressions and places for, 243


## C


cafes, ordering food and drink, 14–18
car travel, 451, 456
    talking about time needed for, 474
-car verbs, 186–187, 209
Celsius, 251
centigrade, 251
cepillarse, 368
cerca de, 441
climate, 251
clothes, 206
clothing stores, 244
cognates, 6, 41, 82–83, 118, 466
colors, 206
comenzar, 148, 501
commands, 115–116
    affirmative, 208
    formal, 115
    negative, 115, 209, 426
como, 220, 368
comparisons, 220, 229, 243
conditional tense, 557–559, 574, 576
conducir, 231–232
conocer, 271–272, 345
con tal de que, 554
context, 152
conversational time, 326
creer, 230, 300
cruzar, 209, 501
cuando, 555
cuanto tiempo hace que, 251–252
Cubans, in United States, 192
culture. {See} Hispanic culture

## D


daily routines, talking about, 366–371, 401
dairy products, 244
dar, 305–306, 500
darse prisa, 368
date, expressing, 165–166, 200
de, 68–70, 441
    ser +, 35, 68
decir, 208, 231–232, 305, 444, 558
decision making, 100
definite articles, 27, 113, 539
del (de + el), 107
demonstrative adjectives, 222
demonstrative pronouns, 222–223
desayunarse, 368
descriptions, 268, 275–276, 283, 338
desde cuando, 251–252
desde (que), 251–252
desires, expressing, 99
despertar, 148
despertarse (ie), 368
desserts, 435
diacritic marks, 6–7
dialog of opposites, 71
dieresis, 7
directions, 116, 122
direct object pronouns, 272–274, 417–418
dislikes, expressing, 45, 63–64, 70
distances, 149–150
divertirse (ie, i), 368
doler, 299
dormir, 330, 490
dormirse (ue, u), 368
double negatives, 420
doubts, expressing, 538, 587
downtown, going, 157
drinks, 14–16, 46, 435. {See also} food and drink
drugstores, buying medicine at, 315
ducharse, 368

## E


el metro, 133–136
el número de teléfono, 55
emotions, expressing, 512–514, 525
empezar, 148, 501
emphasis, expressing, 434
en, 441
encantar, 407
en caso de que, 554
entre, 441
entrees, 435
equality, establishing, 243
-er infinitive, 28–29, 445
-er verbs, 176–177, 209, 305, 411, 486, 557
-es, 37
es aconsejable, 504
es bueno, 513
es bueno que, 538
escribir, 305
ese, 222–223
es importante, 504
es malo, 513
es mejor, 512
eso, 223
esperar, 504
    + infinitive, 139
estar, 105–106, 185, 410–411, 500
    + adjectives, 106, 408–409
estar contento(a), 512
este, 222–223, 257
estudio, 368
evening, 114
exclamations, 488–489


## F


facts, talking about, 253
Fahrenheit, 251
false cognate, 6
faltar, 407
familiarity, expressing, 271
family, 71–73, 80–82, 87
feelings, expressing, 106–107, 140
feminine, 18, 37, 39, 74, 78, 263
festivals, public, 110–111, 113
fiesta del pueblo, 113

film schedule, 381–382
fish, 244
flea market, 348
food, 15–16, 25–26, 46, 217, 244, 316, 405
  commenting about, 45
  commenting on flavor of, 434
  groups, 303
  Mexican, 31–33, 423–424
  ordering, 434
  Tex-Mex, 423–424
food and drink, ordering, 14–18, 24–26, 33–36
formal command, 115
frequency, expressing, 401
frozen products, 244
fruits, 244
furniture, 360
future, talking about, 130, 157, 401
future actions, time expressions for, 387–388
future tense, 443–447, 576

## G

-gar verbs, 186–187, 209
gender, 18, 37, 65, 220, 222, 408
good-bye, 45
grammatical gender, 18
gran, 265–266
greetings, 7–9, 11, 45
gustar, 20–21, 63–64, 299, 406–407
  + infinitive, 20, 407

## H

haber, 444, 461, 558
  + past participle, 454, 462
habitual activities, talking about, 315, 340, 345, 377
hablar, 305
hace, 187–188
hace (...que), 251–252
hacer, 131, 168–169, 208, 444, 558
hacia, 441
hasta, 441
hay, 444
  + noun, 56
Hispanic culture
  actitudes hacia el tiempo, 371
  el calendario de RENFE, 447
  el chile, 424
  el clima, 251
  el metro, 134
  El Museo del Prado, 491
  el número de teléfono, 55
  el Rastro, 348
  en los Estados Unidos, 174
  farmaceutico, 297
  fiesta del pueblo, 113
  kilómetros y millas, 452
  La bamba, 511
  la ciudad típica, 96
  La Guía del ocio, 416
  la popularidad de El Quijote, 550
  las comidas, 17
  la siesta, 114
  las tapas, 26
  las tiendas, 103
  la temperature, 251
  la Universidad de Salamanca, 326
  los albergues de juventud, 337
  Los ángeles verdes, 457
  los apellidos, 73
  los cafes, 17
  los mercados al aire libre, 214
  los taxis en la Ciudad de México, 460
  los trenes en España, 441
  metros y kilos, 307
  palabras árabes, 488
  Puerta del Sol, 149
  saludos, 9
  saludos formales e informales, 11
  un programa de intercambio, 332
  xitomatl, mahiz, papa, 427
Hispanics, in United States, 172–174, 191–194
holiday celebrations, 123
horoscope, 257
hotel rooms, talking about, 360
hours, 112
housing, 87
  finding and renting, 349–350, 361
hypotheses, making, 587

## I

idealism, 548
illnesses, 295–296
imaginary results, expressing, 587
imaginary world, talking about, 588
imperatives, 123
imperfect subjunctive, 576
imperfect tense, 290–291, 293, 299–300, 338, 339, 345–346, 377, 571–572
impersonal actions, 428
improbability, expressing, 587
indefinite article, 18, 27, 539
indicative mood, 539–540
indirect object pronouns, 298–299, 305, 406, 417–418
infinitives
  -ar, 22–23, 28
  -er, 28–29
  esperar +, 139
  gustar +, 20, 407
  -ir, 28–29
  ir + a +, 130, 139
  object pronouns with, 418
  querer +, 139
  tener ganas de +, 96
  tener + que +, 96
information questions, 78–80
injuries, 288–290
insistir en, 504
introductions, 45
invitations, 102
ir, 98, 115, 139, 178, 208, 291, 388, 500
  + a + infinitive, 130, 139
-ir infinitive, 28–29, 445
irregular verbs, 35, 140, 147–148, 185, 210, 230, 231–232, 444
-ir verbs, 176–177, 209, 305, 411, 486, 557

## J

jugar, 148, 187, 501

## K

kilometers, 149–150
kilos, 307
knowledge, talking about, 253

## L

la, 417–418
language, culture specificity, 4
las, 417, 418
las comidas, 17
la siesta, 114
las tiendas, 103
Latin America, 36, 43, 162–164, 248
lavarse, 369, 388
le, 299, 406, 417, 418
leer, 230
leisure-time activities, 414–416
lejos de, 441
les, 299, 406, 417, 418
levantarse, 369, 388
likes and dislikes, expressing, 45, 63–64, 70
literature, 530–537, 542–554, 560–563
  talking about, 587–588
llamar, 572
llegar, 209, 330, 501, 558
lo, 417–418
location, estar indicating, 105
los, 417, 418
los apellidos, 73
los cafés, 17
las tapas, 26
luggage, claiming lost, 473

## M

magic, 565–567
mal, 265–266
mandar, 305, 504
maquillarse, 369
market day, 213
más, 220
masculine, 18, 37, 39, 74, 78, 164, 165, 263, 265, 420, 463
me, 299, 388, 406, 417
measurements, 307
meat, 244
medicine, 297, 301–302, 315
medir, 306
menos, 220
mental states, describing, 346
menu, 435
metros, 307
Mexican food, 31–33, 46, 423–424
Mexican restaurant, 40
Mexicans, in United States, 191–192
months, 164, 200
morning, 114
movie schedule, 381–382
museums, 384, 491
music, 509–512
  talking about, 526
musicians, 514–520

## N

names, 73
nationality, 37–39, 46, 264
necesario que, 538
needs, expressing, 525
negative commands, 115, 209, 426
negative expressions, 435
negative words, 419–420
newpaper ads, 361
nos, 299, 406, 417
nosotros, 489–490, 572
nouns
  hay +, 56
  masculine/feminine, 39
  of work, occupation, profession, 74–75
numbers
  one to 100, 54–55
  to one million, 149
  telephone, 55

## O

object pronouns, 272–274, 298–299, 305, 406, 417–418
objects
  describing, 257
  of verbs, 271
occupation, nouns of, 74–75
official time, 326
oír, 230
open-air market, 213–214

opinions, expressing, 283
os, 299, 406, 417

## P

pagar, 187, 501
para, 441
para que, 554
past events, talking about, 167–168, 175, 200, 299–300, 329, 339–340, 376–377, 401
past participles, 454–455
past perfect tense, 461–462, 576
past tense, 167, 339
pedir, 305–306, 558, 572
peinarse, 369
pensar, 300, 388
personal descriptions, 275–276
personality, 268
    describing, 284
pharmacist, 301–302
pharmacy, 297, 315
phonemes, 5
physical activities, 315
physical descriptions, 268, 283, 315
place
    expressions indicating, 137–138
    prepositions of, 103, 441–442
plans
    making, 139–140, 150–151
    talking about, 157
poder, 140–141, 148, 210, 444, 558, 572
poetry, 544–545
poner, 208, 210, 558
ponerse, 210, 369
popular art, 497–500
por, 174, 441
possession, 50–52, 58, 66–67
    expressing, 68–70, 87
possessive adjective, 65
practicar, 186, 209, 501
preferences
    asking about, 243
    expressing, 100, 434, 525
preferir, 99–100, 504
preguntar, 306
prepositional phrases, 463
prepositions, of place, 103, 441–442
present indicative, 489
present participle, 410–411, 418
present perfect tense, 453–455, 576
present progressive, 410–411
present subjunctive, 485, 489–490
present tense, 130, 231, 253, 306, 368, 443
preterite tense, 167–169, 176–178, 186, 230, 253–254, 305–306, 329, 339, 345–346, 376, 571
price, asking, 243
profession, 74–75, 87
prohibir, 504
pronouns
    demonstrative, 222–223
    direct object, 272–274, 417–418
    indirect object, 298–299, 305, 406, 417–418
    reflexive, 210
    subject, 22
proximity, prepositions of, 103
public festivals, 110–111, 113
public places, 92–95, 109, 122
public transportation, 126–129, 132
Puerto Ricans, in United States, 192

## Q

quantities, 218, 244
que, 187–188, 485, 503, 571, 576
quedarse, 369
querer, 99–100, 139, 145, 148, 388, 444, 558
    + infinitive, 139
querer que es, 538
questions
    information, 78–80
    yes/no, 76–78

## R

reactions, expressing, 512–514, 525
realism, 548
record shop, 243
reflexive pronouns, 210
reflexive verbs, 368–369, 388, 502
reírse, 306
remedies, 297, 316
repetir, 306
restaurants
    choosing, 257
    menu, 404, 435
    Mexican, 40
    requesting a table in, 434
    talking in, 45, 405–406, 413–414, 421–422, 429

## S

saber, 253–254, 345, 444, 500, 558
sacar, 186
salads, 213, 216–217, 435
salir, 208, 330, 558
saludos, 9
    formales e informales, 11
schedules, 138–139, 360
se, 388
seasons, 165, 200
seguir, 148
sentarse (ie), 369
sentir, 148
sentir (ie, i), 512
ser, 35, 115, 208, 291, 500
    + adjective, 39, 74
    + de, 35, 68
servir, 148, 306
shoe store, 244
shopping, 204–205, 211–212
si, 574–575
sin que, 554
snacks, 46
sonreír, 306
soups, 435
sporting goods store, 243
sports, 88
sports equipment, 207
stationery store, 244
studying abroad, 328–331
subject pronoun, 22
subjunctive, 485–486, 489–490, 500–501, 503–504, 512–513, 538, 554–555, 571–572
subway, 134, 157–158
supermarket, 214–215, 226, 234–235, 389
suppositions, expressing, 587
symptoms, describing, 315

## T

table furnishings, 434
tan, 220
taxis, 144–145, 460
te, 299, 388, 406, 417
television schedule, 382–383
temer, 513
temperature, 249–251, 278–279
tener, 95–96, 147, 185, 208, 388, 558
    + que + infinitive, 96
tener ganas de, 388
    + infinitive, 96
Tex-Mex food, 423–424
thanking, 360
third person, 65, 406
tilde, 7
time
    A.M. and P.M., 112
    asking for and giving, 122
    attitudes about, 371
    conversations about, 254–255, 326
    expressions, 251–252, 387–388, 401
    morning, afternoon, evening, 114
    official, 326
    talking about, 200
tocar, 186, 407, 501
tonificar, 501
traer, 231–232
traffic signs, 474
train, reserving a seat on, 473
train station, obtaining information at, 473
train travel, 449–450
transportation, 87, 126–129, 132
tú, 208

## U

uncertainty, expressing, 538, 587
un día determinado, 376
United States, Hispanic population, 172–174, 191–194
university, 87
    subjects, 87
unknown, talking about, 539
un periodo de tiempo, 376–377
unreality, expressing, 538, 587
ustedes, 572

## V

vegetables, 213, 216–217, 244
venir, 146–147, 208, 558
ver, 291, 558
    imperfect tense, 291
verbs
    command forms, 115
    irregular, 35, 140, 147–148, 185, 210, 230, 231–232, 444
    objects of, 271
    reflexive, 368–369, 388, 502
vestirse, 369, 388
volver, 148
vosotros, 489–490
vowels, 5

## W

weather, 249–250, 283
weights, 307
when, saying, 157
window shopping, 205
work, nouns of, 74–75
written accent, 7, 11

## Y

year
    months, 164, 200
    seasons, 165, 200
yes/no questions, 76–78
yes or no, saying, 157

## Z

-zar verbs, 209

opinions, expressing, 283
os, 299, 406, 417

P

pagar, 187, 501
para, 441
para que, 554
past events, talking about, 167–168, 175, 200, 299–300, 329, 339–340, 376–377, 401
past participles, 454–455
past perfect tense, 461–462, 576
past tense, 167, 339
pedir, 305–306, 558, 572
peinarse, 369
pensar, 300, 388
personal descriptions, 275–276
personality, 268
    describing, 284
pharmacist, 301–302
pharmacy, 297, 315
phonemes, 5
physical activities, 315
physical descriptions, 268, 283, 315
place
    expressions indicating, 137–138
    prepositions of, 103, 441–442
plans
    making, 139–140, 150–151
    talking about, 157
poder, 140–141, 148, 210, 444, 558, 572
poetry, 544–545
poner, 208, 210, 558
ponerse, 210, 369
popular art, 497–500
por, 174, 441
possession, 50–52, 58, 66–67
    expressing, 68–70, 87
possessive adjective, 65
practicar, 186, 209, 501
preferences
    asking about, 243
    expressing, 100, 434, 525
preferir, 99–100, 504
preguntar, 306
prepositional phrases, 463
prepositions, of place, 103, 441–442
present indicative, 489
present participle, 410–411, 418
present perfect tense, 453–455, 576
present progressive, 410–411
present subjunctive, 485, 489–490
present tense, 130, 231, 253, 306, 368, 443
preterite tense, 167–169, 176–178, 186, 230, 253–254, 305–306, 329, 339, 345–346, 376, 571
price, asking, 243
profession, 74–75, 87
prohibir, 504
pronouns
    demonstrative, 222–223
    direct object, 272–274, 417–418
    indirect object, 298–299, 305, 406, 417–418
    reflexive, 210
    subject, 22
proximity, prepositions of, 103
public festivals, 110–111, 113
public places, 92–95, 109, 122
public transportation, 126–129, 132
Puerto Ricans, in United States, 192

Q

quantities, 218, 244
que, 187–188, 485, 503, 571, 576
quedarse, 369
querer, 99–100, 139, 145, 148, 388, 444, 558
    + infinitive, 139
querer que es, 538
questions
    information, 78–80
    yes/no, 76–78

R

reactions, expressing, 512–514, 525
realism, 548
record shop, 243
reflexive pronouns, 210
reflexive verbs, 368–369, 388, 502
reírse, 306
remedies, 297, 316
repetir, 306
restaurants
    choosing, 257
    menu, 404, 435
    Mexican, 40
    requesting a table in, 434
    talking in, 45, 405–406, 413–414, 421–422, 429

S

saber, 253–254, 345, 444, 500, 558
sacar, 186
salads, 213, 216–217, 435
salir, 208, 330, 558
saludos, 9
    formales e informales, 11
schedules, 138–139, 360
se, 388
seasons, 165, 200
seguir, 148
sentarse (ie), 369
sentir, 148
sentir (ie, i), 512
ser, 35, 115, 208, 291, 500
    + adjective, 39, 74
    + de, 35, 68
servir, 148, 306
shoe store, 244
shopping, 204–205, 211–212
si, 574–575
sin que, 554
snacks, 46
sonreír, 306
soups, 435
sporting goods store, 243
sports, 88
sports equipment, 207
stationery store, 244
studying abroad, 328–331
subject pronoun, 22
subjunctive, 485–486, 489–490, 500–501, 503–504, 512–513, 538, 554–555, 571–572
subway, 134, 157–158
supermarket, 214–215, 226, 234–235, 389
suppositions, expressing, 587
symptoms, describing, 315

T

table furnishings, 434
tan, 220
taxis, 144–145, 460
te, 299, 388, 406, 417
television schedule, 382–383
temer, 513
temperature, 249–251, 278–279
tener, 95–96, 147, 185, 208, 388, 558
    + que + infinitive, 96
tener ganas de, 388
    + infinitive, 96
Tex-Mex food, 423–424
thanking, 360
third person, 65, 406
tilde, 7
time
    A.M. and P.M., 112
    asking for and giving, 122
    attitudes about, 371
    conversations about, 254–255, 326
    expressions, 251–252, 387–388, 401
    morning, afternoon, evening, 114
    official, 326
    talking about, 200
tocar, 186, 407, 501
tonificar, 501
traer, 231–232
traffic signs, 474
train, reserving a seat on, 473
train station, obtaining information at, 473
train travel, 449–450
transportation, 87, 126–129, 132
tú, 208

U

uncertainty, expressing, 538, 587
un día determinado, 376
United States, Hispanic population, 172–174, 191–194
university, 87
    subjects, 87
unknown, talking about, 539
un periodo de tiempo, 376–377
unreality, expressing, 538, 587
ustedes, 572

V

vegetables, 213, 216–217, 244
venir, 146–147, 208, 558
ver, 291, 558
    imperfect tense, 291
verbs
    command forms, 115
    irregular, 35, 140, 147–148, 185, 210, 230, 231–232, 444
    objects of, 271
    reflexive, 368–369, 388, 502
vestirse, 369, 388
volver, 148
vosotros, 489–490
vowels, 5

W

weather, 249–250, 283
weights, 307
when, saying, 157
window shopping, 205
work, nouns of, 74–75
written accent, 7, 11

Y

year
    months, 164, 200
    seasons, 165, 200
yes/no questions, 76–78
yes or no, saying, 157

Z

-zar verbs, 209

# Text credits

**Capítulo 1: p. 42** "Magia y color en Los Ángeles" by Regina Córdova, reprinted from *Más Magazine,* Los Angeles, California; **Capítulo 3: p. 108** Map of Guadalajara © MICHELIN from Michelin Green Guide Mexico (1st edition 1990) Permission No. 94-096; **p. 120** map from Burgos brochure; **Capítulo 4: p. 135** metro map, Madrid reprinted from El Corte Inglés brochure, Madrid, Spain; **p. 152** "Tarjeta joven," reprinted from RENFE brochure, Madrid, Spain; **Capítulo 5: pp. 196–199** travel information, reprinted from Turavia Clubs' Guías de Viaje-Época; **Capítulo 6: p. 234** "PRYCA" and **p. 235** "HYPERCOR" reprinted from Diario 16, Madrid, Spain; **pp. 241–242** Catálogo Sept–Oct 1990, Forma para Ordenar reprinted DATEL Special Products, L.A., CA; **Capítulo 7: p. 256** ad for Hyatt Resorts-Puerto Rico reprinted from Hyatt International, Chicago, IL; **Capítulo 8: p. 309** illustration, article reprinted from "Acerca de los dolores musculares" by Robert P. Sheldon, El Regional 1990; **Capítulo 9: p. 321** map and four photos, **p. 323** photo of courtyard, **p. 322** photo of students, **p. 324** "Hoja de Inscripción" and **p. 323** photo of arches reprinted with permission from "Cursos Internacionales," Universidad de UNED Departmento de Lengua Española, Madrid, Spain; **p. 325,** "Guía de televisión," **p. 327** "Convocatorias para hoy" and **p. 352,** "Don Felipe, un apuesto desconocido en Washington" all reprinted by permission of *Diario 16,* Madrid; **pp. 335–336** hotel listing © MICHELIN from Michelin Red Guide España / Portugal 1993, Permission No. 94-114; **p. 353** "El País" headline and **p. 353** "El heredero vuelve a ser Philip" headline reprinted by permission *El País* 1993; **p. 353** "Un príncipe en la corte de Clinton" reprinted by permission of *El Mundo* 1993, Madrid; **Capítulo 10: pp. 381–382** "Películas en Cartel," **pp. 382–383** "Guía de televisión" and **p. 384** reprinted by permission from *La Vanguardia* 1993, Barcelona; **pp. 391–398** "La Madre, el hijo y el pintor" by Alfredo B. Echenique reprinted from *Diagonal,* Barcelona; **Capítulo 11: p. 415** "La guía del ocio" reprinted from Guía del Ocio, Madrid; **Capítulo 12: p. 438, p. 439** and **p. 440** reprinted from RENFE brochure, Madrid; **pp. 470–472** train schedule reprinted from AVE brochure, Madrid; **Capítulo 13: pp. 497–499** "Paraíso prohibido-Las molas de los indios cunas" and **pp. 505–507** "La pintorescas carretas: Los santeros de Nuevo México…" reprinted from *Américas,* a bimonthly magazine published by the General Secretariat of the Organization of American States in English and Spanish; **Capítulo 14: pp. 535–536** "Mientras baja la nieve" by Gabriela Mistral reprinted from Harcourt Brace, Orlando, FL; **p. 537** "El pájaro" by Octavio Paz reprinted from Fondo de Cultura Económica, México; **p. 543** excerpts from *Leyendas Mayas* by Domingo Dzul Poot reprinted from Editorial Patria; **pp. 544–545** "Balada de los dos abuelos" by Nicolás Guillén reprinted from Editorial Letras Cubanas; **p. 569** excerpts from *Cien años de soledad* by G. García Márquez reprinted from Editorial Sudamericana; **pp. 580–581** excerpt adapted from *La casa de los espíritus* by Isabel Allende; **pp. 583–584** six short pieces adapted from "Casos" by Enrique Anderson Imbert.

# Photo credits

**Capítulo preliminar: p. 3** Odyssey/Frerck/Chicago; **p. 7** Odyssey/Frerck/Chicago; **p. 8** (top left and right) Stuart Cohen, (bottom left) Ulrike Welsch, (center and right photos) Odyssey/Frerck/Chicago; **Capítulo 1: p. 13** Beryl Goldberg; **p. 17** Beryl Goldberg; **p. 25** Stuart Cohen; **p. 33** Beryl Goldberg; **Capítulo 2: p. 49** Michael Dwyer/Stock Boston; **p. 56** Beryl Goldberg; **p. 83** (top) Stuart Cohen, (bottom) Beryl Goldberg; **p. 84** (top) Stuart Cohen, (bottom) Stuart Cohen; **Capítulo 3: p. 91** Ulrike Welsch; **p. 101** Rogers/ Monkmeyer Press Photo; **Capítulo 4: p. 125** Odyssey/Frerck/Chicago; **p. 151** Chip & Rosa Maria de la Cueva Peterson; **p. 153** D. Donne Bryant; **Capítulo 5: p. 161** (top left) Odyssey/Frerck/Chicago, (top right) Ulrike Welsch, (bottom) Ned Haines/Photo Researchers, Inc.; **p. 163** Stuart Cohen/COMSTOCK; **p. 164** (left) Owen Franken/Stock Boston, (right) Richard Steedman/The Stock Market; **p. 172** The Bettmann Archive; **p. 173** (top) Grace Schaub/Leo de Wys, Inc., (bottom) Mark Nohl/NM Economic & Tourism Dept.; **p. 181** Stuart Cohen; **p. 182** (right) Jon Brenneis, (left) Daniel Aubry/Odyssey/ Chicago; **p. 183** Conklin/Monkmeyer Press Photo; **p. 189** Beryl Goldberg; **p. 192** (top and bottom) Beryl Goldberg; **p. 193** (top left) Carol L. Newsom, (top right) Randee St. Nicholas/Epic Records, (bottom) Cisneros Management; **Capítulo 6: p. 203** Peter Menzel/Stock Boston; **p. 209** Beryl Goldberg; **p. 212** Jack Messler/DDB Stock Photo; **p. 223** Odyssey/Frerck/Chicago; **Capítulo 7: p. 247** Luis Villota/The Stock Market; **p. 256** SuperStock/FourByFive; **p. 262** Luis Villota/The Stock Market; **p. 266** Beryl Goldberg; **p. 277** Ulrike Welsch; **p. 281** (bottom right) Jonathan Exley/Liaison, (top left) R. Wollmann/Gamma, (bottom left) The Bettmann Archive, (top right) Ledru/SYGMA; **p. 282** (right) J. Byron/SYGMA, (bottom left) Bettmann Photo of painting of Cristobal Colón by Sebastiano del Piombo, (top left) Paul Gero/SYGMA; **Capítulo 8: p. 287** Joe Traver/ Gamma; **p. 302** Odyssey/Frerck/Chicago; **p. 310** Ulrike Welsch; **p. 313** (top) Paul Conklin/Monkmeyer Press Photo, (bottom) Ulrike Welsch; **p. 314** (top and bottom) Ulrike Welsch; **Capítulo 9: p. 319** Odyssey/Frerck/Chicago; **p. 331** Ron Sherman/Stock Boston; **p. 333** Ulrike Welsch; **p. 348** Odyssey/Frerck/Chicago; **p. 350** Odyssey/Frerck/ Chicago; **p. 351** (top) Europa Press/SYGMA (remaining) Dusko Despotovic/SYGMA; **Capítulo 10: p. 363** Michael Keller/The Stock Market; **p. 364** Ulrike Welsch; **p. 365** Beryl Goldberg; **p. 374** Ulrike Welsch; **p. 380** Dominique Aubert/SYGMA; **p. 390** Renate Hiller/Monkmeyer Press Photo, Columbus column in Barcelona Harbor; **Capítulo 11: p. 403** Daniel Aubry/Odyssey/Chicago; **p. 409** Bruce Berman/The Stock Market; **p. 413** Odyssey/Frerck/Chicago; **p. 424** John Gutiérrez; **p. 427** LeDuc/Monkmeyer Press Photo; **Capítulo 12: p. 437** Odyssey/Frerck/Chicago; **p. 438** RENFE; **p. 457** Odyssey/Frerck/ Chicago; **p. 458** B. Daemmrich/The Image Works; **p. 459** Odyssey/Frerck/Chicago; **Capítulo 13: p. 477** Giraudon/Art Resource Pablo Picasso, *Trés Músicos,* Fountainbleau, summer 1921. Oil on canvas. Collection, The Museum of Modern Art, New York, Mrs. Simon Guggenheim Fund; **p. 478** José Clemente Orozco, *Zapatistas,* 1931. Oil on canvas. Collection, The Museum of Modern Art, New York, Mrs. Simon Guggenheim Fund; **p. 479** David Alfaro Siqueiros, *Etnografía* (1939) Enamel on composition board. Collection, The Museum of Modern Art, New York, Abby Aldrich Rockefeller Fund; **p. 480** COMSTOCK Mural de José Clemente Orozco: Guadalajara, Mexico; **p. 481** Diego Rivera, *Vendedor de flores,* 1935. Oil and tempera on masonite. San Francisco Museum of Modern Art, Albert M. Bender collection, gift of Albert M. Bender in memory of Caroline Walter; **p. 483** Frida Kahlo, *Autorretrato con changuito y loro,* 1942. Oil on board. Collection, IBM Corporation, Armonk, New York; **p. 492** Art Resource, Pablo Picasso, *Portrait d'Ambroise Vollard* Museo Pushkin Moscow; **p. 493** ARS, N.Y./ADAGP Joan Miró, *Mujer y pajaro por la noche,* 1945. Oil on canvas. Albright-Knox Gallery, Buffalo, New York, gift of Seymour H. Knox; **p. 494** ARS, N.Y./Demart Pro Arte Salvador Dalí, *La persistencia de la memoria,* 1931. Oil on canvas. Collection. The Museum of Modern Art, New York, given anonymously; **p. 505** John Gutiérrez; **p. 506** (top and bottom) John Gutiérrez; **p. 507** John Gutiérrez; **p. 509** AP/Wide World Photos; **p. 515** (top) Bill Wisser/Gamma Liaison, (bottom) John Neubauer; **p. 519** The Bettmann Archive; **p. 521** Giradoun/Art Resource ARS, N.Y./SPADEM Picasso, Guernica; **p. 522** Scala/Art Resource Diego Velázquez, *Las meninas;* **Capítulo 14: p. 529** Marcelo Brodsky/DDB Stock Photo; **p. 532** UPI/Bettmann; **p. 533** (top) Reuters/Bettmann, (bottom) Reuters/Bettmann; **p. 534** UPI/Bettmann; **p. 548** ARS, N.Y./SPADEM Picasso, *Don Quixote;* **p. 549** Art Resource; **p. 561** Paul Steel/The Stock Market; **p. 579** UPI/Bettmann